U0772002

中国大学生思想政治教育

发展报告 2021

● 主编　沈壮海　刘晓亮　司文超

中国教育出版传媒集团

高等教育出版社·北京

图书在版编目（CIP）数据

中国大学生思想政治教育发展报告.2021／沈壮海，刘晓亮，司文超主编.--北京:高等教育出版社，2023.1

ISBN 978-7-04-058639-8

Ⅰ.①中… Ⅱ.①沈…②刘…③司… Ⅲ.①大学生-思想政治教育-研究报告-中国-2021 Ⅳ.①G641

中国版本图书馆 CIP 数据核字（2022）第 079820 号

Zhongguo Daxuesheng Sixiang Zhengzhi Jiaoyu

Fazhan Baogao 2021

| 策划编辑 | 康　睿 | 责任编辑 | 王建强 | 封面设计 | 王　琰 | 版式设计 | 徐艳妮 |
| 责任绘图 | 于　博 | 责任校对 | 张　薇 | 责任印制 | 朱　琦 | | |

出版发行	高等教育出版社	网　址	http://www.hep.edu.cn
社　址	北京市西城区德外大街 4 号		http://www.hep.com.cn
邮政编码	100120	网上订购	http://www.hepmall.com.cn
印　刷	涿州市京南印刷厂		http://www.hepmall.com
开　本	787mm×1092mm　1/16		http://www.hepmall.cn
印　张	28.5		
字　数	680 千字	版　次	2023 年 1 月第 1 版
购书热线	010-58581118	印　次	2023 年 1 月第 1 次印刷
咨询电话	400-810-0598	定　价	198.00 元

编委会名单

> **主任：** 沈壮海

> **委员**（以姓氏笔画为序）：

前　言

　　《中国大学生思想政治教育发展报告 2021》是教育部高校思想政治工作创新发展中心（武汉大学）推出的年度研究报告。本辑发展报告包括研究报告、研究述评、事记与文献等部分。

　　研究报告部分基于对全国大学生思想政治教育状况的问卷调查研究而形成。2020 年 12 月至 2021 年 1 月，课题组在全国 74 所高校开展了以大学生思想政治及其教育引导为主题的网络问卷调查，共收集了 98 508 份有效问卷。课题组通过对第一手调查数据的多维分析，全面呈现了当前大学生思想观念与行为特征的整体状貌，并深入挖掘大学生人生观、价值观、道德观、文化观等的内在关联，着力探寻数据背后的大学生思想政治教育发展规律；同时客观地反映了当前大学生对高校思想政治理论课教学和日常思想政治教育成效的认知和评价，并针对调查中发现的问题，提出相应的对策建议，努力为高校思想政治工作创新发展提供参考。

　　研究述评部分包括大学生日常思想政治教育研究新进展和大学生思想政治理论课程研究新进展。本部分从高校思想政治工作的主阵地和主渠道的研究视角出发，系统梳理了 2020 年度国内大学生思想政治教育研究的主要成果，并予以简要的评论。

　　事记与文献部分包括大学生思想政治教育的年度大事记及重要文献选编。课题组以大事记的形式比较详细地呈现了 2020 年大学生思想政治教育的整体进展，并精选附录了 2020 年有关大学生思想政治教育的重要指导性文献。

目　录

－ 研 究 报 告 －

— 研 究 综 述 —

— 事记与文献 —

研究报告

概述

本报告是教育部高校思想政治工作创新发展中心(武汉大学)2020年度的研究成果之一。本系列报告自2014年开始面向全国高校学生开展年度追踪调查,并通过对调查数据的深度分析来全景呈现大学生思想政治状况概貌及其变化趋势。本年度报告基于全国74所高校近10万份学生样本调查数据的分析和挖掘,客观地呈现了2020年度大学生思想特征与行为表现的总体状况,并纵向对比连续七年的调查数据,努力挖掘数据背后大学生思想动态变化的规律性问题。本次调查依托教育部高校思想政治工作创新发展中心(武汉大学)和武汉大学大数据研究院联合研发的网络调查平台,并将调查数据用于支撑中国大学生数据研究平台建设,进一步为高校思想政治工作创新发展提供数据支撑。

一、 问卷的设计与编制

本年度调查问卷由课题组自行研制而成,沿承了2014年至2019年问卷框架和维度,并根据2020年国际国内的新形势与时俱进地补充了新题目。问卷修订过程中,课题组召开了多次研讨会,充分吸收了多位不同学科领域专家及高校思想政治教育实务工作者的宝贵意见。

问卷设计依旧是围绕大学生的"观念与行为"与高校思想政治工作"教育与成效"两个方向开展。"观念与行为"主要呈现当前大学生思想政治状况,包括人生观与人生追求、价值观与价值选择、道德观与道德行为、文化观与文化素养、网络观与网络素养等;"教育与成效"主要反映当前高校思想政治教育开展情况及效果,包括思想政治理论课教学、日常思想政治教育、大学生对思想政治教育成效的评价和对大学生文明素质的评价情况等。该问卷主要维度及具体指标设置参见表0-1。

表 0-1　问卷设计结构表

调研主题	主要维度	一级指标	二级指标
大学生思想政治及其教育状况	观念与行为	人生观与人生追求	人生价值;人生态度;人生目标;消极人生观的影响
		价值观与价值选择	对社会主义核心价值观建设重要性的认识;对社会主义核心价值观的认同状况;对社会主义核心价值观实现程度的评价;对社会主义核心价值观的践行意愿
		道德观与道德行为	道德认知;道德意愿;道德行为
		文化观与文化素养	文化自信心;对中外经典著作的阅读情况;对中西文化的看法;文化教学实践活动开展状况;对革命精神的了解情况;对中华文化发展演进历程的熟悉程度;对伟大抗疫精神的认同状况
		网络观与网络素养	上网时长;上网目的;新媒体运用;网络行为

续表

调研主题	主要维度	一级指标	二级指标
大学生思想政治及其教育状况	教育与成效	思想政治理论课教学	对思政课"线上教学"的评价;对思想政治理论课教学总体状况的评价;对不同思想政治理论课教学的评价;对思想政治理论课建设的分项评价;对改进思想政治理论课教学的看法
		日常思想政治教育	党团活动;校园文化;网络思想政治教育;心理健康教育;社会实践;资助育人;就业指导;全员育人
		对思想政治教育成效的评价	整体成效评价;对影响成效因素的看法;对影响思想品德发展因素的评价;对不同课程德育功能的评价
		对大学生文明素质的评价	对大学生群体奉献精神、集体观念、纪律观念、诚信意识、人文素养、维权意识、创新精神、勤俭节约、文明礼貌、奋斗精神、自律能力、责任意识的评价

二、 问卷施测过程

本次调查在由课题组和相关单位发起组建的大学生思想政治状况调查协作体范围内进行。调查协作体成员单位由 2014 年的 30 所高校,扩展至 2020 年的 70 余所高校,共同努力打造和构建大学生思想政治教育研究的长效合作与协同机制,以推进大学生思想政治教育的创新发展。

2020 年 12 月,课题组在中国人民大学、北京交通大学、北京航空航天大学、北京化工大学、中国传媒大学、对外经济贸易大学、中国石油大学(北京)、天津大学、河北师范大学、山西大学、山西师范大学、内蒙古大学、内蒙古师范大学、大连理工大学、东北大学、吉林大学、东北师范大学、哈尔滨工业大学、哈尔滨师范大学、同济大学、上海交通大学、华东理工大学、东华大学、中国矿业大学、河海大学、南京农业大学、江苏师范大学、浙江大学、浙江传媒学院、杭州职业技术学院、合肥工业大学、安徽农业大学、安徽师范大学、福建师范大学、南昌大学、江西师范大学、山东大学、中国石油大学(青岛)、华北水利水电大学、郑州大学、武汉大学、华中科技大学、武汉理工大学、华中农业大学、华中师范大学、中南民族大学、湘潭大学、湖南大学、湖南中医药大学、暨南大学、华南师范大学、桂林电子科技大学、桂林理工大学、广西师范大学、百色学院、海南大学、海南师范大学、重庆大学、西南大学、西南交通大学、四川师范大学、西南财经大学、贵州大学、贵州师范大学、云南师范大学、西北大学、西安电子科技大学、长安大学、陕西师范大学、西安外国语大学、兰州大学、西北师范大学、新疆大学、新疆师范大学等 74 所高校①完成了网络调查工作。本次调查共收集 98508 份有效问卷。

根据调查方案,我们从 98508 份问卷数据中选取 46813 份作为本次调研的最终样本数据。样本的基本情况详见表 0-2。

---

① 74 所高校排名顺序参照教育部公布的《全国高等学校名单》(截至 2020 年 6 月 30 日)。

表 0-2　调查样本基本情况分布表

项目	类别	人数	百分比/%
性别	男生	21 589	46.1
	女生	25 224	53.9
民族	汉族	41 226	88.1
	少数民族	5 587	11.9
年龄	20 岁及以下	24 832	53.0
	21—24 岁	18 473	39.5
	25 岁及以上	3 508	7.5
学历层次（年级）	大一	11 831	25.3
	大二	9 105	19.4
	大三	7 767	16.6
	大四（大五）	7 035	15.0
	硕士生	9 406	20.1
	博士生	1 669	3.6
学科门类	人文科学	7 447	15.9
	社会科学	11 944	25.5
	理工农医	27 422	58.6
政治面貌	中共党员（含预备党员）	9 944	21.2
	共青团员	34 492	73.7
	民主党派成员	41	0.1
	群众	2 336	5.0
生源所在地	农村	22 064	47.1
	城镇	24 749	52.9
生源地所在区域	华东	11 640	24.8
	华南	5 115	10.8
	华中	7 737	16.5
	华北	7 536	16.1
	西北	5 183	11.1
	西南	5 942	12.7
	东北	3 600	7.7
	香港	26	0.1
	澳门	13	0.1
	台湾	21	0.1

续表

项目	类别	人数	百分比/%
家庭类型	双亲	42 481	90.7
	单亲(父亲)	1 147	2.5
	单亲(母亲)	2 236	4.8
	重组家庭	857	1.8
	孤儿	92	0.2
父亲职业 (缺失:951)	公务员	3 335	7.1
	工人	10 476	22.4
	农民	12 158	26.0
	教师	2 807	6.0
	事业单位职工	6 092	13.0
	军人	208	0.4
	专业技术人员	1 806	3.9
	其他	8 980	19.2
母亲职业 (缺失:932)	公务员	1 640	3.5
	工人	7 787	16.6
	农民	13 725	29.3
	教师	4 091	8.7
	事业单位职工	6 270	13.4
	军人	39	0.1
	专业技术人员	1 104	2.4
	其他	11 225	24.0
担任过学生干部	是	37 685	80.5
	否	9 128	19.5
有国(境)外学习经历	是	1 824	3.9
	否	44 989	96.1
独生子女	是	20 544	43.9
	否	26 269	56.1
父母常年在外务工	是	11 625	24.8
	否	35 188	75.2

注:数据统计中,存在个别问卷有关题目未作答现象。

三、 抽样方案及问卷质量

课题组在 2019 年网络调查抽样方案的基础上制定了本次调研的抽样方案,并在施测之后对调查问卷进行了信度和效度分析。

(一)调查抽样方案

本次调查在大学生调查研究协作体的 74 所高校进行。每所高校按照各自设置学院总数的 20% 比例随机抽取学院样本,在学院层面,从本科生、硕士研究生、博士研究生等不同学段的每一年级人数中随机抽取 10% 作为该学院的学生样本。若抽样学院无本科生,则仅抽取研究生人数的 10%;若无研究生,则仅抽取本科生人数的 10%。

(二)信度与效度分析

课题组对本次调研问卷中量表信度与效度进行了检验,结果显示问卷信度与效度水平较高。具体情况如下:

"大学生积极人生观"量表共设计 4 个项目,采用李克特 5 点评分量表进行分析。评分选项为"非常赞同""比较赞同""说不清楚""不大赞同""很不赞同",得分依次为 5 分、4 分、3 分、2 分、1 分。经可靠性分析,该量表信度系数 Cronbach's Alpha = 0.808,该量表 4 个项目之间的一致性较高,数据具有可靠性。经检验,KMO 样本核实性测定值为 0.758,Bartlett 球形度检验近似卡方值为 67138.202,显著性水平 $P < 0.001$,表明数据适合做探索性因子分析。采用主成分分析和最大方差旋转,从 4 项中抽取"大学生积极人生观"1 个因子(见表 0-3)。结果表明,该因子的累计方差贡献率为 64.867%,说明这个因子能较好解释大学生积极人生观状况的调查内容。

表 0-3　大学生积极人生观的探索性因子分析

	Y
a1 人生梦想是国家梦、民族梦、个人梦的有机统一	0.829
a2 奉献是人生最大的快乐	0.811
a3 奋斗的青春最美丽	0.797
a4 人生价值只有在集体中才能得到更好的实现	0.784

"大学生消极人生观"量表共设计 6 个项目,采用李克特 5 点评分量表进行分析。评分选项为"非常赞同""比较赞同""说不清楚""不大赞同""很不赞同",得分依次为 5 分、4 分、3 分、2 分、1 分。经可靠性分析,该量表信度系数 Cronbach's Alpha = 0.838,该量表 6 个项目之间的一致性较高,数据具有可靠性。经检验,KMO 样本核实性测定值为 0.829,Bartlett 球形度检验近似卡方值为 105218.851,显著性水平 $P < 0.001$,表明数据适合做探索性因子分析。采用主成分分析和最大方差旋转,从 6 项中抽取"大学生消极人生观"1 个因子(见表 0-4)。结果表明,该因子的累计方差贡献率为 55.512%,说明该因子能较好解释大学生消极人生观状况的调查内容。

表 0-4　大学生消极人生观的探索性因子分析

	Y
a1 生死由命,富贵在天	0.796
a2 人为财死,鸟为食亡	0.787
a3 人不为己,天诛地灭	0.761
a4 人生苦短,应及时行乐	0.742
a5 人生应一切顺其自然,万事不求、不争	0.719
a6 一朝成锦鲤,奋斗少十年	0.657

　　"社会主义核心价值观认识状况"量表共设计了 2 个项目,采用李克特 5 点评分量表进行分析。评分选项为"非常赞同""比较赞同""说不清楚""不大赞同""很不赞同",得分依次为 5 分、4 分、3 分、2 分、1 分。经可靠性分析,该量表信度系数 Cronbach's Alpha = 0.841,该量表 2 个项目之间的一致性较高。经检验,KMO 样本核实性测定值为 0.500,Bartlett 球形度检验近似卡方值为 35663.803,显著性水平 $P<0.001$,表明数据适合做探索性因子分析。采用主成分分析和最大方差旋转,从 2 项中抽取"大学生社会主义核心价值观认知状况"1 个因子(见表 0-5)。结果表明,该因子的累计方差贡献率为 86.511%,表明该因子能较好解释关于大学生对社会主义核心价值观认知状况的调查内容。

表 0-5　大学生社会主义核心价值观认知状况的探索性因子分析

	Y
a1 培育和践行社会主义核心价值观人人有责	0.930
a2 国无德不兴,人无德不立	0.930

　　"国家层面社会主义核心价值观认同状况"量表共设计了 4 个项目,采用李克特 5 点评分量表进行分析。评分选项为"非常赞同""比较赞同""说不清楚""不大赞同""很不赞同",得分依次为 5 分、4 分、3 分、2 分、1 分。经可靠性分析,该量表信度系数 Cronbach's Alpha = 0.869,该量表 4 个项目之间的一致性较高。经检验,KMO 样本核实性测定值为 0.820,Bartlett 球形度检验近似卡方值为 105654.144,显著性水平 $P<0.001$,表明数据适合做探索性因子分析。采用主成分分析和最大方差旋转,从 4 项中抽取"国家层面社会主义核心价值观认同状况"1 个因子(见表 0-6)。结果表明,该因子的累计方差贡献率为 74.227%,表明该因子能较好地解释关于大学生对国家层面社会主义核心价值观认同状况的调查内容。

表 0-6　国家层面社会主义核心价值观认同状况的探索性因子分析

	Y
a1 构建和谐社会是人们的共同理想和愿望	0.893
a2 一个民族的进步,有赖于文明的成长	0.891
a3 中华民族正迎来从"站起来""富起来"到"强起来"的伟大飞跃	0.859
a4 我们是国家和社会的主人	0.800

　　"社会层面社会主义核心价值观认同状况"量表共设计了 4 个项目,采用李克特 5 点评分量表进行分析。评分选项为"非常赞同""比较赞同""一般""不大赞同""很不赞同",得分依次为 5 分、4 分、3 分、2 分、1 分。经可靠性分析,该量表信度系数 Cronbach's Alpha = 0.861,该量表 4 个项目之间的一致性较高。经检验,KMO 样本核实性测定值为 0.807,Bartlett 球形度检验近似卡方值为 97450.572,显著性水平 $P<0.001$,表明数据适合做探索性因子分析。采用主成分分析和最大方差旋转,从 4 项中抽取"社会层面社会主义核心价值观认同状况"1 个因子(见表 0-7)。结果表明,该因子的累计方差贡献率为 72.030%,表明该因子能较好地解释关于大学生对社会层面社会主义核心价值观认同状况的调查内容。

表 0-7　社会层面社会主义核心价值观认同状况的探索性因子分析

	Y
a1 公平正义应是社会与每个人的追求	0.895
a2 每一个人都应享有人生出彩的机会	0.882
a3 每位公民都应依法行事	0.852
a4 在法律允许的范围内,自己的事情应自己做主	0.758

　　"个人层面社会主义核心价值观认同状况"量表共设计了 4 个项目,采用李克特 5 点评分量表进行分析。评分选项为"非常赞同""比较赞同""一般""不大赞同""很不赞同",得分依次为 5 分、4 分、3 分、2 分、1 分。经可靠性分析,该量表信度系数 Cronbach's Alpha = 0.850,该量表 4 个项目之间的一致性较高。经检验,KMO 样本核实性测定值为 0.827,Bartlett 球形度检验近似卡方值为 81777.839,显著性水平 $P<0.001$,表明数据适合做探索性因子分析。采用主成分分析和最大方差旋转,从 4 项中抽取"个人层面社会主义核心价值观认同状况"1 个因子(见表 0-8)。结果表明,该因子的累计方差贡献率为 70.141%,表明这个因子能较好地解释关于大学生对个人层面社会主义核心价值观认同状况的调查内容。

表 0-8　个人层面社会主义核心价值观认同状况的探索性因子分析

	Y
a1 帮助别人是一种快乐	0.853
a2 人人都应为祖国建设添砖加瓦	0.847
a3 在市场经济条件下,"无信不立"并没有过时	0.843
a4 职业无贵贱之分,要干一行爱一行	0.806

　　"大学生自身道德意愿与行为"量表共选取了 4 个项目,采用李克特 5 点评分量表进行分析。评分选项为"非常符合""比较符合""一般""不大符合""很不符合",得分依次为 5 分、4 分、3 分、2 分、1 分。经可靠性分析,该量表信度系数 Cronbach's Alpha = 0.697,该量表 4 个项目之间的一致性较高。经检验,KMO 样本核实性测定值为 0.661,Bartlett 球形度检验近似卡方值为 23545.396,显著性水平 $P<0.001$,表明数据适合做探索性因子分析。采用主成分分析和最大方差旋转,从 4 项中抽取"大学生自身道德意愿与行为"1 个因子(见表 0-9)。结果显示,该因子的累计方差贡献率为 63.016%,表明该因子能较好地解释关于大学生自身道德意愿与行为的调查内容。

表 0-9　大学生自身道德意愿与行为的探索性因子分析

	Y
a1 我向往成为抗击疫情中的逆行者	0.811
a2 遇到跌倒的老人,我会主动伸出援手	0.787
a3 我能做到拒绝舌尖上的浪费	0.755
a4 我能做到遵守学术规范,不抄袭剽窃、数据造假	0.740

"大学生参与志愿服务的意愿"量表共选取了 4 个项目,采用李克特 5 点评分量表进行分析。评分选项为"非常愿意""比较愿意""还没想好""不大愿意""很不愿意",得分依次为 5 分、4 分、3 分、2 分、1 分。经可靠性分析,该量表信度系数 Cronbach's Alpha = 0.811,该量表 4 个项目之间的一致性较高。经检验,KMO 样本核实性测定值为 0.801,Bartlett 球形度检验近似卡方值为 77674.030,显著性水平 $P<0.001$,表明数据适合做探索性因子分析。采用主成分分析和最大方差旋转,从 4 项中抽取"大学生参与志愿服务的意愿"1 个因子(见表 0-10)。结果显示,该因子的累计方差贡献率为 67.316%,表明该因子能较好地解释关于大学生参与志愿服务的意愿的调查内容。

表 0-10　大学生参与志愿服务的意愿的探索性因子分析

	Y
a1 社区服务	0.869
a2 疫情防控	0.860
a3 环境保护	0.853
a4 山区支教	0.685

"文化观与文化素养状况"量表共选取了 5 个项目,采用李克特 5 点评分量表进行分析。评分选项为"非常赞同""比较赞同""一般""不大赞同""很不赞同",得分依次为 5 分、4 分、3 分、2 分、1 分。经可靠性分析,该量表信度系数 Cronbach's Alpha = 0.816,该量表 5 个项目之间的一致性较高。经检验,KMO 样本核实性测定值为 0.860,Bartlett 球形度检验近似卡方值为 144795.294,显著性水平 $P<0.001$,表明数据适合做探索性因子分析。从 5 项中抽取"文化观与文化素养状况"1 个因子(见表 0-11)。结果显示,该因子的累计方差贡献率为 68.201%,表明该因子能较好地解释关于大学生文化观与文化素养状况的调查内容。

表 0-11　大学生文化观与文化素养状况的探索性因子分析

	Y
a1 文化自信是一个国家、一个民族发展中更基本、更深沉、更持久的力量	0.911
a2 中华民族一定能创造文化新辉煌	0.893
a3 我为中华文化感到自豪	0.883
a4 我们应以开放包容的态度吸收其他文化的优长	0.863
a5 我们应当警惕西方文化的价值渗透	0.508

"大学生对革命精神的了解情况"量表共选取了 8 个项目,采用李克特 5 点评分量表进行分析。评分选项为"非常了解""比较了解""一般""不大了解""很不了解",得分依次为 5 分、4 分、3 分、2 分、1 分。经可靠性分析,该量表信度系数 Cronbach's Alpha＝0.913,该量表 8 个项目之间的一致性较高。经检验,KMO 样本核实性测定值为 0.909,Bartlett 球形度检验近似卡方值为 263227.372,显著性水平 $P<0.001$,表明数据适合做探索性因子分析。采用主成分分析和最大方差旋转,从 8 项中抽取"大学生对革命精神的了解情况"1 个因子(见表 0-12)。结果显示,该因子的累计方差贡献率为 64.733%,表明该因子能较好地解释关于大学生对革命精神的了解情况的调查内容。

表 0-12　大学生对革命精神的了解情况的探索性因子分析

	Y
a1 延安精神	0.861
a2 井冈山精神	0.852
a3 长征精神	0.835
a4 焦裕禄精神	0.831
a5 抗美援朝精神	0.827
a6 抗战精神	0.811
a7 特区精神	0.724
a8 红船精神	0.678

"中外文化名著阅读情况"量表共设计了 11 个项目。评分选项为"完整地阅读过""阅读过部分""没有阅读过",得分依次为 3 分、2 分、1 分。经可靠性分析,该量表信度系数 Cronbach's Alpha＝0.906,该量表 11 个项目之间的一致性较高。经检验,KMO 样本核实性测定值为 0.910,Bartlett 球形度检验近似卡方值为 276942.948,显著性水平 $P<0.001$,表明数据适合做探索性因子分析。采用主成分分析和最大方差旋转,从 11 项中抽取"中国传统文化名著与西方政治学名著阅读情况""马列主义经典著作和中国共产党经典著作阅读情况"2 个因子,分别用 Y_1、Y_2 表示(见表 0-13)。结果显示,2 个因子的累计方差贡献率为 63.023%,表明这 2 个因子能较好地解释关于大学生对中外文化名著阅读情况的调查内容。

表 0-13　对中外文化名著阅读情况的探索性因子分析

	Y_1	Y_2
a1《中庸》	0.781	−0.374
a2《孟子》	0.764	−0.350
a3《大学》	0.763	−0.370
a4《社会契约论》	0.732	0.081
a5《理想国》	0.721	−0.011
a6《道德经》	0.716	−0.245

续表

	Y_1	Y_2
a7《论语》	0.609	−0.300
b1《毛泽东选集》	0.725	0.418
b2《习近平谈治国理政》第三卷	0.708	0.418
b3《共产党宣言》	0.626	0.410
b4《邓小平文选》	0.758	0.385

"大学生网络运用状况"量表共设计了 4 个项目,采用李克特 5 点评分量表进行分析。评分选项为"非常符合""比较符合""一般""不大符合""很不符合",得分依次为 5 分、4 分、3 分、2 分、1 分。经可靠性分析,该量表信度系数 Cronbach's Alpha = 0.775,该量表 4 个项目之间的一致性较高。经检验,KMO 样本核实性测定值为 0.772,Bartlett 球形度检验近似卡方值为 71668.920,显著性水平 $P<0.001$,表明数据适合做探索性因子分析。采用主成分分析和最大方差旋转,从 4 项中抽取"大学生网络运用状况"1 个因子(见表 0−14)。结果表明,该因子的累计方差贡献率为 64.109%,表明该因子能较好地解释大学生网络运用状况的调查内容。

表 0−14　大学生网络运用状况的探索性因子分析

	Y
a1 我会对网上的热点事件冷静分析,不被"带节奏"	0.876
a2 我在网上发表的言论都会经过深思熟虑	0.863
a3 我在上网时严格要求自己,决不成为"键盘侠"	0.848
a4 在网上看到有抹黑党和政府的言论时,我会予以反驳	0.578

"大学生对思想政治理论课程评价情况"量表共设计了 5 个项目,采用李克特 5 点评分量表进行分析。评分选项为"非常好""比较好""一般""比较差""非常差",得分依次为 5 分、4 分、3 分、2 分、1 分。经可靠性分析,该量表信度系数 Cronbach's Alpha = 0.856,该量表 5 个项目之间的一致性较高。经检验,KMO 样本核实性测定值为 0.815,Bartlett 球形度检验近似卡方值为 121328.737,显著性水平 $P<0.001$,表明数据适合做探索性因子分析。采用主成分分析和最大方差旋转,从 5 项中抽取"大学生对思想政治理论课程评价情况"1 个因子(见表 0−15)。结果表明,该因子的累计方差贡献率为 63.700%,表明该因子能较好地解释关于大学生对思想政治理论课程评价情况的调查内容。

表 0−15　大学生对思想政治理论课程评价情况的探索性因子分析

	Y
a1 马克思主义基本原理概论	0.881
a2 毛泽东思想和中国特色社会主义理论体系概论	0.870
a3 中国近现代史纲要	0.865

	Y
a4 形势与政策	0.702
a5 思想道德修养与法律基础	0.640

"大学生对日常思想政治教育的评价"量表共设计了 14 个项目,采用李克特 5 点评分量表进行分析。评分选项为"非常满意""比较满意""一般""不大满意""很不满意",得分依次为 5 分、4 分、3 分、2 分、1 分。经可靠性分析,该量表信度系数 Cronbach's Alpha = 0.968,该量表 14 个项目之间的一致性较高。经检验,KMO 样本核实性测定值为 0.970,Bartlett 球形度检验近似卡方值为 658013.268,显著性水平 $P<0.001$,表明数据适合做探索性因子分析。采用主成分分析和最大方差旋转,从 14 项中抽取"大学生对日常思想政治教育的评价"1 个因子(见表 0—16)。结果表明,该因子的累计方差贡献率为 70.804%,表明该因子能较好地解释关于大学生对日常思想政治教育评价的调查内容。

表 0-16　大学生对日常思想政治教育评价的探索性因子分析

	Y
a1 网络思想政治教育	0.883
a2 职业规划与就业指导教育	0.866
a3 社会实践活动	0.861
a4 基层党组织建设	0.859
a5 校园文化活动	0.856
a6 团组织建设	0.853
a7 日常事务管理	0.852
a8 心理健康教育与咨询工作	0.852
a9 创新创业教育	0.844
a10 社团活动	0.836
a11 班级建设	0.834
a12 学生资助工作	0.811
a13 校风和学风建设	0.803
a14 学校后勤服务	0.764

"教育教学工作开展成效"量表共设计了 3 个项目,采用李克特 5 点评分量表进行分析。评分选项为"非常好""比较好""一般""比较差""非常差",得分依次为 5 分、4 分、3 分、2 分、1 分。经可靠性分析,该量表信度系数 Cronbach's Alpha = 0.922,该量表 3 个项目之间的一致性较高。经检验,KMO 样本核实性测定值为 0.731,Bartlett 球形度检验近似卡方值为 115490.213,显著性水平 $P<0.001$,表明数据适合做探索性因子分析。采用主成分分析和最大方差旋转,从 3 项中抽取"教育教学工作开展成效"1 个因子(见表 0—17)。结果表明,该因子的累计方差贡献率为 86.542%,表明该因子能很好地解释教育教学工作开展成效的调

查内容。

表 0-17　教育教学工作开展成效的探索性因子分析

	Y
a1 大学生日常思想政治教育	0.951
a2 思想政治理论课教学	0.946
a3 专业课程教学	0.893

"有关教育渠道育德作用"量表共设计了3个项目,采用李克特5点评分量表进行分析。评分选项为"很大""较大""一般""较少""没有",得分依次为5分、4分、3分、2分、1分。经可靠性分析,该量表信度系数 Cronbach's Alpha = 0.862,该量表3个项目之间的一致性较高。经检验,KMO 样本核实性测定值为 0.732,Bartlett 球形度检验近似卡方值为 67281.779,显著性水平 $P<0.001$,表明数据适合做探索性因子分析。采用主成分分析和最大方差旋转,从3项中抽取"有关教育渠道育德作用"1个因子(见表 0-18)。结果表明,该因子的累计方差贡献率为 78.634%,表明该因子能很好地解释有关教育渠道育德作用的调查内容。

表 0-18　有关教育渠道育德作用的探索性因子分析

	Y
a1 思想政治理论课教学	0.901
a2 专业课程教学	0.892
a3 辅导员工作	0.868

我们对问卷量表的信度进行总体分析。结果表明,标准化 Cronbach's Alpha = 0.957,这表明问卷整体质量非常高,问卷可靠性非常强。

我们通过结构方程模型对问卷量表的效度进行分析,并探讨"教育引导""大学生思想观念"之间的关系。为便于分析,我们结合问卷实际,将"教育引导"设置为"思想政治理论课教学"和"日常思想政治教育"两个潜变量,"大学生思想观念"设置为"人生观""价值观""道德观""文化观"四个潜变量。结果显示,所有观测变量与潜变量之间的载荷系数几乎都在 0.01 的水平上显著,数据—模型配合优度指标分别为:GFI = 0.91,CFI = 0.94,NFI = 0.94,RMSEA = 0.07。整体模型适配度指标基本达到了适配标准,说明研究提出的假设模型与实际观察数据的拟合情况良好。具体情况如图 0-1。

就"教育引导"而言,思想政治理论课教学和日常思想政治教育对大学生的思想观念和行为素养产生显著的正向影响,即思想政治理论课教学和日常思想政治教育开展的效果越好,大学生群体在人生观、价值观、道德观、文化观方面的认知状况就越好。思想政治理论课教学对大学生文化观(0.29**)[①]的影响最大,对大学生人生观(0.17**)、道德观(0.19**)、价值观(0.21**)也存在显著影响。日常思想政治教育对大学生道德观(0.52**)的影响最大,对大学生人生观(0.44**)、价值观(0.50**)、文化观(0.43**)也存在显著影响。综上而言,我们的研究假设通过结构方程模型得到证实,说明"教育引导"影响大学生"思想观念"的研究假设是正确和

---

① 　* 表示 $P<0.05$,** 表示 $P<0.01$,*** 表示 $P<0.001$,后同。

有意义的。

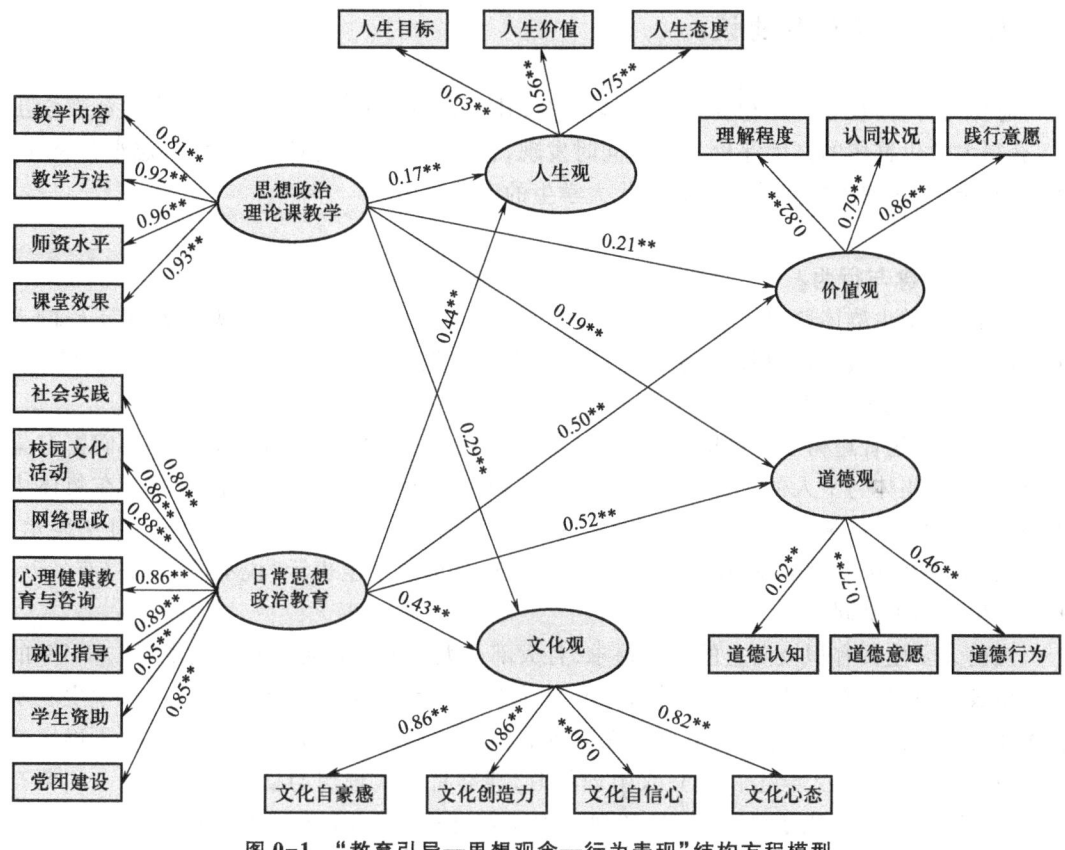

图 0-1　"教育引导—思想观念—行为表现"结构方程模型

四、 研究报告的框架

　　本研究报告依循前例,在概述部分介绍问卷设计修订、施测情况、调查样本信息、问卷信效度以及调查结论与对策建议等。报告仍以"观念与行为""教育与成效"为主体框架,每一版块下分别涵盖五个主题。

　　在"观念与行为"版块,第一章为"人生观与人生追求",第二章为"价值观与价值选择",第三章为"道德观与道德行为",第四章为"文化观与文化素养",第五章为"网络观与网络素养"。该部分主要通过调查来分析和呈现当前大学生的思想观念与行为特征情况,并针对调查中发现的问题,提出对策与建议。

　　在"教育与成效"版块,第六章为"思想政治理论课教学",第七章为"日常思想政治教育(上)",第八章为"日常思想政治教育(下)",第九章为"对思想政治教育成效的评价",第十章为"对大学生文明素质的评价"。该部分主要是通过调查数据来呈现高校思想政治教育主渠道和主阵地建设情况,对其建设成效进行评价,并基于调研中发现的问题提出相应的对策。

五、 主要结论与建议

总体而言,高校坚持立德树人的根本任务,扎实推进思想政治工作及其他教育教学工作,获得大学生群体的高度评价。调查同时发现,青年大学生坚定理想信念、矢志艰苦奋斗,用拼搏、奉献、进取等精神绘就了新时代大学生的青春影像。

(一) 观念与行为

当前,大学生群体普遍树立了正确的人生观、价值观、道德观和文化观,表现出正确的人生态度、崇高的价值选择、积极的道德实践和坚定的文化自信,洋溢着朝气蓬勃的青春活力。

1. 人生观与人生追求

当前大学生普遍树立了健康向上的人生观,表现出积极的人生价值取向。他们富有集体意识,注重集体与个人的关系。调查显示,79.1%的大学生赞同“人生价值只有在集体中才能得到更好的实现”这一观点;他们崇尚奉献精神,具备一定的奉献意识,调查显示,82.4%的大学生表示“奉献是人生最大的快乐”,13.4%的大学生表示“说不清楚”,仅有4.2%的大学生表示不赞同。

当前大学生具有积极向上的人生追求,且大部分大学生具有明确的人生规划。85.9%的大学生表示自己拥有人生目标,其中20.4%的大学生表示有明确目标,65.5%的大学生表示有大体方向,另有11.5%的大学生表示说不清楚,2.6%的大学生表示对人生目标很不确定或完全没有。绝大多数大学生在确立人生理想时,能够将个人理想与社会理想相统一。调查显示,94.7%的大学生表示赞同“人生梦想是国家梦、民族梦和个人梦的有机统一”,4.7%的大学生表示说不清楚,仅有0.6%的大学生不赞同。大部分大学生能够正确认识奋斗对人生的重要意义,普遍树立了积极正确的奋斗观。调查显示,95.2%的大学生赞同“奋斗的青春最美丽”这一观点,其中表示“非常赞同”的大学生比例为68.2%,表示“比较赞同”的大学生比例为27%,另有3.8%的大学生表示“说不清楚”,仅有1%的大学生对此观点表示不赞同。同时也有部分大学生受到一些消极人生观的影响,近一半(46.6%)大学生表示自己的学习生活处于“内卷”状态。

2. 价值观与价值选择

当前,大学生价值观整体呈现向上向好的发展态势。其一,大学生高度认可社会主义核心价值观建设的意义,对社会主义核心价值观建设的重要性有清晰的认知和判断。97.2%的大学生对“国无德不兴,人无德不立”这一观点表示赞同,其中非常赞同的人数比例为77.8%,比较赞同的人数比例为19.4%,另有2.6%的大学生态度模糊,仅有0.3%的大学生表示不赞同。通过比较近五年的调查数据可以发现,大学生对社会主义核心价值观建设重要性的赞同度基本呈上升趋势。

其二,大学生高度认同和热切推崇社会主义核心价值观。2020年,96.5%的大学生表示认同社会主义核心价值观,仅有3.2%的大学生表示不清楚和0.3%的大学生表示不认同。纵向比较发现,2016年至2019年,大学生的认同度分别为76.5%、82.4%、92.2%、96.4%,可见五年来大学生对社会主义核心价值观的认同状况呈明显的上升趋势。具体来看,大学生对国家层面社会主义核心价值观的平均认同度为96.0%,分别有97.1%、91.9%、97.5%、

97.3%的大学生认同"中华民族正迎来从'站起来''富起来'到'强起来'的伟大飞跃""我们是国家和社会的主人""一个民族的进步,有赖于文明的成长""构建和谐社会是人们的共同理想和愿望";在社会层面社会主义核心价值观的平均认同度为96.9%,分别有95.1%、97.1%、97.4%、98.0%的大学生认同"在法律允许的范围内,自己的事情应自己做主""每一个人都应享有人生出彩的机会""公平正义应是社会与每个人的追求""每位公民都应依法行事";在公民个人层面社会主义核心价值观的平均认同度为95.8%,分别有96.8%、92.8%、96.6%、96.9%的大学生认同"人人都应为祖国建设添砖加瓦""职业无贵贱之分,要干一行爱一行""在市场经济条件下,'无信不立'并没有过时""帮助别人是一种快乐"。

其三,大学生能够积极评价社会主义核心价值观在社会现实中的践行状况,并表现出较为强烈的践行意愿。数据显示,大学生对12项价值观在社会上践行程度的评价均值为4.13分(满分5分),其中最高分为"爱国"(4.49分),最低分为"平等"(3.93分)。具体而言,国家层面的价值观评分为:富强(4.03分)、民主(4.03分)、文明(3.96分)、和谐(4.18分);社会层面的价值观评分为:自由(4.09分)、平等(3.93分)、公正(4.00分)、法治(4.28分);公民个人层面的价值观评分为:爱国(4.49分)、敬业(4.20分)、诚信(4.13分)、友善(4.23分)。大学生对社会主义核心价值观的践行状况呈现较好的态势。96.0%的大学生对"培育和践行社会主义核心价值观人人有责"这一观点明确表示赞同,80.5%的大学生表示当国防安全遇到战争威胁时,愿意参军入伍。

3. 道德观与道德行为

当前大学生注重锤炼道德品质,表现出正确的道德认知、强烈的道德意愿,并且能够积极投入道德实践之中。绝大多数大学生对雷锋精神有正确的认知,高度认同其时代价值。近年来,分别有92.4%(2014年)、93.6%(2015年)、95.1%(2016年)、95.2%(2017年)、91.5%(2018年)、90.8%(2019年)、90.8%(2020年)的大学生认为雷锋精神"并未过时,仍值得发扬"。经历新冠肺炎疫情防控的洗礼,大学生群体对英雄模范纷纷致敬并心生向往之情,有89.0%的大学生明确表示向往成为抗击疫情中的逆行者。越来越多的大学生表达了积极投入志愿服务的意愿,如,有95.0%的大学生表示愿意参与环境保护的志愿活动,92.5%的大学生表示愿意参与社区服务,93.2%的大学生表示愿意参与疫情防控的志愿服务,74.1%的大学生表示愿意参与山区支教的志愿活动。

调查发现,大学生积极投入道德实践,积极将强烈的道德意愿转化为道德行动。96.3%的大学生表示能做到遵守学术规范,不抄袭剽窃、数据造假;89.7%的大学生表示能够"拒绝舌尖上的浪费"。可能受疫情影响,本年度参加志愿服务的大学生比例(66.5%)较2019年度(77.9%)有所下降,其中有35.1%的大学生参与了环境保护的志愿活动,30.9%的大学生参与了社区建设的志愿活动,另外,还有一些大学生参与了大型赛会(18.1%)、义务支教(10.4%)、扶贫开发(10.3%)、应急救助(9.2%)等志愿活动中。

4. 文化观与文化素养

大学生文化观和文化素养的总体状况良好,且近年来呈现更加积极的发展态势。首先,大学生普遍具有坚定的文化自信心。他们对中华文化充满自豪感,有97.9%的受访大学生表示自己"为中华文化感到自豪";他们对待中外文化的态度理性客观,97.2%的大学生持有积极的文化心态,认为"应以开放包容的态度吸收其他文化的优长";他们对中华文化创新发展前景充满信心,96.8%的大学生表示坚信"中华民族一定能创造文化新辉煌"。另外,八成以上（80.1%）的大学生明确表示熟悉中华文化发展演进历程，其中，23.0%的大学生表示"非常熟悉"。

其次，大学生广泛涉猎中外经典著作，完整阅读率有所提升。调查显示，大学生对调查中涉及的三类十一本中外经典著作均有所涉猎，完整或部分阅读过这些经典著作的大学生比例与去年数据相比有小幅上升。其中，阅读过《论语》的大学生比例最高，为93.3%；八成左右的大学生表示阅读过《共产党宣言》和《毛泽东选集》。

再次，大学生对中国精神的了解情况较好。调查显示，九成左右的大学生表示了解红船精神、井冈山精神、长征精神、延安精神、抗战精神、抗美援朝精神、焦裕禄精神、特区精神等革命精神。大学生对"抗战精神"表示了解的比例最高，达99.0%。此外，大学生高度认同伟大抗疫精神的内涵，对"生命至上"（96.7%）、"举国同心"（97.1%）、"舍生忘死"（91.7%）、"尊重科学"（97.3%）、"命运与共"（97.1%）的认同度均在九成以上。

5. 网络观与网络素养

总体而言，大学生每天上网时间较为合理，分别有27.0%和38.6%的大学生表示每天用网时长为"1—3小时"和"3—5小时"，表示上网时间"5小时以上"的人数占比30.1%，仅有4.3%的大学生选择"1小时以下"。纵向比较发现，大学生上网时间呈增长的趋势，尤其少数学生存在的网络依赖和网络沉迷现象值得我们关注。当前大学生群体上网目的为"社交媒体"（30.8%）、"在线学习"（21.7%）、"观看视频"（16.4%）、"时政新闻"（5.6%）、"网络游戏"（5.5%）、"网络社区"（5.7%）、"刷短视频"（8.4%）、"网络购物"（5.8%）、"其他"（0.3%），利用QQ、微信、微博等平台社交畅聊、网络在线学习、观看B站等平台视频资源成为当前大学生群体最主要的网络活动方式，在上网时长中占据相当比重。

新媒体对大学生的成长发展具有重要的影响。56.1%的大学生对所在学校新媒体平台发挥的影响力给予正向评价，其中20.5%的大学生充分肯定其对个人成长发展产生的积极效应，35.6%的大学生表示影响比较大。同时，大学生对新媒体平台存在的问题与不足进行了客观评价，23.9%的大学生表示"理论性太强"，22.6%的大学生评价相关网站平台内容"说教味过浓"，选择"缺乏互动"和"呈现方式单一"的人数占比分别为17.5%和18.5%。此外，有不少大学生认为当前网站和新媒体平台存在"信息更新慢"（5%）、"案例陈旧"（6.9%）、"原创不足"（5.2%）等问题。

调查发现，大学生具有较高的网络素养，积极规范网络行为。91.9%的大学生表示能够冷静看待热点事件，不被网络舆论"带节奏"，78.8%的受访者表示看到网上抹黑党和政府的言论会予以反驳，93.0%的受访者表示自己在网上发表的言论都经过深思熟虑，95.1%的受访者表示上网时严格要求自己不做键盘侠。

（二）教育与成效

大学生群体在学习生活中表现出的正确思想观念与积极实践行动，得益于高校教育教学的成效。尤其是思想政治理论课教学和日常思想政治教育等工作的扎实推进，在高校落实立德树人根本任务中发挥了重要作用。

1. 思想政治理论课教学

整体而言，大学生对思想政治理论课教学开展效果给予了肯定的评价。47.8%的大学生对思想政治理论课总体开展效果评价为"非常好"，37.5%的大学生评价为"比较好"，13.3%

的大学生评价为"一般"。2020年新冠肺炎疫情突如其来，思想政治理论课线上教学成为一种教学新模式。78.5%的大学生对疫情防控期间的思政课线上教学给予了满意的评价，其中表示"非常满意"的占比34.6%，同时有43.9%的大学生评价"比较满意"。

大学生对于改进思想政治理论课教学内容的建议中，73.4%的大学生认为改进的重点应集中于"密切与现实生活的联系"，52.8%的大学生认为要"积极回应理论热点问题"；对于改进思想政治理论课教学方法的建议，49.9%的大学生认为改进的重点在于"增强教学的趣味性"，45.7%的大学生认为要"加强师生互动交流"，另外还有44.8%的大学生认为要"重视开展实践教学"；对于改进思想政治理论课教师水平的建议，47.5%的大学生选择"开阔国际视野"，35.1%的大学生认为要"增强政治素质"，另外有38.7%的大学生认为应该"提高教学能力"。

大学生对学习思想政治理论课的收获情况评价较好。关于"思想道德修养与法律基础"课，81.0%的大学生认为学习后"思想道德素质和法律素养不断提升"；关于"中国近现代史纲要"课，82.8%的大学生认为有助于"把握中国近现代史的发展历程和基本规律"；关于"毛泽东思想和中国特色社会主义理论体系概论"课，81.6%的大学生认为有助于"系统掌握马克思主义中国化的理论成果"；关于"马克思主义基本原理概论"课，80.7%的大学生认为有助于"全面掌握马克思主义的基本原理和方法"；关于"形势与政策"课，79.8%的大学生认为有助于"掌握认识形势与政策问题的基本理论和基础知识"。

大学生对于思政课程与课程思政的总体评价较好。86.8%的大学生认为思想政治理论课发挥了德育功能，84.8%的大学生认为公共基础课程发挥了德育功能，85.8%的大学生认为专业课程发挥了德育功能，85.1%的大学生认为实践类课程发挥了德育功能。

2. 日常思想政治教育

日常思想政治教育在高校思想政治工作中发挥了主阵地的作用，其建设成效得到大学生的充分肯定。调查显示，84.6%的大学生对日常思想政治教育的开展效果表示满意。具体而言，大学生对党团组织建设、校园文化活动、网络思想政治教育、心理健康教育、社会实践、资助育人、就业创业指导、全员育人等工作的评价均比较满意。

第一，在党团组织建设及活动方面，八成以上大学生对基层党组织（86.3%）、团组织（86.0%）和班级建设（84.3%）表示满意。相较于2019年，大学生对党团、班级等基层组织建设持"非常满意"态度的比例均有所上升，这说明，高校各类基层组织建设推进更为扎实、成效更为显著。

第二，在校园文化活动方面，84.5%的大学生在校园文化活动的满意度调查中给予了满意的评价，其中表示"非常满意"的达48.4%，体现出高校校园文化建设取得了较好成效；89.1%的大学生在校风学风建设的满意度调查中给予了满意评价，且超过半数（50.4%）的大学生给予了"非常满意"的评价。这表明，高校在正校风、浓学风，引领促进大学生成长成才方面取得了显著成绩。

第三，在网络思想政治教育方面，大学生对网络思想政治教育总体较为满意，且近年来满意度提升较为显著。2016年至2020年，满意度分别为48.5%、53.2%、75.2%、81.9%、83.0%，五年之间满意度上升了34.5%，其中，表示"非常满意"的比例从2016年的14.5%上升到2020年的46.1%。可以看出，近年来，大学生在网络思想政治教育方面的获得感不断增强。

第四,在心理健康教育与咨询方面,83.4%的大学生对之表示满意,其中"非常满意"的占47.5%。近年来,大学生对于心理健康教育与咨询工作的满意度呈上升趋势,总体满意度从2016年的60.7%,到2017年的66.2%,到2018年的75.2%,到2019年的83.6%,再到2020年的83.4%。其中,持"非常满意"态度的大学生从2016年的20.1%上升到2020年的47.5%。这一比例数据的变化趋势,折射出近年来高校对于大学生心理健康教育与咨询工作重视度不断提高,且工作成效不断提升。

第五,在社会实践方面,2020年受新冠肺炎疫情的影响,大学生参加社会实践的比例较往年有所下降,但仍达到76.9%。进一步分析发现,"锻炼实践能力"(48.2%)、"了解社会"(41.4%)、"服务社会"(41.4%)是大学生参加社会实践的主要原因。调查另显示,83.0%的大学生对社会实践活动表示满意,其中表示"非常满意"的比例为46.3%。

第六,在资助育人方面,48.5%的大学生对本校的学生资助工作表示"非常满意",36.6%的大学生表示"比较满意",总体满意度85.1%。通过比较发现,大学生对学校资助工作表示"非常满意"的比例自2016年以来持续上升,由2016年的28.6%上升到2020年的48.5%。可见,大学生对高校资助工作总体表示满意,反映出高校资助育人工作成效不断提升。

第七,在就业创业指导方面,大学生的满意度总体较高,且近年来呈现逐年上升的趋势。大学生对本校职业规划与就业指导教育的满意度从2018年的78.8%上升至2019年的80.4%,再到2020年的80.6%,其中"非常满意"度从2018年的37.7%上升到2019年的42.3%,再到2020年的44.7%。2020年受新冠肺炎疫情的影响,在就业形势较为严峻的情况下,大学生对就业创业工作的满意度仍有提升,折射出高校对就业创业工作的高度重视和扎实推进。

第八,在高校全员育人工作方面,大学生群体对学校全员育人工作认可度较高,"三全育人"综合改革有效推进。教书育人方面,81.1%的受访大学生表示自己所接触到的大部分老师做到了既"教书"又"育人";科研育人方面,96.9%的受访者表示老师给予了学术规范与学术道德引导;管理服务育人方面,分别有80.6%和78.2%的大学生表示认可学校日常事务管理和后勤服务工作。总体而言,大学生对学校教师、教学、科研、管理、服务等工作表示认可,"三全育人"的成效不断凸显。

3.大学生文明素养评价

当前大学生文明素养整体状况较好,彰显出青年大学生朝气蓬勃、奋发进取的青春风尚。2020年度大学生对自身文明素养的评价均值为7.93分(满分为10分),相较2019年的平均分上升了0.34分,且相关评价得分呈现逐年增长的态势。大学生文明素养评价得分从高到低依次为:文明礼貌(8.31分)、诚信意识(8.29分)、奋斗精神(8.15分)、维权意识(8.05分)、人文素养(8.04分)、责任意识(8分)、创新精神(7.83分)、纪律观念(7.78分)、勤俭节约(7.75分)、自律能力(7.69分)、奉献精神(7.65分)、集体观念(7.64分)。

(三)问题与对策

调查发现,当前青年大学生理想信念坚定,勇于担当奉献,表现出向上向好的思想状貌与行为特征。同时,调查也发现了一些值得关注的现象和问题,尤其一些问题在连续多年的调查中依旧存在,值得引起高度重视。基于此,我们提出相应的对策与建议,以期更好地推进高校思想政治工作的创新发展。

1. 坚持以学生需求为导向，提升课程教学的实效性

大学生群体是高校思想政治理论课教学的对象，教学成效直接体现在大学生的思想与行为上，因此，加强和改进思想政治理论课教学，必须坚持以学生为中心，以学生的需求为导向。习近平总书记在全国学校思想政治理论课教师座谈会上指出："思政课教学离不开教师的主导，同时要坚持以学生为中心，加大对学生的认知规律和接受特点的研究，发挥学生主体性作用。"[①]连续多年的调查发现，大学生对于加强和改进思想政治理论课教学的建议较为集中，如在改进教学内容方面，大学生的建议聚焦在"密切与现实生活的联系""积极回应理论热点问题"；在改进教学方法方面，大学生的建议集中在"增强教学的趣味性""加强师生的互动交流""重视开展实践教学"；在改进师资水平方面，大学生最强烈的建议是"开阔国际视野""增强政治素质""提高教学能力"。这些建议连续多年都较为稳定，在一定程度上反映出大学生群体性的需求，同时为我们进一步加强和改进思想政治理论课教学提供了参考。首先，在教学内容方面，要坚持内容为王，力求用"彻底的理论"来说服学生。这就需要增强教学内容的思想性和理论性，用真理的力量和逻辑的力量打动学生。增强理论性，并非枯燥地照本宣科，它并不排斥亲和力和趣味性。同样，回应热点问题、联系现实生活，也并非稀释教学内容的思想性和理论性。真正彻底的教学内容，既有理论的深度和逻辑的魅力，又贴近学生实际和现实生活，唯有如此才能真正说服学生、吸引学生。其次，在教学方法方面，坚持方法为要，在互联网时代尤其要注重运用新媒体新技术来丰富和优化思想政治理论课教学方法。教学方法是连接教学内容与教学对象的纽带，直接影响着教学效果。习近平总书记曾指出："要运用新媒体新技术使工作活起来，推动思想政治工作传统优势同信息技术高度融合，增强时代感和吸引力。"[②]新媒体新技术在思想政治理论课教学中的运用，为"增强教学的趣味性""加强师生的互动交流"等提供了更多的可能性。2020 年受疫情影响，全国高校大规模采用线上教学形式，这一教学实践为推进新媒体在思想政治理论课教学的深入与广泛运用奠定了基础。我们要全面总结线上教学取得的经验，进一步探索信息技术在教学方法中的创新应用。再次，在教师队伍方面，要发挥教师在办好思想政治理论课中的关键作用，注重发挥教师的积极性、主动性、创造性。习近平总书记在全国学校思想政治理论课教师座谈会上对教师队伍提出了"六要"的总要求，即政治要强、情怀要深、思维要新、视野要广、自律要严、人格要正，同时这也契合了大学生群体对改进教师队伍建设的诉求。无论"开阔国际视野"，或是"增强政治素质"，还是"提高教学能力"，都是"六要"总要求的题中之义。因此，我们要以"六要"为指导和遵循，大力推进教师队伍建设，同时改进和完善教师评价和激励机制，进一步增强其积极性和主动性。

2. 大力推进实践育人，善用"大思政课"增强"四个自信"

习近平总书记在 2021 年全国两会期间指出："思政课不仅应该在课堂上讲，也应该在社会生活中来讲……'大思政课'我们要善用之，一定要跟现实结合起来。"[③]鲜活的思政课教

---

① 习近平：《思政课是落实立德树人根本任务的关键课程》，《求是》2020 年第 17 期。

② 《习近平在全国高校思想政治工作会议上强调：把思想政治工作贯穿教育教学全过程 开创我国高等教育事业发展新局面》，《人民日报》2016 年 12 月 9 日。

③ 《"'大思政课'我们要善用之"》，《人民日报》2021 年 3 月 7 日。

学内容不局限于书本,而是来源于生活、来源于现实、来源中国特色社会主义伟大实践。调查中发现在大学生群体中存在一个较为普遍的问题,即他们的思想认知与实践行动存在一定落差。如,96.0%的大学生对"培育和践行社会主义核心价值观人人有责"表示赞同,而仅有76.9%的大学生表示在校期间参加过社会实践活动;分别有92.5%和95.0%的大学生表示愿意参与环境保护和社区服务的志愿活动,而33.5%的大学生表示在2020年没参与过任何志愿服务;平均有95%左右的大学生表示对伟大抗疫精神表示赞同,但仅有63.6%的大学生表示参与过弘扬抗疫精神的实践活动。基于此,我们更应该注重实践育人的作用。一方面,用中国特色社会主义实践的伟大成就来增强大学生的"四个自信"。近百年来,中国共产党团结带领全国人民艰苦奋斗,取得了世所罕见的经济社会发展奇迹,经济总量跃居世界第二,脱贫攻坚战取得全面胜利,全面建成小康社会。与中国"风景这边独好"不同的是,西方国家贫富悬殊、党派纷争、恐怖主义等现实矛盾凸显了其社会危机、制度危机和价值危机。尤其是2020年新冠肺炎疫情防控中,"中国之治"与"西方之乱"的鲜明对比,无不是思政课鲜活题材。我们应该积极引导大学生体验和感悟中国伟大实践,加强党史国史教育、国情社情教育,进一步增强"四个自信"。另一方面,引导大学生积极投身实践,强化实践养成。从知向行的转化,是大学生理想信念由执着坚守、内心肯认向自觉践行层面的逻辑递进,也是坚定"四个自信"的根本标志。我们应进一步挖掘实践育人资源,建立健全实践育人机制,引导大学生走出校园、走进社会、走进基层,组织开展实践教学、社会调查、志愿服务、公益活动等社会实践,使他们切实投身到中国特色社会主义伟大实践中来,深化实践感悟,强化实践体验,真正从伟大实践中不断坚定"四个自信"。

3. 坚持以创新为基点,切实提升网络思想政治教育成效

当今,高校早已进入"无人不网、无时不网、无地不网"的时代,网络越来越成为影响高校思想政治工作成效的关键变量。网络以其"双刃剑"属性,一方面为创新思想政治教育载体,增强高校思想政治工作的吸引力提供了抓手;另一方面深深影响并改变大学生的日常学习生活方式,潜隐着危害大学生健康成长的因素。调查发现,大学生近年来的上网时长呈现明显的递增趋势,2020年,大学生每日上网"1—3小时"的比例31.3%,较之2018年下降了20.9%,同时选择"5小时以上"的大学生比例比2018年高出15.7个百分点,选择"3—5小时"的比例相应高出5.2个百分点。网络上流传的一些错误思潮的观点言论,极具迷惑性和煽动性,侵蚀着部分大学生的思想认知。同时,大学生对思想政治教育类主题网站或新媒体平台现存问题的反映较为集中,例如"说教味过浓"(55.3%)、"呈现方式单一"(45.3%)、"缺乏互动"(42.8%),此外"案例陈旧"(16.9%)、"信息更新慢"(12.2%)、"原创不足"(12.8%)等也是大学生反映的问题。基于此,一方面需要大力创新网络思想政治教育内容,深化网络育人的"供给侧改革"。这并非摒弃传统教育优势,或用一些网络桥段来拼流量、蹭热度。面对纷繁复杂的网络信息,必须教育引导学生增强政治鉴别能力、提升区分善恶真伪的能力,因此就需要继续加强科学理论的灌输。创新网络育人内容,可以将科学理论这样的"大道理"用网络语言转化成"小故事"。网络时代的育人,不应该降低思想的深度和理论的厚度,而是应该融合网络优势与特性,通过内容转换与创新,为青年学生搭建通向理论和思想的阶梯,使大学生更容易理解和感悟科学理论的逻辑和魅力。另一方面需要大力创新网络思想政治教育方式。新媒体和新技术的更新迭代,为创新网络育人形式提供了多元选择和多重样态。我们要紧跟网络媒体更新步伐,及时总结和推广新媒体育人载体运用的经验。

同时,还要充分发挥融媒体优势,主动打造一批形式多元、样态丰富、喜闻乐见的新兴育人媒体平台,吸引广大青年学生主动传播正能量、积极弘扬主旋律,着力推动高校思想政治工作与新媒体、新技术的深度融合,切实提升育人成效。

第一章
人生观与人生追求

新时代青年应扣好人生"第一粒扣子"。正确的人生观是青年成长成才的精神要素和动力源泉,关乎一代代社会主义事业建设者和接班人的培养。帮助青年形成正确的人生观具有重要意义。大学时代是大学生心智逐步成熟的重要阶段,也是其人生观形成的关键时期。这一阶段应当关注大学生人生观的形成和发展,引导和帮助其培养积极健康的人生观。课题组结合时代发展的趋势和大学生群体思想发展的趋势,从大学生对人生价值的认识、人生追求的看法以及人生态度的展现、消极人生观的影响状况等多个方面来考察当代大学生的人生观和人生追求状况。

一、 人生价值

任何人都是处在一定的社会关系中从事社会实践活动的人。马克思指出:"人的本质不是单个人所固有的抽象物,在其现实性上,它是一切社会关系的总和。"①社会属性是人的本质属性。在一定的社会历史条件下,人们面对着各种各样的境遇,在客观的不断变化的社会关系中实践人生,通过现实的生活逐渐地感悟人生,形成相应的人生观。如何认识和理解奉献的意义,如何平衡个人价值与社会价值,如何处理个人与集体关系等,都与个体对人生价值的看法紧密相关。人生价值是指人的生命及其实践活动对于社会和个人所具有的作用和意义。积极健康的人生价值观念是树立正确人生观的基础。

(一)总体情况
调查显示,当前大学生人生价值取向积极向上,认同集体在实现人生价值中的作用,并能兼顾个人价值和社会价值。

首先,大部分大学生崇尚奉献精神,具备一定奉献意识。调查显示,82.4%的大学生表示赞同"奉献是人生最大的快乐"。其中,35.1%的大学生表示"非常赞同",47.3%的大学生表示"比较赞同"。另外,13.4%的大学生对"奉献是人生最大的快乐"这一观点表示"一般";仅有4.2%的大学生表示不赞同(图1-1)。同时,结合2017年度(66.6%)、2018年度(82.1%)、2019年度(77.8%)的数据来看,大学生对"奉献是人生最大的快乐"表示赞同的比例保持稳定,大学生整体崇尚奉献精神,乐于奉献,展现出了良好的精神风貌(图1-2)。

其次,大部分大学生富有集体意识,对集体在人生价值实现中的重要意义表示肯定和认

---

① 《马克思恩格斯文集》第1卷,人民出版社2009年版,第501页。

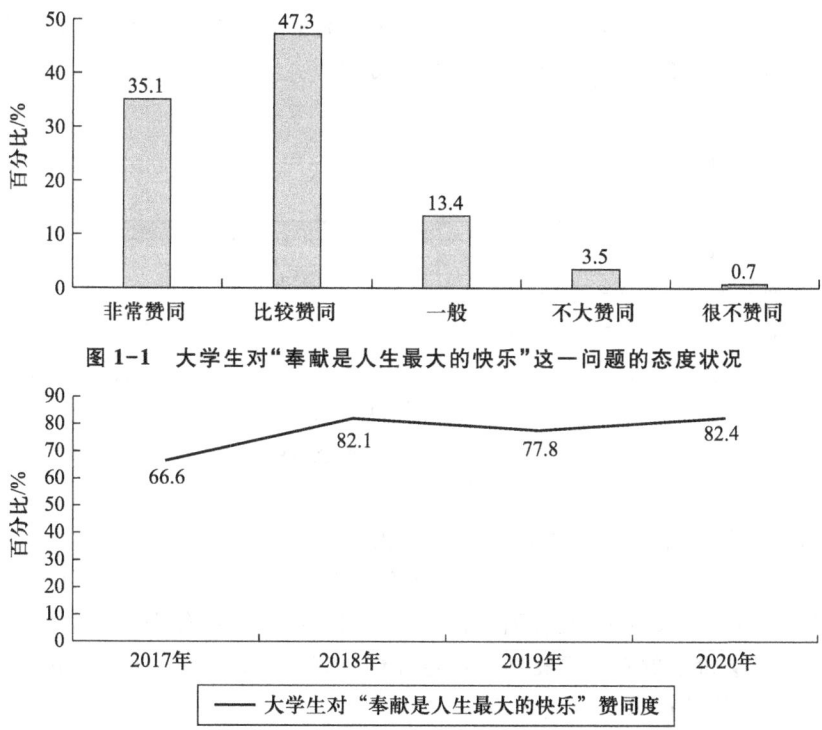

图 1-1　大学生对"奉献是人生最大的快乐"这一问题的态度状况

图 1-2　2017—2020 年大学生对"奉献是人生最大的快乐"的赞同度

同。调查显示,79.1%的大学生表示赞同"人生价值只有在集体中才能得到更好的实现"。纵观 2016 年(61.1%)、2017 年(64.7%)、2018 年(74.5%)、2019 年(73.5%)的调查结果,可以看到该数据近几年呈上升趋势。可见,近几年来,大学生集体意识有所提高(图 1-3)。

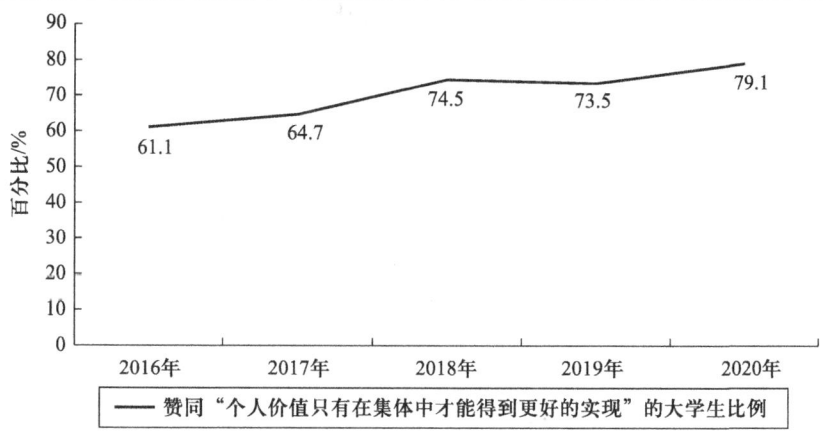

图 1-3　2016—2020 年大学生对"个人价值只有在集体中才能得到更好的实现"观点的赞同情况

再次,大部分大学生能够正确看待个人价值与社会价值之间的关系,追求二者的协调统一。调查显示,对于"毕业后,您愿意到西部地区就业吗?"这一问题,11.3%的大学生表示非常愿意到西部地区就业,24.8%的大学生表示比较愿意,37.0%的大学生表示一般,21.5%的大学生表示毕业后不太愿意到西部地区就业,5.4%的大学生则表示毕业后很不愿意到西部地区就业(图1-4)。可见,当前大学生具有一定的责任意识和担当情怀,人生价值选择积极向上,能合理地在二者之间进行权衡取舍和统筹协调。

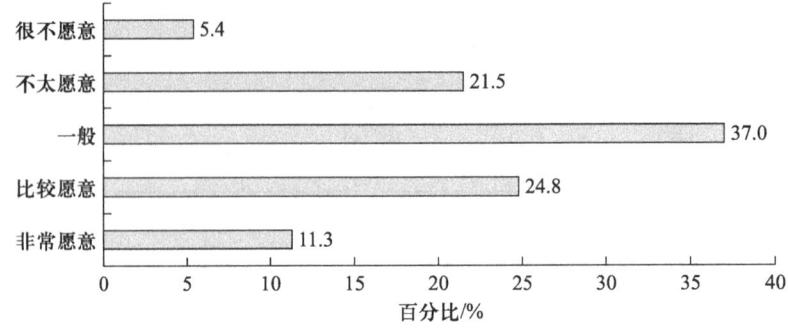

图1-4　大学生到西部地区就业的意愿

(二)不同群体大学生对于人生价值的认识

为进一步了解不同群体大学生对于人生价值的认识情况,课题组采用了交互分析的方法,将包括自然因素、成长背景、教育因素在内的多项人口学变量分别与大学生对于奉献、集体、个人价值和社会价值的看法等相结合进行分析研究。调查结果表明,受不同因素影响的大学生对于人生价值的认识具有显著差异。

1. 不同群体大学生的奉献意识存在差异

课题组通过分析,发现具有统计学意义的自变量有:学历层次、政治面貌、学生干部经历、生源地类别、父母职业、生源地所在区域、家庭类型、父母在外务工情况、家庭构成等(表1-1)。

表1-1　不同群体大学生"奉献"意识差异的交互分析

		"奉献是人生最大的快乐"/%			卡方检验		
		赞同	一般	不赞同	χ^2	df	P
学历层次	大一	85.9	11.2	2.8	389.086	20	<0.001
	大二	80.7	14.9	4.3			
	大三	77.7	16.6	5.7			
	大四	81.2	13.8	5.0			
	硕士生	84.4	11.8	3.8			
	博士生	81.0	13.7	5.3			
政治面貌	中共党员	89.2	8.2	2.6	606.834	12	<0.001
	共青团员	80.9	14.6	4.5			
	民主党派成员	80.5	12.2	7.3			
	群众	75.5	17.9	6.6			
担任过学生干部	是	83.8	12.3	3.8	343.435	4	<0.001
	否	76.1	18.2	5.7			

续表

		"奉献是人生最大的快乐"/%			卡方检验		
		赞同	一般	不赞同	χ^2	df	P
生源地类别	农村	83.6	13.2	3.2	117.820	4	<0.001
	城镇	81.2	13.7	5.1			
父亲职业	公务员	83.0	12.5	4.5	154.346	32	<0.001
	工人	81.8	13.9	4.3			
	农民	84.6	12.6	2.8			
	教师	81.0	13.7	5.3			
	事业单位职员	81.7	13.2	5.1			
	军人	84.6	10.1	5.3			
	专业技术人员	80.1	14.5	5.4			
	其他	81.3	14.3	4.4			
母亲职业	公务员	80.9	13.7	5.4	173.886	32	<0.001
	工人	81.3	14.2	4.5			
	农民	84.5	12.6	2.9			
	教师	81.6	12.9	5.5			
	事业单位职员	82.0	13.0	5.0			
	军人	84.6	7.7	7.7			
	专业技术人员	79.2	14.9	5.9			
	其他	81.6	14.1	4.3			
生源地所在区域	华东地区	82.9	12.6	4.5	297.314	36	<0.001
	华南地区	80.5	16.0	3.5			
	华中地区	82.9	13.1	4.0			
	华北地区	83.9	12.2	3.9			
	西北地区	83.8	12.6	3.6			
	西南地区	79.5	16.0	4.5			
	东北地区	81.7	12.4	5.9			
家庭类型	双亲家庭	82.7	13.2	4.1	110.067	16	<0.001
	单亲家庭（父亲抚养）	79.4	19.3	1.3			
	单亲家庭（母亲抚养）	78.1	16.3	5.6			
	重组家庭	78.3	15.6	6.1			
	孤儿	79.3	14.2	6.5			

续表

		"奉献是人生最大的快乐"/%			卡方检验		
		赞同	一般	不赞同	χ^2	df	P
父母在外务工	是	80.7	14.9	4.4	61.965	4	<0.001
	否	82.9	13.0	4.1			
是否是独生子女	是	81.5	13.4	5.1	131.528	4	<0.001
	否	83.0	13.5	3.5			

从学历层次来看,来自不同年级的大学生对奉献精神的认识存在显著差异,经卡方检验差异具有统计学意义($\chi^2 = 389.086$,$P<0.001$)。数据显示,分别有85.9%的大一学生、80.7%的大二学生、77.7%的大三学生、81.2%的大四学生、84.4%的硕士生、81.0%的博士生,对"奉献是人生最大的快乐"这一观点持赞同态度。可见,与本科生相比,研究生对"奉献"的认识更深入。并且在研究生中,硕士生相对博士生的奉献意愿更强烈。

从政治面貌来看,党员大学生对"奉献"的认同度高于非党员大学生,经卡方检验差异具有统计学意义($\chi^2 = 606.834$,$P<0.001$)。数据显示,对于"奉献是人生最大的快乐"这一观点,党员大学生、共青团员大学生、民主党派成员大学生和群众大学生四者对此观点表示赞同的比例分别为89.2%、80.9%、80.5%、75.5%。可见,与非党员大学生相比,党员大学生更具有奉献精神,奉献意识更强。

从学生干部经历来看,有学生干部经历的大学生表示赞同"奉献是人生最大的快乐"的比例高于没有学生干部经历的大学生的相应比例。分析数据显示($\chi^2 = 343.435$,$P<0.001$),在担任过学生干部的大学生中,有83.8%的大学生对"奉献是人生最大的快乐"这一观点持赞同态度,表示一般和不赞同的比例分别为12.3%、3.8%。而在没有担任过学生干部的大学生中,相应的数据分别为76.1%、18.2%、5.7%。可见,与没有学生干部经历的大学生相比,有学生干部经历的大学生更认同奉献精神。

从生源地类别来看,来自农村的大学生对"奉献"的认同度较高,数据经卡方检验差异具有统计学意义($\chi^2 = 117.82$,$P<0.001$)。在生源地为农村的大学生中,有83.6%的大学生对"奉献是人生最大的快乐"这一观点持赞同态度,13.2%的大学生表示"一般",3.2%的大学生持不赞同态度。而在生源地为城镇的大学生中,有81.2%的大学生对此观点持赞同态度,13.7%的大学生表示"一般",5.1%的大学生不赞同此观点。

从父亲/母亲职业来看,父亲/母亲职业不同的大学生对奉献精神的认识存在显著差异,经卡方检验差异具有统计学意义(父$\chi^2 = 154.346$,$P<0.001$;母$\chi^2 = 173.886$,$P<0.001$)。数据显示,在父亲/母亲职业为军人的大学生中,赞同"奉献是人生最大的快乐"这一观点的大学生比例都为84.6%。此外,数据显示,受访大学生的父亲或母亲从事不同的职业,例如,父亲/母亲职业为农民(84.6%、84.5%),父亲/母亲职业为公务员(83.0%、80.9%),父亲/母亲职业为工人(81.8%、81.3%),父亲/母亲职业为教师(81.0%、81.6%),父亲/母亲职业为事业单位职工(81.7%、82.0%),父亲/母亲职业为其他(81.3%、81.6%),其对于这一观点的认同度表现出显著差异。

从生源地所在区域来看,不同区域的大学生对奉献精神的认同度存在显著差异,经卡方检验差异具有统计学意义（$x^2=297.314$，$P<0.001$）。数据显示，分别有 82.9% 来自华东地区的大学生、80.5% 来自华南地区的大学生、82.9% 来自华中地区的大学生、83.9% 来自华北地区的大学生、83.8% 来自西北地区的大学生、79.5% 来自西南地区的大学生、81.7% 来自东北地区的大学生，对"奉献是人生最大的快乐"这一观点持赞同态度。按不同生源地所在区域大学生赞同此观点的比例由高到低排序，依次是：华北地区、西北地区、华东地区、华中地区、东北地区、华南地区、西南地区。

从家庭类型来看，来自双亲家庭的大学生比来自非双亲家庭的大学生对"奉献"的认同度更高。分析数据显示（$x^2=110.067$，$P<0.001$），82.7% 来自双亲家庭的大学生对"奉献是人生最大的快乐"这一观点持赞同态度，而来自非双亲家庭的大学生对此观点的赞同比例低于来自双亲家庭的大学生。

从父母在外务工情况来看，相较于小时候父母常年在外务工的大学生，父母不常年在外务工的大学生对"奉献"的认同度相对更高。数据显示（$x^2=61.965$，$P<0.001$），在小时候父母常年在外务工的大学生中，80.7% 的人赞同"奉献是人生最大的快乐"，14.9% 的人对此观点持一般态度，4.4% 的人表示不赞同此观点；而在小时候父母不常年在外务工的大学生中，这三项的比例分别为 82.9%、13.0%、4.1%。

从家庭构成来看，独生子女大学生和非独生子女大学生对奉献精神的认识存在显著差异，经卡方检验差异具有统计学意义（$x^2=131.528$，$P<0.001$）。数据显示，83.0% 的非独生子女大学生赞同"奉献是人生最大的快乐"，不赞同此观点的比例为 3.5%；而独生子女大学生中持这两种态度的比例分别为 81.5% 和 5.1%。

2. 不同群体大学生的集体意识存在差异

在本部分，课题组主要采用均值分析来进一步了解不同群体大学生集体意识的具体情况。我们将大学生对"人生价值只有在集体中才能得到更好的实现"的赞同度按照"很不赞同""不大赞同""一般""比较赞同""非常赞同"的顺序分别赋值 1 分、2 分、3 分、4 分、5 分，得分越高表示赞同度越高。分析结果显示，在性别、政治面貌、学生干部经历、生源地所在区域、家庭类型等方面，不同群体大学生对这一观点的认识存在显著差异（表 1-2）。

表 1-2 不同群体大学生集体意识差异的交互分析

		人生价值只有在集体中才能得到更好的实现			
		均值	标准差	统计量	显著性水平
性别	男	4.14	0.909	$F=252.695$	$P<0.001$
	女	4.01	0.899		
政治面貌	党员	4.26	0.800	$F=558.428$	$P<0.001$
	非党员	4.02	0.926		
担任过学生干部	是	4.29	0.884	$F=39.112$	$P<0.001$
	否	4.05	0.912		

续表

		人生价值只有在集体中才能得到更好的实现			
		均值	标准差	统计量	显著性水平
生源地所在区域	华东地区	4.10	0.904	$T = 18.855$	$P < 0.001$
	华南地区	4.01	0.893		
	华中地区	4.12	0.869		
	华北地区	4.10	0.910		
	西北地区	4.04	0.903		
	西南地区	3.97	0.924		
	东北地区	4.06	0.951		
家庭类型	双亲家庭	4.08	0.903	$T = 57.109$	$P < 0.001$
	非双亲家庭	3.97	0.930		

从性别来看,男、女大学生的集体意识存在显著差异($F = 252.695, P < 0.001$)。男大学生对"人生价值只有在集体中才能得到更好的实现"这一观念的认同度均值高于女大学生。具体来看,男大学生表示赞同的均值为4.14,略高于女大学生的4.01。

从政治面貌来看,党员大学生的集体意识强于非党员大学生($F = 558.428, P < 0.001$)。数据显示,对于"人生价值只有在集体中才能得到更好的实现"这一观点,党员大学生的认同度均值为4.26,高于非党员大学生的相应认同度均值4.02。可以看出,与非党员大学生相比,党员大学生具有更强烈的集体意识,更加认同和肯定集体对于实现人生价值的作用。

从学生干部经历来看,有学生干部经历的大学生和没有学生干部经历的大学生关于"集体"的认识存在差异($F = 39.112, P < 0.001$)。数据显示,在担任过学生干部的大学生中,对"人生价值只有在集体中才能得到更好的实现"这一观点的认同度均值为4.29。而在没有担任过学生干部的大学生中,认同度均值为4.05。可见,与没有学生干部经历的大学生相比,有学生干部经历的大学生更具有集体意识,更加认同和肯定集体对于实现人生价值的作用。

从生源地所在区域来看,生源地所在区域不同,大学生的集体意识明显不同($T = 18.855, P < 0.001$)。数据表明,不同生源地所在区域的大学生对"人生价值只有在集体中才能得到更好的实现"这一观点的赞同度均值从高到低排序,依次是:华中地区(4.12)、华东地区(4.10)、华北地区(4.10)、东北地区(4.06)、西北地区(4.04)、华南地区(4.01)、西南地区(3.97)。

从家庭类型来看,生活在双亲家庭的大学生更具有集体意识。分析显示($T = 57.109, P < 0.001$),在来自双亲家庭的大学生中,对"人生价值只有在集体中才能得到更好的实现"这一观点的认同度均值为4.08,而来非双亲家庭的大学生对此观点的认同度均值为3.97。可见,双亲家庭的大学生集体意识高于非双亲家庭,其更加认同和肯定集体对于实现人生价值的作用。

3. 不同群体大学生的西部就业意愿存在差异

课题组通过分析,发现具有统计学意义的自变量有:性别、学历层次、生源地所在区域等。

从性别来看,男女大学生对于"毕业后是否愿意到西部地区就业吗?"这一问题所持态度存在差异,经卡方检验差异具有统计学意义($\chi^2 = 336.200$,$P<0.001$)。数据显示,在男生中,有 36.6% 的人表示愿意"毕业后到西部地区就业",35.1% 的人表示一般,28.3% 的人表示不愿意;而在女生中,此三项的比例则分别为 35.6%、38.8%、25.6%。可见,相对于女大学生,男大学生更乐于在毕业后去西部地区就业。

从学历层次来看,来自不同年级的大学生对"毕业后是否愿意到西部地区就业"的回答存在显著差异,经卡方检验差异具有统计学意义($\chi^2 = 142.712$,$P<0.001$)。数据显示,分别有 34.6% 的大一学生、36.0% 的大二学生、36.9% 的大三学生、39.6% 的大四学生、35.0% 的硕士生、34.2% 的博士生,愿意"毕业后到西部地区就业";有 38.2% 的大一学生、37.8% 的大二学生、36.5% 的大三学生、36.3% 的大四学生、36.3% 的硕士生和 34.5% 的博士生对这个问题表示一般;有 27.2% 的大一学生、26.2% 的大二学生、26.6% 的大三学生、24.1% 的大四学生、28.7% 的硕士生和 31.4% 的博士生不愿意"毕业后到西部地区就业"。可见,与研究生相比,本科生更愿意到西部就业;并且在研究生中,硕士生相对于博士生更愿意到西部就业(表 1-3)。

表 1-3　不同群体大学生对于"毕业后是否愿意到西部地区就业"态度差异的交互分析

		毕业后是否愿意到西部地区就业/%			卡方检验		
		愿意	一般	不愿意	χ^2	df	P
性别	男	36.6	35.1	28.3	336.200	4	<0.001
	女	35.6	38.8	25.6			
学历层次(年级)	大一	34.6	38.2	27.2	142.712	20	<0.001
	大二	36.0	37.8	26.2			
	大三	36.9	36.5	26.6			
	大四	39.6	36.3	24.1			
	硕士生	35.0	36.3	28.7			
	博士生	34.2	34.5	31.4			
生源地所在区域	华东	24.8	39.0	36.3	5794.374	36	<0.001
	华南	29.3	42.3	28.4			
	华中	27.3	42.4	30.4			
	华北	32.1	39.0	28.9			
	西北	68.3	23.7	8.0			
	西南	58.7	29.8	11.5			
	东北	26.2	38.9	34.9			

从生源地所在区域来看,生源地所在区域不同,大学生对"毕业后是否愿意到西部地区就业"的回答明显不同($\chi^2 = 5794.374, P < 0.001$)。数据表明,不同生源所在区域的大学生愿意到西部地区就业的比例分别为:华东地区(24.8%)、华南地区(29.3%)、华中地区(27.3%)、华北地区(32.1%)、西北地区(68.3%)、西南地区(58.7%)、东北地区(26.2%)。可见,生源地所在区域为西北地区的大学生更愿意在毕业后到西部地区就业。

二、 人生追求

人生追求是人们在社会实践中关于自身行为的根本指向,是对人为什么活着这一人生根本问题的认识和回答,在个人的生活实践中具有重要作用。马克思主义认为,高尚的人生追求总是与奋斗奉献联系在一起。当代大学生只有把自己的人生追求与国家前途命运联系在一起,才能更好地把自己的一生奉献于利国利民的事业。人生追求作为人生的指引塔,为人生指明了目标和方向,对大学生成长成才具有重要意义。

(一)总体情况

当前大学生人生追求明确、积极向上。一方面,大部分大学生能把握自己的人生方向,对个人的人生目标有一定认识。但同时,部分大学生仍不太清楚自己想成为什么样的人,人生追求尚不明确。调查显示,对于"是否拥有人生目标"一题,20.4%的大学生表示"有明确目标",65.5%的大学生表示"有大体方向",11.5%的大学生表示"说不清楚",2.6%的大学生表示对人生目标"很不确定"或"完全没有"(图1-5)。可见,超过八成的大学生对自己的人生有一定规划,有自己的人生追求。

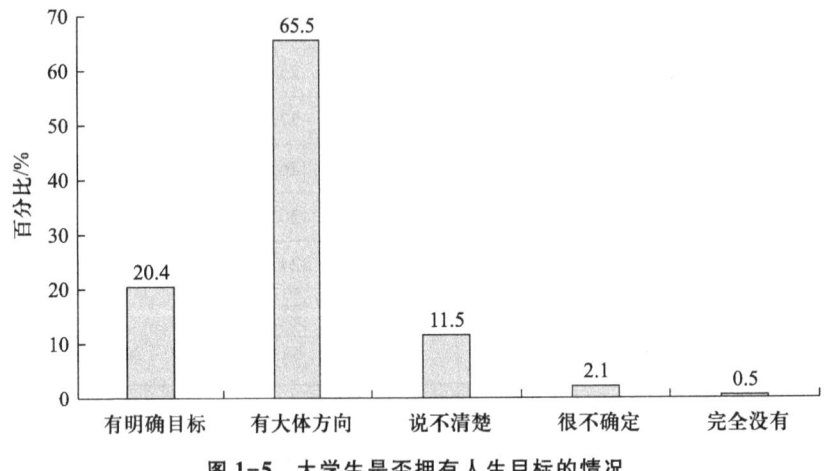

图1-5 大学生是否拥有人生目标的情况

另一方面,当前大部分大学生在确立人生理想时,能够将个人理想与社会理想相统一。调查显示,94.3%的大学生赞同"人生梦想是国家梦、民族梦和个人梦的有机统一",4.7%的大学生表示"一般",仅有1.0%的大学生不赞同(图1-6)。可见,大部分大学生能够认识到人生理想的确立应当把个人理想与社会理想统一起来,积极承担社会责任。

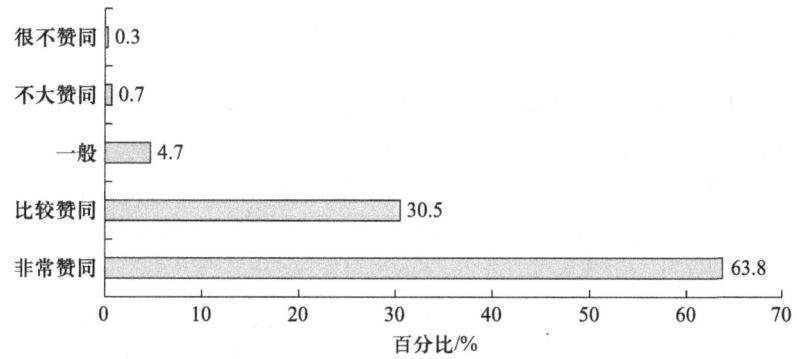

图 1-6　大学生对"人生梦想是国家梦、民族梦、个人梦的有机统一"的赞同情况

（二）不同群体大学生对于人生追求的认识

为进一步分析不同群体大学生在人生追求方面的差异,课题组分别采用均值分析和交互分析的方法,分析自然因素、成长背景、教育因素在内的多项人口学变量对大学生人生追求的影响。数据显示,性别、生源地、生源地所在区域、家庭类型、政治面貌、学历层次、学生干部经历、国（境）外学习经历、奖助学金经历不同的大学生,在人生追求这一问题的认识上存在显著差异,具体情况如下。

1. 不同群体大学生人生目标的确立情况

（1）基于自然因素的分析

交互分析发现,在自然因素中,不同性别的大学生群体,对是否拥有人生目标的回答不同。有明确人生目标的女大学生比例高于男大学生的相应比例($x^2 = 389.079, P < 0.001$）,有85.4%的男大学生表示自己有人生目标,而女大学生相应的比例为86.2%。

（2）基于成长背景的分析

分析发现,生源地类别、生源地所在区域以及家庭类型不同的大学生群体,对人生目标的认识存在差异。

第一,从生源地类别来看,来自城镇的大学生比来自农村的大学生人生目标更明确($x^2 = 139.639, P < 0.001$）。具体而言,在生源地为农村的大学生中,有84.2%的大学生拥有人生目标;而在生源地为城镇的大学生中,有87.3%的大学生表示自己有人生目标。第二,从生源地所在区域来看,大学生对于"是否拥有人生目标"这一问题,回答有目标的比例为:华东地区（86.0%）、华南地区（80.8%）、华中地区（85.5%）、华北地区（87.8%）、西北地区（87.8%）、西南地区（84.7%）、东北地区（88.2%）。第三,从家庭类型来看,来自双亲家庭的大学生与来自非双亲家庭的大学生对人生目标的认识存在显著差异($x^2 = 72.541, P < 0.001$）。数据显示,86.1%的来自双亲家庭的大学生表示有人生目标,而来自单亲家庭（父亲抚养或母亲抚养）、重组家庭和孤儿的大学生表示有人生目标的比例低于来自双亲家庭的大学生,分别为81.6%、84.3%、84.4%、79.4%。

（3）基于教育因素的分析

从政治面貌来看,党员和非党员大学生对人生目标的树立情况明显不同。数据显示($x^2 = 507.852, P < 0.001$）,对于"是否拥有人生目标"一题,91.7%的党员大学生、84.6%的共青团员大学生、78.0%的民主党派成员大学生和80.2%的群众大学生表示自己有人生目标。可

见,在大学生中,党员大学生比非党员大学生对人生目标的认识更清晰,更明确自己的人生道路和未来。

从学历层次来看,来自不同年级的大学生对人生目标的认识存在显著差异($\chi^2 = 691.731, P < 0.001$)。数据显示,分别有85.4%的大一学生、82.8%的大二学生、83.1%的大三学生、85.1%的大四学生、90.7%的硕士生、95.2%的博士生回答有人生目标。可见,与本科生相比,研究生的人生目标更清晰;并且在研究生中,博士生对个人未来和人生道路的认识相对硕士生更为明确。

从学生干部经历来看,有学生干部经历的大学生和没有学生干部经历的大学生对人生目标的认识存在显著差异($\chi^2 = 455.703, P < 0.001$)。数据显示,对于"是否拥有人生目标"这一问题,担任过学生干部的大学生与没有此经历的大学生表示有目标的比例分别为87.5%、79.2%。可见,有学生干部经历的大学生对自己人生有更准确的定位,人生目标更加明确。

2. 不同群体大学生对于个人理想与社会理想之间关系的认识存在差异

(1) 基于自然因素的分析

分析发现,在自然因素中,不同性别的大学生群体对"人生梦想是国家梦、民族梦、个人梦的有机统一"这一观点的认同状况存在显著差异($\chi^2 = 148.615, P < 0.001$)。数据显示,有93.0%的男大学生对"人生梦想是国家梦、民族梦、个人梦的有机统一"这一观点持赞同态度,5.6%表示一般,1.4%表示不赞同;女大学生的对应数据则分别为95.4%、3.9%、0.7%。

(2) 基于成长背景的分析

分析发现,在成长背景因素中,不同生源地类别的大学生对"人生梦想是国家梦、民族梦、个人梦的有机统一"这一观点的态度明显不同。数据分析显示($\chi^2 = 41.515, P < 0.001$),在生源地为农村的大学生中,有94.8%的大学生对"人生梦想是国家梦、民族梦、个人梦的有机统一"这一观点持赞同态度;而在生源地为城镇的大学生中,有93.9%的大学生赞同此观点。可见,与来自城镇的大学生相比,来自农村的大学生对个人理想和社会理想之间关系的认识更加积极。

(3) 基于教育因素的分析

分析发现,在教育因素中,不同政治面貌、学生干部经历和国(境)外学习经历的大学生对人生理想与社会理想之间的关系认识存在差异。

第一,从政治面貌来看,与非党员大学生相比,党员大学生更能认识到人生理想应与社会理想相协调、相统一($\chi^2 = 604.524, P < 0.001$)。数据显示,党员、共青团员、民主党派和群众大学生对"人生梦想是国家梦、民族梦、个人梦的有机统一"这一观点持赞同态度的比例分别为:97.3%、93.9%、85.4%、88.8%

第二,从学生干部经历来看,有学生干部经历的大学生和没有学生干部经历的大学生对"人生梦想是国家梦、民族梦、个人梦的有机统一"这一观点的看法存在明显差异。数据分析表明($\chi^2 = 316.965, P < 0.001$),在担任过学生干部的大学生中,有95.1%的人赞同"人生梦想是国家梦、民族梦、个人梦的有机统一",没有学生干部经历的大学生的相应比例为91.2%。可见,有学生干部经历的大学生比没有此经历的大学生对个人理想和社会理想之间关系的认识更加积极。

第三,相较而言,没有国(境)外学习经历的大学生更能认识到个人理想应与社会理想相协调统一($\chi^2 = 48.304$，$P<0.001$)。数据显示，在有国(境)外学习经历的大学生中，有91.1%的大学生赞同"人生梦想是国家梦、民族梦、个人梦的有机统一"这一观点；而在没有国(境)外学习经历的大学生中，有94.5%的大学生赞同这一观点。

（三）影响大学生人生追求的因素分析

在这一部分，课题组主要运用一般线性回归的方法来探讨大学生人生追求的影响因素。我们将大学生对"您是否拥有人生目标"的回答按照"有明确目标""有大体方向""说不清楚""很不确定""完全没有"分别赋值5分、4分、3分、2分、1分；将大学生对"人生梦想是国家梦、民族梦、个人梦的有机统一"的认同度按照"非常赞同""比较赞同""一般""不大赞同""很不赞同"分别赋值5分、4分、3分、2分、1分，得分越高表示认同度越高。然后结合教育因素进行一般线性回归分析。分析结果表明，思想政治教育对大学生人生追求的确立具有显著影响。

1. 教育因素对大学生人生目标树立情况的影响

按照0.05的检验水准，在影响大学生人生目标树立情况的因素分析中，回归系数具有统计学意义的自变量有：专业课程教学、大学生日常思想政治教育、校风和学风建设、校园文化活动、心理健康教育与咨询工作、职业规划与就业指导、团组织建设（表1-4）。

表1-4 教育因素对大学生树立人生目标的一般线性回归分析

自变量	非标准化系数		标准化系数	统计量	显著性水平
	B	Std.Error	Beta	t	P
常数项	2.870	0.021		138.115	0
专业课程教学	0.068	0.007	0.073	10.067	0
大学生思想政治教育	0.030	0.009	0.035	3.390	0.001
思想政治理论课教学	0.009	0.009	0.010	0.980	0.327
校风和学风建设	0.021	0.007	0.024	3.240	0.001
创新创业教育	0.009	0.007	0.012	1.355	0.175
社会实践活动	0.012	0.007	0.014	1.612	0.107
校园文化活动	0.013	0.007	0.016	1.992	0.046
心理健康教育与咨询工作	0.016	0.007	0.020	2.482	0.013
职业规划与就业指导	0.049	0.007	0.062	7.448	0
团组织建设	0.041	0.006	0.048	6.629	0

$N=46813$ $R^2=0.065$ $F=233.347$

从高校思想政治教育工作开展情况来看，大学生对"专业课程教学""大学生日常思想政治教育"的评价从"非常差""比较差""一般""比较好""非常好"每升高一个单位，其对于"是否拥有人生目标"一题的回答得分就会分别提高0.068、0.030个单位。可见，专业课程教学和大学生日常思想政治教育在帮助大学生树立正确人生观，引导其确立人生目标方面均具有显著的积极影响。

从日常思想政治教育的具体内容来看,校风和学风建设、校园文化活动、心理健康教育与咨询工作、职业规划与就业指导、团组织建设均对大学生确立人生目标有一定影响。从校风和学风建设来看,大学生对校风和学风建设的评价从"很不满意""不大满意""一般""比较满意""非常满意"每升高一个单位,其对于"是否拥有人生目标"一题的回答得分就会提高 0.021 个单位;同样,大学生对"校园文化活动""心理健康教育与咨询工作""职业规划和就业指导"和"团组织建设"等工作的评价每升高一个单位,其对于"是否拥有人生目标"一题的回答得分也会分别提高 0.013、0.016、0.049 和 0.041 个单位。

2. 教育因素对大学生统筹个人理想与社会理想间关系的影响

按照 0.05 的检验水准,在影响大学生统筹个人理想与社会理想间关系的因素分析中,回归系数具有统计学意义的自变量有:专业课程教学、大学生日常思想政治教育、思想政治理论课教学、校风和学风建设、校园文化活动、心理健康教育与咨询工作、团组织建设(表 1-5)。

表 1-5　教育因素对大学生统筹个人理想与社会理想间关系的影响

自变量	非标准化系数		标准化系数	统计量	显著性水平
	B	Std.Error	Beta	t	P
常数项	2.963	0.019		152.921	0
专业课程教学	0.044	0.006	0.049	6.974	0
大学生日常思想政治教育	0.060	0.008	0.072	7.154	0
思想政治理论课教学	0.074	0.008	0.088	8.945	0
校风和学风建设	0.077	0.006	0.087	13.018	0
社会实践活动	0.002	0.006	0.002	0.279	0.781
校园文化活动	0.017	0.006	0.021	2.713	0.007
心理健康教育与咨询工作	0.019	0.006	0.024	3.354	0.001
团组织建设	0.079	0.006	0.094	13.580	0

$N = 46813$　　$R^2 = 0.128$　　$F = 492.678$

一般线性回归分析显示,从高校思想政治教育工作开展情况来看,大学生对"专业课程教学""思想政治理论课教学"和"大学生日常思想政治教育"的评价从"非常差""比较差""一般""比较好""非常好"每升高一个单位,其对"人生梦想是国家梦、民族梦、个人梦的有机统一"的认同度得分就会分别提高 0.044、0.060 和 0.074 个单位。可见,这三种不同教育途径会影响大学生统筹个人理想与社会理想间关系。

从日常思想政治教育的具体内容来看,校风和学风建设、校园文化活动、心理健康教育与咨询工作、团组织建设均对大学生统筹好个人价值与社会价值之间的关系有一定影响。以校风和学风建设为例,大学生对这一工作的满意度评价从"很不满意""不大满意""一般""比较满意""非常满意"每升高一个单位,其对"人生梦想是国家梦、民族梦、个人梦的有机统一"的认同度得分就会随之提高 0.077 个单位。

三、 人生态度

人生态度是指人们通过生活实践形成的对人生问题的一种相对稳定的心理倾向和精神状态。一个人有什么样的人生观就会有什么样的人生态度。没有积极进取的人生态度,再崇高的人生目标也难以真正实现。走好人生之路,需要大学生正确认识、处理生活中各种各样的困难和问题,保持认真务实、乐观向上、积极进取的人生态度。

(一)总体情况

当前大学生的人生态度普遍较为积极,富有正能量。大部分大学生能够乐观面对生活,对未来抱有希望和期待。调查数据显示,当问及"您是否对自己的人生前途充满信心"时,71.0%的大学生表示对人生前途有信心,24.3%的大学生表示自己信心"一般",4.8的大学生表示没有信心(图1-7)。大部分大学生能够正确认识奋斗对人生的重要性,数据显示,95.2%的大学生赞同"奋斗的青春最美丽"这一观点,其中表示"非常赞同"的大学生比例为68.2%,表示"比较赞同"的大学生比例为27.0%,另有3.8%的大学生表示"一般",仅有1.0%的大学生对此观点表示不赞同(图1-8)。可见,当前大学生的人生态度总体状况呈现稳中向好的发展趋势。但同时也应关注对未来人生发展持迷茫和悲观态度的大学生群体。

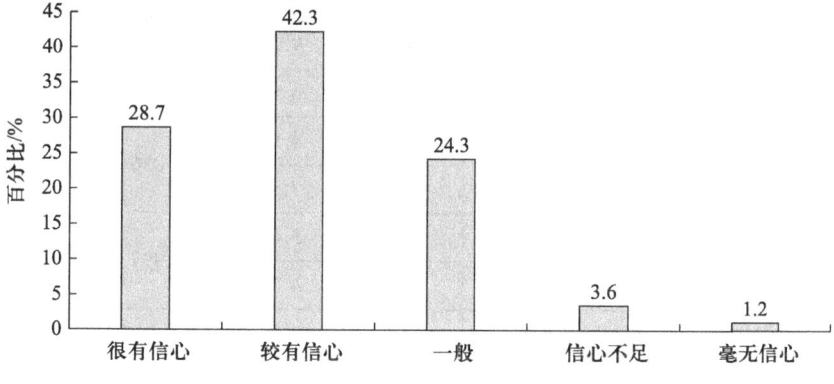

图1-7　大学生对人生前途的信心情况

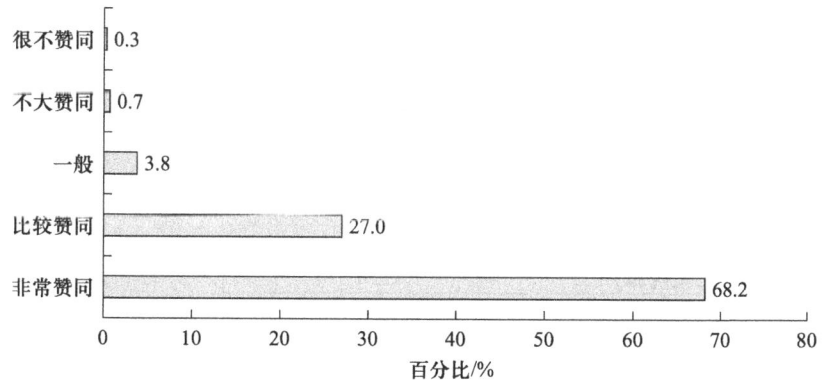

图1-8　大学生对"奋斗的青春最美丽"的赞同情况

（二）不同群体大学生关于人生态度的认识

为进一步分析不同群体大学生对待人生前途的态度差异,课题组将包括自然因素、成长背景、教育因素在内的多项人口学变量与大学生对自己前途的态度相结合进行交互分析。分析结果发现,生源地类别、生源地所在区域、家庭类型、父母职业、子女构成、家庭互动、政治面貌、学历层次、学生干部经历不同的大学生,在对人生前途的态度上有所不同,具体情况如下。

1. 不同群体大学生对人生前途的认识存在差异

课题组通过分析发现具有统计学意义的自变量有:性别、政治面貌、学生干部经历、生源地类别、生源地所在区域、家庭类型、家庭构成、父母在外务工情况等(表1-6)。

表1-6 不同群体大学生对人生前途认识差异的交互分析

		您是否对自己的人生前途充满信心/%			卡方检验		
		有信心	一般	没信心	χ^2	df	P
性别	男	74.7	20.4	4.9	629.138	4	<0.001
	女	67.9	27.5	4.6			
政治面貌	中共党员	77.2	19.5	3.3	348.381	22	<0.001
	共青团员	69.7	25.3	5.0			
	民主党派成员	65.8	24.5	9.7			
	群众	65.7	27.8	6.5			
担任过学生干部	是	73.6	22.3	4.1	716.056	4	<0.001
	否	60.3	32.2	7.5			
生源地类别	农村	67.6	27.0	5.4	309.997	4	<0.001
	城镇	74.0	21.8	4.2			
生源地所在区域	华东地区	72.4	23.1	4.5	730.738	66	<0.001
	华南地区	61.4	31.4	7.2			
	华中地区	71.3	24.2	4.5			
	华北地区	75.7	20.5	3.8			
	西北地区	71.5	24.3	4.2			
	西南地区	66.0	28.7	5.3			
	东北地区	77.3	19.0	3.7			
家庭类型	双亲家庭	71.6	23.9	4.5	137.779	16	<0.001
	单亲家庭（父亲抚养）	63.7	30.1	6.2			
	单亲家庭（母亲抚养）	65.9	27.7	6.4			
	重组家庭	66.7	25.7	7.6			
	孤儿	59.8	31.6	8.6			

续表

		您是否对自己的人生前途充满信心/%			卡方检验		
		有信心	一般	没信心	x^2	df	P
独生子女	是	74.2	21.4	4.4	309.267	4	<0.001
	否	68.5	26.5	5.0			
父母外出打工	是	63.1	29.8	7.1	596.766	4	<0.001
	否	73.6	22.5	3.9			

从性别来看,男女大学生对自己人生前途的认识存在显著差异,经卡方检验差异具有统计学意义($x^2 = 629.138, P<0.001$)。数据显示,男大学生中对自己的人生前途有信心的比例为74.7%,一般的比例为20.4%,对人生前途没有信心的比例为4.9%。女大学生中对应的比例分别为:67.9%、27.5%、4.6%。可见,相对于女大学生,男大学生对未来更有信心,人生态度更加积极。

从政治面貌来看,党员和非党员大学生对自己人生前途的态度存在显著差异,经卡方检验差异具有统计学意义($x^2 = 348.381, P<0.001$)。数据显示,77.2%的党员大学生对自己的未来人生前途有信心,69.7%的团员大学生对自己的人生前途有信心,65.8%的民主党派成员大学生对自己的人生前途有信心,65.7%的群众大学生对自己的人生前途有信心。可见,与非党员大学生相比,党员大学生对未来人生有着更加积极的态度。

从学生干部经历来看,有学生干部经历的大学生和没有学生干部经历的大学生对自己人生前途的态度存在显著差异,经卡方检验差异具有统计学意义($x^2 = 716.056, P<0.001$)。数据显示,在担任过学生干部的大学生中,有73.6%的大学生对自己的人生前途有信心;而在没有担任过学生干部的大学生中,相应比例为60.3%。可见,与没有学生干部经历的大学生相比,有学生干部经历的大学生对未来人生有着更加积极的态度。

从生源地类别来看,来自农村的大学生与来自城镇的大学生对自己人生前途的态度存在显著差异,经卡方检验差异具有统计学意义($x^2 = 309.997, P<0.001$)。数据显示,在生源地类别为城镇的大学生中,有74.0%的大学生对自己的人生前途有信心;而在生源地类别为农村的大学生中,67.6%的大学生有信心。来自农村的大学生对未来人生前途没有信心的比例明显高于来自城镇的大学生。可见,与来自农村的大学生相比,来自城镇的大学生对自己的未来人生有着更加积极的态度。

从生源地所在区域来看,来自不同生源地所在区域的大学生对自己人生前途的态度存在显著差异,经卡方检验差异具有统计学意义($x^2 = 730.738, P<0.001$)。数据显示,分别有72.4%来自华东地区的大学生、61.4%来自华南地区的大学生、71.3%来自华中地区的大学生、75.7%来自华北地区的大学生、71.5%来自西北地区的大学生、66.0%来自西南地区的大学生、77.3%来自东北地区的大学生,能够乐观地看待自己的未来人生发展。不同生源地所在区域大学生持乐观态度的比例由高到低排序,依次是:东北地区、华北地区、华东地区、西北地区、华中地区、华南地区、西南地区。

从家庭类型来看,来自双亲家庭的大学生与来自非双亲家庭的大学生对自己人生前途的态度存在显著差异,经卡方检验差异具有统计学意义($x^2 = 137.779, P<0.001$)。数据显示,

71.6%的来自双亲家庭的大学生对人生前途有信心,持乐观态度。而对人生前途有信心这一回答在父亲抚养、母亲抚养、重组家庭和孤儿等家庭类型的数据分别为:63.7%、65.9%、66.7%、59.8%。可见,与来自非双亲家庭的大学生相比,来自双亲家庭大学生的人生态度更加积极,对未来人生更有信心。

从家庭构成来看,独生子女大学生和非独生子女大学生对自己人生前途的态度存在显著差异,经卡方检验差异具有统计学意义($\chi^2 = 309.267, P < 0.001$)。数据显示,74.2%独生子女大学生对自己的人生前途有信心,68.5%非独生子女大学生对此持乐观态度。可见,与非独生子女大学生相比,独生子女大学生对未来人生有着更加积极的态度。

从父母在外务工情况来看,父母在外务工情况不同的大学生对自己人生前途的态度存在显著差异,经卡方检验差异具有统计学意义($\chi^2 = 596.766, P < 0.001$)。数据显示,63.1%的小时候父母常年在外务工的大学生对自己的人生前途有信心,73.6%的小时候父母不常年在外务工的大学生对此持乐观态度。且在小时候父母常年在外务工的大学生中,对未来人生前途没有信心的大学生比例为7.1%,明显高于小时候父母不常年在外务工的大学生(3.9%)。

2. 不同群体大学生对奋斗的态度存在差异

在本部分,课题组主要采用均值分析来进一步了解不同群体大学生对奋斗所持态度的具体情况。我们将大学生对"奋斗的青春最美丽"的赞同度按照"很不赞同""不大赞同""一般""比较赞同""非常赞同"的顺序分别赋值1分、2分、3分、4分、5分,得分越高表示赞同度越高。分析结果显示,在政治面貌、学生干部经历、生源地类别、家庭类型等方面,不同大学生对这一观点的认识存在显著差异(表1-7)。

表1-7　不同群体大学生对奋斗所持态度差异的均值分析

		奋斗的青春最美丽		卡方检验	
		均值	标准差	统计值	P
政治面貌	党员	4.72	0.528	$T = 324.802$	$P < 0.001$
	非党员	4.60	0.639		
担任过学生干部	是	4.79	0.597	$T = 410.284$	$P < 0.001$
	否	4.61	0.631		
生源地类别	农村	4.65	0.589	$T = 82.923$	$P < 0.001$
	城镇	4.60	0.644		
生源地所在区域	华东地区	4.62	0.625	$T = 11.400$	$P < 0.001$
	华南地区	4.59	0.636		
	华中地区	4.63	0.611		
	华北地区	4.66	0.604		
	西北地区	4.66	0.574		
	西南地区	4.59	0.632		
	东北地区	4.60	0.659		

续表

		奋斗的青春最美丽		卡方检验	
		均值	标准差	统计值	P
家庭类型	双亲家庭	4.63	4.5	$T=108.435$	$P<0.001$
	非双亲家庭	4.55	3.3		

从政治面貌来看,党员大学生的奋斗精神强于非党员大学生($T=324.802,P<0.001$)。数据显示,对于"奋斗的青春最美丽"这一观点,党员大学生的认同度均值为4.72,远高于非党员大学生的相应认同度均值得分(4.60)。可以看出,与非党员大学生相比,党员大学生更持有认真务实、积极进取的人生态度。

从学生干部经历来看,有学生干部经历和没有学生干部经历的大学生关于奋斗的认识存在显著差异($T=410.284,P<0.001$)。在有学生干部经历和没有此经历的大学生中,对"奋斗的青春最美丽"这一观点持赞同态度均值分别为4.79和4.61。相比而言,有学生干部经历的大学生明显比没有学生干部经历的大学生更加认同奋斗之于人生幸福的重要意义。

从生源地类别来看,来自农村的大学生比来自城镇的大学生更认可奋斗的意义($T=82.923,P<0.001$)。数据显示,在生源地为农村的大学生中,对"奋斗的青春最美丽"这一观点持赞同态度的均值得分为4.65,而来自城镇的大学生持此观点的相应数据为4.60。

从生源地所在区域来看,生源地所在区域不同,大学生对奋斗的意义的理解也不尽相同($T=11.400,P<0.001$)。数据显示,关于"奋斗的青春最美丽"这一观点,不同生源所在区域的大学生持赞同态度的均值得分分别为:华北地区(4.66)、西北地区(4.66)、华中地区(4.63)、华东地区(4.62)、东北地区(4.60)、华南地区(4.59)、西南地区(4.59)。

从家庭类型来看,双亲家庭和非双亲家庭的大学生关于奋斗的认识存在明显不同。分析显示($T=108.435,P<0.001$),非双亲家庭大学生对"奋斗的青春最美丽"这一观点持赞同态度的得分均值为4.55,低于双亲家庭大学生4.63的数值。

（三）影响大学生人生态度的因素分析

在本部分,课题组采用线性回归分析的方法来分析影响大学生人生态度的因素。我们将大学生对"是否对自己的人生前途充满信心"的态度按照"很有信心""较有信心""一般""信心不足""毫无信心"分别赋值5分、4分、3分、2分、1分;将大学生对"奋斗的青春最美丽"的认同度按"非常赞同""比较赞同""一般""不大赞同""很不赞同"分别赋值5分、4分、3分、2分、1分,得分越高表示认同度越高。分析结果表明,多项教育因素对大学生人生态度具有显著影响。

1. 教育凶素对大学生人生前途态度的影响

按照0.05的检验水准,在影响大学生对人生前途态度的因素分析中,回归系数具有统计学意义的自变量有:专业课程教学、大学生日常思想政治教育、校风和学风建设、社会实践活动、校园文化活动、心理健康教育与咨询工作、团组织建设(表1-8)。

表1-8 教育因素对大学生人生前途态度影响的一般线性回归分析

自变量	非标准化系数		标准化系数	统计量	显著性水平
	B	Std.Error	Beta	t	P
常数项	2.220	0.027		82.040	0
专业课程教学	0.119	0.009	0.098	13.546	0
大学生日常思想政治教育	0.044	0.012	0.039	3.750	0
思想政治理论课教学	0.004	0.012	0.003	0.323	0.747
校风和学风建设	0.051	0.008	0.043	6.191	0
社会实践活动	0.043	0.009	0.040	4.910	0
校园文化活动	0.029	0.009	0.027	3.332	0.001
心理健康教育与咨询工作	0.058	0.008	0.054	7.450	0
团组织建设	0.049	0.008	0.043	6.045	0

$N = 46813$　$R^2 = 0.081$　$F = 224.261$

一般线性回归分析显示,大学生对"专业课程教学""大学生日常思想政治教育"的评价从"非常差""比较差""一般""比较好""非常好"每升高一个单位,其对"是否对自己的人生前途充满信心"的回答得分就会随之分别提高 0.119、0.044 个单位,即对自己的人生前途态度更积极。可见,专业课程教学和日常思想政治教育对帮助大学生增强人生前途的信心、引导其树立积极人生观具有重要作用。

从日常思想政治教育的具体内容来看,校风和学风建设、社会实践活动、校园文化活动、心理健康教育与咨询工作、团组织建设均对大学生关于人生前途的态度有一定影响。从校风和学风建设来看,大学生对校风和学风建设的评价从"很不满意""不大满意""一般""比较满意""非常满意"每升高一个单位,其对"是否对自己的人生前途充满信心"的回答得分就会随之提升 0.051 个单位;从社会实践活动来看,大学生对社会实践活动的评价每升高一个单位,对"是否对自己的人生前途充满信心"的回答得分就会随之提升 0.043 个单位;从校园文化活动来看,大学生对校园文化活动的评价每升高一个单位,对"是否对自己的人生前途充满信心"的回答得分就会随之提升 0.029 个单位;从心理健康教育与咨询工作来看,大学生对心理健康教育与咨询工作的评价每升高一个单位,对"是否对自己的人生前途充满信心"的回答得分就会随之提升 0.058 个单位;从团组织建设来看,大学生对团组织建设的评价每升高一个单位,对"是否对自己的人生前途充满信心"的回答得分就会随之提升 0.049 个单位。

2. 教育因素对大学生对于"奋斗的青春最美丽"认同度的影响

课题组采用一般线性回归分析的方法,分析影响大学生对"奋斗的青春最美丽"这一观点认同度的教育因素。按照 0.05 的检验水准,在影响大学生认同"奋斗的青春最美丽"的因素分析中,回归系数具有统计学意义的自变量有:专业课程教学、大学生日常思想政治教育、思想政治理论课教学、校风和学风建设、心理健康教育与咨询工作、团组织建设(表1-9)。

表1-9　教育因素对大学生关于"奋斗的青春最美丽"态度影响的一般线性回归分析

自变量	非标准化系数		标准化系数	统计量	显著性水平
	B	Std.Error	Beta	t	P
常数项	3.153	0.019		169.238	0
专业课程教学	0.039	0.006	0.046	6.453	0
大学生日常思想政治教育	0.050	0.008	0.062	6.166	0
思想政治理论课教学	0.058	0.008	0.072	7.287	0
校风和学风建设	0.071	0.006	0.084	12.791	0
心理健康教育与咨询工作	0.022	0.005	0.029	4.082	0
团组织建设	0.031	0.005	0.041	5.787	0

$N = 46813$　$R^2 = 0.118$　$F = 446.824$

一般线性回归分析显示,大学生对"专业课程教学""思想政治理论课教学""大学生日常思想政治教育"的评价从"非常差""比较差""一般""比较好""非常好"每升高一个单位,其对"奋斗的人生最美丽"这一观点的认同度得分就会分别随之提高 0.039、0.058、0.050 个单位。这三项教育工作对大学生把握奋斗的正确意义,树立积极进取的人生态度具有重要作用。

从日常思想政治教育的具体内容来看,校风和学风建设、心理健康教育与咨询工作和团组织建设满意度均对大学生树立积极奋斗人生态度具有一定影响。大学生对这三项工作的评价从"很不满意""不大满意""一般""比较满意""非常满意"每升高一个单位,其对"奋斗的青春最美丽"这一观点的认同度得分就会随之分别提高 0.071、0.022、0.031 个单位。

四、 消极人生观影响

在文化多样、价值多元的当今社会,大学生不可避免地会受到错误思想、腐朽观念的影响。对于人生观尚未完全确立的大学生而言,这些消极观念极易对他们的人生选择和价值判断产生误导,不利于大学生树立正确崇高的人生观和人生追求。

(一)总体情况

从总体上看,大部分大学生都树立了良好的人生观,能够积极健康地看待人生,但仍有部分大学生受消极社会环境和社会思潮的影响,表现出消极人生观,需要引起注意。

从功利主义人生观来看,41.5%的大学生对"一朝成锦鲤,奋斗少十年"这一观点持赞同态度,26.1%的大学生对此表示"一般",32.4%的大学生对此表示不赞同。从"佛系"人生观来看,30.4%的大学生对"人生应一切顺其自然,万事不求、不争"这一观点持赞同态度,22.2%的大学生对此表示"一般",47.5%的大学生对此表示不赞同。从宿命论人生观来看,23.5%的大学生对"生死由命,富贵在天"这一观点持赞同态度,21.6%的大学生对此表示"一般",54.9%的大学生对此表示不赞同。从拜金主义人生观来看,13.6%的大学生对"人为财死,鸟为食亡"这一观点持赞同态度,20.1%的大学生对此表示"一般",56.3%的大学生对此表示不赞同。从享乐主义人生观来看,42.4%的大学生对"人生苦短,应及时行乐"这一观点持赞同态度,21.8%的大学生对此表示"一般",35.7%的大学生对此表示不赞同。从极端个人主义人生观来看,21.6%的大学生对"人不为己,天诛地灭"这一观点持赞同态度,23.0%的大学生对此表示"一般",55.3%的大学生对此表示不赞同(图1-9)。

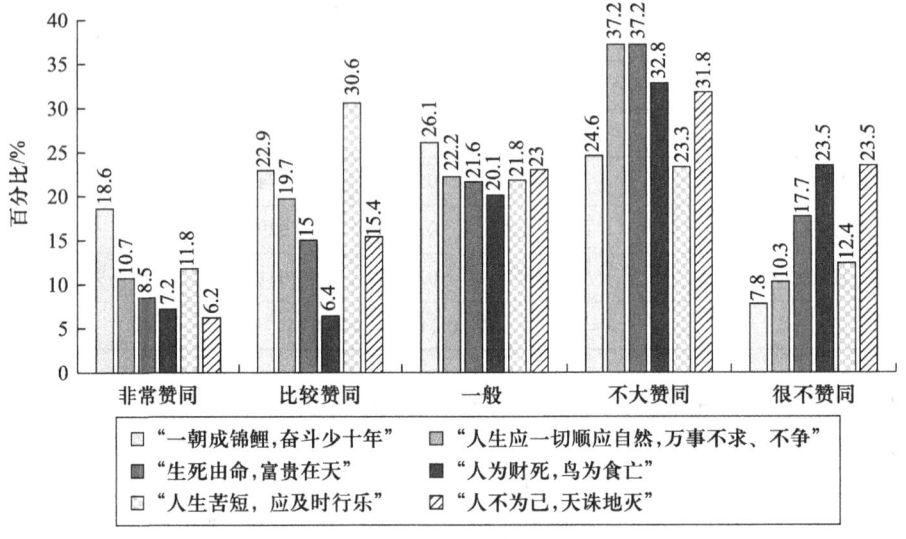

图 1-9　大学生受消极人生观影响的频数分析

(二)不同群体大学生受消极人生观的影响存在差异

为进一步探索大学生在对消极人生观态度方面的差异性表现,课题组将反映消极价值观的 6 道题的每个选项分别从"很不赞同"到"非常赞同"赋值 1—5 分(得分越高,代表受消极人生观的影响越大),然后将 6 道题的得分相加,算出消极人生观的总分,再将各种人口学变量分布进行哑变量转化,纳入回归模型中。将 $P<0.05$ 作为统计具有意义的标准,发现回归分析具有统计学意义的自变量有:性别、年龄、学历层次、政治面貌、生源地类型、生源地所在区域、学生干部经历、国(境)外学习经历、独生子女情况、父母在外务工情况等(表 1-10)。

表 1-10　不同群体大学生受消极人生观影响的一般线性回归分析

自变量		非标准化系数		标准化系数	统计量	显著性水平
		B	Std.Error	Beta	t	P
常量		2.069	0.082		25.079	0
男性(参照项:女性)		0.034	0.009	0.019	3.778	0
年龄		0.027	0.003	0.075	9.67	0
学历层次 (参照项:硕士 或博士)	本科	0.35	0.03	0.166	11.812	0
	硕士	0.265	0.025	0.119	10.459	0

续表

自变量		非标准化系数		标准化系数	统计量	显著性水平
		B	Std.Error	Beta	t	P
学科类别 （参照项：理工农医）	人文科学	0.015	0.012	0.006	1.203	0.229
	社会科学	0.002	0.01	0.001	0.178	0.859
党员（参照项：非党员）		−0.163	0.011	−0.075	−14.543	0
农村（参照项：城镇）		−0.036	0.01	−0.02	−3.691	0
生源地所在区域 （参照项：东北）	华东	−0.025	0.015	−0.012	−1.645	0.1
	华南	0.052	0.017	0.018	2.964	0.003
	华中	−0.072	0.016	−0.03	−4.511	0
	华北	−0.035	0.016	−0.014	−2.173	0.03
	西北	0.043	0.017	0.015	2.5	0.012
	西南	0.019	0.017	0.007	1.125	0.261
双亲家庭（参照项：非双亲家庭）		−0.027	0.014	−0.009	−1.894	0.058
担任过学生干部（参照项：没有）		−0.092	0.011	−0.041	−8.669	0
有国（境）外学习经历（参照项：没有）		0.111	0.022	0.024	5.163	0
独生子女（参照项：不是）		0.046	0.01	0.026	4.805	0
小时候父母常年在外务工 （参照项：没有）		0.041	0.01	0.02	4.005	0

$N = 46813$　　$R^2 = 0.018$　　$F = 42.054$

从性别来看，女生受消极人生观的影响比男生更大。回归分析显示，女大学生在消极人生观的态度上的得分比男大学生的相应得分高 0.034 个单位。

从学历层次来看，本科生和硕士生受消极人生观的影响比博士生更大。分析显示，本科生消极人生观的态度得分比博士生的相应得分高 0.35 个单位；硕士生消极人生观的态度得分比博士生的相应得分高 0.265 个单位。

从政治面貌来看，非党员大学生受消极人生观的影响比党员大学生更大。回归分析显示，党员大学生消极人生观的态度得分比非党员大学生的相应得分低 0.163 个单位。

从生源地类别来看，来自城镇的大学生受消极人生观的影响比来自农村的大学生更大。从数据来看，来自农村的大学生消极人生观的态度得分比来自城镇的大学生的相应得分低 0.036 个单位。

从学生干部经历来看，没有学生干部经历的大学生受消极人生观的影响比有学生干部经历的大学生更大。分析表明，担任过学生干部的大学生消极人生观的态度得分比没有担任过学生干部的大学生的相应得分低 0.092 个单位。

从国（境）外学习经历来看，有国（境）外学习经历的大学生受消极人生观的影响比没有国(境)外学习经历的大学生更大。回归分析显示,有国(境)外学习经历的大学生消极人生观的态度得分比没有国(境)外学习经历的大学生的相应得分高 0.111 个单位。

从家庭构成来看,独生子女大学生受消极人生观的影响比非独生子女大学生更大。回归分析显示,独生子女大学生消极人生观的态度得分比非独生子女大学生的相应得分高0.046个单位。

五、 本章小结

习近平在同青年大学生座谈时强调:"要树立正确的世界观、人生观、价值观,掌握了这把总钥匙,再来看看社会万象、人生历程,一切是非、正误、主次,一切真假、善恶、美丑,自然就洞若观火、清澈明了,自然就能作出正确判断、作出正确选择。"[1]大学生的人生价值、人生追求和人生态度共同构成其人生观,而人生观又与价值观、世界观相互影响,对个体的人生行为起到引导作用。作为新时代的奋进者、开拓者和奉献者,青年人应当树立积极健康的人生观。调查表明,当前大学生人生观总体状况积极向好,但同时也在人生价值的认识和人生追求的树立等方面存在一些问题,这些问题在不同程度上制约着青年的成长和发展。为此,调查组针对调查结果,有的放矢地进行分析,从而为帮助大学生树立坚定正确的人生观提供可行的建议。

(一) 总体情况

当前大学生树立了积极健康的人生观,人生价值取向总体积极向上。大学生在追求人生价值的同时,注重社会价值的实现。大部分大学生人生追求方向明确,能够在学思悟践的过程中不断坚定自己的理想信念。绝大多数大学生人生态度乐观,面对艰难险阻,能够保持初心、富有朝气,勇敢担当时代使命。

1. 甘于奉献,追求个人价值与社会价值的统一

作为实现中华民族伟大复兴的生力军,广大青年人肩负着国家和民族的希望。习近平在纪念五四运动 100 周年大会上指出,"新时代中国青年要听党话、跟党走,胸怀忧国忧民之心、爱国爱民之情,不断奉献祖国、奉献人民"[2]。这就要求广大青年树立正确的人生观,确立积极向上的人生价值,在此基础上勇担时代赋予的重任,并在服务人民、奉献社会、建设祖国的生动实践中实现人生价值。调查表明,82.4%的大学生表示赞同"奉献是人生最大的快乐",仅有 13.4%的大学生对这一观点表示说不清楚,另有 4.2%的大学生明确表示不赞同。可见,大学生群体在对待奉献这一问题上有着正确的价值选择。同时,79.1%的大学生赞同"人生价值只有在集体中才能得到更好的实现",不赞同此观点的大学生比例不足十分之一。对于"毕业后是否愿意到西部地区就业"这一问题,36.1%的大学生表示愿意到西部地区就业,37.0%的大学生表示一般,而 26.9%的大学生表示不愿意到西部就业。总的来看,大学生整体崇尚奉献精神,乐于奉献,且追求人生价值与社会价值的统一,保持着良好的精神风貌。

---

① 《习近平谈治国理政》第 1 卷,外文出版社 2018 年版,第 173 页。
② 习近平:《在纪念五四运动 100 周年大会上的讲话》,人民出版社 2019 年版,第 8 页。

2. 敢于担当，将个人理想融入党和国家的事业中

在"百年未有之大变局"的当下，青年人正逢其时又重任在肩，青年大学生在实践中树立了积极健康的人生观。习近平指出："只要青年都勇挑重担、勇克难关、勇斗风险，中国特色社会主义就能充满活力、充满后劲、充满希望。青年要保持初生牛犊不怕虎、越是艰险越向前的刚健勇毅，勇立时代潮头，争做时代先锋。"[①]调查表明，85.9%的大学生表示"拥有人生目标"，94.3%的大学生赞同"人生梦想是国家梦、民族梦和个人梦的有机统一"。可见，绝大部分的大学生都对未来有明确的规划，人生目标清晰，而且都能认识到人生理想的确立要与社会和国家的发展相联系，要与社会理想相联系。

3. 富有朝气，在青春的交响曲中奏响奋进乐章

当前大学生群体不断地在奋发有为中践行着自己的初心和使命，人生态度积极，富有正能量。2018年5月2日，习近平在北京大学师生座谈会上指出："广大青年既是追梦者，也是圆梦人。追梦需要激情和理想，圆梦需要奋斗和奉献。广大青年应该在奋斗中释放青春激情、追逐青春理想，以青春之我、奋斗之我，为民族复兴铺路架桥，为祖国建设添砖加瓦。"[②]调查表明，大部分大学生能够乐观面对生活，对未来抱有希望和期待。调查显示，71.0%的大学生表示"对自己的人生前途有信心"，95.2%的大学生赞同"奋斗的青春最美丽"这一观点，仅有3.8%的大学生对"奋斗的青春最美丽"这一观点表示一般，有1.0%的大学生对此观点表示不赞同。可见，当前大学生的人生态度总体状况呈现稳中向好的发展趋势。

（二）值得注意的问题和现象

尽管当前大学生的人生态度与人生追求总体向好，但调查中也发现了部分大学生在人生追求和价值取向方面存在的一些突出问题，亟待各界关注和反思。

1. 部分大学生因"内卷"而人生态度焦虑和迷茫

人生态度是实现人生价值和达到人生目标的必要条件，而个人对人生价值的认识和人生目标的树立也对人生态度有引导作用。调查显示，当问及"您是否对自己的人生前途充满信心"时，24.3%的大学生回答一般，4.8%的大学生表示没有信心。可以看到，仍有接近三成的大学生人生态度不够乐观积极，对未来较为迷茫。当问及"您认为当前您的学习生活是否处于'内卷'状态"时，有46.6%的大学生认为自身符合这一状态，39.8%的大学生认为说不清楚，仅仅有13.6%的大学生认为不符合。可见，在当前激烈竞争的学习生活大环境中，部分大学生在尚未形成正确的人生价值且对未来目标不确定的情况下，学习生活状态陷于被动，人生态度焦虑且迷茫。

2. 学校教育状况对大学生人生观形成有显著影响

调查显示，大学生对专业课程教学、思想政治理论课教学、日常思想政治教育以及日常思想政治教育的具体内容的效果评价越高，其人生追求就越清晰、人生态度就越积极。可见，学校教育是大学生人生观形成的重要影响因素。因此，学校应强化专业课程和思想政治理论课建设，提升高校教师的专业素养，尤其是思想政治理论课教师的专业素养，充分发挥思想政治理论课铸魂育人的主渠道作用。

---

① 习近平：《在纪念五四运动100周年大会上的讲话》，人民出版社2019年版，第8页。
② 习近平：《在北京大学师生座谈会上的讲话》，《人民日报》2018年5月3日。

3. 警惕个别消极人生观对部分大学生的负面影响

在当前文化多样化的大背景下,各种社会思潮正对大学生的思想价值观念产生深刻影响。部分大学生受消极人生观的影响,对消极的观点表示赞同或认识模糊,消极人生观对个别大学生的影响较大。调查显示,42.4%的大学生赞同"人生苦短,应及时行乐"的享乐主义人生观,41.5%的大学生赞同"一朝成锦鲤,奋斗少十年"的功利主义人生观,有近三成的大学生对"佛系"人生观明确表示赞同。另均有两成左右的大学生对拜金主义、宿命论、极端个人主义这些人生观持赞同态度。综上可以看出,当前大学生人生观还在形成阶段,其思想观念极易受到某些消极人生观的腐蚀。因而,引导大学生自觉抵制消极人生观的负面影响,形成积极健康的人生观十分重要。

4. 不良网络行为对大学生人生观的影响不容忽视

在科技不断发展,网络不断普及的今天,新的时空——网络时空在人们的日常生活中产生着越来越大的影响。网络社会虽然与现实社会具有明显的区别,但又相互融合。随着智能手机的发展和5G的普及,网络社会不断占据现实社会的资源,越来越影响大学生的生活,占用大学生的时间和精力。调查发现,大学生每日平均上网时间越长,越不能做到理性上网,越容易受到消极人生观的影响。可见,不良的网络行为对大学生人生观的影响已不容忽视。要把握好新的思想政治教育阵地,做好思想引导,发挥网络对大学生人生观的形成的积极影响。

(三)对策和建议

为进一步引导当代大学生树立正确的人生观和明确人生追求,提高大学生人生观教育的实效性,我们针对当前大学生人生观现状和存在的问题,提出以下建议。

1. 关注人生观教育重点问题,统筹推进人生观教育

人生观是个体对人生价值、人生追求和人生态度的系统认识。人生价值、人生追求和人生态度三者相互联系,相互影响。人生价值和人生态度是人生追求的基础,人生追求是人生价值和人生态度的外在反映。人生观的系统性和关联性要求我们在引导大学生树立正确人生观时,不仅要突破其中的重点问题,还要注重统筹推进。一方面,抓住人生观教育中的重点问题着重解决。调查结果显示,当前大学生在人生观方面的总体表现良好,但是在不同方面的具体表现却有差异。在人生价值的认识方面,虽然大部分大学生崇尚奉献精神,但部分学生不能将奉献意识完全落实在行动中;在人生追求方面,尽管大部分大学生在认识层面能将个人价值与社会价值统一起来,但在实践生活中仍有不少大学生尚未将对于人生价值的正确认识转化为积极进取的人生追求;在人生态度方面,大部分大学生能认识到奋斗之于青春的重要作用,但仍有部分大学生容易受到消极人生观的影响。这就要求我们,要及时准确地把握大学生的思想动态,据此划定人生观教育的重点、难点,进而有针对性地开展教育,消除弱项,提高人生观教育实效性。另一方面要统筹人生观教育各方面内容。相关分析显示,大学生对人生价值的看法、对未来人生的态度均和大学生受消极人生观的影响之间呈显著负相关关系,即大学生对人生价值的认识越积极、对自己未来人生的态度越乐观,越不容易受消极人生观影响。因此,推进人生观教育首先是要为学生搭建起人生观教育内容各部分之间的联系和框架,让学生全面地了解人生观的基本内容,引导大学生正确认识人生价值,树立乐观的人生态度,进而帮助大学生确立积极向上的人生追求,避免消极人生观的影响。

2. 加强"思政小课堂"建设，提升教育教学效果

对大学生进行人生观教育主要依托高校思想政治理论课，同时综合利用其他专业课程对大学生进行引导和教育。这就要求：一方面，在思想政治理论课上加强大学生人生观教育。思政课教师不仅要把关于大学生人生观的道理讲深、讲透、讲活，提高课堂教学的思想性和理论性，还应不断创新方式方法，注重因材施教，针对大学生群体面临的人生困惑进行叙事教学和案例教学，从而激励和引导大学生树立积极向上的人生观，并通过开展实践教学活动，帮助大学生将正确人生观外化为积极进取的实际行为。另一方面，在专业课程教学过程中潜移默化地进行大学生人生观教育。专业课教师应注重在专业课教学中讲清楚学科专业与社会发展的紧密联系，有针对性地进行职业观、劳动观、人生观教育，引导大学生在锻炼自身专业本领、夯实专业基础的同时，树立正确的理想信念，将个人奋斗融入国家和社会的发展需要，主动承担起自己的社会责任。

3. 发挥"社会大课堂"作用，加强主题实践活动

大学生成长发展的"第二课堂"对于大学生人生观的积极影响较为显著。这启示我们应立足"社会大课堂"，开展大学生人生观教育主题实践活动，并注重发挥家庭、朋辈群体等的作用，促使大学生树立正确人生观。一是要开展与大学生人生观相关的主题实践活动，发挥日常思想政治教育的作用。要提炼和运用好社会实践活动中的育人元素，使大学生在社会实践的广阔天地中求真理、悟道理、明事理，进而实现精神上的洗礼、思想上的升华，形成积极正确的人生观。二是要调动和发挥家庭在人生观教育中的应有作用。家长应及时关心、观察和了解子女各方面的动态，尤其是思想和心理上的变化，善用自己的人生阅历、生活经验为大学生提供走好人生道路的正确导向，成为大学生实现人生价值过程中的积极引导者和坚定支持者。三是要注重发挥朋辈群体的作用。高校应选树一批优秀学生典型，大力弘扬并积极推广优秀典型在理想信念、学术科研、志愿活动、公益活动、创新创业等方面的先进事迹，通过具有感染力和说服力的宣传方式，让大学生受到先进观念、优秀品质、模范行为的深刻影响。与此同时，大学生要学会反思自身在人生价值取向和行为选择上存在的问题和不足，不断增强看齐意识、标杆意识，善于从优秀朋辈身上汲取正确处理奉献与索取关系、理性看待个人利益与社会利益关系的经验，进而为自己作出正确的人生价值选择奠定基础。

4. 培养大学生网络文明素养，严把新的思想阵地

随着移动互联网的发展，网络越来越成为影响大学生思想政治教育的重要因素。调查显示，大学生越能够理性上网，每日平均上网时长越短，则其人生追求更明确、人生态度更积极、受消极人生观的影响越小。首先，高校要积极占领网络空间这一新的思想阵地。综合运用官方网站、校园论坛、微博、微信等网络平台，不断优化其互动方式和服务功能，拓宽大学生理性表达自身情绪和诉求的渠道，实现教师和大学生的良性沟通，在对大学生进行人生问题答疑解惑的过程中，帮助大学生形成积极健康的人生观。其次，高校要坚持以立德树人为根本任务，坚持以社会主义核心价值观为引领，培育积极向上的网络文化，涤除不良网络风气，营造清朗网络空间，谨防错误思想或消极人生观对大学生的负面影响。最后，高校应当注重培养大学生的网络文明素养，引导大学生养成文明上网习惯，帮助大学生理性面对网络舆论中的各种观点，从而发挥网络空间这一新的思想阵地对于塑造大学生人生观的积极作用。

第二章
价值观与价值选择

党的十九大报告指出,培育和践行社会主义核心价值观,要以培养担当民族复兴大任的时代新人为着眼点,强化教育引导、实践养成、制度保障,发挥社会主义核心价值观对国民教育、精神文明创建、精神文化产品创作生产传播的引领作用,把社会主义核心价值观融入社会发展各方面,转化为人们的情感认同和行为习惯。"两个大局"下的中国社会处于大变革、大发展的重要时期,各种思想文化相互激荡、碰撞,致使大学生的价值观念与价值选择呈现多样化的趋势。促使大学生将社会主义核心价值观内化于心、外化于行,不仅事关其自身健康成长,更关系到中华民族伟大复兴的百年大计。以社会主义核心价值观凝心聚力,引导青年一代认知、理解、认同、践行社会主义核心价值观显得尤为迫切。为了准确把握大学生的价值观状况,本章围绕大学生对社会主义核心价值观建设意义的认识、对社会主义核心价值观的认同状况、对社会主义核心价值观实现程度的评价、对社会主义核心价值观的践行意愿等几个方面展开讨论,分析调研中反映出来的现象及问题,进一步探讨其可能存在的原因并给出相应的对策和建议,以期为增强大学生价值观教育的针对性和实效性提供数据支撑和参考借鉴。

一、 对社会主义核心价值观建设重要性的认识

核心价值观是一个民族赖以维系的精神纽带,是一个国家共同的思想道德基础。如果没有共同的核心价值观,一个民族、一个国家就会魂无定所、行无依归。党的十九大报告中强调必须坚持马克思主义,牢固树立共产主义远大理想和中国特色社会主义共同理想,培育和践行社会主义核心价值观。针对青年大学生,习近平总书记强调:"青年的理想信念关乎国家未来。青年理想远大、信念坚定,是一个国家、一个民族无坚不摧的前进动力。"①引导大学生自觉树立和践行社会主义核心价值观,让社会主义核心价值观的种子在学生们心中生根发芽,有助于大学生坚定理想信念,激发奋进潜力,使他们前进有方向、拼搏有动力,让青春岁月充满蓬勃朝气,成就出彩人生。课题组通过调研大学生对"国无德不兴,人无德不立"的态度,来把握大学生对社会主义核心价值观建设重要性的认识。

(一)总体情况

调查显示,大学生对社会主义核心价值观建设的重要性有着清晰正确的认识,绝大多数大学生能够认识到社会主义核心价值观在国家兴旺发达以及个人成长成才中的重要作用。

---

① 习近平:《在纪念五四运动100周年大会上的讲话》,人民出版社2019年版,第6页。

关于如何看待"国无德不兴,人无德不立"这一观点,高达97.2%的大学生表示赞同,其中非常赞同的人数比例为77.8%,比较赞同的人数比例为19.4%,另有2.6%的大学生态度模糊,仅有0.3%的大学生表示不赞同。近六年数据显示,2015—2020年分别有92.7%、92.4%、92.9%、98.6%、97.9%、97.2%的大学生对"国无德不兴,人无德不立"这一观点表示赞同。通过比较可以发现,2015—2020年大学生对社会主义核心价值观建设重要性的赞同度基本上呈上升趋势。可见,近年来社会主义核心价值观建设成效显著(见图2-1)。

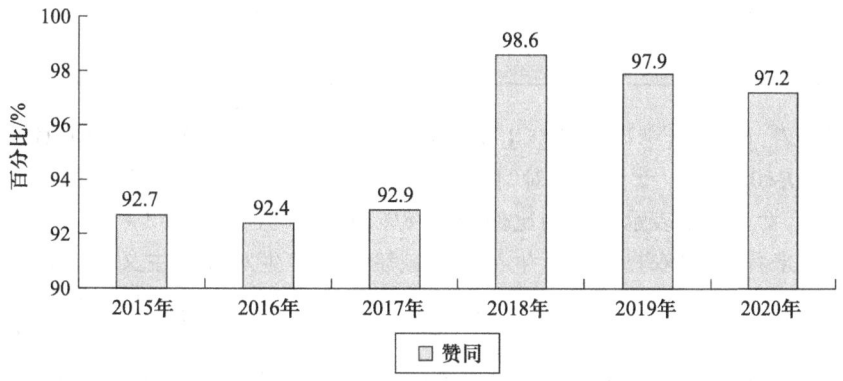

图2-1 2015—2020年大学生对社会主义核心价值观建设重要性的认知状况

(二)不同群体大学生对社会主义核心价值观建设重要性的认识

本部分采用交互分析方法,结合人口学变量分析不同群体大学生对社会主义核心价值观建设重要性认识程度的差异。分析结果显示,性别差异、生源地、学科类别、政治面貌、学生干部经历、国(境)外学习经历不同的大学生对社会主义核心价值观建设重要性的认知程度存在显著差异。(见表2-1)

表2-1 不同群体大学生对社会主义核心价值观建设重要性的认识

		对社会主义核心价值观建设重要性的认识/%			卡方检验		
		赞同	不清楚	不赞同	χ^2	df	P
性别	男	96.3	3.3	0.4	137.401	4	<0.001
	女	97.8	2.0	0.2			
生源地	农村	97.0	2.7	0.3	27.249	4	<0.001
	城镇	97.3	2.5	0.2			
学科门类	人文科学类	97.5	2.3	0.2	149.384	44	<0.001
	社会科学类	97.7	2.1	0.2			
	理工农医类	96.8	2.9	0.3			
政治面貌	党员	98.5	1.3	0.2	336.411	12	<0.001
	共青团员	97.0	2.7	0.3			
	民主党派成员	90.2	4.9	4.9			
	群众	93.4	5.8	0.8			

续表

		对社会主义核心价值观建设重要性的认识/%			卡方检验		
		赞同	不清楚	不赞同	χ^2	df	P
担任过学生干部	否	95.7	3.9	0.4	183.469	4	<0.001
	是	97.5	2.3	0.2			
国(境)外学习经历	否	97.2	2.6	0.2	7.022	4	<0.05
	是	96.8	2.7	0.5			

　　从性别来看,男、女大学生对社会主义核心价值观建设重要性的认知程度具有明显差异($\chi^2 = 137.401, P < 0.001$)。女大学生对"国无德不兴,人无德不立"观点的认同度高于男大学生。具体来看,女大学生表示赞同的比例为97.8%,略高于男生的96.3%。

　　从生源地来看,来自农村的大学生与来自城镇的大学生对社会主义核心价值观建设重要性的认知程度具有明显差异($\chi^2 = 27.249, P < 0.001$)。数据表明,来自城镇的大学生对"国无德不兴,人无德不立"观点的赞同比例为97.3%,而来自农村的大学生对此观点的赞同比例为97.0%,低于来自城镇的大学生。可以看出,来自城镇的大学生对社会主义核心价值观建设重要性的认知程度相对更高。

　　从学科门类来看,不同学科的大学生对社会主义核心价值观建设重要性的认知程度明显不同($\chi^2 = 149.384, P < 0.001$)。数据表明,社会科学类大学生对"国无德不兴,人无德不立"观点的赞同比例最高,为97.7%,其次是人文科学类大学生对此观点的赞同比例为97.5%,理工农医类大学生对"国无德不兴,人无德不立"观点的赞同比例为(96.8%)。可见,对核心价值观建设重要性的认知程度最高为社会科学类大学生、人文科学类大学生次之、理工农医类大学生的认知程度稍低。

　　从政治面貌来看,党员大学生与非党员大学生在对核心价值观建设重要性的认同程度上具有显著差异($\chi^2 = 336.411, P < 0.001$)。数据显示,对于"国无德不兴,人无德不立"这一观点,中共党员、共青团员、群众、民主党派大学生表示赞同的比例分别为98.5%、97.0%、93.4%、90.2%。可以看出,党员大学生对社会主义核心价值观建设重要性的认知程度更为深刻。

　　从学生干部经历来看,有学生干部经历的大学生与没有学生干部经历的大学生对核心价值观建设重要性的认同程度上具有显著差异($\chi^2 = 183.469, P < 0.001$)。数据显示,对于"国无德不兴,人无德不立"这一观点,有学生干部经历的大学生与没有学生干部经历大学生二者表示赞同的比例分别为97.5%、95.7%。可以看出,有学生干部经历的大学生对社会主义核心价值观建设重要性的认知程度更为深刻。

　　从国(境)外学习经历来看,有国(境)外学习和没有国(境)外学习的大学生对核心价值观建设重要性的认同程度存在差异($\chi^2 = 7.022, P < 0.05$)。数据表明,有国(境)外学习经历的大学生对"国无德不兴,人无德不立"观点的赞同比例为96.8%,而没有国(境)外学习经历的大学生对"国无德不兴,人无德不立"观点的赞同比例为97.2%。可以看出,没有国(境)外学习经历的大学生对社会主义核心价值观建设重要性的认知程度较高。

(三)课程教学与大学生对社会主义核心价值观建设重要性的认识

　　课程教学是开展大学生社会主义核心价值观教育的主渠道,课程教学的效果直接影响着大学生对社会主义核心价值观建设重要性的认知程度。本部分采用相关分析的方法,通过进一步的数据分析发现,开展具有显著影响效果的思想政治理论课教学、专业课程教学和日常思想政治教育,有利于提升大学生对社会主义核心价值观建设重要性的认知程度。

第一,思想政治理论课教学效果直接影响大学生对社会主义核心价值观建设重要性的认知水平。随着思想政治理论课教学效果的提升,大学生对社会主义核心价值观建设重要性的赞同度也相应提高。相关分析显示,大学生对思想政治理论课教学成效的评价("非常好"=5分、"比较好"=4分、"一般"=3分、"比较差"=2分、"非常差"=1分)与其对应观点"国无德不兴,人无德不立"("非常赞同"=5分、"比较赞同"=4分、"说不清楚"=3分、"不大赞同"=2分、"很不赞同"=1分)之间存在显著的正相关关系($r=0.302, P<0.001$)。数据显示,认为思想政治理论课教学开展效果"非常好""比较好""一般""比较差""非常差"的大学生分别有98.8%、98.0%、90.2%、83.9%、80.1%的人赞同"国无德不兴,人无德不立"的观点,即大学生对思想政治理论课教学评价越好,对社会主义核心价值观建设重要性赞同度越高。(见图2-2)

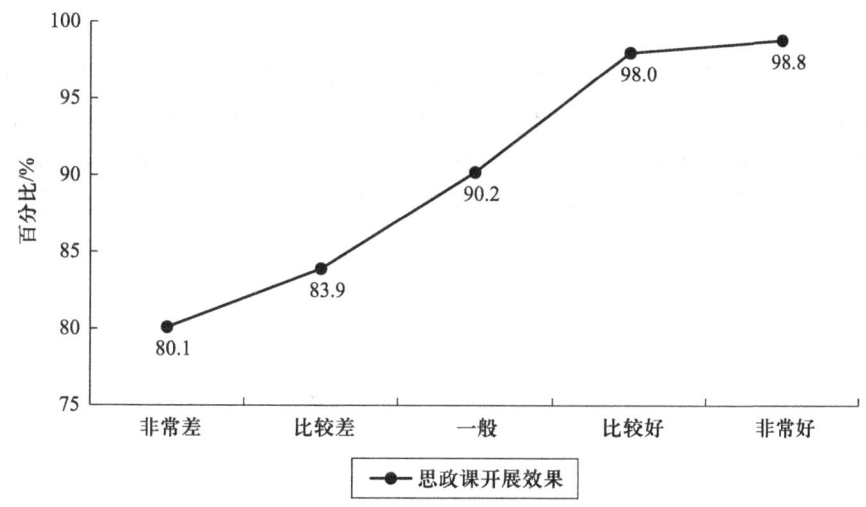

图 2-2 思政课开展效果与大学生对社会主义核心价值观建设重要性认识的认可度

第二,专业课程教学成效影响大学生对社会主义核心价值观建设重要性的认知程度。相关分析显示,大学生对专业课程教学成效的评价("非常好"=5分、"比较好"=4分、"一般"=3分、"比较差"=2分、"非常差"=1分)与其对应观点"国无德不兴,人无德不立"("非常赞同"=5分、"比较赞同"=4分,"说不清楚"=3分,"不大赞同"=2分,"很不赞同"=1分)之间存在着显著的正相关关系($r=0.291, P<0.001$)。数据显示,认为思想政治理论课教学开展效果"非常好""比较好""一般""比较差""非常差"的大学生分别有98.7%、98.0%、88.4%、86.2%、80.2%的人赞同"国无德不兴,人无德不立"的观点,即大学生对专业课程教学评价越好,对社会主义核心价值观建设重要性赞同度越高(见图2-3)。

第三,日常思想政治教育成效影响大学生对社会主义核心价值观建设意义的认知程度。相关分析显示,大学生对日常思想政治教育成效的评价("非常好"=5分、"比较好"=4分、"一般"=3分、"比较差"=2分、"非常差"=1分)与其对应观点"国无德不兴,

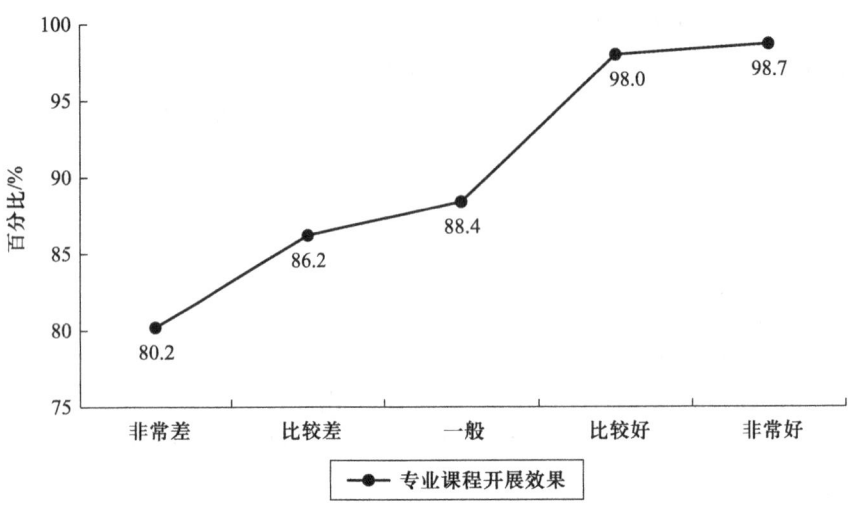

图 2-3　专业课开展效果与大学生对社会主义核心价值观建设重要性认识的认可度

人无德不立"（"非常赞同"＝5 分、"比较赞同"＝4 分、"说不清楚"＝3 分、"不大赞同"＝2 分、"很不赞同"＝1 分）之间存在着显著的正相关关系（$r＝0.303, P＜0.001$）。数据显示，认为思想政治教育开展效果"非常好""比较好""一般""比较差""非常差"的大学生分别有 98.9%、98.2%、90.1%、86.7%、77.0% 的人赞同"国无德不兴，人无德不立"的观点，即大学生对日常思想政治教育教学评价越好，对社会主义核心价值观建设重要性赞同度越高（见图 2-4）。

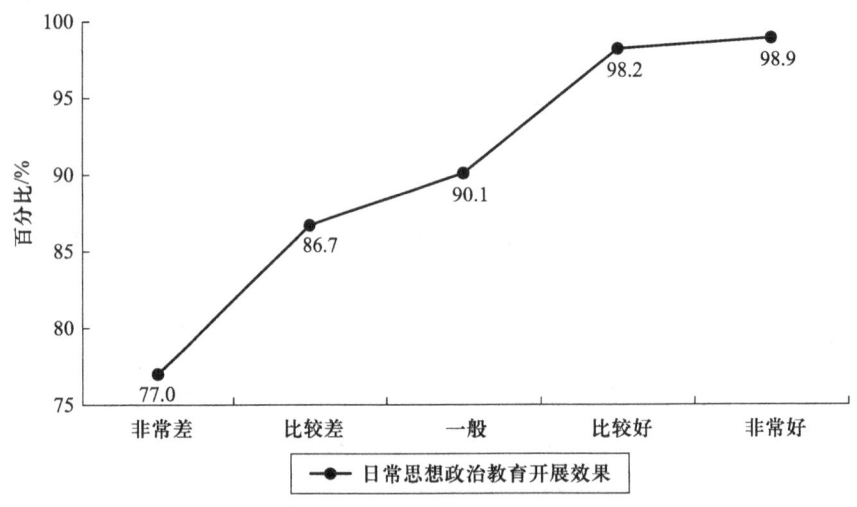

图 2-4　日常思政教育开展效果与大学生对社会主义核心价值观建设重要性认识的认可度

二、　对社会主义核心价值观的认同状况

《中共中央关于制定国民经济和社会发展第十四个五年规划和二〇三五年远景目标的建议》指出，坚持以社会主义核心价值观引领文化建设，推进社会主义文化强国建设。习近平总书记强调："对一个民族、一个国家来说，最持久、最深层的力量是全社会共同认可的核

心价值观。"①实现核心价值观的内化,思想认知是前提,情感认同是重要过程。弘扬和培育社会主义核心价值观不能仅停留于认知层面,还应增强对核心价值观的情感认同,将其转化为大学生的精神信仰。为更好地把握大学生对社会主义核心价值观的认同状况,课题组从大学生对核心价值观整体认同状况及对核心价值观 12 项指标的认同状况两个层面进行了调查。

（一）总体情况

调查显示,大学生高度认同和热切推崇社会主义核心价值观。数据显示,高达 96.5% 的大学生认同社会主义核心价值观,仅有 3.2% 的大学生表示不清楚。通过对近五年的调查数据进行历时分析发现,大学生对社会主义核心价值观的认同状况呈上升趋势(图 2-5)。具体来说,从 2016—2020 年,大学生对社会主义核心价值观的认同度分别为 76.5%、82.4%、92.2%、96.4% 和 96.5%,在 2020 年达到最高值。与 2016 年相比,2017 年—2020 年大学生对社会主义核心价值观的认同度分别提高了 5.9%、15.7%、19.9% 和 20%。可见,高校对大学生社会主义核心价值观的教育效果显著,有效地将社会主义核心价值观教育转化为大学生的情感认同和价值认同。

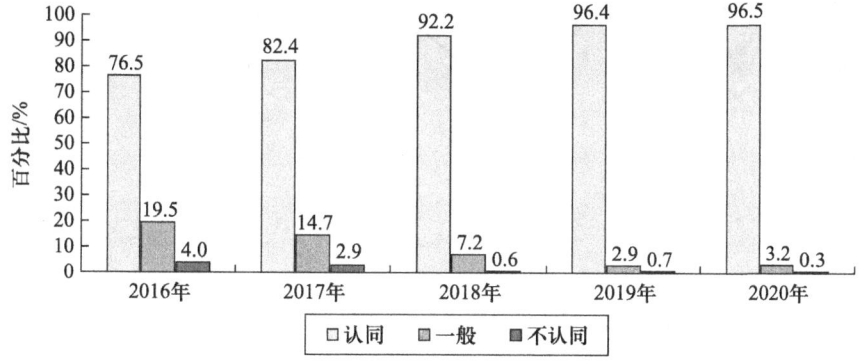

图 2-5　2016—2020 年大学生对社会主义社会主义核心价值观的认同状况(%)

从社会主义核心价值观的国家、社会和公民三个层面具体来看,大学生对国家层面社会主义核心价值观的平均认同度为 96.0%、对社会层面社会主义核心价值观的平均认同度为 96.9%、对公民层面社会主义核心价值观的平均认同度为 95.8%。具体来说,在国家层面分别有 97.1%、91.9%、97.5%、97.3% 的大学生认同"中华民族正迎来从'站起来''富起来'到'强起来'的伟大飞跃""我们是国家和社会的主人""一个民族的进步,有赖于文明的成长""构建和谐社会是人们的共同理想和愿望";在社会层面分别有 95.1%、97.1%、97.4%、98.0% 的大学生认同"在法律允许的范围内,自己的事情应自己做主""每一个人都应享有人生出彩的机会""公平正义应是社会与每个人的追求""每位公民都应依法行事";在公民层面分别有 96.8%、92.8%、96.6%、96.9% 的大学生认同"人人都应为祖国建设添砖加瓦""职业无贵贱之分,要干一行爱一行""在市场经济条件下,'无信不立'并没有过时""帮助别人是一种快乐"。

---

①　习近平:《习近平谈治国理政》(第一卷),外文出版社 2018 年版,第 168 页。

将大学生对社会主义核心价值观 12 项指标的认同度按从高到低的顺序排列,依次为:法治(98.0%)、文明(97.5%)、公正(97.4%)、和谐(97.3%)、富强(97.1%)、平等(97.1%)、友善(96.9%)、爱国(96.8%)、诚信(96.6%)、自由(95.1%)、敬业(92.8%)、民主(91.9%)。大学生对社会主义核心价值观各具体指标的认同度比例在 91.9%~98.0% 之间。总的来说,大学生对社会主义核心价值观 12 项指标的认同度较高。

通过对近六年数据进行对比可以发现:第一,六年来大学生对社会主义核心价值观认同度的总体走势基本保持一致,且对 12 项指标内容的认同度均有不同程度的提升。第二,与 2015 年数据相比,爱国、敬业价值观的认同度提升幅度较大,分别提升了 17.8% 和 12.2%;诚信、自由、和谐、法治、平等、公正、文明价值观的认同度提升幅度次之,分别为 4.7%、4.2%、3.4%、3.3%、3.1%、2.2%、2.1%;富强、友善的认同度提升幅度较小,分别提升了 0.9%、0.5%。第三,大学生对法治价值观的认同度最高,对敬业、民主价值观的认同度还有待进一步提升(见图 2-6)。

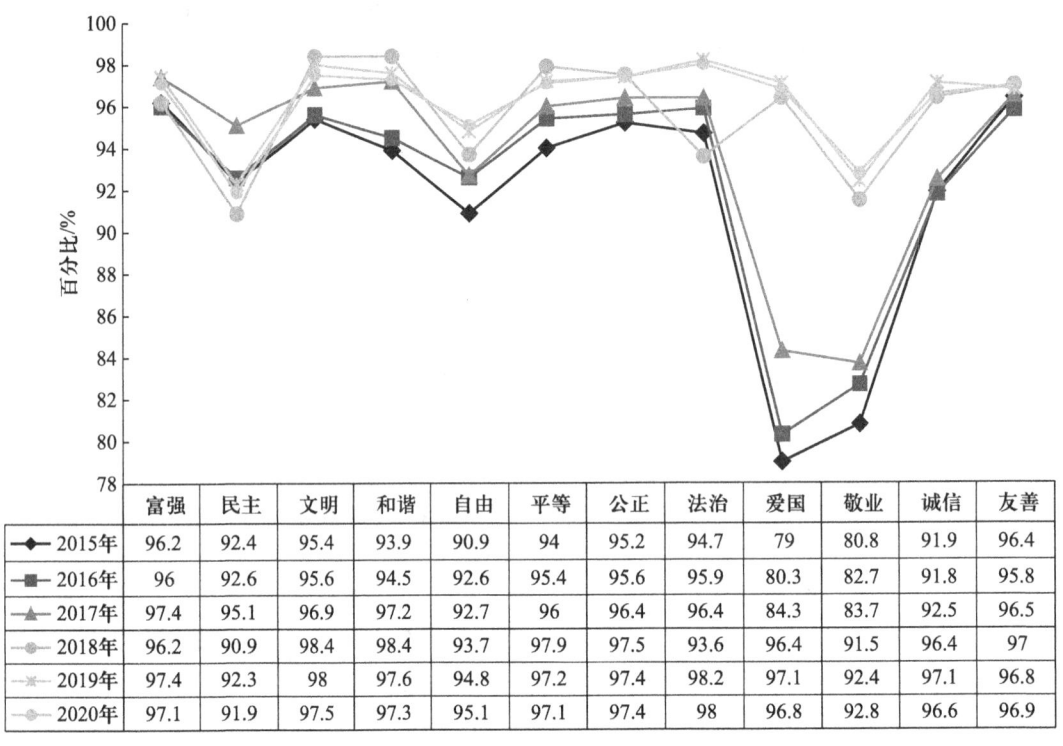

	富强	民主	文明	和谐	自由	平等	公正	法治	爱国	敬业	诚信	友善
2015年	96.2	92.4	95.4	93.9	90.9	94	95.2	94.7	79	80.8	91.9	96.4
2016年	96	92.6	95.6	94.5	92.6	95.4	95.6	95.9	80.3	82.7	91.8	95.8
2017年	97.4	95.1	96.9	97.2	92.7	96	96.4	96.4	84.3	83.7	92.5	96.5
2018年	96.2	90.9	98.4	98.4	93.7	97.9	97.5	93.6	96.4	91.5	96.4	97
2019年	97.4	92.3	98	97.6	94.8	97.2	97.4	98.2	97.1	92.4	97.1	96.8
2020年	97.1	91.9	97.5	97.3	95.1	97.1	97.4	98	96.8	92.8	96.6	96.9

图 2-6　2015 年—2020 年大学生对社会主义核心价值观 12 项指标的认同情况

(二)不同群体大学生对社会主义核心价值观的认同状况

本部分采用交互分析方法,结合人口学变量分析不同群体大学生对社会主义核心价值观的认同状况的差异结果显示,性别、生源地、生源地所在区域、学科门类、政治面貌、学生干部经历、国(境)外学习经历、家庭类型不同的大学生对社会主义核心价值观的认同状况存在显著差异(见表 2-2)。

表 2-2 不同群体大学生对社会主义核心价值观的认同度

		对社会主义核心价值观的认同度/%			卡方检验		
		赞同	不清楚	不赞同	χ^2	df	P
性别	男	95.7	3.9	0.4	125.042	4	<0.001
	女	97.3	2.5	0.2			
生源地	农村	96.3	3.4	0.3	28.651	4	<0.001
	城镇	96.7	2.9	0.4			
生源地所在区域	华东	96.5	3.2	0.3	197.197	36	<0.001
	华南	96.0	3.7	0.3			
	华中	97.1	2.6	0.3			
	华北	96.9	2.7	0.3			
	西北	96.7	3.0	0.3			
	西南	96.0	3.7	0.3			
	东北	96.3	3.3	0.4			
学科门类	人文科学类	97.1	2.5	0.4	178.007	44	<0.001
	社会科学类	96.9	2.8	0.3			
	理工农医类	96.3	3.5	0.2			
政治面貌	党员	98.3	1.6	0.1	537.259	12	<0.001
	共青团员	96.3	3.4	0.3			
	民主党派	80.5	12.2	7.3			
	群众	92.9	6.5	0.6			
担任过学生干部	否	94.4	5.1	0.5	240.391	4	<0.001
	是	97.1	2.7	0.2			
国(境)外学习经历	否	96.6	3.2	0.2	19.686	4	<0.001
	是	96.1	3.4	0.5			
家庭类型	双亲家庭	96.6	3.1	0.3	150.548	16	<0.001
	非双亲家庭	95.7	3.9	0.4			

从性别来看,男、女大学生对于社会主义核心价值观的认同状况存在着显著差异($\chi^2 =$ 125.042, $P<0.001$)。具体来说,男大学生对于社会主义核心价值观的认同度为 95.7%,低于女大学生的 97.3%。相比男生,女生对社会主义核心价值观的认同程度更高。

从生源地来看,来自农村的大学生与来自城镇的大学生对社会主义核心价值观的认同度具有明显差异($\chi^2 =$ 28.651, $P<0.001$)。数据表明,来自城镇的大学生对"我很认同社会主义核心价值观"观点的赞同比例为 96.7%,而来自农村的大学生对此观点的赞同比例为 96.3%,略低于来自城镇的大学生。因此,来自城镇的大学生对社会主义核心价值观的认同程度更高。

从生源地所在区域来看,来自不同区域的大学生对社会主义核心价值观的认同度存在着显著差异($x^2=197.197,P<0.001$)。数据表明,不同区域的大学生对于社会主义核心价值观的认同程度按照由大到小的顺序依次为:华中(97.1%)、华北(96.9%)、西北(96.7%)、华东(96.5%)、东北(96.3%)、西南(96.0%)、华南(96.0%),见图2-7。

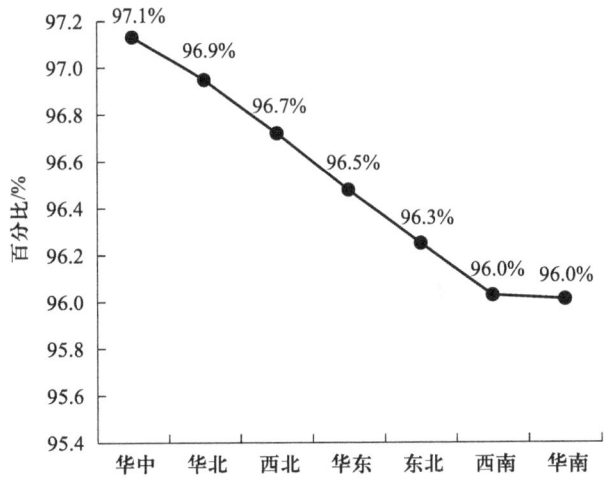

图2-7 不同区域大学生对社会主义核心价值观的认同情况

从学科门类来看,不同学科的大学生对社会主义核心价值观认同度明显不同($x^2=178.007,P<0.001$)。数据表明,人文科学类大学生对"我很认同社会主义核心价值观"观点的赞同比例最高,为97.1,其次是社会科学类大学生对此观点的赞同比例为96.9,理工农医类大学生对"我很认同社会主义核心价值观"观点的赞同比例稍低(96.3)。

从政治面貌和学生干部经历来看,党员大学生和有干部经历的大学生对社会主义核心价值观的认同度更高。数据显示,党员和非党员对于社会主义核心价值观的认同度存在显著差异($x^2=537.259,P<0.001$)。具体来看,党员大学生对于社会主义核心价值观的认同度为98.3%,大学生中共青团员、群众、民主党派对社会主义核心价值观的认同度分别为:96.3%、92.9%、80.5%;有学生干部经历的大学生和没有学生干部经历的大学生对社会主义核心价值观的认同度存在显著差异($x^2=240.391,P<0.001$),有学生干部经历的大学生、没有学生干部经历的大学生表示认同的比例分别为97.1%、94.4%。

从国(境)外学习经历来看,有国(境)外学习经历的大学生和没有国(境)外学习经历的大学生对社会主义核心价值观的认同度存在显著差异($x^2=19.686,P<0.001$)。数据显示,没有国(境)外学习经历的大学生对社会主义核心价值观的认同度为96.6%,要高于有国(境)外学习经历的大学生对于社会主义核心价值观的认同度(96.1%)。

从家庭类型来看,双亲家庭的大学生和非双亲家庭的大学生对社会主义核心价值观的认同度存在显著差异($x^2=150.548,P<0.001$)。生活在双亲家庭的大学生对社会主义核心价值观的认同度较高,为96.6%。生活在非双亲家庭的大学生对社会主义核心价值观的认同度较低,为95.7%。

(三)大学生社会主义核心价值观认同度影响因素分析

在本部分,我们采用因子分析和线性回归分析相结合的方法来分析影响大学生对社会主义核心价值观认同的因素。我们将大学生对"我很认同社会主义核心价值观"按"非常符合""比较符合""一般""不大符合""很不符合"分别赋值 5 分、4 分、3 分、2 分、1 分,得分越高表示认同度越高。分析结果表明,教育因素、文化素养、社会环境等对大学生社会主义核心价值观的认同状况具有显著影响。

1. 教育因素对社会主义核心价值观认同的影响

课题组采用因子分析和一般线性回归分析相结合的方法,分析教育因素对大学生社会主义核心价值观认同的影响。按照 0.05 的检验水准,在影响大学生对社会主义核心价值观认同的因素分析中,回归系数具有统计学意义的自变量有:专业课程教学、日常思想政治教育、思想政治理论课教学、校风和学风建设、校园文化活动、心理健康教育与咨询工作、学生资助工作、基层党组织建设、团组织建设等(见表 2-3)。

表 2-3 教育因素对社会主义核心价值观认同的一般线性回归分析

自变量	未标准化系数		标准化系数	统计量	显著性
	B	Std. Error	Beta	t	P
常数项	0.730	0.007		111.975	0.000
专业课程教学	0.043	0.005	0.057	8.298	0.000
日常思想政治教育	0.045	0.007	0.064	6.519	0.000
思想政治理论课教学	0.061	0.007	0.086	8.911	0.003
校风和学风建设	0.071	0.005	0.094	14.147	0.000
社会实践活动	0.008	0.005	0.011	1.416	0.000
校园文化活动	0.008	0.005	0.011	1.426	0.006
网络思想政治教育	0.006	0.006	0.009	1.070	0.284
心理健康教育与咨询工作	0.001	0.005	0.002	0.247	0.000
学生资助工作	0.010	0.005	0.015	2.219	0.027
基层党组织建设	0.082	0.006	0.115	14.295	0.000
班级建设	0.006	0.005	0.008	1.039	0.020
团组织建设	0.038	0.006	0.053	6.092	0.000

$N = 46813$ $R^2 = 17.3\%$ $F = 577.192$

从专业课程教学来看,专业课程教学的效果影响大学生对社会主义核心价值观的认同状况。具体来说,大学生对专业课教学的评价从"很不满意""不大满意""一般""比较满意""非常满意"每升高一个单位,其对社会主义核心价值观的认同度就会相应提高 0.043 个单位。

从大学生日常思想政治教育来看,大学生对日常思想政治教育的评价从"很不满意""不大满意""一般""比较满意""非常满意"每升高一个单位,其对社会主义核心价值观的认同度就会相应提高 0.045 个单位。日常思想政治教育对大学生社会主义核心价值观认同状况具有显著影响。

从思想政治理论课教学来看,大学生对思想政治理论课教学的评价从"很不满意""不大满意""一般""比较满意""非常满意"每升高一个单位,其对社会主义核心价值观的认同度就会相应提高 0.061 个单位。思想政治理论课教学对大学生社会主义核心价值观认同状况具有显著影响。

从日常思想政治教育的具体内容来看,校风和学风建设、社会实践活动、校园文化活动、心理健康教育与咨询工作、学生资助工作、基层党组织建设、班级建设、团组织建设满意度均对大学生核心价值观认同状况有显著影响。从校风和学风建设来看,大学生对校风和学风建设的评价从"很不满意""不大满意""一般""比较满意""非常满意"每升高一个单位,其对社会主义核心价值观的认同度就会提高 0.071 个单位;从社会实践活动或校园文化活动来看,大学生对社会实践活动或校园文化活动的评价每提升一个等级,其对社会主义核心价值观的认同度均相应提高 0.008 个单位;从学生资助工作来看,大学生对学生资助工作的评价每提升一个等级,其对社会主义核心价值观的认同度相应提高 0.010 个单位;从基层党组织建设来看,大学生对基层党组织建设的评价升高一个单位,其对社会主义核心价值观的认同度相应提高 0.082 个单位;从班级建设来看,大学生对班级建设的评价升高一个单位,其对社会主义核心价值观的认同度相应提高 0.006 个单位;就团组织建设来看,大学生对团组织建设的评价每升高一个单位,其对社会主义核心价值观的认同度随之提高 0.038 个单位。

2. 文化素养对大学生社会主义核心价值观认同的影响

课题组采用因子分析和一般线性回归分析相结合的方法,分析文化素养对大学生社会主义核心价值观认同的影响。按照 0.05 的检验水准,在影响大学生对社会主义核心价值观认同的因素中,回归系数具有统计学意义的自变量有:文化自豪感、文化自信心、对文化自信重要性的认识、对待西方文化的态度、对西方文化价值渗透的态度、对中国精神的了解情况(见表 2-4)。

表 2-4　文化素养对大学生社会主义核心价值观认同影响的一般线性回归分析

自变量	非标准化系数		标准化系数	统计量	显著性水平
	B	Std. Error	Beta	t	P
常数项	1.151	0.025		46.571	0.000
文化自豪感	0.179	0.008	0.148	19.164	0.000
文化自信心	0.140	0.007	0.130	21.152	0.000
对文化自信重要性的认识	0.177	0.009	0.144	19.627	0.001
对待西方文化的态度	0.081	0.007	0.073	11.667	0.000
对西方文化价值渗透的态度	0.024	0.003	0.037	8.916	0.000
对中国精神的了解情况	0.030	0.001	0.189	44.648	0.000

$N = 46813$　　$R^2 = 31.8\%$　　$F = 3639.137$

从大学生的文化自豪感、文化自信心来看,大学生的文化自豪感和文化自信心越强烈,对社会主义核心价值观的认同度越高。分析显示,大学生对"我为中华文化感到自豪""中华民族一定能创造文化新辉煌"的赞同度从"很不赞同""不大赞同""说不清楚""比较赞同""非常赞同"每提高一个单位,其对社会主义核心价值观的认同度随之分别提高 0.179、0.140 个单位;从大学生对文化自信重要性的认识来看,大学生对文化自信重要性的认识影响其对社会主义核心价值观的认同状况。具体来说,大学生对"文化自信是一个国家、一个民族发展中更基本、更深沉、更持久的力量"的赞同度每提升一个等级,其对社会主义核心价值观的认同度相应提高 0.177 个单位。

从对待西方文化的态度、对待西方文化价值渗透的态度来看,大学生对西方文化和西方文化价值渗透的态度影响其对社会主义核心价值观的认同状况。数据显示,按照"很不赞同""不大赞同""说不清楚""比较赞同""非常赞同"的顺序,大学生对"我们应以开放包容的态度吸收其他文化的优长""我们应当警惕西方文化的价值渗透"的赞同度每提高一个单位,其对社会主义核心价值观的认同度分别相应提高 0.081、0.024 个单位。

从大学生对中国精神的了解情况来看,大学生对中国精神越了解,对社会主义核心价值观的认同度越高。分析显示,对中国精神的了解情况从"很不了解""不大了解""一般""比较了解""非常了解"每提升一个等级,大学生对社会主义核心价值观的认同度随之提升 0.030 个单位。

3. 社会环境因素对大学生社会主义核心价值观认同的影响

课题组采用因子分析和一般线性回归分析相结合的方法,分析其他相关因素对大学生社会主义核心价值观认同的影响。按照 0.05 的检验水准,在影响大学生对社会主义核心价值观认同的因素中,回归系数具有统计学意义的自变量有:受消极人生观影响、上网时长、理性上网、价值观实现程度(见表 2-5)。

表 2-5 社会环境因素对大学生社会主义核心价值观认同影响的一般线性回归分析

自变量	非标准化系数		标准化系数	统计量	显著性水平
	B	Std. Error	Beta	t	P
常数项	2.616	0.023		111.985	0.000
受消极人生观影响	−0.015	0.001	−0.079	−19.467	0.000
上网时长	0.014	0.003	0.022	5.498	0.358
理性上网	0.138	0.002	0.358	82.038	0.000
社会主义核心价值观实现程度	0.048	0.001	0.203	46.725	0.000

$N = 46813$ $R^2 = 23.8\%$ $F = 3652.406$

消极人生观影响大学生核心价值观的认同状况。"消极人生观"量表共设计了 6 个项目,采用李克特 5 点评分量表进行分析。评分选项按"非常赞同""比较赞同""一般""不大赞同""很不赞同"分别赋值为 5 分、4 分、3 分、2 分、1 分,得分越高表示大学生受消极人生观的影响程度越高。经检验,KMO = 0.829,Bartlett 球形度检验近似卡方值为 105218.851,显著性水平 $P < 0.001$,表明数据适合做探索性因子分析。采用主成分分析和最大方差旋转,从 6 项中抽取 1 个因子。结果表明,因子的累计方差贡献率为 55.512%,表明该因子能较好解释关于大学生受消极人生观影响的调查内容。我们将提取的公因子计算出综合得分,并命名为"消极人生观",然后结合相关变量进行一般线性回归分析。结果显示,大学生受消极人生观的影响越大,其对社会主义核心价值观的认同度就越低。

大学生能否理性上网影响大学生对社会主义核心价值观的认同状况。"理性上网"量表共设计了 4 个项目,采用李克特 5 点评分量表进行分析。评分选项按"非常符合""比较符合""一般""不大符合""很不符合"分别赋值为 5 分、4 分、3 分、2 分、1 分，得分越高表示大学生的理性上网程度越高。经检验，KMO = 0.772，Bartlett 球形度检验近似卡方值为 71668.920，显著性水平 $P<0.001$，表明数据适合做探索性因子分析。采用主成分分析和最大方差旋转，从 4 项中抽取 1 个因子。结果表明，因子的累计方差贡献率为 64.109%，表明该因子能较好解释关于大学生对理性上网的调查内容。我们将提取的公因子计算出综合得分，并命名为"理性上网"，然后结合相关变量进行一般线性回归分析。结果显示，大学生对社会主义核心价值观的认同状况随其理性上网的程度提升而提高。具体来说，按照"很不符合""不大符合""说不清楚""比较符合""非常符合"的顺序，大学生理性上网每提升一个单位，大学生对社会主义核心价值观实现程度的评价随之提高 0.138 个单位。

大学生对社会主义核心价值观实现程度的好评度影响大学生对核心价值观的认同。"社会主义核心价值观认同状况"量表共设计了 12 个项目，采用李克特 5 点评分量表进行分析。评分选项按"非常符合""比较符合""一般""不大符合""很不符合"分别赋值为 5 分、4 分、3 分、2 分、1 分，得分越高表示大学生的认同度越高。经检验，KMO = 0.958，Bartlett 球形度检验近似卡方值为 393693.179，显著性水平 $P<0.001$，表明数据适合做探索性因子分析。采用主成分分析和最大方差旋转，从 12 项中抽取"国家层面核心价值观认同状况""社会层面核心价值观认同状况""公民层面核心价值观认同状况"3 个因子。结果表明，因子的累计方差贡献率为 73.637%，表明该因子能较好解释关于大学生对社会主义核心价值观认同的调查内容。我们将提取的公因子计算出综合得分，并命名为"社会主义核心价值观实现程度"，然后结合相关变量进行一般线性回归分析。结果显示，大学生对社会主义核心价值观的认同度随核心价值观实现程度的评价提升而提高。具体来说，大学生对核心价值观实现程度的评价按照"很不符合""不大符合""一般""比较符合""非常符合"的顺序每提升一个单位，大学生对社会主义核心价值观的认同度相应提高 0.048 个单位。

三、 对社会主义核心价值观实现程度的评价

自党的十八大提出弘扬和培育社会主义核心价值观以来，教育系统积极探索把社会主义核心价值观融入教育教学全过程，有效推动社会主义核心价值观进教材、进课堂、进学生头脑，并努力实现将社会主义核心价值观纳入学校教育、家庭教育、社会教育的各个环节。大学生不仅是社会主义核心价值观的信仰者、传播者、践行者，也是社会主义核心价值观实现程度的见证者和评估者。为了解大学生对社会主义核心价值观实现程度的评价，也为了检视当前社会主义核心价值观弘扬和培育的实际效果，我们将通过大学生对社会主义核心价值观 12 项内容目前在社会上的践行状况的评分（各项评分最高 5 分，最低 1 分）来进行考察。

（一）总体评价

调查结果显示，社会主义核心价值观目前在社会上的践行状况总体较好。具体来说，社会主义核心价值观 12 项内容在社会上践行程度的总体平均分为 4.13 分，其中最高分为"爱国"（4.49 分），最低分为"平等"（3.93 分）。从社会主义核心价值观在国家、社会和公民三个层面的实现程度来看，公民层面的"爱国、敬业、诚信、友善"价值观实现程度最高（平均为

4.26分),社会层面的"自由、平等、公正、法治"价值观实现程度次之(平均为4.08分),国家层面的"富强、民主、文明、和谐"价值观实现程度稍低(平均为4.05分)。这表明,社会主义核心价值观在公民层面的实现度高于社会和国家层面。将社会主义核心价值观12项内容按平均分从高到低的顺序排列依次为:爱国(4.49分)、法治(4.28分)、友善(4.23分)、敬业(4.20分)、和谐(4.18分)、诚信(4.13分)、自由(4.09分)、富强(4.03分)、民主(4.03分)、公正(4.00分)、文明(3.96分)、平等(3.93分)。相较而言,大学生对爱国、法治、友善、敬业价值观的实现程度评价较高,对和谐、诚信、自由、富强、民主价值观的实现程度评价一般,对公正、文明、平等价值观的实现程度评价较差(见图2-8)。

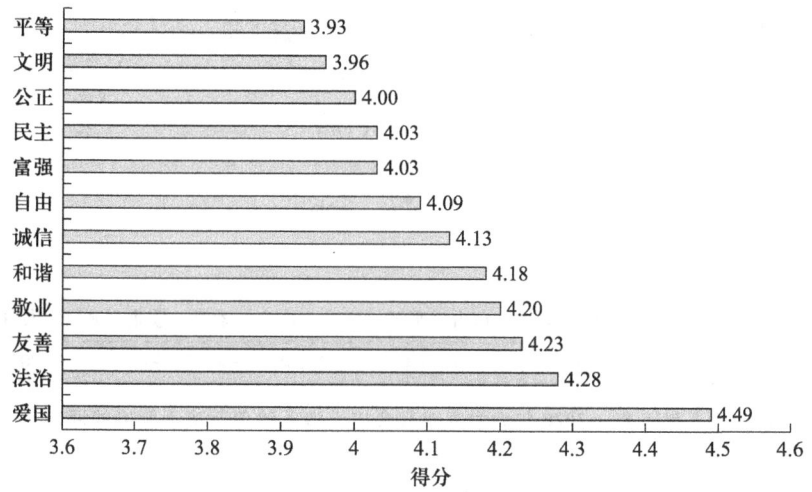

图2-8 2020年大学生对社会主义核心价值观实现程度的评价

通过对近六年的数据进行纵向对比可以发现:第一,大学生对社会主义核心价值观12项具体内容实现程度的评价在总体上基本一致。第二,从发展趋势来看,2015年—2018年大学生对社会主义核心价值观实现程度的评价逐年稳步递增,2017年—2018年增长速度明显,2019年总体评价有所下降,2020年与2019年相比总体又有所上升。其中,对"文明""诚信"价值观实现程度的评价增幅显著,对"文明"价值观实现程度的评价从2019年(3.75分)到2020年(3.96分),对"诚信"价值观实现程度的评价从2019(3.92分)到2020(4.13分),均上升了0.21分。第三,从极值来看,大学生对爱国、法治、敬业价值观实现程度的评价普遍较高,对民主、公正、平等、诚信价值观实现程度的评价偏低(见图2-9)。

(二)对社会主义核心价值观12项内容的具体评价

为更好地把握社会主义核心价值观各项内容的具体践行情况及差异,课题组分别对社会主义核心价值观12项内容的实现程度进行了逐项分析。我们将大学生对于社会主义核心价值观12项内容的实现程度评分进行赋值,将"非常满意""比较满意""一般""不大满意""很不满意"分别赋值为5分、4分、3分、2分、1分,并分成满意、一般、不满意三大类,以便进一步比较大学生对社会主义核心价值观实现程度的差异。

1. 富强

调查显示,大学生对富强价值观实现程度的评价较好。具体来说,富强价值观实现程度

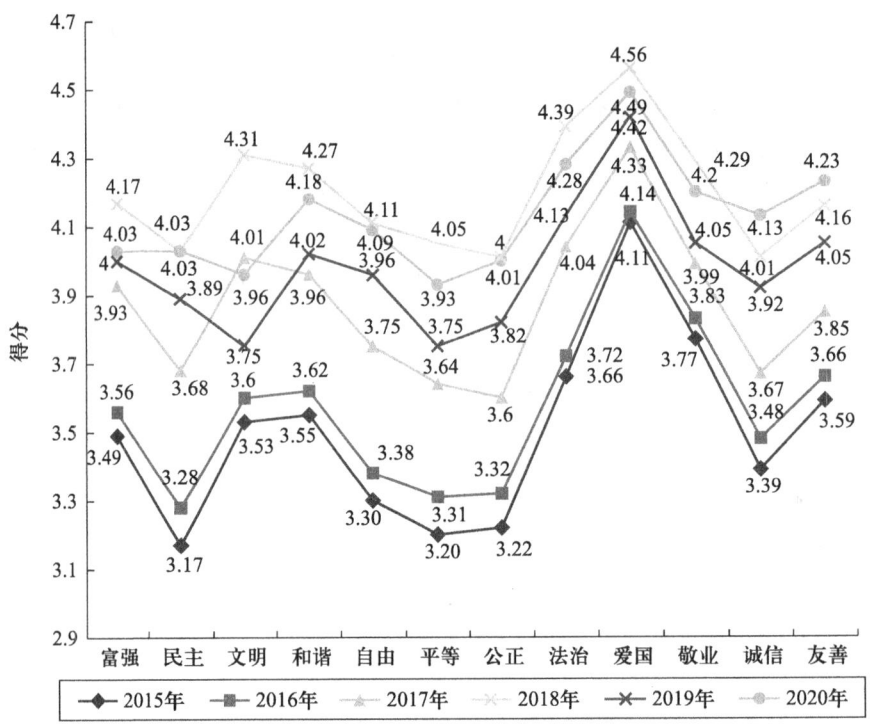

图 2-9　2015 年—2020 年大学生对社会主义核心价值观实现程度的评价

的总体平均分为 4.03 分。从评分分布来看,有 36.7% 的大学生对富强价值观的实现程度"非常满意",36.6% 的大学生认为实现程度"比较满意",21.5% 的大学生认为富强价值观的实现程度"一般",3.4% 的大学生对富强价值观的实现程度"不大满意",1.8% 的大学生对富强价值观的实现程度"很不满意"。2015 年—2020 年的调查结果表明,从 2015 年—2020 年大学生对富强价值观实现程度的好评率逐年上升,2019 年有略微下降(见图 2-10)。

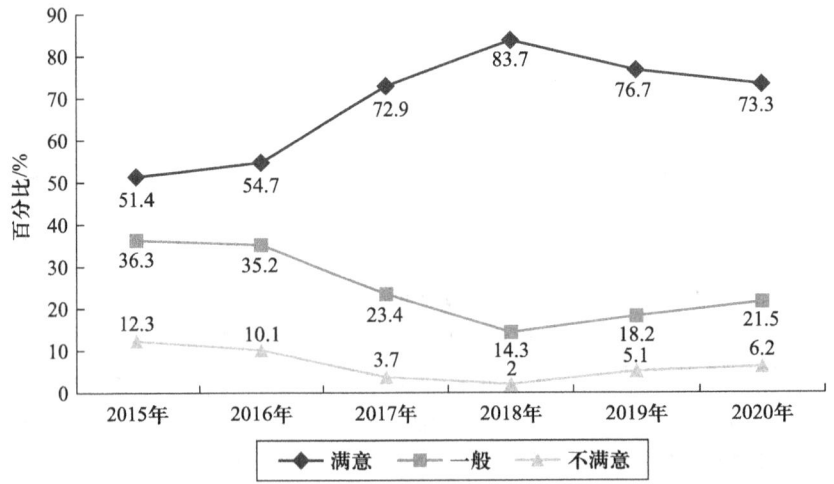

图 2-10　2015 年—2020 年大学生对"富强"价值观在社会实现程度的评价

2. 民主

调查显示,大学生对民主价值观实现程度的评价较好。具体来说,民主价值观在社会上实现程度的总体平均分为 4.03 分。从评分分布来看,有 38.3% 的大学生对民主价值观的实现程度"非常满意",34.0% 的大学生认为实现程度"比较满意",21.5% 的大学生认为民主价值观的实现程度为"一般",4.4% 的大学生对民主价值观的实现程度"不大满意",1.8% 的大学生对民主价值观的实现程度"很不满意"大学生对民主价值观实现程度的评价在社会主义核心价值观 12 项具体指标中处于中等序列,评价较高(见图 2-11)。

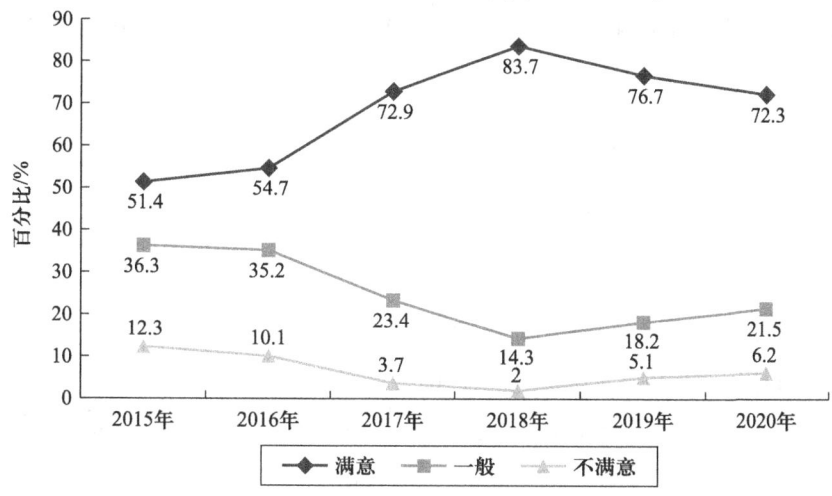

图 2-11　2015 年—2020 年大学生对"民主"价值观在社会实现程度的评价

3. 文明

调查显示,大学生对文明价值观在目前社会的实现程度评价较好,总体平均分 3.96 分。从评分分布来看,对文明价值观的实现程度"非常满意"的大学生占比 34.5%,对实现程度"比较满意"的大学生占比 34.1%,另有 25.6% 的大学生认为文明价值观实现程度"一般",对文明价值观实现程度"不太满意""很不满意"的大学生分别占比 4.4%、1.3%。对 2015—2020 年的数据进行纵向对比可以发现,2015—2018 年大学生对文明价值观实现程度的评价逐年递增,自 2018 年至 2020 年呈现评价下降趋势。2019 年较 2018 年下降了 14.7%,2020年较 2019 年下降了 1.6%(见表 2-6)。

表 2-6　2015 年—2020 年大学生对"文明"价值观在社会实现程度的评价

单位:百分比

	满意	一般	不满意
2015 年	52.4	35.4	12.2
2016 年	55.4	34.8	9.8
2017 年	74.9	21.0	4.1
2018 年	84.9	13.2	1.9
2019 年	70.2	24.5	5.3
2020 年	68.6	25.6	5.7

4. 和谐

调查显示,大学生对和谐价值观目前在社会的实现程度评价较好。具体来说,和谐价值观的总体平均分为4.18分。从评分分布情况来看,43.6%的大学生对和谐价值观目前在社会的实现程度"非常满意",36.1%的大学生对和谐价值观目前在社会的实现程度"比较满意",16.6%的大学生认为和谐价值观目前在社会的实现程度"一般",2.6%的大学生对和谐价值观目前在社会的实现程度"不太满意",仅有1.1%的大学生对和谐价值观目前在社会的实现程度"很不满意"。对2015—2020年数据加以对比可见,2015—2018年大学生对和谐价值观实现程度的好评率逐年上升,2019年较2018年下降了3.7个百分点,2020年较2019年下降了2.7个百分点(见图2-12)。

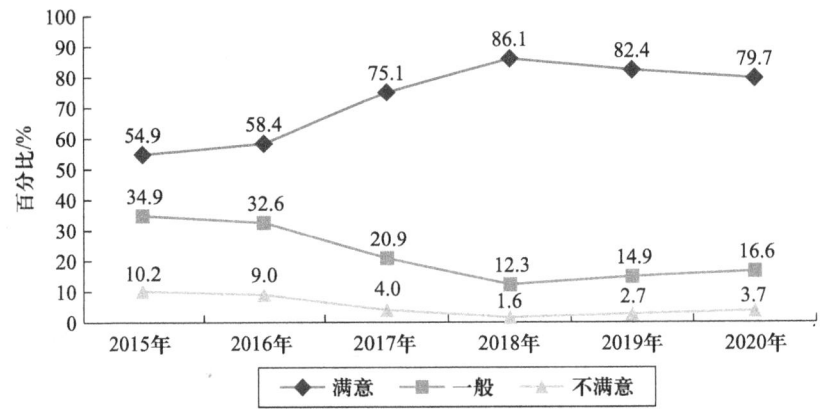

图 2-12　2015 年—2020 年大学生对"和谐"价值观在社会实现程度的评价

5. 自由

调查显示,大学生对自由价值观目前在社会上的实现程度评价较好。具体来说,自由价值观的总体平均分为4.09分。从评分的分布情况来看,41.2%的大学生对自由价值观目前在社会的实现程度"非常满意",34.5%的大学生对自由价值观目前在社会的实现程度"比较满意",18.7%的大学生认为自由价值观目前在社会的实现程度"一般",34.5%的大学生对自由价值观目前在社会的实现程度"不大满意",1.8%的大学生对自由价值观目前在社会的实现程度"很不满意"。通过对历年数据进行对比可见,2015年—2019年大学生对自由价值观实现程度的评价逐年递增,2020年较2019年的好评率下降1.8个百分点(见图2-13)。

6. 平等

调查显示,大学生对平等价值观在当前社会的实现程度评价相对一般。具体来说,大学生对平等价值观的总体评分为3.93分。从评分的分布情况来看,36.0%的大学生对平等价值观的实现程度"非常满意",32.0%的大学生对平等价值观的实现程度"比较满意",23.4%的大学生认为平等价值观的实现程度"一般",6.2%的大学生对平等价值观的实现程度"不大满意",2.5%的大学生对平等价值观的实现程度"很不满意"。对近六年数据进行纵向对比分析可以发现,2015年—2018年大学生对平等价值观实现程度的评价大幅提升,2019年较2018年略微下降了2.8个百分点,2020年较2019年下降了3.6个百分点。从大学生对平等价值观实现程度的评判来看,当前弘扬和培育社会主义核心价值观应当高度重视社会平等问题,切实保障人民的平等权利(见表2-7)。

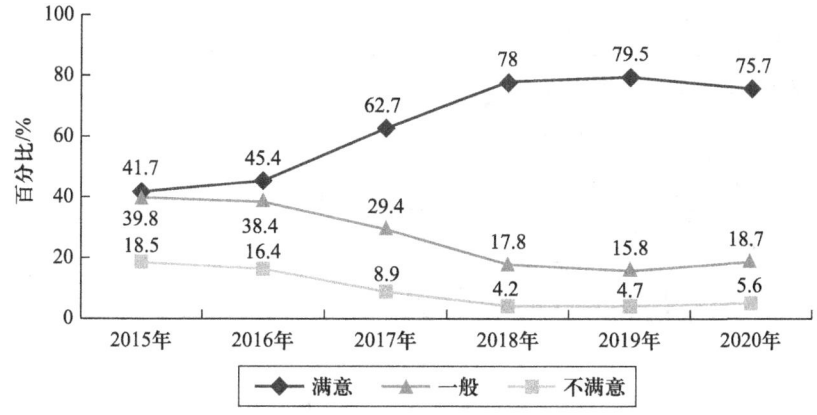

图 2-13　2015 年—2020 年大学生对"自由"价值观在社会实现程度的评价

表 2-7　2015 年—2020 年大学生对"平等"价值观在社会实现程度的评价

单位:百分比

	满意	一般	不满意
2015 年	37.5	40.0	22.5
2016 年	42.5	37.9	19.6
2017 年	57.0	31.5	11.5
2018 年	74.4	20.2	5.4
2019 年	71.6	21.2	7.2
2020 年	68.0	23.4	8.7

7. 公正

调查显示,大学生对公正价值观在当前社会的实现程度评价较好。具体来说,公正价值观的总体评分为 4.00 分。从分值分布情况来看,37.3%的大学生对公正价值观的实现程度"非常满意",34.3%的大学生对公正价值观的实现程度"比较满意",21.7%的大学生认为公正价值观的实现程度"一般",4.8%的大学生对公正价值观的实现程度"不大满意",1.9%的大学生对公正价值观的实现程度"很不满意"。2015—2019 年,大学生对公正价值观实现程度的好评率逐年递增。大学生对公正价值观的评价表明,加强社会主义核心价值观建设仍然要高度重视公正价值观的实现,维护社会公平正义(见图 2-14)。

8. 法治

调查显示,大学生对法治价值观在当前社会的实现程度评价非常好,总体平均分 4.28 分。从评分的分布情况来看,49.3%的大学生对法治价值观的实现程度"非常满意",33.6%的大学生对法治价值观的实现程度"比较满意",13.6%的大学生认为法治价值观的实现程度"一般",2.3%的大学生对法治价值观的实现程度"不大满意",1.2%的大学生对法治价值观的实现程度"很不满意"。通过对历年数据纵向对比可见,2015 年—2018 年大学生对法治价值观的好评率稳步上升,2019 年与 2018 年相比略微下降了 3.1 个百分点,2020 年与 2019 年相比下降了 2.9 个百分点。从近六年数据来看,大学生对法治价值观实现程度的评价在

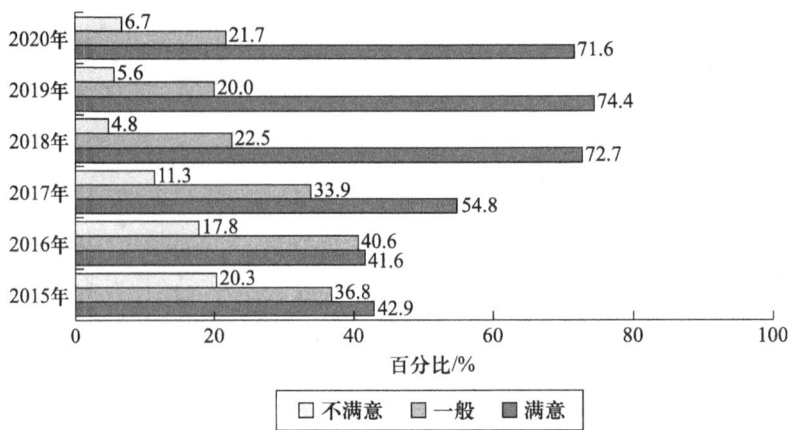

图 2-14　2015 年—2020 年大学生对"公正"价值观在社会实现程度的评价

社会主义核心价值观 12 项内容中始终排前三位（见图 2-15）。

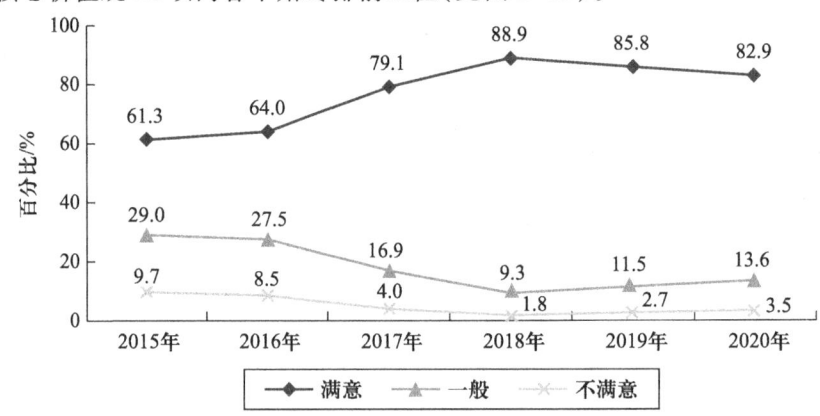

图 2-15　2015 年—2020 年大学生对"法治"价值观在社会实现程度的评价

9. 爱国

调查显示，大学生对爱国价值观在当前社会的实现程度评价非常好。具体来说，爱国价值观的总体评分为 4.49 分，在社会主义核心价值观 12 项内容中位列首位。从评分分布来看，62.5%的大学生对爱国价值观的实现程度"非常满意"，26.8%的大学生对爱国价值观的实现程度"比较满意"，8.4%的大学生认为爱国价值观的实现程度"一般"，1.1%的大学生对爱国价值观的实现程度"不大满意"，1.1%的大学生对爱国价值观的实现程度"很不满意"。对近六年的数据纵向对比可见，2015 年—2019 年大学生对爱国价值观实现程度的好评率逐年上升，2019 年较 2018 年下降了 2.5 个百分点，2020 年较 2019 年下降了 3.6 个百分点。从近年的数据来看，大学生对爱国价值观实现程度的好评率始终位居首位（见表 2-8）。

表 2-8　2015 年—2020 年大学生对"爱国"价值观在社会实现程度的评价

单位：百分比

	满意	一般	不满意
2015 年	83.0	14.0	3.0

续表

	满意	一般	不满意
2016 年	84.0	13.4	2.6
2017 年	89.9	8.9	1.2
2018 年	95.4	4.2	0.4
2019 年	92.9	6.0	1.1
2020 年	89.3	8.4	2.2

10. 敬业

调查显示,大学生对敬业价值观在当前社会的实现程度评价较好。具体来说,敬业价值观的总体平均分为 4.20 分。具体来看,44.3% 的大学生对敬业价值观的实现程度"非常满意",35.9% 的大学生对敬业价值观的实现程度"比较满意",16.4% 的大学生认为敬业价值观的实现程度"一般",2.2% 的大学生对敬业价值观的实现程度"不大满意",1.2% 的大学生对敬业价值观的实现程度"很不满意"。从近六年的数据来看,2015 年—2019 年大学生对敬业价值观实现程度的好评率呈上升趋势,2020 年较 2019 年下降了 4.3 个百分点。且近年来在社会主义核心价值观 12 项内容中,敬业价值观的好评率始终位列前四位(见图 2-16)。

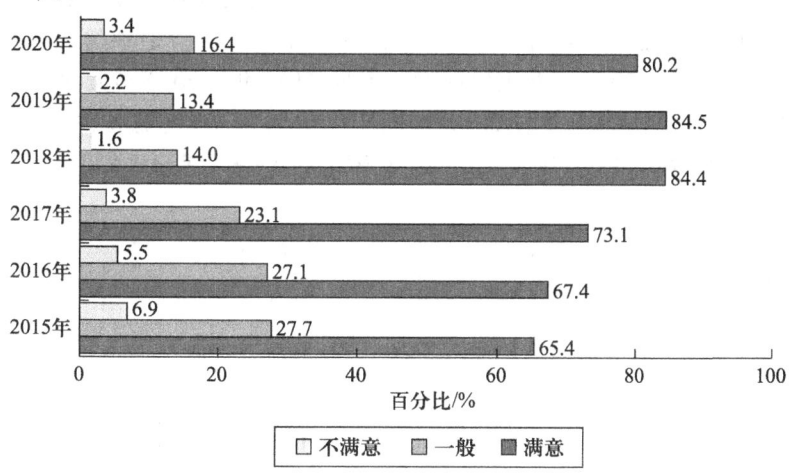

图 2-16 2015 年—2020 年大学生对"敬业"价值观在社会实现程度的评价

11. 诚信

调查显示,大学生对诚信价值观在当前社会的实现程度的评价较好。具体来说,诚信价值观的总体平均分为 4.13 分。从评分的分布情况来看,42.2% 的大学生对诚信价值观的实现程度"非常满意",34.3% 的大学生对诚信价值观的实现程度"比较满意",19.1% 的大学生认为诚信价值观的实现程度"一般",3.1% 的大学生对诚信价值观的实现程度"不大满意",1.3% 的大学生对诚信价值观的实现程度"很不满意"。对 2015 年—2019 年数据对比可见,大学生对诚信价值观实现程度的好评率逐年上升,仅 2020 年较 2019 年下降了 1.9 个百分点(见图 2-17)。

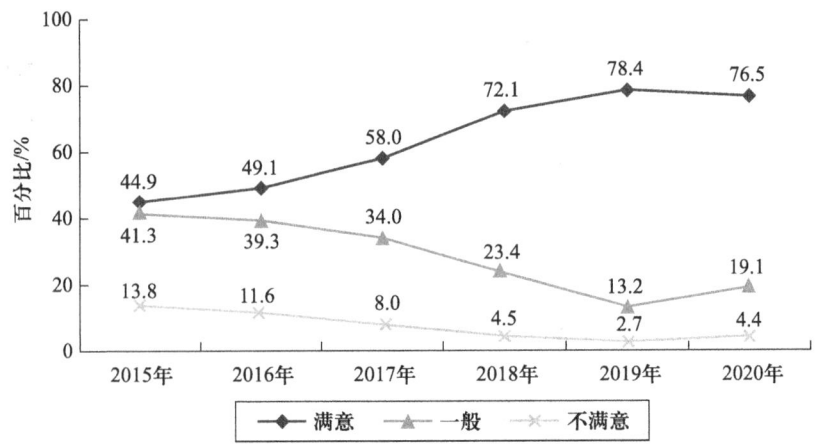

图 2-17　2015 年—2020 年大学生对"诚信"价值观在社会实现程度的评价

12. 友善

调查显示,大学生对友善价值观在当前社会的实现程度评价较好。具体来说,友善价值观的总体平均分为 4.23 分,在社会主义核心价值观 12 项内容中排第三位。从评分的分布情况来看,47.1% 的大学生对友善价值观的实现程度"非常满意",33.6% 的大学生对友善价值观的实现程度"比较满意",15.5% 的大学生认为友善价值观的实现程度"一般",2.4% 的大学生对友善价值观的实现程度"不大满意",1.3% 的大学生对友善价值观的实现程度"很不满意"。通过对 2015 年—2020 年的数据纵向对比可见,2015 年—2019 年大学生对友善价值观实现程度好评率逐年上升,2020 年较 2019 年下降了 2.6 个百分点(见表 2-9)。

表 2-9　2015 年—2020 年大学生对"友善"价值观在社会实现程度的评价

单位:百分比

	满意	一般	不满意
2015 年	56.1	36.5	7.4
2016 年	59.4	34.5	6.1
2017 年	68.1	27.9	4.0
2018 年	80.9	16.9	2.2
2019 年	83.3	13.2	2.7
2020 年	80.7	15.5	3.7

(三) 大学生对社会主义核心价值观实现程度评价的影响因素分析

为进一步分析大学生评价社会主义核心价值观实现程度的影响因素,在本部分,我们采用因子分析和线性回归分析相结合的方法开展分析。社会主义核心价值观实现程度共 12 项内容,每项按 1—5 分评分,得分越高表示大学生认为社会主义核心价值观的实现程度越高。经检验,KMO = 0.956,Bartlett 球形度检验近似卡方值为 516068.102,显著性水平 $P < 0.001$,表明数据适合做探索性因子分析。采用主成分分析和最大方差旋转,从 12 项中抽取大学生对社会主义核心价值观在"国家层面实现程度的评价""在社会层面实现程度的评价""在公民层面的实

现程度的评价"3 个因子。结果表明,该因子的累计方差贡献率为 79.638%,表明该因子能较好解释大学生对社会主义核心价值观实现程度评价的调查内容。我们将提取的 3 个公因子计算出综合得分,并将变量命名为"大学生对社会主义核心价值观实现程度的评价",然后结合人口学变量进行一般线性回归分析。按照 0.05 的检验水准,回归系数具有统计学意义的变量有性别、学历、学科门类、政治面貌、生源地所在区域等(见表 2-10)。

表 2-10　不同类别大学生对社会主义核心价值观实现程度评价的一般线性回归分析

自变量		非标准化系数		标准化系数	统计量	显著性水平
		B	Std. Error	Beta	t	P
常数项		5.590	0.093		60.183	0.000
性别男(参照项:女)		0.188	0.021	0.040	9.118	0.000
学历层次 (参照项:博士生)	本科生	0.279	0.054	0.051	5.203	0.000
	硕士生	0.112	0.055	0.019	2.018	0.044
学科门类 (参照项:理工农医类)	人文科学类	−0.135	0.028	−0.021	−4.727	0.000
	社会科学类	−0.113	0.024	−0.021	−4.763	0.000
政治面貌党员(参照项:非党员)		0.211	0.025	0.037	8.363	0.000
生源地农村(参照项:城镇)		0.010	0.020	0.002	0.499	0.014
生源地所在区域 (参照项:东北)	华东	−0.055	0.035	−0.010	−1.580	0.014
	华南	−0.007	0.040	−0.001	−0.171	0.864
	华中	−0.177	0.037	−0.028	−4.804	0.000
	华北	−0.071	0.037	−0.011	−1.924	0.050
	西北	−0.010	0.040	−0.001	−0.251	0.802
	西南	−0.018	0.039	−0.003	−0.463	0.643
双亲家庭(参照项:非双亲家庭)		0.070	0.033	0.009	2.125	0.034
担任过学生干部(参照项:没有)		0.102	0.025	0.017	4.131	0.000
有国(境)外学习经历(参照项:没有)		−0.210	0.050	−0.018	−4.185	0.000
专业课程教学开展效果		0.384	0.021	0.120	18.346	0.000
大学生日常思想政治教育开展效果		0.600	0.028	0.201	21.281	0.000
思想政治理论课教学开展效果		0.467	0.028	0.155	16.812	0.000

$N=46813$　　$R^2=20.4\%$　　$F=633.048$

1. 基于自然因素的分析

从性别来看,与女生对社会主义核心价值观实现程度的评价相比,男生对社会主义核心价值观实现程度的评价更高一些。分析显示,男生对社会主义核心价值观实现程度的评价比女生对社会主义核心价值观实现程度的评价高 0.188 个单位。

2. 基于教育因素的分析

从学历层次来看,本科生和硕士生对社会主义核心价值观的认同度均高于博士生对社会主义核心价值观实现程度的评价。具体来说,本科生和硕士生对社会主义核心价值观实现程度的评价分别比博士生对社会主义核心价值观实现程度的评价高 0.279、0.112 个单位。

从学科门类来看,理工农医类大学生对社会主义核心价值观实现程度的评价高于人文科学类和社会科学类大学生对社会主义核心价值观实现程度的评价。分析显示,理工农医类大学生对社会主义核心价值观实现程度的评价比人文科学类大学生对社会主义核心价值观实现程度的评价高 0.135 个单位,比社会科学类大学生对社会主义核心价值观实现程度的评价高 0.113 个单位。

从政治面貌来看,党员大学生对社会主义核心价值观实现程度的评价高于非党员大学生对社会主义核心价值观实现程度的评价。分析显示,党员大学生对社会主义核心价值观实现程度的评价比非党员大学生对社会主义核心价值观实现程度的评价高 0.211 个单位。

从是否担任过学生干部来看,担任过学生干部的大学生对社会主义核心价值观实现程度的评价更高。分析显示,有过学生干部经历的大学生对社会主义核心价值观实现程度的评价比没有此类经历的大学生对社会主义核心价值观实现程度的评价高 0.102 个单位。

从是否有过国(境)外学习经历来看,没有国(境)外学习经历的大学生对社会主义核心价值观实现程度的评价更高。具体来说,没有国(境)外学习经历的大学生对社会主义核心价值观的评价比有此类经历的大学生对社会主义核心价值观实现程度的评价高 0.210 个单位。

就专业课程教学效果来看,大学生对社会主义核心价值观实现程度的评价随着专业课程教学效果的提升而提高。具体来说,按照"非常差""比较差""一般""比较好""非常好"的顺序,大学生对专业课程教学效果的评价每提升一个等级,对社会主义核心价值观实现程度的评价就会相应提升 0.384 个单位。

就大学生日常思政教育开展效果来看,大学生对社会主义核心价值观实现程度的评价随着大学生日常思政教育开展效果的提升而提高。具体来说,按照"非常差""比较差""一般""比较好""非常好"的顺序,大学生对日常思政教育开展效果评价每提升一个等级,相应的对社会主义核心价值观实现程度的评价就会提升 0.600 个单位。

就思想政治理论课开展效果来看,大学生对社会主义核心价值观实现程度的评价随着思想政治理论课开展效果的提升而提高。具体来说,按照"非常差""比较差""一般""比较好""非常好"的顺序,大学生对思想政治理论课开展效果评价每提升一个等级,对社会主义核心价值观实现程度的评价就会相应提升 0.467 个单位。

3. 基于成长背景的分析

从生源地来看,来自农村的大学生对社会主义核心价值观实现程度的评价高于城镇大学生对社会主义核心价值观实现程度的评价。具体来说,来自城镇的大学生对社会主义核心价值观实现程度的评价比农村大学生对社会主义核心价值观实现程度的评价低 0.010 个单位。

从生源地所在区域来看,学校所在区域不同的大学生对社会主义核心价值观实现程度有高低差异。分析显示,学校所在区域为东北地区的大学生对社会主义核心价值观实现程度的评价最高。具体来看,学校所在区域为东北地区的大学生对社会主义核心价值观实现程度的评价比学校所在区域为华东地区大学生对社会主义核心价值观实现程度的评价高

0.848 个单位,比学校所在区域为华中地区的大学生对社会主义核心价值观实现程度的评价高 0.177 个单位,比学校所在区域为华北地区的大学生对社会主义核心价值观实现程度的评价高 0.210 个单位。

从大学生成长的家庭类型来看,生活在双亲家庭的大学生对于社会主义核心价值观实现程度的评价比非双亲家庭的大学生对于社会主义核心价值观实现程度的评价要高 0.070 个单位。

四、 对社会主义核心价值观的践行意愿

2014 年 5 月 4 日,习近平总书记考察北京大学时勉励大学生:"道不可坐论,不能空谈。于实处用力,从知行合一上下功夫,核心价值观才能内化为人们的精神追求,外化为人们的自觉行动。"[①]2018 年 5 月 2 日,习近平总书记又一次视察北大时提出:"要坚持不懈培育和弘扬社会主义核心价值观,引导广大师生做社会主义核心价值观的坚定信仰者、积极传播者、模范践行者。"[②]在高校弘扬和培育社会主义核心价值观的目标在于对青年一代进行正确的价值观教育,使其真学、真懂、真信、真用,以社会主义核心价值观为其行动的基本遵循,努力成为社会主义合格建设者与可靠接班人。我们从大学生对核心价值观的整体践行意愿以及对爱国价值观的践行情况两个层面进行了考察。具体来说,为把握大学生对核心价值观的践行情况,我们通过调查大学生对"培育和践行社会主义核心价值观人人有责"的赞同度,来了解大学生对核心价值观的践行意愿;为把握大学生对爱国价值观的践行情况,我们通过调查大学生对"当国防安全遇到战争威胁时,您愿意参军入伍吗?"的选择态度来进行考察。

(一)大学生对社会主义核心价值观整体践行意愿

1. 总体情况

调查显示,绝大多数大学生对于践行社会主义核心价值观具有强烈的意愿。数据显示,96.0%的大学生对"培育和践行社会主义核心价值观人人有责"这一观点明确表示赞同,其中 69.6%的大学生表示"非常赞同",26.4%的大学生表示"比较赞同",而表示"说不清楚"和"不赞同"的大学生比例分别为 3.5%、0.5%。通过对比 2015 年—2020 年调查数据可以发现,大学生对社会主义核心价值观的践行意愿基本呈递增趋势。2015 年—2020 年对"培育和践行社会主义核心价值观人人有责"观点表示赞同的比例依次为:85.9%、85.3%、89.5%、95.5%、96.8%、96.0%。从这六年的数据中可以看出,大学生践行社会主义核心价值观的意愿得到大幅提升(见图 2-18)。

2. 不同群体大学生社会主义核心价值观的践行意愿的差异分析

本部分采用交互分析方法,结合人口学变量分析不同群体大学生对社会主义核心价值观的践行意愿的差异,分析结果显示,性别差异、生源地与生源区域、学科门类、政治面貌、学生干部经历、国(境)外学习经历不同的大学生对社会主义核心价值观的践行意愿存在显著差异(见表 2-11)。

---

① 习近平:《青年要自觉践行社会主义核心价值观——在北京大学师生座谈会上的讲话》,《人民日报》2014 年 5 月 5 日。

② 习近平:《在北京大学师生座谈会上的讲话》,《人民日报》2018 年 5 月 3 日。

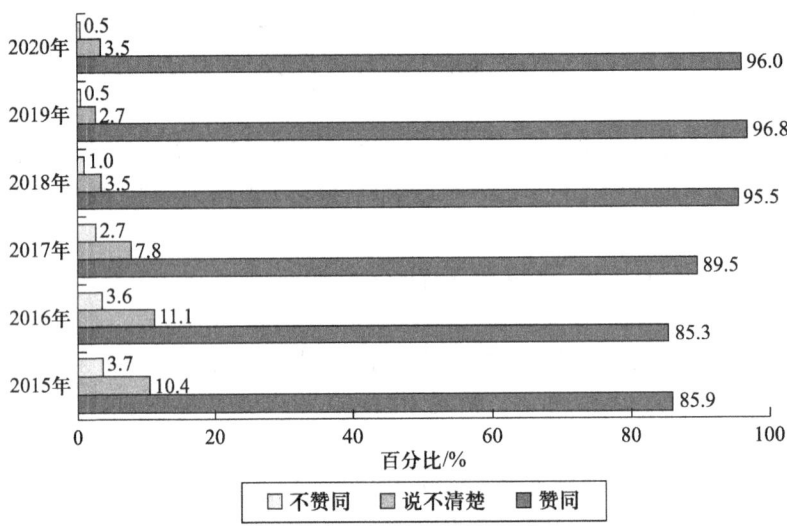

图 2-18　2015 年—2020 年大学生对社会主义核心价值观践行意愿的状况

表 2-11　不同群体大学生对社会主义核心价值观的践行意愿的差异分析

		对社会主义核心价值观的践行意愿/%			卡方检验		
		赞同	不清楚	不赞同	χ^2	df	P
性别	男	94.9	4.5	0.7	246.641	4	<0.001
	女	97.0	2.7	0.3			
生源地	农村	96.0	3.6	0.4	40.352	4	<0.001
	城镇	96.1	3.4	0.5			
生源地所在区域	华东	96.0	3.5	0.5	228.010	36	<0.001
	华南	95.2	4.4	0.4			
	华中	96.5	3.2	0.3			
	华北	96.3	3.2	0.5			
	西北	96.7	3.0	0.3			
	西南	95.7	4.0	0.4			
	东北	95.8	3.7	0.5			
学科门类	人文科学类	96.4	3.2	0.4	229.868	44	<0.001
	社会科学类	96.6	2.9	0.5			
	理工农医类	95.7	3.9	0.4			
政治面貌	党员	98.1	1.7	0.2	472.644	12	<0.001
	非党员	89.3	8.5	2.2			
担任过学生干部	否	94.0	5.2	0.8	230.754	4	<0.001
	是	96.5	3.1	0.4			

续表

		对社会主义核心价值观的践行意愿/%			卡方检验		
		赞同	不清楚	不赞同	χ^2	df	P
国（境）外学习经历	否	96.1	3.5	0.4	15.413	4	<0.01
	是	95.0	4.2	0.8			
家庭类型	双亲家庭	96.1	3.5	0.4	82.149	16	<0.001
	非双亲家庭	93.7	4.7	1.6			

从性别来看，男、女大学生对社会主义核心价值观的践行意愿具有明显差异（$\chi^2 =$ 246.641，$P<0.001$）。女大学生对"培育和践行社会主义核心价值观人人有责"观点的认同度高于男大学生。具体来看，女大学生对"培育和践行社会主义核心价值观人人有责"表示赞同的比例为97.0%，略高于男生的94.9%。相比男生，女生对社会主义核心价值观的践行意愿更高。

从生源地来看，来自农村的大学生与来自城镇的大学生对社会主义核心价值观的践行意愿具有明显差异（$\chi^2 = 40.352$，$P<0.001$）。数据表明，来自城镇的大学生对"培育和践行社会主义核心价值观人人有责"观点的赞同比例为96.1%，而来自农村的大学生对此观点的赞同比例为96.0%，略低于来自城镇的大学生。因此，来自城镇的大学生对社会主义核心价值观的践行意愿相对更高。

从生源地所在区域来看，来自不同区域的大学生对社会主义核心价值观的践行意愿具有明显差异（$\chi^2 = 228.010$，$P<0.001$）。数据表明，不同区域的大学生对社会主义核心价值观的践行意愿按照由大到小的顺序依次为：西北（96.7%）、华中（96.5%）、华北（96.3%）、华东（96.0%）、东北（95.8%）、西南（95.7%）、华南（95.2%）。

从学科门类来看，不同学科的大学生对社会主义核心价值观的践行意愿明显不同（$\chi^2 = 229.868$，$P<0.001$）。数据表明，社会科学类大学生对"培育和践行社会主义核心价值观人人有责"观点的赞同比例最高，为96.6%，其次是人文科学类大学生对此观点的赞同比例为96.4%，理工农医类大学生对"培育和践行社会主义核心价值观人人有责"观点的赞同比例最低（95.7%）。

从政治面貌来看，党员大学生与非党员大学生在对社会主义核心价值观的践行意愿具有显著差异（$\chi^2 = 472.644$，$P<0.001$）。数据显示，对于"培育和践行社会主义核心价值观人人有责"这一观点，党员大学生、非党员大学生表示赞同的比例分别为98.1%、89.3%。可以看出，党员大学生对社会主义核心价值观的践行意愿更高。

从学生干部经历来看，有学生干部经历的大学生与没有学生干部经历的大学生对社会主义核心价值观的践行意愿具有显著差异（$\chi^2 = 230.754$，$P<0.001$）。数据显示，对于"培育和践行社会主义核心价值观人人有责"这一观点，有学生干部经历的大学生与没有学生干部经历大学生二者表示赞同的比例分别为96.5%、94.0%。可以看出，有学生干部经历的大学生对社会主义核心价值观的践行意愿更高。

从国（境）外学习经历来看，有国（境）外学习和没有国（境）外学习的大学生对社会主义核心价值观的践行意愿存在差异（$\chi^2 = 15.413$，$P<0.01$）。数据表明，有国（境）外学习经历的大学

生对"培育和践行社会主义核心价值观人人有责"观点的赞同比例为95.0%,而没有国(境)外学习经历的大学生对"培育和践行社会主义核心价值观人人有责"观点的赞同比例为96.1%。可以看出,没有国(境)外学习经历的大学生对社会主义核心价值观的践行意愿较高。

从家庭类型来看,生活在双亲家庭的大学生和非双亲家庭的大学生对社会主义核心价值观的践行意愿存在显著差异($\chi^2=82.149$,$P<0.001$)。数据显示,生活在双亲家庭的大学生对"培育和践行社会主义核心价值观人人有责"观点的赞同比例为96.1%,生活在非双亲家庭的大学生对"培育和践行社会主义核心价值观人人有责"观点的赞同比例为93.7%。可以看出,生活在双亲家庭的大学生对社会主义核心价值观的践行意愿较高。

3. 大学生社会主义核心价值观践行意愿的影响因素分析

在本部分,课题组采用一般线性回归分析方法来分析影响大学生践行社会主义核心价值观意愿的因素。我们将大学生对"培育和践行社会主义核心价值观人人有责"观点的赞同度"非常赞同""比较赞同""说不清楚""不大赞同""很不赞同"分别赋值5分、4分、3分、2分、1分,得分越高表示对社会主义核心价值观的践行意愿越强烈。分析结果表明,教育因素、价值观认知认同、道德状况对大学生践行社会主义核心价值观的意愿具有显著影响。

(1)教育因素对大学生社会主义核心价值观践行意愿的影响

课题组采用一般线性回归分析方法,分析教育因素对大学生社会主义核心价值观践行意愿的影响。按照0.05的检验水准,在影响大学生对社会主义核心价值观践行意愿的因素分析中,回归系数具有统计学意义的自变量有:专业课程教学、大学生日常思想政治教育、思想政治理论课教学、校风和学风建设、创新创业教育、校园文化活动、心理健康教育与咨询工作、日常事务管理、学生资助工作、基层党组织建设、团组织建设(见表2-12)。

表2-12　教育因素对社会主义核心价值观践行意愿的一般线性回归分析

自变量	非标准化系数		标准化系数	统计量	显著性水平
	B	Std. Error	Beta	t	P
常数项	0.765	0.007		110.505	0.000
专业课程教学	0.044	0.006	0.055	7.835	0.000
日常思想政治教育	0.048	0.007	0.064	6.473	0.000
思想政治理论课教学	0.059	0.007	0.079	8.109	0.000
校风和学风建设	0.066	0.005	0.084	12.822	0.000
校园文化活动	0.009	0.005	0.013	1.827	0.000
网络思想政治教育	0.004	0.006	0.006	0.620	0.000
心理健康教育与咨询工作	0.016	0.006	0.023	2.914	0.004
学生资助工作	0.015	0.005	0.021	3.030	0.002
基层党组织建设	0.075	0.006	0.099	12.823	0.000
班级建设	0.004	0.006	0.004	0.625	0.000
团组织建设	0.037	0.007	0.050	5.684	0.000

$N=46813$　　　$R^2=15.3\%$　　　$F=844.692$

从专业课程教学来看,专业课程教学的效果影响大学生对社会主义核心价值观的践行意愿。具体来说,大学生对专业课教学的评价从"很不满意""不大满意""一般"到"比较满意""非常满意",每升高一个单位,其对社会主义核心价值观的践行意愿就会相应提高 0.044 个单位。因此,专业课程教学效果对大学生社会主义核心价值观的践行意愿具有显著影响。

从大学生日常思想政治教育来看,大学生对日常思想政治教育的评价从"很不满意""不大满意""一般"到"比较满意""非常满意"每升高一个单位,其对社会主义核心价值观的践行意愿就会相应提高 0.048 个单位。因此,日常思想政治教育效果对大学生社会主义核心价值观的践行意愿具有显著影响。

从思想理论课教学来看,大学生对思想政治理论课教学的评价从"很不满意""不大满意""一般"到"比较满意""非常满意"每升高一个单位,其对社会主义核心价值观的践行意愿就会相应提高 0.059 个单位。因此,思想政治理论课教学效果对大学生社会主义核心价值观的践行意愿具有显著影响。

从日常思想政治教育的具体内容来看,校风和学风建设、校园文化活动、网络思想政治教育、心理健康教育与咨询工作、学生资助工作、基层党组织建设、班组织建设、团组织建设均对大学生社会主义核心价值观践行意愿产生了显著影响。从校风和学风建设来看,大学生对校风和学风建设的评价从"很不满意""不大满意""一般"到"比较满意""非常满意"每升高一个单位,其对社会主义核心价值观的践行意愿就会提高 0.066 个单位;从校园文化活动来看,大学生对校园文化活动的评价每提升一个单位,其对社会主义核心价值观的践行意愿就会提高 0.009 个单位;从网络思想政治教育来看,学生对网络思想政治教育的评价每提升一个单位,其对社会主义核心价值观的践行意愿就会提高 0.004 个单位;从心理健康教育与咨询工作来看,大学生对心理健康教育和咨询工作的评价每升高一个单位,其对社会主义核心价值观的践行意愿随之提高 0.016 个单位;从学生资助工作来看,大学生对学生资助工作的评价每升高一个单位,其对社会主义核心价值观的践行意愿就会提高 0.015 个单位;从基层党组织建设来看,大学生对基层党组织建设的评价每升高一个单位,其对社会主义核心价值观的践行意愿就会提高 0.075 个单位;就班级建设而言,大学生对班级建设的评价每升高一个单位,其对社会主义核心价值观的践行意愿就会提高 0.004 个单位;就团组织建设来看,大学生对团组织建设的评价每升高一个单位,其对社会主义核心价值观的践行意愿随之提高 0.037 个单位。

(2)文化素养对大学生社会主义核心价值观践行意愿的影响

课题组采用因子分析和一般线性回归分析相结合的方法,分析文化素养对大学生社会主义核心价值观践行意愿的影响。按照 0.05 的检验水准,在影响大学生对社会主义核心价值观践行意愿的因素中,回归系数具有统计学意义的自变量有:文化自豪感、文化自信心、对文化自信重要性的认识、对待西方文化的态度、对西方文化价值渗透的态度、对中国精神的了解情况(见表 2-13)。

表 2-13 文化素养对大学生社会主义核心价值观践行意愿影响的一般线性回归分析

自变量	非标准化系数		标准化系数	统计量	显著性水平
	B	Std. Error	Beta	t	P
常数项	1.228	0.027		45.543	0.000

续表

自变量	非标准化系数		标准化系数	统计量	显著性水平
	B	Std. Error	Beta	t	P
文化自豪感	0.179	0.009	0.141	20.443	0.000
文化自信心	0.123	0.008	0.108	15.419	0.000
对文化自信重要性的认识	0.183	0.010	0.141	18.542	0.000
对待西方文化的态度	0.081	0.008	0.069	10.688	0.000
对西方文化价值渗透的态度	0.034	0.003	0.052	11.855	0.000
对中国精神的了解情况	0.025	0.001	0.150	34.200	0.000

$N = 46813$　　　$R^2 = 26.6\%$　　　$F = 2826.801$

从大学生的文化自豪感、文化自信心来看,大学生的文化自豪感和文化自信心越强烈,对社会主义核心价值观的践行意愿就越高。分析显示,大学生对"我为中华文化感到自豪""中华民族一定能创造文化新辉煌"的赞同度从"很不赞同""不大赞同""说不清楚""比较赞同""非常赞同"每提高一个单位,其对社会主义核心价值观的认同度随之分别提高0.179、0.123个单位;从大学生对文化自信重要性的认识来看,大学生对文化自信重要性的认识影响其对核心价值观的践行意愿。具体来说,大学生对"文化自信是一个国家、一个民族发展中更基本、更深沉、更持久的力量"的赞同度每提升一个等级,其对社会主义核心价值观的认同度相应提高0.183个单位。

从对待西方文化的态度、对待西方文化价值渗透的态度来看,大学生对西方文化和西方文化价值渗透的态度影响其对社会主义核心价值观的践行意愿。数据显示,按照"很不赞同""不大赞同""说不清楚""比较赞同""非常赞同"的顺序,大学生对"我们应以开放包容的态度吸收其他文化的优长""我们应当警惕西方文化的价值渗透"的赞同度每提高一个单位,其对社会主义核心价值观的认同度相应提高0.081、0.034个单位。

从大学生对中国精神的了解情况来看,大学生对中国精神越了解,对社会主义核心价值观的践行意愿就越强烈。分析显示,大学生对中国精神的了解情况从"很不了解""不大了解""一般""比较了解""非常了解"每提升一个等级,大学生对社会主义核心价值观的践行意愿就随之提升0.025个单位。

(3)价值观认知认同对社会主义核心价值观践行的影响

课题组采用一般线性回归分析的方法,分析价值观认知认同对大学生社会主义核心价值观践行意愿的影响。按照0.05的检验水准,在影响大学生对社会主义核心价值观践行意愿的因素分析中,回归系数具有统计学意义的自变量有:对社会主义核心价值观认同度、社会主义核心价值观实现程度、对社会主义核心价值观践行的认知、社会主义核心价值观重要性的认识(见表2-14)。

表2-14　价值观认同对社会主义核心价值观践行意愿的一般线性回归分析

自变量	非标准化系数		标准化系数	统计量	显著性水平
	B	Std.Error	Beta	t	P
常数项	0.137	0.017		7.892	0.000

续表

自变量	非标准化系数		标准化系数	统计量	显著性水平
	B	Std.Error	Beta	t	P
对社会主义核心价值观建设重要性的认知	0.588	0.004	0.521	136.545	0.000
对社会主义核心价值观内涵的正确理解	0.092	0.004	0.101	25.783	0.000
对社会主义核心价值观认同度	0.239	0.005	0.227	51.955	0.000
对社会主义核心价值观实现程度的认知	0.016	0.001	0.063	19.862	0.000

$N = 46813$ 　　　$R^2 = 59.9\%$ 　　　$F = 17470.669$

对社会主义核心价值观建设重要性的认知程度影响大学生对社会主义核心价值观的践行意愿。从对社会主义核心价值观建设重要性的认知来看，大学生对"国无德不兴，人无德不立"观点的评价从"很不赞同""不大赞同""说不清楚""比较赞同""非常赞同"每升高一个单位，其对社会主义核心价值观的践行意愿就会相应提高 0.588 个单位。

对社会主义核心价值观内涵的正确理解对大学生社会主义核心价值观的践行意愿具有显著影响。从大学生对核心价值观内涵的正确理解程度来看，大学生对"我能够正确理解社会主义核心价值观内涵"从"很不符合""不大符合""一般""比较符合""非常符合"每升高一个单位，其对社会主义核心价值观的践行意愿就会相应提高 0.092 个单位。

社会主义核心价值观认同度对大学生社会主义核心价值观的践行意愿具有显著影响。从对社会主义核心价值观认同度来看，大学生对社会主义核心价值观认同度的评价从"很不赞同""不大赞同""说不清楚""比较赞同""非常赞同"每升高一个单位，其对社会主义核心价值观的践行意愿就会相应提高 0.239 个单位。

对社会主义核心价值观实现程度的认知对大学生社会主义核心价值观的践行意愿具有显著影响。从社会主义核心价值观实现程度来看，大学生对社会主义核心价值观实现程度的评价从"很不赞同""不大赞同""说不清楚""比较赞同""非常赞同"每升高一个单位，其对社会主义核心价值观的践行意愿就会相应提 0.016 个单位。

（4）基于大学生道德状况的分析

课题组采用一般线性回归分析的方法，分析道德状况对大学生社会主义核心价值观践行意愿的影响。按照 0.05 的检验水准，在影响大学生对社会主义核心价值观践行意愿的因素分析中，回归系数具有统计学意义的自变量有：学术诚信、对抗疫"逆行者"的向往、拒绝浪费、扶跌倒老人、环境保护、社区服务、疫情防控（见表 2-15）。

表 2-15　大学生道德状况对社会主义核心价值观践行意愿的一般线性回归分析

自变量	非标准化系数		标准化系数	统计量	显著性水平
	B	Std. Error	Beta	t	P
常数项	0.534	0.007		72.698	0.000
学术诚信	0.175	0.005	0.169	34.304	0.000
对抗疫"逆行者"的向往	0.075	0.004	0.097	17.394	0.000
拒绝浪费	0.046	0.004	0.059	11.813	0.000

续表

自变量	非标准化系数		标准化系数	统计量	显著性水平
	B	Std. Error	Beta	t	P
扶跌倒老人	0.021	0.004	0.030	5.784	0.000
环境保护	0.117	0.006	0.125	20.670	0.000
社区服务	0.077	0.005	0.093	15.035	0.000
疫情防控	0.060	0.005	0.069	11.126	0.000

$N = 46813$　　$R^2 = 23.2\%$　　$F = 2024.01$

道德行为对大学生社会主义核心价值观的践行意愿具有显著影响。从道德行为的具体内容来看,对"我能做到遵守学术规范,不抄袭剽窃、数据造假"观点的评价从"很不符合""不大符合""一般""比较符合""非常符合"每升高一个单位,大学生对社会主义核心价值观的践行意愿就会相应提高 0.175 个单位;对"我向往成为抗击疫情中的逆行者"观点的评价从"很不符合""不大符合""一般""比较符合""非常符合"每升高一个单位,大学生对社会主义核心价值观的践行意愿就会相应提高 0.075 个单位;对"我能做到拒绝舌尖上的浪费"观点的评价从"很不符合""不大符合""一般""比较符合""非常符合"每升高一个单位,大学生对社会主义核心价值观的践行意愿就会相应提高 0.046 个单位;对"遇到跌倒的老人,我会主动伸出援手"观点的评价从"很不符合""不大符合""一般""比较符合""非常符合"每升高一个单位,大学生对社会主义核心价值观的践行意愿就会相应提高 0.021 个单位。

道德意愿对大学生社会主义核心价值观的践行意愿具有显著影响。从道德意愿的具体内容来看,对参与"环境保护"的意愿从"很不愿意""不大愿意""还没想好""比较愿意""非常愿意"每升高一个单位,大学生对社会主义核心价值观的践行意愿就会相应提高 0.117 个单位;对参与"社区服务"的意愿从"很不愿意""不大愿意""还没想好""比较愿意""非常愿意"每升高一个单位,大学生对社会主义核心价值观的践行意愿就会相应提高 0.077 个单位;对参与"疫情防控"的意愿从"很不愿意""不大愿意""还没想好""比较愿意""非常愿意"每升高一个单位,大学生对社会主义核心价值观的践行意愿就会相应提高 0.060 个单位。

(二)大学生对爱国价值观的践行意愿

关于爱国,习近平总书记有过很多精彩的论断。2013 年 10 月 20 日,在欧美同学会成立 100 周年庆祝大会上,习近平总书记鼓励广大留学人员要"做爱国主义的坚守者和传播者,始终把国家富强、民族振兴、人民幸福作为努力志向,自觉使个人成功的果实结在爱国主义这棵常青树上"。① 2015 年 12 月 30 日,习近平总书记在十八届中央政治局第二十九次集体学习时强调:"实现中华民族伟大复兴的中国梦,是当代中国爱国主义的鲜明主题。要大力

---

① 《习近平在欧美同学会成立一百周年庆祝大会上发表重要讲话强调:脚踏着祖国大地胸怀着人民期盼 书写无愧于时代人民历史的绚丽篇章》,载《人民日报》2013 年 10 月 22 日。

弘扬伟大爱国主义精神,大力弘扬以改革创新为核心的时代精神,为实现中华民族伟大复兴的中国梦提供共同精神支柱和强大精神动力。"[1]2018年5月2日,习近平总书记在北京大学师生座谈会上的讲道:"爱国,不能停留在口号上,而是要把自己的理想同祖国的前途、把自己的人生同民族的命运紧密联系在一起,扎根人民,奉献国家。"[2]对于新时代的大学生来说,爱国不仅是使命更是担当,不仅是立身之本和成才之基更是时代要求。课题组通过考察大学生参军入伍以维护国防安全的意愿,来把握大学生对爱国价值观的践行情况。

1. 总体情况

调查显示,当今大学生对爱国价值观的践行意愿较强,多数学生表示当国防安全遇到战争威胁时,愿意参军入伍。具体来说,80.5%的大学生明确表示当国防安全遇到战争威胁时,愿意参军入伍,其中表示"非常愿意"的大学生比例为42.5%,"比较愿意"的大学生比例为38.0%,而13.8%的大学生态度模糊、表示"说不清楚",仅有5.7%的大学生表示不愿意。通过对比2015年—2020年的数据,可以看出大学生对爱国价值观的践行意愿基本呈递增趋势(2015年为72.9%、2016年为72.5%、2017年为73.7%、2018年为78.9%、2019年为83.8%、2020年为80.5%,图2-19)。

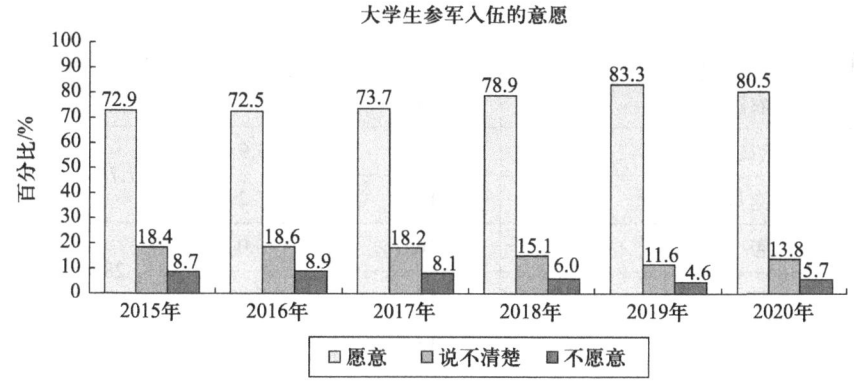

图2-19　2015年—2020年大学生对爱国价值观践行意愿的状况

2. 不同群体大学生对爱国价值观的践行意愿

本部分采用交互分析方法,结合人口学变量分析不同群体大学生对爱国价值观的践行意愿的差异,分析结果显示,性别、生源地与生源所在区域、学科类别、政治面貌、学生干部经历、国(境)外学习经历不同的大学生对爱国价值观的践行意愿存在显著差异(见表2-16)。

表2-16　不同群体大学生对爱国价值观的践行意愿的差异分析

		对爱国价值观的践行意愿/%			卡方检验		
		愿意	说不清楚	不愿意	χ^2	df	P
性别	男	81.3	13.0	5.7	210.222	4	<0.001
	女	79.7	14.5	5.8			

① 《习近平在中共中央政治局第二十九次集体学习时强调:大力弘扬伟大爱国主义精神 为实现中国梦提供精神支柱》,《人民日报》2015年12月31日。

② 习近平:《在北京大学师生座谈会上的讲话》,《人民日报》2018年5月3日。

续表

		对爱国价值观的践行意愿/%			卡方检验		
		愿意	说不清楚	不愿意	χ^2	df	P
生源地	农村	84.9	11.2	3.9	781.701	4	<0.001
	城镇	76.5	16.1	7.4			
生源地所在区域	华东	78.1	14.8	7.1	478.769	36	<0.001
	华南	78.0	17.1	4.9			
	华中	80.8	13.6	5.5			
	华北	81.7	12.6	5.7			
	西北	85.8	10.3	3.8			
	西南	82.1	12.7	5.2			
	东北	78.3	15.0	6.8			
学科门类	人文科学类	78.8	15.2	6.0	200.535	44	<0.001
	社会科学类	80.4	13.6	6.0			
	理工农医类	81.0	13.5	5.6			
政治面貌	党员	85.7	10.3	3.9	317.713	12	<0.001
	非党员	75.0	17.8	7.2			
担任过学生干部	否	78.0	16.0	6.0	61.286	4	<0.001
	是	81.1	13.2	5.7			
国(境)外学习经历	否	80.8	13.6	5.6	122.219	4	<0.001
	是	72.3	17.3	10.4			

从性别来看,男、女大学生对爱国价值观的践行意愿具有明显差异($\chi^2 = 210.222, P < 0.001$)。对于"当国防安全遇到战争威胁时,您愿意参军入伍吗?"男大学生的参军意愿高于女大学生。具体来看,男大学生的愿意参军的比例为81.3%,女大学生愿意参军的比例为79.7%。相比女大学生,男大学生在国防安全遭到战争威胁时,更愿意参军入伍。

从生源地来看,来自农村的大学生与来自城镇的大学生对爱国价值观的践行意愿具有明显差异($\chi^2 = 781.701, P < 0.001$)。数据表明,当国防安全遭到战争威胁时,来自农村的大学生愿意参军入伍的比例为84.9%,来自城镇的大学生愿意参军的比例为76.5%。因此,相比城市,来自农村的大学生在国防安全遭到战争威胁时,更愿意参军入伍。

从生源地所在区域来看,来自不同区域的大学生对爱国价值观的践行意愿具有明显差异($\chi^2 = 478.769, P < 0.001$)。数据表明,不同区域的大学生在国防安全遭到战争威胁时,参军入伍的意愿按照由大到小的顺序依次为:西北(85.8%)、西南(82.1%)、华北(81.7%)、华中(80.8%)、东北(78.3%)、华东(78.1%)、华南(78.0%)。

从学科门类来看,不同学科的大学生对爱国价值观的践行意愿明显不同($\chi^2 = 200.535, P < 0.001$)。数据表明,理工农医类大学生在国防安全遭到战争威胁时,参军入伍的意愿最

高,为81.0%,其次是社会科学类大学生,其参军意愿为80.4%,人文科学类的大学生的参军意愿最低,为78.8%。

从政治面貌来看,党员大学生与非党员大学生对爱国价值观的践行意愿具有显著差异($\chi^2 = 317.713$, $P < 0.001$)。数据显示,对于"当国防安全遇到战争威胁时,您愿意参军入伍吗?"党员大学生的参军意愿高于非党员大学生。具体来看,党员大学生的愿意参军的比例为85.7%,非党员的愿意参军的比例为79.7%。相对而言,党员大学生在国防安全遭到战争威胁时,更愿意参军入伍。

从学生干部经历来看,有学生干部经历的大学生与没有学生干部经历的大学生对爱国价值观的践行意愿具有显著差异($\chi^2 = 61.286$, $P < 0.001$)。数据显示,对于"当国防安全遇到战争威胁时,您愿意参军入伍吗?"有学生干部经历的大学生的参军意愿高于没有学生干部经历的大学生。具体来看,有学生干部经历的大学生愿意参军的比例为81.1%,没有学生干部经历的大学生愿意参军的比例为78.0%。相对而言,有学生干部经历的大学生在国防安全遭到战争威胁时,更愿意参军入伍。

从国(境)外学习经历来看,有国(境)外学习和没有国(境)外学习的大学生对爱国价值观的践行意愿存在差异($\chi^2 = 122.219$, $P < 0.01$)。数据显示,对于"当国防安全遇到战争威胁时,您愿意参军入伍吗?"没有国(境)外学习经历的大学生的参军意愿高于有国(境)外学习经历的大学生。具体来看,没有国(境)外学习经历的大学生愿意参军的比例为80.8%,有国(境)外学习经历的大学生愿意参军的比例为72.3%。相对而言,没有国(境)外学习的大学生在国防安全遭到战争威胁时,更愿意参军入伍。

五、 本章小结

调查表明,当代大学生价值观与价值选择总体情况较好,呈现向上向好的发展态势,能够树立正确的价值观并做出正确的价值选择。在价值观认知认同层面,绝大多数的大学生高度认可社会主义核心价值观的建设意义,能够理解社会主义核心价值观的内涵,对社会主义核心价值观的认同状况普遍较好;在对价值观实现程度的评价上,近年来总体呈上升趋势;在价值选择方面,大学生践行社会主义核心价值观的意愿强烈,当国防安全遇到战争威胁时参军入伍的意愿强烈。但是,调查中也呈现出一些值得注意的现象和问题,如不同群体的大学生价值观状况存在着显著差异性,价值观认知认同与价值观选择践行上存在着一定的脱节,大学生对公正、文明、平等价值观的实现程度的评价有待提升,文化素养与社会环境对大学生价值观状况影响深远等问题。发现问题是为了解决问题,教育者需要在理论上和实践中上下求索,持续发力,久久为功。

(一) 总体情况

调查显示,当前绝大部分大学生对社会主义核心价值观建设的重要性有清晰的认识和判断,高度认同社会主义核心价值观的内容,同时能够将对核心价值观的认知和认同转化为强烈的践行意愿。

1. 近年来大学生价值观整体状况呈向上向好发展态势

课题组通过对近六年来的调查数据进行纵向比对发现,近年来大学生价值观的整体状况提升明显。首先,针对大学生对社会主义核心价值观建设意义的认识,课题组连续六年对"国无德不兴,人无德不立"这一观点展开调查。调查结果显示,从 2015 年—2020 年对这一观点表示赞同的人数比例分别为 92.7%、92.4%、92.9%、98.6、97.9%、97.2%。其次,从认同度来看,2016 年—2020 年以来大学生对社会主义核心价值观的认同度分别为 76.5、82.4%、92.2%、96.4%、96.5%。与 2016 年相比,2020 年大学生对社会主义核心价值观的认同度提高 20 个百分点。再次,从大学生社会主义核心价值观实现程度评价来看,六年来大学生对实现程度的评分依次为:3.5 分、3.56 分、3.87 分、4.2 分、3.98 分、4.13 分(按 5 分制折算)。最后,从大学生对社会主义核心价值观的践行意愿来看,2015 年—2020 年赞同"培育和践行社会主义核心价值观人人有责"这一观点的大学生人数比例依次为 85.9%、85.3%、89.5%、95.5%、96.8%、96.0%。上述数据表明,近年来大学生价值观整体状况呈向上向好发展态势。

2. 大学生高度认可社会主义核心价值观建设的意义,对社会主义核心价值观建设的重要性有清晰的认知和判断

数据表明,关于如何看待"国无德不兴,人无德不立"这一观点,高达 97.2% 的大学生表示赞同,其中非常赞同的人数比例为 77.8%,比较赞同的人数比例为 19.4%,另有 2.6% 的大学生态度模糊,仅有 0.3% 的大学生表示不赞同。近六年数据显示,2015 年—2020 年分别有 92.7%、92.4%、92.9%、98.6%、97.9%、97.2% 的大学生对"国无德不兴,人无德不立"这一观点表示赞同。通过比较可以发现,2015 年—2020 年大学生对社会主义核心价值观建设重要性的赞同度基本上呈上升趋势。可见,近几年来社会主义核心价值观建设成效显著。

3. 大学生高度认同和热切推崇社会主义核心价值观

数据显示,高达 96.5% 的大学生认同社会主义核心价值观,仅有 3.2% 的大学生表示不清楚、0.3% 的大学生表示不认同。通过对近五年的调查数据进行历时分析发现,大学生对社会主义核心价值观的认同状况呈上升趋势。具体来说,从 2016 年—2020 年,大学生对社会主义核心价值观的认同度分别为 76.5%、82.4%、92.2%、96.4% 和 96.5%,在 2020 年达到最高值。与 2016 年相比,2017 年—2020 年大学生对社会主义核心价值观的认同度分别提高了 5.9%、15.7%、19.9% 和 20%。可见,高校对大学生社会主义核心价值观的教育效果显著,有效地将社会主义核心价值观教育转化为了学生的情感认同和价值认同。从社会主义核心价值的国家、社会和公民三个层面具体来看,大学生对国家层面社会主义核心价值观的平均认同度为 96.0%,对社会层面社会主义核心价值观的平均认同度为 96.9%,对公民层面社会主义核心价值观的平均认同度为 95.8%。具体来说,在国家层面分别有 97.1%、91.9%、97.5%、97.3% 的大学生认同"中华民族正迎来从'站起来''富起来'到'强起来'的伟大飞跃""我们是国家和社会的主人""一个民族的进步,有赖于文明的成长""构建和谐社会是人们的共同理想和愿望";在社会层面分别有 95.1%、97.1%、97.4%、98.0% 的大学生认同"在法律允许的范围内,自己的事情应自己做主""每一个人都应享有人生出彩的机会""公平正义应是社会与每个人的追求""每位公民都应依法行事";在公民层面分别有 96.8%、92.8%、96.6%、96.9% 的大学生认同"人人都应为祖国建设添砖加瓦""职业无贵贱之分,要干一行爱一行""在市场经济条件下,'无信不立'并没有过时""帮助别人是一种快乐"。

4. 大学生对社会主义核心价值观实现程度的评价总体较好,对社会主义核心价值观实现程度的具体评价稍有差异

具体来说,大学生对社会主义核心价值观 12 项具体内容在社会上践行程度的总体平均

分为4.13分,其中最高分为"爱国"(4.49分),最低分为"平等"(3.93分)。从社会主义核心价值观在国家、社会和公民三个层面的实现程度来看,在公民层面的"爱国、敬业、诚信、友善"价值观实现程度最高(4.26分),在社会层面的"自由、平等、公正、法治"价值观实现程度次之(4.08分),在国家层面的"富强、民主、文明、和谐"价值观实现程度相对较低(4.05分)。这表明,社会主义核心价值观在公民层面的实现度高于社会和国家层面。将12项内容按平均分从高到低的顺序排列依次为:爱国(4.49分)、法治(4.28分)、友善(4.23分)、敬业(4.20分)、和谐(4.18分)、诚信(4.13分)、自由(4.09分)、富强(4.03分)、民主(4.03分)、公正(4.00分)、文明(3.96分)、平等(3.93分)。相较而言,大学生对爱国、法治、友善、敬业价值观的实现程度评价较高,对和谐、诚信、自由、富强、民主价值观的实现程度评价一般,对公正、文明、平等价值观的实现程度评价相对较差。

5. 大学生践行社会主义核心价值观的意愿强烈,表现出较强的责任意识和使命担当

数据显示,96.0%的大学生对"培育和践行社会主义核心价值观人人有责"这一观点明确表示赞同。此外,当今大学生对爱国价值观的践行意愿较强,80.5%的学生表示当国防安全遇到战争威胁时,愿意参军入伍。通过对比 2015 年—2020 年调查数据可以发现,大学生对社会主义核心价值观的践行意愿基本呈递增趋势,大学生践行核心价值观的意愿得到大幅提升。

(二)值得关注的现象与问题

虽然当前大学生的价值观与价值选择状况呈现良好的发展态势,但是调研过程中仍然发现了一些值得注意的现象和问题,具体如下。

1. 不同群体大学生的价值观状况差异显著

数据显示,大学生对社会主义核心价值观认知认同、实现程度以及践行意愿的群体差异显著。调查发现,不同性别、生源地、生源地所在区域、学科门类、政治面貌和学生干部经历的大学生价值观状况存在显著差异。其一,从性别差异来看,相较于男大学生,女大学生对社会主义核心价值观重要性的认知及认同度更高,践行社会主义核心价值观的意愿更强烈。男大学生在对社会主义核心价值观实现程度的评价与参军意愿上高于女生。其二,从生源地差异来看,来自城镇的大学生对社会主义核心价值观重要性的认知、对社会主义核心价值观的认同度、践行意愿都要高于来自农村的大学生,但在对社会主义核心价值观实现程度的评价以及参军意愿上来自农村的大学生要高于来自城镇的大学生。其三,从生源地所在区域来看,华中地区的大学生对社会主义核心价值观的认同度最高,东北地区的大学生对社会主义核心价值观实现程度的评价最高,来自西北地区的大学生对社会主义核心价值观的践行意愿最强烈。其四,从学科门类上看,社会科学类大学生对社会主义核心价值观重要性的认知及对社会主义核心价值观的践行意愿最高,人文科学类大学生对社会主义核心价值观的认同度最高,理工农医类大学生对社会主义核心价值观的践行意愿最强烈。其五,从政治面貌看,党员大学生在社会主义价值观认知、认同、实现程度的评价及践行意愿上都要高于非党员大学生。其六,从有无学生干部经历来看,担任过学生干部的大学生在社会主义核心价值观认知、认同、实现程度的评价及践行意愿上都要高于没有学生干部经历的大学生。其七,从有无国(境)外学习经历来看,没有过国(境)外学习经历的大学生在社会主义核心价值观认知、认同、实现程度的评价及践行意愿上都要高于有国(境)外学习经历的大学生。

2. 大学生价值观认知认同与价值观践行上存在着一定的脱节

数据显示,大学生的价值观认知认同与实际行动之间存在一定的脱节。从价值认知认同来看,在问及如何看待"国无德不兴,人无德不立"这一观点时,高达 97.2% 的大学生表示赞同,高达 96.5% 的大学生认同社会主义核心价值观。这表明,大学生对社会主义核心价值观有清晰的认知、高度的认同,价值认知与价值认同高度一致。从社会主义核心价值观的践行意愿与实际行动选择来看,96.0% 的大学生对"培育和践行社会主义核心价值观人人有责"这一观点明确表示赞同,96.8% 的大学生表示"人人都应为祖国建设添砖加瓦"。在被问及"当国防安全遇到战争威胁时是否愿意参军入伍"时,仅有 80.5% 的大学生明确表示愿意,其中表示"非常愿意"的大学生比例为 42.5%,"比较愿意"的大学生比例为 38.0%,而 13.8%的大学生态度模糊,表示"说不清楚",5.7% 的大学生表示不愿意。数据表明,许多大学生在价值观认知认同与价值观选择践行上存在着一定的脱节。

3. 文化素养与大学生的价值观状况至关重要

价值观是文化的核心,决定着文化的根本性质、基本气质,而文化素养与人的价值观状况息息相关。调查显示,大学生的文化素养对其价值观状况影响显著。第一,大学生的文化自豪感和文化自信心越强烈、对传统文化的价值越认可,对社会主义核心价值观的认同度越高。大学生的文化自豪感、文化自信心、对文化自信的重要性的认识每提高一个等级,其对社会主义核心价值观的认同度随之提升 0.179、0.140、0.177 个单位,对社会主义核心价值观的践行意愿就会随之分别提升 0.179、0.123、0.183 个单位。第二,大学生对待西方文化的态度越客观,对社会主义核心价值观的认同度越高。大学生对西方文化和西方文化价值渗透的正确认知每提高一个单位,其对社会主义核心价值观的认同度随之分别提高 0.081、0.024 个单位,对社会主义核心价值观的践行意愿随之提高 0.081、0.034 个单位。第三,大学生对中国精神的认知情况越好,对社会主义核心价值观的认同度及践行意愿就越高。

4. 社会环境对大学生价值判断与行为选择的影响不容忽视

船到中流浪更急,"两个大局"下机遇与风险并存。习近平总书记指出:"随着我国日益扩大开放、日益走近世界舞台中央,我国同世界的联系更趋紧密、相互影响更趋深刻,意识形态领域面临的形势和斗争也更加复杂。"[1]在改革攻坚、社会转型过程中,一系列问题、矛盾会不断显现,新旧问题相互交织;市场经济下,工具理性膨胀,社会上存在着各种不确定、不稳定因素,这些都会影响到人们的价值判断、价值选择,对心智尚未成熟的大学生来说更是如此。尤其身处互联网时代,新媒体、自媒体呈现指数型增长,深刻改变着我国的舆论生态及意识形态环境。互联网空间所具有的发声主体多元、信息内容庞杂、传播扩散迅速等特性,使得网络监管出现一定的延滞性。可以说,互联网已经成为当下舆论斗争的主战场,身处信息中心的大学生面对着林林总总的网络消息,时常会显得被动而应接不暇。

如调查所示,社会环境对大学生价值判断与行为选择的影响不容忽视。具体表现为:其一,有国(境)外学习经历的大学生对社会主义核心价值观认知、认同、实现程度的评价、践行意愿都低于没有此类经历的大学生;其二,受上网时长的影响,大学生对爱国价值观的践行意愿随着上网时长的增加而逐渐弱化;其三,大学生受消极人生观的影响越大,其对社会主

---

① 习近平:《思政课是落实立德树人根本任务的关键课程》,《求是》2020 年第 17 期。

义核心价值观的认可度就越低。

（三）对策探讨

针对当前大学生社会主义核心价值观认知、认同、评价及践行的现状,教育工作者可以从立足课堂教学、注重家校合作、健全实践机制和用好网络资源等方面下功夫,引导大学生成为社会主义核心价值观的坚定信仰者、积极传播者、模范践行者。

1. 立足课堂教学,提升社会主义核心价值观教育的有效性

课堂教学是增强大学生社会主义核心价值观状况的主要手段,立足课堂教学需要统筹兼顾思政课程与课程思政。第一,发挥好思政课程的关键作用。习近平总书记在学校思想政治理论课教师座谈会上强调,思想政治理论课是落实立德树人根本任务的关键课程。思政课重在塑造学生的价值观,具有不可替代性。思政课要落实立德树人的根本任务,就必须准确把握社会发展的大背景、掌握形势发生的新变化,并及时、有效地满足新发展新变化对青年一代价值观教育所提出的新要求。思政课教师是办好思政课的关键,只有通过思政课教师精彩的讲解,才能把党和国家对于青年大学生的殷切希望讲清楚。2021 年 3 月 6 日下午,习近平总书记在看望参加全国政协委员会议的医药卫生界教育界委员时说道:"'大思政课'我们要善用之,一定要跟现实结合起来。上思政课不能拿着文件宣读,没有生命、干巴巴的。"[1]思政课教师需要把思政课教学讲深、讲实、讲新、讲活,将"八个相统一"落到实处,努力提升思政课所承载的价值观教育的有效性,使得大学生真学、真懂、真信、真用,以社会主义核心价值观为其行动的基本遵循,努力成为社会主义合格建设者与可靠接班人。第二,发挥课程思政的协同作用。通过此次调查,我们发现专业课教学、文化素养对大学生的价值观状况影响深远,课程思政就是要挖掘除思政课之外的其他课程中所潜涵的价值观教育因子,给予学生以专业的知识讲授、多样的理论视角、全面的价值引领,在提升大学生文化素养和价值认知上发挥重要作用。第三,要解决好思政课程与其他课程相互配合的问题。以思政课程引领课程思政,构建思政课教师与其他课程教师的集体备课、沟通反馈等机制,鼓励其他课程的教学名师到思政课堂上讲课,不同课程教师要根据本课程性质、特色融入价值引导因素,相互配合,形成显性教育与隐性教育的合力,既有惊涛拍岸的声势,又有润物无声的效果,对大学生进行有效的价值观教育。第四,要提升价值观教育的针对性。通过调查我们发现不同群体大学生的价值观状况存在着较为显著的差异,来自不同学科、不同区域、不同生长环境的大学生对于社会主义核心价值观的认知认同及践行意愿是不一样的,这就提醒学校在对学生进行价值观教育时既要重视共性又不能忽视个性,要因地制宜、因人制宜、因势利导、有的放矢,切实提升价值观教育的有效性。

2. 注重家校合作,完善价值观教育的系统性

对大学生进行价值观教育,学校是主阵地,与此同时,调查发现,家庭对于大学生价值观的选择与养成也发挥着重要的作用。这启示我们,对大学生进行价值观教育要注重家校合作。一是要发挥和调动家庭在价值观教育中的重要作用。首先,应注重家教家风。"家庭是人生的第一个课堂,父母是孩子的第一任教师……有什么样的家教,就有什么样的人。家庭教育涉及很多方面,但最重要的是品德教育",家长"要在家庭中培育和践行社会主义核心价

---

[1] 《"'大思政课'我们要善用之"》,《人民日报》2021 年 3 月 7 日。

值观,引导家庭成员特别是下一代热爱党、热爱祖国、热爱人民、热爱中华民族。"①家风建设事关家庭和睦、社会和谐,让学生生活在一个家庭和睦、家风清正的环境里,对学生心理的健康发展和形成正确价值观念大有裨益。其次,家长应关注学生成长发展的全过程,了解学生的心理状况及价值选择。对于学生在成长过程中遇到的困惑应给出有效的回应与解答,对于学生不正确的价值认知要进行及时的干预与纠偏。最后,家长应增强与学校的沟通。大学生远离家庭、逐渐独立,家长应通过辅导员、任课教师、学生室友等多渠道了解学生在校状况,并积极配合学校开展的价值观教育等工作。二是要加强高校思想政治教育在大学生价值观养成中的关键作用。一方面,高校应加强对思政课建设的重视,从课程设计、思政课教师队伍建设、马克思主义学院及马克思主义理论学科规划、思政课程与课程思政协同发展等方面下大功夫,制定政策并落到实处。另一方面,应增进日常思想政治教育工作,提升高校校风学风建设、党团组织建设、学生资助、就业指导、心理健康辅导等工作力度,切实提高大学生的认可度和满意度,不断推进高校思想政治教育工作体系化、整体化发展,形成"三全育人"格局,做好学校"大思政",形成育人合力。

3. 构建养成机制,增进价值观教育的实践性

习近平总书记在纪念马克思诞辰 200 周年大会上的重要讲话中指出:"实践的观点、生活的观点是马克思主义认识论的基本观点,实践性是马克思主义理论区别于其他理论的显著特征。"②弘扬和培育社会主义核心价值观不能流于空谈,必须扎根于现实生活,融入社会实践,这不仅是社会主义核心价值观永葆生命力的关键,也是价值观教育的必不可少的环节。调查发现,当下大学生对于社会主义核心价值观的认知认同与践行之间存在一定的脱节,价值观教育实践性的缺失可能是造成这一情况的重要原因。习近平总书记要求:"把立德树人融入思想道德教育、文化知识教育、社会实践教育各环节。"③对于教育工作者而言,构建价值观养成机制,保证大学生对于社会主义核心价值观能够真正地实现内化于心、外化于行,增进价值观教育的实践性尤为迫切。提升价值观教育的实践性,要做到以下几点:其一,制定实践规划。价值观实践教育不是单纯一条线的工作,而是全方位的。对高校而言,价值观实践教育,对内涉及课程安排、学分构成、实践方式、考核指标、检验方式等工作,对外涉及与政府部门、社会组织等相关主体的联络沟通、具体安排等事宜,需要高校制定主线突出、各具特色、科学合理的实践规划。其二,搭建实践平台。高校应基于充分理解社会主义核心价值观三大层面十二项具体内容的基础上搭建起目标清晰、形式多样、安全有效的价值观实践教育平台,给学生以具体的实践指导、及时的实践反馈。同时,高校应构建实践信息网络发布平台,发布实践注意事项,及时更新学生实践动态,挖掘学生社会实践典型故事,评选学生社会实践标兵并加大宣传力度。其三,把握实践契机。高校应借助相关纪念日开展主题教育活动,例如在中国宪法日举行法治宣传,培养大学生法治思维;在建党纪念日开展党史知识竞赛,提升大学生对中国共产党的政治认同等等。开展纪念活动犹如点燃了一支火炬,让大学生积极参与其中,形成集体共同记忆,传递政治信息,促进政治认同,发挥仪式教育的独特功用。

---

① 习近平:《习近平谈治国理政》(第二卷),外文出版社 2017 年版,第 354—355 页。
② 习近平:《在纪念马克思诞辰 200 周年大会上的讲话》,人民出版社 2018 年版,第 9 页。
③ 《习近平在看望参加政协会议的医药卫生界教育界委员时强调:把保障人民健康放在优先发展的战略位置 着力构建优质均衡的基本公共教育服务体系》,《人民日报》2021 年 3 月 7 日。

4. 占领网络高地,提高价值观教育的影响力

中国互联网络信息中心数据显示,2020 年中国网民规模为 98899 万人,互联网普及率为 70.4%。根据 2020 年对大学生网络观与网络素养的调查,大学生每天平均上网时间在 3 小时以上的人数比例为 68.7%。网络已经成为大学生获取信息的重要渠道和影响大学生价值观的重要因素。调查显示,越能够理性上网的大学生,对社会主义核心价值观的认知、认同、践行状况越好。而且从当前高校网络思想政治教育开展情况看,网络思想政治教育在引导大学生树立正确价值观方面的影响力非常有限。这表明,高校必须抢占网络高地,利用网络发声,在互联网时代价值观教育要时刻"在场",提升价值观教育的影响力。为此,一要勇于创新。习近平总书记指出:"要运用新媒体新技术使工作活起来,推动思想政治工作传统优势同信息技术高度融合,增强时代感和吸引力。"[1]一方面,要积极构建网络平台,科学运营微信、微博、抖音、B 站等新媒体平台,进行以价值观教育为主题的信息发布。另一方面,要实现网络宣传的内容创新、形式创新,善用网络优质资源,用大学生喜闻乐见的形式结合时政热点内容进行价值观教育,打破以往传统的宣教模式和僵化的宣教套路。以 2020 年的调研为例,大学生对于中国精神越了解、对中国抗疫成就越认可,其价值观状况就越好。二要敢于斗争。要同一切错误价值观作斗争。互联网时代"人人手拿麦克风",各种信息充斥于网络空间,其中不乏大量的错误价值观。高校应敢于同各种错误思想作斗争,及时发布官方权威信息。三要善于引导。应时刻关注校园网络舆论动态,有效纠正学生错误的价值倾向,有方法有目的地引导学生树立社会主义核心价值观,借助于网络用习近平新时代中国特色社会主义思想铸魂育人,建设风清气正的网络空间环境,不断提高价值观教育的影响力。

---

[1] 《习近平在全国高校思想政治工作会议上强调:把思想政治工作贯穿教育教学全过程 开创我国高等教育事业发展新局面》,《人民日报》2016 年 12 月 9 日。

第三章
道德观与道德行为

　　"德者,本也"①。"修德"是中华民族一直以来的修身追求,思想道德建设也是当前社会主义精神文明建设的基本内容之一。2020 年 9 月 22 日,习近平总书记在教育文化卫生体育领域专家代表座谈会上的讲话中再次强调:"要深入推进公民道德建设、志愿服务建设、诚信社会建设、网络文明建设,不断提高人民道德水准和文明素养。"②高校承担着立德树人、铸魂育人的任务,大学生的道德素养与道德水准更是关系着国家和民族的未来。"健全立德树人体制机制,把立德树人融入思想道德、文化知识、社会实践教育各环节"③,是高校思想政治教育的目标任务,也是提高大学生道德水平的重要举措。为更加客观地展现高校德育工作成效与当代大学生道德风貌,课题组设置了多项相关题目,具体考察大学生的道德认知、道德意愿和道德行为状况,并对调查数据进行了深入分析,力求透过数据看本质,通过数据发现大学生在群体道德观与道德行为方面存在的问题,并结合数据探究解决问题的对策、方法。

一、 道德认知

　　习近平总书记指出,雷锋是时代的楷模,雷锋精神是永恒的。实现中华民族伟大复兴,需要更多时代楷模。雷锋精神是优秀中华文化和红色革命文化的结合,永远值得弘扬。雷锋精神内涵丰富、影响持久,在当今时代条件下,培养时代新人更离不开对雷锋精神的弘扬与实践,对雷锋精神的看法能够在很大程度上反映大学生的道德认知状况。

(一)总体情况

　　调查发现,当代大学生高度认同雷锋精神。具体表现在,当被问及"在当今社会,您如何看待雷锋精神"这一问题时,有 90.8% 的大学生认为雷锋精神"并未过时,仍值得发扬",仅有 4.6% 的大学生表示"已经过时,不值一提",另有 4.5% 的大学生态度模糊,表示"说不清楚"。通过对历年数据进行对比,发现大学生对雷锋精神的认可度持续保持在 90.0% 以上,2014 年—2020 年分别有 92.4%、93.6%、95.1%、95.2%、91.5%、90.8%、90.8% 的大学生认为雷锋精神"并未过时,仍值得发扬",这表明高校大学生对于雷锋精神的价值具有清晰的认知,雷锋

---

　　① 《礼记·大学》。
　　② 习近平:《在教育文化卫生体育领域专家代表座谈会上的讲话》,《人民日报》2020 年 9 月 23 日 。
　　③ 《教育部等八部门关于加快构建高校思想政治工作体系的意见》,《中华人民共和国教育部公报》2020 年第 4 号。

精神历久弥新,受到大学生的广泛认同(见图 3-1)。

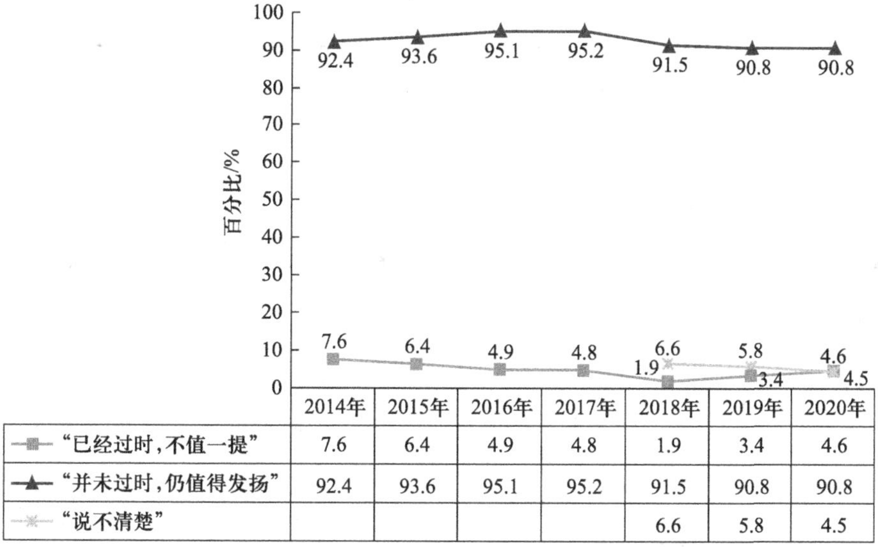

	2014年	2015年	2016年	2017年	2018年	2019年	2020年
"已经过时,不值一提"	7.6	6.4	4.9	4.8	1.9	3.4	4.6
"并未过时,仍值得发扬"	92.4	93.6	95.1	95.2	91.5	90.8	90.8
"说不清楚"					6.6	5.8	4.5

图 3-1 2014 年—2020 年大学生对"雷锋精神"的看法

(二)不同群体大学生的道德认知状况差异分析

课题组采用交互分析方法,结合人口学变量深入探索大学生对"雷锋精神"看法的群体性差异。结果显示,生源地类别、生源地所在区域、生活经历、学习经历、政治面貌、学科门类、学历层次等不同的大学生对雷锋精神的认可度不同(见表 3-1)。

表 3-1 不同群体大学生对雷锋精神看法的交互分析

		在当今社会,您如何看待"雷锋精神"/%			卡方检验			
		已经过时,不值一提	并未过时,仍值得发扬	说不清楚	χ^2	df	P	C
性别	男	5.7	88.4	5.9	291.156	2	<0.001	0.079
	女	3.7	92.9	3.4				
学历层次	本科生	4.8	90.5	4.7	37.014	4	<0.001	0.028
	硕士生	4.3	91.7	4.0				
	博士生	2.2	92.8	5.0				
学科门类	哲学	7.8	87.2	5.0	165.078	22	<0.001	0.059
	经济学	3.2	92.3	4.5				
	法学	4.0	92.8	3.2				
	工学	5.1	89.4	5.5				
	文学	3.9	92.5	3.6				
	历史学	4.8	91.9	3.2				
	理学	4.3	91.8	3.9				

续表

		在当今社会,您如何看待"雷锋精神"/%			卡方检验			
		已经过时, 不值一提	并未过时, 仍值得发扬	说不清楚	χ^2	df	P	C
学科门类	教育学	5.6	91.6	2.8	165.078	22	<0.001	0.059
	农学	4.8	90.8	4.4				
	医学	4.2	92.2	3.6				
	管理学	3.7	92.2	4.1				
	艺术学	6.2	87.4	6.4				
政治面貌	党员	3.9	93.2	2.9	92.583	2	<0.001	0.044
	非党员	4.8	90.2	5.0				
担任过 学生干部	是	4.6	91.3	4.1	79.141	2	<0.001	0.041
	否	5.0	88.8	6.2				
有国(境) 外学习经历	是	7.1	85.9	7.0	56.322	2	<0.001	0.035
	否	4.5	91.0	4.4				
生源地类别	农村	5.0	91.2	3.7	75.084	2	<0.001	0.040
	城镇	4.3	90.5	5.3				
生源地 所在区域	华东地区	4.5	91.0	4.5	85.463	18	<0.001	0.043
	华南地区	4.7	91.2	4.1				
	华中地区	4.2	91.5	4.3				
	华北地区	4.7	90.6	4.7				
	西北地区	4.3	91.7	3.9				
	西南地区	5.1	90.0	4.9				
	东北地区	5.2	89.3	5.6				
家庭类型	双亲家庭	4.6	90.9	4.5	22.126	8	0.005	0.022
	单亲家庭 (父亲抚养)	6.5	89.9	3.7				
	单亲家庭 (母亲抚养)	4.8	89.6	5.6				
	重组家庭	4.6	92.3	3.2				
	孤儿	6.5	87.0	6.5				
是否 独生子女	是	4.6	90.0	5.4	63.454	2	<0.001	0.037
	否	4.7	91.4	3.9				

续表

| | | 在当今社会,您如何看待"雷锋精神"/% | | | 卡方检验 | | | |
		已经过时, 不值一提	并未过时, 仍值得发扬	说不清楚	χ^2	df	P	C
小时候 父母常年 在外务工	是	5.5	90.1	4.4	29.786	2	<0.001	0.025
	否	4.3	91.1	4.6				

　　从性别来看,女大学生对雷锋精神的认可度高于男大学生,其中88.4%的男生认为雷锋精神"并未过时,仍值得发扬",而女生认为雷锋精神"并未过时,仍值得发扬"的比例为92.9%。同时,对比近三年不同性别的大学生对雷锋精神的认可度发现,女大学生对雷锋精神的认可度始终高于男大学生(见图3-2)。

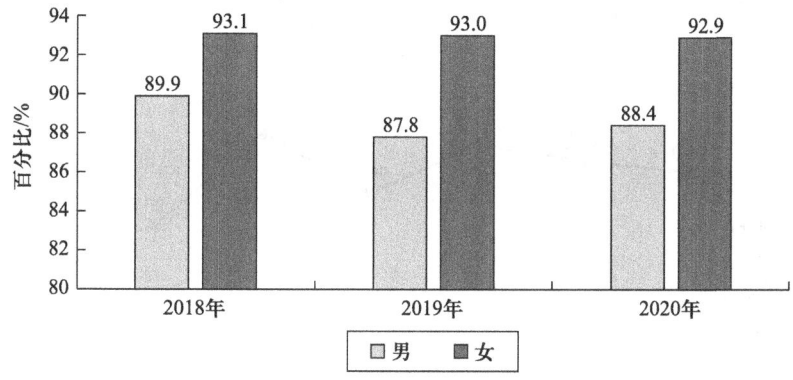

图3-2　2018年—2020年不同性别大学生对雷锋精神的认可状况

　　从生源地来看,来自农村的大学生对雷锋精神的认可度略高于来自城镇的大学生。具体而言,来自农村的大学生认为雷锋精神"并未过时,仍值得发扬"的比例占到91.2%,而来自城镇的大学生认为雷锋精神"并未过时,仍值得发扬"的比例为90.5%。对比近三年的数据可以发现,生源地不同的大学生对雷锋精神的认可度都保持在90.0%及以上,这表明无论是来自农村还是城镇的大学生对雷锋精神都保持着高度认同(见图3-3)。

　　就生源地所在区域而言,按大学生认为雷锋精神"并未过时,仍值得发扬"的比例由高到低排序,依次为:西北地区(91.7%)、华中地区(91.5%)、华南地区(91.2%)、华东地区(91.0%)、华北地区(90.6%)、西南地区(90.0%)、东北地区(89.3%)。可见,来自西北地区和华中地区的大学生对雷锋精神的认可度相对较高,来自华南地区、华东地区、华北地区、西南地区、东北地区的大学生次之(见图3-4)。

　　从生活经历来看,独生子女大学生对雷锋精神"并未过时,仍值得发扬"的认可度(90.0%)要低于非独生子女大学生(91.4%);父母常年在外务工的大学生对雷锋精神"并未过时,仍值得发扬"的认可度(90.1%)要低于父母未常年在外务工大学生(91.1%);来自双亲家庭的大学生(90.9%)对雷锋精神"并未过时,仍值得发扬"的认可度要高于非双亲家庭(90.1%),具体来说,不同家庭类型对雷锋精神的认可度分别为:重组家庭(92.3%)、双亲家庭(90.9%)、单亲家庭(父亲抚养)(89.9%)、单亲家庭(母亲抚养)(89.6%)、孤儿(87.0%)。

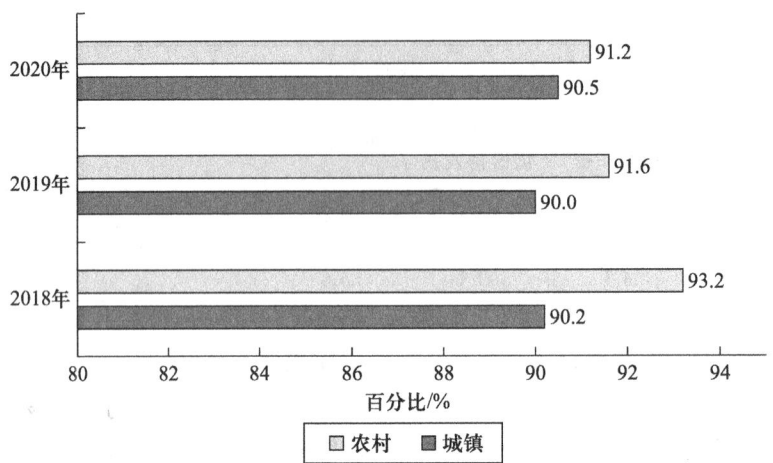

图 3-3　2018—2020 年不同生源地的大学生对雷锋精神的认可状况

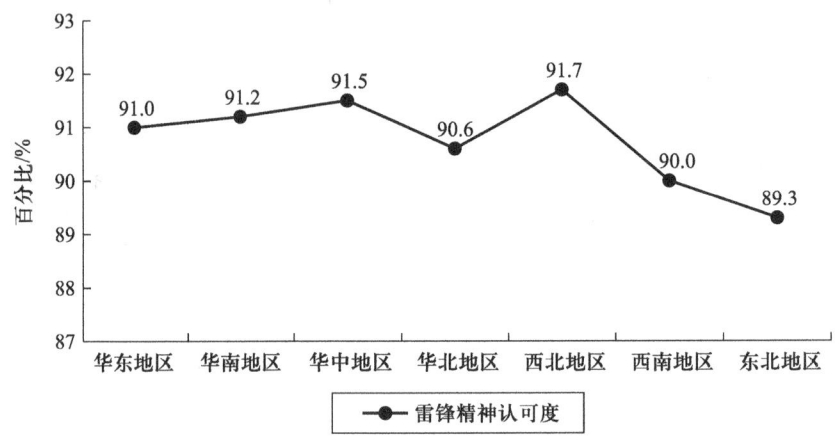

图 3-4　2020 年不同生源地所在区域的大学生对雷锋精神的认可状况

就学历层次而言,博士生对雷锋精神的认可度要高于硕士生。分析结果显示,本科生、硕士生和博士生认为雷锋精神"并未过时,仍值得发扬"的比例分别为 90.5%、91.7%、92.8%。另一方面,就学科门类而言,法学(92.8%)、文学(92.5%)、经济学(92.3%)的大学生对雷锋精神的认可度较高,其他学科类别的大学生对雷锋精神的认可度次之,分别为:医学(92.2%)、管理学(92.2%)、历史学(91.9%)、理学(91.8%)、教育学(91.6%)、农学(90.8%)、工学(89.4%)、艺术学(87.4%)、哲学(87.2%)(如图 3-5 所示)。

从政治面貌上来看,党员大学生对雷锋精神的认可度更高。数据显示,党员大学生认为雷锋精神"并未过时,仍值得发扬"的比例为 93.2%,高于非党员大学生的相应比例 90.2%;党员大学生认为雷锋精神"已经过时,不值一提"的比例为 3.9%,低于非党员大学生的相应比例 4.8%。

从学生干部经历来看,有学生干部经历的大学生对雷锋精神的认可度更高。有学生干部经历的大学生、没有学生干部经历的大学生认为雷锋精神"并未过时,仍值得发扬"的比例分别为 91.3%、88.8%,而二者对这一观点表示不赞同的比例分别为 4.6%、5.0%。

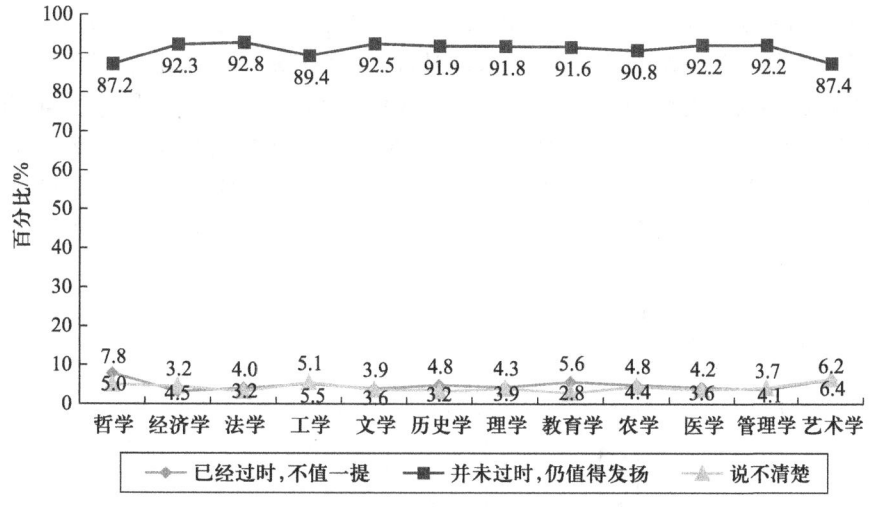

图 3-5　2020 年不同学科门类的大学生对雷锋精神的认可状况

（三）课程教学与大学生群体的道德认知状况

课堂教学是思想政治理论课的主渠道，课堂教学效果直接影响着大学生道德认知的形成与发展。通过进一步的数据分析发现，思想政治理论课、专业课程的教学效果对大学生群体的道德认知状况有显著影响，思想政治理论课教学和专业课程教学效果越好，大学生对雷锋精神的认可度越高。

第一，思想政治理论课教学影响大学生对雷锋精神的认可度，大学生对雷锋精神的认可度随着思想政治理论课教学效果的提升而提高，两者之间存在显著的正相关关系（$r=0.104$，$P<0.001$）。具体来说，认为思想政治理论课教学效果"好"的大学生中，有 92.3% 人认为雷锋精神"并未过时，仍值得发扬"，而认为思想政治理论课教学开展效果"一般""差"的大学生对雷锋精神的认可度分别为 83.4%、72.5%。

第二，专业课程教学影响大学生对雷锋精神的认知情况，专业课程教学开展效果越好，大学生对雷锋精神的认可度越高（$r=0.094$，$P<0.001$）。具体来说，认为专业课程教学效果"好"的大学生中，有 91.1% 人认为雷锋精神"并未过时，仍值得发扬"，而认为专业课程教学开展效果"一般""差"的大学生对雷锋精神的认可度分别为 83.2%、73.1%。

（四）日常思想政治教育与大学生群体的道德认知状况

思想政治理论课和日常思想政治教育是大学生思想政治教育的主渠道和主阵地，思想政治理论课主要在课堂内发挥作用，而日常思想政治教育更多是在课堂外发挥作用。大学生日常思想政治教育更多是以一种春风化雨、润物无声的方式影响着大学生的道德认知。调查数据显示，随着日常思想政治教育开展效果的提升，大学生对雷锋精神的认可度也相应提升（$r=0.102$，$P<0.001$）。具体来讲，高校党组织建设、团组织建设、班级建设、社团活动、校园文化活动、社会实践活动等工作内容对大学生雷锋精神认可度均有影响。

第一，基层党组织、团组织与班级建设效果对大学生的道德认知有影响，大学生对雷锋精神的认可度随基层党组织建设、团组织和班级建设满意度的提升而提高。具体而言，对基层党组织建设满意度不同的大学生对雷锋精神的认可度差异显著（$\chi^2=1328.823$，$P<0.001$

且 $C = 0.166$），对基层党组织建设表示"满意""一般""不满意"的大学生中，分别有 92.2%、83.2%、73.2% 的大学生认为雷锋精神"并未过时，仍值得发扬"；对团组织建设满意度不同的大学生对雷锋精神的认可度差异显著（$\chi^2 = 1244.193$，$P < 0.001$ 且 $C = 0.161$），对团组织建设表示"满意""一般""不满意"的大学生对雷锋精神的认可度分别为 92.2%、83.5%、74.7%；对班级建设表示"满意""一般""不满意"的大学生中，分别有 92.1%、84.7%、78.6% 的人认为雷锋精神"并未过时，仍值得发扬"，其中 $\chi^2 = 1066.313$，$P < 0.001$，$C = 0.149$（如图 3-6）。

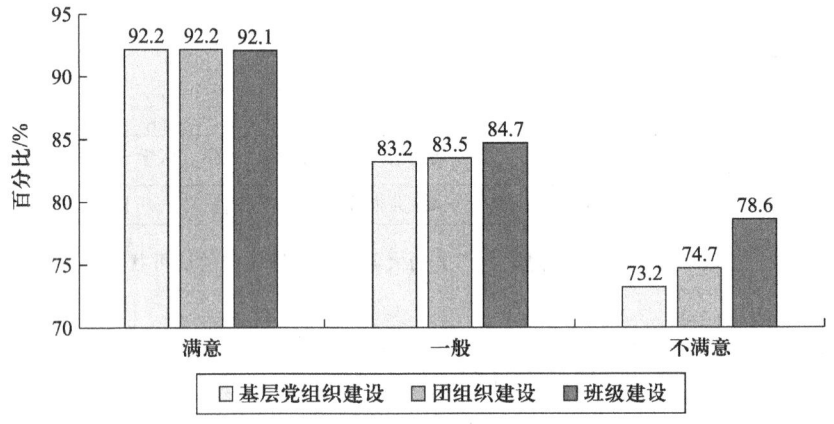

图 3-6　基层党组织、团组织与班级建设效果与大学生对雷锋精神的认可度

第二，社团活动、校园文化活动的开展效果会影响大学生的道德认知状况，随着大学生对社团活动、校园文化活动效果满意度的提升，大学生对雷锋精神的认可度也随之提高。具体来看，在对社团活动表示"满意""一般""不满意"的大学生中，分别有 92.1%、85.6%、78.4%（（$r = 0.103$，$P < 0.001$）的大学生认为雷锋精神"并未过时，仍值得发扬"。对校园文化活动表示"满意""一般""不满意"的大学生中，分别有 92.1%、85.7%、75.3%（$r = 0.090$，$P < 0.001$）的大学生认为雷锋精神"并未过时，仍值得发扬"（见图 3-7）。

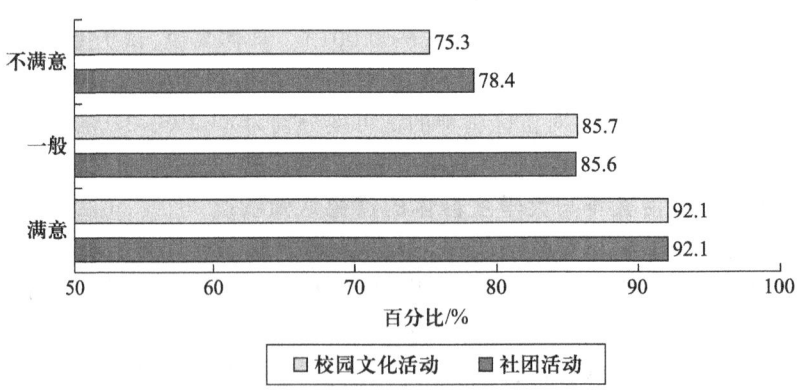

图 3-7　社团活动、校园文化活动与大学生对雷锋精神的认可度

第三，社会实践经历也会影响大学生的道德认知，与没有参加过社会实践的大学生相比，有社会实践经历的大学生对雷锋精神的认可度更高（$\chi^2 = 100.527$，$P < 0.001$，$C = 0.046$）。分析结果显示，参加过社会实践活动的大学生中，有 91.4% 的大学生认为雷锋精神"并未过

时,仍值得发扬",而在没有任何社会实践经历的大学生中,有89.0%的大学生认为雷锋精神"并未过时,仍值得发扬"。此外,随着大学生对社会实践活动效果满意度的提升,大学生对雷锋精神的认可度也随之提高($r=0.094$,$P<0.001$)。具体来看,对社会实践活动表示"满意""一般""不满意"的大学生中,分别有92.2%、85.8%、75.5%的人认为雷锋精神"并未过时,仍值得发扬"($x^2=1133.050$,$P<0.001$,$C=0.154$)。

二、道德意愿

人有德行,如水至清。道德意愿是实现道德由"知"到"行"转化的基本前提,提高大学生道德素质不能仅仅停留在道德认知方面,还要转化为服务人民、奉献社会的意愿。站在历史新的更高起点上,我们要推进高校立德树人工作深入开展,帮助大学生塑造高尚的精神品格,引领大学生追求美好崇高的道德境界,实现以德铸魂、以德成才。课题组以"我向往成为抗击疫情中的逆行者""扶跌倒老人的意愿""做山区支教、环境保护、社区服务、疫情防控等志愿活动的意愿"为考察指标,来把握当代大学生的道德意愿情况。

(一)向往成为抗击疫情中逆行者的意愿

2020年新型冠状病毒肺炎疫情来势汹汹。在人民生命安全和身体健康面临严重威胁时,无数"逆行者"舍生忘死,积极投身抗疫,以实际行动诠释了"生命至上、举国同心、舍生忘死、尊重科学、命运与共"的伟大抗疫精神,同时也展现了中国精神和中国力量。在抗击疫情的过程中,也涌现出了大批的"青春力量",是值得当代大学生学习的朋辈榜样。课题组通过设置相关问题以了解大学生向往成为抗击疫情中的逆行者的意愿。

1. 总体情况

调查结果显示,绝大部分学生向往成为抗击疫情中的逆行者。具体来看,近九成(89.0%)的大学生明确表示向往成为抗击疫情中的逆行者,另有9.4%的大学生持中立态度,仅有1.6%的大学生表示不向往。2015年—2020年向往成为社会道德模范或英雄(逆行者)的大学生比例依次为62.6%、62.9%、67.1%、74.1%、86.6%、89.0%(见图3-8),这表明大学生群体向往成为社会道德模范或英雄(逆行者)的意愿趋势积极向上。

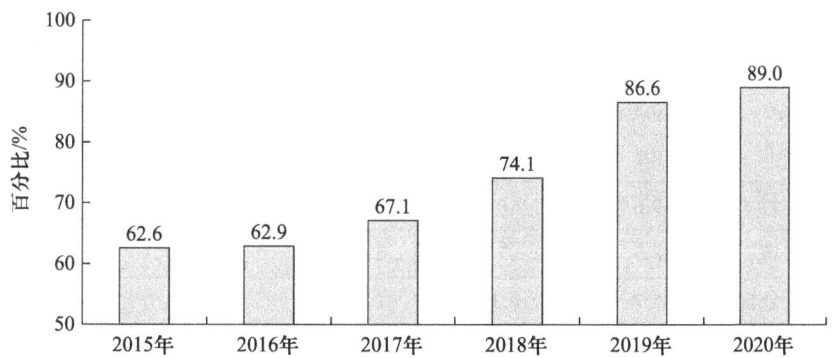

图3-8　2015年—2020年大学生向往成为社会道德模范或英雄的意愿

2. 不同群体大学生向往成为抗击疫情中逆行者意愿的差异分析

本部分采用交互分析方法,结合人口学变量分析不同群体大学生向往成为抗击疫情中逆行者意愿的差异性。分析结果显示,成长背景、学科门类、学历层次、政治面貌、学生干部经历等不同的大学生向往成为抗击疫情中逆行者的意愿存在差异(见表3-2)。

表 3-2　不同群体大学生向往成为抗击疫情中逆行者意愿的交互分析

| | | 我向往成为抗击疫情中的逆行者/% | | | 卡方检验 | | | |
		符合	一般	不符合	χ^2	df	P	C
学历层次	本科生	88.4	10.0	1.6	96.935	8	<0.001	0.045
	硕士生	91.3	7.2	1.5				
	博士生	89.1	9.1	1.8				
学科门类	哲学	88.6	9.7	1.7	108.632	44	<0.001	0.048
	经济学	88.4	9.5	2.1				
	法学	91.6	7.5	1.0				
	工学	87.8	10.3	1.9				
	文学	90.7	8.2	1.0				
	历史学	89.9	8.9	1.2				
	理学	89.5	9.0	1.4				
	教育学	89.4	8.7	1.9				
	农学	89.0	9.4	1.5				
	医学	91.7	7.1	1.2				
	管理学	89.5	8.8	1.6				
	艺术学	87.6	10.6	1.8				
政治面貌	党员	93.6	5.4	1.0	362.032	4	<0.001	0.088
	非党员	87.7	10.4	1.8				
担任过学生干部	是	90.0	8.5	1.4	312.808	4	<0.001	0.081
	否	84.7	12.9	2.5				
有国(境)外学习经历	是	86.3	10.9	2.8	23.981	4	<0.001	0.023
	否	89.1	9.3	1.6				
生源地类别	农村	89.6	9.0	1.4	35.600	4	<0.001	0.028
	城镇	88.5	9.7	1.8				
生源地所在区域	华东地区	87.7	10.3	2.0	339.181	36	<0.001	0.085
	华南地区	85.5	13.0	1.5				
	华中地区	90.0	8.7	1.3				
	华北地区	90.6	7.8	1.5				

续表

		我向往成为抗击疫情中的逆行者/%			卡方检验			
		符合	一般	不符合	χ^2	df	P	C
生源地所在区域	西北地区	91.6	7.2	1.2	339.181	36	<0.001	0.085
	西南地区	88.8	9.4	1.9				
	东北地区	89.2	9.0	1.9				
家庭类型	双亲家庭	89.0	9.4	1.6	18.153	16	0.315	0.020
	单亲家庭（父亲抚养）	88.2	10.3	1.5				
	单亲家庭（母亲抚养）	88.6	9.8	1.6				
	重组家庭	90.2	7.7	2.1				
	孤儿	84.8	13.0	2.2				
是否独生子女	是	87.9	10.0	2.1	74.625	4	<0.001	0.040
	否	89.9	8.9	1.3				
小时候父母常年在外务工	是	89.0	9.3	1.7	26.500	4	<0.001	0.024
	否	88.9	9.4	1.6				

就生源地类别来看,来自农村的大学生向往成为抗击疫情中的逆行者的意愿强于来自城镇的大学生。来自农村的大学生中表示向往成为抗击疫情中的逆行者的人数比例为89.6%,而来自城镇的大学生的这一相应比例为88.5%。

就生源地所在区域而言,来自西北地区、华北地区、华中地区的大学生向往成为抗击疫情中的逆行者的意愿较强,其余地区次之。具体来看,生源地所在区域不同的大学生向往成为抗击疫情中的逆行者的意愿情况由高到低分别为:西北地区(91.6%)、华北地区(90.6%)、华中地区(90.0%)、东北地区(89.2%)、西南地区(88.8%)、华东地区(85.3%)、华南地区(85.5%)。

从学历层次和学科门类来看,第一,就学历层次而言,硕士生向往成为抗击疫情中的逆行者的意愿强于博士生和本科生。其中,硕士生中向往成为抗击疫情中的逆行者的人数比例为91.3%,博士生和本科生的这一相应比例为89.1%、88.4%。第二,就学科门类来看,医学、法学、文学类大学生向往成为抗击疫情中的逆行者的意愿较强,其余学科类别次之。不同学科门类的大学生向往成为抗击疫情中的逆行者的意愿由高到低分别为:医学(91.7%)、法学(91.6%)、文学(90.7%)、历史学(89.9%)、理学(89.5%)、管理学(89.5%)、教育学(89.4%)、农学(89.0%)、哲学(88.6%)、经济学(88.4%)、工学(87.8%)、艺术学(87.6%)。

就政治面貌和学生干部经历而言,党员大学生向往成为抗击疫情中的逆行者的意愿强于非党员大学生,有学生干部经历的大学生向往成为抗击疫情中的逆行者的意愿强于没有学生干部经历的大学生。具体而言,党员大学生中向往成为抗击疫情中的逆行者的人数比例为93.6%,非党员大学生的这一相应比例为87.7%。有学生干部经历的大学生向往成为抗击疫情中的逆行者的人数比例为90.0%,没有学生干部经历的大学生的这一比例为84.7%。

从生活经历来看,第一,非独生子女大学生向往成为抗击疫情中的逆行者的意愿强于独生子女大学生。具体而言,独生子女大学生中表示向往成为抗击疫情中的逆行者的比例为89.9%,而非独生子女大学生的相应比例为87.9%。第二,相比于父母非常年在外务工的大学生,父母常年外出务工的大学生向往成为抗击疫情中的逆行者的意愿更强烈。父母常年在外务工的大学生向往成为抗击疫情中的逆行者的人数比例为89.0%,父母非常年在外务工的大学生的这一相应比例为88.9%。

3. 大学生向往成为抗击疫情中逆行者意愿的影响因素分析

本部分采用皮尔逊积差相关分析方法,结合大学生对抗疫精神的认可度、对社会主义核心价值观的认同情况等方面进一步分析大学生向往成为抗击疫情中逆行者意愿的影响因素。分析结果显示,大学生对抗疫精神的认可度、对社会主义核心价值观的认同情况与其向往成为抗击疫情中逆行者的意愿存在显著的相关关系。

(1) 对抗疫精神的认可度与大学生向往成为抗击疫情中的逆行者意愿的关系

通过皮尔逊积差相关分析发现,大学生"对抗疫精神的认可度"与"大学生向往成为抗击疫情中逆行者的意愿"之间存在显著的正相关关系。具体来说,对"生命至上"精神的认可度越高,大学生向往成为抗击疫情中的逆行者意愿越强烈($r=0.234,P<0.001$);对"举国同心"精神的认可度越高,大学生向往成为抗击疫情中的逆行者意愿越强烈($r=0.319,P<0.001$);对"舍生忘死"精神的认可度越高,大学生向往成为抗击疫情中的逆行者意愿越强烈($r=0.372,P<0.001$);对"尊重科学"精神的认可度越高,大学生向往成为抗击疫情中的逆行者意愿越强烈($r=0.321,P<0.001$);对"命运与共"精神的认可度越高,大学生向往成为抗击疫情中的逆行者意愿越强烈($r=0.346,P<0.001$)。

为进一步分析大学生对抗疫精神的认可度与其向往成为抗击疫情中的逆行者意愿之间的关系,我们采用降维分析方法来对抗疫精神的认可度进行整体的描述,将大学生对抗疫精神"生命至上""举国同心""舍生忘死""尊重科学""命运与共"这五方面主要内涵的认可度提取公因子,再运用一般线性回归分析进行有关分析。经检验,KMO=0.876,效度很好。Bartlett 球形度检验近似卡方值为 162195.802,显著性水平 $P<0.001$,表明数据量表适合进行探索性因子分析。采用主成分分析和最大方差法旋转,从上述 5 个项目中抽取出 1 个主成分,累计方差贡献率为 73.508%。通过皮尔逊积差相关分析发现,"大学生对抗疫精神的认同情况"与"大学生向往成为抗击疫情中的逆行者的意愿"之间存在显著的正相关关系($r=0.384,P<0.001$),即大学生对抗疫精神的认可度越高,其向往成为抗击疫情中的逆行者的意愿就越强烈。

(2) 对社会主义核心价值观的认同情况与大学生向往成为抗击疫情逆行者意愿的关系

通过皮尔逊积差相关分析发现,大学生对社会主义核心价值观的认同情况与其向往成为抗击疫情中的逆行者之间存在显著的相关关系。第一,"我能够正确理解社会主义核心价值观内涵"与"大学生向往成为抗击疫情中逆行者的意愿"之间存在显著正相关关系($r=0.371,P<0.001$),即越认同"我能够正确理解社会主义核心价值观内涵"观点的大学生,其向往成为抗击疫情逆行者的意愿就越强烈。具体来说,表示"符合""一般""不符合""我能够正确理解社会主义核心价值观内涵"这一观点的大学生向往成为抗击疫情的逆行者的比例分别为91.0%、61.3%、67.3%。

第二,"我很认同社会主义核心价值观"与"大学生向往成为抗击疫情中的逆行者的意愿"之间存在显著正相关关系($r=0.376,P<0.001$)。具体来看,对社会主义核心价值观认同

度不同的大学生向往成为抗击疫情中的逆行者的意愿差异显著($x^2 = 9694.271$，$P < 0.001$ 且 $C = 0.414$）。其中，表示"符合""一般""不符合""我很认同社会主义核心价值观"这一观点的大学生向往成为抗击疫情逆行者的比例分别为 90.5%、47.0%、45.7%。

第三，"我能够用社会主义核心价值观规范自己的言行"与"大学生向往成为抗击疫情逆行者的意愿"之间存在着显著的相关关系，即对"我能够用社会主义核心价值观规范自己的言行"认同度越高，大学生向往成为抗击疫情中的逆行者的意愿就越强烈。同时，对"我能够用社会主义核心价值观规范自己的言行"认同度不同的大学生向往成为抗击疫情中的逆行者的意愿差异显著($x^2 = 11933.806$，$P < 0.001$ 且 $C = 0.451$）。具体来说，表示"符合""一般""不符合""我能够用社会主义核心价值观规范自己的言行"这一观点的大学生向往成为抗击疫情逆行者的比例分别为 91.3%、58.7%、49.6%。

（二）向跌倒老人主动伸出援手的意愿

尊老、爱老、扶老既是良善之举，也体现着中华民族的传统美德。但社会上一些"扶人反被冤"的讹人现象让一些人看见跌倒老人"望而却步"，"扶不扶"不仅变成了人们心中难以抉择的道德难题，也一直是社会上的道德热议话题。课题组通过考察大学生扶跌倒老人的意愿，进一步了解大学生群体的相关道德选择。

1. 总体情况

调查显示，绝大多数的大学生愿意向跌倒老人伸出援手，少数大学生态度模糊，不愿意伸出援手的大学生只占极少数。就数据来看，85.2% 的大学生表示会向跌倒老人伸出援手，12.1% 的大学生向跌倒老人伸出援手的态度模糊，只有 2.7% 的大学生表示不会向跌倒老人伸出援手。

对比 2014 年至 2020 年的调查数据可以发现，大学生扶跌倒老人的意愿总体上呈递增趋势。2014 年的调查结果显示，表示"坚决会"向跌倒老人伸出援手的大学生比例为30.9%；2015 年、2016 年调查结果显示，表示"一定会"向跌倒老人伸出援手的大学生比例分别为 45.2%、44.8%；2017 年、2018 年、2019 年、2020 年调查结果显示，表示"会"向跌倒老人伸出援手的大学生比例分别为 68.4%、70.9%、84.6%、85.2%（见图 3-9）。总体来看，近些年来大学生向跌倒老人伸出援手的意愿度不断上升，所折射出的不只是大学生群体道德发展状况的良好态势，更是彰显出社会良好风气的回归。

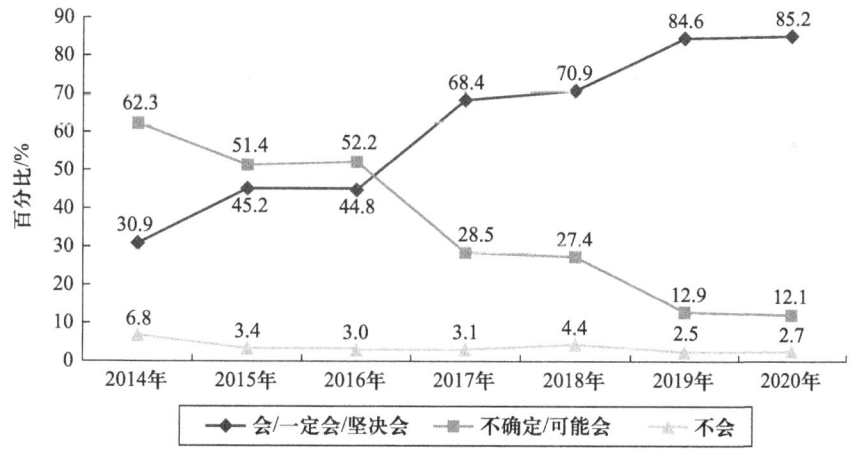

图 3-9　2014 年—2020 年大学生扶跌倒老人的意愿情况

2. 不同群体大学生主动扶跌倒老人意愿的差异分析

本部分采用交互分析方法,结合成长背景、教育因素、生活经历等变量,深入分析不同群体大学生扶跌倒老人意愿的差异性。分析结果显示,生源地类别、生源地所在区域、学历层次、学科门类、政治面貌、生活经历等不同的大学生主动扶跌倒老人的意愿存在差异(见表3-3)。

表3-3　不同群体大学生主动扶跌倒老人意愿的交互分析

		遇到跌倒的老人,我会主动伸出援手/%			卡方检验			
		符合	一般	不符合	χ^2	df	P	C
学历层次	本科生	84.1	12.9	2.9	173.986	8	<0.001	0.061
	硕士生	88.3	9.6	2.1				
	博士生	88.1	9.6	2.3				
学科门类	哲学	83.9	13.6	2.5	264.346	44	<0.001	0.075
	经济学	86.7	11.4	1.9				
	法学	88.4	9.8	1.7				
	工学	83.0	13.5	3.6				
	文学	86.8	11.5	1.7				
	历史学	88.3	9.6	2.2				
	理学	86.0	11.8	2.2				
	教育学	88.7	9.5	1.8				
	农学	85.4	12.6	2.0				
	医学	84.0	12.6	3.4				
	管理学	85.9	11.5	2.6				
	艺术学	87.6	10.2	2.3				
政治面貌	党员	90.5	7.7	1.9	379.785	4	<0.001	0.090
	非党员	83.7	13.3	2.9				
担任过学生干部	是	86.6	11.1	2.4	367.085	4	<0.001	0.088
	否	79.4	16.6	4.0				
有国(境)外学习经历	是	85.7	11.1	3.3	13.279	4	<0.001	0.017
	否	85.1	12.2	2.7				
生源地类别	农村	85.5	12.2	2.3	66.744	4	<0.001	0.038
	城镇	84.8	12.1	3.0				

续表

		遇到跌倒的老人,我会主动伸出援手/%			卡方检验			
		符合	一般	不符合	χ^2	df	P	C
生源地所在区域	华东地区	85.3	11.9	2.8	421.910	36	<0.001	0.095
	华南地区	80.8	16.4	2.8				
	华中地区	86.0	11.3	2.8				
	华北地区	86.4	11.1	2.5				
	西北地区	88.7	9.5	1.8				
	西南地区	83.1	14.1	2.8				
	东北地区	85.0	11.3	3.7				
家庭类型	双亲家庭	85.2	12.1	2.8	18.403	16	0.301	0.020
	单亲家庭(父亲抚养)	84.0	12.1	3.9				
	单亲家庭(母亲抚养)	85.3	12.3	2.4				
	重组家庭	84.5	11.8	3.7				
	孤儿	81.5	15.2	3.3				
是否独生子女	是	84.1	12.5	3.3	88.449	4	<0.001	0.043
	否	85.9	11.9	2.2				
小时候父母常年在外务工	是	84.2	12.9	3.0	45.221	4	<0.001	0.031
	否	85.4	11.9	2.7				

就生源地类别而言,较之来自城镇的大学生,来自农村的大学生"遇到跌倒老人会主动伸出援手"的意愿更强烈。分析结果显示,来自农村的大学生表示会主动扶跌倒老人的人数比例为85.5%,而来自城镇的大学生愿意扶跌倒老人的人数比例为84.8%。

就生源地所在区域而言,生源地所在区域不同的大学生向跌倒老人伸出援手的意愿由高到低依次为:西北地区(88.7%)、华北地区(86.4%)、华中地区(86.0%)、华东地区(85.3%)、东北地区(85.0%)、西南地区(83.1%)、华南地区(80.8%)。可见,来自西北、华北地区的大学生扶跌倒老人的意愿更强,来自华中、华东、东北、西南、华南地区的大学生次之。

从生活经历来看,第一,相比于独生子女大学生,非独生子女大学生扶跌倒老人的意愿更强烈。具体而言,独生子女大学生中表示会主动扶起跌倒老人的人数比例为84.1%,而非独生子女大学生的相应比例为85.9%。第二,相比于父母常年在外务工的大学生,父母非常年在外务工的大学生"遇到跌倒老人会主动伸出援手"的意愿更强烈,相应的人数比例为85.4%,父母常年在外务工的大学生愿意扶跌倒老人的人数比例为84.2%。

从政治面貌和学生干部经历来看,相较于非党员大学生,党员大学生向跌倒老人伸出援手的意愿更强烈,其中党员大学生与非党员大学生扶跌倒老人意愿的相应比例分别为:

90.5%、83.7%;此外,有学生干部经历的大学生向跌倒老人伸出援手的意愿明显高于没有学生干部经历的大学生,其中,有学生干部经历和没有学生干部经历的大学生扶跌倒老人意愿的相应比例分别为:86.6%、79.4%。

就学历层次而言,硕士生对跌倒老人伸出援手的意愿要高于本科生和博士生的相应意愿比例。分析结果显示,本科生、硕士生和博士生扶跌倒老人意愿的比例分别为84.2%、88.3%、88.1%。就学科门类而言,教育学的大学生"遇到跌倒老人会主动伸出援手"的意愿高于其他学科门类。具体而言,学科门类不同的大学生向跌倒老人伸出援手的意愿由高到低依次为:教育学(88.7%)、法学(88.4%)、历史学(88.3%)、艺术学(87.6%)、文学(86.8%)、经济学(86.7%)、理学(86.0%)、管理学(85.9%)、农学(85.4%)、医学(84.0%)、哲学(83.9%)、工学(83.0%)。

3. 大学生主动扶跌倒老人意愿的影响因素分析

本部分主要采用一般线性回归分析,对"非常赞同=5分""比较赞同=4分""说不清楚=3分""不大赞同=2分""很不赞同=1分"进行赋值,对"非常符合=5分""比较符合=4分""一般=3分""不大符合=2分""很不符合=1分"进行赋值,结合人生观、社会实践活动、文化自信状况等进一步分析大学生主动扶跌倒老人意愿的影响因素。分析结果表明,大学生向跌倒老人主动伸出援手的意愿受到人生价值观、消极人生观、社会实践活动、文化自信状况等方面的影响。

(1)人生价值观和消极人生观对大学生主动扶跌倒老人意愿的影响

一方面,"人生价值观"与"大学生扶跌倒老人的意愿"之间存在着显著正相关关系。其一,对"奉献是人生最大的快乐"的观点赞同度越高,大学生扶跌倒老人的意愿越强烈($r=0.359,P<0.001$),大学生对这一观点的认同度每提高一个等级,其扶跌倒老人的意愿也会相应提高0.216个单位。其二,对"人生价值只有在集体中才能得到更好的实现"的观点赞同度越高,大学生扶跌倒老人的意愿越强烈($r=0.285,P<0.001$),大学生对这一观点的认同度每提高一个等级,其扶跌倒老人的意愿也会相应提高0.047个单位。其三,对"人生梦想是国家梦、民族梦、个人梦的有机统一"的观点赞同度越高,大学生扶跌倒老人的意愿越强烈($r=0.314,P<0.001$),大学生对这一观点的认同度每提高一个等级,其扶跌倒老人的意愿也会相应地提高0.124个单位。其四,对"奋斗的青春最美丽"的观点赞同度越高,大学生扶跌倒老人的意愿越强烈($r=0.314,P<0.001$),大学生对这一观点的认同度每提高一个等级,其扶跌倒老人的意愿也会相应提高0.161个单位(见表3-4)。

表3-4　人生价值观对大学生主动扶跌倒老人意愿的一般线性回归

自变量	非标准化系数		标准化系数	统计量	显著性水平
	B	Std. Error	Beta	t	P
常数项	1.947	0.028		69.246	0.000
奉献是人生最大的快乐	0.216	0.006	0.217	38.166	0.000
人生价值只有在集体中才能得到更好的实现	0.047	0.005	0.052	9.371	0.000

续表

自变量	非标准化系数		标准化系数	统计量	显著性水平
	B	Std. Error	Beta	t	P
人生梦想是国家梦、民族梦、个人梦的有机统一	0.124	0.007	0.099	16.707	0.000
奋斗的青春最美丽	0.161	0.008	0.122	21.358	0.000
$N=46813$　　　$R^2=16.2\%$　　　$F=2259.526$					

另一方面,"消极人生观"与"大学生扶跌倒老人的意愿"之间存在着显著负相关关系。其一,大学生对"一朝成锦鲤,奋斗少十年"的观点赞同度越高,其扶跌倒老人的意愿越弱($r=-0.032,P<0.001$)。其二,大学生对"人生应一切顺其自然,万事不求、不争"的观点赞同度越高,其扶跌倒老人的意愿越弱($r=-0.019,P<0.001$)。其三,大学生对"生死由命,富贵在天"的观点赞同度越高,其扶跌倒老人的意愿越弱($r=-0.076,P<0.001$)。其四,大学生对"人为财死,鸟为食亡"的观点赞同度越高,其扶跌倒老人的意愿越弱($r=-0.143,P<0.001$)。其五,大学生对"人生苦短,应及时行乐"的观点赞同度越高,其扶跌倒老人的意愿越弱($r=-0.081,P<0.001$)。其六,大学生对"人不为己,天诛地灭"的观点赞同度越高,其扶跌倒老人的意愿越弱($r=-0.152,P<0.001$)(见表3-5)。

表3-5　消极人生观与大学生主动扶跌倒老人意愿的相关分析

	一朝成锦鲤,奋斗少十年	人生应一切顺其自然,万事不求、不争	生死由命,富贵在天	人为财死,鸟为食亡	人生苦短,应及时行乐	人不为己,天诛地灭
大学生扶跌倒老人的意愿	$r=-0.032$	$r=-0.019$	$r=-0.076$	$r=-0.143$	$r=-0.081$	$r=-0.152$
	$P<0.001$	$P<0.001$	$P<0.001$	$P<0.001$	$P<0.001$	$P<0.001$

(2)社会实践活动对大学生主动扶跌倒老人意愿的影响

一方面,与没有参加过社会实践的大学生相比,有社会实践经历的大学生扶跌倒老人的意愿更强($x^2=774.860,P<0.001,C=0.128$)。分析结果显示,在参加过社会实践活动的大学生中,表示"遇到跌倒的老人,我会主动伸出援手"的人数比例为87.3%。而在没有任何社会实践经历的大学生中,表示"遇到跌倒的老人,我会主动伸出援手"的比例为78.2%。同时,在有社会实践经历的大学生中,有2.2%的大学生表示不会扶跌倒老人,在没有社会实践经历的大学生中,这一比例为4.2%。

另一方面,对社会实践活动开展的满意度越高,大学生扶起跌倒老人的意愿越强烈($r=0.307,P<0.001$)。对社会实践满意度不同的大学生扶跌倒老人的意愿存在显著差异,对社会实践活动开展效果表示"满意"的大学生中,有88.3%表示"遇到跌倒的老人,我会主动伸出援手",对社会实践开展效果表示"说不清楚""不满意"的大学生中,这一比例分别为69.5%、69.4%($x^2=7184.503,P<0.001$且$C=0.365$)。

(3)文化自信状况对大学生主动扶跌倒老人意愿的影响

从大学生的文化自信状况来看,大学生的文化自信程度越高,其扶跌倒老人的意愿越强烈。具体体现在:大学生对"我为中华文化感到自豪""中华民族一定能创造文化新辉煌""文化自信是一个国家、一个民族发展中更基本、更深沉、更持久的力量"的赞同度越高,其向跌倒老人伸出援手的意愿也越强烈。数据显示,按照"很不赞同""不大赞同""说不清楚""比较赞同""非常赞同"的顺序,大学生对"我为中华文化感到自豪""中华民族一定能创造文化新辉煌"的赞同度每提高一个等级,其扶跌倒老人的意愿得分分别提高 0.260、0.271、0.123 个单位(见表3-6)。

表3-6 文化自信状况对大学生主动扶跌倒老人意愿的一般线性回归

自变量	非标准化系数		标准化系数	统计量	显著性水平
	B	Std. Error	Beta	t	P
常数项	1.195	0.041		29.351	0.000
"我为中华文化感到自豪"	0.260	0.013	0.144	19.362	0.000
"中华民族一定能创造文化新辉煌"	0.271	0.012	0.168	22.490	0.000
"文化自信是一个国家、一个民族发展中更基本、更深沉、更持久的力量"	0.123	0.014	0.067	9.020	0.000

$N = 46813$ $R^2 = 12.3\%$ $F = 2181.375$

(三) 参与山区支教、环境保护、社区服务、疫情防控等相关志愿活动的意愿

大学生志愿服务活动对于构建和谐社会、塑造大学生健康人格、培养学生思想道德素质具有不可估量的重要作用,是高校加强学生道德教育工作的重要载体。课题组通过考察大学生参与山区支教、环境保护、社区服务、疫情防控等相关志愿活动的意愿,整体呈现当代大学生参加志愿活动的意愿,同时进一步了解大学生参与不同类型志愿活动的意愿差异。

1. 总体情况

大学生参与山区支教、环境保护、社区服务、疫情防控等相关志愿活动的意愿强烈。数据显示,近九成(88.7%)的大学生明确表示愿意参加志愿服务,其中愿意做山区支教、环境保护、社区服务、疫情防控志愿者的比例分别是74.1%、95.0%、92.5%、93.2%。通过对比近七年的调查数据,发现愿意做相关活动志愿者的大学生比例略有所下降,且大学生参与不同种类志愿活动的意愿存在不均衡性,其中参与环境保护、疫情防控、社区服务等志愿活动的意愿明显强于参与山区支教的意愿(见表3-7)。

表3-7 大学生参与山区支教、环境保护、社区服务等志愿活动的意愿

单位:百分比

您愿意做相关活动的志愿者吗?	愿意	还没想好	不愿意
2014 年	91.7	/	8.3
2015 年	91.1	/	8.9
2016 年	93.4	/	6.6
2017 年	93.1	/	6.9

续表

您愿意做相关活动的志愿者吗？		愿意	还没想好	不愿意
2018 年	抗震救灾	85.2	9.5	5.3
	山区支教	86.9	8.0	5.1
	环境保护	96.4	2.5	1.1
	社区服务	92.9	4.3	2.8
	整体	90.3	6.1	3.6
2019 年	山区支教	77.3	16.9	5.8
	环境保护	96.1	3.1	0.8
	社区服务	93.1	5.2	1.7
	整体	88.8	8.4	2.8
2020 年	山区支教	74.1	19.7	6.2
	环境保护	95.0	4.2	0.8
	社区服务	92.5	5.9	1.6
	疫情防控	93.2	5.7	1.1
	整体	88.7	8.87	2.4

2. 不同群体大学生参与相关志愿活动意愿的差异分析

为进一步分析大学生参与相关志愿活动的群体差异,我们将大学生做山区支教、环境保护、社区服务、疫情防控志愿活动的意愿提取公因子,再运用一般线性回归方法进行有关分析。经检验,数据量表适合进行探索性因子分析,其中 KMO＝0.801,Bartlett 球形度检验近似卡方值为 77674.030,显著性水平 $P<0.001$。采用主成分分析和最大方差法旋转,从上述 4 个项目中抽取出 1 个主成分,累计方差贡献率为 67.316%。表 3-9 是以"大学生参与相关志愿活动意愿"的因子载荷为因变量进行的一般线性回归分析。按照 0.05 的检验标准,回归系数具有统计学意义的自变量有:性别、学历层次、生源地类别、生源地所在区域、政治面貌、学习经历、生活经历等(见表 3-8)。

表 3-8　不同群体大学生参与相关志愿活动意愿的一般线性回归分析

自变量		非标准化系数		标准化系数	统计量	显著性水平
		B	Std. Error	Beta	t	P
常数项		−0.135	0.031		−4.342	0.000
性别男生(参照项:女生)		−0.233	0.009	−0.116	−25.223	0.000
学历层次 (参照项:博士生)	本科生	0.026	0.025	0.011	1.025	0.305
	硕士生	0.097	0.026	0.039	3.686	0.000
生源地农村(参照项:城镇)		0.078	0.011	0.039	7.306	0.000

续表

自变量		非标准化系数		标准化系数	统计量	显著性水平
		B	Std. Error	Beta	t	P
生源地所在区域（参照项：东北地区）	华东地区	-0.057	0.016	-0.025	-3.468	0.001
	华南地区	-0.156	0.019	-0.049	-8.081	0.000
	华中地区	-0.051	0.018	-0.019	-2.918	0.004
	华北地区	0.019	0.018	0.007	1.065	0.287
	西北地区	0.130	0.019	0.041	6.825	0.000
	西南地区	0.019	0.018	0.006	1.049	0.294
政治面貌党员（参照项：非党员）		0.213	0.012	0.087	17.809	0.000
学生干部（参照项：非学生干部）		0.208	0.012	0.083	17.924	0.000
有国（境）外学习经历（参照项：没有）		-0.055	0.024	-0.011	-2.299	0.022
独生子女（参照项：非独生子女）		-0.047	0.011	-0.023	-4.431	0.000
父母常年在外务工（参照项：没有）		-0.016	0.011	-0.007	-1.416	0.157
$N=46813$　　　$R^2=4.2\%$　　　$F=137.546$						

从性别来看,女生做志愿者的意愿强于男生。分析结果显示,男生参与相关志愿活动的意愿得分比女生低 0.233 个单位。结合 2014 年—2020 年历年数据,女生愿意做相关活动志愿者的比例高于男生(如图 3-10)。

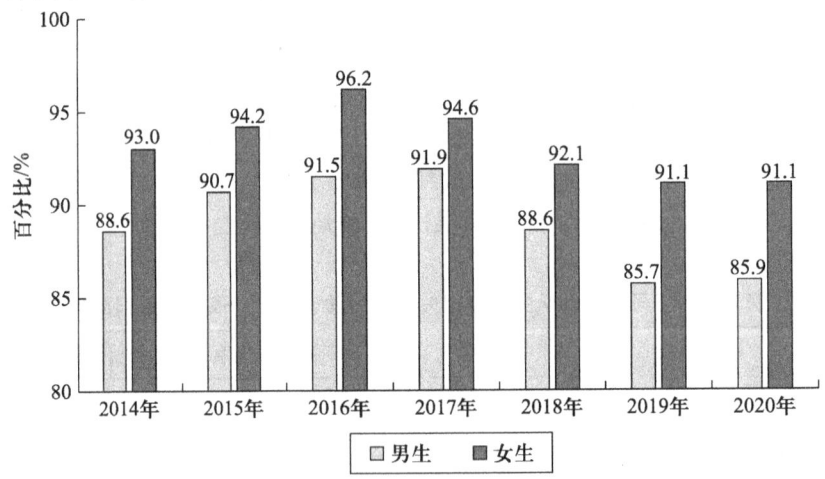

图 3-10　2014 年—2020 年不同性别大学生参与志愿活动的意愿

从生源地来看,与来自城镇的大学生相比,来自农村的大学生做志愿者的意愿更为强烈。分析结果显示,来自农村的大学生参与山区支教、环境保护、社区服务、疫情防控等志愿活动的意愿得分比来自城镇的大学生高 0.078 个单位。

就生源地所在区域而言,来自西北地区的大学生做相关活动志愿者的意愿强于来自东北地区的大学生,而来自华南、华东、华中地区的大学生参与志愿活动的意愿弱于来自东北地区的大学生。数据显示,来自西北地区的大学生参与相关志愿活动的意愿得分比来自东北地区的大学生高 0.130 个单位,来自华东、华南、华中地区的大学生做相关活动志愿者的意愿得分分别比来自东北地区的大学生低 0.057、0.156、0.051 个单位。

就政治面貌而言,与非党员大学生相比,党员大学生做志愿者的意愿更为强烈。调查显示,党员大学生参与山区支教、环境保护、社区服务等志愿活动的意愿得分比非党员大学生高 0.213 个单位。

从学习经历来看,有学生干部经历的大学生参与志愿活动的意愿强于没有学生干部经历的大学生。具体来说,有学生干部经历的大学生参与山区支教、环境保护、社区服务、疫情防控等志愿活动的意愿得分比没有学生干部经历的大学生高 0.208 个单位。没有国(境)外学习经历的大学生参与志愿活动的意愿强于有国(境)外学习经历的大学生,具体来说,没有国(境)外学习经历的大学生做相关活动志愿者的意愿得分比有国(境)外学习经历的大学生高 0.055 个单位。

从生活经历来看,非独生子女大学生参与志愿活动的意愿高于独生子女大学生。分析结果显示,非独生子女大学生做相关活动志愿者的意愿得分比独生子女大学生高 0.047 个单位。

3. 大学生参与相关志愿活动意愿的影响因素分析

课题组运用皮尔逊积差相关分析,分析人生目标、人生态度、对"友善"价值观的认可度与大学生参与相关志愿活动意愿的关系,结果显示,大学生的人生目标、人生态度以及对"友善"价值观的认可度等因素均会对其做相关活动志愿者的意愿产生显著影响。

(1)人生目标与大学生参与相关志愿活动意愿的关系

是否拥有人生目标与大学生参与相关志愿活动的意愿具有显著的相关关系。通过皮尔逊积差相关分析发现,大学生的人生目标越清晰,参与相关志愿活动意愿越强烈。具体来看,人生目标清晰度不同的大学生参与志愿活动的意愿差异显著。其中,表示"有人生目标""说不清楚""没有人生目标"的大学生愿意参与山区支教志愿活动的比例分别为 76.2%、61.4%、60.3%($x^2=2783.504$,$P<0.001$ 且 $C=0.237$),愿意参与环境保护志愿活动的比例分别为 96.4%、86.6%、84.7%($x^2=3344.974$,$P<0.001$ 且 $C=0.258$),愿意参与社区服务志愿活动的比例分别为 94.2%、82.3%、80.6%($x^2=4002.467$,$P<0.001$ 且 $C=0.281$),愿意参与疫情防控志愿活动的比例分别为 94.7%、83.5%、83.0%($x^2=3708.074$,$P<0.001$ 且 $C=0.271$)(见表3-9)。

表 3-9　人生目标与大学生参与相关志愿活动意愿的相关分析

	山区支教	环境保护	社区服务	疫情防控
是否拥有人生目标	$r=0.164$	$r=0.210$	$r=0.222$	$r=0.215$
	$P<0.001$	$P<0.001$	$P<0.001$	$P<0.001$

(2)人生态度与大学生参与相关志愿活动的意愿的关系

大学生"是否对自己的人生前途充满信心"与其"参与相关志愿活动的意愿"之间存在显著正相关关系,即人生态度越积极的大学生参与相关志愿活动的意愿越强烈。

同时,人生态度不同的大学生参与相关志愿活动的意愿具有显著差异。数据显示,对未来人生发展"有信心"的大学生愿意参与山区支教志愿活动的比例为 76.5%,而对未来人生发展表示"一般""没有信心"的大学生的这一相应比例为 68.7%、64.5%(χ^2 = 1966.924,$P<0.001$ 且 $C=0.201$)。对未来发展"有信心""一般""没有信心"的大学生愿意参与环境保护志愿活动的比例分别为 96.3%、92.5%、87.3%(χ^2 = 2361.808,$P<0.001$ 且 $C=0.219$),愿意参与社区服务志愿活动的比例分别为 94.5%、88.8%、82.1%(χ^2 = 3304.251,$P<0.001$ 且 $C=0.257$),愿意参与疫情防控志愿活动的比例分别为 94.7%、90.3%、84.7%(见表 3-10)。

表 3-10 人生态度与大学生参与相关志愿活动意愿的相关分析

	山区支教	环境保护	社区服务	疫情防控
是否对自己的人生前途充满信心	$r=0.132$	$r=0.180$	$r=0.208$	$r=0.181$
	$P<0.001$	$P<0.001$	$P<0.001$	$P<0.001$

(3)"友善"价值观与大学生参与相关志愿活动意愿的关系

"帮助别人是一种快乐"反映的是社会主义核心价值观中的"友善"价值观。通过皮尔逊积差相关分析发现,对"帮助别人是一种快乐"的赞同度越高,即对"友善"价值观的认同度越高,大学生做相关活动志愿者的意愿也越强烈(表 3-11)。同时,对"友善"价值观认同度不同的大学生参与相关志愿活动的意愿具有显著差异。具体而言,对"友善"价值观表示"赞同""说不清楚""不赞同"的大学生愿意参与山区支教志愿服务的比例分别为 75.2%、37.6%、49.7%(χ^2 = 4680.893,$P<0.001$ 且 $C=0.301$);愿意参与环境保护志愿服务的相应比例分别为 96.2%、56.0%、67.3%(χ^2 = 12069.638,$P<0.001$ 且 $C=0.453$);愿意参与社区服务志愿活动的相应比例分别为:94.0%、46.9%、48.4%(χ^2 = 13325.777,$P<0.001$ 且 $C=0.471$);愿意参与疫情防控志愿服务的相应比例分别为 94.4%、52.7%、59.1%(χ^2 = 11665.140,$P<0.001$ 且 $C=0.447$)。

表 3-11 "友善"价值观与大学生参与相关志愿活动意愿的相关分析

	山区支教	环境保护	社区服务	疫情防控
帮助别人是一种快乐	$r=0.261$	$r=0.413$	$r=0.425$	$r=406$
	$P<0.001$	$P<0.001$	$P<0.001$	$P<0.001$

三、道德行为

从道德认知到道德意愿,再到道德行为,是一个从"诚意正心"到"知行合一"的过程。知易行难、行重于言,对大学生进行道德教育与引导,最终目的是要将良好的道德品质外化为大学生的具体行为和实践。为把握大学生的道德践行情况,我们重点从大学生对"遵守学术规范""拒绝舌尖上的浪费"及其参加"扶贫开发、社区建设、环境保护、大型赛会、应急救助、义务支教"等志愿活动的情况进行了考察。

(一)遵守学术规范的情况

人无信不立。学术诚信是大学生进行学术研究的必备素质,同时,遵守学术规范对营造风清气正的学术生态,保障我国社会学术研究的健康发展都有着重要作用。《中共中央关于制定国民经济和社会发展第十四个五年规划和二〇三五年远景目标的建议》中再次强调要"加强学风建设,坚守学术诚信"①,课题组以大学生对"我能做到遵守学术规范,不抄袭剽窃、数据造假"的认可度为考察标准,来把握当代大学生的学术诚信意识状况和当前高校学术诚信教育的工作成效。

1. 总体情况

数据表明,绝大多数(96.3%)的大学生能做到遵守学术规范,不抄袭剽窃、数据造假,另有 3.3% 的大学生态度模糊,仅有 0.4% 的大学生学术道德规范意识较低,表示自己不能遵守学术规范(见图 3-11)。

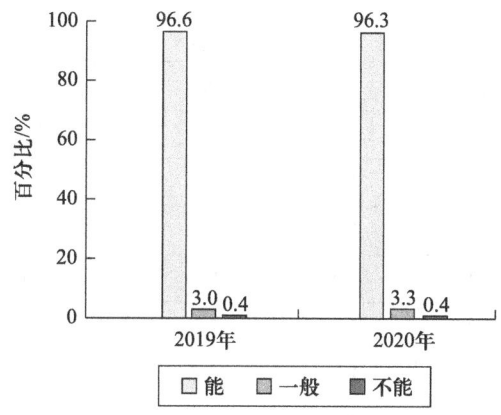

图 3-11　2019、2020 年大学生遵守学术规范的情况

2. 不同群体大学生遵守学术规范情况的差异分析

课题组采用交互分析方法,分析不同群体大学生遵守学术规范的相关情况,结果显示,不同群体大学生学术规范意识总体保持较高水平(90.0% 以上),同时,不同群体大学生遵守学术规范的情况存在差异(见表 3-12)。

表 3-12　不同群体大学生遵守学术规范情况的交互分析

		我能做到遵守学术规范,不抄袭剽窃、数据造假/%			卡方检验			
		符合	一般	不符合	χ^2	df	P	C
学历层次	本科生	95.7	3.9	0.4	705.857	8	<0.001	0.122
	硕士生	98.0	1.7	0.2				
	博士生	99.0	1.0	0.0				

---

①　《中共中央关于制定国民经济和社会发展第十四个五年规划和二〇三五年远景目标的建议》,《人民日报》2020年 11 月 4 日。

续表

| | | 我能做到遵守学术规范，不抄袭剽窃、数据造假/% | | | 卡方检验 | | | |
		符合	一般	不符合	χ^2	df	P	C
学科门类	哲学	94.7	4.7	0.6	154.004	44	<0.001	0.057
	经济学	96.6	3.0	0.3				
	法学	97.5	2.2	0.3				
	工学	95.8	3.9	0.4				
	文学	97.4	2.3	0.2				
	历史学	96.6	3.1	0.2				
	理学	96.8	2.9	0.2				
	教育学	96.0	3.4	0.7				
	农学	96.5	3.1	0.5				
	医学	97.3	2.5	0.2				
	管理学	96.2	3.4	0.3				
	艺术学	95.9	3.8	0.3				
政治面貌	党员	98.1	1.6	0.3	423.272	4	<0.001	0.095
	非党员	95.9	3.8	0.4				
担任过学生干部	是	96.7	3.0	0.4	148.721	4	<0.001	0.056
	否	94.8	4.8	0.5				
有国(境)外学习经历	是	96.7	3.0	0.3	23.504	4	<0.001	0.022
	否	96.3	3.4	0.4				
生源地类别	农村	95.8	3.7	0.4	173.858	4	<0.001	0.061
	城镇	96.8	3.0	0.3				
生源地所在区域	华东地区	96.2	3.5	0.3	311.975	36	<0.001	0.081
	华南地区	94.6	4.7	0.6				
	华中地区	96.8	2.9	0.4				
	华北地区	96.8	2.9	0.3				
	西北地区	97.0	2.7	0.3				
	西南地区	96.0	3.6	0.4				
	东北地区	96.5	3.2	0.4				

续表

| | | 我能做到遵守学术规范，不抄袭剽窃、数据造假/% | | | 卡方检验 | | | |
		符合	一般	不符合	χ^2	df	P	C
家庭类型	双亲家庭	96.4	3.3	0.3	73.690	16	<0.001	0.040
	单亲家庭（父亲抚养）	94.2	4.8	0.9				
	单亲家庭（母亲抚养）	96.2	3.5	0.2				
	重组家庭	96.0	3.4	0.6				
	孤儿	93.5	4.3	2.2				

就生源地而言,来自城镇的大学生表示能够做到遵守学术规范的人数比例高于来自农村的大学生。具体而言,来自城镇的大学生中,表示能够做到遵守学术规范的比例占到96.8%,而来自农村的大学生中表示能够做到遵守学术规范的人数比例为95.8%。

就生源地所在区域而言,生源地所在区域不同的大学生表示"能做到遵守学术规范,不抄袭剽窃、数据造假"的人数比例由高到低排列依次为:西北地区(97.0%)、华北地区(96.8%)、华中地区(96.8%)、东北地区(96.5%)、华东地区(96.2%)、西南地区(96.0%)、华南地区(94.6%)。

就学历层次和学科门类而言,第一,博士生遵守学术规范的情况优于硕士生和本科生。具体来说,博士生中表示"能做到遵守学术规范,不抄袭剽窃、数据造假"的人数比例为99.0%,硕士生和本科生中的这一比例分别为98.0%和95.7%。第二,在学科门类上,法学、文学、医学类的大学生遵守学术规范的情况较好,其余学科门类的大学生次之。具体来说,不同学科门类的大学生表示能够做到遵守学术规范的人数比例由高到低分别为:法学(97.5%)、文学(97.4%)、医学(97.3%)、理学(96.8%)、经济学(96.6%)、历史学(96.6%)、农学(96.5%)、管理学(96.2%)、教育学(96.0%)、艺术学(95.9%)、工学(95.8%)、哲学(94.7%)。

就政治面貌和学生干部经历而言,党员大学生中表示能够做到遵守学术规范的情况优于非党员大学生;有学生干部经历的大学生能够做到遵守学术规范的情况优于没有学生干部经历的大学生。具体来说,党员大学生中表示能够做到遵守学术规范的人数比例为98.1%,非党员大学生中的这一比例为95.9%。有学生干部经历的大学生表示能够做到遵守学术规范的人数比例为96.7%,而没有学生干部经历的大学生中的相应比例为94.8%。

3. 教育因素对大学生学术规范意识的影响

课题组采用一般线性回归方法,分析教育因素对大学生学术规范意识的影响。按照0.001的检验标准,在影响大学生遵守学术规范情况的因素分析中,回归系数具有统计学意义的自变量有:专业课程教学、日常思想政治教育,思想政治理论课教学、校风和学风建设、学校后勤服务、基层党组织建设、团组织建设(见表3-13)。

表 3-13　教育因素对大学生学术规范意识的一般线性回归分析

自变量	非标准化系数		标准化系数	统计量	显著性水平
	B	Std. Error	Beta	t	P
常数项	3.190	0.017		190.419	0.000
专业课程教学	0.070	0.005	0.091	13.037	0.000
日常思想政治教育	0.052	0.007	0.072	7.245	0.000
思想政治理论课教学	0.028	0.007	0.039	4.027	0.000
校风和学风建设	0.069	0.005	0.090	12.828	0.000
创新创业教育	0.011	0.006	0.016	2.000	0.045
社会实践活动	0.006	0.006	0.009	1.027	0.304
校园文化活动	0.015	0.006	0.021	2.617	0.009
网络思想政治教育	0.005	0.006	0.008	0.865	0.387
心理健康教育与咨询工作	0.014	0.005	0.020	2.475	0.013
职业规划与就业指导教育	−0.015	0.006	−0.023	−2.706	0.007
日常事务管理	−0.010	0.005	−0.016	−1.982	0.047
学校后勤服务	−0.027	0.004	−0.046	−6.805	0.000
学生资助工作	0.010	0.005	0.014	1.937	0.053
基层党组织建设	0.070	0.006	0.096	11.703	0.000
社团活动	−0.001	0.005	−0.001	−0.155	0.877
班级建设	0.013	0.006	0.019	2.342	0.019
团组织建设	0.033	0.006	0.045	5.077	0.000

$N = 46813$　　$R^2 = 15.4\%$　　$F = 503.149$

　　从专业课程教学来看,专业课程教学的效果影响大学生的学术规范意识。具体来说,大学生对专业课教学的评价每提高一个等级,其学术规范意识就会相应提高 0.070 个单位,专业课程教学效果对大学生学术规范意识具有显著影响($P<0.001$)。

　　从思想政治理论课教学来看,大学生对思想政治理论课教学的评价从"很不满意""不大满意""一般"到"比较满意""非常满意",每升高一个等级,其学术规范意识就会相应提高 0.052 个单位,思想政治理论课教学效果对大学生学术规范意识具有显著影响($P<0.001$)。

　　从日常思想政治教育来看,大学生对日常思想政治教育的评价每提高一个等级,其学术规范意识就会相应提高 0.028 个单位,日常思想政治教育效果对大学生学术规范意识具有显著影响($P<0.001$)。

　　从日常思想政治教育的具体内容来看,校风和学风建设、基层党组织建设、团组织建设均对大学生遵守学术规范的情况产生了显著影响（$P<0.001$）。从校风和学风建设来看，大学生对校风和学风建设的评价从"很不满意""不大满意""一般"到"比较满意""非常满意"每升高一个等级，其学术规范意识就会相应地提高 0.069 个单位；从基层党组织建设来看，大学生对基层党组织建设的评价每提高一个等级，其学术规范意识就会相应提高 0.070 个单位；就团组织建设来看，大学生对团组织建设的评价每提升一个等级，其学术规范意识就会随之提高 0.033 个单位。

4. 师德师风对大学生学术规范意识的影响

课题组运用皮尔逊积差相关分析，分析师德师风对大学生学术规范意识的影响，结果显示，教师"教书育人"情况、教师科研育人情况以及师德满意度对大学生学术规范意识具有显著影响（$P<0.001$）。

（1）基于教师"教书育人"情况的分析

通过相关分析发现，教师"教书育人"情况与大学生学术规范意识之间存在显著的正相关关系（$r=0.250$，$P<0.001$），教师队伍中越多教师做到既"教书"又"育人"，大学生的学术规范意识就越强。同时，对教师队伍"教书育人"情况评价不同的大学生的学术规范意识差异显著（$x^2=5074.688$，$P<0.001$ 且 $C=0.313$）。如表 3-14 所示，在认为接触过的老师中"绝大部分""大部分""说不清楚""少部分""极少部分"做到了"教书"又"育人"的大学生中，表示能够遵守学术规范的人数比例分别为 98.7%、97.1%、85.9%、93.7%、89.2%。

表 3-14　教师"教书育人"状况与大学生学术规范意识的交互分析

| | | 我能做到遵守学术规范，不抄袭剽窃、数据造假/% | | | 卡方检验 | | | |
		符合	一般	不符合	x^2	df	P	C
在您接触到的老师当中，您认为有多少老师做到了既"教书"又"育人"？	绝大部分	98.7	1.1	0.2	5074.688	16	<0.001	0.313
	大部分	97.1	2.7	0.3				
	说不清楚	85.9	13.2	0.9				
	少部分	93.7	5.3	0.9				
	极少部分	89.2	7.7	3.1				

（2）基于教师科研育人情况的分析

通过相关分析发现，教师科研育人情况与大学生学术规范意识之间存在显著的正相关关系（$r=0.260$，$P<0.001$）。老师对大学生进行学术规范和学术道德引导的频率越高，大学生的学术规范意识就越强。同时，被老师进行学术规范和学术道德引导的频率不同的大学生的学术规范意识存在显著差异（$x^2=3610.557$，$P<0.001$ 且 $C=0.268$）。具体而言，"经常"被老师进行学术规范和学术道德引导的大学生中表示能够遵守学术规范的人数比例为 98.4%；"偶尔"被老师进行学术规范和学术道德引导的大学生中，表示能够遵守学术规范的人数比例为 92.9%；"没有"被老师进行学术规范和学术道德引导的大学生中，表示能够遵守学术规范的人数比例为 88.4%。

（3）基于师德满意度的分析

通过相关分析发现，"师德满意度"与大学生学术规范意识之间存在显著的正相关关系

（$r=0.319$,$P<0.001$）。大学生对教师的师德状况评价越高,其学术规范意识就越强。同时,对教师师德状况的满意度不同的大学生的学术规范意识存在显著差异（$x^2=6672.591$,$P<0.001$且$C=0.353$）。其中,对所接触过的大学老师的师德评价为"满意"的大学生中,表示能够做到遵守学术规范的人数比例为97.8%,评价为"一般""不满意"所占到的相应比例分别为82.9%、83.1%。

（二）做到拒绝舌尖上浪费的情况

勤俭节约是中华民族的传统美德,"拒绝舌尖上的浪费"也是社会的久倡之议。习近平总书记一直高度重视粮食安全:"尽管我国粮食生产连年丰收,对粮食安全还是始终要有危机意识,今年全球新冠肺炎疫情所带来的影响更是给我们敲响了警钟。"[①]"要提倡艰苦奋斗、勤俭节约,坚决反对铺张浪费,在全社会营造浪费可耻、节约光荣的浓厚氛围。"[②]非常时刻,关键时期,拒绝舌尖上的浪费不仅是为粮食安全居安思危,更是为了狠刹社会上的浪费之风,发扬勤俭节约传统美德。课题组以"我能做到拒绝舌尖上的浪费"的认可度为考察标准,来深入把握当代大学生群体的勤俭节约意识。

1. 总体情况

调查显示,绝大多数大学生自觉践行"光盘行动"倡议,赞赏"舌尖上的文明",能够做到勤俭节约,杜绝餐桌浪费。具体来看,有89.7%的大学生能够做到拒绝舌尖上的浪费,另有8.7%的大学生态度模糊,仅有1.6的大学生表示不能做到拒绝舌尖上的浪费（见图3-12）。

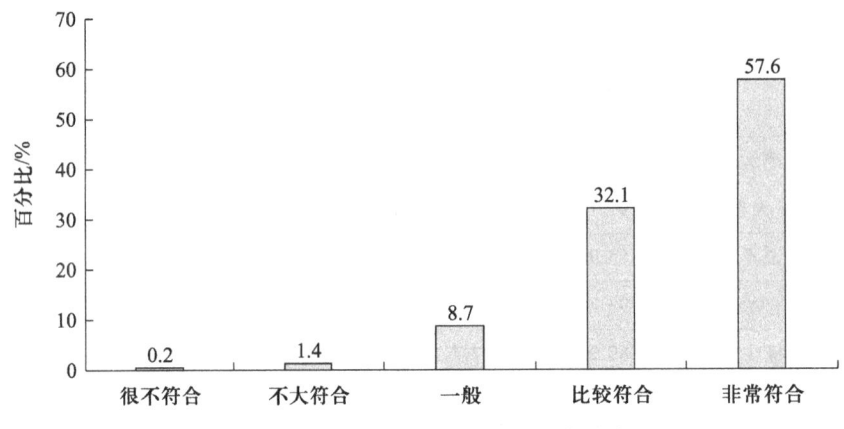

图3-12 大学生做到拒绝舌尖上浪费的情况

2. 不同群体大学生做到拒绝舌尖上浪费情况的回归分析

课题组采用一般线性回归分析方法,将"非常符合""比较符合""一般""不大符合""很不符合"分别赋值5分、4分、3分、2分、1分,结合有关人口学变量分析大学生遵守学术规范情况的群体差异。按照0.05的检验标准,如表3-15所示,生源地类别、生源地所在区域、生活经历、学历层次、政治面貌、学生干部经历等不同的大学生在做到拒绝舌尖上的浪费方面呈现出群体差异。

① 常莹:《对粮食还是要保持敬畏之心》,《光明日报》2020年8月14日。
② 习近平:《在教育文化卫生体育领域专家代表座谈会上的讲话》,《人民日报》2020年9月23日。

表 3-15　不同群体大学生做到拒绝舌尖上浪费的一般线性回归

自变量		非标准化系数		标准化系数	统计量	显著性水平
		B	Std. Error	Beta	t	P
常数项		4.434	0.023		193.174	0.000
性别男生（参照项：女生）		0.076	0.007	0.052	11.205	0.000
学历层次（参照项：博士生）	本科生	−0.058	0.019	−0.034	−3.091	0.002
	硕士生	0.018	0.019	0.010	0.949	0.343
生源地农村（参照项：城镇）		−0.021	0.008	−0.014	−2.663	0.008
生源地所在区域（参照项：东北地区）	华东地区	−0.031	0.012	−0.019	−2.586	0.010
	华南地区	−0.109	0.014	−0.047	−7.636	0.000
	华中地区	−0.027	0.013	−0.014	−2.072	0.038
	华北地区	0.035	0.013	0.018	2.728	0.006
	西北地区	0.061	0.014	0.026	4.323	0.000
	西南地区	−0.080	0.014	−0.037	−5.836	0.000
政治面貌党员（参照项：非党员）		0.081	0.009	0.046	9.197	0.000
学生干部（参照项：非学生干部）		0.059	0.009	0.032	6.927	0.000
有国（境）外学习经历（参照项：没有）		−0.013	0.018	−0.003	−0.737	0.461
独生子女（参照项：非独生子女）		−0.002	0.008	−0.001	−0.248	0.804
父母常年在外务工（参照项：没有）		−0.019	0.008	−0.011	−2.273	0.023
$N = 46813$　　　$R^2 = 1.4\%$　　　$F = 46.616$						

从生源地来看，与来自农村的大学生相比，来自城镇的大学生做到拒绝舌尖上的浪费的情况优于来自农村的大学生。分析结果显示，来自农村的大学生做到拒绝舌尖上的浪费的情况得分比来自城镇的大学生低 0.021 个单位。

就生源地所在区域而言，来自西北和华北地区的大学生做到拒绝舌尖上的浪费的情况优于来自东北地区的大学生，而来自华东、华南、华中、西南地区的大学生做到拒绝舌尖上的浪费的情况相较于来自东北地区的大学生较差。数据显示，来自西北、华北的大学生做到拒绝舌尖上的浪费的得分分别比来自东北地区的大学生高 0.061、0.035 个单位，来自华东、华南、华中、西南地区的大学生做到拒绝舌尖上的浪费的得分分别比来自东北地区的大学生低 0.031、0.109、0.027、0.080 个单位。

就政治面貌和学生干部经历而言，党员大学生做到拒绝舌尖上的浪费的情况优于非党员大学生，有学生干部经历的大学生做到拒绝舌尖上的浪费的情况优于没有学生干部经历的大学生。分析结果显示，党员大学生做到拒绝舌尖上的浪费的情况得分比非党员大学生高 0.081 个单位；有学生干部经历的大学生做到拒绝舌尖上的浪费的情况得分比没有学生干部经历的大学生高 0.059 个单位。

从生活经历来看，父母非常年在外务工的大学生做到拒绝舌尖上的浪费的情况优于父母常年在外务工的大学生。具体而言,父母常年在外务工的大学生做到拒绝舌尖上的浪费的情况得分比父母非常年在外务工的大学生低 0.019 个单位。

3. 大学生做到拒绝舌尖上浪费的影响因素分析

课题组采用皮尔逊积差相关分析,结合"网络思想政治教育满意度""校风和学风建设满意度""日常思想政治教育满意度"等因素,进一步分析大学生做到拒绝舌尖上的浪费的影响因素。

（1）基于网络思想政治教育满意度的分析

大学生对网络思想政治教育工作满意度越高,其做到拒绝舌尖上的浪费的情况就越好,两者之间存在显著的正相关关系($r=0.322$, $P<0.001$)。对网络思想政治教育满意度不同的大学生,做到拒绝舌尖上的浪费的情况存在显著差异($x^2=7331.109$, $P<0.001$ 且 $C=0.368$)。具体而言,对网络思想政治教育工作表示"满意""一般""不满意"的大学生中,表示"能够做到拒绝舌尖上的浪费"的人数比例分别为:92.4%、77.0%、72.8%。

（2）基于校风和学风建设满意度的分析

大学生对校风和学风建设满意度越高,其做到拒绝舌尖上浪费的情况就越好($r=0.300$, $P<0.001$)。对校风和学风建设满意度不同的大学生,其做到拒绝舌尖上的浪费的情况存在显著差异($x^2=6405.789$, $P<0.001$ 且 $C=0.347$)。数据显示,对校风和学风建设表示"满意"的大学生中,有 91.6% 表示能够做到拒绝舌尖上的浪费。对校风和学风建设表示"一般""不满意"的大学生中,这一相应比例分别为 73.7% 和 75.2%。

（3）基于日常思想政治教育工作满意度的分析

大学生对日常思想政治教育的满意度与其做到拒绝舌尖上的浪费情况之间存在显著的正相关关系($r=0.331$, $P<0.001$)。大学生对高校的日常思想政治教育工作满意度越高,其做到拒绝舌尖上浪费的情况就越好。对日常思想政治教育满意度不同的大学生,其做到拒绝舌尖上的浪费的情况存在显著差异($x^2=7457.158$, $P<0.001$ 且 $C=0.371$)。对日常思想政治教育工作表示"满意""一般""不满意"的大学生中,分别有 92.3%、75.9%、69.3% 表示能够做到拒绝舌尖上的浪费。

（三）参与扶贫开发、社区建设、环境保护、大型赛会等志愿服务活动的情况

大学生志愿服务活动,主要是以高校大学生为主体开展和参与的有目的、有组织的实践活动,是思想政治实践教育的重要方式。大学生参与志愿服务活动,对于加强自身道德素质,强化责任与奉献理念具有重要作用,对于构建社会主义和谐社会,促进我国精神文明建设具有深刻影响。课题组通过考察大学生参与各项志愿服务活动的情况来掌握大学生道德行为实践的总体状况。

1. 总体情况

调查数据显示,2020 年 66.5% 的大学生参加过志愿服务活动。具体来讲,大学生群体中,参与过"环境保护"志愿服务活动的比例最高,为 35.1%,参与社区建设、大型赛会、义务支教、扶贫开发、应急救援等志愿服务活动的比例次之,分别为 30.9%、18.1%、10.4%、10.3%、9.2%。同时,还有 8.7% 的大学生表示参与过其他志愿服务活动（如图 3-13）。

2. 不同群体大学生参加志愿服务的情况

课题组采用多重响应分析方法,将大学生参与扶贫开发、社区建设、环境保护、大型赛会、应急救助、山区支教、其他志愿服务活动以及"没参加过"八个选项定义为变量集"大

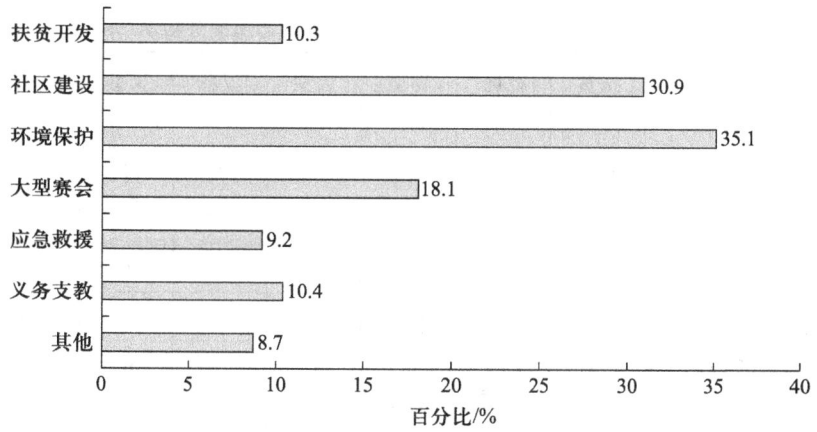

图 3-13 大学生参与各项志愿服务活动的情况

学生参加的志愿服务活动"。如表 3-16 所示,在本次抽取的 46 813 个样本中,响应总数为 73 136,响应率由高到低分别为:环境保护(22.5%)、没参加过(21.5%)、社区建设(19.8%)、大型赛会(11.6%)、山区支教(6.6%)、扶贫开发(6.6%)、应急救助(5.9%)、其他(5.6%)。

表 3-16 大学生参加各项志愿服务的响应率统计表

定义变量集: 大学生参加的志愿服务活动	响应		个案百分比
	个案数	百分比(响应率)	
扶贫开发	4 799	6.60%	10.30%
社区建设	14 478	19.80%	30.90%
环境保护	16 436	22.50%	35.10%
大型赛会	8 460	11.60%	18.10%
应急救助	4 320	5.90%	9.20%
山区支教	4 854	6.60%	10.40%
其　　他	4 094	5.60%	8.70%
没参加过	15 695	21.50%	33.50%
总　　计	73 136	100.00%	156.20%

本部分采用交互分析方法,探索不同群体大学生参与各项志愿服务活动的差异,见表 3-17。其中,性别、生源地、生源地所在区域、政治面貌、教育背景、学习经历、生活经历等不同的大学生参加各项志愿服务活动的情况存在差异。

表 3-17　不同群体大学生参与各项志愿服务活动的交互分析

		大学生参加的志愿服务活动/%							
		扶贫开发	社区建设	环境保护	大型赛会	应急救助	义务支教	其他	没参加过
性别	男	11.8	32.1	34.2	20.1	10.4	8.8	7.1	34.5
	女	8.9	30.0	35.9	16.3	8.3	11.7	10.2	32.7
学历层次	本科生	10.2	32.3	35.9	18.7	9.3	11.1	9.7	31.5
	硕士生	10.7	27.0	32.7	16.7	9.3	8.7	5.7	38.9
	博士生	8.4	23.1	30.7	11.3	6.7	3.8	4.9	46.1
学科门类	哲学	16.4	39.7	41.1	20.3	9.7	23.1	8.6	22.8
	经济学	12.3	35.7	36.5	18.9	8.2	9.4	8.5	28.7
	法学	12.7	38.4	36.0	17.0	10.6	15.9	10.3	27.0
	工学	10.0	30.2	34.4	18.4	9.1	7.5	7.9	35.5
	文学	8.9	30.9	33.7	17.5	8.4	13.3	9.0	34.5
	历史学	12.7	37.1	34.7	13.6	7.5	13.6	12.2	28.4
	理学	9.1	28.7	37.4	16.2	8.5	12.4	8.9	33.5
	教育学	10.4	28.5	35.0	19.6	10.0	15.9	10.3	33.4
	农学	11.9	27.6	38.4	19.4	11.3	9.9	9.9	32.1
	医学	7.8	25.0	30.7	14.0	10.7	8.6	10.7	39.1
	管理学	10.5	32.4	34.9	19.0	9.5	10.4	9.1	32.0
	艺术学	12.3	30.9	37.3	21.8	11.2	9.6	8.4	30.3
政治面貌	党员	11.9	34.0	36.1	19.5	10.5	12.4	8.7	28.1
	非党员	9.8	30.1	34.9	17.7	8.9	9.8	8.8	35.0
担任过学生干部	是	10.6	32.8	36.6	19.8	9.7	11.1	9.5	30.3
	否	8.7	23.2	28.9	11.0	7.1	7.2	5.8	47.0
有国(境)外学习经历	是	14.9	34.2	35.5	24.7	11.5	13.0	6.4	27.9
	否	10.1	30.8	35.1	17.8	9.1	10.3	8.8	33.8
生源地类别	农村	10.4	27.5	36.1	16.3	9.3	10.7	9.5	35.1
	城镇	10.1	34.0	34.2	19.6	9.2	10.1	8.1	32.1
生源地所在区域	华东地区	9.6	33.5	35.5	18.8	9.5	9.4	8.3	32.1
	华南地区	9.7	29.1	31.9	19.0	8.6	13.9	9.5	35.7
	华中地区	9.2	28.1	34.9	17.3	8.4	8.9	8.5	35.3
	华北地区	11.0	33.5	38.0	17.9	10.6	9.8	8.4	31.1
	西北地区	11.9	34.0	38.4	17.7	10.1	12.1	9.6	29.6

续表

		大学生参加的志愿服务活动/%							
		扶贫开发	社区建设	环境保护	大型赛会	应急救助	义务支教	其他	没参加过
生源地所在区域	西南地区	11.2	27.6	32.7	17.1	8.3	11.2	9.8	36.4
	东北地区	9.8	27.3	32.4	18.6	8.6	9.0	7.6	36.9
家庭类型	双亲家庭	10.3	31.1	35.3	18.2	9.2	10.3	8.7	33.3
	单亲家庭（父亲抚养）	10.5	28.0	33.7	15.7	8.8	9.7	9.6	36.4
	单亲家庭（母亲抚养）	10.2	31.8	34.0	17.3	10.5	10.5	8.4	34.2
	重组家庭	8.4	27.1	30.1	17.4	8.8	11.7	11.2	37.7
	孤儿	10.9	23.9	31.5	10.9	9.8	14.1	13.0	28.3
是否独生子女	是	10.4	33.5	34.2	19.5	9.4	9.6	7.7	33.1
	否	10.1	28.9	35.8	17.0	9.1	10.9	9.5	33.9
小时候父母常年在外务工	是	10.6	27.2	35.5	17.5	9.3	11.0	9.7	34.8
	否	10.1	32.2	35.0	18.3	9.2	10.2	8.4	33.1

从性别来看,有34.5%的男生表示本年度没有参加过志愿服务活动,女生中表示本年度没有参加过志愿服务活动的人数比例为32.7%。从参与度来说,男生参与各项志愿服务活动的人数比例由高到低分别是:环境保护(34.2%)、社区建设(32.1%)、大型赛会(20.1%)、扶贫开发(11.8%)、应急救助(10.4%)、义务支教(8.8%)、其他(7.1%)。女生参与度较高的志愿服务活动同样为环境保护(35.9%)、社区建设(30.0%)、大型赛会(16.3%)三大类,义务支教(11.7%)、其他(10.2%)、扶贫开发(8.9%)、应急救助(8.3%)次之。

从学历层次来看,本科生参与各项志愿服务活动的积极性总体上要高于硕士生、博士生。本科生中有68.5%的学生表示本年度参与过志愿服务活动,硕士生、博士生本年度志愿服务活动的参与度分别为61.1%、53.9%。本科生中参与环境保护、社区建设、大型赛会、义务支教以及其他志愿服务活动的人数比例分别为:35.9%、32.2%、18.7%、11.1%、9.7%,均高于硕士生和博士生参与以上志愿服务活动的人数比例。硕士生参与扶贫开发志愿服务活动的人数比例高于本科生和博士生,为10.7%。本科生和硕士生参与应急救助志愿服务活动的人数比例十分接近,为9.3%。

从学科门类来看,哲学类的大学生参与环境保护、社区建设、义务支教、扶贫开发志愿服务活动的人数比例均高于其他学科门类,相应比例分别为41.1%、39.7%、23.1%、16.4%。艺术学类的大学生参与大型赛会志愿服务活动的人数比例为21.8%,高于其他学科门类的相应比例。农学类的大学生参与应急救助志愿服务活动的人数比例11.3%,高于其他学科门类的相应比例。历史学类的大学生参与其他志愿服务活动的人数比例高于其他学科门类,相应比例为 12.2%。

　　就生源地类别而言,生源地为农村的大学生参与各项志愿活动的人数比例分别为:环境保护(36.1%)、社区建设(27.5%)、大型赛会(16.3%)、义务支教(10.7%)、扶贫开发(10.4%)、其他(9.5%)、应急救助(9.3%)。生源地为城市的大学生中,参与社区建设、大型赛会两类志愿服务活动的人数比例高于生源地为农村的大学生,分别为 34.0%、19.6%。同时,生源地为农村的大学生本年度没有参与志愿服务活动的比例为 35.1%,高于生源地为城镇的大学生的相应比例 32.1%。

　　就生源地所在区域而言,第一,不同生源地所在区域的大学生参加扶贫开发志愿服务活动的人数比例由高到低依次为:西北地区(11.9%)、西南地区(11.2%)、华北地区(11.0%)、东北地区(9.8%)、华南地区(9.7%)、华东地区(9.6%)、华中地区(9.2%);参加社区建设志愿服务活动的人数比例由高到低依次为:西北地区(34.0%)、华东地区(33.5%)、华北地区(33.5%)、华南地区(29.1%)、华中地区(28.1%)、西南地区(27.6%)、东北地区(27.3%);参加环境保护志愿服务活动的人数比例由高到低依次为:西北地区(38.4%)、华北地区(38.0%)、华东地区(35.5%)、华中地区(34.9%)、西南地区(32.7%)、东北地区(32.4%)、华南地区(31.9%);参加大型赛会志愿服务活动的人数比例由高到低依次为:华南地区(19.0%)、华东地区(18.8%)、东北地区(18.6%)、华北地区(17.9%)、西北地区(17.7%)、华中地区(17.3%)、西南地区(17.1%);参加应急救助志愿服务活动的人数比例由高到低依次为:华北地区(10.6%)、西北地区(10.1%)、华东地区(9.5%)、华南地区(8.6%)、东北地区(8.6%)、华中地区(8.4%)、西南地区(8.3%);参加义务支教志愿服务活动的人数比例由高到低依次为:华南地区(13.9%)、西北地区(12.1%)、西南地区(11.2%)、华北地区(9.8%)、华东地区(9.4%)、东北地区(9.0%)、华中地区(8.9%);参加其他志愿服务活动的人数比例由高到低依次为:西南地区(9.8%)、西北地区(9.6%)、华南地区(9.5%)、华中地区(8.5%)、华北地区(8.4%)、华东地区(8.3%)、东北地区(7.6%)。

　　第二,生源地所在区域不同的大学生未参与志愿服务活动的人数比例由高到低依次为:东北地区(36.9%)、西南地区(36.4%)、华南地区(35.7%)、华中地区(35.3%)、华东地区(32.1%)、华北地区(31.1%)、西北地区(29.6%),可见来自西北的大学生参与志愿服务活动的积极性最强。与相应的全国平均水平 33.5%相比,来自华东、华北、西北的大学生参与志愿服务活动的积极性高于全国平均水平。

　　第三,在这七个不同区域中,大学生参与度较高的志愿服务活动均为环境保护、社区建设、扶贫开发,其中,来自西北的大学生参与环境保护志愿服务的人数比例最高,为 38.4%;来自西北的大学生参与社区建设志愿服务的人数比例最高,为 34.0%;来自华南的大学生参与大型赛会志愿服务活动的人数比例最高,为 19.0%,均高于全国平均水平 35.1%(环境保护)、30.9%(社区建设)和 18.1%(大型赛会)。

　　就政治面貌而言,党员大学生参与各项志愿服务活动的人数比例总体上高于非党员大学生,具体而言,党员大学生参与环境保护、社区建设、大型赛会、义务支教、扶贫开发、应急救助志愿服务活动的人数比例分别为:36.1%、34.0%、19.5%、12.4%、11.9%、10.5%,而非党员大学生的相应比例为 34.9%、30.1%、17.7%、9.8%、9.8%、8.9%。非党员大学生参与其他志愿服务活动的人数比例为 8.8%,略高于党员大学生相应人数比例为 8.7%。党员大学生中表示本年度没有参与过志愿服务活动的人数比例为 28.1%,低于非党员大学生的相应比例 35.0%。综上,反映出党员大学生在参与志愿服务方面的积极性总体上高于非党员大学生。

就学生干部经历而言,担任过学生干部的大学生参与志愿服务活动的积极性总体上高于没有学生干部经历的大学生。一方面,有学生干部经历的大学生参与环境保护、社区建设、大型赛会、义务支教、扶贫开发、应急救助以及其他志愿服务活动的人数比例均高于没有学生干部经历的大学生,其比例分别为:36.6%、32.8%、19.8%、11.1%、10.6%、9.7%、9.5%,而没有学生干部经历大学生参与上述志愿活动的相应比例为:28.9%、23.2%、11.0%、7.2%、8.7%、7.1%、5.8%。另一方面,没有学生干部经历的大学生中,表示本年度没有参与过志愿服务活动的人数比例为47.0%,而有学生干部经历的大学生的这一比例为30.3%。

就国(境)外学习经历而言,在有国(境)外学习经历的大学生中,参与环境保护、社区建设、大型赛会、扶贫开发、义务支教、应急救助的人数比例分别为:35.5%、34.2%、24.7%、14.9%、13.0%、11.5%,均高于没有国(境)外学习经历的大学生的相应比例:35.1%、30.8%、17.8%、10.1%、10.3%、9.1%。有国(境)外学习经历的大学生中表示本年度没有参与过志愿服务活动的人数比例为27.9%,低于没有国(境)外学习经历大学生的相应比例为33.8%。

四、 本章小结

通过七年的数据调查和对比分析发现,大学生的道德观与道德行为总体呈现良好态势。在道德认知方面,大学生高度认可雷锋精神的深刻内涵与时代价值;在道德意愿方面,大学生具有高度的担当精神与挺身而出的魄力,向往成为抗击疫情中的逆行者,愿意伸出援手扶跌倒老人,愿意参与山区支教、保护环境、社区服务、疫情防控等志愿活动;在道德践行方面,大学生学术规范、勤俭节约和志愿服务意识强烈,能够做到自觉遵守学术规范、拒绝舌尖上的浪费,积极参与志愿服务或公益(义务)活动。但是,调查所反映出来的一些现象和问题也亟须引起教育者的高度重视,以提升高校道德教育工作的实效性。

(一)总体情况

总体来看,当代大学生的道德发展状况良好,道德认知水平较高,道德意愿较强,具有良好的道德行为表现。

在道德认知方面,大学生高度认可雷锋精神的时代意义与永恒价值。近七年的调查结果显示,大学生对雷锋精神的认可度持续保持在90.0%以上,分别有92.4%(2014年)、93.6%(2015年)、95.1%(2016年)、95.2%(2017年)、91.5%(2018年)、90.8%(2019年)、90.8%(2020年)的大学生认为雷锋精神"并未过时,仍值得发扬"。

在道德意愿方面,大多数大学生向往成为抗击疫情中的逆行者,主动伸援手扶跌倒老人的意愿状况较好,参与山区支教、环境保护、社区服务、疫情防控等相关志愿活动的意愿强烈。数据显示,大学生群体向往成为抗击疫情中的逆行者的意愿强烈,有89.0%的大学生明确表示向往成为抗击疫情中的逆行者。此外,2015—2019年向往成为社会道德模范或英雄的大学生比例依次为62.6%、62.9%、67.1%、74.1%、86.6%,可见当代大学生向往成为社会道德模范或英雄的意愿呈现向上趋势。大学生主动扶跌倒老人的意愿呈递增趋势,2017—2020年分别有68.4%、70.9%、84.6%、85.2%的大学生表示"会"向跌倒老人伸出援手。同时,大学生做相关活动志愿者的意愿强烈,近九成(88.7%)的大学生明确表示愿意参加志愿服务活动。

在道德行为方面,绝大多数大学生能够做到自觉遵守学术规范和拒绝舌尖上的浪费,并且大部分学生参加过志愿服务或公益(义务)活动。调查结果显示,96.3%的大学生能做到遵守学术规范,不抄袭剽窃、数据造假;89.7%的大学生能够做到拒绝舌尖上的浪费;66.5%的大学生参加过志愿服务或公益(义务)活动,在参与过志愿服务活动的大学生中,有10.3%的大学生参与了扶贫开发方面的志愿服务活动,30.9%的大学生参加了社区建设方面的志愿服务活动,35.1%的大学生参加了环境保护方面的志愿服务活动,18.1%的大学生参加了大型赛会方面的志愿服务活动,9.2%的大学生参加了应急救助方面的志愿服务活动,10.4%的大学生参加了义务支教方面的志愿服务活动,8.7%大学生参加了其他方面的志愿服务活动。

(二)值得关注的现象与问题

进一步的数据分析发现,大学生道德发展状况呈现出一些规律性现象:思想政治理论课开展效果满意度、基层党组织、团组织建设以及高校教师师德状况对大学生的道德观与道德行为具有重要影响,同时,调查也发现,大学生参与志愿服务活动人数比例下降,参与各项志愿服务活动的意愿也存在着不平衡。

1. 思想政治理论课开展效果满意度对大学生的道德观与道德行为具有重要影响

大学生对思想政治理论课开展效果的满意度与其道德认知、道德意愿、道德行为之间存在显著的正相关关系。课题组采用相关分析方法,探索大学生对思想政治理论课的满意度与其道德认知、道德意愿、道德行为之间的关系(表3-18)。

表3-18　大学生对思想政治理论课的满意度与其道德认知、道德意愿、道德行为的相关分析

		卡方	列联系数	皮尔逊R	显著性水平
		χ^2	C	r	P
道德认知	在当今社会,您如何看待"雷锋精神"?	1 361.923	0.168	0.104	<0.001
道德意愿	我向往成为抗击疫情中的逆行者	7 773.143	0.377	0.333	<0.001
	遇到跌倒的老人,我会主动伸出援手	7 582.875	0.373	0.321	<0.001
	愿意做以下活动的志愿者:山区支教	3 784.562	0.273	0.208	<0.001
	愿意做以下活动的志愿者:环境保护	6 394.825	0.347	0.312	<0.001
	愿意做以下活动的志愿者:社区服务	7 753.731	0.377	0.336	<0.001
	愿意做以下活动的志愿者:疫情防控	7 216.322	0.365	0.325	<0.001
道德行为	我能做到遵守学术规范,不抄袭剽窃、数据造假	7 414.653	0.370	0.335	<0.001
	我能做到拒绝舌尖上的浪费	7 389.825	0.369	0.328	<0.001

思想政治理论课开展效果与大学生的道德观和道德行为之间的显著正相关关系体现在道德认知、道德意愿与道德行为多个方面。第一,在道德认知方面,大学生对思想政治理论

课开展效果满意度越高,对雷锋精神的认可度也越高($r=0.371,P<0.001$)。对思想政治理论课开展效果满意度不同的大学生的道德认知情况差异显著($\chi^2=1361.923,P<0.001$且$C=0.168$)。

第二,在道德意愿方面,大学生对思想政治理论课开展效果满意度越高,向往成为抗击疫情中的逆行者、主动扶跌倒老人以及做山区支教、环境保护、社区服务、疫情防控活动志愿者的意愿越强烈($r=0.333,P<0.001;r=0.321,P<0.001;r=0.208,P<0.001;r=0.312,P<0.001;r=0.336,P<0.001;r=0.325,P<0.001$)。同时,对思想政治理论课开展效果满意度不同的大学生的道德意愿情况差异显著。为对大学生群体的道德意愿状况进行整体的描述与分析,我们采用因子分析方法,将大学生"向往成为抗击疫情中的逆行者"的意愿、"主动扶跌倒老人"的意愿、"做山区支教活动志愿者"的意愿、"做环境保护活动志愿者"的意愿、"做社区服务活动志愿者"的意愿、"做疫情防控活动志愿者"的意愿提取公因子,经检验,数据量表适合进行探索性因子分析,其中 KMO $= 0.861$,Bartlett 球形度检验近似卡方值为119424.374,显著性水平 $P<0.001$。采用主成分分析和最大方差法旋转,从上述 6 个项目中抽取出 1 个主成分,累计方差贡献率为58.620%。采用皮尔逊积差相关分析发现,"大学生的道德意愿"与"大学生对思想政治理论课开展效果满意度"之间存在显著的正相关关系($r=0.401,P<0.001$),大学生对思想政治理论课开展效果满意度越高,其道德意愿越强烈。

第三,在道德行为方面,大学生对思想政治理论课开展效果满意度越高,其道德行为也就越积极。具体来说,对思想政治理论课开展效果满意度越高,大学生遵守学术规范、拒绝舌尖上的浪费等行为越积极($r=0.335,P<0.001;r=0.328,P<0.001$)。对思想政治理论课开展效果满意度不同的大学生的道德行为情况差异显著($\chi^2=7414.653,P<0.001$且$C=0.370$;$\chi^2=7389.825,P<0.001$且$C=0.369$)。

2. 基层党组织、团组织建设对大学生道德发展的影响不容忽视

调查显示,大学生对基层党组织、团组织建设的满意度对其道德认知、意愿、行为具有重要影响。第一,大学生"对基层党组织建设的满意度"对其道德认知、意愿与行为具有显著影响。在道德认知方面,大学生对基层党组织建设满意度越高,对雷锋精神的认可度也越高($\chi^2=1328.823,P<0.001$且$C=0.166$)。在道德意愿方面,大学生对基层党组织建设满意度越高,其道德意愿也越强烈。具体而言,大学生对基层党组织建设满意度越高,其向往成为抗击疫情中的逆行者、扶起跌倒老人、参与山区支教志愿活动、参与环境保护志愿服务、参与社区服务志愿活动、参与疫情防控志愿服务的意愿越强烈,分别为 $r=0.380,P<0.001;r=0.381,P<0.001;r=0.279,P<0.001;r=0.361,P<0.001;r=0.391,P<0.001;r=0.378,P<0.001$。在道德行为方面,大学生对基层党组织建设满意度越高,其遵守学术规范($\chi^2=7662.135,P<0.001$且$C=0.338$)、做到拒绝舌尖上的浪费($\chi^2=7355.040,P<0.001$且$C=0.322$)的情况也越好。

第二,就团组织建设对大学生道德认知、意愿、行为的影响来看,在道德认知方面,大学生对团组织建设满意度越高,对雷锋精神的认可度也越高($\chi^2=1244.193,P<0.001$且$C=0.161$)。在道德意愿方面,大学生对团组织建设满意度越高,其道德意愿也越强烈。具体而言,大学生对团组织建设满意度越高,其向往成为抗击疫情中的逆行者、扶起跌倒老人、参与山区支教志愿活动、参与环境保护志愿服务、参与社区服务志愿活动、参与疫情防控志愿服务的意愿越强烈,分别为 $r=0.323,P<0.001;r=0.327,P<0.001;r=0.211,P<0.001;r=0.305,$

$P<0.001$；$r=0.343$，$P<0.001$；$r=0.318$，$P<0.001$。在道德行为方面，大学生对团组织建设满意度越高，其遵守学术规范（$x^2=7168.700$，$P<0.001$ 且 $C=0.326$）、做到拒绝舌尖上的浪费（$x^2=7130.379$，$P<0.001$ 且 $C=0.318$）的情况也越好。

3. 教师师德状况影响大学生道德发展

第一，在道德认知方面，大学生对教师师德的满意度越高，对雷锋精神的认可度也越高（$x^2=1051.009$，$P<0.001$，$C=0.148$）。做到既"教书"又"育人"的教师越多，大学生对雷锋精神的认可度越高（$x^2=1077.713$，$P<0.001$ 且 $C=0.150$）。

第二，在道德意愿方面，大学生对教师师德满意度越高，其向往成为抗击疫情中的逆行者（$x^2=5921.164$，$P<0.001$ 且 $C=0.335$）、扶起跌倒老人（$x^2=6199.160$，$P<0.001$ 且 $C=0.342$）、参与山区支教志愿活动（$x^2=2928.552$，$P<0.001$ 且 $C=243$）、参与环境保护志愿服务（$x^2=5698.355$，$P<0.001$ 且 $C=0.329$）、参与社区服务志愿活动（$x^2=6434.178$，$P<0.001$ 且 $C=0.348$）、参与疫情防控志愿服务（$x^2=5637.687$，$P<0.001$ 且 $C=0.328$）的意愿越强烈。做到既"教书"又"育人"的教师越多，大学生参与以上活动的意愿也越强烈。

第三，在道德行为方面，大学生对教师师德满意度越高，其遵守学术规范（$x^2=6672.591$，$P<0.001$ 且 $C=0.353$）、做到拒绝舌尖上的浪费（$x^2=5576.766$，$P<0.001$ 且 $C=0.326$）的情况也越好。做到既"教书"又"育人"的教师越多，大学生遵守学术规范（$x^2=5074.688$，$P<0.001$ 且 $C=0.313$）、做到拒绝舌尖上的浪费（$x^2=4561.492$，$P<0.001$ 且 $C=0.298$）的情况也越好。

4. 大学生参加志愿服务比例整体呈下降趋势

大学生参与志愿服务活动的积极性整体较强，但对比近七年的数据可以发现，大学生群体对志愿服务的参与程度仍然有待提高。如图 3-14，2014 年—2020 年，大学生中参与志愿服务活动的人数比例分别为 83.1%、89.0%、88.8%、87.6%、82.2%、77.9%、66.5%，相比较而言，2020 年大学生中参与志愿服务活动的人数比例处于较低水平，但我们仍要考虑到，2020年疫情防控要求也对大学生参与志愿服务活动形成了一定的限制。另一方面，大学生参与各项志愿服务活动的意愿存在着不平衡，2020 年大学生参与环境保护（95.0%）、社区服务（92.5%）、疫情防控（93.2%）等志愿活动的意愿明显强于参与山区支教（74.1%）的意愿。

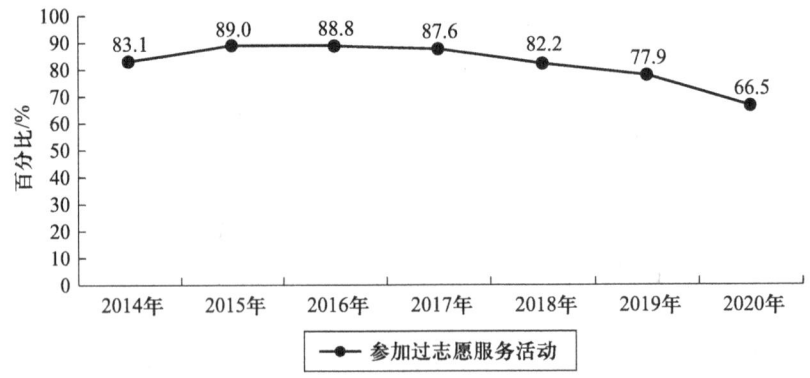

图 3-14　2014 年—2020 年大学生参与志愿服务活动的情况

（三）对策与建议

1. 重视课堂主导：更好发挥高校思想政治理论课的德育功能

高校思想政治理论课,即"思政课程",是思想政治工作的主渠道。思想政治理论课教学对大学生群体的道德观与道德行为的形成与培育具有重要影响,要更加注重发挥其德育作用。一是要立足课堂,创新课堂教学形式,丰富课堂教学内容,提高课堂教学的德育实效性。教育者要着眼生活,联系实践,关照现实,了解大学生所思所想,针对不同年级、不同群体大学生的特点有针对性地开展课堂教学,积极回应大学生在道德方面的疑虑困惑,加强对社会道德问题的讨论,让学生在辨析的过程中更加深刻地理解什么是正确的价值观,什么是合理的价值选择。同时,要充分挖掘大学生身边的可亲、可敬、可信、可学的道德榜样,更好地发挥典型教育在德育中的重要作用。二是要特别注意高校教师师风师德建设。学高为师,身正为范,不论是专业课教师,还是思想政治理论课教师,其师风师德对学生道德发展的影响是不容忽视的。《中共中央关于制定国民经济和社会发展第十四个五年规划和二○三五年远景目标的建议》中再次强调,建设高质量教育体系,要"全面贯彻党的教育方针,坚持立德树人,加强师德师风建设,培养德智体美劳全面发展的社会主义建设者和接班人。"①一方面要完善师风师德考核制度,关注学生对教师的师风师德评价,对高校教师的师风师德形成监督和约束。另一方面教师要"树人先树己",自觉加强自身道德建设,发挥自身道德示范性,真正做到"教书育人"。

2. 增强价值引导:抓好基层党组织、团组织建设

基层党组织、团组织建设对大学生道德观的培育与道德行为的养成具有重要作用。第一,要更加充分认识到基层党组织、团组织在大学生价值引导方面的重要作用与独特优势。学生党支部、团支部的最主要组成成员是大学生群体本身,基层党组织、团组织通过开展多种活动,既有利于大学生道德发展,也有利于促进大学生群体内部的交流与学习,增进朋辈协同发展。当前,基层党组织、团组织活动越来越融合了价值引领的严肃、认真性与教育方式的活泼、趣味性,在进行道德教育与价值观引导方面有独特的优势。第二,要不断创新基层党组织、团组织建设形式,丰富活动内容,增强凝聚力和战斗力。新时代对基层党组织、团组织的建设提出了新的要求,同时,基层党组织、团组织建设也要适当兼顾当代大学生的一些新特点,不断创新内容、形式,更好地发挥其价值引导的作用。

3. 促进实践启导:增强实践教育,提高志愿服务水平

理论联系实际是思想政治教育的重要原则,要有效整合社会实践教育与志愿服务中的思想政治教育因素,促进实践启导。第一,加强社会实践教育。社会实践对于大学生的能力培养与行为锻炼意义重大,是否有社会实践经历以及对社会实践活动的满意度对大学生的道德观与道德行为影响深刻。学校可以多为学生提供社会实践的机会,启发学生在具体的实践活动中获得自我反思、自我评价、自我学习的机会,从而提高自我认识、自我监督、自我激励、自我控制、自我调节能力,形成道德自觉。第二,丰富志愿活动参与渠道与类型,提高大学生参与志愿服务活动的能力和水平。丰富志愿活动的类型可以为大学生提供更多的选择空间,在一定程度上能够激发大学生参与志愿服务的积极性。同时,拓宽志愿服务参与渠道、拓展志愿服务内容,能够让更多学生发现自己的兴趣所在,启发大学生树立正确的道德观念和道德标准,从而做到"知行统一",更好地在志愿服务实践中服务人民、奉献社会。

---

① 《中共中央关于制定国民经济和社会发展第十四个五年规划和二○三五年远景目标的建议》,《人民日报》2020年11月4日。

4. 强化思想传导：把握道德教育纵向的连续性与阶段性

　　培养大学生正确的道德观不仅要做好课堂教学、基层党组织、团组织建设、实践教育、志愿服务活动等横向上的协调，也要注重道德教育纵向上的接续。第一，要注重把握不同年级大学生道德认知与行为发展的规律性。人的道德认知与道德行为发展有其自身规律。不同年级的大学生具有其自身的道德认知特点。例如，本科生、硕士生、博士生的道德认知、道德意愿、道德行为等均存在着差异，而其内部各个年级也各有其特点。思想政治教育与道德观培育工作要注重把握其规律性与针对性，不能"一刀切"。第二，要把握道德观教育的连续性，也就是要把握趋势，循序渐进地实施道德教育，使道德教育保持连贯性。如本科生、硕士生、博士生及其内部各个年级各有其道德教育目标和内容，但这些教育目标和内容不是割裂开的，在开展道德教育的过程中要更加注重其循序渐进性与连贯接续性。第三，要把握道德素质发展的阶段性，也就是要把握大学生思想发展的层次性，有重点、有步骤地进行道德教育，使其保持有序性。一方面，大学生的道德认知发展并不是完全统一的，其群体内部存在着参差。另一方面，道德教育本身也存在阶段性，要针对不同道德发展层次的大学生开展相应的道德教育。同时，在注重道德教育的连续性与阶段性的同时，也要利用好重大社会事件与关键时间节点开展教育。如我国在抗击新型冠状病毒肺炎疫情期间，网络舆情纷繁复杂，此时对大学生的思想引导与道德教育就显得更加重要。而抗击疫情中涌现的一大批"逆行者"，是开展大学生道德教育的"活教材""好榜样"，要深入挖掘，合理利用。

第四章
文化观与文化素养

文化兴国运兴,文化强民族强。当今世界正经历百年未有之大变局,各国文明交流交融,文化软实力日益成为国际竞争的焦点,实现中华民族伟大复兴更离不开中华文化的复兴。青年大学生的人生历程伴随着各种文化思潮的激荡,其成长发展需要优秀思想文化的滋养。在此背景下,引领青年大学生形成正确文化观,全面提升大学生文化素养,事关中华民族伟大复兴战略全局,事关中华文化传承创新和永续发展。为了解大学生的文化观与文化素养现状,课题组围绕文化自信心、对中外经典著作的阅读、对中华文化和中国精神的了解、对抗疫精神的认同、文化教学实践活动开展等方面展开调研,基于调研数据进一步探讨不同大学生文化观与文化素养的群体差异及影响因素,以期为引领和塑造大学生文化观与文化素养提供参考对策。

一、 文化自信心

文化自信心是反映大学生文化观和文化素养的重要方面。本次调研从大学生对中华文化的自豪感、对文化自信功能价值的认同、对中外文化的态度、对中华文化创新发展的信心四个层面考察当前大学生的文化自信心状况。

(一)总体情况

调查显示,当前大学生普遍具有坚定的文化自信心,具体表现在以下四个方面。其一,大学生对中华文化充满自豪感,有 97.9% 的受访大学生表示"为中华文化感到自豪";其二,大学生对文化自信的功能和价值充分肯认,有 97.8% 的受访大学生认为"文化自信是一个国家、一个民族发展中更基本、更深沉、更持久的力量";其三,大学生对待中外文化的态度理性客观,97.2% 的大学生持有积极的文化心态,认为"应以开放包容的态度吸收外来文化的优长",此外,85.7% 的大学生表示"应当警惕西方文化的价值渗透";其四,大学生对中华文化创新发展前景信心满怀,96.8% 的大学生坚信"中华民族一定能创造文化新辉煌"。通过与2019 年调查数据比较可知,在以上四个方面大学生的文化自信心均与 2019 年基本持平,反映出近年来大学生持续保持高度的文化自信。

(二)不同群体大学生的文化自信心

为了探讨不同群体大学生文化自信心的特征和差异,我们尝试对涉及大学生文化自信心的相关条目进行探索性因子分析。研究发现,KMO 样本合适性测定值为 0.860,Bartlett's

球形度检验近似卡方为 144795.294,显著性 Sig 值小于 0.001,说明适合做因子分析。通过主成分分析法相关条目可提取一个公因子,命名为"文化自信心",解释的方差百分比为 68.201%。为便于对因子得分进行解释,经最大方差法旋转,将该因子载荷作为因变量与相关人口学变量进行一般线性回归分析(见表 4-1)。

表 4-1　不同群体大学生的文化自信心一般线性回归分析

自变量		非标准化系数		标准化系数	统计量	显著性
		B	S.E	Beta	t	P
常数项		−0.547	0.225		−2.431	0.015
男生(参照项:女生)		−0.124	0.010	−0.062	−12.451	0.000
年龄平方		−0.024	0.007	−0.026	−3.445	0.001
学历层次 (参照项:博士生)	本科生	−0.075	0.034	−0.032	−2.214	0.027
	硕士生	−0.006	0.029	−0.003	−0.220	0.826
学科门类 (参照项:理工农医类)	人文科学类	0.086	0.014	0.032	6.320	0.000
	社会科学类	0.034	0.011	0.015	2.972	0.003
中共党员(参照项:非中共党员)		0.142	0.012	0.058	11.419	0.000
生源地农村(参照项:城镇)		−0.016	0.011	−0.008	−1.438	0.150
生源地所在区域 (参照项:东北)	华东	−0.019	0.019	−0.008	−0.983	0.326
	华南	−0.075	0.022	−0.023	−3.478	0.001
	华中	0.024	0.020	0.009	1.215	0.224
	华北	0.046	0.020	0.017	2.273	0.023
	西北	0.046	0.022	0.014	2.126	0.034
	西南	−0.054	0.021	−0.018	−2.561	0.010
双亲家庭(参照项:非双亲家庭)		0.067	0.016	0.019	4.171	0.000
独生子女(参照项:非独生子女)		−0.008	0.011	−0.004	−0.723	0.470
有学生干部经历(参照项:无)		0.134	0.012	0.053	11.329	0.000
有国(境)外学习经历(参照项:无)		−0.147	0.024	−0.028	−6.089	0.000
有父母在外务工经历(参照项:无)		−0.051	0.011	−0.022	−4.458	0.000

　　分析发现,自然因素、成长环境、教育经历不同的大学生群体在文化自信心程度上均存在显著差异,按照 $P<0.05$ 的检验标准,具有统计学意义的自变量包括性别、年龄、生源地所在区域、家庭类型、父母在外务工经历、学历层次、学科门类、政治面貌、学生干部经历、国(境)外学习经历等,具体分析如下。

　　1. 基于自然因素的分析

　　研究发现,性别和年龄两项因素不同的大学生群体的文化自信心程度不同。从性别来看,女生的文化自信心更强,文化自信心程度平均高于男生的文化自信心程度 0.124 个单位。从年龄来看,年龄高的大学生群体的文化自信心程度相对更低。

2. 基于成长环境的分析

研究同时发现,生源地所在区域、家庭类型、父母在外务工经历等成长环境因素对大学生的文化自信心程度有显著影响。从生源地所在区域来看,来自华南、西南地区的大学生文化自信心程度分别比来自东北地区的大学生文化自信心程度低 0.075、0.054 个单位,来自华北、西北地区的大学生文化自信心程度均比来自东北地区的大学生文化自信心程度高 0.046个单位,而来自华东、华中地区的大学生和来自东北地区的大学生在文化自信心程度上不存在显著差异。从家庭类型来看,来自双亲家庭的大学生文化自信心更强,高于来自非双亲家庭大学生的文化自信心程度 0.067 个单位。从父母在外务工经历来看,有父母常年在外务工经历的大学生文化自信心相对更弱,平均低于没有这一经历的大学生文化自信心程度 0.051个单位。

3. 基于教育经历的分析

研究还发现,学历层次、学科门类、政治面貌、学生干部经历、国(境)外学习经历等因素对大学生的文化自信心程度有显著影响。从学历层次来看,本科生的文化自信心程度平均低于博士生的文化自信心程度 0.075 个单位,硕士生和博士生在文化自信心程度上不存在显著差异。从学科门类来看,人文科学类大学生比理工农医类大学生的文化自信心程度高0.086 个单位,社会科学类大学生比理工农医类大学生的文化自信心程度高 0.034 个单位。从政治面貌来看,党员大学生的文化自信心更强,平均比非党员大学生的文化自信心程度高0.142 个单位。从学生干部经历来看,担任过学生干部的大学生文化自信心更强,平均比没有这一经历的大学生的文化自信心程度高 0.134 个单位。从国(境)外学习经历来看,有国(境)外学习经历的大学生文化自信心相对更弱,平均低于没有这一经历的大学生文化自信心程度 0.147 个单位。

(三)网络对大学生文化自信心的影响

当前,网络日益成为思想政治工作的最大变量。大学生的学习生活趋向无时不网、无处不网,网络文化也无时无刻影响、塑造着大学生的文化观和文化素养。调查发现,网络对大学生的文化自信心存在深刻影响,日均上网时长、上网目的及网络行为不同的大学生在文化自信心程度上存在显著差异。

其一,回归分析发现,不同上网目的及网络行为对大学生文化自信心存在显著影响。在表 4-2 所示的自变量中,除网络游戏外,其他各项网络行为均对大学生文化自信心有显著的积极影响。具体来看,使用社交媒体对大学生文化自信心程度的提升最明显,经常使用社交媒体(如 QQ、微信、微博)的大学生相比较少使用社交媒体的大学生文化自信心程度高 0.584个单位,这也反映出社交媒体对大学生塑造文化观和文化素养,增进文化自信心发挥着不可替代的作用。其次是在线学习和浏览时政新闻,这两种网络行为分别提升大学生文化自信心程度 0.309 和 0.307 个单位。再次是网络社区、网络购物和观看视频,分别提升文化自信心 0.139、0.137 和 0.121 个单位。最后是刷短视频,该网络行为的积极影响较小,仅可提升大学生文化自信心程度 0.079 个单位。上述分析结果也说明,不同网络行为对大学生文化自信心的影响,或是积极正向的,或是没有显著相关性,只要善于运用好各类网络载体,以积极向上的网络文化发挥育人功能,就能将网络这个最大变量转化为培育大学生文化自信的最大增量。

表 4-2　不同网络行为对大学生文化自信心的影响

自变量	非标准化系数		标准化系数	统计量	显著性
	B	$S.E$	Beta	t	P
常数项	−0.859	0.023		−36.841	0.000
社交媒体(如 QQ、微信、微博)	0.584	0.013	0.210	43.440	0.000
在线学习	0.309	0.012	0.152	26.821	0.000
观看视频(如爱奇艺、优酷、B 站等)	0.121	0.011	0.060	11.047	0.000
刷短视频(如抖音、快手等)	0.079	0.014	0.029	5.577	0.000
网络购物	0.137	0.014	0.049	9.684	0.000
网络社区(如知乎、百度贴吧、校园 BBS 等)	0.139	0.014	0.050	9.925	0.000
时政新闻	0.307	0.013	0.129	24.274	0.000
网络游戏	−0.010	0.014	−0.004	−0.696	0.486

其二,进一步分析发现,网络对大学生文化自信心的影响还体现在文化自信心的子指标上。在大学生对待中外文化的态度上,可将大学生对外来文化优长的包容度和对价值渗透的警惕度作为两个观测点。一方面,分析结果显示,日均上网时长对大学生对西方文化价值渗透的警惕度存在显著影响($P<0.001$)。大学生的价值渗透警惕度随日均上网时长增加而降低,日均上网时长每增加一个等级,警惕度下降 0.047 个单位,这说明上网时长过长的大学生可能在纷繁复杂、良莠不齐的信息中,放松对西方文化价值渗透的警惕。另一方面,均值分析结果显示,上网目的及网络行为对大学生对外来文化优长的包容度存在显著影响。在表 4-3 所示的网络行为中,经常使用社交媒体(如 QQ、微信、微博)、在线学习、浏览时政新闻的大学生相较不常有上述网络行为的大学生更赞同吸收外来文化优长,而经常刷短视频(如抖音、快手等)、访问网络社区(如知乎、百度贴吧、校园 BBS 等)、玩网络游戏的大学生相较不常有上述网络行为的大学生在吸收外来文化优长的态度上更加保守($P<0.001$)。此外,观看视频(如爱奇艺、优酷、B 站等)和网络购物对大学生对外来文化优长的包容度不存在显著影响。

表 4-3　网络行为对大学生关于吸收外来文化优长态度的影响

网络行为		均值	标准差	显著性
社交媒体(如 QQ、微信、微博)	是	4.83	0.427	0.000
	否	4.60	0.724	
在线学习	是	4.83	0.438	0.000
	否	4.74	0.556	

续表

网络行为		均值	标准差	显著性
观看视频（如爱奇艺、优酷、B站等）	是	4.79	0.482	0.320
	否	4.80	0.499	
刷短视频（如抖音、快手等）	是	4.75	0.548	0.000
	否	4.80	0.480	
网络购物	是	4.79	0.495	0.368
	否	4.80	0.490	
网络社区 （如知乎、百度贴吧、校园BBS等）	是	4.78	0.509	0.000
	否	4.80	0.487	
时政新闻	是	4.85	0.420	0.000
	否	4.78	0.509	
网络游戏	是	4.70	0.593	0.000
	否	4.81	0.467	

二、　对中外经典著作的阅读

中外经典著作集中承载了人类文明优秀成果，蕴含着丰富的思想文化内涵，阅读经典著作对青年大学生文化观的形成和发展、文化素养的塑造和提升都具有重要影响。在关于大学生中外经典著作阅读情况的调查中，我们选取了五本中国传统文化典籍《论语》《大学》《中庸》《孟子》《道德经》，四本马克思主义与中国共产党经典著作《共产党宣言》《毛泽东选集》《邓小平文选》《习近平谈治国理政》第三卷，两本西方政治学名著《理想国》和《社会契约论》共三类十一本中外经典著作①，并统计了大学生对这些著作的阅读状况。

（一）总体情况

调查发现，大学生对三类十一本中外经典著作均有所涉猎，完整或部分阅读过这些经典著作的大学生比例与2019年数据相比有小幅上升，但每本著作的阅读率存在差异。如图4-1所示，阅读过《论语》的大学生比例最高，为93.3%；八成左右大学生阅读过《共产党宣言》和《毛泽东选集》；阅读过《理想国》和《社会契约论》的大学生不足半数；其他经典著作均有六成以上的大学生完整或部分阅读过。总体来看，多数大学生阅读过部分的中国传统文化典籍和马克思主义与中国共产党经典著作，而阅读西方政治学名著的大学生相对较少。

调查统计了大学生对十一本经典著作完整、部分或没有阅读过的情况，因而可通过均值

---

① 将十一本经典著作划分为三类是我们尝试对涉及经典著作的十一个条目进行探索性因子分析的结果。研究发现，KMO样本合适性测定值为0.910，Bartlett球形度检验近似卡方为276942.947，显著性小于0.001，说明适合做因子分析。通过主成分分析方法和最大方差旋转方法，十一个条目可提取三个因子，分别命名为"中国传统文化典籍""马克思主义与中国共产党经典著作"和"西方政治学名著"，累积方差百分比为70.497%，较好地解释了调查内容。

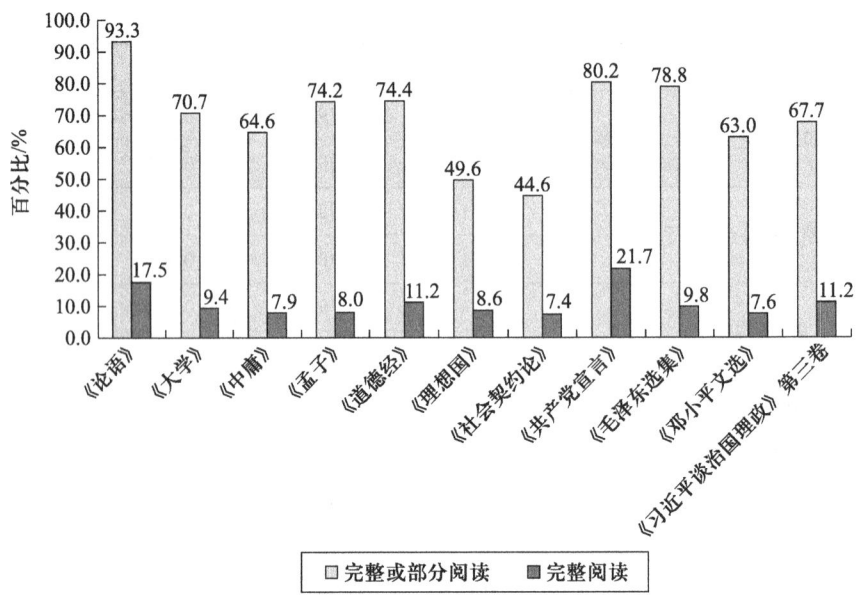

图 4-1　大学生阅读中外经典著作的情况

分析了解大学生对这些经典著作的阅读程度①。分析结果显示,就阅读的程度而言,大学生对中国传统文化典籍的阅读完整程度更佳,其次是马克思主义与中国共产党经典著作,而对西方政治学名著的阅读更接近于部分阅读或没有阅读的程度。十一本著作的阅读程度按均值得分大小排序如图 4-2 所示。众数统计结果同样显示,多数大学生只是部分阅读过中国传统文化典籍和马克思主义与中国共产党经典著作,而多数大学生对西方政治学名著没有阅读过。从完整阅读率来看,完整阅读过《共产党宣言》和《论语》的大学生比例较高,分别

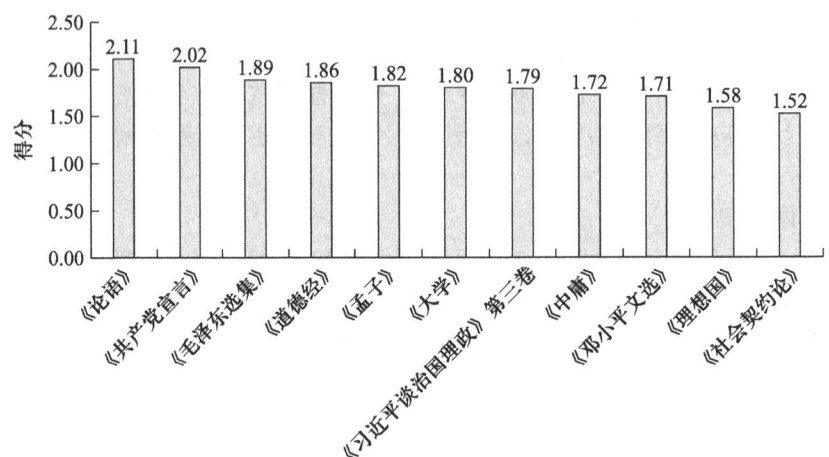

图 4-2　大学生阅读中外经典著作程度的均值得分

---

① 在该项分析中,对"完整阅读""部分阅读"和"没有阅读"三个标签分别赋值 3 分、2 分和 1 分。某本著作的均值得分越高,解释为大学生阅读程度越趋向于完整阅读过该本著作,阅读状况越良好。

为 21.7% 和 17.5%,仅有一成多的大学生完整阅读过《道德经》,其他七本著作的完整阅读率均在一成以下。值得肯定的是完整阅读经典著作的大学生比例相比往年略有提升,但总体来看大学生对经典著作的阅读程度不够深入。

(二)不同群体大学生对中外经典著作的阅读情况

为了探讨不同群体大学生阅读中外经典著作的特征和差异,我们将"中国传统文化典籍""马克思主义与中国共产党经典著作"和"西方政治学名著"三个因子载荷作为因变量分别与相关人口学变量进行一般线性回归分析。分析结果发现,自然因素、成长环境、教育经历对大学生中外经典著作的阅读状况存在显著影响。三类经典著作阅读状况的群体差异分述如下。

1. 不同群体大学生对中国传统文化典籍的阅读情况

在阅读中国传统文化典籍方面,按照 $P<0.05$ 的检验标准,具有统计学意义的自变量包括生源地类别、生源地所在区域、学历层次、学科门类、政治面貌、学生干部经历、国(境)外学习经历等,这些因素不同的大学生群体对中国传统文化典籍的阅读情况存在显著差异。具体情况如表 4-4 所示。

表 4-4　不同群体大学生对中国传统文化典籍阅读情况的一般线性回归分析

自变量		非标准化系数		标准化系数	统计量	显著性
		B	$S.E$	Beta	t	P
常数项		0.507	0.225		2.256	0.024
男生(参照项:女生)		0.007	0.010	0.003	0.680	0.497
年龄平方		−0.004	0.007	−0.005	−0.627	0.531
学历层次(参照项:博士生)	本科生	−0.010	0.034	−0.004	−0.287	0.774
	硕士生	−0.094	0.029	−0.038	−3.249	0.001
学科门类(参照项:理工农医类)	人文科学类	0.091	0.014	0.033	6.662	0.000
	社会科学类	−0.012	0.011	−0.005	−1.047	0.295
中共党员(参照项:非中共党员)		−0.112	0.012	−0.046	−8.966	0.000
生源地类别农村(参照项:城镇)		−0.109	0.010	−0.054	−10.979	0.000
生源地所在区域(参照项:东北)	华东	−0.020	0.019	−0.009	−1.078	0.281
	华南	−0.208	0.022	−0.065	−9.643	0.000
	华中	−0.016	0.020	−0.006	−0.775	0.438
	华北	−0.056	0.020	−0.021	−2.780	0.005
	西北	−0.091	0.022	−0.029	−4.226	0.000
	西南	−0.125	0.021	−0.042	−5.953	0.000
有学生干部经历(参照项:无)		0.107	0.012	0.042	9.002	0.000
有国(境)外学习经历(参照项:无)		0.172	0.024	0.033	7.136	0.000
有父母在外务工经历(参照项:无)		−0.016	0.011	−0.007	−1.448	0.148

　　从生源地类别来看,来自城镇的大学生相比来自农村的大学生对中国传统文化典籍的阅读状况更好,阅读程度平均高 0.109 个单位。从生源地所在区域来看,来自东北地区的大学生对中国传统文化典籍的阅读状况好于来自华南、华北、西北、西南地区的大学生,得分分别高 0.208、0.056、0.091、0.125 个单位,而来自华东、华中地区的大学生与来自东北地区的大学生在对中国传统文化典籍的阅读状况上没有显著差异。

　　从学历层次来看,博士生相较硕士生对中国传统文化典籍的阅读状况更好,阅读程度平均高 0.094 个单位,而本科生和博士生在对中国传统文化典籍的阅读状况上没有显著差异。从学科门类来看,人文科学类大学生对中国传统文化典籍的阅读状况更好,阅读程度平均比理工农医类大学生高 0.091 个单位,而社会科学类大学生和理工农医类大学生在对中国传统文化典籍的阅读状况上没有显著差异。从学生干部经历和国(境)外学习经历来看,有相关经历的大学生对中国传统文化典籍的阅读状况更好,阅读程度分别平均比没有相关经历的大学生高 0.107 和 0.172 个单位。

　　2. 不同群体大学生对马克思主义与中国共产党经典著作的阅读情况

　　在阅读马克思主义与中国共产党经典著作方面,按照 $P<0.05$ 的检验标准,具有统计学意义的自变量包括性别、年龄、生源地类别、生源地所在区域、学历层次、学科类别、政治面貌、学生干部经历等,这些因素不同的大学生群体对马克思主义与中国共产党经典著作的阅读情况存在显著差异。具体情况如表 4-5 所示。

表 4-5　不同群体大学生对马克思主义与中国共产党经典著作阅读情况的一般线性回归分析

自变量		非标准化系数		标准化系数	统计量	显著性
		B	$S.E$	Beta	t	P
常数项		−1.338	0.221		−6.056	0.000
男生(参照项:女生)		0.119	0.010	0.059	12.226	0.000
年龄平方		0.067	0.007	0.073	9.665	0.000
学历层次 (参照项:博士生)	本科生	0.125	0.033	0.053	3.762	0.000
	硕士生	0.101	0.028	0.040	3.535	0.000
学科类别 (参照项:理工农医类)	人文科学类	−0.023	0.013	−0.008	−1.713	0.087
	社会科学类	0.063	0.011	0.028	5.660	0.000
中共党员(参照项:非中共党员)		0.406	0.012	0.166	33.128	0.000
生源地类别农村(参照项:城镇)		−0.034	0.010	−0.017	−3.534	0.000
生源地所在区域 (参照项:东北)	华东	−0.114	0.019	−0.049	−6.048	0.000
	华南	−0.252	0.022	−0.079	−11.676	0.000
	华中	−0.148	0.020	−0.055	−7.381	0.000
	华北	−0.047	0.020	−0.017	−2.361	0.018
	西北	−0.089	0.022	−0.028	−4.143	0.000
	西南	−0.182	0.021	−0.061	−8.697	0.000
有学生干部经历(参照项:无)		0.111	0.012	0.044	9.536	0.000

续表

自变量	非标准化系数		标准化系数	统计量	显著性
	B	$S.E$	Beta	t	P
有国（境）外学习经历（参照项：无）	−0.020	0.024	−0.004	−0.850	0.395
有父母在外务工经历（参照项：无）	−0.008	0.011	−0.003	−0.723	0.470

从性别来看，男生相比女生对马克思主义与中国共产党经典著作的阅读状况更良好，阅读程度平均高 0.119 个单位。从年龄来看，年龄高的大学生对马克思主义与中国共产党经典著作的阅读状况逐渐趋向深入完整，年龄平均每提高一个等级，阅读程度提高 0.067 个单位。

从生源地类别来看，来自城镇的大学生相比来自农村的大学生对马克思主义与中国共产党经典著作的阅读状况更好，阅读程度平均高 0.034 个单位。从生源地所在区域来看，来自东北地区的大学生对马克思主义与中国共产党经典著作的阅读状况好于来自华东、华南、华中、华北、西北、西南地区的大学生，得分分别高 0.114、0.252、0.148、0.047、0.089、0.182 个单位。

从学历层次来看，本科生和硕士生相较博士生对马克思主义与中国共产党经典著作的阅读状况更好，阅读程度分别平均高 0.125 和 0.101 个单位。从学科门类来看，社会科学类大学生相较理工农医类大学生对马克思主义与中国共产党经典著作的阅读状况更好，阅读程度平均高 0.063 个单位，而人文科学类大学生和理工农医类大学生在对马克思主义与中国共产党经典著作的阅读状况上没有显著差异。从政治面貌来看，中共党员大学生对马克思主义与中国共产党经典著作的阅读状况明显好于非党员大学生，阅读程度平均高于非党员大学生 0.406 个单位。从学生干部经历来看，有相关经历的大学生对马克思主义与中国共产党经典著作的阅读状况更好，阅读程度平均比没有相关经历的大学生高 0.111 个单位。

3. 不同群体大学生对西方政治学名著的阅读情况

在阅读西方政治学名著方面，按照 $P<0.05$ 的检验标准，具有统计学意义的自变量包括性别、年龄、学历层次、学科类别、政治面貌、国（境）外学习经历等，这些因素不同的大学生群体对西方政治学名著的阅读情况存在显著差异。具体情况如表 4-6 所示。

表 4-6　不同群体大学生对西方政治学名著阅读情况的一般线性回归分析

自变量		非标准化系数		标准化系数	统计量	显著性
		B	$S.E$	Beta	t	P
常数项		−0.050	0.224		−0.222	0.824
男生（参照项：女生）		0.091	0.010	0.045	9.210	0.000
年龄平方		0.030	0.007	0.033	4.299	0.000
学历层次（参照项：博士生）	本科生	0.161	0.034	0.068	4.751	0.000
	硕士生	0.120	0.029	0.048	4.158	0.000

续表

自变量		非标准化系数		标准化系数	统计量	显著性
		B	S.E	Beta	t	P
学科门类（参照项:理工农医类）	人文科学类	0.281	0.014	0.103	20.629	0.000
	社会科学类	0.272	0.011	0.119	23.975	0.000
中共党员（参照项:非中共党员）		−0.077	0.012	−0.032	−6.208	0.000
生源地类别农村（参照项:城镇）		−0.004	0.010	−0.002	−0.365	0.715
生源地所在区域（参照项:东北）	华东	0.043	0.019	0.019	2.274	0.023
	华南	0.111	0.022	0.035	5.121	0.000
	华中	0.008	0.020	0.003	0.421	0.674
	华北	0.043	0.020	0.016	2.138	0.033
	西北	0.083	0.022	0.026	3.837	0.000
	西南	0.010	0.021	0.003	0.455	0.649
有学生干部经历（参照项:无）		0.016	0.012	0.006	1.324	0.185
有国（境）外学习经历（参照项:无）		0.120	0.024	0.023	4.974	0.000
有父母在外务工经历（参照项:无）		0.002	0.011	0.001	0.183	0.854

从性别来看，男生相比女生对西方政治学名著的阅读状况更良好，阅读程度平均高0.091个单位。从年龄来看，年龄高的大学生群体，对西方政治学名著的阅读状况更趋向深入完整，年龄平均每提高一个等级，阅读程度提高0.030个单位。

从生源地类别来看，来自城镇和来自农村的大学生之间在对西方政治学名著的阅读状况上不存在显著差异。从生源地所在区域来看，来自华东、华南、华北、西北地区的大学生对西方政治学名著的阅读状况好于来自东北地区的大学生，得分分别高0.043、0.111、0.043、0.083个单位，而来自华中和西南地区的大学生分别与来自东北地区的大学生之间在对西方政治学名著的阅读状况上不存在显著差异。

从学历层次来看，本科生和硕士生相较博士生对西方政治学名著的阅读状况更好，阅读程度分别平均高0.161和0.120个单位。从学科门类来看，人文科学类大学生和社会科学类大学生对西方政治学名著的阅读状况均好于理工农医类大学生，阅读程度分别平均高0.281和0.272个单位。从国（境）外学习经历来看，有相关经历的大学生对西方政治学名著的阅读状况更好，阅读程度平均比没有相关经历的大学生高0.120个单位。

（三）网络对大学生中外经典著作阅读状况的影响

为分析大学生网络行为对中外经典著作阅读状况的影响，课题组选取"中国传统文化典籍"作为因变量，与大学生上网时长和不同网络行为进行一般线性回归分析，从而观测网络对大学生经典著作阅读状况的影响。分析结果显示，上网时长和表4-7所示的不同网络行为均对大学生中国传统文化典籍阅读状况存在显著影响（$P<0.001$），且主要是负面影响，因为网络行为早已成为大学生生活的常态，催生了碎片化阅读方式，从而挤占了大学生完整阅读经典著作的时间，导致当前大学生对经典著作阅读状况的下降。

表 4-7　网络对大学生中国传统文化典籍阅读状况的影响

自变量	非标准化系数		标准化系数	统计量	显著性
	B	$S.E$	Beta	t	P
常数项	0.648	0.026		24.885	0.000
日均上网时长	−0.135	0.005	−0.116	−24.742	0.000
社交媒体（如 QQ、微信、微博）	−0.071	0.014	−0.025	−5.203	0.000
在线学习	−0.041	0.012	−0.020	−3.523	0.000
观看视频（如爱奇艺、优酷、B 站等）	−0.132	0.011	−0.066	−11.812	0.000
刷短视频（如抖音、快手等）	−0.221	0.015	−0.080	−15.242	0.000
网络购物	−0.159	0.014	−0.057	−11.103	0.000
网络社区（如知乎、百度贴吧、校园 BBS 等）	−0.103	0.014	−0.037	−7.205	0.000
时政新闻	−0.045	0.013	−0.019	−3.531	0.000
网络游戏	−0.142	0.014	−0.052	−9.830	0.000

从日均上网时长来看，大学生日均上网时长对中国传统文化典籍阅读状况存在负面影响，日均上网时长每提高一个等级，大学生对中国传统文化典籍的阅读状况平均下降 0.135 个单位。

从不同网络行为来看，不同网络行为均在不同程度上影响了大学生对中国传统文化典籍的完整深入阅读。其中，影响程度较大的网络行为有经常刷短视频（如抖音、快手等）、网络购物、网络游戏等，分别导致大学生对中国传统文化典籍的阅读状况下降 0.221、0.159、0.142 个单位。

此外，对"马克思主义与中国共产党经典著作"和"西方政治学名著"两个因变量分别与大学生上网时长和不同网络行为进行一般线性回归分析的结果与上述分析基本一致，即网络对大学生阅读中外经典著作状况的影响总体上是负面的。其中，有待开发和利用的网络载体有时政新闻媒体、在线学习平台等，这些载体如若运用得当，则有助于深化大学生对中外经典著作的研读。

从网络对大学生阅读马克思主义与中国共产党经典著作状况的影响来看，经常浏览时政新闻和在线学习对大学生相关阅读状况有显著积极影响，这说明这两种网络行为本身在一定程度上传播和承载了马克思主义与中国共产党经典著作的内容，促进了大学生对相关著作的阅读，而日均上网时长和其他网络行为均对大学生阅读马克思主义与中国共产党经典著作状况有负面影响。

从网络对大学生阅读西方政治学名著状况的影响来看，分析结果与网络对大学生阅读中国传统文化典籍状况的影响高度一致,即日均上网时长和不同网络行为均对大学生阅读西方政治学名著状况存在负面影响,其中经常使用社交媒体和玩网络游戏的负面影响较大。

(四)经典著作阅读状况对大学生文化自信心的影响

回归分析结果显示,中国传统文化典籍、马克思主义与中国共产党经典著作、西方政治学名著三类著作对大学生的文化自信心状况均存在显著影响(见表4-8)。总体来看,大学生对经典著作的阅读状况越好,其文化自信心越坚定。

表4-8　经典著作阅读状况对大学生文化自信心的影响

自变量	非标准化系数		标准化系数	统计量	显著性
	B	$S.E$	Beta	t	P
常数项	0.000	0.005		0.000	1.000
中国传统文化典籍	0.081	0.005	0.081	17.875	0.000
马克思主义与中国共产党经典著作	0.152	0.005	0.152	33.500	0.000
西方政治学名著	−0.044	0.005	−0.044	−9.674	0.000

其一,马克思主义与中国共产党经典著作在三类著作中对大学生文化自信心的增进作用最为显著,大学生阅读状况每提升一个等级,其文化自信心平均提升0.152个单位。在文化自信心的各项子指标上,如表4-9、表4-10、表4-11、表4-12、表4-13所示,大学生对马克思主义与中国共产党经典著作的阅读状况可显著提升大学生对中华文化的自豪感、对文化自信功能价值的肯认、对中华文化创新发展的信心、对外来文化优长的包容和对价值渗透的警惕。具体来看,大学生阅读状况每提升一个等级,对价值渗透的警惕度可提升0.111个单位,对中华文化创新发展的信心可提升0.074个单位,对中华文化的自豪感可提升0.059个单位,对文化自信功能价值的肯认及对外来文化优长的包容度可提升0.055个单位。以《习近平谈治国理政》第三卷为例,越完整阅读过该著作的大学生,对文化自信功能价值的肯认就越充分、对中华文化创新发展的信心越充足。比较均值得分显示,对该著作完整阅读过、部分阅读过、没有阅读过的大学生群体对于"文化自信是一个国家、一个民族发展中更基本、更深沉、更持久的力量"这一观点的认同度均值得分依次为4.90、4.85、4.77,呈现由高到低的递减排列。对该著作完整阅读过、部分阅读过、没有阅读过的大学生群体对于"中华民族一定能创造文化新辉煌"这一观点的认同度均值得分依次为4.88、4.81、4.69,同样呈递减排列。

其二,中国传统文化典籍对大学生文化自信心的影响次之,大学生阅读状况每提升一个等级,其文化自信心平均提升0.081个单位。在文化自信心的各项子指标上,大学生对中国传统文化典籍的阅读状况可显著提升大学生对中华文化的自豪感、对文化自信功能价值的肯认、对中华文化创新发展的信心、对外来文化优长的包容和对价值渗透的警惕。具体来看,大学生阅读状况每提升一个等级,对价值渗透的警惕度可提升0.053个单位,对中华文化创新发展的信心可提升0.035个单位,对中华文化的自豪感及对外来文化优长的包容度可提升 0.034 个单位,对文化自信功能价值的肯认可提升 0.029 个单位。以《论语》为例,越完整阅读过该著作的大学生,对中华文化的自豪感就越强烈、对文化自信功能价值的肯认就越充分。比较均值得分显示,对该著作完整阅读过、部分阅读过、没有阅读过的大学生群体对于"我为中华文化感到自豪"这一观点的认同度均值得分依次为 4.88、4.82、4.66,呈现由高到低的递减排列。对该著作完整阅读过、部分阅读过、没有阅读过的大学生群体对于"文化自信是一个国家、一个民族发展中更基本、更深沉、更持久的力量"这一观点的认同度均值得分依次为 4.88、4.83、4.68,同样呈递减排列。

其三,西方政治学名著的阅读状况对大学生文化自信心的影响相对较弱。总体来看,西方政治学名著阅读状况与大学生文化自信心程度呈负相关的线性关系,其阅读状况每提高一个等级,大学生文化自信心平均降低 0.044 个单位。在文化自信心的各项子指标上,此类著作的阅读状况仅在大学生对价值渗透的警惕度方面有提升作用,平均可提升 0.041 个单位,而在大学生对中华文化的自豪感、对文化自信功能价值的肯认、对中华文化创新发展的信心及对外来文化优长的包容度方面均为负相关的关系,可能在一定程度上造成大学生在这些方面缺乏文化自信心。

表 4-9　经典著作阅读状况对大学生中华文化自豪感的影响

自变量	非标准化系数		标准化系数	统计量	显著性
	B	$S.E$	Beta	t	P
常数项	4.820	0.002		2329.922	0.000
中国传统文化典籍	0.034	0.002	0.074	16.285	0.000
马克思主义与中国共产党经典著作	0.059	0.002	0.131	28.606	0.000
西方政治学名著	−0.024	0.002	−0.054	−11.777	0.000

表 4-10　经典著作阅读状况对大学生文化自信功能价值肯认的影响

自变量	非标准化系数		标准化系数	统计量	显著性
	B	$S.E$	Beta	t	P
常数项	4.832	0.002		2375.502	0.000
中国传统文化典籍	0.029	0.002	0.064	14.043	0.000
马克思主义与中国共产党经典著作	0.055	0.002	0.124	27.070	0.000
西方政治学名著	−0.028	0.002	−0.063	−13.763	0.000

表 4-11　经典著作阅读状况对大学生对中华文化创新发展信心的影响

自变量	非标准化系数		标准化系数	统计量	显著性
	B	S.E	Beta	t	P
常数项	4.781	0.002		2065.553	0.000
中国传统文化典籍	0.035	0.002	0.069	15.195	0.000
马克思主义与中国共产党经典著作	0.074	0.002	0.145	31.855	0.000
西方政治学名著	−0.022	0.002	−0.043	−9.340	0.000

表 4-12　经典著作阅读状况对大学生对待外来文化优长态度的影响

自变量	非标准化系数		标准化系数	统计量	显著性
	B	S.E	Beta	t	P
常数项	4.794	0.002		2132.883	0.000
中国传统文化典籍	0.034	0.002	0.070	15.330	0.000
马克思主义与中国共产党经典著作	0.055	0.002	0.113	24.648	0.000
西方政治学名著	−0.018	0.002	−0.036	−7.858	0.000

表 4-13　经典著作阅读状况对大学生对待西方文化价值渗透态度的影响

自变量	非标准化系数		标准化系数	统计量	显著性
	B	S.E	Beta	t	P
常数项	4.449	0.004		1114.614	0.000
中国传统文化典籍	0.053	0.004	0.061	13.248	0.000
马克思主义与中国共产党经典著作	0.111	0.004	0.127	27.836	0.000
西方政治学名著	0.041	0.004	0.047	10.245	0.000

三、 对中华文化和中国精神的了解

一个国家、一个民族不能没有灵魂。中华民族生生不息，中华文化传承发展，其文明密码和精髓所在集中表达为中国精神。红船精神、井冈山精神、长征精神、延安精神、抗战精神、抗美援朝精神、焦裕禄精神、特区精神、抗疫精神等中国精神，记录着党带领人民进行革命、建设、改革的伟大历程。大学生对中华文化和中国精神的了解程度，深刻反映了其文化观和文化素养的状况。

（一）总体情况

大学生对中华文化和中国精神的了解状况,可通过以下三个方面的调查数据加以反映。

其一,大学生对中华文化发展演进历程的熟悉程度。调查显示,八成以上(80.1%)的大学生明确表示熟悉中华文化发展演进历程,其中,23.0%的大学生表示"非常熟悉",57.1%的大学生表示"比较熟悉"。此外,还有15.9%的大学生表示"说不清楚",仅有4.0%的大学生对中华文化发展演进历程不熟悉(表示"不大熟悉"和"很不熟悉"的大学生比例分别为3.6%和0.4%)。

其二,大学生对中国精神的了解程度。调查显示,大学生对所列取的红船精神、井冈山精神、长征精神、延安精神、抗战精神、抗美援朝精神、焦裕禄精神、特区精神等八种中国精神的了解状况较好。大学生对"红船精神"表示了解的比例接近九成,达87.2%,对其他七种精神表示了解的比例均超过九成,其中,大学生对"抗战精神"表示了解的比例最高,达99.0%。具体数据见图4-3。

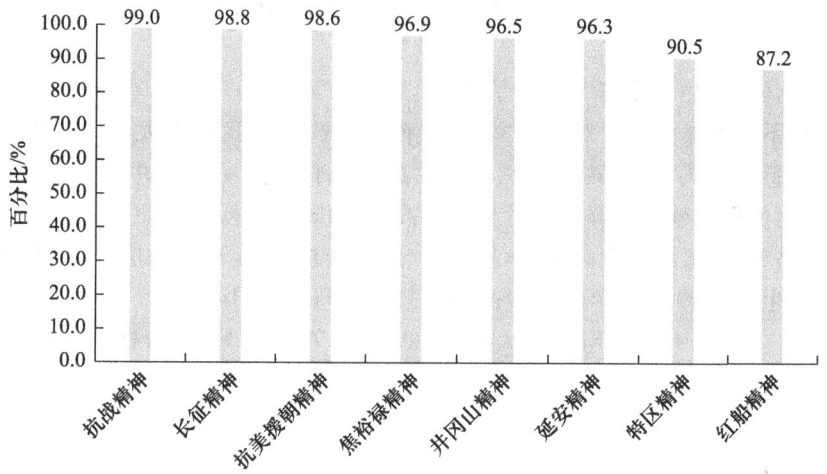

图4-3　大学生对中国精神的了解情况

其三,大学生对伟大抗疫精神的认同程度。中国精神的生命力就在于不断在新的斗争实践中传承发展,以时代化表达传递精神薪火。新冠肺炎疫情深刻影响了经济社会发展,不可避免地对大学生成长发展带来影响,因而课题组专门调查了大学生对"生命至上""举国同心""舍生忘死""尊重科学""命运与共"五项抗疫精神内涵的认同情况。调查显示,大学生对伟大抗疫精神五项内涵表示认同的比例均超过九成,对"生命至上""举国同心""尊重科学""命运与共"四项内涵的认同度相对较高,均在97%左右,而大学生对"舍生忘死"的认同度略低于其他四项的认同度,为91.7%(图4-4)。

（二）不同群体大学生对中华文化和中国精神的了解

为了比较不同群体大学生对中华文化和中国精神的了解状况的特征和差异,我们分别将大学生对中华文化发展演进历程的熟悉程度、对中国精神的了解程度作为因变量与相关人口学变量进行均值分析。分析发现,自然因素、成长环境、教育经历对大学生对中华文化和中国精神的了解状况存在显著影响。

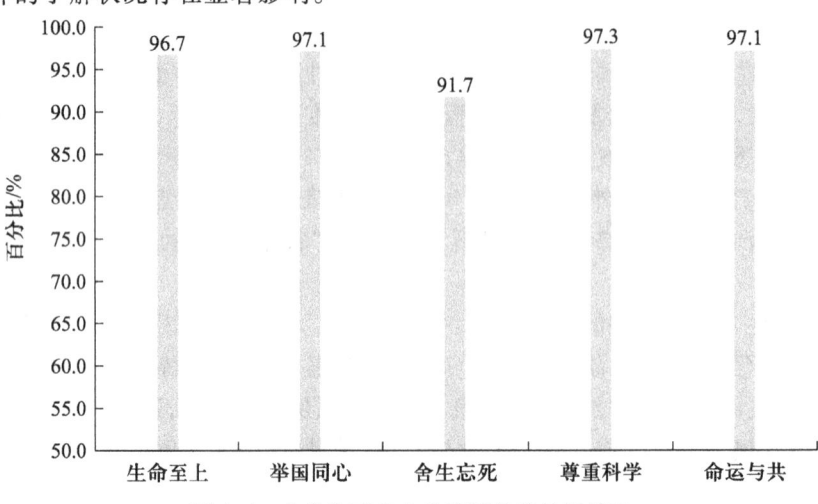

图 4-4　大学生对伟大抗疫精神的认同情况

1. 不同群体大学生对中华文化的了解

为了比较不同群体大学生对中华文化了解状况的差异,我们将大学生对中华文化发展演进历程的熟悉程度从"很不熟悉"到"非常熟悉"分别赋值 1~5 分,并与相关人口学变量进行均值分析,均值得分越高解释为熟悉程度越高。分析结果显示,按照 $P<0.05$ 的检验标准,性别、生源地类型、生源地所在区域、学科门类、政治面貌、学生干部经历、国(境)外学习经历等不同的大学生对中华文化的了解状况存在显著差异(表 4-14)。

表 4-14　不同群体大学生对中华文化了解状况的均值分析

自变量		均值	标准差	显著性
性别	男	4.07	0.76	0.000
	女	3.91	0.74	
学历层次	本科生	3.99	0.76	0.455
	硕士生	3.98	0.75	
	博士生	3.98	0.74	
学科门类	人文科学类	4.07	0.71	0.000
	社会科学类	3.99	0.74	
	理工农医类	3.96	0.77	
政治面貌	党员	4.02	0.73	0.000
	非党员	3.98	0.76	
生源地类型	农村	3.91	0.77	0.000
	城镇	4.06	0.74	

续表

自变量		均值	标准差	显著性
生源地所在区域	华东	4.03	0.75	0.000
	华南	3.85	0.77	
	华中	3.96	0.75	
	华北	4.04	0.75	
	西北	4.04	0.71	
	西南	3.89	0.78	
	东北	4.08	0.77	
学生干部经历	有	4.00	0.75	0.000
	无	3.92	0.80	
国（境）外学习经历	有	4.11	0.75	0.000
	无	3.98	0.76	

从性别来看,男生相比女生更加熟悉中华文化发展演进历程;从生源地类型来看,来自城镇的大学生相比来自农村的大学生更加熟悉中华文化发展演进历程;从生源地所在区域来看,按照均值得分大小排序,各生源地区域依次为:东北、华北、西北、华东、华中、西南、华南地区;从学科门类来看,人文科学类大学生对中华文化发展演进历程的熟悉程度相对较高,社会科学类大学生对中华文化发展演进历程的熟悉程度相对次之,理工农医类大学生对中华文化发展演进历程的熟悉程度相对较低;从政治面貌来看,党员大学生相比非党员大学生更加熟悉中华文化发展演进历程;从学生干部经历来看,担任过学生干部的大学生相比没有相关经历的大学生更加熟悉中华文化发展演进历程;从国（境）外学习经历来看,有国（境）外学习经历的大学生相比没有相关经历的大学生更加熟悉中华文化发展演进历程。

2. 不同群体大学生对中国精神的了解

我们将大学生对调查所列八项中国精神的了解状况从"很不了解"到"非常了解"分别赋值1~5分,将八个变量加和后得到的变量命名为"中国精神",并与相关人口学变量进行均值分析,均值得分越高解释为了解程度越高。分析结果显示,按照$P<0.05$的检验标准,性别、生源地类型、生源地所在区域、学科门类、政治面貌、学生干部经历等不同的大学生对中国精神的了解状况存在显著差异（表4-15）。

表4-15　不同群体大学生对中国精神了解状况的均值分析

自变量		均值	标准差	显著性
性别	男	33.80	5.55	0.000
	女	33.45	5.13	
学历层次	本科生	33.40	5.43	0.455
	硕士生	34.27	4.97	
	博士生	34.38	4.82	

续表

自变量		均值	标准差	显著性
学科门类	人文科学类	34.08	5.17	0.000
	社会科学类	33.82	5.14	
	理工农医类	33.39	5.44	
政治面貌	党员	34.60	4.67	0.000
	非党员	33.34	5.46	
生源地类别	农村	33.46	5.25	0.000
	城镇	33.74	5.40	
生源地所在区域	华东	33.70	5.36	0.000
	华南	32.56	5.55	
	华中	33.57	5.26	
	华北	34.19	5.25	
	西北	34.26	4.83	
	西南	32.85	5.32	
	东北	34.09	5.49	
学生干部经历	有	33.74	5.24	0.000
	无	33.08	5.67	
国(境)外学习经历	有	33.83	5.81	0.068
	无	33.60	5.31	

从性别来看,男生相比女生更加了解中国精神;从生源地类别来看,来自城镇的大学生相比来自农村的大学生更加了解中国精神;从生源地所在区域来看,按照均值得分大小排序,各生源地区域依次为:西北、华北、东北、华东、华中、西南、华南地区;从学科门类来看,人文科学类大学生对中国精神的了解程度相对较高,社会科学类大学生对中国精神的了解程度相对次之,理工农医类大学生对中国精神的了解程度相对较低;从政治面貌来看,党员大学生相比非党员大学生更加了解中国精神;从学生干部经历来看,担任过学生干部的大学生相比没有相关经历的大学生更加了解中国精神。

(三)网络对大学生中华文化和中国精神了解状况的影响

1. 网络对大学生中华文化熟悉程度的影响

为分析大学生网络行为对其中华文化熟悉程度的影响,课题组选取"中华文化熟悉程度"作为因变量,与大学生上网时长和不同网络行为进行均值分析,均值得分越高解释为大学生对中华文化熟悉程度越高。分析结果显示,按照 $P<0.05$ 的检验标准,日均上网时长以及是否经常有在线学习、观看视频、刷短视频、网络购物、网络社区、时政新闻、网络游戏等网络行为对大学生中华文化熟悉程度存在显著影响(如表4-16所示)。

表 4-16 网络对大学生中华文化熟悉程度的影响

自变量		均值	标准差	显著性
日均上网时长	1 小时以下	4.54	0.764	0.000
	1—3 小时	4.06	0.716	
	3—5 小时	3.94	0.717	
	5 小时以上	3.89	0.797	
社交媒体（如 QQ、微信、微博）	是	3.99	0.744	0.430
	否	3.98	0.820	
在线学习	是	4.04	0.722	0.000
	否	3.90	0.797	
观看视频（如爱奇艺、优酷、B 站等）	是	3.95	0.746	0.000
	否	4.01	0.763	
刷短视频（如抖音、快手等）	是	3.82	0.782	0.000
	否	4.02	0.747	
网络购物	是	3.85	0.764	0.000
	否	4.01	0.752	
网络社区（如知乎、百度贴吧、校园 BBS 等）	是	3.97	0.730	0.030
	否	3.99	0.760	
时政新闻	是	4.09	0.709	0.000
	否	3.95	0.767	
网络游戏	是	3.90	0.778	0.000
	否	4.00	0.751	

从日均上网时长来看，上网时长对大学生中华文化熟悉程度的负面影响较为明显。在 1 小时以下、1—3 小时、3—5 小时、5 小时以上各日均上网时长区间，大学生对中华文化熟悉程度的均值得分依次为 4.54、4.06、3.94、3.89，呈现由大到小的递减排列。可见，当前网络在弘扬中华文化上的积极作用尚未有效发挥，多数大学生虽然长时间使用网络，但对于中华文化的主动了解依然有限。

从网络行为来看，经常在线学习、浏览时政新闻的大学生对中华文化熟悉程度的均值得分更高，分别为 4.04 和 4.09，均高于不常有这两种网络行为的大学生相应得分（3.90 和 3.95）。而观看视频（如爱奇艺、优酷、B 站等）、刷短视频（如抖音、快手等）、网络购物、网络社区（如知乎、百度贴吧、校园 BBS 等）、网络游戏等网络行为则会对大学生中华文化熟悉程度产生一定的负面影响，经常有上述网络行为的大学生对中华文化熟悉程度的均值得分分别为 3.95、3.82、3.85、3.97、3.90，均低于不常有上述网络行为的大学生相应得分（4.01、4.02、4.01、3.99、4.00）。上述分析表明，在调查所列的网络行为中，仅在线学习和时政新闻起到了帮助大学生了解熟知中华文化的积极作用，弘扬中华文化的网络形式有待进一步拓展。

2. 网络对大学生中国精神了解程度的影响

为分析大学生网络行为对其中国精神了解程度的影响,课题组选取"中国精神"作为因变量,与大学生上网时长和不同网络行为进行均值分析,均值得分越高解释为大学生对中国精神了解度越高。分析结果显示,按照 $P<0.05$ 的检验标准,日均上网时长以及是否经常有社交媒体、在线学习、观看视频、刷短视频、网络购物、网络社区、时政新闻、网络游戏等网络行为对大学生中国精神了解程度存在显著影响(如表4-17所示)。

表4-17 网络对大学生中国精神了解程度的影响

自变量		均值	标准差	显著性
日均上网时长	1小时以下	37.26	4.830	0.000
	1—3小时	34.31	5.021	
	3—5小时	33.32	5.096	
	5小时以上	32.84	5.666	
社交媒体(如QQ、微信、微博)	是	33.68	5.222	0.000
	否	33.25	5.886	
在线学习	是	34.17	5.051	0.000
	否	32.78	5.615	
观看视频(如爱奇艺、优酷、B站等)	是	33.17	5.334	0.000
	否	33.97	5.301	
刷短视频(如抖音、快手等)	是	32.49	5.393	0.000
	否	33.81	5.294	
网络购物	是	32.91	5.259	0.000
	否	33.74	5.333	
网络社区(如知乎、百度贴吧、校园BBS等)	是	33.27	5.276	0.000
	否	33.67	5.338	
时政新闻	是	34.84	4.833	0.000
	否	33.24	5.417	
网络游戏	是	32.05	5.808	0.000
	否	33.91	5.183	

从日均上网时长来看,上网时长对大学生中国精神了解程度的负面影响较为明显。在1小时以下、1—3小时、3—5小时、5小时以上各日均上网时长区间,大学生对中国精神了解程度的均值得分依次为37.26、34.31、33.32、32.84,分值呈逐级降低的趋势。可见,上网时长与大学生对中国精神的了解程度之间呈负相关($r=-0.160,P<0.001$),上网时长越长的大学生对中国精神的了解程度越低。

从网络行为来看,时政新闻、在线学习和社交媒体对大学生中国精神了解程度具有积极作用,而其他网络行为在一定程度上具有消极影响。分析结果显示,经常使用社交媒体(如

QQ、微信、微博）、在线学习、浏览时政新闻的大学生对中国精神了解程度的均值得分更高，分别为 33.68、34.17、34.84，均高于不常有这三种网络行为的大学生相应得分（33.25、32.78、33.24）。而经常观看视频（如爱奇艺、优酷、B 站等）、刷短视频（如抖音、快手等）、网络购物、访问网络社区（如知乎、百度贴吧、校园 BBS 等）、玩网络游戏的大学生对中国精神了解程度的均值得分分别为 33.17、32.49、32.91、33.27、32.05，均低于不常有上述网络行为的大学生相应得分（33.97、33.81、33.74、33.67、33.91）。上述分析表明，在调查所列的网络行为中，时政新闻和在线学习对大学生中国精神了解程度的促进作用明显，社交媒体也有助于大学生了解中国精神，而其他网络工具在弘扬中国精神方面的作用有待开发。

（四）大学生对中华文化和中国精神的了解与大学生文化自信心

为分析大学生对中华文化和中国精神的了解程度与大学生文化自信心之间的关系，将"中华文化熟悉程度"和"中国精神了解程度"作为自变量，与"文化自信心"进行一般线性回归分析。分析结果显示，大学生对中华文化和中国精神的了解程度，对其文化自信心状况均存在显著影响（见表 4-18）。总体来看，大学生对中华文化越熟悉、对中国精神越了解，其文化自信心程度越坚定。

表 4-18　中华文化和中国精神了解程度对大学生文化自信心的影响

自变量	非标准化系数		标准化系数	统计量	显著性
	B	$S.E$	Beta	t	P
常数项	−2.749	0.029		−95.394	0.000
中华文化熟悉程度	0.086	0.006	0.065	13.457	0.000
中国精神了解程度	0.072	0.001	0.382	79.294	0.000

1. 大学生中华文化熟悉程度对其文化自信心的影响

大学生对中华文化的熟悉程度对其文化自信心具有显著影响（$P<0.001$），大学生对中华文化的熟悉程度每提升一个等级，其文化自信心平均提升 0.086 个单位。在文化自信心的各项子指标上，如表 4-19 所示，总体来看，大学生对中华文化的熟悉程度越高，其对中华文化的自豪感、对文化自信功能价值的肯认、对中华文化创新发展的信心、对外来文化优长的包容和对价值渗透的警惕程度也就越高（$P<0.001$）。

表 4-19　大学生中华文化熟悉程度与文化自信心的交互分析

单位：百分比/%

大学生对中华文化的熟悉程度	大学生对相关观点的认同度				
	对中华文化的自豪感	对文化自信功能价值的肯认	对中华文化创新发展的信心	对外来文化优长的包容	对价值渗透的警惕
非常熟悉	99.1	99.0	98.6	98.5	92.7
比较熟悉	98.9	98.8	98.0	98.4	86.2
说不清楚	93.5	93.5	91.4	92.5	77.1

续表

大学生对中华文化的熟悉程度	大学生对相关观点的认同度				
	对中华文化的自豪感	对文化自信功能价值的肯认	对中华文化创新发展的信心	对外来文化优长的包容	对价值渗透的警惕
不大熟悉	94.6	95.1	92.2	94.0	74.4
很不熟悉	77.5	75.5	73.6	76.0	67.3

一是大学生对中华文化越熟悉,对中华文化的自豪感就越强烈,表示"非常熟悉""比较熟悉""说不清楚""不大熟悉""很不熟悉"中华文化的大学生群体,对于"我为中华文化感到自豪"这一观点表示赞同的比例分别为 99.1%、98.9%、93.5%、94.6%、77.5%,总体呈由高到低排列。二是大学生对中华文化越熟悉,对文化自信功能价值的肯认就越充分,表示"非常熟悉""比较熟悉""说不清楚""不大熟悉""很不熟悉"中华文化的大学生群体,对于"文化自信是一个国家、一个民族发展中更基本、更深沉、更持久的力量"这一观点表示赞同的比例分别为 99.0%、98.8%、93.5%、95.1%、75.5%,总体呈由高到低排列。三是大学生对中华文化越熟悉,对中华文化创新发展的信心就越充足,表示"非常熟悉""比较熟悉""说不清楚""不大熟悉""很不熟悉"中华文化的大学生群体,对于"中华民族一定能创造文化新辉煌"这一观点表示赞同的比例分别为 98.6%、98.0%、91.4%、92.2%、73.6%,总体呈由高到低排列。四是大学生对中华文化越熟悉,对外来文化的优长就越包容,表示"非常熟悉""比较熟悉""说不清楚""不大熟悉""很不熟悉"中华文化的大学生群体,对于"我们应以开放包容的态度吸收其他文化的优长"这一观点表示赞同的比例分别为 98.5%、98.4%、92.5%、94.0%、76.0%,总体呈由高到低排列。五是大学生对中华文化越熟悉,对价值渗透就越警惕,表示"非常熟悉""比较熟悉""说不清楚""不大熟悉""很不熟悉"中华文化的大学生群体,对于"我们应当警惕西方文化的价值渗透"这一观点表示赞同的比例分别为 92.7%、86.2%、77.1%、74.4%、67.3%,呈现由高到低的递减排列。

2. 大学生中国精神了解程度对其文化自信心的影响

大学生对中国精神的了解程度对其文化自信心具有显著影响($P<0.001$),大学生对中国精神的了解程度每提升一个等级,其文化自信心平均提升 0.072 个单位。在文化自信心的各项子指标上,大学生对中国精神的了解程度越高,其对中华文化的自豪感、对文化自信功能价值的肯认、对中华文化创新发展的信心、对外来文化优长的包容和对价值渗透的警惕程度也就越高($P<0.001$)。

具体来看,大学生对中国精神的了解程度每提升一个等级,对中华文化的自豪感可提升 0.030 个单位,对文化自信功能价值的肯认可提升 0.029 个单位,对中华文化创新发展的信心可提升 0.036 个单位,对外来文化优长的包容度可提升 0.032 个单位,对价值渗透的警惕度可提升 0.049 个单位。以大学生对"红船精神"的了解程度为例,越了解"红船精神"的大学生群体,越充分肯认文化自信的功能价值,越对西方文化的价值渗透保持警惕($P<0.001$)。交互分析显示,表示"非常了解""很不了解""红船精神"的大学生群体,对于"文化自信是一个国家、一个民族发展中更基本、更深沉、更持久的力量"这一观点表示赞同的比例分别为 99.4%、96.0%,对于"我们应当警惕西方文化的价值渗透"这一观点表示赞同的比

例分别为 93.7%、72.6%,均呈由高到低排列。

四、 文化育人实践活动开展状况

文化传承是大学的一项重要使命,文化育人是高校落实立德树人的重要方式。调查发现,越来越多的高校通过开展文化育人实践活动,促进大学生文化观和文化素养的实践养成。传承中华优秀传统文化的教学实践活动以及弘扬抗疫精神活动,是与大学生文化观和文化素养培育紧密相关的两项育人实践活动,课题组就此调查了活动开展状况及大学生参与状况。

(一)总体情况

其一,各高校积极开展多种形式的传承中华优秀传统文化教学实践活动,为大学生文化观和文化素养培育提供深厚文化滋养。调查显示,96.1%的大学生表示自己所在高校开展了传承中华优秀传统文化的教学实践活动。近五年调查数据显示,越来越多的高校开展了传承中华优秀传统文化的教学实践活动,2016 年—2020 年,这一比例依次为 85.0%、88.2%、92.0%、92.1%、96.1%,呈逐渐上升的趋势(见图 4-5)。

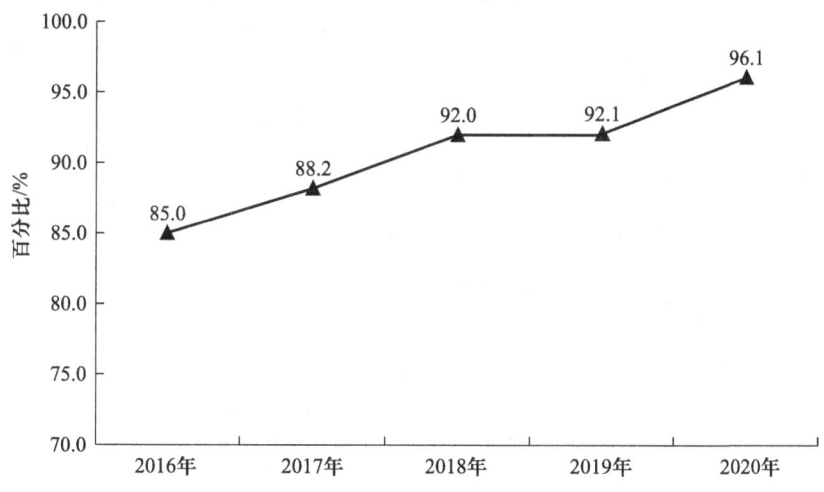

图 4-5 2016 年—2020 年开展传统文化教学实践活动的高校比例

在活动开展的具体形式上,67.5%的受访大学生表示所在学校开设过传统文化课程,64.6%的受访大学生表示所在学校举办过传统文化讲座,还有 58.4%的受访大学生表示所在学校开展过传统文化传承活动。此外,还有 12.2%的受访大学生表示"不清楚"所在学校是否开展过相关教学实践活动。

其二,各高校扎实推动伟大抗疫精神进校园,得到广大学子积极响应。调查显示,63.6%的受访大学生明确表示自己参与过"弘扬抗疫精神,讲好抗疫故事"等活动。这反映出大部分学生能够积极参与到学校开展的弘扬抗疫精神活动,同时,各高校也需要不断深化拓展弘扬抗疫精神的活动形式,扩大抗疫精神育人成效的覆盖面,引导更多大学生参与其中。

（二）传统文化教学实践活动对大学生中国传统文化典籍阅读状况的影响

研究发现,传统文化教学实践活动的开展有助于改善大学生对中国传统文化典籍的阅读状况。在阅读覆盖面上,它有助于提高大学生对中国传统文化典籍的阅读率。在阅读程度上,它有助于促进大学生对中国传统文化典籍的完整阅读。

从阅读覆盖面来看,交互分析发现,阅读过调查所列五本中国传统文化典籍的大学生比例均受到传统文化教学实践活动开展与否的影响($P<0.001$)。以《论语》为例,在表示自己所在学校开设过传统文化课程、举办过传统文化讲座、开展过传统文化传承活动的大学生群体中,阅读过《论语》分别为95.1%、94.9%、94.8%,分别比所在学校没有开展过相关活动的大学生群体阅读比例高5.4、4.3、3.5个百分点(见表4-20)。

表4-20　传统文化教学实践活动与大学生中国传统文化典籍阅读比例的交互分析

单位:百分比/%

传统文化教学实践活动		《论语》	《大学》	《中庸》	《孟子》	《道德经》
传统文化课程	开设	95.1	74.6	68.6	78.2	78.2
	未开设	89.7	62.7	56.4	66.1	66.6
传统文化讲座	举办	94.9	74.1	68.1	77.5	77.6
	未举办	90.6	64.7	58.2	68.3	68.6
传统文化传承活动	开展	94.8	73.9	67.8	77.7	77.5
	未开展	91.3	66.4	60.1	69.3	70.1

从阅读程度来看,回归分析发现,传统文化教学实践活动对提升大学生中国传统文化典籍的完整阅读程度存在积极影响($P<0.001$)。其中,开设传统文化课程的影响最大,相较没有开设传统文化课程的学校而言,可提升大学生中国传统文化典籍的完整阅读程度0.255个单位。举办传统文化讲座的影响次之,相较没有举办传统文化讲座的学校而言,可提升大学生中国传统文化典籍的完整阅读程度0.023个单位(见表4-21)。

表4-21　传统文化教学实践活动对大学生中国传统文化典籍阅读状况的影响

自变量	非标准化系数		标准化系数	统计量	显著性
	B	$S.E$	Beta	t	P
常数项	−0.185	0.009		−19.738	0.000
开设传统文化课程	0.255	0.011	0.120	24.226	0.000
举办传统文化讲座	0.023	0.011	0.011	2.141	0.032
开展传统文化传承活动	−0.004	0.010	−0.002	−0.354	0.723

（三）传统文化教学实践活动对大学生文化自信心的影响

回归分析发现,传承中华优秀传统文化的教学实践活动对大学生文化自信心存在显著的积极影响（P<0.001）。传统文化课程、传统文化讲座、传统文化传承活动三种教学实践活动形式对大学生文化自信心的影响程度存在一定差异。其中，传统文化课程对大学生文化自信心的积极影响最大，可提升大学生文化自信心程度 0.424 个单位，这也说明课堂教学环节在培育大学生文化自信方面发挥着重要作用。传统文化传承活动的积极影响次之，可提升大学生文化自信心程度 0.083 个单位。此外，传统文化讲座可提升大学生文化自信心程度 0.048 个单位（见表 4-22）。可见，开展传承中华优秀传统文化的教学实践活动，有助于增进大学生对于中华优秀传统文化的理解和认同，从而表现出更强烈的文化自信心。

表 4-22　传统文化教学实践活动对大学生文化自信心的影响

自变量	非标准化系数		标准化系数	统计量	显著性
	B	S.E	Beta	t	P
常数项	−0.366	0.009		−39.661	0.000
开设传统文化课程	0.424	0.010	0.199	40.931	0.000
举办传统文化讲座	0.048	0.011	0.023	4.496	0.000
开展传统文化传承活动	0.083	0.010	0.041	8.158	0.000

（四）弘扬抗疫精神活动对大学生抗疫精神认同度的影响

交互分析发现，大学生对弘扬抗疫精神活动的参与状况，对其抗疫精神认同度有显著的积极影响（P<0.001）。如表 4-23 所示，参与过弘扬抗疫精神活动的大学生群体，对伟大抗疫精神各项内涵表示认同的比例明显更高。一是参与过弘扬抗疫精神活动的大学生对"生命至上"表示认同的比例更高，数据显示，这一比例为 97.4%，高于没有参与过弘扬抗疫精神活动的大学生相应比例（95.5%）1.9 个百分点。二是参与过弘扬抗疫精神活动的大学生对"举国同心"表示认同的比例更高，数据显示，这一比例为 97.6%，高于没有参与过弘扬抗疫精神活动的大学生相应比例（96.2%）1.4 个百分点。三是参与过弘扬抗疫精神活动的大学生对"舍生忘死"表示认同的比例更高，数据显示，这一比例为 93.4%，高于没有参与过弘扬抗疫精神活动的大学生相应比例（88.7%）4.7 个百分点。四是参与过弘扬抗疫精神活动的大学生对"尊重科学"表示认同的比例更高，数据显示，这一比例为 97.8%，高于没有参与过弘扬抗疫精神活动的大学生相应比例（96.3%）1.5 个百分点。五是参与过弘扬抗疫精神活动的大学生对"命运与共"表示认同的比例更高，数据显示，这一比例为 97.8%，高于没有参与过弘扬抗疫精神活动的大学生相应比例（96.0%）1.8 个百分点。上述数据表明，"弘扬抗疫精神，讲好抗疫故事"等活动，有助于大学生感悟伟大抗疫精神的深刻内涵，获得强大的精神感召。

表4-23　弘扬抗疫精神活动与大学生抗疫精神认同度的交互分析

单位:百分比/%

弘扬抗疫精神 活动参与情况	生命至上	举国同心	舍生忘死	尊重科学	命运与共
是	97.4	97.6	93.4	97.8	97.8
否	95.5	96.2	88.7	96.3	96.0

五、 本章小结

　　课题组基于大学生在文化自信心状况、中外经典著作阅读状况、中华文化和中国精神了解状况、文化育人实践活动开展参与状况等方面的现实表现,呈现了大学生文化观与文化素养现状。调查发现,当前大学生文化观与文化素养培育取得积极成效,大学生文化观与文化素养的基本面不断向好。从文化观来看,大学生对中华文化充满自豪,对文化自信的重要意义充分肯认,对中华文化创新发展信心满怀,文化心态理性包容,彰显坚定的文化自信心。从文化素养来看,大学生广泛阅读中外经典著作,熟知了解中华文化和中国精神,高度认同伟大抗疫精神,积极参与文化育人实践活动,促进文化观和文化素养的现实转化和实践养成。同时,也有一些现象和问题值得关注,如大学生文化观和文化素养在不同群体中发展不够均衡,在阅读中外经典著作的完整度、中华文化和中国精神熟知程度、文化育人实践活动的开展及参与状况等方面有待提升,网络对大学生文化观和文化素养的正反两方面影响相伴而生等。针对这些问题,课题组进一步提出了参考对策和建议。

(一) 基本状况

　　总体来看,大学生在文化自信心、阅读中外经典著作、熟知中华文化和中国精神、参与文化育人实践活动等方面均展现出积极向好的文化观和文化素养状况。

　　第一,当前大学生普遍具有坚定的文化自信心。各项指标均显示,具有坚定文化自信心的大学生比例在九成以上。一是对中华文化充满自豪,有97.9%的受访大学生表示自己"为中华文化感到自豪";二是对文化自信的重要意义充分肯认,有97.8%的受访大学生认为"文化自信是一个国家、一个民族发展中更基本、更深沉、更持久的力量";三是对中华文化实现创新发展信心满怀,96.8%的大学生坚信"中华民族一定能创造文化新辉煌";四是对待中外文化的态度理性包容,这种积极的文化心态既体现为对文化优长的包容,也体现为对价值渗透的警惕,如97.2%的大学生认为"应以开放包容的态度吸收其他文化的优长",85.7%的大学生表示"应当警惕西方文化的价值渗透"。

　　第二,大学生广泛涉猎中外经典著作,完整阅读率有所提升。调查显示,大学生对三类十一本中外经典著作均有所涉猎。大学生对中国传统文化典籍的阅读状况显示,阅读过《论语》的大学生比例最高,为93.3%,阅读过《大学》《中庸》《孟子》《道德经》的大学生比例均在六成以上;大学生对马克思主义与中国共产党经典著作的阅读状况显示,八成左右的大学生阅读过《共产党宣言》(80.2%)和《毛泽东选集》(78.8%),六成以上的大学生阅读过《邓小平文选》和《习近平谈治国理政》第三卷;而阅读过西方政治学名著的大学生相对较少,《理想国》和《社会契约论》的阅读比例不足半数。此外,与 2019 年调查数据对比发现,完整或部分阅读过这些经典著作的大学生比例有小幅上升。如阅读过《中庸》的大学生比例提高了 2.5 个百分点,完整阅读率提高了 0.4 个百分点;阅读过《理想国》的大学生比例提高了 4.9 个百分点,完整阅读率提高了 0.8 个百分点;阅读过《共产党宣言》的大学生比例提高了 1.6 个百分点,完整阅读率提高了 0.2 个百分点。

第三,大学生熟悉中华文化发展演进历程,对中国精神的了解程度较高。调查显示,八成以上(80.1%)的大学生明确表示熟悉中华文化发展演进历程。大学生对调查所列取的红船精神、井冈山精神、长征精神、延安精神、抗战精神、抗美援朝精神、焦裕禄精神、特区精神等八种中国精神表示了解的比例均在九成左右,其中,大学生对"抗战精神"表示了解的比例最高,达 99.0%。此外,大学生高度认同伟大抗疫精神的内涵,大学生对"生命至上"(96.7%)、"举国同心"(97.1%)、"舍生忘死"(91.7%)、"尊重科学"(97.3%)、"命运与共"(97.1%)的认同度均在九成以上。

第四,各高校开展多种形式的文化育人实践活动,广大学子积极参与、成效良好。调查显示,九成以上高校(96.1%)开展了传承中华优秀传统文化的教学实践活动,五年来,这一比例稳步提升,已由 2016 年的 85.0% 提升了 11.1 个百分点。2020 年以来,各高校扎实推动伟大抗疫精神进校园,得到广大学子积极响应。调查显示,63.6% 的受访大学生明确表示自己参与过"弘扬抗疫精神,讲好抗疫故事"等活动,而这些大学生在对伟大抗疫精神的认同度方面表现更加良好,初步显示出弘扬抗疫精神活动的育人成效。

(二)值得关注的现象和问题

一是大学生文化观与文化素养呈现显著的群体差异。从性别来看,女生的文化自信心更强,男生对马克思主义与中国共产党经典著作、西方政治学名著的阅读状况更良好,更加熟悉中华文化发展演进历程,更加了解中国精神;从学历层次来看,博士生的文化自信心更强,对中国传统文化典籍的阅读状况更好,而本科生和硕士生对马克思主义与中国共产党经典著作、西方政治学名著的阅读状况更好;从学科门类来看,相较理工农医类大学生,人文科学类、社会科学类大学生的文化自信心更强,对西方政治学名著的阅读状况更好,对中华文化的熟悉程度更高,此外,人文科学类大学生对中国传统文化典籍的阅读状况更好,社会科学类大学生对马克思主义与中国共产党经典著作的阅读状况更好;从政治面貌来看,中共党员大学生在文化自信心程度、对马克思主义与中国共产党经典著作的阅读状况、对中华文化的熟悉程度、对中国精神的了解程度方面均好于非党员大学生,而对中国传统文化典籍、西方政治学名著的阅读状况不及非党员大学生;从学生干部经历来看,担任过学生干部的大学生在以上方面的文化观和文化素养状况均好于没有担任过学生干部的大学生。

二是部分大学生的文化观与文化素养有待提升。当前,大学生的文化观与文化素养总体是积极向好的,但也有部分大学生在某些方面的文化素养有待提升。其一,大学生对中外经典著作"广泛阅读"但"完整阅读"不足。总体而言,对中外经典著作完整阅读过的大学生比例不高,众数分析显示,多数大学生只是部分阅读过中国传统文化典籍和马克思主义与中国共产党经典著作,还有多数大学生对西方政治学名著没有阅读过。从完整阅读率来看,完整阅读率较高的《共产党宣言》和《论语》也仅分别有 21.7% 和 17.5% 的大学生完整阅读过,仅有一成以上的大学生完整阅读过《道德经》，其他著作的完整阅读率均在一成以下。可见，大学生对经典著作的阅读有待于从"广阅读"转向"深阅读"。其二，大学生对中华文化和中国精神的熟知了解程度有待加深。一方面，80.1%的大学生表示熟悉中华文化发展演进历程，但仅23.0%的大学生表示"非常熟悉"，还有15.9%的大学生表示"说不清楚"，4.0%的大学生对中华文化不熟悉。另一方面，大学生对红船精神（30.7%）、井冈山精神（40.5%）、延安精神（41.1%）、焦裕禄精神（44.0%）、特区精神（32.6%）等中国精神表示"非常了解"的比例较低。其三，大学生对弘扬抗疫精神活动的参与度有待提高。调查显示，63.6%的大学生参与过"弘扬抗疫精神，讲好抗疫故事"等活动，这一比例仍有提升空间。

三是网络对大学生文化观与文化素养的影响需要重新审视。此次调查发现，网络对大学生文化观与文化素养的影响表现出新的特点。在大学生文化观和文化素养的不同方面，网络的影响方向和影响程度也不同。从网络的消极影响来看，在文化自信心方面，网络游戏对大学生文化自信心程度存在消极影响，随上网时长增加，大学生对价值渗透的警惕度有所降低，刷短视频、访问网络社区、玩网络游戏等网络行为会降低大学生对文化优长的包容度；在中外经典著作阅读状况方面，上网时长对大学生阅读状况存在消极影响，网络行为对大学生阅读状况的影响也以消极影响为主；在中华文化和中国精神了解方面，上网时长会降低大学生对中华文化和中国精神的了解程度，经常观看视频、刷短视频、网络购物、访问网络社区、玩网络游戏等的大学生对中华文化熟悉程度、对中国精神的了解程度更低。从网络的积极影响来看，社交媒体、在线学习、浏览时政新闻、访问网络社区、网络购物、观看视频、刷短视频等网络行为均对大学生的文化自信心有提升作用，使用社交媒体、在线学习、浏览时政新闻有助于提高大学生对文化优长的包容度，提高大学生对中国精神的了解程度，而浏览时政新闻、在线学习还有助于大学生对马克思主义与中国共产党经典著作的阅读，提高大学生对中华文化的熟悉程度。综上所述，上网时长对大学生文化自信心不存在显著影响，对大学生文化素养的影响以消极为主，在不同网络行为中，浏览时政新闻和在线学习对大学生文化观和文化素养的积极作用显著，社交媒体也对大学生文化观和文化素养具有一定积极影响，而其他网络工具的育人功能有待开掘。

（三）对策与建议

首先，提高文化育人工作针对性，促进不同群体大学生文化观与文化素养均衡发展。分析结果显示出不同群体大学生在文化观和文化素养上存在显著差异的特征，这一特征为我们明晰了大学生文化观培育和文化素养提升的重点群体。进一步培育大学生的文化观和文化素养，要兼顾整体推进和重点提升，有针对性地引导重点群体坚定文化自信心，提升文化素养。在文化自信心方面，要加强对男生的文化自信心培育，结合年龄、年级、培养环节等从低年级大学生着手循序渐进地培育文化自信心，结合理工农医学科特点在专业课教学、实习实践中有机融入教育内容，增进理工农医类大学生的文化认同和文化自信，同时也要着力提高非党员大学生、没有担任过学生干部的大学生等群体的文化自信心。在经典著作阅读方面，要引导女生、理工农医类大学生、没有担任过学生干部的大学生加强对经典著作的阅读，提高非党员大学生阅读马克思主义与中国共产党经典著作的积极性。在中华文化和中国精神了解状况方面，要重点向女生、理工农医类大学生、非党员大学生及没有担任过学生干部的大学生等群体宣传普及中华文化和中国精神的教育内容。

其次,抓好课堂教学主渠道,有机融入中华优秀传统文化、革命文化和社会主义先进文化。调查发现,思政课在培育大学生文化自信心、提升大学生文化素养方面发挥着重要作用。高校开设的传统文化课程,可促进大学生对中国传统文化典籍的深入阅读,显著提升大学生文化自信心程度。这些都说明进一步培育大学生的文化观和文化素养,须抓好用好课堂教学这个主渠道。在思政课教学中,一是要贯穿社会主义核心价值观,为大学生文化自信提供有力价值支撑;二是要结合课程教学荐读经典著作,提高大学生阅读经典著作的广度和深度;三是要在教学内容中有机融入中华优秀传统文化、革命文化和社会主义先进文化,介绍中华文化发展演进历程,解读阐释好中国精神的实质内涵;四是要在实践教学环节做好对大学生社会实践的指导,引导大学生行走在祖国大地上,感悟中华文化的魅力,提高对民族精神和时代精神的认同。在课程思政建设中,可结合学校实际开设有关传统文化、革命精神、伟大抗疫精神等内容的通识教育课程;结合不同学科专业特点,在专业课教学中选取鲜活案例、讲好中国故事,向学生普及有关中华文化和中国精神的内容;结合社会实践、创新创业、职业教育等环节,围绕大学生发展需求开发特色课程,丰富拓展深化培育大学生文化观和文化素养的教学形式。

最后,提升日常思想政治教育协同性,完善大学生文化观与文化素养培育的日常教育体系。从大学生文化观与文化素养的相互关系来看,大学生对经典著作的完整深入阅读、对中华文化和中国精神的熟知了解、对文化育人实践活动的积极参与,均有助于提升大学生的文化自信心,这说明大学生的文化观培育和文化素养提升应统一起来,系统推进。同时大学生文化素养的各个方面也是紧密关联、相互促进的关系,如传统文化教学实践活动有助于促进大学生对中国传统文化典籍的阅读,弘扬抗疫精神活动有助于增进大学生对伟大抗疫精神的认同,这也启示我们提升大学生文化素养,要推动各方面育人资源整合共享,育人力量齐抓共管,形成协同效应。从大学生文化观与文化素养的教育影响来看,大学生文化素养的全面提升不会一蹴而就,还需聚焦日常、久久为功,挖掘各项工作中蕴含的文化资源,不断提高课程育人与文化育人、网络育人、实践育人、活动育人等工作的协同性。一是要强化网络育人,从维护文化安全和网络安全的高度开发并运用好网络平台的文化承载、传播、引导功能,发挥好学习强国学习平台、社交媒体、短视频平台等在传播经典、弘扬文化、培育自信方面的作用。二是要深化实践育人,引导大学生投身社会实践,加深对中华文化历史渊源的了解,对中国精神的理解认同,从而厚植文化基因,锤炼精神品质,坚定文化自信。三是要创新活动育人,要利用好时机契机,广泛开展弘扬伟大抗疫精神活动,讲好抗疫"大思政课",提高大学生对伟大抗疫精神的认同度;迎接建党百年,在落实党史学习教育的同时,开展经典著作品读、牢记革命历史、弘扬革命精神等活动,增进大学生对党的精神谱系的认知认同,培育坚定的文化自信心。

第五章
网络观与网络素养

信息技术的高速发展推进了网络应用的触角伸向人们生活的方方面面,正深刻改变着人们的生活方式、消费行为、学习模式、交流空间。正如习近平总书记在网络安全和信息化工作座谈会上所指出的,"互联网是一个社会信息大平台,亿万网民在上面获得信息、交流信息,这会对他们的求知途径、思维方式、价值观念产生重要影响,特别是会对他们对国家、对社会、对工作、对人生的看法产生重要影响。"[1]中国互联网络信息中心发布的第 47 次《中国互联网络发展状况统计报告》显示,中国网民规模已达 9.89 亿[2]。青年大学生作为开放发达网络空间的"原住民",享受网络发展"红利"的同时被潜移默化影响着,这成为了新时代高校思想政治工作的新议题。基于调研数据,本章将从大学生上网时长与用网目的、新媒体运用与网络行为等方面呈现当前大学生的网络观与网络素养,为新时代进一步加强和改进高校网络思想政治教育,提高思想政治工作的针对性和实效性提供参考。

一、 上网时长

网络运用与大学生学习成长息息相关,上网时长从"量"的维度反映出大学生的网络参与和网络依赖状况,能否合理安排上网时长,避免网络沉迷体现着大学生的网络素养。

(一) 总体情况

总体而言,多数受访大学生能够保持合理的上网时间,但投入时长整体呈增长趋势。课题组对上网"1 小时以下""1—3 小时""3—5 小时""5 小时以上"分别赋值 1 分、2 分、3 分、4 分,通过均值比较分析大学生用网情况,得分越高说明投入上网时间越久。结果显示,大学生每天平均上网时长的均值得分为 2.94,这一统计数据相较 2018 年(2.57)和 2019 年(2.90)均有所提高。由此可见网络运用在大学生群体日常生活中所占据的时间逐渐增多,他们对网络的依赖程度渐趋加深。各时长具体统计情况如图 5-1 所示,分别有 27.0% 和 38.6% 的受访者表示每天用网时长为"1—3 小时"和"3—5 小时",认为"5 小时以上"的人数占比超过三成,仅有 4.3% 的大学生选择"1 小时以下"。

为进一步呈现上网时长的年际变化趋势,考察互联网对大学生的影响程度,课题组对比

---

[1] 习近平:《在网络安全和信息化工作座谈会上的讲话》,《人民日报》2016 年 4 月 26 日。

[2] 第 47 次《中国互联网络发展状况统计报告》,中华人民共和国国家互联网信息办公室,http://www.cac.gov.cn/2021-02/03/c_1613923423079314.htm。

了近三年的统计数据,发现大学生群体每天平均上网时长正逐年递增,时长为"1—3 小时"的群体人数占比较 2018 年(47.0%)下降了 20%,相反,选择"5 小时以上"的受访者比例较 2018 年和 2019 年分别高出 15.7、2.9 个百分点,选择"3—5 小时"的比例分别相应高出 5.2、1.8 个百分点(图 5-1)。

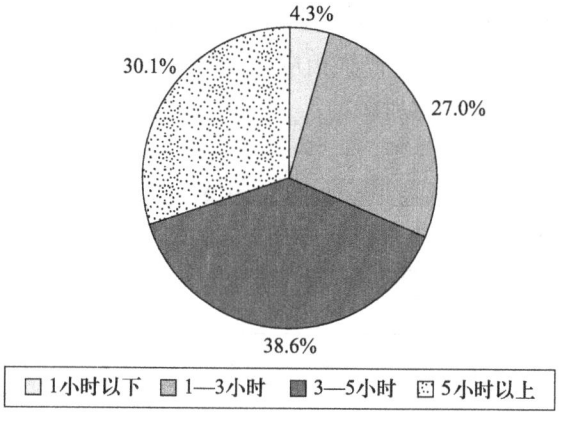

图 5-1　大学生每天平均上网时长分布

调查数据表明当前大学生使用网络的频率愈发增高,虽保持在相对合适的时间区段,但大幅增长的年际变化数据背后所映射的网络依赖和网络沉迷问题值得高校重点关注(图 5-2)。

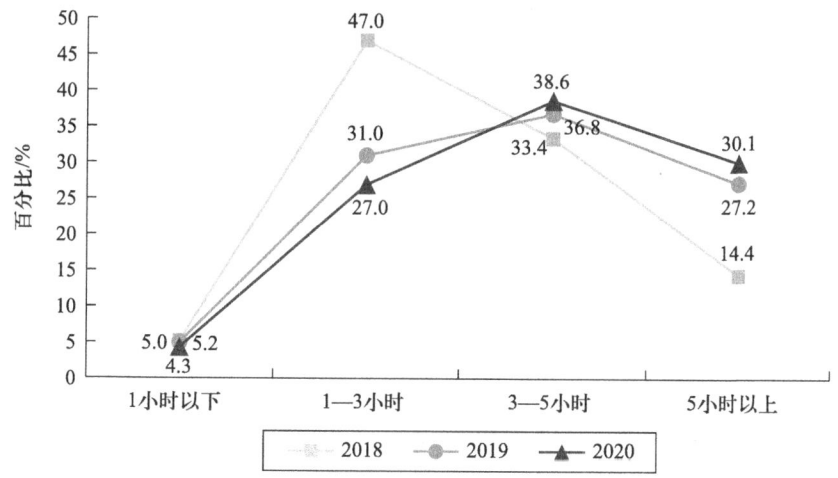

图 5-2　2018 年—2020 年大学生每天平均上网时长分布

(二) 不同群体大学生上网时长的差异

为进一步研究不同群体大学生每天平均上网时长的差异,课题组对统计数据进行了交叉分析,发现自然因素和教育因素对大学生上网时长存在影响。

1. 基于自然因素的分析

统计发现,不同性别大学生群体每天平均上网时长有所差异,总体上女大学生使用互联网的时间多于男大学生。如图 5-3 所示,在"3—5 小时"和"5 小时以上"两个时间区段中,女生选择比例更高,分别达到 40.3% 和 32.0%,男生则为 36.6% 和 27.9%($\chi^2 = 494.954$,$P <$ 0.001),该项统计情况与 2018 年、2019 年保持一致。27.7% 的受访女生表示每日上网时长在 3 小时以下,低于男大学生 7.8 个百分点。回顾近两年调研数据,发现男女生用网时长均呈增长趋势,女生选择 3 小时以上相关项的人数比例分别为 51.2%(2018 年)、68.2%(2019 年)、72.3%(2020 年),男生此项统计数据相应为 44.5%、58.1%、64.5%,进一步印证互联网对大学生学习生活的影响程度不断加深。

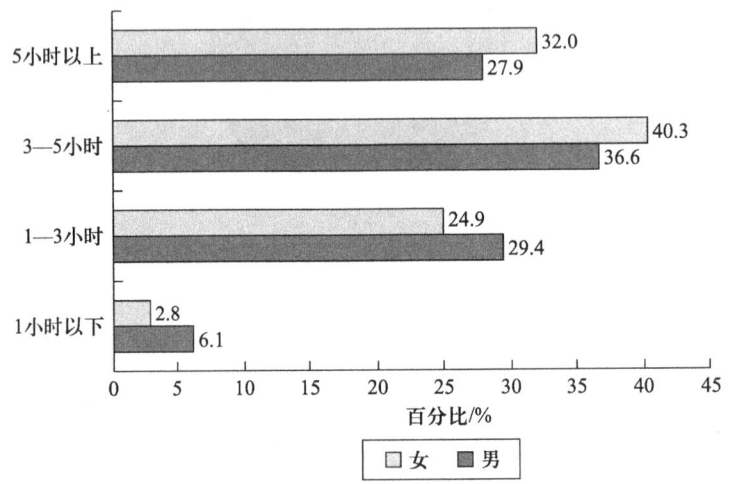

图 5-3　不同性别大学生每天平均上网时长分布

2. 基于教育因素的分析

统计分析发现,年级、学历、学科类别对大学生每日上网时长存在显著影响,具体差异如下。

从年级来看,不同年级大学生每天平均上网时长有所不同。在 3 小时以上时长方面,博士研究生受访者比例最低(65.8%),大一年级学生次之(66.1%),大二、大三、大四年级受访学生中表示上网时长为 3 小时以上的人数比例均超七成,尤以大四学生最高(70.4%),且达到 5 小时以上的比例为 31.5%($\chi^2 = 170.693$,$P < 0.001$)。通过比较本科各年级之间的差异,可见上网时间长短与年级变化存在一定相关关系,本科高年级大学生平均用时整体长于低年级。这一结果与大学生实际学习生活相符,随着年级提升,无论是课程学习愈发需要广泛查询收集资料,还是学习成果的电子化呈现,均依赖互联网作为有效工具,同时高年级学生的自主学习意识和机会相对更充分,不少学生善于利用网络拓展知识、丰富自我,但因网费时、因网废学的学业预警案例仍时有发生,是高校学风建设不可忽视的隐忧。

从学历来看,不同学历层次的大学生群体每天平均上网时长存在显著差异。如表 5-1 所示,在上网时长为 3 小时以上的统计中,博士研究生(65.8%)<硕士研究生(68.7%)<本科生(68.8%),而 5 小时以上的统计结果正好相反,博士研究生的比例达到 36.6%($\chi^2 = 85.911$,$P < 0.001$),远高于其他学历层次,硕士研究生每日上网时长在 1 小时以下的人数比例最低(3.7%),上述三者间的统计数据关系与往年保持一致。

从学科门类来看,不同学科门类的大学生群体在用网时长方面表现有所不同。67.1% 的理工农医类专业大学生认为自己每天上网 3 小时以上,而人文科学类和社会科学类专业大学生的选择比例均超七成,分别为 71.6% 和 70.5%($x^2 = 91.754$,$P<0.001$),时长达"5 小时以上"的受访者中,同样是人文科学类专业大学生最多。总体而言,由于学科门类和培养要求不同,理工农医类专业大学生需要投入更多时间精力用于实验设计与实地操作,人文社科类专业大学生更侧重广闻博知与充实积淀,因而前后者之间在平均每天上网时长上存在明显差异。

表 5-1　大学生每天平均上网时长与教育因素的交叉分析

		大学生每天平均上网时长/%				卡方检验		
		1 小时以下	1—3 小时	3—5 小时	5 小时以上	x^2	df	P
年级	大一	4.6	29.3	38.5	27.6	170.693	15	0.000
	大二	4.5	25.4	39.1	31.0			
	大三	4.2	25.6	39.1	30.4			
	大四	4.7	24.9	38.9	31.5			
	硕士	3.7	27.6	38.8	29.9			
	博士	4.1	30.1	29.2	36.6			
学历	本科生	4.5	26.7	39.0	29.8	85.911	6	0.000
	硕士研究生	3.7	27.6	38.8	29.9			
	博士研究生	4.1	30.1	29.2	36.6			
学科门类	人文科学类	3.8	24.6	39.8	31.8	91.754	6	0.000
	社会科学类	3.7	25.8	39.4	31.1			
	理工农医军类	4.8	28.1	37.9	29.2			

二、　上网目的

随着信息化的不断延伸,网络与大学生学习生活的联结更加紧密,新时代网络"原住民"们的"冲浪"活动呈现多元化样态。上网目的既是高校大学生课余生活的真实反映,又客观体现着他们的学习需要、价值追求、情感依赖和生活关注。了解上网目的,有助于进一步真实观察大学生的网络生活,准确把握大学生成长发展动态。

(一)总体情况

大学生"网上冲浪"活动多元丰富,涵盖学习、社交、娱乐、消费多方面。课题组对大学生常进行的九类网络行为进行了调研,多重响应分析结果如图 5-4 所示,当前大学生群体上网目的分别有:"社交媒体"(30.8%)、"在线学习"(21.7%)、"观看视频"(16.4%)、"时政新闻"(8.3%)、"网络游戏"(5.8%)、"网络社区"(5.6%)、"刷短视频"(5.6%)、"网络购物"(5.5%)、"其他"(0.3%)。其中,利用 QQ、微信、微博等平台社交畅聊、网络在线学习、观看B 站等平台视频资源成为当前大学生群体最主要的网络活动方式,在上网时长中占据相当比重。

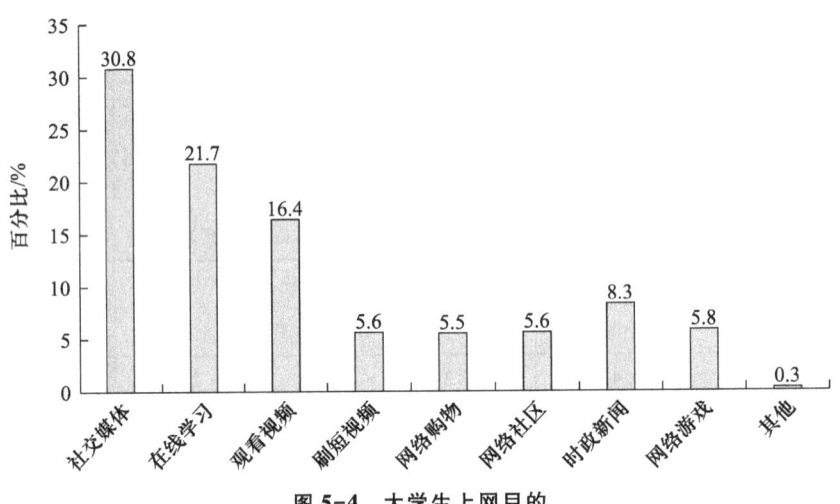

图 5-4　大学生上网目的

为更系统地掌握大学生群体上网目的总体状况和变化趋势,以便深入了解他们的成长需求,课题组回顾了近年统计数据,发现大学生上网目的总体排序大部分保持一致(见表5-2)。该数据所反映出的几个现象值得关注:首先,选择"在线学习"的比例大幅增长。21.7%的受访大学生将"在线学习"作为重要上网目的,这一比例相较去年(14.3%)多出7.4个百分点。由于受疫情影响,高校积极响应"停课不停教、停课不停学"的要求,网络直播课和在线慕课成为大学生们完成课业和获取知识的有效途径,在线学习成为高校校园里一种新潮又普遍的教育方式。其次,"刷短视频"的大学生群体占比虽然不高,近三年统计数据分别为2.1%、4.1%、5.6%,却是仅有的两项人数比例呈逐年递增态势的网络活动方式之一,可见短视频在青年大学生中的市场正不断扩大,高校如何借助趋势延展教育空间,引导学生刷出新风貌,抖出正能量至关重要。再次,以网络社交为主要目的的人数比例有所下降,比2018年(33.4%)低2.6个百分点,说明互联网与大学生学习生活的联结点越来越丰富,他们不断拓展网络活动形式,高校思想政治工作者应因势而谋、应势而动、顺势而为,抢占工作先机。

表 5-2　2018 年—2020 年大学生上网目的

单位:百分比/%

	社交媒体	在线学习	观看视频	刷短视频	网络购物	网络社区	时政新闻	网络游戏	其他
2018 年	33.4	14.0	17.1	2.1	7.7	7.6	9.7	6.9	1.5
2019 年	32.1	14.3	18.1	4.1	7.6	7.4	9.0	7.1	0.3
2020 年	30.8	21.7	16.4	5.6	5.5	5.6	8.3	5.8	0.3

(二)不同群体大学生上网目的的差异

为进一步研究不同群体大学生上网目的的差异,课题组对统计数据进行了多重响应交叉分析,发现不同自然因素和教育因素背景下的大学生上网进行的主要活动有所不同。

1. 基于自然因素的分析

从性别来看,男女大学生在网上"冲浪"的主要目的有所不同。在女生群体的上网习惯里,排在前五项的目的分别是"社交媒体"(31.8%)、"在线学习"(21.5%)、"观看视频"(16.6%)、"时政新闻"(7.9%)、"网络购物"(7.9%),尤其是受访女大学生对"网络购物"和"社交媒体"的热情程度相较男生分别多出 5.3 和 2.1 个百分点。相反,男生则更加关注"时政新闻",喜欢"网络游戏",如图 5-5 所示,分别有 8.9% 和 9.5% 的男性受访者选择上述两项,多于女生相应人数比例的 7.9% 和 2.7%。由上可见,在调研所列举的九类网络活动中,网络购物和网络游戏成为男女大学生群体选择差异最为突出的两项。

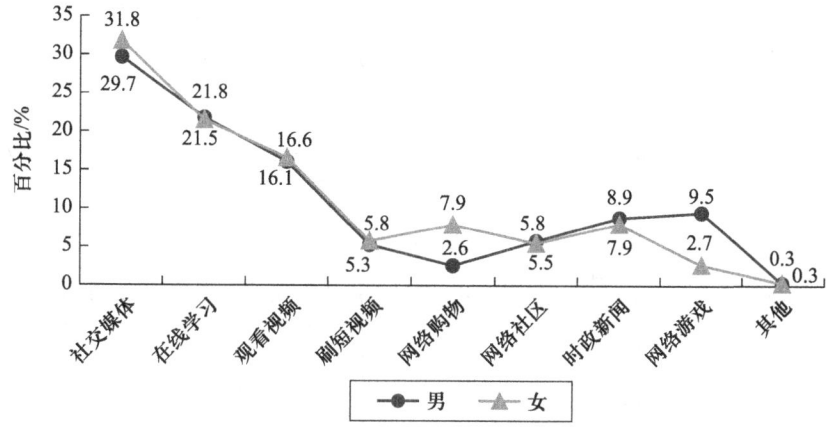

图 5-5　不同性别大学生的上网目的

2. 基于教育因素的分析

统计分析发现,学历、年级、学科类别、政治面貌对大学生的上网目的存在显著影响,具体差异如下。

从学历层次来看,不同学历层次的大学生利用上网时间开展的活动有所不同。本科生对带有娱乐属性的活动颇有兴致,其中"社交媒体""观看视频""刷短视频""网络社区""网络游戏"的选择人数比例分别为 30.8%、16.7%、6.1%、5.3%、6.7%。随着受访者学历层次的提升,以知识学习和要闻获取为主要目的的上网方式成为研究生们的选择。28.2% 和 13.4% 的博士研究生选择将时间投入到在线学习和浏览时政新闻,明显优于本科生的 20.9% 和 7.6%。在"网络购物"项上,硕士研究生受访者选择比例为 6.4%,为三者中最高,这一结果与往年统计保持一致。可见,相较于研究生多借助网络满足成长性需要,尤其博士研究生上网行为主要集中于学习性相关活动,本科生上网主要目的的娱乐化倾向略突出。

从年级来看,不同年级大学生在各类网络活动中投入的时间精力存在明显差异。前文已论述了学历层次间的选择差异,而本科四个年级间的选择同样各异(见表 5-3)。在学习性目的方面,21.4% 的大一学生表示上网主要目的是开展在线学习,高于大二(20.4%)、大三(20.7%)、大四(20.8%);7.3% 的大一学生表示会上网浏览时政新闻,大二、大三、大四年级受访者的相应比例分别为 6.7%、7.7%、9.1%。在娱乐性目的方面,大一、大二年级学生用于"刷短视频""网络购物""网络游戏"等活动的时间精力比高年级更多,特别是以"网络游戏"为上网主要目的的人数比例均为 7.2%。综上所述,由于本科生的个人自律性和学习自主性稍弱于研究生,且本科低年级是大学生成长成才的新起点,是高校人才培养和立德树人工作开展的关键,如何有效帮助大一年级新生告别迷茫、找寻目标,督促大二年级学生消除懈怠、明确方向,值得思想政治工作者关注和思考。

表 5-3　大学生上网目的与教育因素的交叉分析

单位:百分比/%

		大学生上网目的								
		社交媒体	在线学习	观看视频	刷短视频	网络购物	网络社区	时政新闻	网络游戏	其他
年级	大一	30.8	21.4	15.1	6.7	5.5	5.7	7.3	7.2	0.3
	大二	30.7	20.4	16.7	6.9	5.3	5.9	6.7	7.2	0.2
	大三	30.9	20.7	17.5	5.7	4.9	5.8	7.7	6.5	0.3
	大四	30.7	20.8	18.4	4.4	5.1	5.5	9.1	5.7	0.3
学历	本科生	30.8	20.9	16.7	6.1	5.2	5.7	7.6	6.7	0.3
	硕士研究生	31.1	23.6	15.9	4.0	6.4	5.4	10.5	2.8	0.3
	博士研究生	30.1	28.2	12.0	2.7	5.9	5.3	13.4	1.8	0.6
学科门类	人文科学类	31.5	20.0	17.7	5.7	6.5	5.9	8.2	4.2	0.3
	社会科学类	31.3	21.0	16.3	5.8	6.7	5.6	9.0	4.0	0.3
	理工农医类	30.4	22.4	16.0	5.4	4.7	5.6	8.2	7.0	0.3

从学科门类来看,不同学科专业的大学生群体上网目的有所差异。人文科学类专业大学生群体选择"社交媒体""观看视频""网络社区"作为主要网络活动的人数比例在三个学科类别对比中最高,分别为31.5%、17.7%、5.9%。社会科学类专业大学生群体表示上网时间主要用于"刷短视频"(5.8%)、"网络购物"(6.7%)、时政新闻(9.0%)的统计数据均高于其他两个学科类别。理工农医类专业受访大学生则在用网目的为"在线学习"(22.4%)、"网络游戏"(7.0%)选项上的选择比例多于人文科学类和社会科学类专业大学生。调研结果所呈现的当前不同学科类别大学生的网络活动情况在一定程度上与学科属性、研究活动、学习习惯、学生特点有所关联,说明激发人文社科类专业大学生学习自主性与引导理工农医类专业大学生合理控制网络游戏时间均至关重要。

从政治面貌来看,不同政治面貌的大学生上网主要目的有所不同。如图5-6所示,政治面貌为党员的受访大学生在"社交媒体""在线学习""时政新闻""网络购物"项目的选择比例分别为31.5%、23.1%、11.6%、5.6%,均高于非党员大学生相应选项的30.6%、21.3%、7.5%、5.5%。而非党员大学生表示上网主要是"观看视频"(16.6%)、"刷短视频"(6.0%)、"网络社区"(5.7%)、"网络游戏"(6.5%)的人数比例多于受访党员大学生相应选项的15.5%、3.9%、5.4%、3.1%。由数据可知,时政新闻和网络游戏是党员与非党员大学生上网目的选择人数比例差异最大的两项,一定程度上反映出党员大学生整体具有良好的政治素养和学习习惯,能主动关心时政要闻,有效抵御沉迷网游的不良影响。

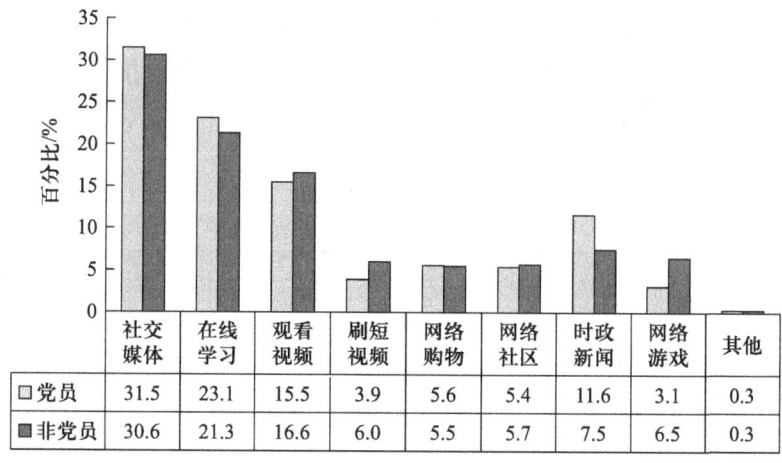

图 5-6　不同政治面貌的大学生的上网目的

	社交媒体	在线学习	观看视频	刷短视频	网络购物	网络社区	时政新闻	网络游戏	其他
党员	31.5	23.1	15.5	3.9	5.6	5.4	11.6	3.1	0.3
非党员	30.6	21.3	16.6	6.0	5.5	5.7	7.5	6.5	0.3

三、　新媒体运用

网络已跃升为年轻人获取信息的主要渠道,新媒体成为宣传舆论的新阵地,越来越多高校意识到抢占主动权的重要性,相继创建运营新媒体平台,推进校内传统媒体与新兴媒体的深度融合,开辟"两微一抖"新媒体宣传阵地,借助矩阵力量开展学生思想政治工作。

由于全媒体时代的媒体结构、传播方式、影响效度变化日新月异,"党的新闻舆论工作必须创新理念、内容、体裁、形式、方法、手段、业态、体制、机制,增强针对性和实效性"[1]。课题组从高校微博、微信等新媒体对学生成长发展的影响和当前思想政治教育类主题网站的问题着手,考察新媒体平台的实际影响力与优化方向,以便有效推进网络宣传舆论工作的创新发展和大学生思想政治工作。

(一)新媒体对大学生成长发展的影响

当前各高校纷纷抢占新媒体宣传阵地,聚焦大学生日常思想引领、学习生活、校园资讯、情感共识,在大学生成长发展中发挥着重要作用。

1. 总体情况

受访大学生对"所在学校的微信、微博等新媒体对其成长发展的影响"评价包括非常大、比较大、一般、不太大、没影响五种程度,课题组将上述评价分别赋值为 5 分、4 分、3 分、2 分、1 分,通过均值分析考察高校新媒体平台在大学生成长发展中的实际效用,均值得分结果为3.61,位于"一般"和"比较大"区间,意味着当前高校着力打造的新媒体宣传阵地对青年大学生具有一定影响力,能够收获积极成效。统计数据如图 5-7 所示,56.1%的受访者对所在学校新媒体平台发挥的影响力给予正向评价,其中 20.5%的大学生充分肯定对个人成长发展产生的积极效应,35.6%的受访者表示影响比较大。认为学校微博、微信等平台影响力有限,对个人成长发展意义不太大或无影响的人数比例为 11.4%,另有 32.5%的受访大学生对目前

---

[1]　习近平:《坚持正确方向创新方法手段 提高新闻舆论传播力引导力》,《人民日报》2016 年 2 月 20 日。

学校新媒体平台发挥的实际价值持一般评价。综上可见,新兴媒体平台的设计推广有助于落实立德树人根本任务,受到大学生群体的肯定和支持,但正在发展中的高校新媒体仍需不断扩大在青年中的实际影响力。

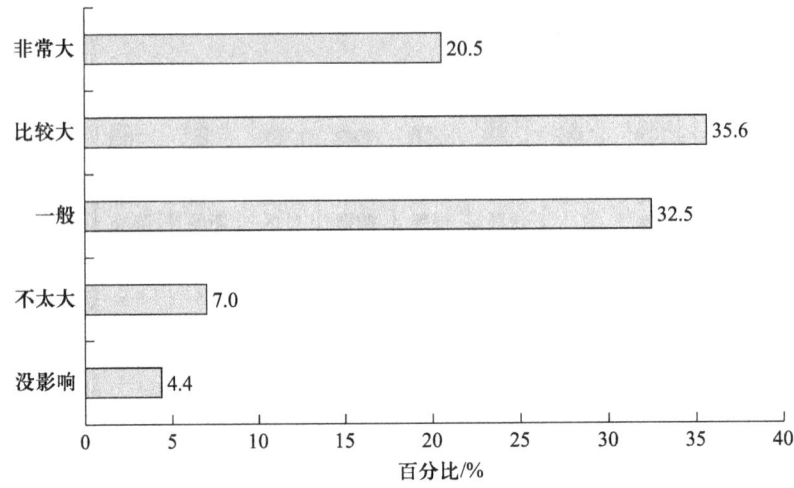

图 5-7 大学生对所在高校的新媒体对其成长发展影响的评价

2. 不同群体大学生评价高校新媒体影响成长发展程度的差异

为进一步调查研究高校新媒体对不同群体大学生成长发展的影响程度,课题组结合人口学变量对数据进行了均值比较分析,将影响程度的五个等级"非常大""比较大""一般""不太大""没影响"分别赋值 5 分、4 分、3 分、2 分、1 分,得分越高说明影响程度越高。如表5-4 所示,具有不同教育因素的大学生群体对所在高校新媒体影响其成长发展的评价存在显著差异。

表 5-4　高校新媒体对不同群体大学生成长发展影响程度的均值比较

		均值	标准差	统计量及显著性水平
年级	大一	3.68	0.994	$F = 38.126$ ***
	大二	3.60	1.026	
	大三	3.51	1.063	
	大四	3.55	1.065	
	硕士	3.66	0.992	
	博士	3.63	1.010	
学科门类	人文科学类	3.65	0.987	$F = 10.737$ ***
	社会科学类	3.63	1.005	
	理工农医类	3.59	1.043	
政治面貌	党员	3.71	0.963	$T = 122.554$ ***
	非党员	3.58	1.039	

续表

		均值	标准差	统计量及显著性水平
学历	本科生	3.60	1.034	$F = 13.628^{***}$
	硕士研究生	3.66	0.992	
	博士研究生	3.63	1.010	
学生干部经历	有	3.63	1.013	$T = 109.526^{***}$
	没有	3.51	1.067	
学校所属区域	华东地区	3.58	1.028	$F = 25.613^{***}$
	华南地区	3.54	1.030	
	华中地区	3.59	1.014	
	华北地区	3.68	1.039	
	西北地区	3.71	0.957	
	西南地区	3.55	1.020	
	东北地区	3.63	1.070	

从学历和年级来看,不同学历大学生群体对学校新媒体影响其成长发展的程度评价存在显著差异($F = 13.628$,$P < 0.001$)。本科生在此项评价上的均值得分为3.60,硕士研究生和博士研究生的统计结果均高于本科生,分别为3.66和3.63。在本科阶段各年级统计中,按均值得分从低到高的顺序依次是大三(3.51)、大四(3.55)、大二(3.60)、大一(3.68),可见相较于高年级,大一学生认为学校新媒体平台的内容对自我成长价值更明显,侧面说明作为展现学校风貌、回应学生关切、聚合话语力量、引导价值传播的新兴阵地,当前各高校新媒体平台的生命力、传播力、影响力仍存在提升空间。利用新媒体特有优势,从广度和深度两方面有效保证日常思想政治工作广泛覆盖并落细入微是未来努力的方向。

从学科门类来看,学科门类对大学生评价学校新媒体影响其成长发展的情况具有显著影响($F = 10.737$,$P < 0.001$)。数据显示,人文科学类专业大学生群体的影响度均值得分为3.65,社会科学类专业大学生的影响度均值得分为3.63,均高于理工农医类专业大学生的评价均值得分(3.59)。由此可见,高校新媒体在关注不同学科门类大学生的成长需求,增进平台吸引力,提升工作效度方面尚需进一步加强。

从政治面貌来看,学校新媒体对不同政治面貌大学生群体成长发展的影响程度有所不同($T = 122.554$,$P < 0.001$)。党员大学生在此项评价上的均值得分为3.71,明显高于非党员大学生均值得分的3.58,可见党员大学生注重紧跟动态前沿,善于关注和学习,从中汲取成长发展的力量。统计结果一方面表明当前高校新媒体在思想引领和宣传舆论工作上收获一定成效,有力推动了高校立德树人工作;另一方面说明还应继续强化新媒体平台对非党员大学生群体成长发展的导航意义。

从学生干部经历来看,相关学生经历对大学生评价学校新媒体影响其成长发展的情况存在显著差异($T = 109.526$,$P < 0.001$)。由表5-4可知,拥有学生干部经历的大学生群体受学校新媒体影响的程度更深,评价的均值得分为3.63,高于未曾担任过学生干部的大学生群

体,后者的均值得分为 3.51,说明学生工作相关经历会促使学生积极关注并参与学校各级各类新媒体的建设,拥有更强的成长发展获得感。

从学校所在区域来看,不同区域学校的大学生对本校新媒体平台影响其成长发展程度的评价存在显著差异($F = 25.613$, $P < 0.001$)。数据表明,在受访对象中,来自西北地区高校的大学生群体相较于其他地区高校学生而言,更加认可所在高校新媒体平台对自我成长发展的意义,且影响程度更深,均值得分为 3.71。

(二)思想政治教育类新媒体平台存在的主要问题

网络媒介的高速发展加快了传播内容、手段、方式的更新迭代,系列思想政治教育类主题网站和新媒体平台作为增强大学生思想政治工作吸引力的“提鲜剂”,面对创新思想政治教育内容与形式的要求,在青年受众的实际吸引与效用价值方面遇到不小考验,亟须各类网络新媒体平台探明问题,进一步思考研究建设方向。

1. 总体情况

课题组从内容特点、呈现形式、信息价值、创新吸引等维度表述当前思想政治教育类主题网站或新媒体平台存在的主要问题,通过多重响应分析考察大学生对问题的评价。调查结果显示,在全部受访者中,占比 23.9% 的大学生表示“理论性太强”,22.6% 的受访者评价相关网站平台内容“说教味过浓”,选择“缺乏互动”和“呈现方式单一”的人数占比分别为 17.5% 和 18.5%。此外,有部分受访大学生认为当前网站和新媒体平台存在“信息更新慢”(5.0%)、“案例陈旧”(6.9%)、“原创不足”(5.2%)等问题(见表 5-5)。

表 5-5　2019 年—2020 年思想政治教育类主题网站或新媒体平台存在主要问题的多重响应分析

思想政治教育类主题网站或新媒体平台存在的主要问题	2019 年		2020 年	
	响应		响应	
	N	百分比/%	N	百分比/%
理论性太强	26 966	24.5	27 410	23.9
说教味过浓	24 582	22.3	25 869	22.6
缺乏互动	19 977	18.2	20 043	17.5
呈现方式单一	20 795	18.9	21 186	18.5
信息更新慢	5 366	4.9	5 728	5.0
案例陈旧	6 504	5.9	7 902	6.9
原创不足	5 422	4.9	6 002	5.2
其他	419	0.4	473	0.4

为进一步分析受访者对此项考察评价的变化情况,课题组回顾了 2019 年的数据,如上表所示,近两年大学生对思想政治教育类主题网站或新媒体平台现存主要问题的看法基本保持一致,“理论性太强”“说教味过浓”“呈现方式单一”位列诸多评价中前三位。值得注意的是,相较于去年,部分问题选择人数比例在今年有所下降的这一趋势反映出可喜变化,持续优化的内容设置和交流形式一定程度上收获了认可,大学生群体的接受度正不断提升。

但评价"说教味过浓""信息更新慢""案例陈旧""原创不足"的人数比例有所增加,尤以"案例陈旧"的情况与去年相差最大,说明当前青年大学生普遍注重教育内容的新颖性和鲜活性,信息的更新迭代、案例的讲述角度和故事的独创形式是大学生接受、选择、评价各类思想政治教育类主题网站和新媒体平台的重要考量因素。

2. 不同群体大学生对思想政治教育类新媒体平台主要问题评价的差异

为进一步研究不同群体大学生对当前思想政治教育类主题网站和新媒体平台现存问题的意见,课题组将统计数据进行了多重响应交叉分析,发现教育因素不同的大学生看待这一问题的视角与侧重有所不同,具体发现学历、政治面貌、国(境)外学习经历对大学生作出评价存在显著影响。

从学历层次来看,不同学历层次的大学生在评价思想政治教育类主题网站和新媒体平台现存问题上的态度有所不同。如表 5-6 所示,本科生和硕士研究生群体普遍表示"理论性太强",选择人数占比均为 24.0%,博士研究生受访者中更多人则认为"说教味过浓"(23.0%),这一比例高于本科生(22.7%)和硕士研究生(22.1%)。此外,18.2%的硕士研究生关注到思想政治教育类新媒体的互动性不够,19.0%的博士研究生评价相关网站平台的内容呈现方式略微单一。

表 5-6 大学生对思想政治教育类新媒体平台主要问题评价与教育因素的交叉分析

单位:百分比/%

		大学生对思想政治教育类主题网站或新媒体平台主要问题的评价							
		理论性太强	说教味过浓	缺乏互动	呈现方式单一	信息更新慢	案例陈旧	原创不足	其他
学历	本科生	24.0	22.7	17.3	18.4	4.9	7.0	5.3	0.4
	硕士研究生	24.0	22.1	18.2	18.7	5.1	6.6	5.0	0.3
	博士研究生	21.3	23.0	17.4	19.0	5.3	7.3	6.1	0.6
政治面貌	党员	23.7	20.9	19.0	19.5	4.8	6.6	5.1	0.4
	非党员	24.0	23.0	17.1	18.2	5.0	7.0	5.3	0.4

从政治面貌来看,不同政治面貌的大学生对思想政治教育类主题网站和新媒体平台的评价有所差异。分别有 24.0%和23.0%的非党员大学生感觉"理论性太强"、"说教味过浓",尤其后者数据远高于党员大学生相应选择的20.9%。相比之下,不少党员大学生更关注"缺乏互动"(19.0%)和"呈现方式单一"(19.5%)的问题。综上所述,该数据一方面体现党员学生整体政治素质较好,理论学习意愿普遍积极,对思想政治教育类新媒体平台的发展有所期待;另一方面说明相关主题网站在关注、吸引、把握、引领非党员学生群体方面值得进一步思考研究,以增强他们接受和学习的意愿。

从国(境)外学习经历来看,有无相关经历对大学生评价当前思想政治教育类主题网站和新媒体平台的观点存在影响。在曾出国(境)学习过的受访者中,主要选择"理论性太强"(24.4%)、"说教味过浓"(24.0%)、"案例陈旧"(8.2%)三项的人数占比高于没有此经历的学生群体,后者三项数据分别为23.9%、22.5%、6.8%。如图 5-8 所示,没有国(境)外学习经历的大学生对思想政治教育类新媒体平台存在"缺乏互动"(17.6%)、"呈现方式单一"

（18.5%）、"原创不足"（5.3%）等问题评价比例更高。

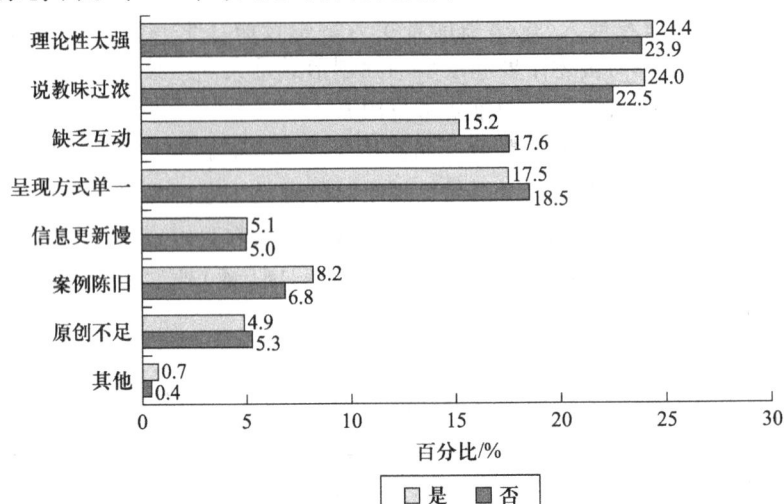

图 5-8　国（境）外学习经历与大学生对思想政治教育类新媒体平台的评价情况

四、 网络行为

网络是信息汇集的"大熔炉"，是信息传播衍生的"发酵场"，也是左右受众判断的"摇摆器"，包括网络热点事件在内的各类信息舆情在这个大温床不断演绎。对于党和国家而言，"过不了互联网这一关，就过不了长期执政这一关"①。于国家发展而言，网络舆情与虚假言论事关国家安全；于高校而言，网络育人效能是青年思想政治工作质量提升的新引擎和检验器；于青年大学生而言，对庞杂信息热点持有辨别力，对荒谬论断敢于纠错，为清朗的空间发声是应有要求和期待。本节从大学生面对网络热点和错误言论的态度，以及规范个人网络言行的角度，全面讨论青年学生的政治意识、网络素养和价值取向，力图为网络时代大学生群体的清晰画像添上一笔。

（一）对待网络热点事件和错误言论的态度

许多网络热点常以令人咋舌的"标题党"与东拼西凑的"震惊爆料"，制造着毫无营养的信息泡沫，并借助自媒体制造、加工、传播不实言论。大学生群体是否能旗帜鲜明地秉持正确价值认知和判断，抵制反驳其嚣尘上的错误观点，这一点在"后真相时代"显得尤为重要。

1. 总体情况

当前，我国网络新闻用户规模达 7.43 亿，占网民整体的 75.1%②，加之信息生产传播流程的便捷化和海量信息阅读的碎片化催生了网络热点层出不穷，以"微博热搜""UC 体""劲爆头条"等为代表的信息标识迅速博得大众眼球。课题组将"我会对网上热点事件冷静分

---

① 习近平：《加快推动媒体融合发展 构建全媒体传播格局》，《求是》2019 年第 6 期。
② 第 47 次《中国互联网络发展状况统计报告》，中华人民共和国国家互联网信息办公室，http://www.cac.gov.cn/2021-02/03/c_1613923423079314.htm。

析,不被'带节奏'"这一现象的符合程度评价分为非常符合、比较符合、一般、不大符合、很不符合五个等级,分别赋值为 5 分、4 分、3 分、2 分、1 分,并对数据进行均值分析,所得统计结果为 4.48,位于"非常符合"和"比较符合"区间,可见大学生整体上对网络热点能够保持较为清醒认识,保持独立判断,避免主观盲从。如图 5-9 所示,91.9%的受访者表示自己能冷静看待热点事件,不被网络舆论"带节奏",其中自我评价"非常符合"实际情况的人数比例为 57.5%,"比较符合"的比例为 34.4%。相反,认为自己面对网络热点事件难以客观分析的人数比例为 0.7%,这部分人更易于"随波逐流"和"跟风走"。另有 7.4%的受访者用"一般"评价自己对待热点事件的态度。

课题组通过回顾 2019 年数据进一步研究大学生群体的网络素养情况和舆论应对态度,发现数据总体上呈向好变化趋势,表示"会对网上热点事件冷静分析,不被'带节奏'"的人数占比从 2019 年的 90.5%上升到 91.9%,提升了 1.4 个百分点,尤其非常肯定自己做到了冷静分析热点的比例较 2019 年增长 5.6%。但值得注意的是,近两年仍分别有 9.5%和 8.1%的受访者认为很难或不太能对网络热点事件形成清晰认知和独立判断,可能被"带节奏"。综上可见,大学生网民整体上具有良好的网络认知和上网素养,但高校网络思想政治教育的开展仍需加强对少部分学生的思想关注和价值引领。

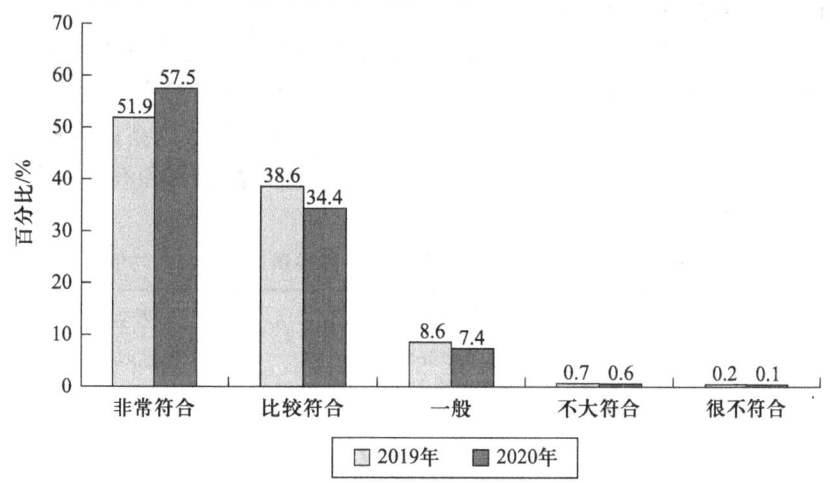

图 5-9　2019 年—2020 年大学生对"我会对网上的热点事件冷静分析,不被'带节奏'"的符合评价

网络空间已逐渐成为意识形态斗争的主阵地、主战场,一系列新情况新挑战随之而来。由于网络信息的鱼龙混杂和网民结构的多元各异,抹黑党和政府的言论借机传播,造成极坏影响。青年大学生作为网民主体,更应敢于亮剑、勇于发声。调查显示,78.8%的受访者表示会对网上看到的抹黑党和政府的言论予以反驳,这一比例比 2019 年(77.2%)高 1.6 个百分点,其中认为及时反驳错误言论非常符合个人生活实际的大学生占到总受访者的 43.6%,比较符合的占35.2%。而如图 5-10 所示,近两年回答"很不符合"或"不大符合"的受访群体比例分别为 6.0%(2019 年)和 5.4%(2020 年),可见依旧有少部分大学生辨别错误言论能力不足,对驳斥抹黑言论心存犹豫,青年"主人翁"意识有待增强。为整体考察大学生应对错误言论的情况,课题组将符合程度评价分为非常符合、比较符合、一般、不大符合、很不符合五个等级,分别赋值为 5 分、4分、3 分、2 分、1 分,均值统计结果为 4.18,位于"非常符合"和"比较符合"区间,意味着高校大学生们总体上有担当、敢发声、勇亮剑,不做弘扬主旋律的"看客"。

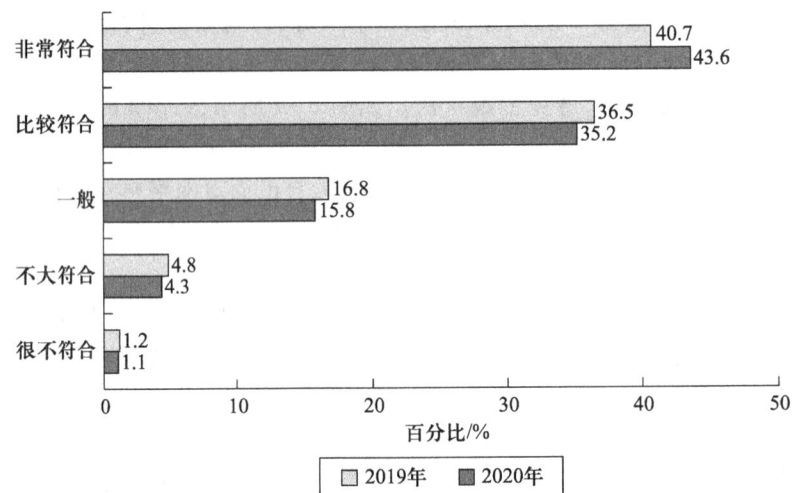

图 5-10   2019 年—2020 年大学生对"在网上看到有抹黑党和政府的言论时,我会予以反驳"的评价

2. 不同群体大学生对待网络热点事件和错误言论的态度差异

为进一步研究不同群体大学生对待网络热点事件和错误言论的态度,课题组结合人口学变量对数据进行了均值比较分析,将符合程度的五个等级"非常符合""比较符合""一般""不大符合""很不符合"分别赋值 5 分、4 分、3 分、2 分、1 分,得分越高说明符合程度越高,大学生作出相应行为的可能性越大。如表 5-7 所示,不同自然因素和教育因素的大学生群体在面对网络热点事件和错误言论时有不同的行为表现。

表 5-7   不同群体大学生对待网络热点事件和错误言论态度的均值比较

		我会对网上的热点事件冷静分析,不被"带节奏"			在网上看到有抹黑党和政府的言论时,我会予以反驳		
		均值	标准差	统计量及显著性水平	均值	标准差	统计量及显著性水平
性别	男	4.52	0.668	$T = 109.582$***	4.23	0.908	$T = 230.301$***
	女	4.45	0.674		4.10	0.918	
政治面貌	党员	4.57	0.609	$T = 199.111$***	4.26	0.854	$T = 162.357$***
	非党员	4.46	0.686		4.13	0.929	
学历	本科生	4.46	0.687	$F = 65.095$***	4.15	0.926	$F = 11.779$***
	硕士研究生	4.54	0.621		4.20	0.877	
	博士研究生	4.57	0.593		4.15	0.916	
学生干部经历	有	4.50	0.663	$T = 72.964$***	4.17	0.910	$T = 55.574$***
	没有	4.43	0.706		4.09	0.936	
国(境)外学习经历	有	4.52	0.701	$T = 4.498$*	4.07	1.004	$T = 16.972$***
	没有	4.48	0.671		4.16	0.912	

续表

		我会对网上的热点事件冷静分析，不被"带节奏"			在网上看到有抹黑党和政府的言论时，我会予以反驳		
		均值	标准差	统计量及显著性水平	均值	标准差	统计量及显著性水平
学校所属区域	华东地区	4.48	0.671	$F = 28.771^{***}$	4.15	0.915	$F = 16.793^{***}$
	华南地区	4.41	0.706		4.11	0.926	
	华中地区	4.47	0.671		4.17	0.888	
	华北地区	4.52	0.660		4.19	0.913	
	西北地区	4.54	0.639		4.23	0.878	
	西南地区	4.45	0.683		4.10	0.937	
	东北地区	4.52	0.666		4.19	0.937	

从性别来看，男女大学生应对网络热点事件的态度有所差异（$T = 109.582$，$P < 0.001$）。男大学生符合"对网上的热点事件冷静分析，不被'带节奏'"的实际程度均值得分为 4.52，高于女大学生此项统计结果（4.45）。男女大学生在网上看到抹黑党和政府的言论时会予以反驳的符合情况有所不同（$T = 230.301$，$P < 0.001$）。男女生在此项评价上的均值得分分别为 4.23 和 4.10。

从政治面貌来看，不同政治面貌的大学生群体对网上热点事件能否做到冷静分析的表现有所差异（$T = 199.111$，$P < 0.001$）。党员大学生评价结果的均值得分为 4.57，显著高于非党员学生的均值得分（4.46）。当看到网络上抹黑党和政府的错误言论时，受访者中党员群体与非党员群体的表现也存在明显差异（$T = 162.357$，$P < 0.001$），两者此项统计的均值得分分别为 4.26 和 4.13。综上所述，无论是冷静看待网络热点，做到不随波逐流，还是主动向网络抹黑言论发声亮剑，党员群体中更多数符合这一要求，体现出党员大学生整体具备线上线下积极弘扬主旋律的政治意识以及保持清醒认知的良好网络素养。

从国（境）外学习经历来看，相关经历显著影响着大学生应对网络错误言论的态度（$T = 16.972$，$P < 0.001$）。曾出国（境）外学习过的学生群体符合程度的均值得分为 4.07，低于没有此经历的受访者（4.16），说明未曾于国（境）外学习的大学生群体当看到网络上抹黑党和政府的言论时，会给予反驳的意愿更强、行为更普遍，这一现象侧面敦促高校思想政治工作者关注国（境）外学习经历对大学生的多方面影响，探索如何开展有效的理论教育与价值引领（图 5-11）。

从学历来看，不同学历层次的大学生应对网络热点和错误言论的态度有所差异（$F = 65.095$，$P < 0.001$）。本科生、硕士研究生、博士研究生群体符合"我会对网上热点事件冷静分析，不被'带节奏'"这一表现的均值统计结果分别为 4.46、4.54、4.57，可见相较前两者，博士研究生多以独立思考和冷静分析的态度看待网络热点事件，相对保持理性。在"网上看到有抹黑党和政府言论时，我会予以反驳"的考察中，三个学段受访者的统计结果有所差异（$F = 11.779$，$P < 0.001$），硕士研究生均值得分最高（4.20），本科生和博士研究生均为 4.15。

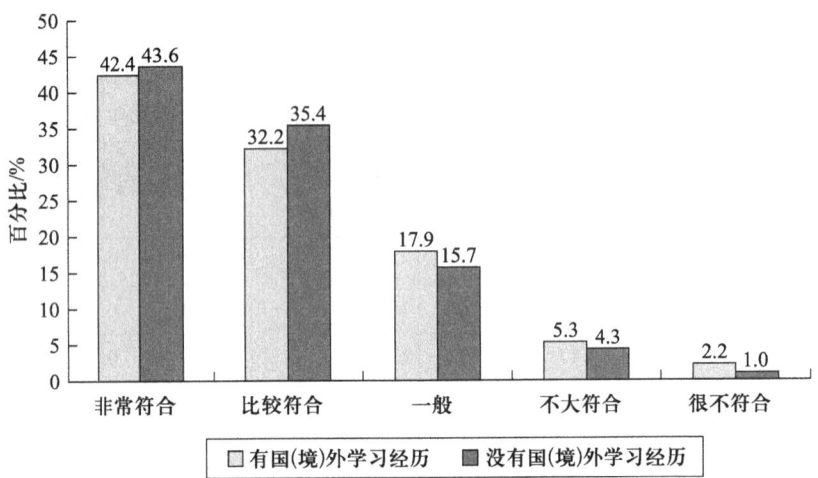

图 5-11　不同学习经历的大学生对"在网上看到有抹黑党和政府的言论时,我会予以反驳"的评价

从学生干部经历来看,是否有过相关经历影响着大学生表达对网络热点事件的关注与行为意向($T = 72.964$,$P < 0.001$)。担任过学生干部的受访群体作出了更符合"对网上热点事件冷静分析,不被带节奏"的自我评价,均值得分为4.50,高于暂无相关经历学生(4.43)。同样,学生干部经历一定程度上会督促相关群体看到网络错误言论时,积极予以反驳。由表5-7可见,有无此经历的受访者在此项统计的得分结果分别为4.17、4.09($T = 55.574$,$P < 0.001$),反映出当前学生干部们整体网络素质良好,具备一定政治敏感度与社会责任感。

从学校所属区域来看,不同区域学校的大学生对待网络热点事件和错误言论的态度存在差异。($F = 28.771$,$P < 0.001$)。数据表明,在全体受访者中,西北地区高校大学生相较于其他地区而言,均值统计得分最高(4.54),对网上热点事件冷静分析且不被"带节奏"的情况更好。同样,不同区域高校的受访者应对网络错误言论的表现有所不同($F = 16.793$,$P < 0.001$),更多西北地区高校的受访大学生愿意主动地反驳网络上抹黑党和政府的言论,均值统计结果为4.23。

(二)规范网络言行

技术手段应用于自媒体的勃兴为大学生群体带来了喜闻乐见的符合需求体验的个性化资讯,由此造成的"信息茧房"效应往往导致网民们管中窥豹,热火朝天的网络评论区不乏"键盘侠""杠精""吃瓜群众"。深思熟虑而后发声,严于律己莫做"键盘侠"是一种道德文明标准,更是大学生群体理应遵循的网络规范。课题组通过考察大学生自觉约束网络言行的情况,试图以点向面了解群体网络文明素养的表现。

1. 总体情况

移动互联网成为信息传播的主渠道,催生自媒体如"潮水般"涌现。这些平台拓宽了意见发声的渠道,增加了大学生表达观点的机会,却也如"双刃剑"影响着网络生态环境,对发声者的网络素养相应提出了新要求。课题组通过受访者是否自觉规范网络言行对大学生相关素养进行考察。课题组将对"我在网上发表的言论都会经过深思熟虑"这一情况符合程度

的评价分为"非常符合""比较符合""一般""不大符合""很不符合"五个等级,分别赋值 5
分、4 分、3 分、2 分、1 分,通过均值分析可得结果为 4.54,位于"非常符合"和"比较符合"区
间,表明绝大多数受访者认可自己能做到在网络平台发声前先谨慎分析再冷静发声。如图
5-12 所示,93.0%的受访大学生表示在网上发表的言论都会经过深思熟虑,其中"非常符合"
这一情况的人数比例为 61.5%,"比较符合"的人数比例为 31.5%,可见当前大学生群体重视
意见表达及发声责任。但仍有近一成受访者认为深思熟虑后再发言不大符合或很不符合自
己上网实际,高校需要加强对这部分群体网络表达的教育引导,调整其思考发声的态度,提
升言论的真实性和准确性。

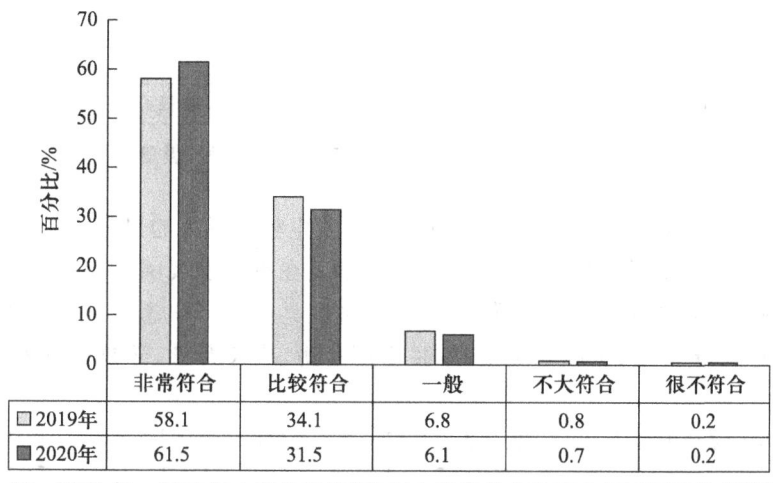

图 5-12　2019 年—2020 年大学生对"我在网上发表的言论都会经过深思熟虑"的评价

　　随着自媒体平台如火如荼发展,"键盘侠"成为部分网民群体的指代,他们现实里胆小怕
事,网络上却好评头论足,扛起键盘当"侠客"。为考察大学生群体中"键盘侠"现象,课题组
将"非常符合""比较符合""一般""不大符合""很不符合"五个等级重新赋值为 5 分、4 分、3
分、2 分、1 分后进行了均值分析,结果显示为 4.64,位于"非常符合"和"比较符合"区间,意
味着当前大学生整体表现良好,上网时严格要求自己不做"键盘侠"。在受访者中,这一人数
占比达到 95.1%(如图 5-13)。具体来看,自评"非常符合"上网时能严格要求自己的受访者
比例为 69.8%,表示"比较符合"相关情况的人数比例为 25.3%,而认为自己上网时难以严于
律己不做"键盘侠"的受访者占比 0.5%。

　　为进一步研究大学生整体自觉规范网络言行的表现情况,课题组回顾了 2019 年数据,
发现两年统计总体态势基本持平,略向好发展。如图 5-12 所示,认可自己"在网上发表的言
论都会经过深思熟虑"的受访者比例提升了 0.8 个百分点,肯定"上网时严格要求自己不做
'键盘侠'"的受访者比例提升了 0.1 个百分点。综上所述,作为网络意见表达主力军的大学
生网民,具备必要的严谨求实态度和话语责任感,不盲从跟风,亦不随处指摘,正是这部分保
持冷静头脑且内心充盈善意的群体推动着网络生态不断向清朗健康方向发展。

　　2. 不同群体大学生对待发表网络言论行为的差异

　　为进一步了解大学生发表网络言论行为的群体性差异,课题组结合自然因素、成长背
景、教育因素所包含的人口学变量进行了一般线性回归,并将相关行为的符合程度"非常符
合""比较符合""一般""不大符合""很不符合"分别赋值 5 分、4 分、3 分、2 分、1 分,得分越

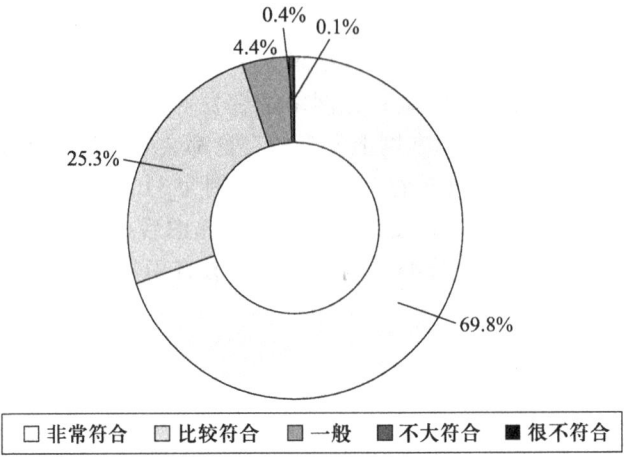

图 5-13 大学生对"我在上网时严格要求自己,决不成为'键盘侠'"的评价

高意味着行为符合度越高,即大学生在实际生活中发生相应行为的可能性越高,反之越不符合上网实际。按照 0.05 的检验标准,不同群体大学生在审慎发表网络言论和严格要求不做"键盘侠"问题上的表现存在显著差异,其中回归系数具有统计学意义的社会人口学变量有性别、学科门类、政治面貌、生源地类别、学生干部经历、成长背景、学校教育效果等,具体数据见表 5-8。

表 5-8 不同因素影响大学生对"在网上发表的言论都会经过深思熟虑"符合程度的一般线性回归

自变量		非标准化系数		标准系数	统计量	显著性水平
		B	Std.Error	Beta	t	P
常数项		2.951	0.058		50.678	0.000
男生(参照项:女生)		−0.007	0.006	−0.005	−1.198	0.231
年龄的平方/100		0.004	0.002	0.014	1.971	0.049
学历层次 (参照项:博士研究生)	本科生	0.014	0.020	0.009	0.717	0.473
	硕士研究生	0.024	0.017	0.015	1.407	0.159
学科门类 (参照项:理工农医类)	人文科学类	0.032	0.008	0.018	3.831	0.000
	社会科学类	0.014	0.007	0.009	2.058	0.040
党员(参照项:非党员)		0.083	0.008	0.052	10.834	0.000
生源地类别农村(参照项:城镇)		−0.029	0.006	−0.022	−4.751	0.000
有学生干部经历(参照项:否)		0.030	0.007	0.018	4.191	0.000
小时候父母常年在外务工(参照项:否)		−0.021	0.007	−0.014	−3.104	0.002
对网络思想政治教育的评价		0.129	0.005	0.157	26.279	0.000
对大学生日常思想政治教育的评价		0.117	0.008	0.139	14.478	0.000
对思想政治理论课教学效果的评价		0.091	0.008	0.107	11.219	0.000

$N = 46813$ $R^2 = 14.2\%$ $F = 555.396$

从性别来看,男女大学生在上网时能否做到严格要求自己,决不成为"键盘侠"问题上的自评存在显著差异。在表5-9所示的回归模型中,得分越高说明符合相关行为表现的程度越高,越能严于律己拒当网络"键盘侠"。结果显示,以女生为参照项,男大学生的符合度得分较之低0.032个单位,说明从整体而言女大学生上网时自我要求更高。

表5-9　不同因素影响大学生对"在上网时严格要求自己决不成为'键盘侠'"符合程度的一般线性回归

自变量		非标准化系数		标准系数	统计量	显著性水平
		B	Std.Error	Beta	t	P
常数项		3.326	0.053		62.719	0.000
男生(参照项:女生)		−0.032	0.006	−0.027	−5.847	0.000
年龄平方/100		0.001	0.002	0.002	0.346	0.729
学历层次（参照项:博士研究生）	本科生	−0.042	0.018	−0.030	−2.274	0.023
	硕士研究生	0.010	0.016	−0.007	−0.635	0.526
学科门类（参照项:理工农医类）	人文科学类	0.022	0.008	0.014	2.939	0.003
	社会科学类	0.010	0.006	0.007	1.606	0.108
党员(参照项:非党员)		0.063	0.007	0.043	9.011	0.000
生源地类别农村(参照项:城镇)		−0.026	0.005	−0.022	−4.824	0.000
有学生干部经历(参照项:否)		0.050	0.007	0.033	7.503	0.000
小时候父母常年在外务工(参照项:否)		−0.018	0.006	−0.013	−2.853	0.004
对网络思想政治教育的评价		0.105	0.004	0.142	23.609	0.000
对大学生日常思想政治教育的评价		0.108	0.007	0.140	14.631	0.000
对思想政治理论课教学效果的评价		0.087	0.007	0.112	11.790	0.000

$N = 46813$　　$R^2 = 13.9\%$　　$F = 542.113$

从生源地类别来看,农村和城镇生源受访学生对"在网上发表言论会经过深思熟虑"的符合程度有所不同。表5-8中数据显示,生源地类别为农村的大学生比城镇生源的符合度评价得分低0.029个单位,意味着后者更注重深思熟虑后审慎发声。两者对"在上网时严格要求自己决不成为'键盘侠'"的符合情况同样存在差异,农村生源学生群体此项符合程度的评价得分比城镇生源低0.026个单位,即城镇生源受访者在自觉规约网络言行方面的认知更明晰、践行更严格。

从小时候父母是否常年在外务工的经历来看,此经历对学生评价自己是否符合"在网上发表的言论都会经过深思熟虑"和"在上网时严格要求自己决不成为'键盘侠'"的结果存在显著影响。统计数据显示,幼时父母常年在外务工的大学生比未有此经历群体在上述两项考察的符合度得分上分别低0.021个单位和0.018个单位。这一结果反映出小时候父母陪伴在身边成长的大学生群体可能在网络发声的态度和行为上更加慎重和规范,与他们的成长环境和家庭关爱存在一定关系。

从学科门类来看,不同学科类别大学生符合"在网上发表言论都会经过深思熟虑"和

"上网时严格要求自己决不成为'键盘侠'"的程度有所不同。结果显示,以理工农医类专业为参照项,人文科学类和社会科学类专业大学生做到理性思考、审慎发声的程度得分分别较之高 0.032、0.014 个单位。人文科学类专业受访者比理工农医类专业大学生对上网不当"键盘侠"的符合程度得分高 0.022 个单位。综上所述,文科类大学生整体多以严肃认真的态度看待发表网络言论行为,自觉规范网络言行意识较强。

从政治面貌来看,不同政治面貌大学生在自觉规范网络言行方面的表现存在显著差异。如表 5-8 所示,党员大学生比非党员大学生在经过深思熟虑再发表网络言论问题上的符合度得分高 0.083 个单位,说明学生党员群体有着更加准确的网络认知和自觉的规范意识。在严格要求自己不做网络"键盘侠"方面,相较非党员群体,党员大学生在此项的符合度得分高 0.063 个单位,同样印证了学生党员们具备良好的网络素养,能够牢记党员身份,求真求实,谨言慎行,在网络空间继续发挥带头作用。

从学历层次来看,不同学历层次对大学生作出"在上网时严格要求自己决不成为'键盘侠'"的符合度评价存在影响。表 5-9 中数据显示,以博士研究生作为参照项,本科生、博士生的符合程度有所不同。在全体受访者中,本科生对此项评价的符合度得分比博士研究生低 0.042 个单位,说明相较之下,博士研究生群体由于受教育程度相对更高,思考问题和表达观点更加全面理性,注重以理服人和行为规约,普遍做到严于律己不当"键盘侠"。

从学生干部经历来看,是否拥有相关经历对大学生符合"在网上发表言论都会经过深思熟虑"和"上网时严格要求自己决不成为'键盘侠'"的程度具有显著影响。由统计结果可知,担任过学生干部的受访者比未有此经历的群体在符合度评价方面的得分分别高 0.030、0.050 个单位,数据肯定了拥有学生干部经历的大学生们整体综合素质良好,注意规范自身网络言行,以相对理性有效的方式表达个人观点。

从教育教学效果评价来看,学校网络思想政治教育、大学生日常思想政治教育、思想政治理论课教学开展情况和实际成效影响着大学生的网络素质和上网行为。就网络思想政治教育而言,大学生对学校开展此项工作的评价可分为"很不满意""不大满意""一般""比较满意""非常满意"五个等级,当评价等级每上升一级时,大学生对"我在网上发表的言论都会经过深思熟虑"这一选项的符合度得分相应上升 0.129 个单位,对"我在上网时严格要求自己决不成为'键盘侠'"的符合度得分相应提升 0.105 个单位。就大学生日常思想政治教育而言,受访者对学校此项工作效果的评价可分"非常差""比较差""一般""比较好""非常好"五个等级,每提升一个评价等级,他们对"我在网上发表的言论都会经过深思熟虑"和"我在上网时严格要求自己决不成为'键盘侠'"的符合度得分分别相应升高 0.117 个单位和 0.108 个单位。就思想政治理论课教学而言,大学生对教育效果的评价同样涵盖"非常差"到"非常好"五个等级,如表 5-8 和表 5-9 所示,每提升一个评价等级,受访群体对两项考察的符合度得分分别相应增加 0.091、0.087 个单位。综上所述,回归分析结果充分说明高校思想政治理论课教学和日常思想政治工作对学生成长成才的引领价值,高质量的教育教学成效有益于大学生群体培育良好的网络习惯,促进积极健康、理智清醒的网络价值观形成,为引导青年学生们自觉清洁网络空间、弘扬主旋律、维护网络安全、更好凝聚社会共识发挥着显著的积极意义,也解释了当前高校抓牢主渠道主阵地建设的高度重要性。

五、本章小结

本章从上网时长、用网目的、新媒体运用、网络行为等维度考察大学生群体的网络观和网络素养。调查显示,在信息化高速发展的时代背景下,网络对大学生言行的塑造程度显著加深,自媒体社交、在线学习、网络购物、短视频记录等丰富的网络应用和活动方式随之伴生,平均每日上网时长逐年递增与网络运用结构的多元化成为大学生群体网络生活的突出特点。一系列新媒体平台、思想政治教育类主题网站持续发力,为大学生的成长发展保驾护航,引导着青年网民们学会冷静分析和深思熟虑,保持坚定立场和清晰判断。在看到高校网络思想政治教育收获良效的同时,一些大学生因网废学、思想政治教育类平台尚有不足、部分群体网络言行的塑造培育等问题对高校思想政治工作者提出了新挑战和新课题,需要育人主体抢抓育人先机,加快网络空间协同,推进信息化手段凝聚正能量,积极构建线上线下同心圆。

(一)总体情况

第一,网络活动丰富多元,以网促学意识明显。信息技术的发展持续推动着网络与学生成长的联系愈发紧密,网络创新了知识获取的渠道方式,充盈着学生的日常学习生活,逐渐变为青年大学生们不可或缺的一种依赖,学生每天花费较长时间投入各类直接或间接网络相关活动。结果显示,大学生每天平均上网时长在三小时以上的人数比例为68.7%,而2018年和2019年这一比例分别为47.8%和64.0%,短时间内网络占大学生日常生活的比重已出现陡增。而在多元丰富的网络活动中,开展网络学习成为互联网时代新潮的学习方式,它既是对学习能力与学习习惯的提升更新,又是对大学生群体能否驾驭和把握网络发展趋势,实现个人成长的考验。统计发现,将在线学习作为主要上网目的的人数比例相较前两年呈飞跃式增长,无论是通过海量的网络学习资源丰富视野、拓宽知识获取边界,或是利用碎片化时间的快速浏览达到学习效果,都充分反映出当前大学生群体以网促学的意识明显,借网提升的能力突出。

第二,新媒体建设获成效,积极助力青年成长。"人在哪儿,宣传思想工作的重点就在哪儿,网络空间已经成为人们生产生活的新空间,那就也应该成为我们党凝聚共识的新空间。"[①]在移动互联网成为信息传播的主要平台,传统主流媒体纷纷抢占新兴宣传阵地,高校陆续借助新媒体延伸育人空间并优化育人成效之际,新媒体对大学生成长发展的深刻影响已不言而喻。56.1%的学生认为其所在高校的新媒体影响着个人成长,其中认同发挥了非常大积极作用的比例超过两成。学校各类微信、微博、抖音等平台的内容产出围绕着大学生学习生活的方方面面,贯穿着学生时代各个学段,不仅是满足学生们日常各类资讯获取和成长需求的信息库,更是凝聚青年情感共识,传递正向主流价值,彰显校园文明风貌,潜移默化塑造大学生品格的关键阵地。然而,尚有11.4%的受访者认为高校新媒体的影响较小甚至没有影响。改进这一问题依靠高校思想政治工作者立足立德树人根本任务,加快思考研判学生群体特点及实际需求,持续推进网络宣传教育新兴阵地建设向全面广覆盖与细微见真章

---

① 习近平:《加快推动媒体融合发展　构建全媒体传播格局》,《求是》2019年第6期。

方向发力。

第三，自觉规范网络言行，思政教育价值显著。网络信息鱼龙混杂，泥沙俱下，不少网络热点事件所裹挟的价值观和披着虚假外衣的错误言论对大学生的健康成长容易造成不良甚至恶劣影响，既需要大学生提升思想认知，保持清醒头脑，不被负面舆论所牵引，同时也需依靠大学生群体自觉规约个人言行，审慎发声，主动规避成为网络谣言及错误信息的制造者和推手。调研结果显示，91.9%的受访者能够冷静看待热点事件，不被网络舆论"带节奏"，78.8%的受访者表示看到网上抹黑党和政府的言论会予以反驳，93.0%的受访者表示网上发表的言论都经过深思熟虑，95.1%的受访者表示上网时严格要求自己不做键盘侠，上述四项考察的人数比例分别比2019年提升了1.4、1.6、0.8、0.1个百分点，可见作为网络"原住民"成长起来的新一代大学生具有良好的网络道德素养，能够坚持正确政治方向、舆论导向、价值取向。调查还显示，思想政治教育教学的开展和成效与大学生网络素养的提升具有显著相关性，绝大多数学生规范网络言行的自觉也证实了思想政治教育紧跟时代发展的潮流变化，努力回应时代提出的最新课题，收获到显著成效。

（二）值得关注的现象与问题

第一，网络沉迷和以娱乐为主的用网目的仍是大学生健康成长的隐忧。数据显示，大学生平均每天上网时长在三小时以下的比例从2018年的52.2%减少至2019年的36.0%再到此次调查的31.3%，意味着学生投入到网络活动的时间越来越长，对网络的依赖程度渐趋加深。相较于硕士研究生和博士研究生，本科生平均每日上网时长最多，且他们多将时间用于满足娱乐性需求，尤其消耗在网络游戏里，整体上网目的的结构呈现距离硕博士研究生存在一定差距，在线用于学习需求的人数仅占20.9%。应予以相当重视的是，不少学生进入大学后自我约束能力差，贪图于上网的享乐，因网废课辍学，醉心游戏考试挂科终被清退的案例时有发生，触目惊心。一方面，高校加强学风建设应密切关注网络沉迷和娱乐倾向的隐忧，另一方面，贴合互联网时代的学习模式需引导大学生会借互联网之所长开阔视野，增长才干。

第二，持续推进思想政治教育类新媒体平台不断完善，案例陈旧与原创不足问题需特别关注。无论是拓宽新媒体平台的影响覆盖，还是强化效果落实的深度，改进思想政治教育类主题网站和新媒体平台的现存问题都是不可回避的命题。近两年，理论性太强、说教味过浓、呈现方式单一的问题虽正在解决中，但仍是大学生们对相关平台不足之处的最主要评价。本次调查中，课题组发现大学生的意见集中于平台创新问题，评价案例陈旧的人数比例较去年增长了一个百分点，也是评价比例里的增幅最大项。互联网时代各类自媒体平台层出不穷，创新是发展的生命力，在案例教学成为主流且内容为王的评价标准下，传统教育手段和旧式教育话语很难吸引、掌握、凝聚大学生群体，他们对于鲜活事例的好奇与内容创新的追求呼吁高校思想政治工作者和各级各类思想政治教育类主题网站平台持续提升话语活力，增强故事感召力，创新形式新颖性，以更优质的原创作品讲好育人故事。

第三，部分大学生群体的网络素养有待提升，网络言行尚需进一步得到引导。大学生总体上看待网络热点事件和错误言论的态度明确，网络发声严谨审慎，但本科生、非党员大学生、未曾有学生干部经历的大学生群体在应对网络热门和反驳错误言论时表现出能力薄弱、自我要求不高、约束程度有限等问题。前文统计结果说明，本科生面对网络热点能做到冷静分析,不被"带节奏"和看到抹黑党和政府言论会予以反驳的情况不及硕士和博士研究生。在网上发表言论都会经过深思熟虑和严格规范自己不做键盘侠方面,本科生群体更难以达到这一要求。同样,非党员大学生与未曾担任过学生干部的受访者群体,距离党员大学生和有过相关经历的青年学生的表现存在一定差距。高校新媒体平台对这几类人群成长发展的激励促进有限,因此未来高校思想政治工作应对关键群体予以重点关注,要加强网络素养教育与言行规范引导,创造机会督促所有大学生健康成长。

(三)对策与建议

第一,倡导全员参与,打造网络育人协同发展新格局。

一是推进课程向新建设,增强引领力和传播力。作为高校思想政治教育主渠道的思想政治理论课应加速实现网络运用于教育教学的步伐,借助信息化手段建立思政课与网络资源的有效对接。一方面,强化互联网思维,将网络思想政治教育融入教学核心内容,将虚拟仿真、云端思政、融媒体产品等丰富的网络资源和信息化成果引入思想政治理论课课堂,改变照本宣科的单向教学模式,增强教与学的互动性,延伸育人的深度和温度。同时,促进思政课程与课程思政的协同配合,充分利用网络资源挖掘专业领域各优秀成果的育人元素和思政价值,打造思想政治理论课宝贵的案例库和故事集,筑牢意识形态教育的主阵地,保持引领力和生命力。另一方面,将思想政治理论课推上网络,直击甚嚣尘上的错误思潮,抢占宣传教育新的广阔天地,扩大育人的广度和效度,使理论知识不再停留于课本,亦不再局限于课堂,而是如源头活水,用新思想新理论新观点灌溉更多"拔节育穗期"的青年学生甚至社会大众,把握时度效,打造"火出圈"的优质思政产品,从时间上空间上增强思想政治理论课教学研学的灵活性和传播力。

二是拓宽网络育人思路,增强持久力和服务力。立德树人是高校人才培养的根本任务,学生成长的各环节各方位均需认真审视网络信息化发展趋势,大胆发展网上课堂,促进网络资源进管理、融服务,全员参与网络育人,才是持续优化育人效能的关键之举。于高校辅导员、班主任、心理教师而言,要增强网络育人意识,补齐信息技术短板,提升用网治网能力,充分利用网络自媒体平台优化教育产品供给,潜移默化实现思想政治教育功能。当前,不少高校纷纷推出新媒体辅导员专栏、辅导员网络工作室、心理咨询与服务网络平台,抢占网络育人前沿高地,把网上舆论工作作为宣传思想工作的重中之重,与年轻人的动态关注保持同向同行。于管理服务人员而言,要掌握和运用信息化手段,想方设法便捷高校管理,聚合网络资源,大幅促进管理育人与服务育人提质增效,例如,高校一体化信息平台建设、机器人进校园等已成为新的校园潮流和管理趋势,往往收获事半功倍的良效。全员参与网络育人内含了全程育人和全方位育人要求,有目的与针对性地运用网络服务于大学生成长的方方面面对提升育人的持久力和服务效能大有裨益。

第二,实现育人要素创新,画出线上线下思政教育同心圆。

一是丰富网络育人形式,增强吸引力和感染力。科技的进步和移动媒体的高速化发展为创新网络育人形式提供了无限可能性,却对传统媒体带来巨大冲击,新媒体平台宣传方式同样遇到挑战,大学生们不再满足图文二维式的信息供给,仿真、视频、音频等多维立体交互式传播形式更受青睐。统计结果显示,抖音、快手等短视频平台在大学生市场的占有度逐年提升,无论疫情期间颇受青年群体围观的"云监工",B站火热打造的云毕业典礼,还是《人民日报》微信公众号庆祝建党百年系列网媒作品、"我和我的祖国"快闪视频以及借助爆款网络综艺传递爱国主义价值观等,都是以年轻人广为接受的传播模式传递着主旋律价值。各级党政宣传机关和高校宣传部门应紧抓这一发展趋势,致力于打造一批形态多样、手段先进、具备竞争力的思想政治教育类新兴主流媒体平台。除了传播形式的创新发展,话语形式的创新同样尤为重要。讲述大学生网民常用爱用的"网言网语",助推青年群体感同身受的热词金句乘网络东风加速传播,是快速掌握和团结青年的有效途径。"加油,打工人""奋斗者""逆行者""每个人都了不起""没有从天而降的英雄,只有挺身而出的凡人"……鲜活的话语向青年网民传递的教育力量和价值影响是巨大且深刻的。高校新媒体平台的建设应紧密关注传播形式和话语形式的创新,"充分发挥大数据等现代信息技术优势,推动思想政治工作通过微博、微信等微传播渠道精准'滴灌'"①,为大学生健康成长注入更强大的活力。

二是创新网络育人内容,增强亲和力和鲜活力。了解大学生网民的思想需求和实际需求是创新内容供给的必要基础,优质网络育人内容的核心要义是以网络产品形式或借助网络渠道为青年人成长发展答疑释惑。调查显示,案例陈旧、原创性不足、信息更新慢现象值得关注,各思想政治教育类主题网站和新媒体平台亟须积极回应这一问题,加快推动相关信息的更新迭代。在内容为王的时代,创新是发展的切要之举,加强内容建设一方面要求高校新媒体平台不是简单将线下教育资源照搬上网,单一粗暴地实现传播方式的变化,而是要结合网络传播特性与优势,以贴合青年的口吻,打磨贴近大学生生活的新故事、好故事作为价值传递的内容载体。同时,网络育人内容的创新应珍视中华优秀传统文化这一宝库,引导大学生了解历史与文化,为鼓励在网络空间生产、加工、创造更多优质鲜活的中国故事。例如"典籍里的中国""国家宝藏""我在故宫修文物"等文化类品牌在网络平台好评如潮,另一方面,创新网络育人内容不等同一味迎合大学生的口味偏好,丢失传统教育优势。调研结果虽显示"理论性太强"是大学生对当前思想政治教育类主题网站和新媒体平台不足之处的首要评价,但绝不意味着相关平台要放弃理论性,相反更应注重以生动的内容与新颖的形式传播理论知识和主流价值,"做强网上正面宣传,培育积极健康、向上向善的网络文化,用社会主义核心价值观和人类优秀文明成果滋养人心、滋养社会,做到正能量充沛、主旋律高昂"②。

第三,强化正向引导,凝聚向上向善网络空间正能量。

一是聚合青年网民力量,增强号召力和影响力。青年大学生是网民中的主体力量,他们的声音在网络空间占有不小分量,聚合大学生网民力量是加强网络文明建设和网络生态治理的有效手段。网络安全事关国家安全,意识形态斗争早已延伸至网络前沿,一些意识形态问题因网而生、因网而乱,部分大学生囿于政治理论素质有限、辨别错误言论能力薄弱,易被错误势力利用。调查显示,党员大学生在面对网络舆论热潮与抹黑党和政府的错误言论时,态度坚决,判断明确,勇于主动发声亮剑。强化网络正向引导,弘扬主旋律,离不开团结发展青年党员。在大学生中适时适当培养群体性意见领袖,加大对净化网络空间与弘扬主旋律的投入,有助于凝聚青年向上向善的力量,传扬社会主义核心价值观,在网络空间激荡正能量的洪流。同时,鼓励青年大学生尤其是大学生中的党员群体要敢于亮明身份,担当发声责

---

① 沈壮海、李佳俊:《论新时代高校思想政治工作体系的构建》,《思想理论教育》2019 年第 12 期。
② 习近平:《在网络安全和信息化工作座谈会上的讲话》,《人民日报》2016 年 4 月 26 日。

任,及时廓清网络上各种模糊认识,坚决引导和纠正错误看法,主动驳斥虚假谣言和有害言论,带领广大同辈青年成为意识形态宣传教育的生力军,为打造清朗的网络空间和国家网络安全环境注入力量。

二是扎实网络文明素养,增强判断力和抵御力。夯实网络文明素养建设是网络思想政治教育的首要目标,也是加强网络文明建设和网络生态治理的关键所在。为加强网络伦理、网络文明建设,发挥道德教化引导作用,一方面应引导大学生群体提升网络素质,强化用网自觉,学会思考澄清,面对肆意传播的网络热点和不良言论深思熟虑、审慎思辨,不做盲目吃瓜的看客,而要做清洁谬论的卫士。另一方面,要督促大学生群体崇德明礼、激浊扬清,将个人网络言行的自发约束与网络文明标准的自觉遵循相结合,合理安排上网时间,端正用网目的,借助新媒体平台优势获取实现自身成长的宝贵财富。此外,应继续引导大学生增强抵御各类包裹着糖衣的网络诱惑的能力,引导大学生抵制虚假不实的错误谣言,莫当扛起键盘去战斗的"键盘侠"。大学生群体要在增强判断力和抵御力的自我修炼中,关心家国社会,为新时代国家互联网安全建设和网络意识形态阵地建设发出青年声音,贡献青年智慧。

第六章
思想政治理论课教学

思想政治理论课是落实立德树人根本任务的关键课程。办好思政课,关系到培养什么人、怎样培养人、为谁培养人这个根本问题。新时代推动高校思想政治理论课改革创新,需要以全面把握高校思政课建设现状与教学成效为前提。课题组通过调查大学生对高校思政课教学现状的评价、对思政课课程建设的认知、对思政课改进的建议等状况,客观地分析思政课作为关键课程的作用发挥情况,并针对现存问题提出改进建议,以期为加强和改进思政课教学提供参考。

一、 对思想政治理论课教学的总体评价

2020 年调查中,大学生对思想政治理论课的教学评价主要包括对思想政治理论课教学的总体开展效果、德育成效以及疫情期间思想政治理论课线上教学模式的评价。大学生对思想政治理论课教学的总体评价既反映了其对思想政治理论课的接纳程度,也从整体上反映了当前思想政治理论课的教学质量。

(一) 对总体开展效果的评价

调查显示,当前大学生对思想政治理论课教学评价总体向好,八成以上的大学生对思想政治理论课教学给予好评。2020 年,47.8% 的大学生对思想政治理论课教学总体开展效果评价为"非常好",37.5% 的大学生对思想政治理论课教学总体开展效果评价为"比较好",13.3% 的大学生对思想政治理论课教学总体开展效果评价为"一般",而总体开展效果评价为"比较差"和"非常差"的百分比仅为 1.1% 和 0.4%(见图 6-1)。

纵向比较 2018 年和 2019 年,2020 年大学生对思想政治理论课教学总体开展效果的评价有了较大提升。2019 年大学生认为思想政治理论课教学总体开展效果"非常好"和"比较好"的比例为 36.1% 和 44.4%,2018 年的比例分别为 29.2% 和 48.6%,2020 年给予好评的比例(包括"非常好"和"比较好")相较于 2019 年提升了 4.8%。且 2020 年对思想政治理论课教学总体开展效果评价"一般""比较差"和"非常差"的比例相较于 2019 年、2018 年有明显下降。由此反映出大学生对思想政治理论课教学更加认可,对思想政治理论课的满意度也在逐年提高(图 6-2)。

同时我们将大学生对思想政治理论课教学、日常思想政治教育及专业课程教学的总体开展效果的评价状况进行横向对比,发现 2020 年大学生对三者的好评率分别为 85.3%、84.6% 和 88.6%,思想政治理论课总体开展效果好评率于三者中位居第二(图 6-3)。

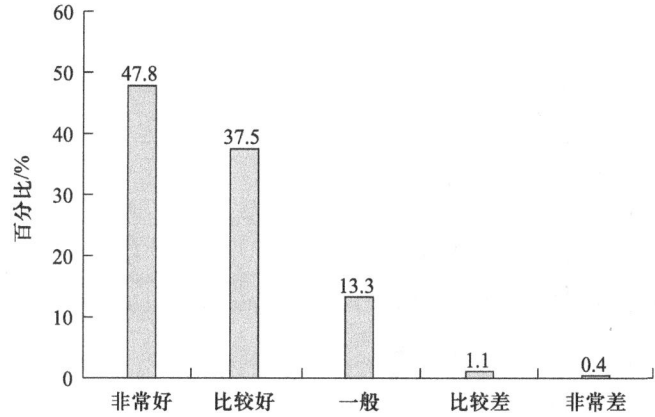

图 6-1　大学生对思想政治理论课教学总体开展效果的评价

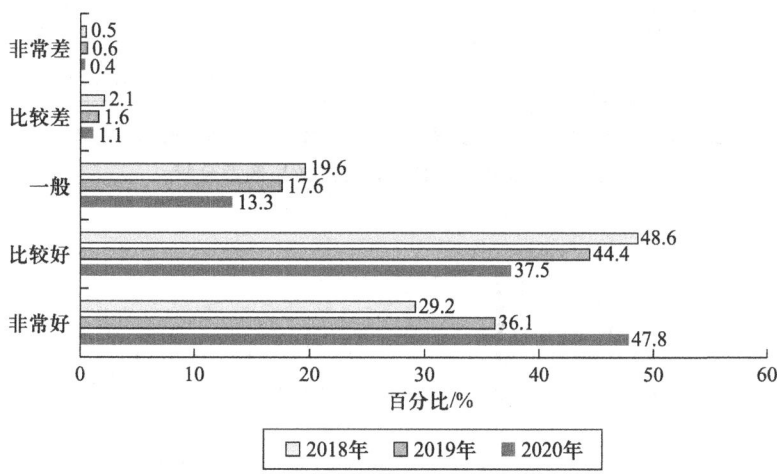

图 6-2　大学生对思想政治理论课教学总体开展效果历时分析

（二）对思想政治理论课教学德育成效的评价

习近平总书记强调："思想政治理论课是落实立德树人根本任务的关键课程。"①思想政治理论课对大学生思想品德发展的积极作用是衡量思想政治理论课德育成效的重要标准。

1. 总体情况

当前,大学生认为思想政治理论课教学对其思想品德发展的积极作用显著。调查显示,44.1%的大学生认为思想政治理论课教学对其思想品德发展的积极作用"很大";33.3%的大学生认为积极作用"较大";另外,19.7%的大学生认为积极作用"一般",仅 2.0%的大学生认为积极作用"较小",1.0%的大学生认为积极作用"很小"（见图 6-4）。

2020 年,大学生中认为思想政治理论课对思想品德发展积极作用"很大"的比例明显提

① 《习近平主持召开学校思想政治理论课教师座谈会强调 用新时代中国特色社会主义思想铸魂育人　贯彻党的教育方针落实立德树人根本任务》,《人民日报》2019 年 3 月 19 日。

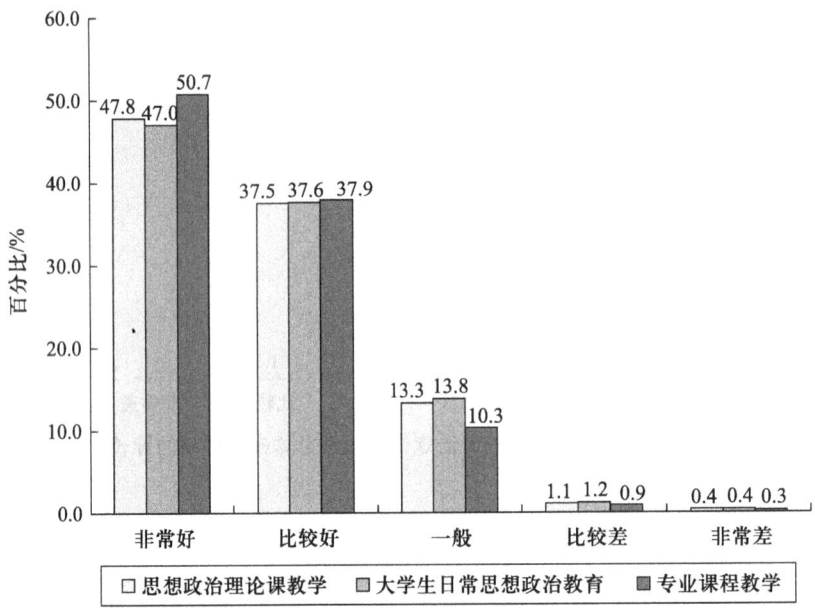

图6-3　大学生对思想政治理论课教学、大学生日常思想政治教育
及专业课程教学工作总体开展效果频率分析

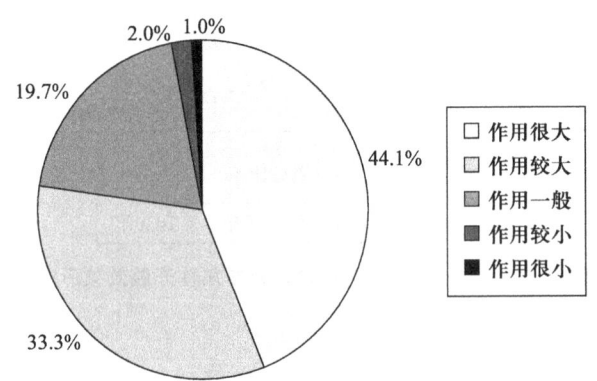

图6-4　大学生对思想政治理论课教学积极作用的评价

升,由2019年的38.1%上升到44.1%,提高6.0%。且大学生认为思想政治理论课教学对思想品德发展"作用大"的比例(包括积极作用"很大"和"较大")为77.4%。纵向对比2014—2020年,比例由45.5%上升至77.4%,由此可见越来越多的大学生认为思想政治理论课教学对个人思想品德发展会产生较大的积极作用(见图6-5),这也侧面反映出近年来大学生对思想政治理论课的认可。

同时,课题组横向对比思想政治理论课教学、专业课教学及辅导员工作的德育成效,发现大学生中认为三者"作用大"的比例分别为77.4%、80.0%和75.3%。由此可见,大学生对思想政治理论课的德育成效的满意评价介于专业课教学和辅导员工作之间(见图6-6)。

2. 不同群体大学生对思想政治理论课德育成效的评价

为探究不同群体大学生对思想政治理论课德育成效评价的差异性,课题组将包含自然

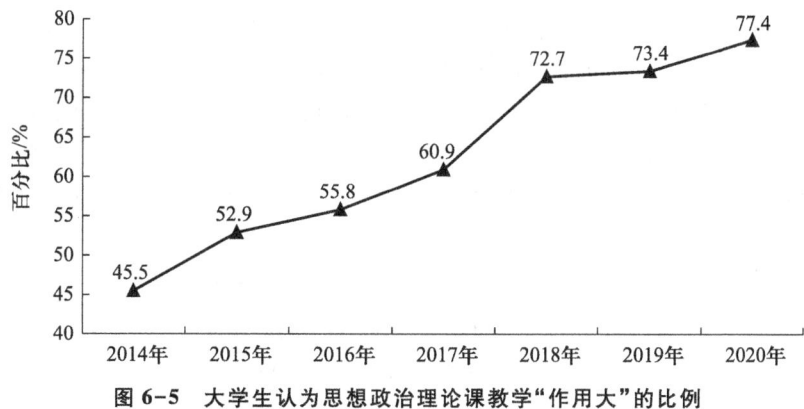

图 6-5　大学生认为思想政治理论课教学"作用大"的比例

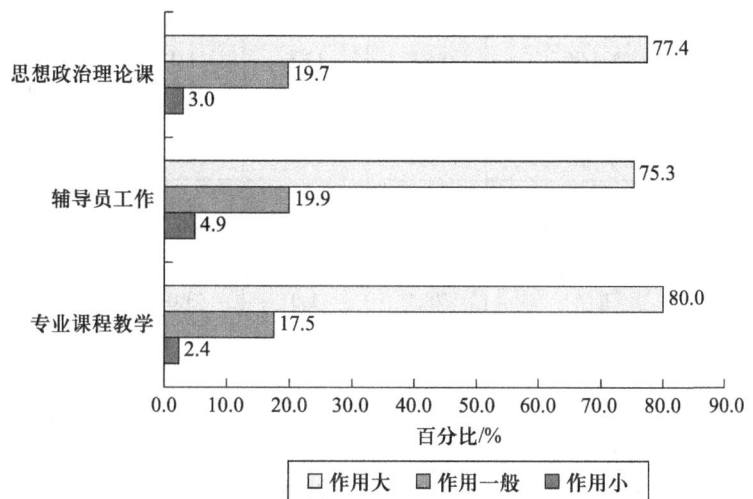

图 6-6　思政课教学、专业课教学、辅导员工作德育成效评价

因素、成长背景、教育因素在内的多项人口学变量与大学生对思想政治理论课德育成效的评价进行交互分析。结果显示,不同教育背景的大学生对思想政治理论课德育成效的评价不同(见表 6-1)。

就学历层次而言,不同学历层次的大学生中认为"思想政治理论课对思想品德发展的积极作用"大的比例最高的为本科生,为 85.3%,硕士生次之,比例为 85.2%,博士生为 83.6%。

就学科门类而言,不同学科门类的大学生认为"思想政治理论课对思想品德发展的积极作用"大的比例由高到低分别为:教育学(79.0%)、工学(78.1%)、历史学(77.4%)、理学(77.0%)、文学(77.0%)、艺术学(76.9%)、农学(76.8%)、法学(76.7%)、医学(76.3%)、哲学(76.1%)、经济学(76.1%)、管理学(75.5%)。

就政治面貌而言,政治面貌为党员的大学生认为"思想政治理论课对思想品德发展的积极作用"大的比例为 79.1%,其他政治面貌的大学生认为"思想政治理论课对思想品德发展的积极作用"大的比例由高到底的排列顺序分别为:共青团员(77.1%)、民主党派成员(75.6%)、群众(73.0%)。

就学生干部经历而言,担任过学生干部的大学生认为"思想政治理论课对思想品德发展的积极作用"大的比例高于没有担任过学生干部的大学生,比例分别为85.4%和83.8%。

就学校所属区域而言,不同学校区域的大学生认为"思想政治理论课对思想品德发展的积极作用"的比例差异较大。其中学校位于西北地区和东北地区的大学生认为"思想政治理论课对思想品德发展的积极作用"大的比例较高,分别为89.6%和88.0%,其余区域比例按照由高到低排序分别为:华中地区(87.4%)、华北地区(87.3%)、西南地区(86.2%)、华东地区(86.0%)和华南地区(83.3%)。

表6-1   不同群体大学生对思想政治理论课德育成效评价的交互分析

		思想政治理论课对思想品德发展的积极作用的评价情况/%			卡方检验		
		作用大	作用一般	作用小	χ^2	P	C
学历层次	本科生	85.3	13.2	1.5	277.0	<0.001	0.07
	硕士生	85.2	13.6	1.1			
	博士生	83.6	14.8	1.6			
学科门类	哲学	76.1	19.7	4.1	147.0	<0.001	0.05
	经济学	76.1	19.8	4.1			
	法学	76.7	20.2	3.0			
	工学	78.1	1.9	3.0			
	文学	77.0	20.2	2.8			
	历史学	77.4	18.8	3.8			
	理学	77.0	20.3	2.7			
	教育学	79.0	19.0	2.0			
	农学	76.8	20.1	3.2			
	医学	76.3	21.4	2.2			
	管理学	75.5	21.7	2.9			
	艺术学	76.9	19.7	3.6			
政治面貌	中共党员	79.1	18.5	2.3	71.5	<0.001	0.03
	共青团员	77.1	19.9	3.0			
	民主党派成员	75.6	19.5	4.8			
	群众	73.0	22.9	4.1			
担任过学生干部	是	85.4	13	1.4	44.8	<0.001	0.03
	否	83.8	14.4	1.7			
有国(境)外学习经历	是	81.2	15.2	3.6	81.4	<0.001	0.04
	否	85.4	13.2	1.4			

续表

		思想政治理论课对思想品德发展的积极作用的评价情况/%			卡方检验		
		作用大	作用一般	作用小	χ^2	P	C
学校所属区域	华东地区	86.0	12.2	1.8	394.2	<0.001	0.09
	华南地区	83.3	14.9	1.7			
	华中地区	87.4	10.9	1.6			
	华北地区	87.3	10.5	2.7			
	西北地区	89.6	9.2	1.3			
	西南地区	86.2	11.6	2.2			
	东北地区	88.0	9.9	2.2			

3. 对思想政治理论课德育成效的分项评价

思想政治理论课对大学生的德育成效具体表现为思想政治理论课对一个人的人生观、价值观、道德观和文化观的影响。因此课题组分别将人生观、价值观、道德观和文化观与思想政治理论课的德育成效进行相关分析,以探求其中的相互关系(见图6-7)。

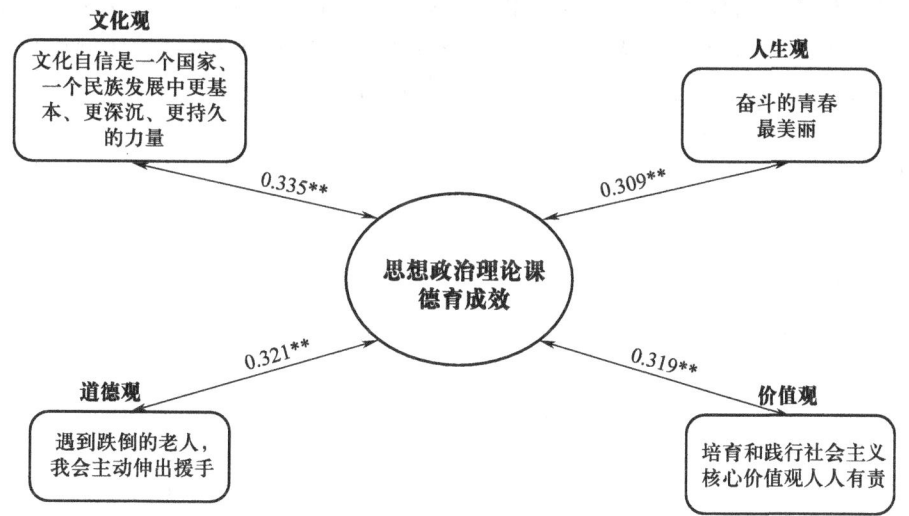

图 6-7 思想政治理论课教学和大学生人生观、价值观、道德观、文化观之间的相关分析

课题组以受访大学生对"奋斗的青春最美丽"的认同度为例,探究思想政治理论课对大学生人生观的影响。通过相关分析发现,大学生对思想政治理论课德育成效的评价和"奋斗的青春最美丽"观点认同度之间的相关系数为0.309**,呈现显著正相关关系,即大学生对思想政治理论课德育成效的评价越高,对"奋斗的青春最美丽"观点的认同度就越高。

课题组以受访大学生对"培育和践行社会主义核心价值观人人有责"的认同度为例,探究思想政治理论课对大学生价值观的影响。通过相关分析得出,大学生对思想政治理论课德育成效的评价和"培育和践行社会主义核心价值观人人有责"观点认同度之间的相关系数为 0.319**,表明二者呈显著正相关关系,即随着大学生对思想政治理论课德育成效评价的提高,大学生对"培育和践行社会主义核心价值观人人有责"观点的认同度就越高。

课题组以受访大学生对"遇到跌倒的老人,我会主动伸出援手"的认同度为例,探究思想政治理论课对大学生道德观的影响。大学生对思想政治理论课德育成效的评价同该观点的相关系数为 0.321**,呈显著正相关关系,即随着大学生对思想政治理论课德育成效评价的提高,大学生对"遇到跌倒的老人,我会主动伸出援手"观点的认同度就越高。

课题组以受访大学生对"文化自信是一个国家、一个民族发展中更基本、更深沉、更持久的力量"的认同度为例,探究思想政治理论课对大学生文化观的影响。大学生对思想政治理论课德育成效的评价同该观点之间呈显著正相关关系,相关系数为 0.335**,即随着大学生对思想政治理论课德育成效评价的提高,大学生对"文化自信是一个国家、一个民族发展中更基本、更深沉、更持久的力量"观点的认同度就越高。

(三)对思想政治理论课线上教学的评价

1. 总体情况

由于新冠肺炎疫情的暴发,思想政治理论课在 2019—2020 学年第二学期的教学中采取线上教学的授课方式。整体而言,大学生对思想政治理论课线上教学的满意评价较高。大学生对于本次思想政治理论课的线上教学评价"非常满意"占比 34.6%,同时有 43.9% 的大学生评价"比较满意",18.6% 的大学生评价"一般",2.1% 的大学生评价"不太满意",仅有 0.8% 的大学生评价"很不满意"(见图 6-8)。大学生对线上教学的满意评价比例达到 78.5%,由此可以看出大学生对思想政治理论课线上教学模式的接受度较高。

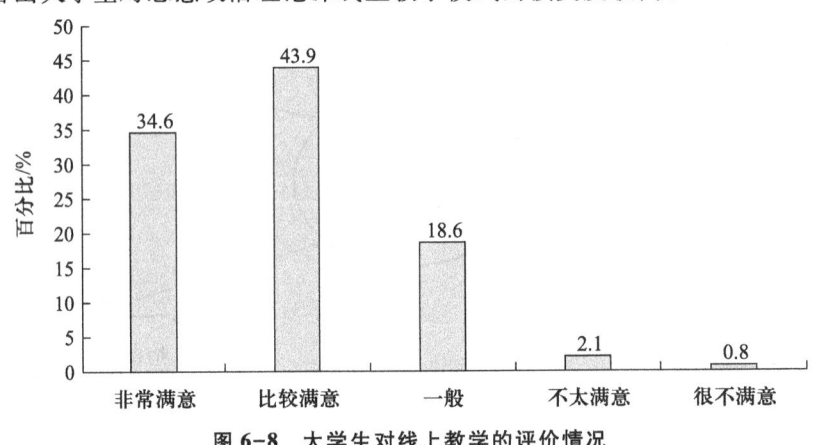

图 6-8　大学生对线上教学的评价情况

2. 不同群体大学生对思想政治理论课线上教学的评价

为探究不同群体大学生对思想政治理论课线上教学评价的差异性,课题组按照学历层次、学科类别、政治面貌等多项人口学变量与大学生对思想政治理论课线上教学的评价进行交互分析,结果显示,不同群体大学生对线上教学的评价不同。

从不同的学历层次来看,博士生对思想政治理论课线上教学的满意评价(包括"非常满意"和"比较满意")比例最高,为 80.8%。硕士生次之,其满意评价比例为 80.6%。本科生则最低,满意评价比例为 77.9%。

从不同学科门类来看,不同学科门类的大学生对思想政治理论课线上教学的评价满意度不同。根据大学生对线上教学满意的比例由高到低排序为艺术学(81.6%)、文学(79.7%)、经济学(79.0%)、工学(78.8%)、哲学(78.6%)、法学(78.4%)、历史学(78.3%)、教育学(77.9%)、农学(77.5%)、管理学(77.5%)、理学(77.3%)和医学(76.0%)。

从政治面貌来看,党员大学生对思想政治理论课线上教学的满意评价高于其他政治面貌的大学生,其满意比例为83.1%。而政治面貌为共青团员、民主党派成员和群众的大学生对其的满意比例分别为77.5%、73.2%和74.5%。

从学校所属区域来看,学校所属区域为西北地区的大学生对思想政治理论课线上教学的满意评价最高,满意比例为81.5%,其次是东北地区和华北地区的大学生,满意比例分别为81.2%和80.2%(表6-2)。

表6-2 不同群体大学生对思想政治理论课线上教学评价的交互分析

		大学生对思想政治理论课线上教学评价情况/%			卡方检验		
		满意	一般	不满意	χ^2	P	C
学历层次	本科生	77.9	18.9	3.3	188.9	<0.001	0.06
	硕士生	80.6	17.7	1.7			
	博士生	80.8	17.4	1.8			
学科门类	哲学	78.6	19.4	1.9	140.2	<0.001	0.05
	经济学	79.0	17.5	3.5			
	法学	78.4	18.8	2.7			
	工学	78.8	18.2	3.0			
	文学	79.7	17.9	3.3			
	历史学	78.3	18.2	3.5			
	理学	77.3	19.7	3.1			
	教育学	77.9	19.5	2.6			
	农学	77.5	19.9	2.6			
	医学	76.0	20.1	4.0			
	管理学	77.5	19.5	3.0			
	艺术学	81.6	16.3	2.1			
政治面貌	中共党员	83.1	16.9	2	189.6	<0.001	0.06
	共青团员	77.5	19.4	3.2			
	民主党派成员	73.2	22.0	4.8			
	群众	74.5	22.6	3.0			
担任过学生干部	是	78.9	18.1	2.9	25.7	<0.001	0.02
	否	79.6	20.4	2.9			

续表

| | | 大学生对思想政治理论课线上教学评价情况/% | | | 卡方检验 | | |
		满意	一般	不满意	χ^2	P	C
有国(境)外学习经历	是	77.7	18.6	3.6	16.2	<0.001	0.01
	否	78.5	18.6	2.9			
学校所属区域	华东地区	78.4	18.6	3.0	335.6	<0.001	0.08
	华南地区	74.5	22.7	2.8			
	华中地区	77.2	19.8	3.0			
	华北地区	80.2	16.8	2.7			
	西北地区	81.5	16.0	2.5			
	西南地区	76.8	19.8	3.5			
	东北地区	81.2	15.9	2.9			

3. 思想政治理论课线上教学对大学生网络素养的影响

为探究思想政治理论课线上教学对大学生网络素养的影响,课题组以"在网上看到有抹黑党和政府的言论时,我会予以反驳""我在网上发表的言论都会经过深思熟虑""我会对网上的热点事件冷静分析,不被'带节奏'""我在上网时严格要求自己,决不成为'键盘侠'"等观点为例,运用相关分析的方法,得出思想政治理论课线上教学与以上观点之间的相关关系。

大学生对思想政治理论课线上教学的评价同"在网上看到有抹黑党和政府的言论时,我会予以反驳"的观点认同度之间的相关系数为 0.297**,呈显著正相关,即大学生对思想政治理论课线上教学评价越高,大学生对该观点也就越认可。

大学生对思想政治理论课线上教学的评价同"我在网上发表的言论都会经过深思熟虑"的观点认同度之间的相关系数为 0.313**,呈显著正相关,即随着大学生对思想政治理论课线上教学评价的提高,大学生对该观点的认同度就越高。

大学生对思想政治理论课线上教学的评价同"我会对网上的热点事件冷静分析,不被'带节奏'"观点的认同度之间的相关系数为 0.326**,呈显著正相关,即随着大学生对思想政治理论课线上教学评价的提高,大学生对该观点也就越认可。

大学生对思想政治理论课线上教学的评价同"我在上网时严格要求自己,决不成为'键盘侠'"之间的相关系数分别为 0.303**,呈显著正相关,即大学生对思想政治理论课线上教学评价越高,大学生对该观点的认同度越高(表6-3)。

表6-3 思想政治理论课线上教学评价和大学生网络素养的相关分析

相关因素	相关系数
在网上看到有抹黑党和政府的言论时,我会予以反驳	0.297**
我在网上发表的言论都会经过深思熟虑	0.313**

相关因素	相关系数
我会对网上的热点事件冷静分析，不被"带节奏"	0.326**
我在上网时严格要求自己，决不成为"键盘侠"	0.303**

二、 对不同思想政治理论课教学的评价

当前全国普通高校本科生开设的思想政治理论课共五门，分别为"思想道德修养与法律基础"（简称"基础"课）、"中国近现代史纲要"（简称"纲要"课）、"毛泽东思想和中国特色社会主义理论体系概论"（简称"概论"课）、"马克思主义基本原理概论"（简称"原理"课）和"形势与政策"。课题组运用多种分析方法，客观描述当前大学生对五门课程的教学内容、教学方法、教师水平、课堂效果和收获情况的评价状况。

（一）对不同思想政治理论课教学的总体评价

1. 对不同思想政治理论课教学建设成效的评价

调查显示，五门思想政治理论课的平均得分为 4.27 分（满分为 5 分）。思想政治理论课教学内容、教学方法、教师水平和课堂效果的平均得分分别为 4.27 分、4.25 分、4.34 分和 4.23 分（表 6-4）。

表 6-4 大学生对不同思想政治理论课的评分

	教学内容	教学方法	教师水平	课堂效果	平均得分
"基础"课	4.23	4.24	4.33	4.23	4.26
"纲要"课	4.27	4.26	4.35	4.24	4.28
"概论"课	4.29	4.26	4.34	4.24	4.28
"原理"课	4.29	4.26	4.35	4.24	4.29
"形势与政策"课	4.26	4.23	4.32	4.20	4.25
平均得分	4.27	4.25	4.34	4.23	4.27

为便于与往年调查数据纵向比较，我们将以上评分换算为十分制。2020 年大学生对五门思想政治理论课的平均得分为 8.54 分（满分为 10 分）。"原理"课得分最高，为 8.58 分，"概论"课和"纲要"课得分紧随其后，同为 8.56 分，"基础"课得分为 8.52 分，而"形势与政策"课得分则为 8.50 分。2019 年五门课程的平均得分为 8.27 分（满分为 10 分），"基础"课、"纲要"课、"概论"课、"原理"课、"形势与政策"课得分分别为 8.23 分、8.30 分、8.30 分、8.27 分、8.24 分。2018 年五门课程的平均得分为 7.88 分（满分为 10 分），"基础"课、"纲要"课、"概论"课、"原理"课、"形势与政策"课得分分别为 7.82 分、7.98 分、7.93 分、7.86 分、7.83 分（见图 6-9）。

相较于 2018 年，2020 年大学生对不同思想政治理论课的评分呈现出明显的上升趋势。

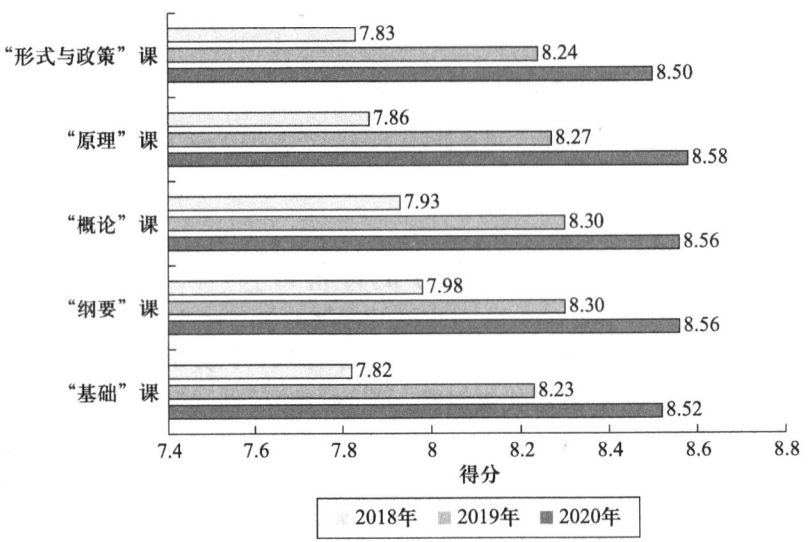

图 6-9　大学生对五门思想政治课程的评分情况的历时分析

思想政治理论课的平均得分与 2018 年相比提高 0.66 分。由此可见近几年大学生对思想政治理论课的满意程度不断提高(见图 6-10)。

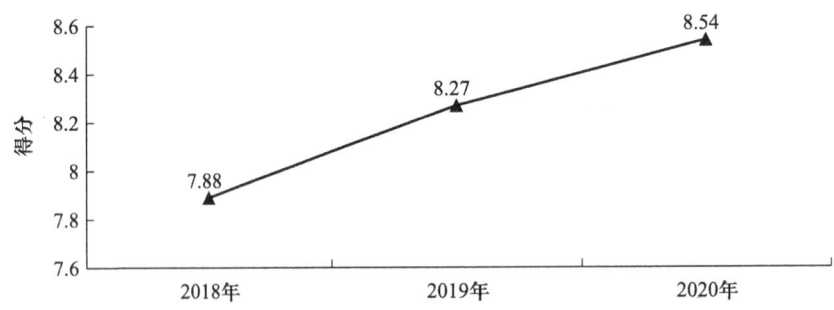

图 6-10　大学生对思想政治课程的总体评分情况的历时分析

2. 对不同思想政治理论课收获情况的评价

调查显示,大学生对不同思想政治理论课收获情况评价较好。针对"基础"课的收获情况,有 81.0% 的大学生认为在学习"基础"课的过程中,其"思想道德素质和法律素养不断提升"。针对"纲要"课的收获情况,82.8% 的大学生认为在其学习"纲要"课的过程中,能够"把握中国近现代史的发展历程及基本规律"。针对"概论"的收获情况,81.6% 的大学生认为在学习"概论"课的过程中能够"系统掌握马克思主义中国化的理论成果"。针对"原理"课的收获情况,80.7% 的大学生认为在学习该门课程的过程中能够"全面掌握马克思主义的基本原理和方法"。最后针对"形势与政策"课的收获情况,79.8% 的大学生认为在学习该门课程的过程中能够"掌握认识形势与政策问题的基本理论和基础知识"(见图 6-11)。

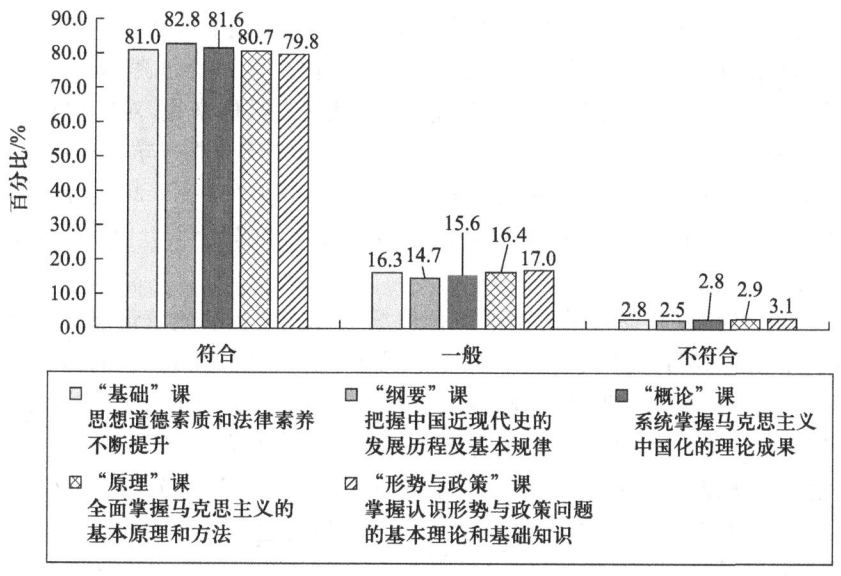

图 6-11　大学生对不同思想政治课程收获情况的评价

（二）对不同思想政治理论课教学的分项评价

大学生对不同思想政治理论课的分项评价包括对五门思想政治理论课的教学内容、教学方法、教师水平、课堂效果的评价情况。

1. 对"基础"课教学的分项评价

大学生对"基础"课教学的评分为 4.26 分（满分为 5 分）。其中大学生对"基础"课的教学内容、教学方法、教师水平和课堂效果的评分分别为 4.23 分、4.24 分、4.33 分和 4.23 分（见图 6-12）。

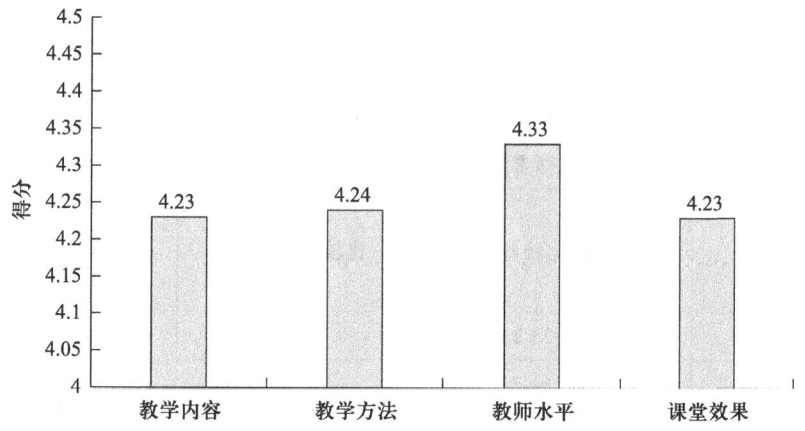

图 6-12　"基础"课教学内容、教学方法、教师水平和课堂效果的得分情况

通过相关分析发现，大学生对"基础"课的教学内容、教学方法、教师水平、课堂效果的评价情况同其在该课堂的收获情况即"思想道德素质和法律素养不断提升"之间存在相关关系。

第一,大学生对"基础"课教学内容的评价情况和在该课程的收获情况之间呈显著正相关关系($r=0.699,p<0.001$),即大学生对"基础"课教学内容的评价越高,对通过学习本课程其"思想道德素质和法律素养不断提升"的观点就越认同。具体来说,对"基础"课教学内容评分为"5分"和"4分"的大学生中,有94.2%和82.1%的人认为通过学习该课程其"思想道德素质和法律素养不断提升"。对"基础"课教学内容评分为"3分""2分"和"1"分的大学生中,则分别有45.1%、39.7%和50.2%的人认为通过对该课程的学习,其"思想道德素质和法律素养不断提升"。

第二,大学生对"基础"课教学方法的评价情况和在该课程的收获情况之间呈显著正相关关系($r=0.799,p<0.001$),即大学生对"基础"课教学方法的评价越高,对通过学习本课程其"思想道德素质和法律素养不断提升"的观点就越认同。具体来说,在对"基础"课的教学方法评分"5分"和"4分"的大学生中分别有94.4%和82.4%的人认为通过学习该课程,其"思想道德素质和法律素养不断提升"。而对"基础"课教学方法评分为"3分""2分"和"1分"的大学生中则仅有47.0%、40.1%和39.7%的人认为通过学习该课程,其"思想道德素质和法律素养不断提升"。

第三,大学生对"基础"课教师水平的评分情况和在该课程的收获情况之间呈显著正相关关系($r=0.829,p<0.001$)。具体来说,在对"基础"课的教师水平评分"5分""4分"的大学生中分别有93.8%、79.3%的人认为通过学习该课程其"思想道德素质和法律素养不断提升"。而对"基础"课的教师水平评分为"3分""2分"和"1分"的大学生中认为通过学习该课程其"思想道德素质和法律素养不断提升"的比例仅为42.2%、40.4%和44.0%。

第四,大学生对"基础"课的课堂效果评分情况和在该课程的收获情况之间呈显著正相关关系($r=0.842,p<0.001$)。具体而言,对"基础"课的课堂效果评分"5分""4分"的大学生中分别有94.8%和82.9%的人认为在学习该课程的过程中其"思想道德素质和法律素养不断提升"。而对"基础"课的课堂效果评分"3分""2分"和"1分"的大学生中则仅有46.9%、39.3%和37.0%的人认为在学习该课程的过程中其"思想道德素质和法律素养不断提升"(表6-5)。

表6-5　大学生对"基础"课教学内容、教学方法、教师水平、课堂效果的评价和在本课程收获情况的交互分析

| 对"基础"课建设成效的评价 | 分 | 思想道德素质和法律素养不断提升/% | | | | | 卡方检验 | | |
		非常好	比较好	一般	比较差	非常差	χ^2	P	C
教学内容	5	69.0	25.2	4.1	0.3	1.4	21 345.2	<0.001	0.58
	4	17.4	64.7	16.2	1.3	0.4			
	3	8.5	36.6	51.5	2.9	0.6			
	2	7.8	31.9	47.8	9.7	2.9			
	1	32.8	17.4	25.4	10.3	14.2			

续表

对"基础"课建设成效的评价	分	思想道德素质和法律素养不断提升/%					卡方检验		
		非常好	比较好	一般	比较差	非常差	χ^2	P	C
教学方法	5	69.5	24.9	3.8	0.4	1.4	22 358.1	<0.001	0.58
	4	16.8	65.6	15.7	1.6	0.4			
	3	7.9	39.1	50.3	2.2	0.5			
	2	8.8	31.3	48.8	9.1	1.9			
	1	25.8	13.9	31.6	12.1	16.6			
教师水平	5	66.0	27.8	4.5	0.3	1.4	20 766.3	<0.001	0.57
	4	14.4	64.9	18.6	1.9	0.3			
	3	7.2	35.0	54.5	2.6	0.6			
	2	9.0	31.4	47.3	9.8	2.5			
	1	27.5	16.5	28.0	11.4	16.6			
课堂效果	5	70.3	24.5	3.4	0.3	1.5	23 874.5	<0.001	0.60
	4	16.3	66.6	15.0	1.9	0.3			
	3	7.0	39.9	50.7	2.0	0.3			
	2	8.9	30.4	52.9	6.6	1.2			
	1	22.7	14.3	32.9	13.4	16.7			

2. 对"纲要"课教学的分项评价

大学生对"纲要"课教学的评分为 4.28 分,满意程度较高。"纲要"课的教学内容、教学方法、教师水平和课堂效果的得分分别为 4.27 分、4.26 分、4.35 分、4.24 分(见图 6-13)。

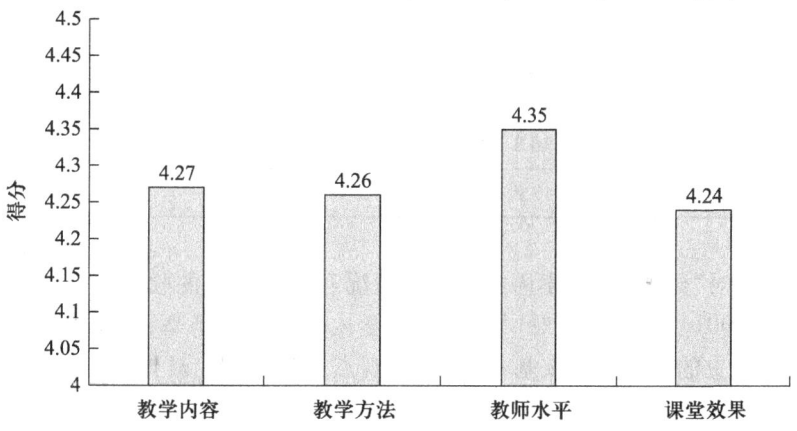

图 6-13　"纲要"课教学内容、教学方法、教师水平和课堂效果的得分情况

通过相关分析发现,大学生对"纲要"课的教学内容、教学方法、教师水平、课堂效果的评价同其在该课堂的收获情况即"把握中国近现代史的发展历程及基本规律"之间存在相关关系(见表 6-6)。

表 6-6   大学生对"纲要"课教学内容、教学方法、教师水平、
课堂效果的评价和在本课程收获情况的交互分析

| 对"纲要"课建设成效的评价 | 分 | 把握中国近现代史的发展历程及基本规律/% | | | | | 卡方检验 | | |
		非常好	比较好	一般	比较差	非常差	χ^2	P	C
教学内容	5	69.4	25.2	3.8	0.4	1.2	17 598.1	<0.001	0.56
	4	17.8	65.3	15.1	1.4	0.4			
	3	9.1	39.4	47.9	3.2	0.4			
	2	11.9	30.9	46.0	8.8	2.4			
	1	36.6	17.5	24.7	9.8	11.4			
教学方法	5	71.0	23.7	3.6	0.4	1.3	18 475.3	<0.001	0.58
	4	18.3	65.7	14.1	1.7	0.3			
	3	8.9	42.0	46.0	2.6	0.4			
	2	8.3	33.8	47.1	9.2	1.7			
	1	32.6	16.5	27.5	9.7	13.8			
教师水平	5	67.7	26.5	4.2	0.4	1.3	17 436.0	<0.001	0.56
	4	15.7	65.6	16.6	1.9	0.4			
	3	7.8	38.8	49.7	3.3	0.4			
	2	11.1	32.2	46.6	8.8	1.4			
	1	34.3	15.7	25.4	9.9	14.7			
课堂效果	5	71.7	23.2	3.3	0.3	1.4	19 340.0	<0.001	0.58
	4	18.7	66.2	13.1	1.8	0.3			
	3	8.1	43.2	46.1	2.4	0.3			
	2	8.2	36.3	47.8	6.8	0.9			
	1	28.4	13.8	32.1	11.7	13.9			

第一,大学生对"纲要"课教学内容的评价情况和在本课程的收获情况之间呈显著正相关($r=0.755$,$p<0.001$),即大学生对"纲要"课教学内容的评价越高,对通过学习本课程能够"把握中国近现代史的发展历程及基本规律"的观点就越认同。具体而言,对"纲要"课教学内容评分为"5分"和"4分"的大学生中,分别有94.6%、83.1%的学生认为在学习该课程的过程中能够"把握中国近现代史的发展历程及基本规律"。而对"纲要"课教学内容评分为"3分""2分"和"1分"的大学生中则仅有48.5%、42.8%和54.1%的人认为在学习"纲要"课的过程中能够"把握中国近现代史的发展历程及基本规律"。

第二,大学生对"纲要"课教学方法的评价情况和在本课程的收获情况之间呈显著正相关($r=0.850$,$p<0.001$),即大学生对"纲要"课教学方法的评价越高,对通过学习本课程能够

"把握中国近现代史的发展历程及基本规律"的观点就越认同。具体而言,在对"纲要"课的教学方法评分为"5分"的大学生中有94.7%的人认为通过学习本课程能够"把握中国近现代史的发展历程及基本规律"。对"纲要"课评分为"4分""3分""2分"和"1分"的大学生中分别有84.0%、50.9%、42.1%和49.1%的人认为,通过学习该课程能够"把握中国近现代史的发展历程及基本规律"。

第三,大学生对"纲要"课教师水平的评价情况和在本课程的收获情况之间呈现显著正相关($r=0.874$,$p<0.001$),即大学生对"纲要"课教师水平的评价越高,对通过学习本课程能够"把握中国近现代史的发展历程及基本规律"的观点就越认同。在对"纲要"课的教师水平评分为"5分"的大学生中认为通过学习该课程能够"把握中国近现代史的发展历程及基本规律"的比例最高,为94.2%。而在对"纲要"课的教师水平评分为"4分""3分""2分"和"1分"的大学生中则有81.3%、46.6%、43.3%和53.0%的人认为,通过学习该课程能够"把握中国近现代史的发展历程及基本规律"。

第四,大学生对"纲要"课的课堂效果的评价情况和在本课程的收获情况之间呈现显著正相关关系($r=0.886$,$p<0.001$)。具体而言,对"纲要"课的课堂效果评分为"5分"的大学生中,有94.9%的人认为通过对本课程的学习能够"把握中国近现代史的发展历程及基本规律"。对"纲要"课的课堂效果评分为"4分""3分""2"分和"1分"的大学生中则有84.9%、51.3%、44.5%和42.2%的人认为,在学习本课程的过程中能够"把握中国近现代史的发展历程及基本规律"。

3. 对"概论"课教学的分项评价

大学生对"概论"课评价得分为4.28分,得分在五门思想政治理论课中较高。大学生对"概论"课的教学内容、教学方法、教师水平和课堂效果的评分分别为4.29分、4.26分、4.34分和4.24分(见图6-14)。

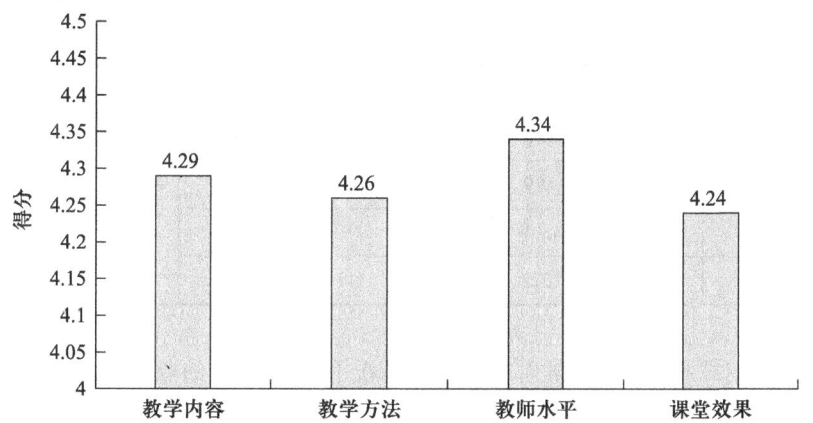

图6-14　"概论"课教学内容、教学方法、教师水平和课堂效果的得分情况

通过相关分析发现,大学生对"概论"课的教学内容、教学方法、教师水平、课堂效果的评价与其在该课堂的收获情况即"系统掌握马克思主义中国化的理论成果"之间存在相关关系(见表6-7)。

表 6-7　大学生对"概论"课教学内容、教学方法、教师水平、
课堂效果的评价和在本课程收获情况的交互分析

对"概论"课建设成效的评价	分	系统掌握马克思主义中国化的理论成果/%					卡方检验		
		非常好	比较好	一般	比较差	非常差	χ^2	P	C
教学内容	5	68.9	25.3	4.2	0.3	1.3	16 681.9	<0.001	0.57
	4	16.0	65.0	17.0	1.7	0.3			
	3	8.7	36.3	50.9	3.5	0.5			
	2	10.7	30.0	46.0	10.5	2.9			
	1	36.9	17.2	24.4	9.2	12.3			
教学方法	5	71.4	23.1	3.7	0.4	1.4	18 265.8	<0.001	0.58
	4	17.3	65.8	14.9	1.6	0.3			
	3	8.0	38.9	49.7	3.0	0.4			
	2	8.5	31.0	48.5	10.3	1.7			
	1	31.3	14.7	28.4	10.3	15.3			
教师水平	5	68.2	25.6	4.5	0.3	1.3	17 175.3	<0.001	0.57
	4	15.3	65.2	17.1	2.0	0.4			
	3	7.1	35.9	53.1	3.2	0.7			
	2	8.9	32.1	47.4	9.9	1.7			
	1	32.7	13.8	24.9	12.6	16.0			
课堂效果	5	72.2	22.5	3.5	0.3	1.4	19 157.2	<0.001	0.60
	4	17.4	66.3	14.2	1.8	0.3			
	3	7.4	39.9	50.0	2.4	0.3			
	2	8.3	33.4	47.1	9.8	1.4			
	1	28.8	12.5	31.3	11.7	15.7			

　　第一,大学生对"概论"课教学内容的评价情况和在本课程的收获情况之间呈现显著正相关关系($r=0.772,p<0.001$),即大学生对"概论"课教学内容评价越高,对在学习该课程的过程中能够"系统掌握马克思主义中国化的理论成果"观点的认同度越高。具体而言,对"概论"课教学内容评分为"5分"和"4分"的大学生中,分别有94.2%和81.0%的人认为在学习"概论"课的过程中能够"系统掌握马克思主义中国化的理论成果"。对"概论"课教学内容评分为"3分""2分"和"1分"的大学生中有45.0%、40.7%和54.1%的人认为在学习该门思政课的过程中能够"系统掌握马克思主义中国化的理论成果"。

　　第二,大学生对"概论"课教学方法的评价情况和在本课程的收获情况之间呈现显著正相关关系($r=0.853,p<0.001$),即大学生对"概论"课教学方法评价越高,对在学习该课程的

过程中能够"系统掌握马克思主义中国化的理论成果"的观点越认同。具体而言,对"概论"课的教学方法评分为"5分"的大学生中有94.5%的人认为通过学习"概论"课能够"系统掌握马克思主义中国化的理论成果"。而对该门课程的教学方法评分为"4分""3分""2分"和"1分"的大学生中分别有83.1%、46.9%、39.5%和46.0%的人认为通过"概论"课的学习能够"系统掌握马克思主义中国化的理论成果"。

第三,大学生对"概论"课教师水平的评分情况和在本课的收获情况之间呈显著正相关关系($r=0.874, p<0.001$)。具体而言,在对"概论"课的教师水平评分为"5分"和"4分"的大学生中有93.8%和80.5%的人认为通过对该门课程的学习能够"系统掌握马克思主义中国化的理论成果"。在对"概论"课的教师水平评分为"3分""2分"和"1分"的大学生中则仅有43.0%、41.0%和46.5%的人认为通过学习该课程能够"系统掌握马克思主义中国化的理论成果"。

第四,大学生对"概论"课的课堂效果的评分情况和在本课的收获情况之间存在显著的正相关关系($r=0.738, p<0.001$)。具体而言,在对"概论"课的课堂效果评分为"5分"和"4分"的大学生中有94.7%、83.7%的人认为通过对该课程的学习能够"系统掌握马克思主义中国化的理论成果"。而对"概论"课的课堂效果评分为"3分""2分"和"1分"的大学生中则有47.3%、41.7%和41.3%的人认为在学习该课程之后能够"系统掌握马克思主义中国化的理论成果"(表6-7)。

4. 对"原理"课教学的分项评价

大学生对"原理"课评价得分为4.29分,在五门思想政治理论课中得分最高。大学生对"原理"课的教学内容、教学方法、教师水平和课堂效果的评分分别为4.29分、4.26分、4.35分和4.24分(见图6-15)。

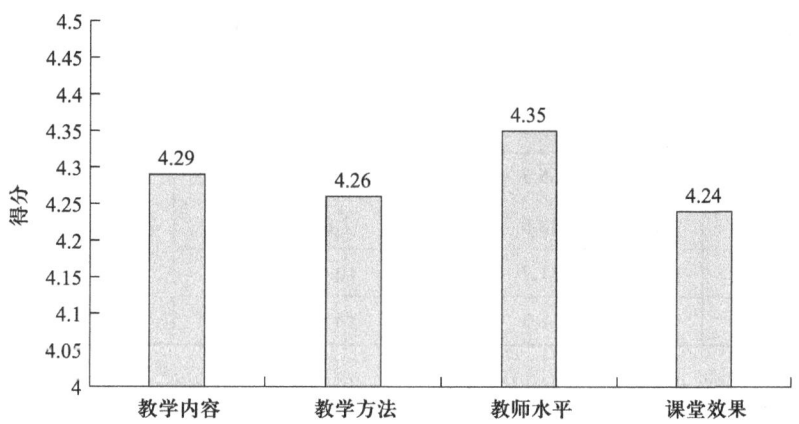

图6-15　"原理"课教学内容、教学方法、教师水平和课堂效果的得分情况

通过相关分析发现,大学生对"原理"课的教学内容、教学方法、教师水平、课堂效果的评价情况与其在该课堂的收获情况即"全面掌握马克思主义的基本原理和方法"之间存在相关关系(见表6-8)。

表 6-8 大学生对"原理"课教学内容、教学方法、教师水平、
课堂效果的评价和在本课程收获情况的交互分析

对"原理"课建设成效的评价	分	全面掌握马克思主义的基本原理和方法/%					卡方检验		
		非常好	比较好	一般	比较差	非常差	χ^2	P	C
教学内容	5	67.6	25.8	4.9	0.4	1.2	16 843.5	<0.001	0.56
	4	16.2	63.8	17.9	1.8	0.3			
	3	8.6	35.2	51.5	4.0	0.6			
	2	11.5	30.8	46.0	8.7	3.0			
	1	35.1	15.3	24.6	9.1	15.8			
教学方法	5	70.2	23.9	4.3	0.4	1.3	18 654.0	<0.001	0.58
	4	16.7	64.6	16.6	1.8	0.3			
	3	8.3	37.6	50.4	3.3	0.5			
	2	8.9	31.0	46.3	11.0	2.8			
	1	29.7	14.4	26.8	11.1	18.0			
教师水平	5	66.9	26.4	5.1	0.4	1.2	17 394.9	<0.001	0.57
	4	14.0	64.4	19.3	2.1	0.2			
	3	7.8	34.7	53.2	3.6	0.7			
	2	10.5	29.8	45.4	11.5	2.7			
	1	29.6	13.5	27.3	11.0	18.6			
课堂效果	5	71.0	23.4	3.9	0.3	1.4	20 119.8	<0.001	0.60
	4	17.1	65.3	15.7	1.7	0.2			
	3	7.4	38.6	50.9	2.8	0.3			
	2	9.3	31.7	47.7	10.4	0.9			
	1	25.6	12.3	29.7	13.6	18.7			

第一,大学生对"原理"课教学内容的评价情况与在该课堂的收获情况之间呈显著正相关关系($r=0.799$,$p<0.001$),即大学生对"原理"课教学内容评价越高,对通过学习该课程能够"全面掌握马克思主义的基本原理和方法"的观点越认同。具体而言,对"原理"课的教学内容评分为"5分"和"4分"的大学生中,分别有93.4%、80.8%的人认为在学习"原理"课的过程中能够"全面掌握马克思主义的基本原理和方法"。而对"原理"课教学内容评分为"3分""2分"和"1分"的大学生中有43.8%、42.3%和50.4%的人认为通过学习该课程能够"全面掌握马克思主义的基本原理和方法"。

第二,大学生对"原理"课教学方法的评价情况与在该课堂的收获情况之间呈显著正相关($r=0.874$,$p<0.001$),即大学生对"原理"课教学方法评价越高,对通过学习该课程能够

"全面掌握马克思主义的基本原理和方法"的观点越认同。具体而言,对"原理"课的教学方法评分为"5分"的大学生中有94.1%的人认为,通过对该课程的学习能够"全面掌握马克思主义的基本原理和方法"。对"原理"课教学方法评分为"4分""3分""2分"和"1分"的大学生中分别有81.3%、45.9%、39.9%和44.1%的人认为,通过学习该课程能够"全面掌握马克思主义的基本原理和方法"。

第三,大学生对"原理"课教师水平的评价情况与在该课堂的收获情况之间呈显著正相关关系($r=0.890,p<0.001$)。具体而言,对"原理"课的教师水平评分为"5分"和"4分"的大学生中有93.3%和78.4%的人认为,通过学习该课程能够"全面掌握马克思主义的基本原理和方法"。而对"原理"课的教师水平评分为"3分""2分"和"1分"的大学生中认为通过学习该课程能够"全面掌握马克思主义的基本原理和方法"比例分别为42.5%、40.3%和43.1%。

第四,大学生对"原理"课的课堂效果的评价情况与在该课堂的收获情况之间呈显著正相关关系($r=0.903,p<0.001$)。具体而言,在对"原理"课的课堂效果评分为"5分"的大学生中认为通过学习该课程能够"全面掌握马克思主义的基本原理和方法"比例最高,为94.4%。而在对"原理"课的课堂效果评分为"4分""3分""2分"和"1分"的大学生中则有82.4%、46.0%、41.0%和37.9%的人认为通过学习该课程可以"全面掌握马克思主义的基本原理和方法"(表6-8)。

5. 对"形势与政策"课教学的分项评价

大学生对"形势与政策"课教学评分为4.25分,对其教学内容、教学方法、教师水平和课堂效果四个方面评分分别为4.26分、4.23分、4.32分、4.20分(见图6-16)。

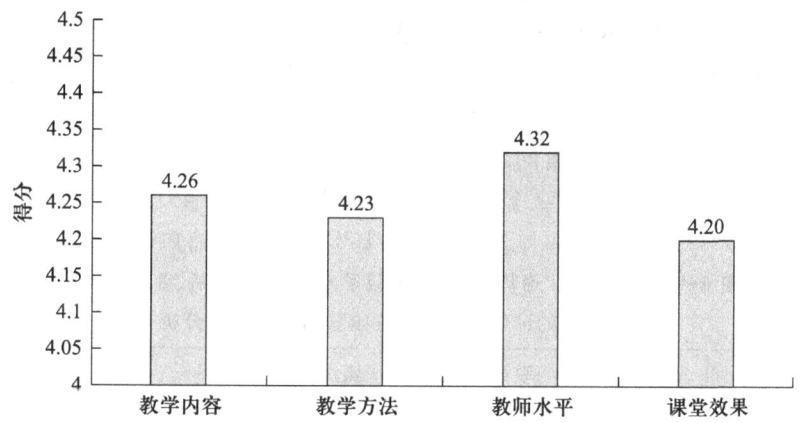

图6-16　"形势与政策"课教学内容、教学方法、教师水平和课堂效果的得分情况

通过相关分析发现,大学生对"形势与政策"课的教学内容、教学方法、教师水平、课堂效果的评价与其在该课堂的收获情况即"掌握认识形势与政策问题的基本理论和基础知识"之间存在相关关系(见表6-9)。

第一,大学生对"形势与政策"课的教学内容的评价情况与在该课堂的收获情况之间呈显著正相关关系($r=0.734,p<0.001$),即大学生对"形势与政策"课教学内容评价越高,对通过学习该课程能够"掌握认识形势与政策问题的基本理论和基础知识"的观点越认同。具体而言,对"形势与政策"课教学内容评分为"5分"的大学生中有93.9%的人认为通过对该课

程的学习能够"掌握认识形势与政策问题的基本理论和基础知识"。而对"形势与政策"课教学内容评分为"4分""3分""2分"和"1分"的大学生中,则分别有80.0%、43.6%、33.0%和42.9%的人认为通过学习该课程能够"掌握认识形势与政策问题的基本理论和基础知识"。

第二,大学生对"形势与政策"课的教学方法的评价情况与在该课堂的收获情况之间呈显著正相关关系($r=0.804, p<0.001$),即随着大学生对"形势与政策"课教学方法评价越高,对通过学习该课程能够"掌握认识形势与政策问题的基本理论和基础知识"的观点越认同。具体而言,在对"形势与政策"课的教学方法评分为"5分"和"4分"的大学生中分别有94.5%和81.6%的人认为通过对该课程的学习能够"掌握认识形势与政策问题的基本理论和基础知识"。而在对"形势与政策"课的教学方法评分为"3分""2分"和"1分"的大学生中认为通过对该课程的学习能够"掌握认识形势与政策问题的基本理论和基础知识"比例为45.0%、33.2%和34.6%。

第三,大学生对"形势与政策"课的教师水平的评价情况与在该课堂的收获情况之间呈显著正相关关系($r=0.844, p<0.001$),即大学生对"形势与政策"课教师水平的评价越高,对通过学习该课程能够"掌握认识形势与政策问题的基本理论和基础知识"的观点越认同。具体而言,对"形势与政策"课的教师水平评分为"5分"和"4分"的大学生中认为通过学习该课程能够"掌握认识形势与政策问题的基本理论和基础知识"比例分别为93.7%和77.9%。而对"形势与政策"课的教师水平评分为"3分""2分"和"1分"的大学生中认为通过学习该课程能够"掌握认识形势与政策问题的基本理论和基础知识"比例为41.0%、35.6%和34.9%。

第四,大学生对"形势与政策"课的课堂效果的评价情况与在该课堂的收获情况之间呈显著正相关关系($r=0.856, p<0.001$),即大学生对"形势与政策"课的课堂效果评价越高,对通过学习该课程能够"掌握认识形势与政策问题的基本理论和基础知识"的观点越认同。具体而言,对"形势与政策"课的课堂效果评分"5分"的大学生中有95.0%的人认为通过学习该课程能够"掌握认识形势与政策问题的基本理论和基础知识"。而对"形势与政策"课的课堂效果评分为"4分""3分"和"2分"的大学生中则有83.7%、45.5%和35.3%的人认为通过学习该课程能够"掌握认识形势与政策问题的基本理论和基础知识"(表6-9)。

表6-9　大学生对"形势与政策"课教学内容、教学方法、教师水平、
课堂效果的评价和在本课程收获情况的交互分析

| 对"形势与政策"课建设成效的评价 | 分 | 掌握认识形势与政策问题的基本理论和基础知识/% | | | | | 卡方检验 | | |
		非常好	比较好	一般	比较差	非常差	χ^2	P	C
教学内容	5	68.5	25.4	4.5	0.4	1.2	22 263.3	<0.001	0.59
	4	16.1	63.9	18.2	1.6	0.2			
	3	8.6	35.0	52.1	3.6	0.6			
	2	8.0	25.0	49.0	15.7	2.4			
	1	27.7	15.2	26.8	13.0	17.3			

续表

对"形势与政策"课建设成效的评价	分	掌握认识形势与政策问题的基本理论和基础知识/%					卡方检验		
		非常好	比较好	一般	比较差	非常差	χ^2	P	C
教学方法	5	70.8	23.7	3.9	0.4	1.2	24 754.7	<0.001	0.61
	4	16.2	65.4	16.6	1.6	0.4			
	3	7.9	37.1	51.5	3.0	0.5			
	2	6.6	26.6	50.9	14.3	1.6			
	1	22.3	12.3	29.2	16.5	19.7			
教师水平	5	67.6	26.1	4.7	0.4	1.2	23 049.0	<0.001	0.59
	4	13.8	64.1	19.9	2.0	0.2			
	3	6.8	34.2	54.6	3.7	0.7			
	2	9.1	26.5	46.6	15.6	2.2			
	1	24.2	10.7	26.3	17.3	21.5			
课堂效果	5	72.0	23.0	3.4	0.3	1.3	26 711.0	<0.001	0.62
	4	16.0	66.7	15.6	1.5	0.2			
	3	7.2	38.3	51.7	2.6	0.2			
	2	7.6	27.7	51.2	12.0	1.5			
	1	18.2	11.7	32.1	19.9	18.1			

三、 对改进思想政治理论课教学的看法

对改进思想政治理论课教学的建议反映了大学生对加强和改进思政课教学的期待和心声,是新时代高校思想政治理论课改革创新的重要参考。

（一）对思想政治理论课教学的改进建议

1. 对思想政治理论课教学内容的改进建议

整体而言,大学生对思想政治理论课教学的教学内容评价较高,得分为4.27分(满分为5分)。且在五门思想政治理论课的教学内容的得分中,"概论"课和"原理"课的教学内容得分最高,为4.29分。"纲要"课次之,得分为4.27分。得分排后两位的课程为"形势与政策"课(4.26分)和"基础"课(4.23分)(见图6-17)。

尽管大学生对思想政治理论课教学内容的总体评价较高,但仍有巨大的改进空间。2020年大学生对思想政治理论课教学内容的改进建议中,73.4%的大学生认为教学内容改进的重点应集中于"密切与现实生活的联系",52.8%的大学生认为要"积极回应理论热点问题",30.5%的大学生选择"注意避免与高中教材内容重复",21.5%的大学生选择思想政治理论课"加强理论性和思想性"(见图6-18)。

纵观2015—2020年大学生对思想政治理论课教学内容的改进建议可以发现,各改进建

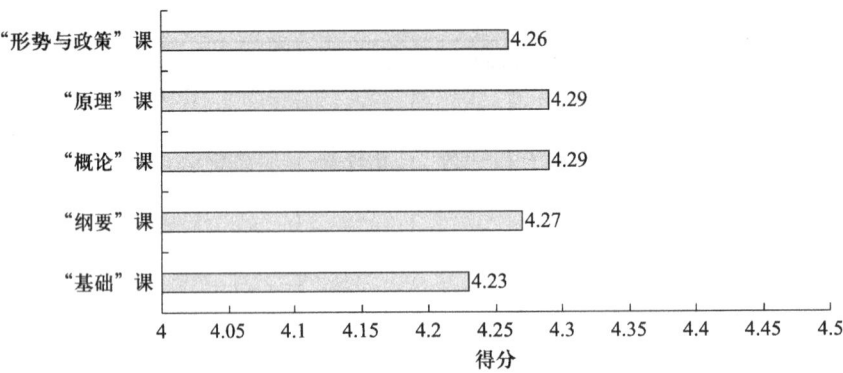

图 6-17　大学生对五门思想政治理论课教学内容的评分情况

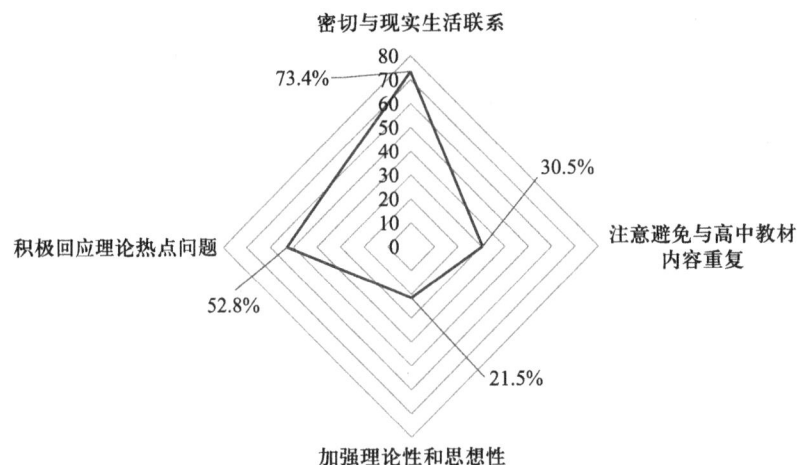

图 6-18　大学生对五门思想政治理论课教学内容的改进建议

议的选择比例在近几年基本保持一致。具体来看,"密切与现实生活的联系"在近几年中选择的比例最高;选择"积极回应理论热点问题"的大学生比例在五年中均位居次席,自 2018年呈下降趋势,2020 年持续下降;"注意避免与高中教材内容重复"这一比例较往年有明显提升,2019 年大学生选择的比例为 27.9%,2020 年持续上升至 30.5%;从 2015 年至 2020 年选择"加强理论性和思想性"建议的大学生比例持续上升,但选择该项的比例仍最低。可见,当前思想政治理论课教学内容改进的重点仍应集中于"密切与现实生活的联系"和"积极回应理论热点问题"(见图 6-19)。

2. 对思想政治理论课教学方法的改进建议

2020 年,大学生对思想政治理论课教学方法的评分为 4.25 分,同思想政治理论课的教学内容和教师水平的评分相比,相对较低。其中对"纲要"课、"概论"课和"原理"课的教学方法评分最高,均为 4.26 分;对"基础"课教学方法的评分位居次席,为 4.24 分;而对"形势与政策"课教学方法的评分最低,为 4.23 分(见图 6-20)。

2020 年,大学生对改进思想政治理论课教学方法的建议中,49.9%大学生认为改进的重点应该集中于"增强教学的趣味性",45.7%的大学生认为在思政课教学过程中要"加强师生的互

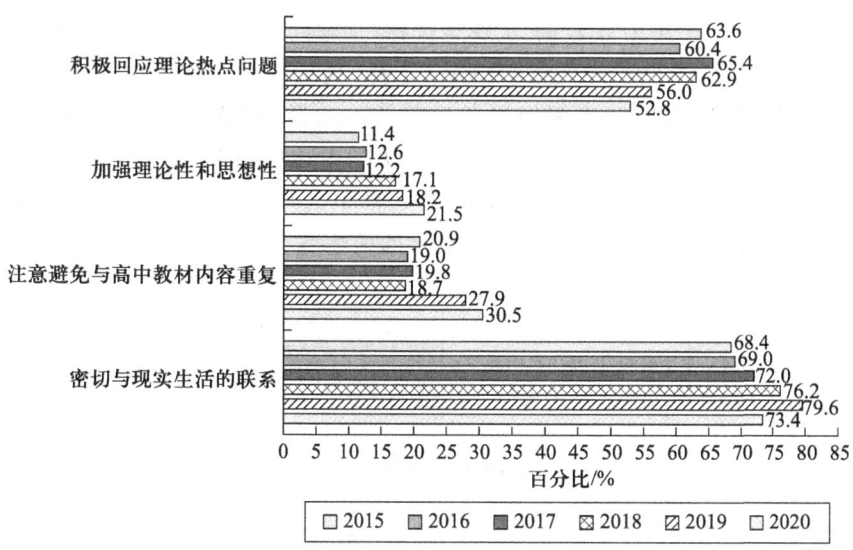

图 6-19 大学生对思想政治理论课教学内容改进建议的历时分析

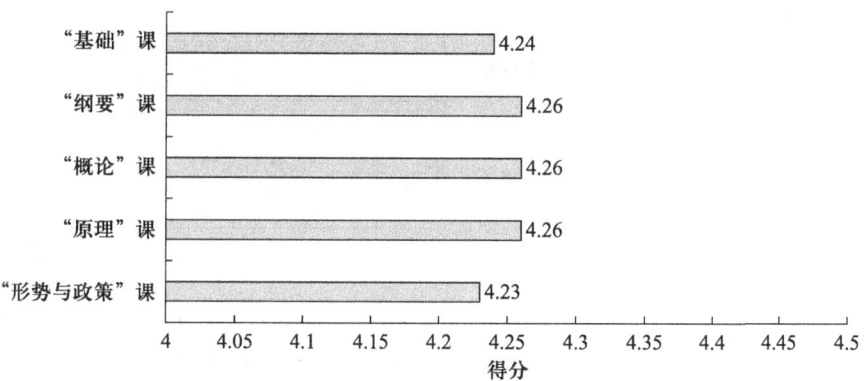

图 6-20 大学生对五门思想政治理论课教学方法的评分情况

动交流",44.8%的大学生认为要"重视开展实践教学",24.8%的大学生选择"重视网络、多媒体等教学手段的运用",15.3%的大学生选择"重视翻转课堂,增加学生参与度"(见图 6-21)。

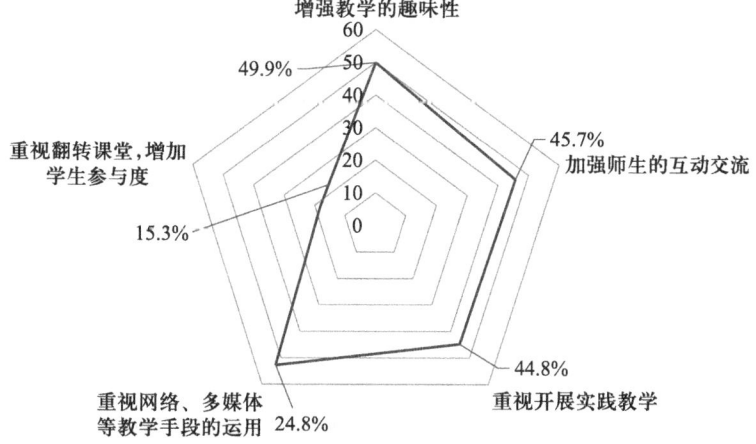

图 6-21 大学生对思想政治理论课教学方法的改进建议

　　纵向对比 2015 年至 2020 年数据,大学生选择"加强师生互动交流"的比例自 2015 年至 2019 年逐年提升,但在 2020 年降低至 45.7%。选择"增强教学的趣味性"的比例自 2018 年至 2020 年呈下降趋势,但这一比例仍居各项首位。选择"重视开展实践教学"的比例自 2018 年呈下降趋势,2020 年比例下降至 44.8%。大学生选择"重视网络、多媒体等教学手段的运用"的比例与往年相比有较大增长,2021 年仍然呈上升趋势。由此可见,当前思想政治理论课教学方法改进的重点应集中于"增强教学的趣味性""加强师生的互动交流"和"重视开展实践教学"(见图 6-22)。

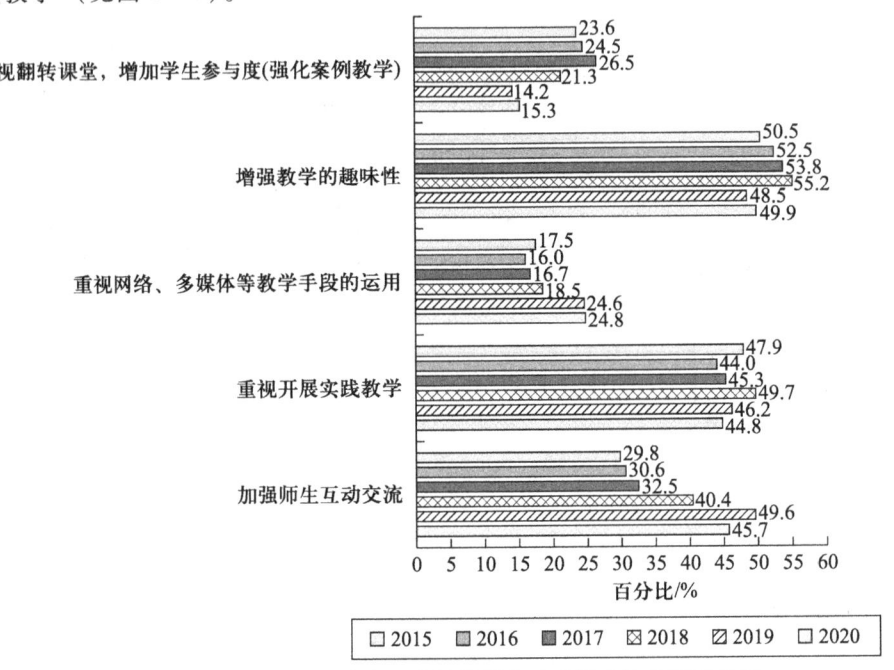

图 6-22　大学生对思想政治理论课教学方法改进建议的历时分析

3. 对思想政治理论课教师水平的改进建议

　　大学生对思想政治理论课教师水平的评价得分为 4.34 分,在教学内容、教学方法、教师水平和课堂效果的评分中最高。其中"纲要"课和"原理"课的教师水平的得分最高,为 4.35 分;其次为"概论"课 4.34 分;"基础"课的教师水平得分为 4.33 分,而"形势与政策"课教师水平的得分为 4.32 分(见图 6-23)。

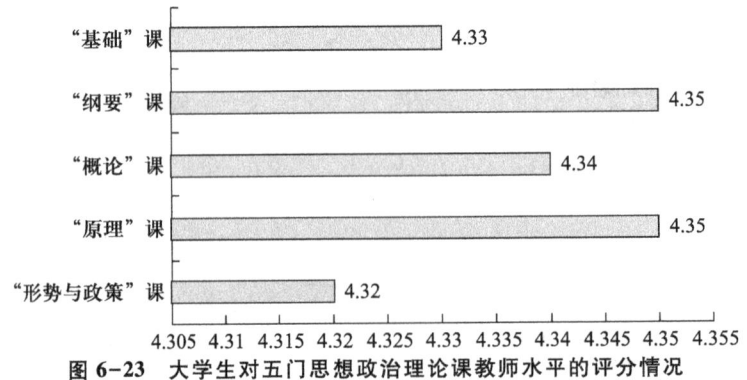

图 6-23　大学生对五门思想政治理论课教师水平的评分情况

2020年大学生关于思想政治理论课教师水平的改进建议中,47.5%的大学生选择"开阔国际视野",35.1%的大学生认为思政课老师要"增强政治素质",同样有38.7%的大学生选择"提高教学能力",28.9%的大学生选择"夯实理论功底",16.8%的大学生选择"加强师德修养"(见图6-24)。

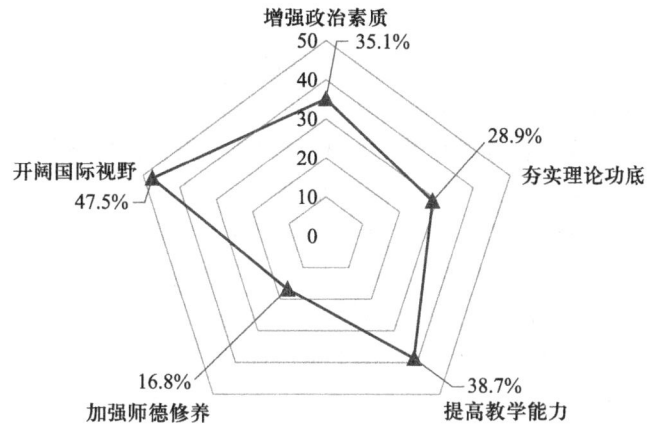

图 6-24 大学生群体对思想政治理论课教师水平改进的总体建议

纵向对比2019年和2020年数据,大学生对教师水平的改进建议选择"开阔国际视野"选项的比例从2019年51.0%下降到47.5%,可见该问题有所改善,但是比例仍然位居第一。除此之外,选择"提高教学能力"的比例为38.7%,比例仍居第二。对于"增强政治素质"这一选项,大学生选择的比例呈现明显下降趋势,从2019年的38.8%下降至2020年的35.1%。而"夯实理论功底"的选择比例则呈现上升趋势,由27.2%上升至28.9%。"加强师德修养"选项同样呈上升趋势,由16.4%上升至16.8%,但所占比例仍为最低。综上,当前思想政治理论课教师水平改进的重点应为"开阔国际视野"和"提高教学能力"(见图6-25)。

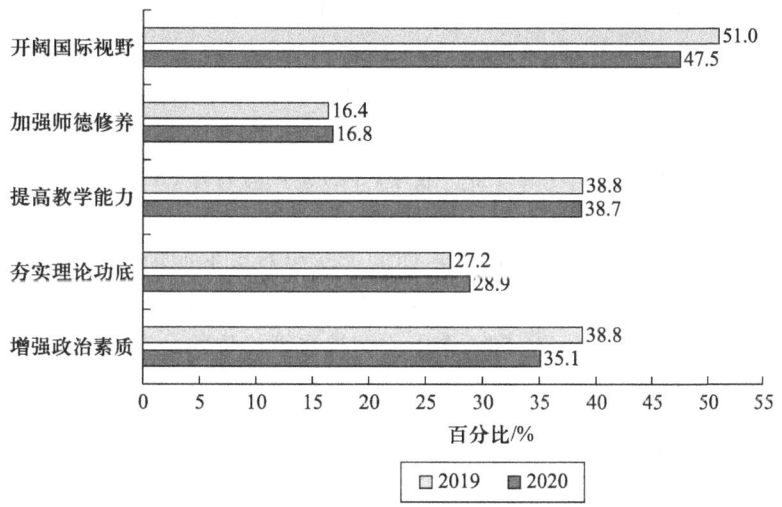

图 6-25 大学生群体对思想政治理论课教师水平改进建议的历时分析

（二）不同群体大学生对思想政治理论课改进建议的具体分析

为探究不同群体大学生对思想政治理论课教学内容、教学方法和教师水平评价的差异性，课题组对大学生的学历层次、学科类别和学校所在区域等人口学变量与教学内容、教学方法和教师水平的改进建议进行了交互分析。

1. 不同群体大学生对思想政治理论课教学内容改进建议的具体分析

就学历层次而言，本科生、硕士生和博士生对"密切与现实生活的联系""注意避免与高中教材内容重复""加强理论性和思想性"及"积极回应理论热点问题"四项改进建议的选择比例之间存在差异。针对"密切与现实生活的联系"这一改进建议，不同学历层次大学生选择比例由高到低分别为博士生（75.3%）、硕士生（74.1%）、本科生（73.1%）。针对"注意避免与高中教材内容重复"这一改进建议，硕士生选中的比例最高，为33.5%，本科生次之（29.8%）、博士生最低（28.2%）。针对"加强理论性和思想性"这一改进建议，本科生选中的比例最高（22.2%），硕士生次之（19.9%），博士生最低（17.8%）。而针对"积极回应理论热点问题"则是博士生选中的比例最高（54.3%），本科生次之（52.8%），硕士生最低（52.4%）。

就学科门类而言，不同学科门类的大学生对以下四项改进建议的选择比例具有差异性。针对"密切与现实生活的联系"这一改进建议，选择比例最高的学科门类是文学专业的大学生（76.3%），其余学科门类大学生对该项改进建议的选择比例由高到低分别为历史学（76.0%）、法学（74.3%）、医学（74.3%）、教育学（74.2%）、理学（74.0%）、管理学（73.2%）、农学（72.7%）、经济学（72.6%）、工学（72.5%）、艺术学（71.3%）和哲学（70.3%）。针对"注意避免与高中教材内容重复"这一改进建议，对其选择比例由高到低的学科门类排序为艺术学（35.6%）、历史学（34.5%）、哲学（33.9%）、法学（33.4%）、管理学（31.3%）、教育学（30.9%）、工学（30.6%）、医学（30.3%）、文学（30.2%）、经济学（28.4%）、农学（27.6%）和理学（27.5%）。针对"加强理论性和思想性"这一改进建议，对其选择比例最高的学科门类是哲学，其比例为29.7%，其余学科门类按照选择比例由高到低排序为理学（23.0%）、教育学（22.8%）、农学（22.6%）、工学（22.6%）、医学（21.4%）、历史学（21.1%）、法学（20.7%）、艺术学（20.1%）、管理学（19.5%）、经济学（19.5%）和文学（18.0%）。针对"积极回应理论热点问题"这一改进建议，不同学科门类的选择比例由高到低分别是：文学（57.9%）、经济学（57.2%）、管理学（56.4%）、法学（55.1%）、农学（54.7%）、教育学（53.2%）、理学（53.0%）、医学（52.9%）、历史学（51.0%）、工学（50.1%）、哲学（48.3%）、艺术学（45.9%）。

就学校所在区域而言，学校所在区域不同的大学生对以下四项改进建议的选择比例具有差异性。针对"密切与现实生活的联系"这一改进建议，西北地区大学生选中比例最高，为75.8%；其次为华中地区，比例为74.5%，选中比例排在第三位的是东北地区（74.1%）。其余几个地区的排名由高到低分别为华南地区（73.1%）、华北地区和西南地区（均为72.7%）、华东地区（71.9%）。针对"注意避免与高中教材内容重复"这一项改进建议，不同地区的大学生选择比例由高到低分别为华东地区（32.2%）、华南地区（31.7%）、华北地区（31.3%）、华中地区和西南地区（29.8%）、东北地区（29.0%）、西北地区（28.8%）。华南地区的大学生选择"加强理论性和思想性"这一改进建议的比例最高（24.0%），其次为西北地区和西南地区的大学生（均为22.2%），之后为华北地区（21.8%）、华东地区（21.6%）、东北地区（20.6%）和华中地区（19.8%）。最后针对"积极回应理论热点问题"这一改进建议，选择比例最高的为华中地区(55.6%);其余选中比例按照由高到低的次序排列分别为西南地区(54.2%)、西北地区(52.4%)、华东地区(52.1%)、华北地区(51.7%)、华南地区(51.6%)、东北地区(49.7%),见表6-10。

表6-10　不同群体大学生对思想政治理论课教学内容改进建议的交互分析

单位:百分比/%

		密切与现实生活的联系	注意避免与高中教材内容重复	加强理论性和思想性	积极回应理论热点问题
学历层次	本科生	73.1	29.8	22.2	52.8
	硕士生	74.4	33.5	19.9	52.4
	博士生	75.3	28.2	17.8	54.3
学科门类	哲学	70.3	33.9	29.7	48.3
	经济学	72.6	28.4	19.5	57.2
	法学	74.3	33.4	20.7	55.1
	工学	72.5	30.6	22.6	50.1
	文学	76.3	30.2	18.0	57.9
	历史学	76.0	34.5	21.1	51.0
	理学	74.0	27.5	23.0	53.0
	教育学	74.2	30.9	22.8	53.2
	农学	72.7	27.6	22.6	54.7
	医学	74.3	30.3	21.4	52.9
	管理学	73.2	31.3	19.5	56.4
	艺术学	71.3	35.6	20.1	45.9
学校所在区域	华东地区	71.9	32.2	21.6	52.1
	华南地区	73.1	31.7	24.0	51.6
	华中地区	74.5	29.8	19.8	55.6
	华北地区	72.7	31.3	21.8	51.7
	西北地区	75.8	28.8	22.2	52.4
	西南地区	72.7	29.8	22.2	54.2
	东北地区	74.1	29.0	20.6	49.7

2. 不同群体大学生对思想政治理论课教学方法改进建议的具体分析

就学历层次而言,本科生、硕士生和博士生对"加强师生互动交流""重视开展实践教学""重视网络、多媒体等教学手段的运用""增强教学的趣味性"和"重视翻转课堂,增加学生的参与度"五项改进建议的选中比例存在差异。针对"加强师生互动交流"这一改进建议,不同学历层次的受访者对这一选项的选择比例由高到低分别为硕士生(47.5%)、博士生(45.4%)、本科生(45.2%)。针对"重视开展实践教学"这一改进建议,硕士生选择比例依然最高,为 48.4%,博士生次之(44.9%),而本科生最低(43.9%)。针对"重视网络、多媒体等教学手段的运用"这一改进建议,本科生选中比例最高(24.8%)、博士生次之(24.7%),硕士生选中比例最低(24.6%)。针对"增强教学的趣味性"的改进建议,本科生选中的比例最高(50.9%),硕士生次之(46.9%),博士生最低(46.0%)。而针对"重视翻转课堂,增加学生的参与度"这一改进建议则是博士生选中比例最高(15.6%),本科生次之(15.4%),硕士生最低(14.6%)。

就学科门类而言,不同学科门类的大学生对以下五项改进建议的选择比例具有差异性。针对"加强师生互动交流"这一改进建议,选择比例最高的学科门类是教育学(48.2%),其余学科门类大学生对该项改进建议选择比例由高到低分别为理学(47.8%)、工学(47.3%)、历史学(46.6%)、哲学(46.4%)、法学(44.5%)、艺术学(44.3%)、农学(44.0%)、文学(42.9%)、医学(42.8%)、管理学(42.5%)、和经济学(40.7%)。针对"重视开展实践教学"这一改进建议,对其选择比例由高到低的学科门类排序为哲学(53.1%)、法学(51.3%)、历史学(48.0%)、教育学(47.2%)、管理学(46.3%)、农学(45.6%)、理学(45.6%)、经济学(45.2%)、文学(44.4%)、工学(43.3%)、医学(42.1%)和艺术学(39.6%)。针对"重视网络、多媒体等教学手段的运用"这一改进建议,对其的选择比例最高的学科门类为艺术学,其比例为28.3%,其余学科门类按照选择比例由高到低排序为历史学(27.5%)、管理学(25.5%)、工学(25.1%)、文学(25.0%)、医学(25.0%)、理学(23.7%)、教育学(23.6%)、法学(23.4%)、经济学(23.3%)、农学(23.1%)和哲学(22.5%)。针对"增强教学的趣味性"这一改进建议,不同学科门类的选择比例由高到低分别是:文学(55.5%)、医学(55.4%)、经济学(53.3%)、管理学(53.1%)、农学(51.3%)、艺术学(49.8%)、法学(49.6%)、教育学(48.5%)、历史学(48.2%)、理学(48.0%)、工学(48.0%)、哲学(42.5%)。针对"重视翻转课堂,增加学生的参与度"这一改进建议,对其的选择比例最高的学科为农学,其比例为17.3%,其余学科门类按照选择比例由高到低排序为经济学(17.2%)、教育学(16.2%)、文学(15.9%)、哲学(15.6%)、理学(15.6%)、法学(15.3%)、医学(15.3%)、工学(14.9%)、历史学(14.7%)、管理学(14.2%)和艺术学(14.2%)。

就学校所在区域而言,学校所在区域不同的大学生对以下五项改进建议的选择比例具有差异性。针对"加强师生互动交流"这一改进建议,东北地区大学生选中比例最高,为47.7%;其次为西北地区,比例为47.0%,选中比例排在第三位的是华东地区(46.0%)。其余几个地区的排名由高到低分别为华南地区(45.9%)、华北地区(为45.7%)、华中地区(44.7%)和西南地区(44.3%)。针对"重视开展实践教学"这一改进建议,不同地区的大学生选择比例由高到低分别为华南地区(47.5%)、西北地区(45.6%)、西南地区(45.5%)、华中地区(44.7%)、华东地区(44.5%)、华北地区(43.9%)、东北地区(42.2%)。华南地区的大学生选择"重视网络、多媒体等教学手段的运用"这一改进建议的比例最高(26.0%),其次西南地区的大学生(25.5%),之后为华东地区(24.9%)、西北地区(24.8%)、华北地区(24.6%)、华中地区(23.8%)和东北地区(23.7%)。华中地区的大学生选择"增强教学的趣味性"这一改进建议的比例最高(52.2%);其余选中比例按照由高到低的次序排列分别为西南地区(50.4%)、华北地区(50.0%)、华东地区(49.5%)、西北地区(49.3%)、东北地区(48.3%)、华南地区(48.1%)。最后,针对"重视翻转课堂,增加学生的参与度"这一改进建议,对其选中比例由高到低排序依次为华中地区(16.1%)、华东地区(15.6%)、华北地区(15.2%)、西北地区(15.2%)、西南地区(15.0%)、华南地区(15.0%)和东北地区(14.1%),见表6-11。

表6-11　不同群体大学生对思想政治理论课教学方法改进建议的交互分析

单位:百分比/%

		加强师生互动交流	重视开展实践教学	重视网络、多媒体等教学手段的运用	增强教学的趣味性	重视翻转课堂,增加学生的参与度
学历层次	本科生	45.2	43.9	24.8	50.9	15.4
	硕士生	47.5	48.4	24.6	46.9	14.6
	博士生	45.4	44.9	24.7	46.0	15.6
学科门类	哲学	46.4	53.1	22.5	42.5	15.6
	经济学	40.7	45.2	23.3	53.3	17.2
	法学	44.5	51.3	23.4	49.6	15.3
	工学	47.3	43.3	25.1	48.0	14.9
	文学	42.9	44.4	25.0	55.5	15.9
	历史学	46.6	48.0	27.5	48.2	14.7
	理学	47.8	45.6	23.7	48.0	15.6
	教育学	48.2	47.2	23.6	48.5	16.2
	农学	44.0	45.6	23.1	51.3	17.3
	医学	42.8	42.1	25.0	55.4	15.3
	管理学	42.5	46.3	25.5	53.1	14.2
	艺术学	44.3	39.6	28.3	49.8	14.2
学校所在区域	华东地区	46.0	44.5	24.9	49.5	15.6
	华南地区	45.9	47.5	26.0	48.1	15.0
	华中地区	44.7	44.7	23.8	52.2	16.1
	华北地区	45.7	43.9	24.6	50.0	15.2
	西北地区	47.0	45.6	24.8	49.3	15.2
	西南地区	44.3	45.5	25.5	50.4	15.0
	东北地区	47.7	42.2	23.7	48.3	14.1

3. 不同群体大学生对思想政治理论课教师水平的改进建议的具体分析

就学历层次而言,本科生、硕士生和博士生对"增强政治素质""夯实理论功底""提高教学能力""加强师德修养"和"开阔国际视野"五项改进建议的选中比例存在差异。针对"加强师生活动交流"这一改进建议,选择比例由高到低分别为硕士生(36.1%)、本科生(34.9%)、博士生(31.3%)。针对"夯实理论功底"这一改进建议,硕士生选择这一项的比例最高,为30.0%,本科生次之(28.7%),而博士生最低(27.3%)。针对"提高教学能力"这一改进建议,硕士生的选中比例最高(39.2%),本科生次之(38.6%),博士生选中比例最低(37.3%)。针对"加强师德修养"这一改进建议,博士生选中的比例最高(17.9%),硕士生次之(17.6%),本科生最低(16.6%)。而针对"开阔国际视野"同样是博士生对这一选项的选择比例最高(52.4%),硕士生次之(47.5%),本科生最低(47.2%)。

就学科门类而言,不同学科门类的大学生对以下五项改进建议的选择比例具有差异性。针对"增强政治素质"这一改进建议,选择比例最高的学科是教育学(37.7%),其他学科门类大学生对该项改进建议选择比例由高到低分别为艺术学(37.5%)、历史学(37.1%)、工学(36.2%)、理学(36.1%)、农学(36.0%)、医学和哲学(均为35.0%)、法学(34.4%)、管理学(33.2%)、文学(31.9%)、和经济学(30.2%)。针对"夯实理论功底"这一改进建议,对其选择比例由高到低的学科门类排序为哲学(36.9%)、历史学(32.4%)、法学(32.3%)、教育学和工学(均为29.7%)、艺术学(28.6%)、理学(28.4%)、经济学(27.8%)、农学(27.5%)、管理学(27.4%)、文学(26.2%)和医学(25.7%)。针对"提高教学能力"这一改进建议,对其选择比例最高的是学科门类为法学的大学生,其比例为45.6%,其余学科门类按照选择比例由高到低排序为文学(42.3%)、经济学(42.2%)、哲学(41.1%)、医学(40.8%)、管理学(39.8%)、教育学(38.9%)、历史学(38.2%)、工学(37.1%)、理学(36.9%)、农学(36.5%)、艺术学(33.2%)。针对"加强师德修养"这一改进建议,不同学科门类的选择比例由高到低分别是:法学(20.0%)、历史学(19.1%)、教育学(18.7%)、法学(18.6%)、艺术学(17.7%)、农学(17.3%)、管理学(17.1%)、经济学(16.7%)、理学(16.5%)、工学和文学(均为16.4%)、医学(14.8%)。针对"开阔国际视野"这一改进建议,对其的选择比例最高的学科门类为文学类大学生,其比例为53.8%,其余学科按照选择比例由高到低排序为管理学(50.6%)、经济学(50.4%)、农学(50.1%)、医学(50.0%)、理学(47.7%)、历史学和教育学均为(47.1%)、艺术学(46.2%)、工学(45.0%)、法学(44.7%)、哲学(41.7%)。

就学校所在区域而言,学校所在区域不同的大学生对五项改进建议的选择比例具有差异性。华南地区大学生选择"增强政治素质"这一改进建议的比例最高,为37.0%;其次为东北地区,比例为36.5%,选择比例排在第三位的是西北地区(35.6%)。其余几个地区的排名由高到低分别为华东地区(35.3%)、西南地区(34.8%)、华北地区(34.5%)和华中地区(34.4%)。针对"夯实理论功底"这一改进建议,不同地区的大学生选择比例由高到低分别为华南地区(31.6%)、华北地区(29.6%)、华东地区和西南地区(均为28.8%)、东北地区(28.6%)、华中地区(28.2%)、西北地区(27.6%)。针对"提高教学能力"这一改进建议,选择比例最高的为华南地区的大学生(40.2%),其次为华北地区的大学生(39.5%),之后为西南地区(39.2%)、华东地区(39.0%)、华中地区(38.4%)、西北地区(37.8%)和东北地区(34.8%)。华南地区大学生选择"加强师德修养"这一改进建议的比例最高(17.9%);其余选择比例按照由高到低的次序排列分别为华东地区和西南地区(17.5%)、西北地区(17.2%)、华北地区(16.6%)、东北地区(16.4%)、华中地区(15.7%)。最后,针对"开阔国际视野"这一改进建议,对其选择比例由高到低排序依次为华中地区(50.7%)、西北地区(49.5%)、西南地区(47.1%)、华东地区(46.7%)、华北地区(45.9%)、东北地区(45.5%)和华南地区(45.1%),见表6-12。

表 6-12　　不同群体大学生对思想政治理论课教师水评改进建议的交互分析

单位:百分比/%

		增强政治素质	夯实理论功底	提高教学能力	加强师德修养	开阔国际视野
学历层次	本科生	34.9	28.7	38.6	16.6	47.2
	硕士生	36.1	30.0	39.2	17.6	47.5
	博士生	31.3	27.3	37.3	17.9	52.4
学科门类	哲学	35.0	36.9	41.1	20.0	41.7
	经济学	30.2	27.8	42.2	16.7	50.4
	法学	34.4	32.3	45.6	18.6	44.7
	工学	36.2	29.7	37.1	16.4	45.0
	文学	31.9	26.2	42.3	16.4	53.8
	历史学	37.1	32.4	38.2	19.1	47.1
	理学	36.1	28.4	36.9	16.5	47.7
	教育学	37.7	29.7	38.9	18.7	47.1
	农学	36.0	27.5	36.5	17.3	50.1
	医学	35.0	25.7	40.8	14.8	50.0
	管理学	33.2	27.4	39.8	17.1	50.6
	艺术学	37.5	28.6	33.2	17.7	46.2
学校所在区域	华东地区	35.3	28.8	39.0	17.5	46.7
	华南地区	37.0	31.6	40.2	17.9	45.1
	华中地区	34.4	28.2	38.4	15.7	50.7
	华北地区	34.5	29.6	39.5	16.6	45.9
	西北地区	35.6	27.6	37.8	17.2	49.5
	西南地区	34.8	28.8	39.2	17.5	47.1
	东北地区	36.5	28.6	34.8	16.4	45.5

四、本章小结

当前,高校思想政治理论课建设成效显著,发挥了立德树人的关键课程作用。调查发现,大学生对思想政治理论课教学总体状况较为满意,对课程建设成效评价较高,并充分肯定课程教学的德育成效。基于学生的反馈与评价,我们应更加坚定办好思政课的信心。同时调查中发现的值得关注的问题,为我们加强和改进思想政治理论课建设提供了参考。

（一）基于学生角度：反馈与评价

1. 对思想政治理论课教学的整体评价积极向好

首先，2020 年超过 85% 的大学生给予思想政治理论课积极评价，相较于 2019 年 80.5% 的人数比例，有了显著提升；除此之外，对思想政治理论课评价"一般""比较差"和"非常差"的人数比例明显降低，表明当前大学生对思想政治理论课的评价较为满意。其次，思想政治理论课的德育成效显著。77.4% 的大学生认为思想政治理论课教学对其思想品德的发展具有积极作用，不同学历层次、不同学科门类、不同政治面貌、不同学校区域的大学生均有超过七成的比例认为思想政治理论课对个人思想品德的积极作用大。同时思想政治理论课教学对大学生人生观、价值观、道德观和文化观的影响较大。思想政治理论课德育成效与大学生的人生观、价值观、道德观和文化观之间的相关系数分别为 0.309**、0.319**、0.321** 和 0.335**，均呈显著正相关关系。最后，大学生对思想政治理论课收获情况的总体评价较高，81.0% 的大学生表示通过学习"基础"课，其"思想道德素质和法律素养不断提升"；82.8% 的大学生表示通过学习"纲要"课，能够"把握中国近现代史的发展历程及基本规律"；81.6% 的大学生表示通过学习"概论"课，能够"系统掌握马克思主义中国化的理论成果"；80.7% 的大学生表示通过学习"原理"课，能够"全面掌握马克思主义基本原理和方法"；79.8% 的大学生通过学习"形势与政策"课，能够"掌握认识形势与政策问题的基本理论和基础知识"。

2. 对思想政治理论课教学的分项评价反馈颇佳

首先，2020 年大学生对五门思想政治理论课分别给予了较高的评分。大学生对五门思想政治理论课教学的平均评分为 4.27 分（满分为 5 分），相较于 2019 年有了较大提升。五门思想政治理论课中，得分最高的课程为"原理"课，为 4.29 分。"概论"课和"纲要"课紧随其后，均为 4.28 分。"基础"课和"形势与政策"课的得分相对较低，分别为 4.26 分和 4.25 分。其次，大学生对思想政治理论课建设成效表示认可，分别对教学内容（4.27 分）、教学方法（4.25 分）、教师水平（4.34 分）和课堂效果（4.23 分）给予较为满意的评价。大学生在对五门思想政治理论课建设成效的评分中，针对教学内容这一项，"原理"课和"概论"课（4.29 分）均高于平均得分。针对教学方法这一项，五门思想政治理论课中只有"基础"课（4.24 分）和"形势与政策"课（4.23 分）稍低于平均得分。针对教师水平这一项，大学生给"纲要"课和"原理"课以 4.35 分的高分。而对于课堂效果这一项，唯有"形势与政策"（4.20 分）课低于平均得分。最后，大学生通过学习五门思想政治理论课，对相应课程的收获情况也给出了较高的评价。

3. 对思想政治理论课教学的改进建议聚焦现实问题

当前，大学生对思想政治理论课教学内容改进建议中比例最高的选项为"密切与现实生活的联系"（73.4%），由此可见当前思想政治理论课教学内容与现实生活和热点问题的联系并不紧密，与学生的思想诉求还存在距离。除此之外，大学生在针对思想政治理论课教学方法的改进建议中，"增强教学的趣味性"（49.9%）所占比例最高，由此可以反映出当前思想政治理论课的课堂气氛需要进一步改善。此外，大学生对思想政治理论课教师水平也提出了改进建议，比例最高的为"开阔国际视野"（47.5%），这也从侧面反映出当前思想政治理论课对国际社会热点问题的关注度尚且不够。

（二）基于教师角度：对策与建议

办好思想政治理论课的关键在教师。思政课教师不仅承担向大学生传授知识的职责，更担负着引导大学生成长为时代新人的重任。在本次调查中，大学生对思想政治理论课教学内容、教学方法和教师水平的改进建议，反映了大学生的诉求与期待，为进一步加强和改进高校思想政治理论课教师队伍建设提供了数据支撑和现实参考。

1. 教学内容——传授理论知识和关注现实热点相结合

高校思想政治理论课的教学内容相对于其他课程教学内容具有其自身的特点。思想性和理论性是思政课教学内容的重要特征。教学内容的改进，需要以坚持思想性和理论性为前提。调查显示，在大学生对思想政治理论课教学内容的建议中，选择"密切与现实生活联系"选项的大学生比例为73.4%，同时"积极回应理论热点问题"的大学生比例为52.8%。由此可见，当前思想政治理论课教学内容改进的重点除了增强思政课的思想性和理论性之外，还需要加强对现实热点问题的关注。例如可将社会热点事件融入思政课的教学案例，在课堂上运用马克思主义的立场观点方法，分析社会热点问题，帮助学生形成符合社会发展需要的价值判断能力和价值选择能力；又如在立足现实的基础上，将理论问题讲透彻、讲清楚，进而解答大学生在面对现实热点问题时的思想困惑，引领学生在运用科学理论、解决现实问题的过程中感受真理的独特魅力。

2. 教学方法——教学形式创新和"线上+线下"课堂相配合

疫情防控期间，全国高校思想政治理论课教学普遍采用线上教学形式进行，为思想政治理论课教学与信息技术相融合积累了经验，同时也暴露了一些问题，如缺乏师生互动交流等。调查显示，在大学生对改进思想政治理论课教学方法的相关建议中，"增强教学的趣味性"（49.9%）和"加强师生互动交流"（45.7%）位居前列。充分运用信息技术来创新教学方法、丰富教学形式，是思想政治理论课教学方法改进的一个重要方向。我们应当充分了解"95后""00后"大学生追逐潮流、思维活跃、乐于接受新鲜事物的思想特点，科学运用微视频、超文本5.0（H5）、手机客户端、虚拟现实（VR）、增强现实（AR）等新媒体技术手段创新教学形式，打造现实与云端相结合的智慧课堂、教师与学生平等交流的互动课堂、教学资源线上跨校整合的共享课堂等，通过新颖的教学形式和丰富的课堂形式，调动学生在学习过程中的主体性和积极性，增强思想政治理论课教学效果。

3. 教师水平——开阔国际视野和提高教学能力相补充

习近平总书记强调："教师是教育工作的中坚力量"。[1] 根据调查结果，在大学生对教师水平的改进建议之中，选择"开阔国际视野"选项的比例位居首位，高达47.5%。"95后""00后"大学生是网络原住民，思想开放，具有开阔的国际视野。他们关注国际国内重大形势，关心国家安全与核心利益，同时也期盼在思想政治理论课学习中能了解、把握世界发展大势。此外在大学生对思政课教师水平的改进建议中，"提高教学能力"（38.7%）比例位居第二。因此，改进思想政治理论课教师水平，要以开阔国际视野和提高教学能力为重点。一方面，思想政治理论课教师应培养开阔的国际视野，以国内外的重大形势为教学案例，在比较中引

---

[1] 《习近平总书记在清华大学考察时的重要讲话引发热烈反响——不忘初心、牢记使命，为党育人、为国育才》，《人民日报》2021年4月21日。

导学生全面客观认识当代中国、看待外部世界,善于在批判鉴别中明辨是非。另一方面,思想政治理论课教师应当树立终身学习的理念,将教学能力提升作为贯穿教师生涯的重要任务,不断认识和把握大学生的认知水平和认知规律,不断夯实自身的理论功底,不断提升运用各种教学手段和教学方法的基本能力。

第七章
日常思想政治教育（上）

    2020 年 4 月 22 日，教育部等八部门联合印发的《关于加快构建高校思想政治工作体系的意见》，将"日常教育体系"作为高校思想政治工作体系重要内容加以明确，并强调要"健全立德树人体制机制，把立德树人融入思想道德、文化知识、社会实践教育各环节，贯通学科体系、教学体系、教材体系、管理体系"。① 日常思想政治教育涉及大学生学习、生活、休闲等方方面面，推深做实大学生日常思想政治教育，对于不断完善高校"三全育人"体制机制，加快构建高校思想政治工作体系，全面提升高校思想政治工作质量，培养德智体美劳全面发展的社会主义建设者和接班人具有重要意义。本章主要围绕党团组织建设及活动、校园文化活动、网络思想政治教育、心理健康教育与咨询等方面，通过纵横比较、综合分析，明晰大学生日常思想政治教育总体状况，探究大学生日常思想政治教育与大学生群体自然因素、成长背景因素、教育因素等之间的内在关联，为更好地把握日常思想政治教育规律、大学生成长成才规律提供借鉴与参考。

一、党团组织建设及活动

    高校党团、班级、社团作为大学生日常思想政治教育的坚强堡垒和桥梁纽带，在团结、凝聚、服务、引导大学生方面发挥着不可替代的作用。把组织建设、活动开展与大学生思想引领结合起来、贯通开来，有利于增强思想政治教育活力、推动思想政治教育创新、扩大思想政治教育覆盖、促进大学生全面发展。本节重点分析大学生对基层党组织建设、团组织建设、班级建设及社团活动的满意度评价状况。

（一）对基层党组织建设的满意度评价

    习近平总书记在全国组织工作会议上强调，"基层党组织是党执政大厦的地基，地基固则大厦坚，地基松则大厦倾"。② 高校基层党组织作为在大学生中间宣传党的主张、贯彻党的决定，教育引导大学生党员发挥先锋模范作用的坚强战斗堡垒，其建设情况对于落细落实立德树人根本任务，在大学生党员内心深处筑牢"不忘初心、牢记使命"思想基石具有重要意义。

    1. 总体情况

    调查结果表明，大学生对基层党组织建设总体上给予了较高评价。对比发现，2020 年大

---

① 《教育部等八部门关于加快构建高校思想政治工作体系的意见》，《中华人民共和国教育部公报》2020 年第 4 号。
② 习近平：《在全国组织工作会议上的讲话》，人民出版社 2018 年版，第 13 页。

学生对基层党组织建设"非常满意"的比例比 2019 年提高 2.9 个百分点。其中,表示"非常满意"和"比较满意"的比例达 86.3%,表示"一般"的比例为 12.1%,表示"不大满意"的比例为 1.0%,表示"很不满意"的比例为 0.5%(见图 7-1)。数据表明,高校基层党组织"战斗堡垒"作用得到了较好发挥,基层党组织建设成效得到了多数大学生的认可与肯定。

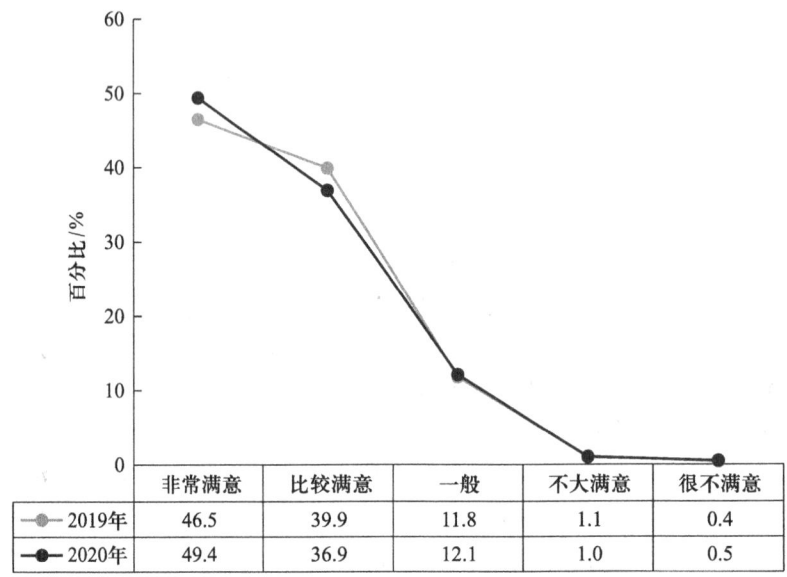

	非常满意	比较满意	一般	不大满意	很不满意
2019年	46.5	39.9	11.8	1.1	0.4
2020年	49.4	36.9	12.1	1.0	0.5

图 7-1　2019 年—2020 年大学生对基层党组织建设的满意度评价比较

2. 交互分析

为深入分析不同大学生群体对基层党组织建设的满意度,我们利用人口学变量的相关条件,对不同群体的大学生进行了交互分析。我们将人口统计学变量分为自然因素、成长背景因素和教育因素,剔除差异不显著的影响因子,得到如下结果。

(1)基于自然因素分析(表 7-1)

表 7-1　基于自然因素人口统计学变量大学生对基层党组织建设的满意度评价

单位:百分比/%

人口学变量	分类	非常满意	比较满意	一般	不大满意	很不满意	χ^2
年龄	低年龄段(20 岁以下)	49.8	36.5	12.3	1.0	0.4	47.135 ***
	中间年龄段(21—24 岁)	47.6	37.3	13.4	1.1	0.6	
	高年龄段(25 岁以上)	48.6	38.2	11.3	1.3	0.5	

调查发现,不同年龄段的大学生对基层党组织建设的满意度存在显著差异($\chi^2 = 47.135$,$P < 0.001$)。将"非常满意"和"满意"作为满意态度,"不大满意"和"很不满意"作为不满意态度来分析,具体表现为:高年龄段(25 岁以上)大学生对基层党组织建设的满意度更高,达

到了 86.8%；低年龄段（20 岁以下）大学生的满意度次之，达 86.3%；中间年龄段（21—24 岁）大学生的满意度为 84.9%。

（2）基于成长背景因素分析（表7-2）

表 7-2 基于成长背景因素人口统计学变量大学生对基层党组织建设的满意度评价

单位：百分比/%

人口学变量	分类	非常满意	比较满意	一般	不大满意	很不满意	χ^2
生源所在地	农村	45.7	39.3	13.4	1.1	0.5	271.583***
	城镇	51.8	34.8	11.9	1.0	0.5	
生源地所在区域	华东	50.1	36.1	12.1	1.1	0.6	542.648***
	华南	38.1	42.9	17.4	1.0	0.5	
	华中	47.6	38.0	13.0	0.9	0.5	
	华北	52.8	34.3	11.3	0.9	0.6	
	西北	52.9	36.4	9.4	0.9	0.4	
	西南	44.2	39.4	14.8	1.3	0.3	
	东北	57.7	30.5	9.7	1.3	0.8	
学校所属区域	华东	49.6	36.7	12.3	0.9	0.5	382.936***
	华南	40.0	41.5	16.7	1.3	0.5	
	华中	50.2	37.6	11.1	0.7	0.4	
	华北	51.3	35.4	11.6	1.1	0.6	
	西北	52.6	36.7	9.5	0.9	0.4	
	西南	46.7	38.2	13.6	1.1	0.5	
	东北	55.0	32.7	10.4	1.4	0.5	

就生源所在地而言，来自城镇的大学生对基层党组织建设的满意度高于来自农村的大学生（$\chi^2 = 271.583, P < 0.001$）。其中，来自城镇的大学生对基层党组织建设的满意度为 86.6%，来自农村的大学生的满意度为 85.0%。

就生源地所在区域而言，来自不同区域的大学生对基层党组织建设的满意度存在显著差异（$\chi^2 = 542.648, P < 0.001$）。具体表现为：西北地区的大学生对基层党组织建设的满意度最高，达 89.3%。各地区的大学生对基层党组织建设的满意度都在 80% 以上。其中，东北地区为 88.2%、华北地区为 87.1%、华东地区为 86.2%、华中地区为 85.6%、西南地区为 83.6%，华南地区为 81.0%。

就学校所属区域而言，不同属地高校的大学生对基层党组织建设的满意度存在显著性差异（$\chi^2 = 382.936, P < 0.001$），由高到低依次为：西北地区高校 89.3%、华中地区高校 87.8%、东北地区高校 87.7%、华北地区高校 86.7%、华东地区高校 86.3%、西南地区高校 84.9%、华南地区高校 81.5%。

（3）基于教育因素分析（表7-3）

表 7-3　基于教育因素人口统计学变量大学生对基层党组织建设的满意度评价

单位:百分比/%

人口学变量	分类	非常满意	比较满意	一般	不大满意	很不满意	χ^2
学历层次 （年级）	大一	53.4	34.7	10.8	0.7	0.4	400.712***
	大二	47.9	37.5	13.0	1.1	0.5	
	大三	44.3	38.6	15.1	1.3	0.7	
	大四	47.0	36.6	14.3	1.3	0.8	
	硕士生	48.9	37.9	11.7	1.1	0.4	
	博士生	47.8	39.4	11.8	0.6	0.4	
政治面貌	党员	54.1	37.0	8.0	0.7	0.3	205.155***
	非党员	48.2	36.9	13.2	1.1	0.5	
专业所属学 科门类	人文科学类	49.6	36.5	12.5	0.8	0.6	31.492***
	社会科学类	47.0	38.5	12.8	1.2	0.4	
	理工农医类	49.5	36.4	12.6	1.0	0.5	
是否担任 学生干部	是	49.7	36.7	12.1	1.0	0.5	128.121***
	否	45.7	37.6	14.8	1.2	0.7	

调查发现,不同年级的大学生对基层党组织建设的满意度存在显著差异($\chi^2 = 400.712$, $P<0.001$)。具体表现为:博士生对基层党组织建设的满意度达到了 87.2%;硕士生对基层党组织建设的满意度达到了 86.8%;本科生对基层党组织建设的满意度由高到低依次为:大一年级 88.1%、大二年级 85.4%、大四年级 83.6%、大三年级 82.9%。

调查发现,不同政治面貌的大学生对基层党组织建设的满意度存在显著差异($\chi^2 = 205.155$, $P<0.001$)。具体表现为:与非党员大学生相比,党员大学生对基层党组织建设的满意度更高。党员大学生中,91.1% 的表示满意,8.0% 的持"一般"态度,另有 1.0% 的表示不满意;非党员大学生中,85.1% 的表示满意,13.2% 的持"一般"态度,不满意的占比 1.6%。

大学生所学的专业门类对基层党组织建设的满意度存在显著差异($\chi^2 = 31.492$, $P<0.001$)。具体表现为:人文科学类大学生对基层党组织建设的满意度更高,达到 86.1%;理工农医类大学生满意度为 85.9%,社会科学类大学生满意度为 85.5%。

是否具有学生干部经历,影响着大学生对基层党组织建设的满意度评价($\chi^2 = 128.121$, $P<0.001$)。具体表现为:有学生干部经历的满意度更高,达到了 86.4%;没有学生干部经历的则为 83.3%。

(二)对团组织建设的满意度评价

共青团是党领导下的先进青年的群众组织,是青年大学生在实践中学习中国特色社会主义和共产主义的学校,在高校"大思政"格局中有着不可替代的作用和无可比拟的优势。高校共青团组织应把为党育人、为国育才作为根本任务,充分发挥政治性、先进性、群众性根本属性,遵循大学生身心发展规律和成长成才规律,引导广大青年大学生坚定听党话、跟党走的政治自觉、思想自觉和行动自觉。

1. 总体情况

调查发现,大学生对团组织建设的满意度较高。在参与调查的大学生中,对团组织建设"非常满意"或"比较满意"的累计百分比达 85.6%;其中,"非常满意"比 2019 年高出 2.8 个百分点。12.7% 的大学生的满意度为"一般",1.2% 的大学生表示"不大满意",只有 0.5% 的大学生表示"很不满意"(见图 7-2)。这说明,高校共青团组织建设状况总体良好,工作成效得到了多数大学生的肯定。

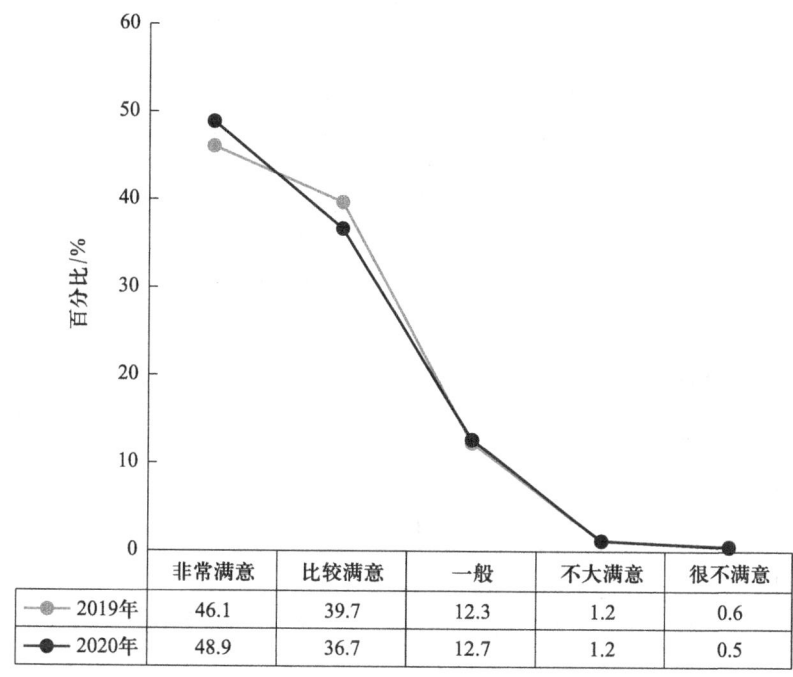

	非常满意	比较满意	一般	不大满意	很不满意
2019年	46.1	39.7	12.3	1.2	0.6
2020年	48.9	36.7	12.7	1.2	0.5

图 7-2　2019 年—2020 年大学生对团组织建设的满意度评价比较

2. 交互分析

为深入分析不同大学生群体对团组织建设的满意度,我们利用人口学变量的相关条件,对不同群体的大学生进行了交互分析。剔除差异不显著的影响因子,得到如下分析结果。

(1)基于自然因素分析(表 7-4)

表 7-4　基于自然因素人口统计学变量大学生对团组织建设的满意度评价

单位:百分比/%

人口学变量	分类	非常满意	比较满意	一般	不大满意	很不满意	χ^2
年龄	低年龄段(20 岁以下)	50.3	36.3	11.9	1.1	0.5	
	中间年龄段(21—24 岁)	47.9	37.4	13.1	1.1	0.5	28.778[***]
	高年龄段(25 岁以上)	47.8	37.9	12.8	1.2	0.3	

调查发现,不同年龄段的大学生对团组织建设的满意度存在显著差异($x^2 = 28.778$, $P<0.001$)。具体表现为:低年龄段(20岁以下)的大学生对团组织建设的满意度最高,达到了86.6%;高年龄段(25岁以上)的次之,达85.7%;中间年龄段(21—24岁)的最低,为85.3%。

(2)基于成长背景因素分析(表7-5)

表7-5　基于成长背景因素人口统计学变量大学生对团组织建设的满意度评价

单位:百分比/%

人口学变量	分类	非常满意	比较满意	一般	不大满意	很不满意	x^2
生源所在地	农村	45.7	39.4	13.4	1.1	0.4	176.420***
	城镇	52.3	34.5	11.6	1.1	0.5	
生源地所在区域	华东	51.0	35.3	12.2	1.0	0.5	585.054***
	华南	37.7	43.2	17.3	1.3	0.4	
	华中	48.0	38.0	12.6	1.1	0.4	
	华北	53.0	34.7	10.9	0.9	0.5	
	西北	52.6	36.6	9.4	1.1	0.3	
	西南	43.9	39.7	14.6	1.5	0.3	
	东北	58.0	30.3	10.0	1.1	0.6	
家庭类型	双亲家庭	49.4	36.6	12.4	1.1	0.4	14.175***
	非双亲家庭	46.3	38.8	13.1	1.2	0.6	
学校所属区域	华东	49.5	36.3	12.6	1.1	0.4	356.666***
	华南	39.6	41.7	16.9	1.3	0.5	
	华中	49.7	37.5	11.4	0.9	0.5	
	华北	51.5	35.4	11.6	1.0	0.5	
	西北	52.6	36.3	9.7	1.1	0.4	
	西南	46.8	38.0	13.7	1.1	0.3	
	东北	53.4	32.8	11.9	1.3	0.6	

就生源所在地而言($x^2 = 176.420$, $P<0.001$),城镇大学生对团组织建设的满意度比农村大学生高1.7个百分点。其中,城镇大学生对团组织建设的满意度为86.8%,农村大学生的满意度为85.1%。

就生源地所在区域而言,来自不同区域的大学生对团组织建设的满意度存在显著差异($x^2 = 585.054$, $P<0.001$)。具体表现为:西北地区大学生对团组织建设的满意度最高,为89.2%;其他地区从高到低依次为:东北地区88.3%、华北地区87.7%、华东地区86.3%、华中地区86.0%、西南地区83.6%、华南地区80.9%。

就家庭类型而言,双亲家庭和非双亲家庭的大学生对团组织建设的满意度评价存在显著差异($x^2 = 14.175$, $P<0.001$),双亲家庭的大学生比非双亲家庭的大学生的满意度高0.9个百分点。

就学校所属区域而言,不同属地高校的大学生对团组织建设的满意度存在显著差异($\chi^2 = 356.666, P < 0.001$),从高到低依次为:西北地区高校 88.9%、华中地区高校 87.2%、华北地区高校 86.9%、东北地区高校 86.2%、华东地区高校 85.8%、西南地区高校 84.8%、华南地区高校 81.3%。

(3)基于教育因素分析(表7-6)

表7-6 基于教育因素人口统计学变量大学生对团组织建设的满意度评价

单位:百分比/%

人口学变量	分类	非常满意	比较满意	一般	不大满意	很不满意	χ^2
学历层次 (年级)	大一	54.0	34.2	10.3	1.0	0.4	211.822***
	大二	48.8	37.2	12.5	1.0	0.5	
	大三	44.7	38.7	14.6	1.4	0.6	
	大四	47.5	37.0	13.8	1.2	0.5	
	硕士生	49.0	37.5	12.1	1.1	0.3	
	博士生	45.7	39.8	13.2	1.0	0.3	
政治面貌	党员	51.1	37.9	9.8	0.8	0.3	205.155***
	非党员	48.6	36.5	13.1	1.2	0.5	
是否担任 学生干部	是	50.1	36.6	11.8	1.1	0.4	89.513***
	否	45.4	37.8	15.1	1.2	0.6	

不同年级的大学生对团组织建设的满意度存在显著差异($\chi^2 = 211.822, P < 0.001$)。具体表现为:大一年级对团组织建设的满意度最高,达到了 88.2%;其他年级从高到低依次为:硕士生 86.5%、大二年级 86.0%、博士生 85.5%、大四年级 84.5%、大三年级 83.4%。

就政治面貌而言,党员和非党员大学生对团组织建设的满意度存在显著差异($\chi^2 = 205.155, P < 0.001$)。与非党员大学生相比,党员大学生对团组织建设的满意度更高。党员大学生中,89.0%的受访者对团组织建设表示满意,9.8%的持"一般"态度,另有 1.1%的受访者表示不满意;非党员大学生中,85.1%的受访者对团组织建设表示满意,13.1%的受访者持"一般"态度,不满意的受访者占比 1.7%。

就学生干部经历而言,大学生是否有学生干部经历影响着对团组织建设的满意度评价($\chi^2 = 89.513, P < 0.001$)。有学生干部经历的满意度更高,达到了 86.7%;没有学生干部经历的则为 83.2%。

(三)对班级建设满意度的评价

班级作为大学生自我教育、自我管理、自我服务的重要组织,以及团结大学生、组织大学生、教育大学生的重要载体,蕴含着丰富的育人价值。加强高校班级建设,开展丰富多彩的班集体活动,有利于调动大学生成长成才的积极性、主动性,增强日常思想政治教育效果。

1. 总体情况

调查发现,大学生对当前高校班级建设的满意度较高。在参与调查的大学生当中,有

84.3%的大学生对班级建设表示满意,比上一年度增加了 0.2 个百分点;其中,表示"非常满意"的占比 48.3%,同比增长 3.1 个百分点(见图 7-3);另有 2.2%的大学生对班级建设表示不满意,13.5%的大学生持"一般"态度。这说明,当前高校班级建设状况总体较好,但也有一些问题需要进一步研究改进。

2. 交互分析

为深入分析不同大学生群体对班级建设的满意度,我们利用人口学变量的相关条件,对不同群体的大学生进行了交互分析。剔除差异不显著的影响因子,得到如下分析结果。

(1) 基于自然因素分析(表 7-7)

表 7-7　基于自然因素人口统计学变量大学生对班级建设的满意度评价

单位:百分比/%

人口学变量	分类	非常满意	比较满意	一般	不大满意	很不满意	χ^2
年龄	低年龄段 (20 岁以下)	49.6	35.3	12.9	1.6	0.7	34.925***
	中间年龄段 (21—24 岁)	46.7	36.9	14.4	1.5	0.5	
	高年龄段 (25 岁以上)	47.0	36.9	13.7	1.8	0.6	

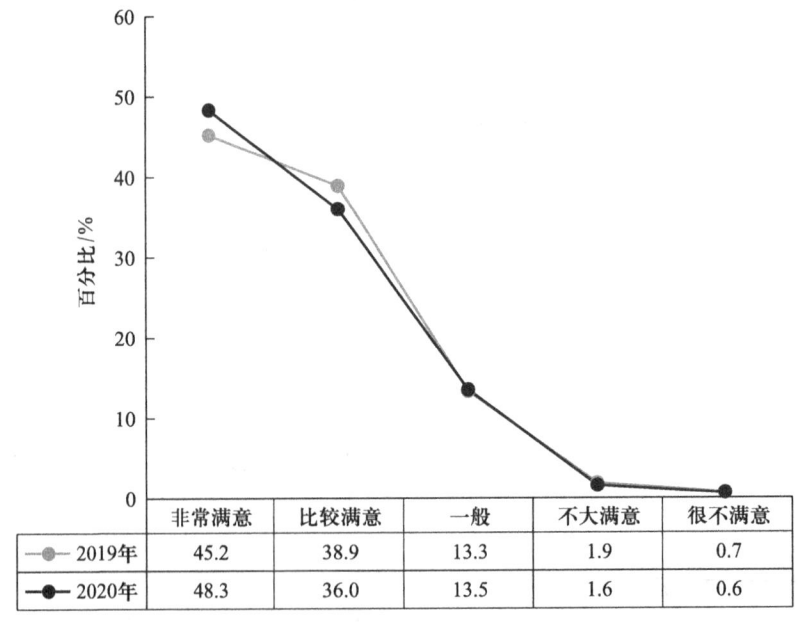

	非常满意	比较满意	一般	不大满意	很不满意
2019年	45.2	38.9	13.3	1.9	0.7
2020年	48.3	36.0	13.5	1.6	0.6

图 7-3　2019 年—2020 年大学生对班级建设的满意度评价比较

由表 7-7 可知,不同年龄段大学生对班级建设的满意度存在显著差异。其中,低年龄段(20 岁以下)大学生对班级建设的满意度最高,达 84.9%;中间年龄段(21—24 岁)最低,为83.6%。不同性别、不同民族的大学生在班级建设满意度上不存在显著差异。

（2）基于成长背景因素分析（表7-8）

表7-8　基于成长背景因素人口统计学变量大学生对班级建设的满意度评价

单位:百分比/%

人口学变量	分类	非常满意	比较满意	一般	不大满意	很不满意	χ^2
生源所在地	农村	44.8	38.5	14.6	1.6	0.5	165.844***
	城镇	51.3	33.8	12.6	1.6	0.7	
生源地所在区域	华东	49.9	35.3	12.6	1.6	0.6	607.009***
	华南	36.7	41.5	19.6	1.6	0.5	
	华中	47.2	37.1	13.5	1.7	0.6	
	华北	52.3	33.7	12.1	1.2	0.7	
	西北	51.2	35.6	11.1	1.5	0.6	
	西南	42.7	39.0	15.8	2.0	0.5	
	东北	58.0	29.0	10.9	1.4	0.7	
家庭类型	双亲家庭	48.5	35.9	13.4	1.5	0.6	15.755***
	非双亲家庭	45.8	36.8	14.8	1.8	0.8	
学校所属区域	华东	48.7	35.8	13.2	1.7	0.5	340.846***
	华南	39.3	40.0	18.6	1.6	0.6	
	华中	47.9	36.9	13.0	1.5	0.6	
	华北	51.0	34.6	12.2	1.4	0.8	
	西北	51.3	35.7	11.3	1.3	0.5	
	西南	45.1	38.3	14.3	1.8	0.5	
	东北	53.2	31.5	12.9	1.7	0.7	

由上表可知,不同生源所在地大学生对班级建设的满意度存在显著差异。来自城镇的大学生对班级建设的满意度达85.1%,来自农村的大学生满意度为83.3%。

不同生源地所在区域的大学生对班级建设满意度存在显著差异。其中,来自东北地区的大学生对班级建设的满意度最高,为87.0%;其他地区由高到低依次为:西北地区86.8%、华北地区86.0%、华东地区85.2%、华中地区84.3%、西南地区81.7%、华南地区78.2%。

不同家庭类型的大学生对班级建设的满意度存在显著差异。双亲家庭大学生对班级建设的满意度为84.4%,高于非双亲家庭大学生的82.6%。

就学校所属区域而言,不同属地的高校的大学生对班级建设的满意度存在显著差异。具体表现为:西北地区高校87.0%、华北地区高校85.6%、华中地区高校84.8%、东北地区高校84.7%、华东地区高校84.5%、西南地区高校83.4%、华南地区高校79.3%。

（3）基于教育因素分析（表7-9）

表 7-9　基于教育因素人口统计学变量大学生对班级建设的满意度评价

单位:百分比/%

人口学变量	分类	非常满意	比较满意	一般	不大满意	很不满意	χ^2
学历层次（年级）	大一	54.0	32.8	11.3	1.3	0.8	245.371***
	大二	47.3	36.8	13.6	1.8	0.5	
	大三	43.8	38.0	15.6	1.9	0.7	
	大四	46.5	36.3	14.8	1.7	0.7	
	硕士生	47.6	36.9	13.7	1.4	0.4	
	博士生	44.4	39.2	14.4	1.5	0.5	
政治面貌	党员	49.2	37.2	11.9	1.3	0.4	16.152***
	非党员	48.0	35.7	14.0	1.7	0.7	
是否担任学生干部	是	49.1	35.8	13.0	1.6	0.6	62.527***
	否	44.9	37.1	15.8	1.6	0.6	

由表 7-9 可知,就年级而言,不同年级的大学生对班级建设的满意度存在显著差异,满意度由高到低依次为:大一年级 86.8%、硕士生 84.5%、大二年级 84.1%、博士生 83.6%、大四年级 82.8%、大三年级 81.8%。

就政治面貌而言,党员大学生与非党员大学生对班级建设的满意度存在显著差异,党员大学生的满意度为 86.4%,非党员大学生的满意度为 83.7%。

担任学生干部的大学生与没有担任学生干部的大学生对班级建设的满意度存在显著差异,担任学生干部的满意度为 84.9%,没有担任的满意度为 82.0%。

（四）对社团活动的满意度评价

社团是高校"第二课堂"重要平台,是对课程教学"第一课堂"有效延展。推进社团活动开展,是深化高校共青团改革、构建"三全育人"工作格局的重要一环,对于丰富大学生课余生活、促进大学生全面发展具有重要作用。

1. 总体情况

调查发现,大学生对社团活动的满意度较高。参与调查的大学生中,表示"非常满意"的占 47.1%,"比较满意"的占 36.6%,"一般"的占 13.9%,"不大满意"的占 1.6%,"很不满意"的占 0.8%（见图 7-4）。对比近年来的数据,大学生对社团活动的满意度总体呈上升趋势,且 2018 年以来趋于平稳（见图 7-5）。

2. 交互分析

为深入分析不同大学生群体对社团活动的满意度,我们利用人口学变量的相关条件,对不同群体的大学生进行了交互分析。剔除差异不显著的影响因子,得到如下分析结果。

（1）基于自然因素分析（表 7-10）

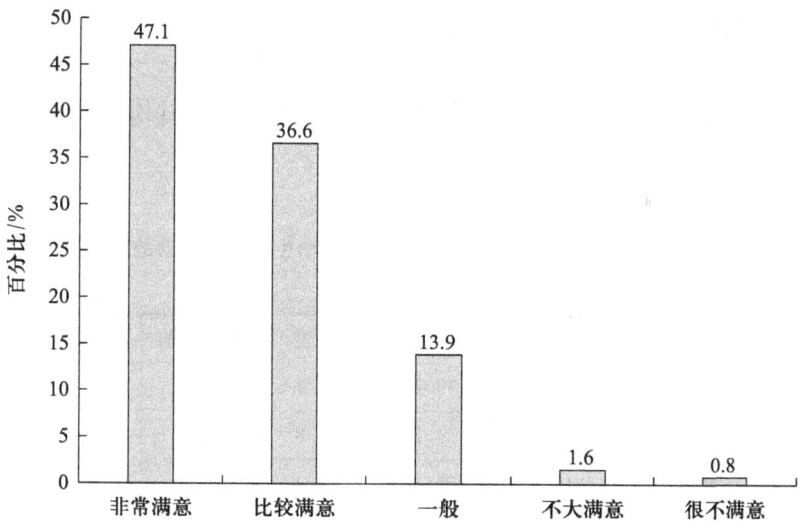

图 7-4　2020 年大学生对社团活动的满意度评价

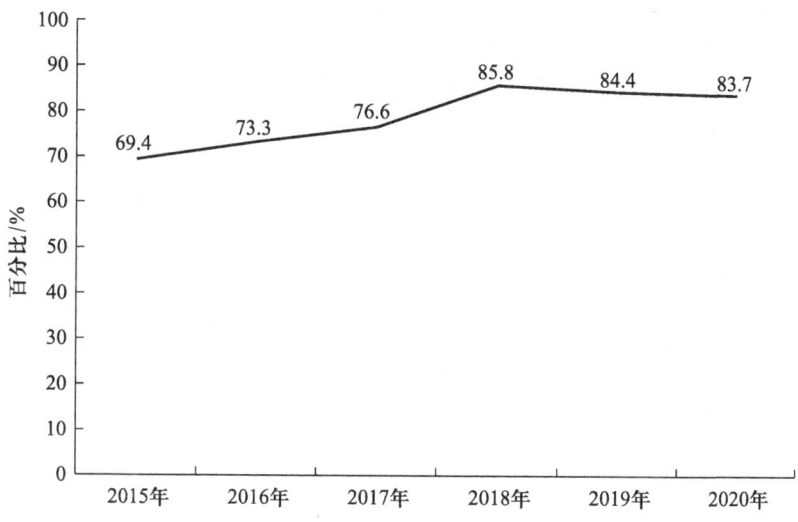

图 7-5　2015 年—2020 年大学生对社团活动的满意度评价比较

表 7-10　基于自然因素人口统计学变量大学生对社团活动的满意度评价

单位:百分比/%

人口学变量	分类	非常满意	比较满意	一般	不大满意	很不满意	χ^2
年龄	低年龄段 (20 岁以下)	48.5	35.9	13.0	1.7	0.8	
	中间年龄段 (21—24 岁)	45.6	37.2	14.8	1.6	0.8	41.742 ***
	高年龄段 (25 岁以上)	45.4	37.8	15.2	1.1	0.5	

由表 7-10 可知,不同年龄段的大学生对社团活动的满意度差异显著。其中,低年龄段(20 岁以下)大学生满意度最高,为 84.4%;高年龄段(25 岁以上)次之,为 83.2%;中间年龄段(21—24 岁)最低,为 82.8%。不同性别、不同民族的大学生对社团活动的满意度评价差异不显著。

(2)基于成长背景因素分析(表 7-11)

表 7-11 基于成长背景因素人口统计学变量大学生对社团活动的满意度评价

单位:百分比/%

人口学变量	分类	非常满意	比较满意	一般	不大满意	很不满意	χ^2
生源所在地	农村	43.5	39.2	15.1	1.5	0.6	180.258***
	城镇	50.3	34.3	12.8	1.7	0.9	
生源地所在区域	华东	48.8	35.3	13.4	1.7	0.7	506.312***
	华南	36.7	42.1	18.7	1.8	0.8	
	华中	45.7	38.1	14.0	1.5	0.7	
	华北	50.9	34.6	12.2	1.4	0.9	
	西北	50.5	35.9	11.5	1.5	0.7	
	西南	41.6	39.7	16.1	2.1	0.5	
	东北	55.8	30.0	11.6	1.5	1.1	
家庭类型	双亲家庭	47.4	36.4	13.8	1.6	0.7	13.339***
	非双亲家庭	44.5	38.3	14.5	1.8	1.0	
学校所属区域	华东	48.0	36.5	13.3	1.6	0.7	292.488***
	华南	38.1	40.6	18.8	1.8	0.7	
	华中	47.7	37.5	12.5	1.4	0.8	
	华北	49.8	35.1	12.6	1.6	0.8	
	西北	49.2	35.8	13.0	1.4	0.6	
	西南	44.4	38.4	15.0	1.8	0.5	
	东北	50.1	32.4	13.8	2.3	1.3	

由表 7-11 可知,不同生源所在地大学生对社团活动的满意度存在显著差异。其中,来自城镇的大学生对社团活动的满意度达 84.6%,来自农村的大学生的满意度为 82.7%。

不同生源地所在区域的大学生对社团活动的满意度存在显著差异。其中,西北地区的大学生满意度最高,为 86.4%。其他地区由高到低依次为:东北地区 85.8%、华北地区 85.5%、华东地区 84.1%、华中地区 83.8%、西南地区 81.3%、华南地区 78.8%。

不同家庭类型的大学生对社团活动的满意度存在显著差异,双亲家庭大学生对社团活动的满意度为 83.8%,高于非双亲家庭的 82.8%。

不同地区的高校的大学生对社团活动的满意度存在显著差异,由高到低依次为:华中地区高校 85.2%、西北地区高校 85.0%、华北地区高校 84.9%、华东地区高校 84.5%、西南地区高校 82.8%、东北地区高校 82.5%、华南地区高校 78.7%。

（3）基于教育因素分析（表7-12）

表 7-12　基于教育因素人口统计学变量大学生对社团活动的满意度评价

单位:百分比/%

人口学变量	分类	非常满意	比较满意	一般	不大满意	很不满意	χ^2
年级	大一	53.0	33.8	11.2	1.2	0.7	284.054***
	大二	46.0	37.0	14.1	2.1	0.8	
	大三	42.6	38.0	16.0	2.2	1.2	
	大四	45.9	37.0	14.6	1.8	0.8	
	硕士生	46.1	37.6	14.5	1.3	0.5	
	博士生	43.6	40.3	14.6	0.8	0.7	
专业	人文科学类	48.4	36.5	13.0	1.4	0.7	25.125***
	社会科学类	45.2	37.9	14.8	1.7	0.5	
	理工农医类	47.6	36.0	13.7	1.7	0.9	
是否担任 学生干部	是	47.8	36.5	13.3	1.6	0.7	54.491***
	否	44.3	36.9	16.1	1.7	1.0	

由表 7-12 可知,就年级而言,不同年级的大学生对社团活动的满意度存在显著差异,满意度由高到低依次为:大一年级 86.8%、博士生 83.9%、硕士生 83.7%、大二年级 83.0%、大四年级 82.9%、大三年级 80.6%,各年级的满意度均在 80.0%以上。

就所学专业而言,不同学科类别的大学生对社团活动的满意度存在显著差异,人文科类大学生的满意度最高,为 84.9%;理工农医类为 83.6%,社会科学类为 83.1%。

担任学生干部的大学生与没有担任学生干部的大学生在社团活动满意度上存在显著差异,担任学生干部的满意度为 84.3%,没有担任的满意度为 81.2%。

二、校园文化活动

（一）对校园文化活动的满意度评价

2020 年 9 月 22 日,习近平总书记在主持召开教育文化卫生体育领域专家代表座谈会时强调:"统筹推进'五位一体'总体布局、协调推进'四个全面'战略布局,文化是重要内容;推动高质量发展,文化是重要支点;满足人民日益增长的美好生活需要,文化是重要因素;战胜前进道路上各种风险挑战,文化是重要力量源泉"。[①] 校园文化与大学生思想政治教育并存于同一时空之中,在目标、功能、价值等方面具有高度的一致性。因此,充分发挥校园物质文

---

① 《习近平主持召开教育文化卫生体育领域专家代表座谈会强调:全面推进教育文化卫生体育事业发展　不断增强人民群众获得感幸福感安全感》,《人民日报》2020 年 9 月 23 日。

化对大学生的感染功能、精神文化对大学生的导向功能、制度文化对大学生的约束功能、活动文化对大学生的强化功能,有利于营造生动活泼、健康向上、润物无声的育人氛围,有利于引导大学生在亲切感知、亲身体验、亲自参与中丰富情感、升华认知、成长成才。

本节主要考察大学生对校园文化活动的满意度情况。

1. 总体情况

调查发现,大学生对校园文化活动的满意度较高,达84.5%。参与调查的大学生中,表示"非常满意"的占48.4%,"比较满意"的占36.1%,"一般"的占13.0%,"不大满意"的占1.9%,"很不满意"的占0.6%(图7-6)。对比近几年的数据,大学生对校园文化活动的满意度总体呈上升趋势,但2018年后略有下降(见图7-7)。

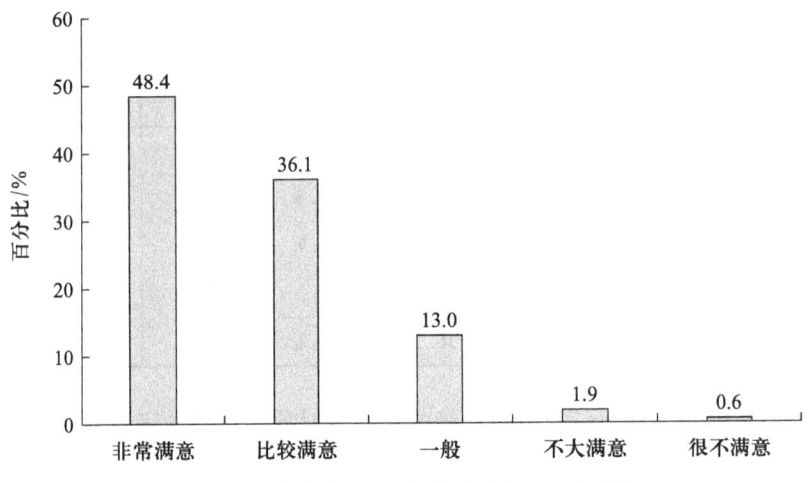

图 7-6　2020 年大学生对校园文化活动的满意度评价

2. 回归分析

为深入分析不同大学生群体对所在高校校园文化活动的满意度,我们将"非常满意""比较满意""一般""不大满意""很不满意"分别赋值1~5分,采用 Ordinal Logistic 回归分析方法,将相关人口学变量作为因子纳入其中,在0.05的检验水准之下,剔除差异不显著的影响因子,得到分析结果(见表7-13、图7-7)。

表 7-13　大学生对校园文化活动满意度影响因素的有序回归

	估计值	标准误	显著性
阈值1	−24.371	9585.597	0.998
阈值2	−22.968	9585.597	0.998
阈值3	−21.003	9585.597	0.998
阈值4	−19.215	9585.597	0.998
党员(参照项:非党员)	−0.127	0.024	0.000
生源地农村(参照项:城镇)	0.101	0.021	0.000

续表

		估计值	标准误	显著性
生源地所在区域 (参照项:东北地区)	华东	−0.146	0.038	0.000
	华南	−0.595	0.043	0.000
	华中	−0.235	0.040	0.000
	华北	−0.109	0.040	0.006
	西北	−0.078	0.043	0.068
	西南	−0.415	0.041	0.000
双亲家庭(参照项:非双亲家庭)		−0.078	0.030	0.010
有学生干部经历(参照项:没有)		−0.128	0.023	0.000
是独生子女(参照项:不是)		−0.104	0.021	0.000
小时候父母常年在外务工(参照项:没有)		0.168	0.022	0.000

$N = 46813$　　-2 对数似然值 $= 75631.356$　　Pearson 卡方 $= 105950.300$

Cox & Snell $= 0.022$　　Nagelkerke $= 0.025$　　McFadden $= 0.010$

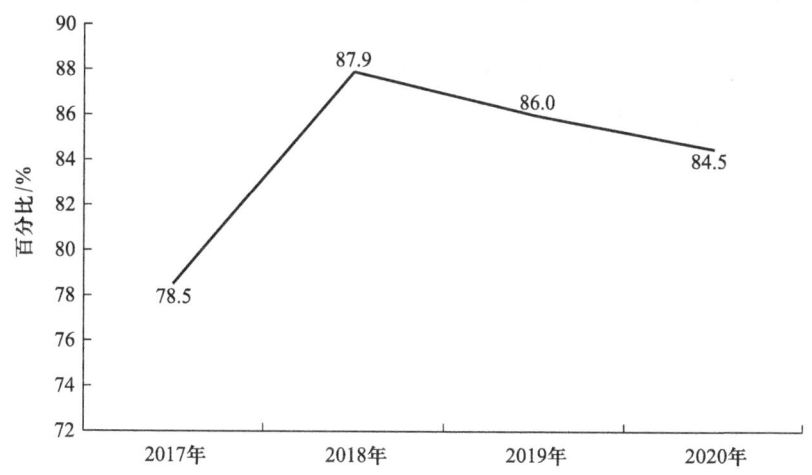

图7-7　2017年—2020年大学生对校园文化活动的满意度评价比较

(1) 基于成长背景因素分析

就生源地类型而言,城镇大学生比农村大学生对校园文化活动的满意度评价更高。具体表现为:相对于城镇大学生,农村大学生对校园文化活动的满意度评价至少低出一个等级的可能性是 $e^{0.101} = 1.106$ 倍。

就生源地所属区域而言,东北地区的大学生比其他地区的大学生对校园文化活动的满意度评价更高。具体表现为:相比于东北地区,华南地区、西南地区、华中地区、华东地区、华北地区、西北地区的大学生满意度评价至少低出一个等级的可能性分别为 0.552、0.660、0.791、0.864、0.897、0.925 倍。

就家庭类型而言,双亲家庭大学生对校园文化活动的满意度要高于单亲家庭,相对于单亲家庭,双亲家庭大学生对校园文化活动的满意度至少低出一个等级可能性是 $e^{-0.078} = 0.925$ 倍。

就是否为独生子女而言,是独生子女大学生比非独生子女的大学生对校园文化活动满意度评价更高。具体表现为:独生子女的满意度比非独生子女的大学生低出一个等级的可能性是 $e^{-0.104} = 0.901$ 倍。

就童年生长环境而言,小时候父母常年在外务工的大学生比没有这种经历的大学生对校园文化活动的满意度低。具体表现为:小时候父母常年在外务工的大学生对校园文化活动的满意度评价至少低出一个等级的可能性是小时候父母没有常年在外务工大学生的 $e^{0.168} = 1.183$ 倍。

（2）基于教育因素分析

就政治面貌而言,党员对校园文化活动的满意度高于非党员大学生,党员对校园文化活动满意度评价至少低出一个等级的可能性是非党员的 $e^{-0.127} = 0.881$ 倍。

就学生干部经历而言,有学生干部经历的大学生比没有学生干部经历的大学生对校园文化活动的满意度评价更高。具体表现为:有学生干部经历的大学生对学校校园文化活动的满意度评价至少低出一个等级的可能性是没有学生干部经历大学生的 $e^{-0.128} = 0.880$ 倍。

（二）对校风和学风建设的满意度评价

1. 总体情况

从图 7-8 可知,大学生对校风和学风建设总体满意度较高,其中"非常满意"达 50.4%,超过半数。"比较满意"占 38.7%,"一般"占 9.3%,"不大满意"占 1.1%,"很不满意"只有 0.4%。

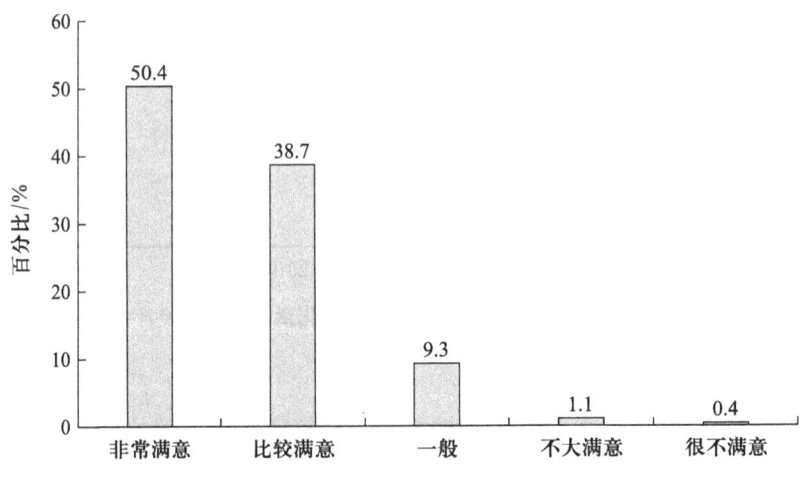

图 7-8　2020 年大学生对校风和学风建设的满意度评价

2. 回归分析

为深入分析不同大学生群体对其所在高校校风和学风建设的满意度,我们将"非常满意""比较满意""一般""不大满意""很不满意"分别赋值 1~5 分,采用 Ordinal Logistic 回归分析的方法,将相关人口学变量作为因子纳入其中,在 0.05 的检验水准之下,剔除差异不显著的影响因子,得到分析结果(见表 7-14)。

表 7-14　大学生对校风和学风建设满意度影响因素的有序回归

		估计值	标准误	显著性
阈值 1		−24.898	9794.868	0.998
阈值 2		−23.573	9794.868	0.998
阈值 3		−21.520	9794.868	0.998
阈值 4		−19.398	9794.868	0.998
党员(参照项:非党员)		−0.181	0.025	0.000
生源地农村(参照项:城镇)		0.099	0.021	0.000
生源地所在区域 (参照项:东北地区)	华东	−0.217	0.039	0.000
	华南	−0.672	0.044	0.000
	华中	−0.272	0.041	0.000
	华北	−0.175	0.041	0.000
	西北	−0.093	0.044	0.033
	西南	−0.485	0.042	0.000
双亲家庭(参照项:非双亲家庭)		−0.114	0.031	0.000
有学生干部经历(参照项:没有)		−0.115	0.023	0.000
是独生子女(参照项:不是)		−0.073	0.021	0.001
小时候,父母常年在外务工(参照项:没有)		0.135	0.022	0.000

$N = 46813$　　-2 对数似然值 $= 69297.994$　　Pearson 卡方 $= 105240.166$

Cox & Snell $= 0.022$　　Nagelkerke $= 0.025$　　McFadden $= 0.011$

(1)基于成长背景因素分析

就生源地类型而言,城镇大学生比农村大学生对校风和学风建设的满意度评价更高。具体表现为:农村大学生对校风和学风建设的满意度评价至少低出一个等级的可能性是城镇大学生的 $e^{0.099} = 1.104$ 倍。

就生源地所属区域而言,东北地区的大学生比其他地区的大学生对校风和学风建设的满意度评价更高。具体表现为:华南地区、西南地区、华中地区、华东地区、华北地区、西北地区的大学生满意度评价至少低出一个等级的可能性,分别是东北地区学生的 0.511、0.616、0.762、0.805、0.839、0.911 倍。

就家庭类型而言,双亲家庭大学生对校风和学风建设的满意度要高于单亲家庭,相对于单亲家庭,双亲家庭大学生对校风和学风建设的满意度低出一个等级可能性是单亲家庭大学生的 $e^{-0.114} = 0.892$ 倍。

就是否为独生子女而言,独生子女的大学生比非独生子女的大学生对校风和学风建设满意度评价更高。具体表现为:独生子女的满意度比非独生子女的大学生低出一个等级的可能性是 $e^{-0.073} = 0.930$ 倍。

就童年生长环境而言,小时候父母常年在外务工的大学生比没有这种经历的大学生对校风和学风建设的满意度低。具体表现为：小时候父母常年在外务工的大学生对校风和学风建设的满意度评价低出一个等级的可能性是小时候父母没有常年在外务工大学生的 $e^{0.135}=1.145$ 倍。

（2）基于教育因素分析

就政治面貌而言，党员对校风和学风建设的满意度高于非党员大学生，党员对校风和学风建设满意度评价低出一个等级的可能性是非党员的 $e^{-0.181}=0.834$ 倍。

就学生干部经历而言，有学生干部经历的大学生比没有学生干部经历的大学生对校风和学风建设的满意度评价更高。具体表现为：有学生干部经历的大学生对学校校风和学风建设的满意度评价低出一个等级的可能性是没有学生干部经历大学生的 $e^{-0.115}=0.891$ 倍。

三、网络思想政治教育

习近平总书记在全国高校思想政治工作会议上强调，"要运用新媒体新技术使工作活起来，推动思想政治工作传统优势同信息技术高度融合，增强时代感和吸引力"[①]；中共中央、国务院《关于加强和改进新形势下高校思想政治工作的意见》提出，"要加强互联网思想政治工作载体建设，加强大学生互动社区、主题教育网站、专业学术网站和'两微一端'建设，运用大学生喜欢的表达方式开展思想政治教育。"[②]当今时代，互联网正深刻改变着社会、影响着青年，从技术、载体、文化等层面引发着"百年未有之大变局"。与此同时，大学生对互联网的依赖愈发强烈，无人不网、无时不网、无处不网，已经成为描摹大学生的真实镜像。因此，做好大学生日常思想政治教育，必须牢牢把握互联网这个"最大变量"，不断更新工作理念、创新工作载体，善于运用网络技术、网络话语构建育人平台，引导大学生提升网络素养水平，增强网络适应能力，在复杂的网络环境中去伪存真、披沙拣金。

本节主要考察大学生对网络思想政治教育的满意度情况。

1. 总体情况

调查显示，46.1% 的大学生对网络思想政治教育"非常满意"，36.9% 的大学生认为"比较满意"，14.9% 的大学生认为"一般"，1.5%、0.5% 的大学生分别认为"不大满意"和"很不满意"。对比近年来的数据，大学生对网络思想政治教育的满意度呈逐年上升趋势，总体满意度从 2016 年的 48.5%，到 2017 年的 53.2%，到 2018 年的 75.2%，到 2019 年的 81.9%，再到 2020 年的 83.0%。其中，持"非常满意"态度的大学生从 2016 年的 14.5% 上升到 2020 年的 46.1%。由此可见，近年来，高校网络思想政治教育取得了长足发展（见图 7-9）。

2. 回归分析

为深入分析不同大学生群体对其所在高校网络思想政治教育的满意度，我们将"非常满意""比较满意""一般""不大满意""很不满意"分别赋值 1~5 分，采用 Ordinal Logistic 回归分析的方法，将相关人口学变量作为因子纳入其中，在 0.05 的检验水准之下，剔除差异不显著的影响因子，得到分析结果（见表 7-15）。

---

① 《习近平在全国高校思想政治工作会议上强调：把思想政治工作贯穿教育教学全过程　开创我国高等教育事业发展新局面》，《人民日报》2016 年 12 月 9 日。

② 《中共中央　国务院印发〈关于加强和改进新形势下高校思想政治工作的意见〉》，《人民日报》2017 年 2 月 28 日。

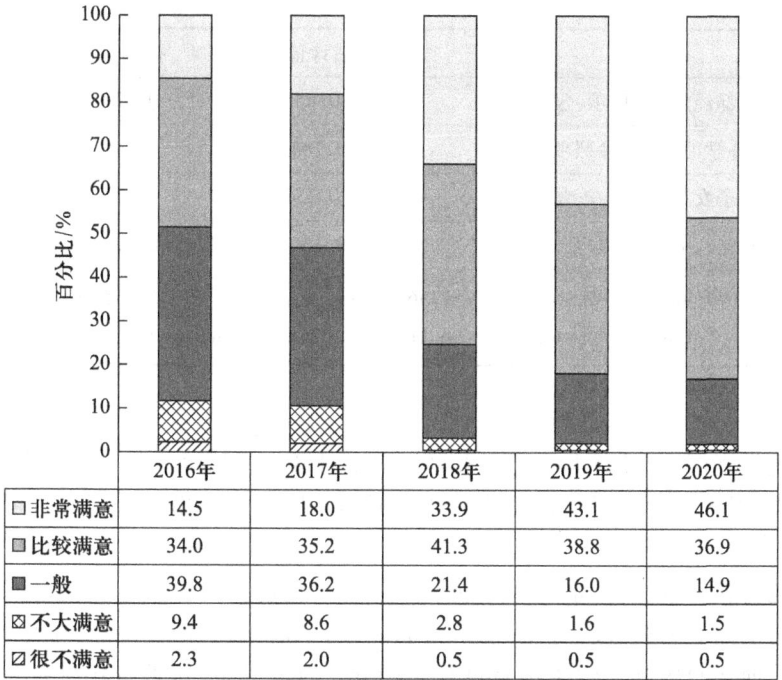

	2016年	2017年	2018年	2019年	2020年
非常满意	14.5	18.0	33.9	43.1	46.1
比较满意	34.0	35.2	41.3	38.8	36.9
一般	39.8	36.2	21.4	16.0	14.9
不大满意	9.4	8.6	2.8	1.6	1.5
很不满意	2.3	2.0	0.5	0.5	0.5

图 7-9　2016 年—2020 年大学生对网络思想政治教育的满意度评价比较

表 7-15　大学生对网络思想政治教育满意度影响因素的有序回归

		估计值	标准误	显著性
阈值 1		−4.688	1.846	0.011
阈值 2		−3.289	1.845	0.075
阈值 3		−0.984	1.845	0.594
阈值 4		0.792	1.845	0.668
党员(参照项:非党员)		−0.129	0.024	0.000
所学专业(参照项:理工科学类)	人文科学类	0.084	0.026	0.001
	社会科学类	−0.054	0.022	0.012
生源地农村(参照项:城镇)		0.082	0.021	0.000
生源地所在区域 (参照项:东北地区)	华东	−0.242	0.038	0.000
	华南	−0.692	0.043	0.000
	华中	−0.329	0.040	0.000
	华北	−0.174	0.040	0.000
	西北	−0.130	0.043	0.002
	西南	−0.523	0.041	0.000
双亲家庭(参照项:非双亲家庭)		−0.126	0.030	0.000

续表

	估计值	标准误	显著性
有学生干部经历(参照项:没有)	-0.063	0.023	0.005
有国外或境外学习经历(参照项:没有)	0.144	0.046	0.002
是独生子女(参照项:不是)	-0.081	0.021	0.000
小时候父母常年在外务工(参照项:没有)	0.184	0.022	0.000

$N = 46813$　　-2 对数似然值 = 75650.440　　Pearson 卡方 = 105215.094

Cox & Snell = 0.023　　Nagelkerke = 0.026　　McFadden = 0.010

（1）基于成长背景因素分析

就生源地类型而言,城镇大学生比农村大学生对网络思想政治教育的满意度评价更高。具体表现为:农村大学生对网络思想政治教育的满意度评价低出一个等级的可能性是城镇大学生的 $e^{0.082} = 1.085$ 倍。

就生源地所在区域而言,东北地区的大学生比其他地区的大学生对网络思想政治教育的满意度评价更高。具体表现为:相比于东北地区,华南地区、西南地区、华中地区、华东地区、华北地区、西北地区的大学生满意度评价低出一个等级的可能性分别为 0.501、0.592、0.720、0.785、0.840、0.878 倍。

就家庭类型而言,双亲家庭大学生对网络思想政治教育的满意度要高于单亲家庭,相对于单亲家庭,双亲家庭大学生对网络思想政治教育的满意度低出一个等级可能性是单亲家庭大学生的 $e^{-0.126} = 0.882$ 倍。

就是否为独生子女而言,独生子女大学生比不是独生子女的大学生对网络思想政治教育满意度评价更高。具体表现为:独生子女的满意度比不是独生子女的大学生低出一个等级的可能性是 $e^{-0.081} = 0.922$ 倍。

就童年生长环境而言,小时候父母常年在外务工的大学生比没有这种经历的大学生对网络思想政治教育的满意度低。具体表现为:小时候父母常年在外务工的大学生对网络思想政治教育的满意度评价低出一个等级的可能性是小时候父母没有常年在外务工大学生的 $e^{0.184} = 1.202$ 倍。

（2）基于教育因素分析

就政治面貌而言,党员大学生对网络思想政治教育的满意度高于非党员大学生,党员大学生对网络思想政治教育满意度评价低出一个等级的可能性是非党员大学生的 $e^{-0.129} = 0.879$ 倍。

就所学专业而言,社会科学类大学生对网络思想政治教育的满意度高于理工学科类大学生,高于人文科学类大学生。相对于理工科学类大学生,社会科学类对网络思想政治教育满意度评价至少低出一个等级的可能性为 0.947 倍,人文科学类对网络思想政治教育满意度评价低出一个等级的可能性为 1.877 倍。

就是否有国外或境外学习经历而言,没有国外或境外学习经历的大学生比有国外或境外学习经历的大学生对网络思想政治教育的满意度评价更高。具体表现为:有国外或境外学习经历的大学生对学校网络思想政治教育的满意度评价低出一个等级的可能性是没有国外或境外学习经历大学生的 $e^{-0.063} = 0.939$ 倍。

就学生干部经历而言,有学生干部经历的大学生比没有学生干部经历的大学生对网络思想政治教育的满意度评价更高。具体表现为:有学生干部经历的大学生对网络思想政治教育的满意度评价低出一个等级的可能性是没有学生干部经历大学生的 $e^{0.144} = 1.155$ 倍。

四、心理健康教育与咨询

2017 年 12 月 4 日,教育部党组印发的《高校思想政治工作质量提升工程实施纲要》指出:"坚持育心与育德相结合,加强人文关怀和心理疏导,深入构建教育教学、实践活动、咨询服务、预防干预、平台保障'五位一体'的心理健康教育工作格局,着力培育师生理性平和、积极向上的健康心态,促进师生心理健康素质与思想道德素质、科学文化素质协调发展"。[①] 大学期间是人的世界观、人生观和价值观"拔节孕穗"的关键时期,是扣好"人生第一粒扣子"的重要阶段。这一时期,大学生心智逐步走向健全,也容易产生情绪低落、焦虑烦躁、人际关系苦恼等方面的心理问题。因此,必须遵循大学生心理发展规律、遵循大学生成长成才规律,把心理健康教育与思想教育结合起来,把普及教育与个别咨询结合起来,把教育与自我教育结合起来,帮助大学生树立心理健康意识,优化心理品质,增强心理调适和适应能力,预防和缓解心理问题,为大学生健康成长保驾护航。

本调查主要考察大学生在遇到心理问题时的求助对象和大学生对心理健康教育与咨询工作的满意度。

(一) 大学生遇到心理困惑时的优先求助对象

教育部等八部门《关于加快构建高校思想政治工作体系的意见》提出:"要发挥心理健康教育教师、辅导员、班主任等育人主体的作用,规范发展心理健康教育与咨询服务"。[②] 为此,应促进各方面育人力量在心理健康教育与咨询上的协同协作、同向同行,强化大学生心理问题的早发现、早研判、早干预。

1. 总体情况

调查分析发现,大学生有心理困惑时,在优先求助对象的选择上,选择频次最高的两项是同学、室友等朋辈群体(37.6%)和家人(32.7%),其后依次是心理咨询师(14.3%)、辅导员(6.0%)、导师(3.8%)、专业课教师(2.7%)、班主任(1.7%)、其他(1.2%)(见表7-16)。

表 7-16　大学生有心理困惑时优先求助对象的多重响应分析

如果有心理困惑的优先求助对象	响应		个案百分比/%
	人数	百分比/%	
心理咨询师	11361	14.3	24.3
家人	25936	32.7	55.4

---

① 《中共教育部党组关于印发〈高校思想政治工作质量提升工程实施纲要〉的通知》,《中华人民共和国教育部公报》2017 年第 12 号。

② 《教育部等八部门关于加快构建高校思想政治工作体系的意见》,《中华人民共和国教育部公报》2020 年第 4 号。

续表

如果有心理困惑的优先求助对象	响应		个案百分比/%
	人数	百分比/%	
专业课教师	2141	2.7	4.6
导师	3027	3.8	6.5
辅导员	4759	6.0	10.2
班主任	1361	1.7	2.9
同学、室友等朋辈群体	29859	37.6	63.8
其他	923	1.2	2.0

从纵向对比来看,由图7-10可以看出,与2019年数据相比,选择同学、室友等朋辈群体(35.2%)、辅导员(5.4%)、导师(3.5%)、班主任(1.5%)和专业课教师(2.5%)的比例有所提升,求助心理咨询师(16.1%)的比例下降了。

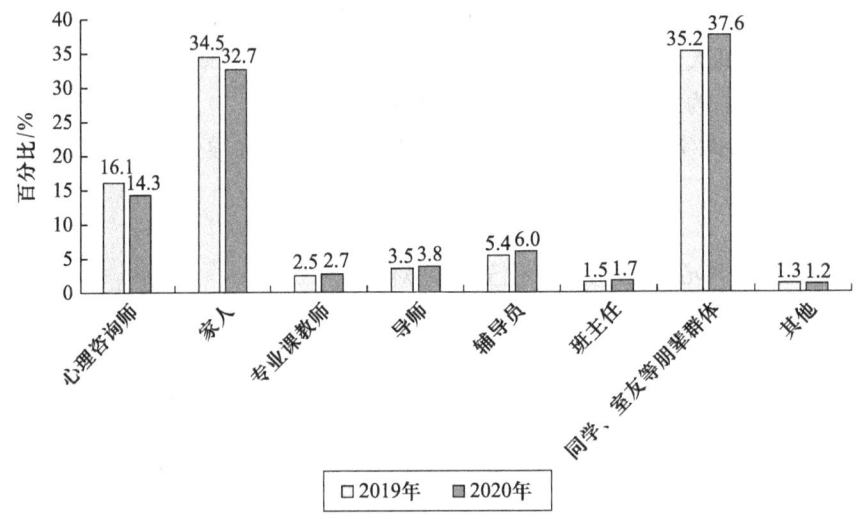

图7-10 2019年—2020年大学生有心理困惑时优先求助对象的比较

2. 交互分析

为深入分析不同大学生群体有心理困惑时优先求助对象,我们利用人口学变量的相关条件,对不同群体的大学生进行了交互分析。剔除差异不显著的影响因子,得到如下分析结果。

(1)选择"同学、室友等朋辈群体"的差异分析

由表7-17可知,男生、女生在遇到心理困惑时是否选择向同学、室友等朋辈群体求助存在显著差异,与男生相比,女生更倾向于选择向同学、室友等朋辈群体求助。此外,不同年龄段、不同生源地区域,不同学科类型、是否担任学生干部、是否是独生子女,使得他们在遇到心理困扰时是否选择向同学、室友等朋辈群体求助上都存在显著差异。

表 7-17 不同类型大学生遇到心理困惑时选择向"同学、室友等朋辈群体"求助的差异分析

人口学变量	分类	百分比/%	χ^2	人口学变量	分类	百分比/%	χ^2
性别	男	56.7	864.568***	生源地所在区域	华东	62.2	234.002***
	女	69.8			华南	69.2	
年龄段	低年龄段(20岁以下)	64.1	16.354***		华中	66.3	
	中间年龄段(21—24岁)	64.0			华北	61.8	
	高年龄段(25岁以上)	60.6			西北	63.7	
专业课所属学科门类	人文科学类	66.7	93.203***		西南	66.4	
	社会科学类	66.1			东北	55.8	
	理工农医类	62.0		是否独生子女	是	62.1	44.615***
是否担任学生干部	是	64.3	26.769***		否	65.1	
	否	61.4					

(2) 选择"家人"的差异分析

由表 7-18 可知,不同性别、不同生源地类型、不同生源地区域,不同家庭类型、是否是独生子女和小时候父母是否常年在外务工,使得大学生在遇到心理困惑时是否选择向家人求助上都存在显著差异。

表 7-18 关于不同类型大学生在遇到心理困惑时选择向"家人"求助的差异分析

人口学变量	分类	百分比/%	χ^2	人口学变量	分类	百分比/%	χ^2
性别	男	54.1	26.128***	生源地所在区域	华东	57.7	56.695***
	女	56.5			华南	52.8	
生源所在地	农村	52.7	124.160***		华中	55.7	
	城镇	57.8			华北	56.1	
家庭类型	双亲家庭	55.8	28.738***		西北	53.1	
	非双亲家庭	51.5			西南	54.8	
是否独生子女	是	57.9	91.643***		东北	54.1	
	否	53.5		小时候父母常年在外务工	是	50.7	138.403***
					否	57.0	

（二）大学生对心理健康教育与咨询工作的满意度评价

1. 总体情况

调查显示,47.5%的大学生对心理健康教育与咨询工作表示"非常满意",35.9%的大学生认为"比较满意",14.1%的大学生认为"一般",1.8%、0.6%的大学生认为"不大满意"和"很不满意"。对比近年来的数据,大学生对心理健康教育与咨询工作的满意度呈逐年上升趋势(见图7-11),总体满意度从2016年的60.7%,到2017年的66.2%,到2018年的75.2%,到2019年的83.6%,再到2020年的83.4%。其中,持"非常满意"态度的从2016年的20.1%上升到2020年的47.5%。由此可以看出,近年来高校心理健康教育与咨询工作效果在不断提升。

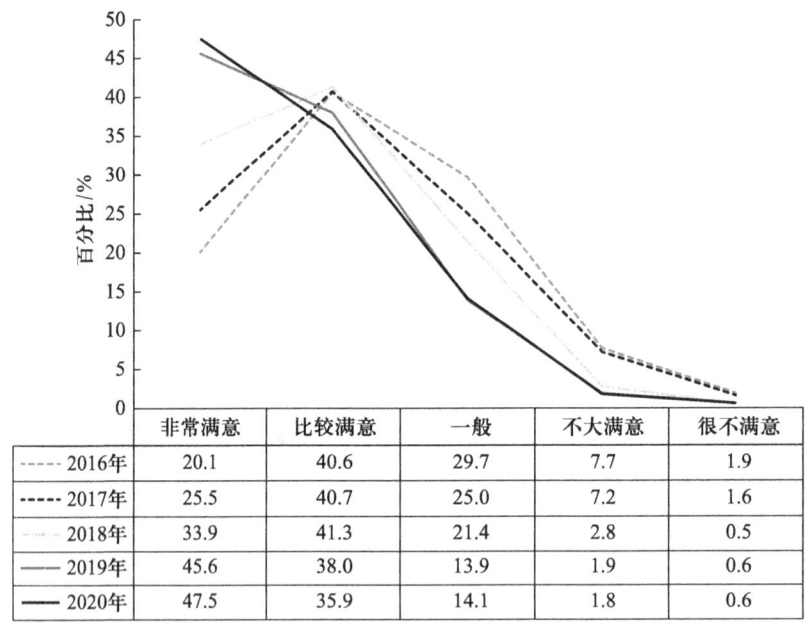

	非常满意	比较满意	一般	不大满意	很不满意
2016年	20.1	40.6	29.7	7.7	1.9
2017年	25.5	40.7	25.0	7.2	1.6
2018年	33.9	41.3	21.4	2.8	0.5
2019年	45.6	38.0	13.9	1.9	0.6
2020年	47.5	35.9	14.1	1.8	0.6

图7-11　2016年—2020年大学生对学校心理健康教育与咨询工作的满意度评价比较

2. 交互分析

为深入分析不同大学生群体对心理健康教育与咨询工作的满意度,我们利用人口学变量的相关条件,对不同群体的大学生进行了交互分析。剔除差异不显著的影响因子,得到如下分析结果。

（1）基于自然因素分析(表7-19)

表7-19　基于自然因素人口统计学变量大学生对心理健康教育与咨询工作的满意度评价

单位:百分比/%

人口学变量	分类	非常满意	比较满意	一般	不大满意	很不满意	χ^2
年龄	低年龄段（20岁以下）	49.1	35.5	13.1	1.7	0.6	74.549***

人口学变量	分类	非常满意	比较满意	一般	不大满意	很不满意	χ^2
年龄	中间年龄段 (21—24岁)	45.6	36.3	15.4	2.0	0.7	74.549***
	高年龄段 (25岁以上)	46.0	36.4	14.9	2.0	0.7	

由表7-19可知,不同年龄段的大学对心理健康教育与咨询工作满意度差异显著。其中低年龄段(20岁以下)的大学生满意度最高,为84.6%;高年龄段(25岁以上)的次之,为82.4%;中间年龄段(21—24岁)的最低,为81.9%。不同性别的大学生对心理健康教育与咨询工作的满意度评价差异不显著。

(2)基于成长背景因素分析(表7-20)

表7-20 基于成长背景因素人口统计学变量大学生对心理健康教育与咨询工作的满意度评价

单位:百分比/%

人口学变量	分类	非常满意	比较满意	一般	不大满意	很不满意	χ^2
生源所在地	农村	44.3	38.3	15.2	1.7	0.5	143.504***
	城镇	50.4	33.7	13.2	2.0	0.7	
生源地所 在区域	华东	48.7	34.9	13.8	2.1	0.5	530.319***
	华南	37.2	40.5	19.5	1.9	0.8	
	华中	46.1	37.2	14.2	1.9	0.7	
	华北	51.2	34.3	12.2	1.4	0.9	
	西北	51.5	35.5	11.2	1.4	0.4	
	西南	42.2	38.7	16.9	1.8	0.4	
	东北	56.7	29.0	11.2	2.3	0.9	
家庭类型	双亲家庭	47.8	35.8	14.0	1.8	0.6	14.400***
	非双亲家庭	45.0	36.9	15.3	2.0	0.8	
学校所属区域	华东	47.0	36.0	14.7	1.8	0.5	358.513***
	华南	38.9	39.3	19.1	1.9	0.7	
	华中	48.9	36.7	12.0	1.7	0.6	
	华北	49.4	34.7	13.4	1.9	0.7	
	西北	51.2	35.7	11.1	1.5	0.5	
	西南	44.4	37.7	15.8	1.6	0.5	
	东北	53.1	31.6	12.5	2.1	0.7	

续表

人口学变量	分类	非常满意	比较满意	一般	不大满意	很不满意	χ^2
是否独生子女	是	50.8	33.3	13.1	2.0	0.8	113.837***
	否	45.0	37.9	14.9	1.7	0.5	
小时候父母常年在外务工	是	41.8	39.0	16.5	2.0	0.7	210.248***
	否	49.4	34.9	13.3	1.8	0.6	

由表 7-20 可知,不同生源所在地的大学生对心理健康教育与咨询工作的满意度存在显著差异,来自城镇的大学生满意度达 84.1%,来自农村的大学生满意度为 82.6%。

不同生源地所在区域的大学生对心理健康教育与咨询工作的满意度存在显著差异。其中,来自西北地区的大学生对心理健康教育与咨询工作的满意度最高,为 87.0%;其他地区由高到低依次为:东北地区 85.7%、华北地区 85.5%、华东地区 83.6%、华中地区 83.3%、西南地区 80.9%、华南地区 77.7%。

不同家庭类型的大学生对心理健康教育与咨询工作的满意度存在显著差异,双亲家庭大学生对心理健康教育与咨询工作满意度为 83.6%,高于非双亲家庭的 81.9%。

不同区域高校的大学生对心理健康教育与咨询工作的满意度存在显著差异,由高到低依次为:西北地区高校 86.9%、华中地区高校 85.6%、东北地区高校 84.7%、华北地区高校 84.1%、华东地区高校 83.0%、西南地区高校 82.1%、华南地区高校 78.2%。

独生子女大学生与非独生子女大学生对心理健康教育与咨询工作满意度存在显著差异,独生子女大学生的满意度达 84.1%,非独生子女的满意度为 82.9%。

小时候父母常年在外务工的大学生与父母未常年在外务工的大学生,对心理健康教育与咨询工作的满意度存在显著差异,父母常年在外务工的满意度为 80.8%,父母未常年在外务工的满意度为 84.3%。

（3）基于教育因素分析（表 7-21）

表 7-21　基于教育因素人口统计学变量大学生对心理健康教育与咨询工作的满意度评价

人口学变量	分类	非常满意（%）	比较满意（%）	一般（%）	不大满意（%）	很不满意（%）	χ^2
学历层次（年级）	大一	53.8	33.5	11.2	1.1	0.4	376.339***
	大二	46.7	36.9	13.8	1.9	0.7	
	大三	43.0	37.0	16.9	2.5	0.7	
	大四	44.0	36.3	16.3	2.3	1.0	
	硕士生	47.3	36.5	14.2	1.5	0.6	
	博士生	45.0	36.8	14.8	2.6	0.7	
是否担任学生干部	是	48.1	35.8	13.6	1.8	0.5	43.870***
	否	45.0	36.0	16.2	1.8	1.0	

由表 7-21 可知,就年级而言,不同年级的大学生对心理健康教育与咨询工作的满意度

存在显著差异,满意度由高到低依次为:大一年级 87.3%、硕士生 83.8%、大二年级 83.6%、博士生 81.8%、大四年级 80.3%、大三年级 80.0%,各年级的满意度均在 80.0% 以上。不同学科类别的大学生对心理健康教育与咨询工作的满意度差异不显著。

担任学生干部的大学生与没有担任学生干部的大学生对心理健康教育与咨询工作的满意度存在显著差异,担任学生干部的满意度为 83.9%,没有担任学生干部的为 81.0%。

五、本章小结

习近平总书记在学校思想政治理论课教师座谈会上强调:"学校思想政治工作不是单纯一条线的工作,而应该是全方位的"。① 抓好大学生日常思想政治教育,有利于推动高校思想政治工作贯通人才培养体系,发挥融入式、嵌入式、渗入式的立德树人协同效应。本章通过考察大学生日常思想政治教育中党团组织建设及活动、校园文化活动、网络思想政治教育、心理健康教育与咨询等方面的展开情况、大学生满意度状况,力求发掘大学生日常思想政治教育的优势,发现大学生日常思想政治教育的短板,为全面抓好大学生日常思想政治教育提供借鉴与参考。

(一)总体情况

通过近年来的数据纵向对比,大学生对党团组织及活动、校园文化活动、网络思想政治教育、心理健康教育与咨询等方面满意度整体较高,总体呈上升趋势,且持"非常满意"态度的比例逐年提高。这表明,高校日常思想政治教育实效性不断提升。进一步分析发现,自然因素、成长背景因素和教育因素对大学生日常思想政治教育的满意度评价影响较大。

在党团组织建设及活动方面,调查结果显示,八成以上大学生对基层党组织、团组织和班级建设持满意态度,这说明,大学生群体对高校党团、班级等基层组织建设成效持肯定态度;相较于 2019 年,大学生对党团、班级等基层组织建设持"非常满意"态度的比例均有所上升,这说明,高校各类基层组织建设推进更为扎实。自 2015 年以来,大学生对社团活动的满意度总体呈上升趋势,且 2018 年以来总体趋于平稳,超过八成的大学生对社团活动给予了正面评价,这说明高校社团活动实效得到稳步提升,育人功能得到较好发挥。进一步交互分析表明,大学生成长环境、个人经历、政治面貌等对高校党团组织活动满意度的影响较大。来自城镇的大学生对于党团、班级组织建设和社团活动的满意度高于来自农村的大学生,有学生干部经历的大学生对党团、班级组织建设和社团活动的满意度高于没有学生干部经历的大学生,党员大学生对党团组织建设的满意高于非党员大学生。这启示我们,在依托基层组织开展大学生日常思想政治教育时,要注重群体差异,坚持因人施教。

在校园文化活动方面,近年来,校园文化在培育大学精神、滋养大学生心灵、涵育大学生品行等方面发挥了积极作用,在以文化人、以文育人方面取得了可喜成绩。调查结果显示,84.5% 的大学生在校园文化活动的满意度调查中给予了正面评价,这表明,高校校园文化建设取得了较好成效;89.1% 的大学生在校风学风建设的满意度调查中给予了正面评价,且超过半数的大学生给予了"非常满意"的评价。这表明,高校在正校风、浓学风,引领促进大学

---

① 习近平:《思政课是落实立德树人根本任务的关键课程》,《求是》2020 年第 17 期。

生成长成才方面取得了显著成绩。

在网络思想政治教育方面,调查结果显示,大学生对网络思想政治教育的满意度逐年上升:2016 年为 48.5%,2017 年为 53.2%,2018 年为 75.2%,2019 年为 81.9%,2020 年为 83.0%。其中,持"非常满意"态度的大学生从 2016 年的 14.5% 上升到 2020 年的 46.1%。由此可见,近年来,高校网络思想政治教育得到有力提升,大学生网络思想政治教育的获得感不断增强。

在心理健康教育与咨询方面,大学生自己有心理困惑时,在优先求助对象的选择上,调查结果显示,选择频次最高的两项是同学、室友等朋辈群体(37.6%)和家人(32.7%),其次是心理咨询师(14.3%)、辅导员(6.0%)、导师(3.8%)、专业课教师(2.7%)、班主任(1.7%)、其他(1.2%)。与 2019 年数据相比,选择同学、室友等朋辈群体(35.2%)、辅导员(5.4%)、导师(3.5%)、班主任(1.5%)和专业课教师(2.5%)的比例有所提升,求助家人(34.5%)、心理咨询师(16.1%)的比例有所下降。进一步交互分析发现,女生面对心理困惑时选择向同学、室友等朋辈群体求助的比例为 69.8%,明显高于男生的 56.7%。此外,83.4% 的大学生在心理健康教育与咨询工作的满意度调查中给予了正面评价。对比近五年的数据发现,大学生对于心理健康教育与咨询工作的满意度呈逐年上升趋势,总体满意度从 2016 年的 60.7%,到 2017 年的 66.2%,到 2018 年的 75.2%,到 2019 年的 83.6%,再到 2020 年的 83.4%。其中,持"非常满意"态度的大学生从 2016 年的 20.1% 上升到 2020 年的 47.5%。由此可见,高校对于大学生心理健康教育与咨询工作重视度不断提高,大学生对于所在高校心理健康教育与咨询工作的好评度持续增强。

(二)值得关注的问题和现象

调查结果显示,大学生对党团组织建设及活动、校园文化活动、网络思想政治教育、心理健康教育与咨询等方面总体满意度较高,且总体呈上升趋势,大学生日常思想政治教育在加强中不断改进,在改进中不断加强。但调查结果也反映了一些值得关注的问题与现象。

1. 党团组织的凝聚力有待进一步增强

调查结果显示,尽管多数大学生对基层党组织建设、团组织建设和班级建设给予了肯定评价,但仍有 14.0% 左右的大学生给予了"一般"及以下评价。这说明,高校基层党团组织建设力度需进一步加强,班级团结大学生、凝聚大学生、服务大学生作用需要进一步发挥。自 2015 年以来,大学生对社团活动的满意度总体较高。但值得注意的是,相较于 2018 年,2019 年、2020 年大学生对社团活动的总体满意度稍有下降,这启示高校要进一步聚焦大学生共同愿景、兴趣爱好,及时调整社团设置,不断丰富社团活动,充分发挥社团活动在交流思想、启迪智慧、切磋技艺、增进友谊等方面的积极作用,将更多大学生吸引进来、凝聚起来。

2. 校园文化的吸引力有待进一步提升

调查结果显示,近年来,大学生对校园文化活动的满意度总体较高。但值得注意的是,大学生对校园文化活动满意度的比例 2017 年为 78.5%、2018 年为 87.9%、2019 年为 86.0%、2020 年为 84.5%,从 2018 年开始连续出现了小幅下降,并且 2020 年有 15.5% 的大学生对校园文化活动给予了"一般"及以下评价。这说明,高校校园文化活动吸引力需进一步提升。此外,通过回归分析发现,不同群体大学生对校园文化活动满意度存在显著差异。比如,来自城镇的大学生对校园文化活动的满意度比来自农村的大学生高,有学生干部经历的大学生对校园文化活动的满意度比学生干部经历的大学生高,是否双亲家庭、是否独生子女、是否党员、小时候父母是否常年在外务工,使大学生校园文化活动的满意度也存在显著差异。这说明,校园文化活动要坚持因事而化、因时而进、因势而新,注重针对不同大学生群体的实际需求,分层指导、分类施策、分众施教,以更好发挥校园文化在浸润心灵、启迪人心、陶冶情操等方面的作用。

3. 网络空间的引导力有待进一步拓展

调查结果显示,大学生对网络思想政治教育满意度呈逐年上升趋势,总体满意度从2016年的48.5%提高到2020年的83.0%。但值得注意的是,仍有近17.0%的大学生对网络思想政治教育给予了"一般"及以下评价(其中,给予"一般"评价的比例为14.9%)。这说明,高校网络思想政治教育仍有较大拓展余地和改进空间。

4. 专业队伍的影响力有待进一步发挥

调查结果显示,在面对心理困惑时,37.6%的大学生优先选择向同学、室友等朋辈群体求助,32.7%的大学生优先选择向家人求助,14.3%的大学生优先选择向心理咨询师求助,只有6.0%和1.7%的大学生分别选择向辅导员和班主任求助。这说明,高校心理健康教育与咨询工作队伍作用发挥还不够充分,大学生对于专业队伍的信任度需要进一步增强,专业队伍在大学生中间的影响力需要进一步提升,高校应进一步加大心理健康教育宣传普及力度,进一步提高心理咨询师、辅导员和班主任的心理知识水平和心理咨询技能。同时,调查结果也启示我们,专业队伍要加强家校互动、家校共育,及时准确把握大学生心理健康状况及变化规律,合力建设大学生全方位心理支持系统,共同培育大学生自尊自信、理性平和、积极向上的健康心态。

(三)建议与对策

为进一步推进大学生日常思想政治教育质量提升,针对调查中发现的问题和值得关注的现象,我们提出以下建议与对策。

1. 坚持协同为纲,一体推进党团组织建设

把党团、班级、社团等各类组织建设一体推进,与大学生日常思想政治教育有机协同,利于增强工作活力、促进工作创新、扩大工作覆盖。针对调查结果反映的问题与现象:一是要充分发挥基层党组织"战斗堡垒"作用。坚持把理想信念教育放在首位,加强大学生党支部、党小组制度化规范化建设,严格落实"三会一课"制度,定期开展理论学习、研讨交流、主题党日等活动,引导大学生党员、入党积极分子深刻认识中国共产党为什么"能"、马克思主义为什么"行"、中国特色社会主义为什么"好"。坚持充分发挥大学生党员先锋模范作用,引导大学生党员在政治、学习、生活等各方面做好表率,在大学生中间树立起党员良好形象,影响和带动更多同学一起进步。二是要充分发挥各级团组织"桥梁纽带"作用。以深化高校共青团改革为契机,通过扎实有效的工作、生动活泼的形式、喜闻乐见的载体,着力构建面向青年大学生的动员引领机制,把党的理论、团的声音及时有效地传播开来;通过创新团的工作方法,畅通青年大学生表达渠道,通过打造更加便捷、更加高效的线上线下互动平台,沟通情感、化解怨气、解决困难,使团组织成为广大青年大学生思想上信得过、关键时靠得上、平日里离不开的温馨家园;通过教育培训、实践锻炼、作风养成等多种途径,提升高校共青团干部宣传青年、组织青年、服务青年的能力,使团干部真正成为青年大学生的理想信念领航者、人

生方向引路者、成长成才指导者。三是要充分发挥班级"前沿阵地"作用。班级是教育引导大学生的基本单元,要完善班级日常管理制度,在评奖、评优、评先等方面积极发扬民主,充分听取班级同学意见。要培塑良好班风,通过主题班会、主题团日等特色活动,增强班级的凝聚力和向心力,提升班级成员的归属感和荣誉感。要营造良好学风,通过典型示范、结对互助等方式,引导大学生养成良好的学习习惯,掌握正确的学习方法,营造浓厚的学习氛围。辅导员和班主任要准确掌握所带班级大学生学习、生活等基本情况,善于借助大学生骨干、朋辈力量做好班级日常管理,促进大学生和谐相处、互帮互助、共同成长。四是要充分发挥社团"服务驿站"作用。大学生社团是高校"一心双环"团学格局的重要部分,也是落实立德树人根本任务的有效载体。要不断丰富社团活动内容、创新社团活动形式,将政治引航、思想引领、价值引导有机融入社团活动,在潜移默化中提升大学生思想政治素养,促进大学生全面发展。此外,要规范大学生社团管理和活动开展,通过选派社团指导老师、定期召开社团骨干会议、严格社团活动审批等,确保大学生社团健康发展,各类活动高质量开展。

2. 坚持学生为本,持续浓郁校园文化氛围

习近平总书记在全国高校思想政治工作会议上强调,"要更加注重以文化人以文育人,广泛开展文明校园创建,开展形式多样、健康向上、格调高雅的校园文化活动,广泛开展各类社会实践。"①加强校园文化建设,对于增强文化化人与大学生思想政治教育的内在契合,引导大学生坚定更基本、更深沉、更持久的文化自信具有重要作用。针对调查结果反映的问题与现象:一是要坚持以生为本。把广大青年大学生作为实践主体和价值主体,充分发挥他们参与校园文化建设的积极性、主动性和创造性。着力把准大学生的思想脉搏,找准大学生的文化需求,坚持用中华优秀传统文化、革命文化和社会主义先进文化占领校园阵地、武装大学生头脑。二是要树立整体思维。注重调动学校各方面的力量,充分发挥各类文化育人元素的作用,构筑全方位校园文化育人格局。特别是要善于运用栩栩如生的文化产品告诉大学生什么是应该肯定和赞扬的,什么是必须反对和否定的,使文化所蕴含的核心价值观内化于大学生之心、外化于大学生之行,成为日常基本遵循。三是要优化隐性渠道。隐性渠道是校园文化作用持续发挥的关键所在,就其存在范围上看,它包括课堂中的隐性渠道和课堂外的隐性渠道。从其形态上看,包括看得见的物质环境和看不见的精神氛围。其中,课堂中的隐性渠道又包括课堂物质环境(环境卫生、教室装饰、教学设备等),课堂精神氛围(班风学风、师生关系、课堂气氛等);课堂外的隐性渠道又包括校园物质环境(建筑、绿化、卫生状况等)、校园精神氛围(校风、校训、各种仪式等)。在开展校园文化活动过程中,应充分发挥隐性渠道对大学生的陶冶涵养作用,让大学生在日用而不觉,外显而不察中养成良好行为习惯。四是要注重实践养成。把暑期"三下乡"社会实践、志愿服务活动、党团活动、勤工助学活动等作为校园文化建设的重要载体,让大学生通过"有字之书"与"无字之书"的对照,对党和国家方针政策有更深入理解,对人世间真善美有更深刻感知。

3. 坚持创新为王,不断提升网络育人实效

对比近几年的调查数据可以发现,大学生对网络思想政治教育满意度虽然在逐年上升,但仍有较大创新和提升空间。针对调查结果反映的问题与现象:一是要提升鉴别能力。面

---

① 《习近平在全国高校思想政治工作会议上强调:把思想政治工作贯穿教育教学全过程 开创我国高等教育事业发展新局面》,《人民日报》2016年12月9日。

对纷繁复杂、真假难辨的网上信息，必须引导大学生筑牢信仰之基、补足精神之钙、把稳思想之舵，在大是大非面前保持头脑清醒。特别是对于大学生关注的网络热点话题，应保持高度的政治敏锐性和政治鉴别力，善于透过纷繁复杂的现象抓住本质，善于从浩如烟海的信息中抓住主流，在对不同的观点仔细筛选、鉴别和解释中，向大学生将"是什么"讲清楚、"为什么"讲明白、"怎么办"讲透彻，教育引导大学生分清是非善恶、坚定理想信念、健康成长成才。二是要加强规律研究。深入研究网络思想政治教育规律，深入研究网络对大学生思想行为、学习生活等方面产生的广泛影响，让网络思想政治教育能够跟上时代的脚步，能够契合青年大学生的需求，努力做到大学生在哪里，育人的阵地就到哪里。三是要创新传播方式。网络条件下，大学生有着更为便捷和丰富的阅读选择，相较于居高临下、呆板生硬的纯文字网络产品，他们更偏向于阅读趣味、浅化和流行的网络作品。因此，应深化网络思想政治教育"供给侧改革"，推动"大道理"转化为"小故事"，"大主题"切换为"小场景"，让大学生在潜移默化中增进认同、接受教育。此外，随着融媒体时代的到来，网络思想政治教育平台更加丰富多样，从传统的博客、QQ空间，到近几年流行的微信公众号、短视频等，不同的网络平台信息传播途径有区别，大学生对不同网络平台关注的焦点也有差异，应注重不同网络平台间的分工、协同与互补，提升内容传播实效，增强教育引导合力。四是要健全保障机制。定期组织开展网络信息传播、网络文章撰写、网络舆情处理、网络法规普及等专题培训，提升高校思想政治工作队伍网络育人的能力水平。健全网络思想政治教育考核体系和激励机制，制定将网文等优秀网络文化成果纳入职务（职称）评聘的具体办法、纳入日常工作量的计算办法，调动高校思想政治工作队伍开展网络思想政治教育的积极性、主动性。此外，还应注重选拔有一定基础的大学生参与到网络主题策划、网络作品生产、网络平台维护上来，这样不仅可以增强网络思想政治教育的主体性、亲和性，也可以提升大学生网络文明素养，培育一批校园好网民。

4. 坚持专业为要，合力打造心理支持系统

对比近几年的调查数据可以发现，大学生在遇到心理困惑时，优先选择的求助对象均为同学和家人，向心理咨询师、辅导员和班主任的求助相对较少。这说明，高校心理健康教育与咨询工作队伍作用发挥还不够充分，高校心理健康教育与咨询工作仍有较大提升空间。针对调查结果反映的问题与现象：一是要配强专业队伍。应对标工作岗位要求和大学生心理需求，制定科学的准入制度，严格按师生比不低于1∶4000配齐配强大学生心理健康教育专职队伍，并将其纳入学校师资培训，不断提高专业水平。应重视对辅导员、班主任以及研究生导师的心理健康教育业务培训，提高他们对大学生异常言行的识别能力、异常心理的鉴别能力，以及开展必要心理危机干预的能力。应完善"校、院、班、舍"四级心理健康教育与预防体系，定期摸排大学生心理状况，充分发挥大学生骨干、大学生党员、班级心理委员、寝室长等朋辈群体的作用，实时掌握大学生心理动态，精准为大学生提供心理服务。二是要加强宣传普及。规范宣传普及课程，完善心理健康教育课程体系、教材体系，把心理健康教育课程纳入学校公共必修课程，通过线下线上、案例教学、体验活动、行为训练、心理情景剧等多种形式，确保心理健康教育"全覆盖"；丰富宣传普及内容，通过举办心理健康教育月、"5·25"大学生心理健康节等形式多样的主题教育活动、心理素质拓展活动，增强心理健康教育的吸引力；创新宣传普及方式，支持大学生成立心理健康教育社团，开展心理健康自助互助。主动占领网络心理健康教育新阵地，积极运用微信、微博、短视频等媒体平台，宣传心

理健康知识,普及健康生活方式,提升大学生自我认知、自我教育、自我调适能力。三是要优化咨询服务。坚持点面结合,构建教育与指导、咨询与自助、自助与他助等相结合的心理咨询服务体系,个体咨询、团体辅导、电话咨询、网络咨询等相融合的心理咨询服务平台。坚持精准施策,针对不同学段、不同专业、不同需求的大学生,推出个性化的咨询服务项目,切实把工作做到大学生的心坎上,提高咨询服务的温度、立德树人的效度。四是要注重家校共育。加强与大学生家长的沟通联系,深入了解大学生的性格特点,及时交流大学生的心理状况,合力打造家庭、学校、社会全方位的心理支持系统,为大学生点亮心灵的灯、照亮前行的路。

第八章
日常思想政治教育（下）

本章接续上一章，从高校社会实践、学生资助、就业指导、全员育人等四个方面工作的开展和评价情况观察高校日常思想政治教育的基本情况。在此基础上，通过交互分析、回归分析等方法进一步探究日常思想政治教育与大学生自然因素、成长背景、教育因素等的内在联系，探索日常思想政治教育在上述四个方面的薄弱环节，结合当前高校思想政治工作的任务和实际提出有针对性的解决思路和途径，进一步提高高校思想政治教育的效能，培养能够担当民族复兴大任的时代新人。

一、社会实践

社会是个大课堂。社会实践、社会活动以及校内各类学生社团活动等共同构成了大学生的第二课堂，对拓展学生眼界和能力、充实学生社会体验和丰富学生生活十分有益。习近平总书记曾在全国高校思想政治工作会议上强调，青年要成长为国家栋梁之材，既要读万卷书，又要行万里路。

大学生社会实践是加强高校思想政治教育工作和高校加强实践育人工作的重要载体，是全面提升高校人才培养质量的重要途径。为进一步加强实践育人工作，2017 年中共中央在《关于加强和改进新形势下高校思想政治工作的意见》中强调"要强化社会实践育人"，同年教育部将"实践育人"列入《高校思想政治工作质量提升工程实施纲要》的"十大育人"体系之中，2020 年在《教育部等八部门关于加快构建高校思想政治工作体系的意见》中再次强调，构建"日常教育体系"，必须"深化实践教育"，"把思想政治教育融入社会实践、志愿服务、实习实训等活动中，创办形式多样的'行走课堂'"，并在《深化新时代教育评价改革总体方案》中将学生参加社会实践、教师指导学生社会实践分别作为"改进高等学校评价""突出教育教学实绩"的重要内容。

社会实践作为人才培养的重要环节和内容，近年来，高校结合"三全育人"综合改革在实践育人方面开展了卓有成效的探索。清华大学积极引导研究生"立大志、入主流、上大舞台、干大事业"，构建博士生必修实践、启航就业实践、公共部门基层实践、学期中实践、校企开放日等就业实践体系，通过实践引导越来越多的毕业生到党和国家最需要的地方建功立业。如中南大学主动服务国家创新驱动发展战略，通过校地紧密联合，与长沙市岳麓区签署共建中南大学科技园（研发）总部合作协议，在入驻的企业中建立校企研究生联合培养基地 7 个，聘任园区企业家任研究生企业导师，建立学生实习实践基地，支持研究生在园区企业确定选题，开展课题研究和实习实践。在 2020 年疫情防控期间，许多高校也组织大学生开展了形式多样的社会实践,展现了当代中国青年的担当精神,赢得了党和人民高度赞誉。如武汉大学组织指导在校大学生开展"与逆行者同行 为奉献者奉献"志愿服务活动,近 1600 名大学生一起义务为一线抗疫人员子女提供助成长活动菜单,线上开展学业辅导、心理陪伴、名著导读、单词打卡等,引导青年在实践中奉献社会,在实践中锤炼品格。

(一)大学生参加社会实践的经历

1. 总体情况

课题组对比近五年的数据显示,2016 年至 2018 年,有社会实践经历的大学生比例均维持在 85%以上,2020 年有社会实践经历的大学生比例为 76.9%,较 2019 年再下降了 1.9%(见图 8-1)。

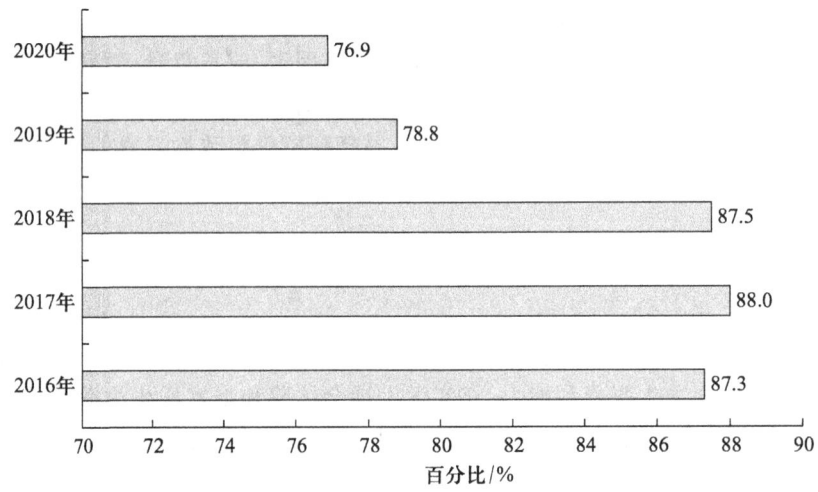

图 8-1　2016 年—2020 年大学生"有"社会实践经历的情况

2. 不同群体的大学生是否有社会实践经历的情况

为深入了解不同群体大学生参加社会实践的差异情况,课题组通过二元 logistic 回归分析方法,试图发现不同自然因素、成长背景、教育因素等与大学生社会实践经历之间的关联。分析中,课题组将大学生有社会实践经历编码为 1,没有参加社会实践经历编码为 0。通过回归分析发现,以 $P<0.05$ 为标准,性别、学历层次、学科门类、政治面貌、学校所在区域、是否有学生干部经历、是否有境外学习经历对大学生参加社会实践的情况有显著影响(见表 8-1)。

表 8-1　大学生是否有参加社会实践经历的影响因素二元 logistic 回归分析

		非标准化系数	标准误	显著性水平	参数
		B	Std. Error	P	Exp（B）
常数项		0.043	0.093	0.647	1.044
性别(参照项:女)		−0.090	0.024	0.000	0.914
学历层次 (参照项:博士生)	本科生	0.214	0.066	0.001	1.238
	硕士生	0.323	0.069	0.000	1.382

续表

		非标准化系数	标准误	显著性水平	参数
		B	Std. Error	P	Exp（B）
学科门类 （参照项：理工农医类）	人文科学类	0.072	0.034	0.031	1.075
	社会科学类	0.193	0.029	0.000	1.212
政治面貌党员（参照项：非党员）		0.946	0.036	0.000	2.575
生源地城镇（参照项：农村）		0.048	0.036	0.071	1.049
学校所在区域 （参照项：东北）	华东	0.144	0.047	0.002	1.155
	华南	0.190	0.055	0.001	1.210
	华中	−0.112	0.049	0.023	0.894
	华北	−0.046	0.047	0.335	0.955
	西北	−0.181	0.053	0.001	0.835
	西南	0.037	0.055	0.497	1.038
双亲家庭（参照项：非双亲家庭）		0.174	0.038	0.000	1.190
担任过学生干部（参照项：没有）		0.508	0.026	0.000	1.662
有国（境）外学习经历（参照项：否）		0.248	0.067	0.000	1.282

（1）基于自然因素的分析

基于自然因素分析发现，不同性别大学生在是否有社会实践经历方面表现出显著性。在其他变量一致的情况下，男生有社会实践经历的可能性是女生的 0.914 倍。

（2）基于教育因素的分析

在教育因素方面，学历层次、学科门类、政治面貌、学校所在区域、是否担任过学生干部、是否有国（境）外学习经历均对大学生社会实践经历有影响。

第一，在学历层次方面，本科生、硕士生与博士生在参加社会实践方面均存在显著差异。在其他变量不变的情况下，本科生参加社会实践的可能性是博士生的 1.238 倍，硕士生参加社会实践的可能性是博士生的 1.382 倍，博士生有社会实践经历的可能性则相对较低。

第二，在学科门类方面，人文科学类、社会科学类大学生与理工农医类大学生在社会实践经历方面存在显著差异。人文科学类大学生参加社会实践的可能性是理工农医类大学生的 1.075 倍，社会科学类大学生参加社会实践的可能性是理工农医类大学生的 1.212 倍。高校推进实践育人的过程中，要加大对理工农医类大学生的引导，找准原因并采取有针对性的措施破解难题。

第三，在政治面貌方面，党员大学生与非党员大学生参加社会实践经历存在显著差异。党员大学生参加社会实践的可能性是非党员大学生的 2.575 倍。

第四，从学校所在区域来看，华东、华南、华中、西北、东北地区大学生在社会实践经历方面有显著差异，在其他变量不变的情况下，学校区域为华东、华南地区的大学生有社会实践经历的可能性分别是东北地区大学生的 1.155、1.210 倍，而华中、西北地区的大学生有社会实践经历的可能性则分别低于东北地区大学生 0.112、0.181 个单位。从上述分析来看，学校所在区域的发展水平一定程度上会影响大学生参与社会实践的积极性。

第五,在学生干部经历方面,有无学生干部经历对大学生参加社会实践的经历存在显著影响。担任过学生干部的大学生参加社会实践的可能性是没有担任过学生干部的大学生的1.662倍。

第六,在国(境)外学习经历方面,是否有国(境)外学习经历与大学生参加社会实践的经历存在显著差异。有国(境)外学习经历的大学生比无国(境)外学习经历的大学生参加社会实践的可能性高出28.2个百分点。

实践育人的第一步是引导更多的大学生参加社会实践,因此,高校在组织社会实践活动的过程中,在宣传动员、内容设计、实践形式等方面要兼顾各个学历层次、不同学科类别的大学生,尤其需要注意引导理工农医类大学生、博士生参加社会实践,注重在实践中提升大学生的实践创新能力。在开展社会实践活动时,要注意充分发挥党员、学生干部等的先锋模范带头作用,提升非党员、非学生干部以及无境外学习经历大学生参加社会实践活动的主动性和积极性。

(二)大学生参加社会实践的原因

课题组通过多重响应对大学生参加社会实践的原因进行了分析,在所列举的8个因素[(1)了解社会 (2)服务社会 (3)增长见识 (4)锻炼实践能力 (5)提高人际交往能力 (6)获得荣誉或学分 (7)有利于升学、出国、就业等 (8)其他]中,"锻炼实践能力"(22.8%)、"了解社会"(19.7%)、"服务社会"(19.6%)排在前三位,此外,18.1%的同学选择社会实践是为了"增长见识",13.2%的同学是为了"提高人际交往能力",4.9%的同学为了"获得荣誉或学分",1.5%的同学认为"有利于升学、出国、就业等",0.1%的同学选择了"其他"原因(见表8-2)。

表8-2　大学生参加社会实践的原因

大学生参加社会实践原因	响应		个案百分比
	个案数	百分比	
了解社会	19 403	19.7%	53.9%
服务社会	19 374	19.6%	53.9%
增长见识	17 903	18.1%	49.8%
锻炼实践能力	22 546	22.8%	62.7%
提高人际交往能力	13 058	13.2%	36.3%
获得荣誉或学分	4 858	4.9%	13.5%
有利于升学、出国、就业等	1 509	1.5%	4.2%
其他	67	0.1%	0.2%
总计	98 718	100.0%	274.4%

　　课题组对比了近三年大学生选择社会实践的原因,结果显示,大学生选择社会实践的原因排序基本一致。2019 年,大学生选择社会实践的原因排在前三位的分别为"锻炼实践能力"(23.2%)、"了解社会"(22.1%)、"增长见识"(18.5%),2018 年排在前三位的原因为锻炼实践能力(23.1%)、了解社会(19.7%)、服务社会(18.2%),同时,我们发现,大学生将"服务社会"作为选择社会实践的原因近三年呈不断上升的趋势,且在 2020 年这一比例有较明显的提升(见图 8-2)。

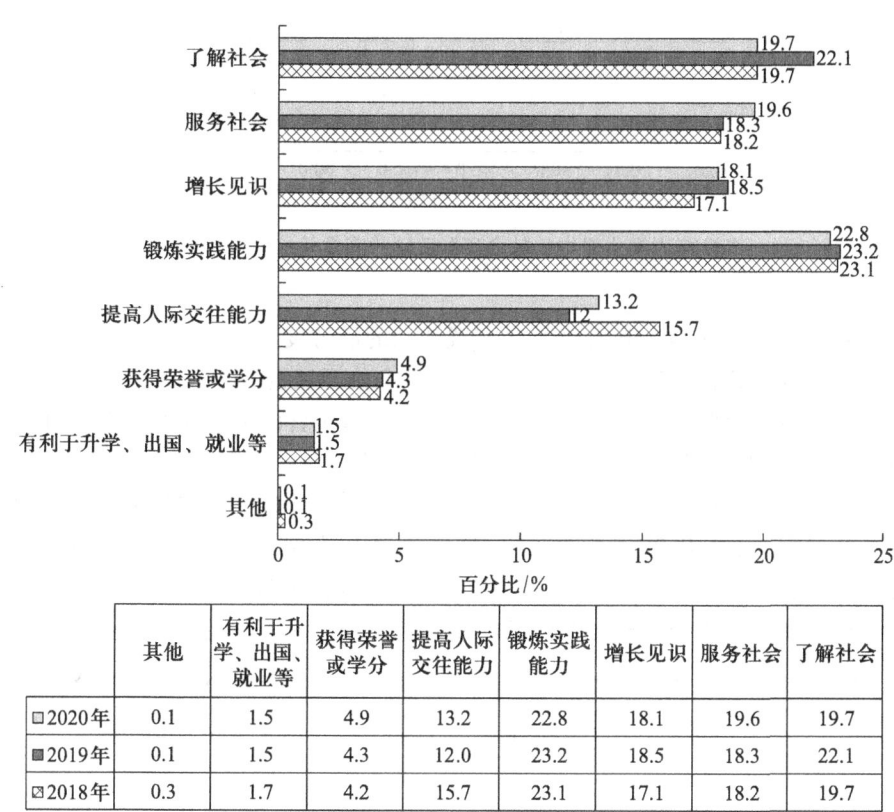

	其他	有利于升学、出国、就业等	获得荣誉或学分	提高人际交往能力	锻炼实践能力	增长见识	服务社会	了解社会
□2020年	0.1	1.5	4.9	13.2	22.8	18.1	19.6	19.7
■2019年	0.1	1.5	4.3	12.0	23.2	18.5	18.3	22.1
▨2018年	0.3	1.7	4.2	15.7	23.1	17.1	18.2	19.7

图 8-2　2018 年—2020 年大学生选择社会实践的原因比较

（三）大学生对本校社会实践活动的满意度

1. 总体情况

　　调查显示,46.3%的大学生对本校开展的社会实践活动表示"非常满意",36.7%的大学生表示"比较满意",14.6%的大学生认为"一般",1.9%的大学生表示"不大满意",0.5%的大学生表示"很不满意"。可见大学生对本校开展社会实践活动的满意度较高,但对比近五年大学生对本校社会实践活动"比较满意"以上评价来看,大学生对本校社会实践活动的满意度在 2016 年—2018 年呈上升趋势,2018 年—2020 年呈下降趋势,这一趋势与大学生参加社会实践活动的情况基本一致(见图 8-3)。

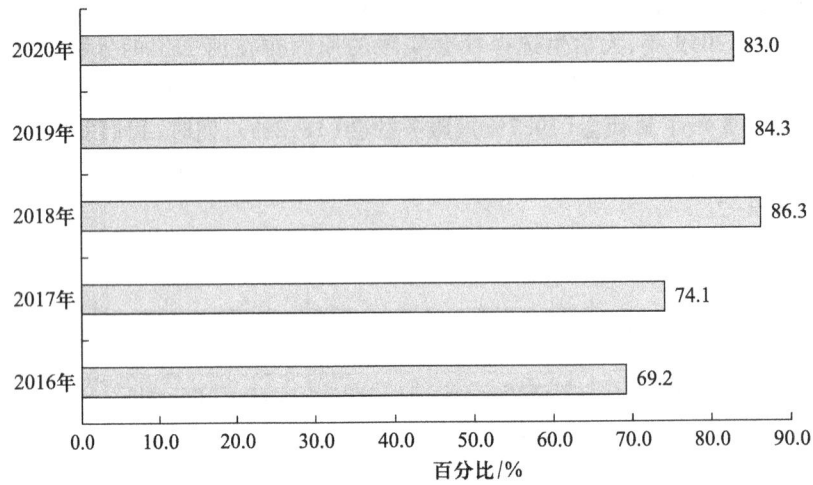

图 8-3　2016 年—2020 年大学生对本校社会实践活动的满意评价（"比较满意"以上评价）情况

2. 不同群体的大学生对本校开展社会实践活动的满意度情况

课题组基于深入分析,对不同群体的大学生对本校开展的社会实践活动的满意度群体性差异进行了考察。课题组结合成长背景和教育因素所包含的人口学变量进行了一般线性回归分析,并将"非常满意"赋值 5 分,"比较满意"赋值 4 分,"一般"赋值 3 分,"不大满意"赋值 2 分,"很不满意"赋值 1 分,得分越高表示更为满意的评价,反之则满意度越低。通过线性回归分析发现,以 $P<0.05$ 为标准,不同群体大学生对本校社会实践活动的满意度存在显著差异。其中,政治面貌、生源地、学校所在区域、是否担任过学生干部、是否有国(境)外学习经历均对大学生对本校社会实践活动的满意度评价有显著影响(见表 8-3)。

表 8-3　大学生对本校开展的社会实践活动满意度影响因素的一般线性回归分析

		非标准化系数		标准系数	统计量	显著性水平
		B	Std. Error	Beta	T	P
常数项		4.247	0.031		136.209	0.000
性别男(参照项:女)		0.001	0.008	0.000	0.053	0.958
学历层次 (参照项:博士生)	本科生	0.019	0.021	0.010	0.870	0.384
	硕士生	0.028	0.022	0.014	1.294	0.196
学科门类 (参照项:理工农医类)	人文科学类	0.004	0.011	0.002	0.385	0.700
	社会科学类	-0.014	0.009	-0.008	-1.538	0.124
政治面貌党员(参照项:非党员)		0.049	0.010	0.025	4.951	0.000
生源地城镇(参照项:农村)		0.038	0.009	0.024	4.327	0.000

续表

		非标准化系数		标准系数	统计量	显著性水平
		B	Std. Error	Beta	*T*	*P*
学校所在区域 (参照项:东北)	华东	0.189	0.016	0.009	1.203	0.229
	华南	−0.081	0.018	−0.035	−4.496	0.000
	华中	0.031	0.017	0.014	1.891	0.059
	华北	0.002	0.016	0.001	0.159	0.874
	西北	0.013	0.018	0.005	0.691	0.490
	西南	0.002	0.018	0.001	0.103	0.918
双亲家庭(参照项:非双亲家庭)		0.046	0.013	0.016	3.508	0.000
担任过学生干部(参照项:没有)		0.058	0.010	0.028	6.021	0.000
有国(境)外学习经历(参照项:没有)		−0.057	0.020	−0.013	−2.858	0.004

在不同大学生群体的教育因素中,政治面貌、学校所在区域、是否学生干部、是否有境外学习经历大学生对本校开展的社会实践活动满意度评价有显著影响。

第一,从政治面貌来看,党员和非党员大学生对本校社会实践活动的满意度评价存在显著差异,党员大学生对本校社会实践活动的评价高于非党员大学生0.049个单位。

第二,从学校所在区域来看,仅华南地区大学生与东北地区大学生对本校社会实践活动的满意度评价存在显著差异,华南地区大学生对本校社会实践活动的评价低于东北地区大学生0.081个单位。

第三,从学生干部经历来看,大学生是否担任过学生干部对本校社会实践活动满意度评价上存在显著差异,有学生干部经历的大学生对本校社会实践活动的评价高于没有学生干部经历的大学生0.058个单位。

第四,从国(境)外学习经历来看,大学生是否有国(境)外学习经历对本校社会实践活动的满意度评价存在显著差异,有国(境)外学习经历的大学生对本校社会实践活动的评价低于没有国(境)外学习经历的大学生0.057个单位。这与有无国(境)外学习经历大学生参加社会实践活动的情况表现出不一致。

从上述分析来看,呈现显著差异的成长因素中的父母有无外出务工经历和教育因素中的学校所在区域、境外学习经历等因素与大学生参加社会实践活动的情况表现出不一致,即大学生参加社会实践的可能性与大学生对本校社会实践活动的评价呈反比,高校在组织社会实践活动的过程中要充分考虑大学生的发展需求,了解大学生对本校社会实践活动的合理化建议并及时作出回应。

二、学生资助

教育公平是社会公平的基础,是社会主义教育的本质要求,而学生资助不仅促进了教育公平、社会公平,促进了教育事业快速发展,而且在人力资源开发、扶贫脱贫等方面发挥了重要作用,取得了显著成效。党的十九大报告强调,"努力让每个孩子都能享有公平而有质量的教育""健全学生资助制度"。全国学生资助管理中心本着"不让一个学生因家庭经济困难而失学"的目标不断改进和加强学生资助工作,在制度设计上,逐步扩大了资助范围,建立和完善了全链条贯通的学生资助体系;在作用发挥上,学生资助由保障型资助向发展型资助递进,不断发挥学生资助的育人功能,提出建立国家资助、学校奖助、社会捐助、学生自助"四位一体"的发展型资助体系,并将"资助育人"作为"十大育人"体系之一纳入《高校思想政治工作质量提升工程实施纲要》。

　　近年来,各高校积极探索,在资助育人的精度上下功夫,形成了良好的经验和做法。例如,华中师范大学依托大数据分析,按照学生困难等级,实现科学认定、分层资助、精准帮扶。中南大学建设学生资助服务大厅,搭建雷锋岗、爱吧志愿者团队、交通文明服务队等20余个资助育人实践岗,建设退役大学生士兵之家,"一人一策"做好退役大学生士兵成长服务。

　　为进一步了解高校资助育人工作开展情况,课题组开展了针对性的调查。

(一)大学生对本校学生资助工作的满意度

　　调查数据显示,48.5%的大学生对本校的学生资助工作表示"非常满意",36.6%的大学生表示"比较满意",12.8%的大学生认为"一般",表示"不大满意"和"很不满意"的大学生比例分别为1.4%和0.6%,大学生对本校学生资助工作"比较满意"以上评价达85.1%(见图8-4)。对比近五年的数据来看,大学生对本校学生资助工作的满意度在2018年达到最高(86.3%),近三年来总体满意度呈现小幅度下降趋势(见图8-5)。

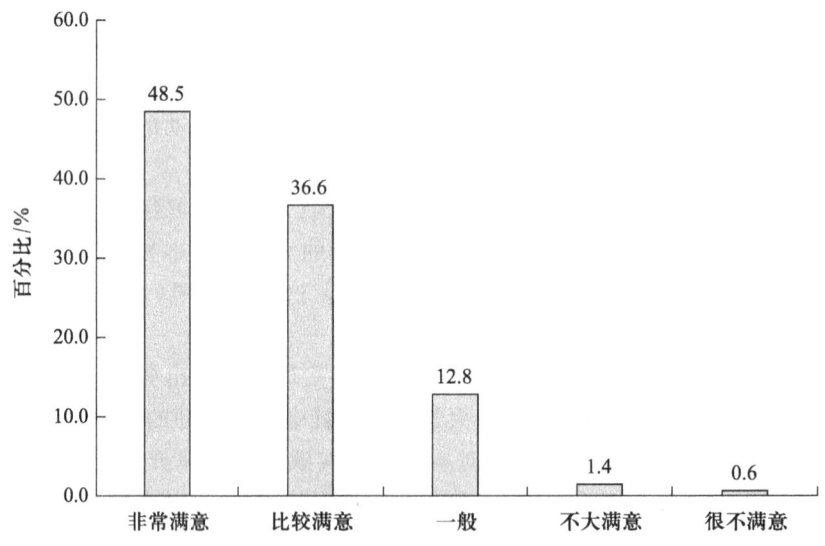

图8-4　大学生对本校开展的学生资助工作满意度情况

(二)不同群体大学生对本校学生资助工作的满意度情况

　　为进一步探究不同群体大学生对本校学生资助工作满意度的群体性差异,课题组结合成长背景和教育因素所包含的人口学变量进行了一般线性回归分析,并将"非常满意"赋值

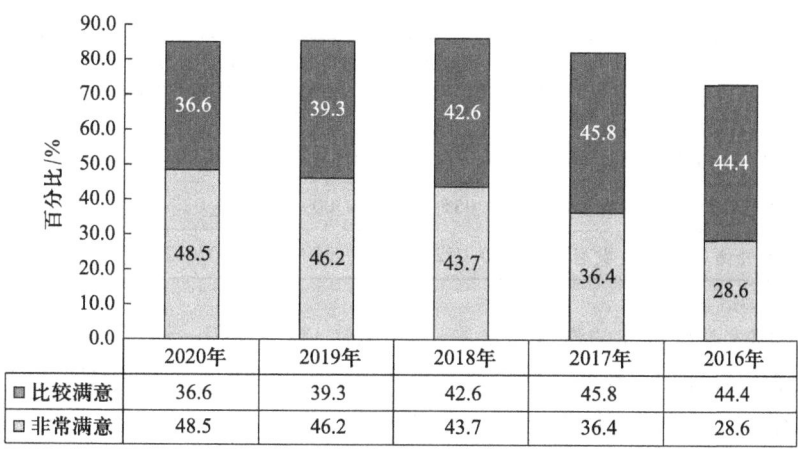

图 8-5　2016 年—2020 年大学生对本校学生资助工作评价情况

5 分，"比较满意"赋值 4 分，"一般"赋值 3 分，"不大满意"赋值 2 分，"很不满意"赋值 1 分，得分越高表示更为满意的评价，反之则满意度越低。通过线性回归分析发现，以 P<0.05 为显著性标准，学历层次、学科门类、政治面貌、学校所在区域、是否担任过学生干部、有无国（境）外学习经历、是否独生子女、父母有无外出务工经历在大学生对本校学生资助工作的满意度评价中有显著影响（见表 8-4）。

表 8-4　大学生对本校学生资助工作满意度影响因素的一般线性回归分析

		非标准化系数		标准系数	统计量	显著性水平
		B	Std. Error	Beta	T	P
常数项		4.253	0.030		131.162	0.000
性别男（参照项：女）		0.009	0.008	0.006	1.108	0.268
学历层次 （参照项：博士生）	本科生	0.185	0.021	0.099	8.895	0.000
	硕士生	0.109	0.021	0.055	5.094	0.000
学科门类 （参照项：理工农医类）	人文科学类	0.016	0.011	0.007	1.449	0.147
	社会科学类	−0.010	0.009	−0.005	−1.074	0.283
政治面貌党员（参照项：非党员）		0.049	0.010	0.025	5.091	0.000
生源地城镇（参照项：农村）		0.011	0.009	0.007	1.284	0.199
学校所在区域 （参照项：东北）	华东	−0.026	0.015	−0.013	−1.697	0.090
	华南	−0.151	0.018	−0.066	−8.552	0.000
	华中	0.031	0.016	0.014	1.898	0.058
	华北	−0.033	0.016	−0.016	−2.141	0.032
	西北	−0.037	0.018	−0.015	−2.084	0.037
	西南	−0.061	0.018	0.023	−3.380	0.001

续表

	非标准化系数		标准系数	统计量	显著性水平
	B	Std. Error	Beta	T	P
双亲家庭（参照项：非双亲家庭）	−0.012	0.013	−0.005	−0.975	0.329
担任过学生干部（参照项：没有）	0.055	0.009	0.027	5.859	0.000
有国（境）外学习经历（参照项：没有）	−0.052	0.019	−0.012	−2.655	0.008

在区分不同大学生群体的教育因素中，学历层次、政治面貌、学校所在区域、是否担任过学生干部、是否有境外学习经历大学生对本校开展学生资助工作的满意度评价有显著影响。

第一，从学历层次来看，本科生、硕士生和博士生在对本校学生资助工作的满意度评价上存在显著差异。在其他条件相同的情况下，本科生和硕士生对本校学生资助工作的评价分别高于博士生0.185、0.109个单位。随着年龄的增长，博士生可能面临学业和家庭的双重压力，经济压力相比较本科生和硕士生更大，可能导致其对学生资助工作的评价更低。

第二，从政治面貌来看，党员和非党员大学生对本校学生资助工作的满意度评价存在显著差异。在其他条件相同的情况下，党员大学生对本校学生资助工作的评价高于非党员大学生0.049个单位。

第三，从学校所在区域来看，华南、华北、西北、西南、东北地区高校的大学生在对本校学生资助工作的满意度评价上差异显著。在其他条件相同的情况下，华南、华北、西北、西南地区高校大学生对本校学生资助工作的评价分别低于其他地区高校的大学生0.151、0.033、0.037、0.061个单位，东北地区高校大学生对本校学生资助工作评价相对更高。这与地区经济发展水平表现出了部分不一致。

第四，从学生干部经历来看，大学生是否担任学生干部对本校学生资助工作的满意度评价上存在显著差异。在其他条件相同的情况下，有学生干部经历的大学生对本校学生资助工作的评价高于没有学生干部经历的大学生0.055个单位。

第五，从国（境）外学习经历来看，大学生是否有国（境）外学习经历对本校学生资助工作的满意度评价存在显著差异。在其他条件相同的情况下，有国（境）外学习经历的大学生对本校学生资助工作的评价低于没有国（境）外学习经历的大学生0.052个单位。

学生资助工作的主要目的是为大学生的学业发展提供保障，从上述分析来看，高校学生资助工作还要关注不同类别的学生，比如博士生的发展。从学校所在区域来看，一般来说，经济发达地区的学生资助水平会高于经济欠发达地区，但在调查中发现，经济发展水平与大学生对学生资助工作的满意度并未呈现正相关，这需要高校反思，是在大学生的感恩教育上做得还不够，学生资助工作宣传不够，或是学生资助的内涵式发展还不够。高校要进一步推进学生资助从学业资助向发展型资助转变。

三、就业指导

就业是最大的民生。高校毕业生是国家的宝贵财富，解决好他们的就业问题，既关系实现个人价值和家庭幸福，更关乎国家长远发展和社会和谐稳定。"十三五"时期，我国就业形势保持总体稳定,就业规模不断扩大,城镇新增就业人数超过 6000 万人,就业结构持续优化,就业质量稳步提高。

2020 年,受经济下行压力和新冠肺炎疫情叠加影响,高校毕业生面临复杂严峻的就业形势,就业工作任务十分艰巨。为积极应对新形势新任务,党中央、国务院提出了"稳就业""保就业"的决策部署,教育部一方面不断增加政策性岗位数量,拓宽基层就业渠道,推进大学生征兵工作,还扩大了科研助理招录规模,并进行专升本、硕士生、第二学士学位的扩招。此外,教育部要求高校按照"一人一档""一人一策"进行重点帮扶,帮助有就业意愿的家庭经济困难学生尽快就业,继续实施全国高校与湖北高校毕业生就业创业"一帮一"行动,最终实现了 2020 届高校毕业生的就业结果总体稳定的目标。

为应对新冠肺炎疫情下的严峻就业形势,各地各高校响应教育部号召,强化担当,不断创新方式、拓宽渠道,在"稳就业""保就业"方面取得了良好的成效。陕西省推动创新创业教育与专业教育相结合,构建"必修课+选修课+课外学分"的创新创业教育课程体系,支持高校创新就业指导形式,举办"云端面对面""线上求职训练营"等就业指导活动,精准做好就业指导和帮扶工作。中国石油大学(北京)克拉玛依校区在日常思政教育中融入以艰苦创业为内核的"石油精神""铁人精神",创新开设"流动课堂""实践课堂"及"石油企业行""红色之旅"社会实践,引领学生树立扎根西部远大志向,首届毕业生除升学外,均选择在西部地区就业。

为客观了解大学生对高校职业规划与就业指导教育和创新创业教育的满意度,课题组开展了针对性的调查。

(一)大学生对本校职业规划与就业指导教育和创新创业教育的满意度

调查结果显示,大学生对本校职业规划与就业指导教育和创新创业教育的满意度评价较高,分别有 44.7% 和 36% 的大学生对本校职业规划与就业指导教育"非常满意"和"比较满意";45.5% 和 36.9% 的大学生对本校创新创业教育表示"非常满意"和"比较满意"(见图8-6)。从 2018 年—2020 年的调查数据来看,大学生对本校职业规划与就业指导教育"比较满意"以上的评价呈上升趋势,从 2018 年的 78.8% 上升至 2019 年 80.4%,再到 2020 年的80.6%;大学生对创新创业教育"比较满意"以上的评价呈现小幅度波动,2018 年 82.8%,2019 年 82.1%,2020 年 82.4%,但满意度均保持在 82% 以上(见图 8-7)。

(二)不同群体大学生对本校职业规划与就业指导教育的满意度情况

为进一步分析大学生对所在学校职业规划与就业指导教育满意度的群体性差异,课题组结合自然因素、成长背景和教育因素所包含的人口学变量进行了一般线性回归分析,并将"非常满意""比较满意""一般""不大满意""很不满意"分别赋值 5 分、4 分、3 分、2 分、1分,得分越高表示更为满意的评价,反之则满意度越低。按照 $P<0.05$ 为显著性检验标准,不同学科门类、生源地、学校所在区域、有无学生干部经历、有无国(境)外学习经历大学生对学校就业指导工作的满意度存在显著差异(见表 8-5)。

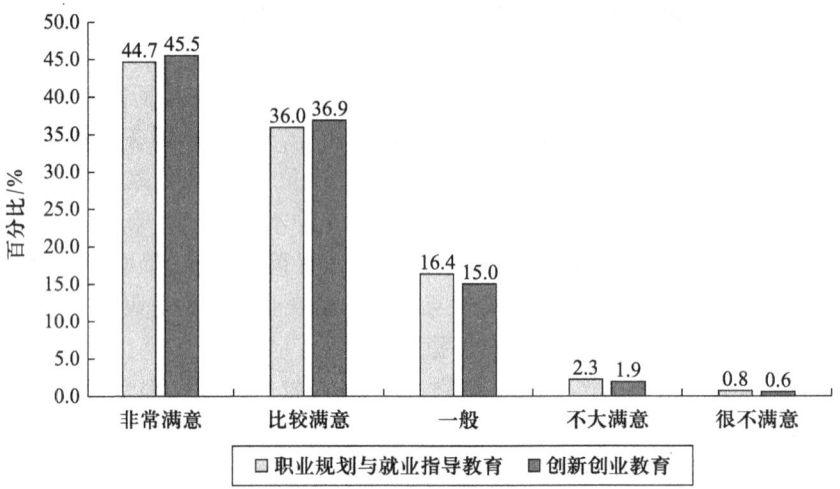

图 8-6　大学生对本校职业规划与就业指导教育和创新创业教育的满意度

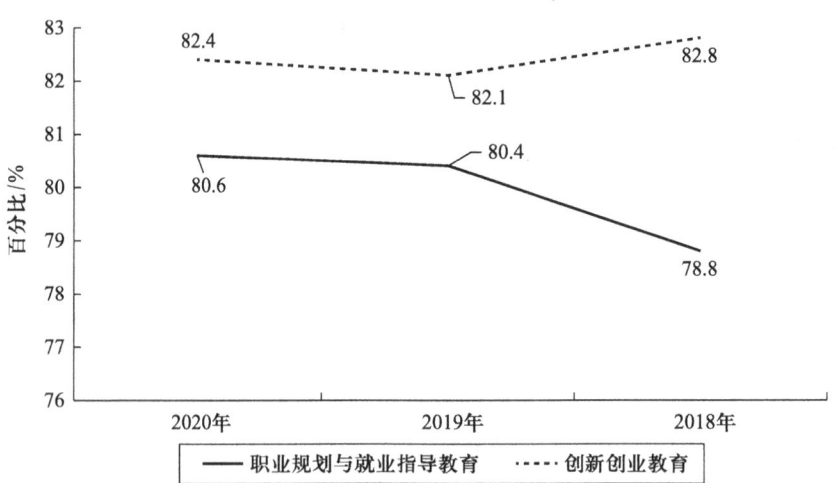

图 8-7　近三年大学生对本校职业规划与就业指导教育和创新创业教育满意评价情况

表 8-5　大学生对本校职业规划与就业指导教育满意度影响因素的一般线性回归分析

		非标准化系数		标准系数	统计量	显著性水平
		B	Std. Error	Beta	T	P
常数项		4.263	0.033		131.162	0.000
性别男（参照项：女）		0.005	0.008	0.003	0.617	0.537
学历层次 （参照项：博士生）	本科生	0.030	0.022	0.015	1.375	0.169
	硕士生	0.026	0.023	0.012	1.132	0.257
学科门类 （参照项：理工农医类）	人文科学类	0.006	0.012	0.002	0.475	0.635
	社会科学类	−0.021	0.010	−0.011	−2.124	0.034
政治面貌党员（参照项：非党员）		−0.000	0.010	−0.000	−0.020	0.984

	非标准化系数		标准系数	统计量	显著性水平
	B	Std. Error	Beta	*T*	*P*
生源地城镇(参照项:农村)	0.025	0.009	0.015	2.685	0.007
学校所在区域 (参照项:东北) 华东	-0.038	0.016	-0.018	-2.299	0.021
华南	-0.945	0.019	-0.039	-5.032	0.000
华中	0.007	0.017	0.003	0.402	0.688
华北	-0.028	0.017	-0.013	-1.697	0.090
西北	0.025	0.019	0.009	1.303	0.193
西南	-0.010	0.019	-0.004	-0.544	0.587
家庭情况(参照项:非双亲家庭)	0.054	0.014	0.019	4.013	0.000
担任过学生干部(参照项:没有)	0.047	0.010	0.022	4.665	0.000
有国(境)外学习经历(参照项:没有)	-0.112	0.021	-0.025	-5.380	0.000

分析显示,不同学科门类、学校所在区域、有无学生干部经历、有无国(境)外学习经历的大学生对本校职业规划和就业指导工作的满意度评价存在显著差异。

第一,从学科门类来看,社会科学类大学生和理工农医类大学生在对本校职业规划和就业指导工作的满意度评价上存在显著差异。在其他条件相同的情况下,社会科学类大学生对本校职业规划和就业指导工作的评价低于其他学科大学生 0.021 个单位,理工农医类大学生对本校职业规划和就业指导工作的评价相对更高。

第二,从学校所在区域来看,学校在华东、华南、东北地区的大学生对本校职业规划和就业指导工作的满意度评价上存在显著差异。在其他条件相同的情况下,学校在华东、华南地区的大学生对本校职业规划和就业指导工作的评价分别低于其他地区 0.038、0.945 个单位,学校在东北地区的大学生对本校职业规划和就业指导工作作出满意评价可能性更高。

第三,从学生干部经历来看,有无学生干部经历大学生在对学校职业规划和就业指导工作的满意度评价上存在显著差异。在其他条件相同的情况下,有学生干部经历大学生对本校职业规划和就业指导工作的评价高于无学生干部经历的大学生 0.047 个单位。

第四,从国(境)外学习经历来看,有无国(境)外学习经历大学生在对学校职业规划和就业指导工作的满意度评价上存在显著差异。在其他条件相同的情况下,有国(境)外学习经历的大学生对本校职业规划和就业指导工作的评价低于无国(境)外学习经历的大学生 0.112 个单位。

综合上述分析,高校在开展职业规划和就业指导工作的过程中要注意对不同群体大学生开展有针对性的引导和帮扶,注意借鉴国内外的先进经验与做法,增加职业规划和就业指导的精准性、有效性。

(三)不同群体的大学生对本校创新创业教育的满意度情况

为进一步分析大学生对所在学校创新创业教育满意度的群体性差异,课题组结合自然因素、成长背景和教育因素所包含的人口学变量进行了一般线性回归分析,并将"非常满意"

"比较满意""一般""不大满意""很不满意"分别赋值5分、4分、3分、2分、1分,得分越高表示该群体大学生给予了更为满意的评价,反之则满意度越低。按照P<0.05为显著性检验标准,不同学科门类、生源地、学校所在区域、有无学生干部经历、有无国(境)外学习经历大学生对学校创新创业教育的满意度存在显著差异(见表8-6)。

表8-6 大学生对本校创新创业教育满意度影响因素的一般线性回归分析

		非标准化系数		标准系数	统计量	显著性水平
		B	Std. Error	Beta	T	P
常数项		4.328	0.032		137.297	0.000
性别(参照项:女)		−0.006	0.008	−0.003	−0.688	0.492
学历层次 (参照项:博士生)	本科生	−0.020	0.022	−0.011	−0.948	0.343
	硕士生	−0.004	0.022	−0.002	−0.166	0.868
学科门类 (参照项:理工农医类)	人文科学类	−0.004	0.011	−0.002	−0.385	0.701
	社会科学类	−0.026	0.009	−0.014	−2.785	0.005
政治面貌党员(参照项:非党员)		0.015	0.010	0.008	1.520	0.128
生源地城镇(参照项:农村)		0.034	0.009	0.020	3.767	0.000
学校所在区域 (参照项:东北)	华东	−0.045	0.016	−0.022	−2.818	0.005
	华南	−0.127	0.018	−0.053	−6.940	0.000
	华中	0.011	0.017	0.005	0.651	0.515
	华北	−0.027	0.016	−0.013	−1.698	0.090
	西北	−0.016	0.018	−0.006	−0.879	0.379
	西南	−0.075	0.019	−0.028	−4.021	0.000
家庭情况(参照项:非双亲家庭)		0.057	0.013	0.020	4.367	0.000
担任过学生干部(参照项:没有)		0.058	0.010	0.028	5.990	0.000
有国(境)外学习经历(参照项:没有)		−0.097	0.020	−0.023	−4.838	0.000

从教育因素来看,结合分析发现,不同学科类别、学校所在区域、有无学生干部经历、有无国(境)外学习经历的大学生对本校创新创业教育的满意度评价呈现显著性差异,而在学历层次、政治面貌等因素方面无显著差异。

第一,从学科门类来看,社会科学类大学生与理工农医类大学生在对本校创新创业教育的满意度评价方面呈现显著性差异。在其他条件相同的情况下,社会科学类大学生对本校创新创业教育的评价低于其他学科大学生0.026个单位,理工农医类大学生对本校创新创业教育的评价相对更高。

第二,从学校所在区域来看,学校在华东、华南、西南、东别地区的大学生对本校创新创业教育的满意度评价上呈现显著性差异。在其他条件相同的情况下,学校在华东、华南、西南地区的大学生对本校创新创业教育的评价分别低于其他地区0.045、0.127、0.075个单位,学校在东北地区的大学生对本校创新创业教育的评价相对更高。

第三,从学生干部经历来看,有学生干部经历和没有学生干部经历的大学生在对本校创新创业教育的满意度评价上呈现显著性差异。在其他条件相同的情况下,有学生干部经历的大学生对本校创新创业教育的评价平均高于没有学生干部经历的大学生0.058个单位。

第四,从国(境)外学习经历来看,有国(境)外学习经历的大学生与没有国(境)外学习经历的大学生在对本校创新创业教育的满意度评价上有显著差异。在其他条件相同的情况下,有国(境)外学习经历的大学生对本校创新创业教育的评价平均低于没有国(境)外学习经历的大学生0.097个单位。

综合上述分析,高校在开展创新创业教育时要关注农村生源地的大学生,要结合学生、学科特点开展创新创业教育。此外,学校所在区域的发达水平与大学生对学校开展创新创业教育的满意度表现出不一致,也需要引起关注与反思。

四、全员育人

"三全育人"综合改革是加强和改进新形势下高校思想政治工作、全面落实立德树人根本任务的战略举措。"全员育人"作为"三全育人"的第一要素,对"三全育人"综合改革的推进起着至关重要的作用,事关高校立德树人根本任务的落实,事关"怎样培养人"的具体推进,"全员"到位,才能确保"全过程""全方位"落地落实。习近平总书记在全国教育大会上强调,办好教育事业,家庭、学校、政府、社会都有责任。也就是说,只有全员都能履行好各自的责任,教育事业才能兴旺发达。

为了推动高校"三全育人"综合改革,构建高校思想政治工作体系,教育部2017年发布了《高校思想政治工作质量提升工程实施纲要》,其中规划的课程育人、科研育人、实践育人、文化育人、网络育人、心理育人、管理育人、服务育人、资助育人、组织育人等"十大育人"体系为"全员育人"明确了发力点。

为客观了解高校"全员育人"的进展,课题组重点围绕高校老师教书育人、科研育人、管理育人和服务育人的情况进行了重点调查。

(一)教书育人

师者,传道授业解惑也。教书与育人有机统一,共同构成教师的职责。《深化新时代教育评价改革总体方案》中把"改革教师评价,推进践行教书育人使命"作为深化新时代教育评价改革的五大重点任务之一,明确提出坚持把师德师风作为第一标准,坚决克服重教书轻育人等现象,要在评价中突出教育教学业绩,引导教师上好每一节课、关爱每一个学生。

1. 总体情况

调查显示,大学生在回答"在您接触到的教师当中,您认为有多少老师做到了既'教书'又'育人'"的问题时,44.6%的大学生认为所接触的绝大部分教师可以做到教书育人,36.5%的大学生认为大部分老师可以做到教书育人,另有10.5%、7%和1.3%的大学生对接触的教师能够做到教书育人分别表示说不清楚、少部分和极少部分。总体上看,81.1%的大学生对接触教师的教书育人情况表示满意(见图8-8)。

从2016—2020年的调查数据来看,大学生表示"绝大部分"或"大部分"所接触的教师能够既"教书"又"育人"的趋势呈现上升趋势,大学生对教师履行教书育人职责的评价越来

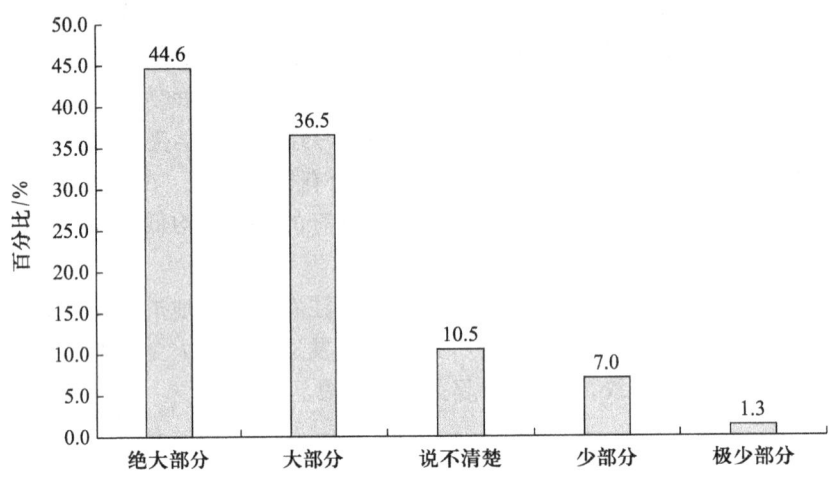

图 8-8 大学生对所接触教师履行教书育人职责情况的评价

越好(见图 8-9)。

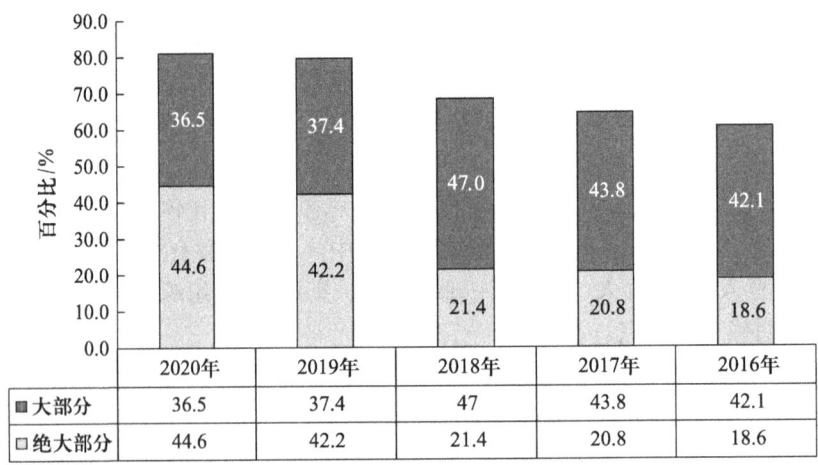

	2020年	2019年	2018年	2017年	2016年
■大部分	36.5	37.4	47	43.8	42.1
□绝大部分	44.6	42.2	21.4	20.8	18.6

□绝大部分 ■大部分

图 8-9 2016 年—2020 年大学生对教师既"教书"又"育人"情况的评价

2. 不同群体大学生对老师教书育人情况的评价

为进一步调查研究不同群体大学生对所接触老师教书育人情况的评价,课题组进行了交叉分析,发现具有不同自然因素和教育因素的大学生给予的评价存在显著差异(表 8-7)。

表 8-7 大学生对老师教书育人情况的评价与自然因素的交叉分析

		大学生对老师教书育人情况的评价/%					卡方检验		
		绝大部分	大部分	说不清楚	少部分	绝少部分	χ^2	df	P
性别	男	42.9	35.7	11.8	7.8	1.8	200.818		0.000
	女	46.1	37.2	9.4	6.4	0.9			

(1)基于自然因素的分析

统计分析发现,不同性别的大学生群体在评价老师教书育人情况时均表现出明显差异。女大学生总体上对教师既"教书"又"育人"情况的评价明显优于男大学生。在所有受访者中,男生给予积极评价的人数比例为78.6%,而持积极评价意见的女生比例为83.3%。在负向评价方面,男大学生认为"少部分"和"绝少部分"的人数比例为9.6%,女大学生则为7.3%($X^2=200.818,P<0.001$)。

（2）基于教育因素的分析

基于教育因素的分析发现,问卷中所呈现的不同教育因素中的大学生群体在评价老师教书育人情况时均表现出明显差异（见表8-8）,详情如下。

表8-8　大学生对老师教书育人情况的评价与自然因素的交叉分析

		大学生对老师教书育人情况的评价/%					卡方检验		
		绝大部分	大部分	说不清楚	少部分	绝少部分	χ^2	df	P
年级	大一	51.6	33.4	9.0	5.1	0.9	470.135	0	0.000
	大二	44.7	37.3	10.8	6.2	1.0			
	大三	40.2	37.4	12.2	8.7	1.5			
	大四	41.2	38.0	10.8	8.4	1.6			
	硕士	42.9	37.7	10.5	7.4	1.5			
	博士	39.7	37.3	11.0	9.8	2.2			
学科门类	人文科学类	49.6	34.8	8.6	6.0	1.0	133.918		0.000
	社会科学类	43.9	37.8	10.2	6.9	1.1			
	理工农医类	43.6	36.4	11.2	7.4	1.4			
政治面貌	党员	44.5	38.0	9.0	7.1	1.4	35.380		0.000
	非党员	44.7	36.1	10.9	7.0	1.3			
学生干部经历	有	45.5	36.4	10.0	6.9	1.2	95.900		0.000
	没有	41.2	36.9	12.6	7.6	1.7			
国外学习经历	有	42.7	35.1	10.9	9.3	2.0	23.052		0.000
	没有	44.7	36.6	10.5	6.9	1.3			

从年级来看,不同年级大学生群体的评价有所不同。在受访者肯定"绝大部分"和"大部分"老师做到了既"教书"又"育人"方面,大学生的积极评价排序为博士生（77%）<大学三年级（77.6%）<大学四年级（79.2%）<硕士生（80.6%）<大学二年级（82%）<大学一年级（85%）,在负向评价方面,同样是博士生和大学三年级的受访者比例相对更高,分别为12.1%和10.3%($X^2=356.338,P<0.001$)。综上所述,高校教师教书育人情况在不同年级间的反馈存在差异,本科低年级学生和研究生阶段的低学历层次整体上更加赞同身边老师做到了既"教书"又"育人"。这一结果可能与不同阶段的学习特点有关系,高年级相较低年级学生与教师的接触有所减少,但这种减少又并非随着年级完全呈负相关,是否与各年级的师资配备有关,或者是培养方案不够科学,或者是教师在不用阶段的教书育人职责落实不一

致,这还需要高校在工作中做具体分析。

从学科门类来看,不同学科的大学生群体对学校教师履行教书育人之责的评价存在显著差异。在积极评价中,理工农医类大学生(80%)<社会科学类大学生(81.7%)<人文科学类大学生(84.4%),负向评价中,理工农医类大学生比例最高(8.9%)($X^2 = 133.918$, $P < 0.0001$)。人文科学类老师履行教书育人职责优于理工农医类大学生,这一方面与人文科学类老师的学科特点有关系,人文科学类老师普遍人文素质较高,很多人文科学的学习内容本身就与育人有关,另一方面也反映了一些理工农医类老师容易出现重教学轻育人的现象,高校需要提升理工农医类老师的人文素养,同时通过评价、督导等手段确保理工农医类老师将"教书"与"育人"同等对待。

从政治面貌来看,是否党员对大学生群体评价老师教书育人情况也有所影响,积极评价中,党员大学生的比例为82.5%,非党员大学生的比例为80.8%,负向评级中,党员大学生比例为8.5%,非党员大学生的比例为8.3%($X^2 = 35.38$, $P < 0.0001$)。分析发现,党员大学生对大学老师教书育人的评价呈现出两极分化,在积极评价和负向评价中均高于非党员大学生,这一定程度上反映了教师教书育人情况的两极分化现象,需要高校在教师教书育人评价、督导中关注并采取有效措施应对。

从学生干部经历来看,是否担任过学生干部对大学生群体评价老师教书育人情况有影响,81.9%的有学生干部经历的受访者表示自己接触过的老师大多数做到了教书与育人相统一,而未曾有过相关经历的大学生里,78.1%的人持正向态度($X^2 = 95.900$, $P < 0.001$)。学生干部因为工作的原因,接触到的老师更多元,受到的正面影响也更大,且由于学生干部对学校工作更了解,因为误解、个别现象而对教师作出负面评价的可能性更低。

从国(境)外学习经历来看,有无国(境)外学习经历的大学生在评价教师教书育人情况时存在差异。在积极评价中,有国(境)外学习境的大学生比例(77.8%)<无国(境)外学习经历的大学生比例(81.3%)($X^2 = 23.052$, $P < 0.001$)。有国(境)外学习经历的大学生接触过国内外高校的不同老师,而国内外高校老师与学生交流方式可能不同,教书育人的方式方法可能不同,这需要我们反思,国外高校老师教书育人职责的发挥是否有可供我们借鉴的方面。

3. 大学生对大学老师师德状况的评价

在对"您对自己所接触过的大学老师的师德状况满意吗"的问题中,49%大学生表示"非常满意",40.8%的大学生表示"比较满意",另有8.9%、1%和0.3%的大学生分别表示"一般""不大满意"和"很不满意"(见图8-10)。

课题组对比2017—2020年的数据发现,2020年大学生对所接触大学老师的"满意"评价占89.8%,较2019年和2018年有小幅下降,但近年来,大学生对所接触大学老师"非常满意"的评价呈逐年上升趋势(见图8-11)。

4. 不同群体大学生对大学老师师德状况的评价

为进一步分析不同群体大学生对自己所接触过的大学老师师德状况的满意度差异,课题组结合自然因素、成长背景、教育因素所包含的人口学变量进行了一般线性回归分析,对"非常满意""比较满意""一般""不大满意""很不满意"分别赋值5分、4分、3分、2分、1分,得分越高说明该群体大学生对教师师德状况的满意度越高,反之则满意度越低。按照 $P < 0.05$ 为显著性的检验标准,不同群体大学生对所接触过的大学教师师德状况评价存在显

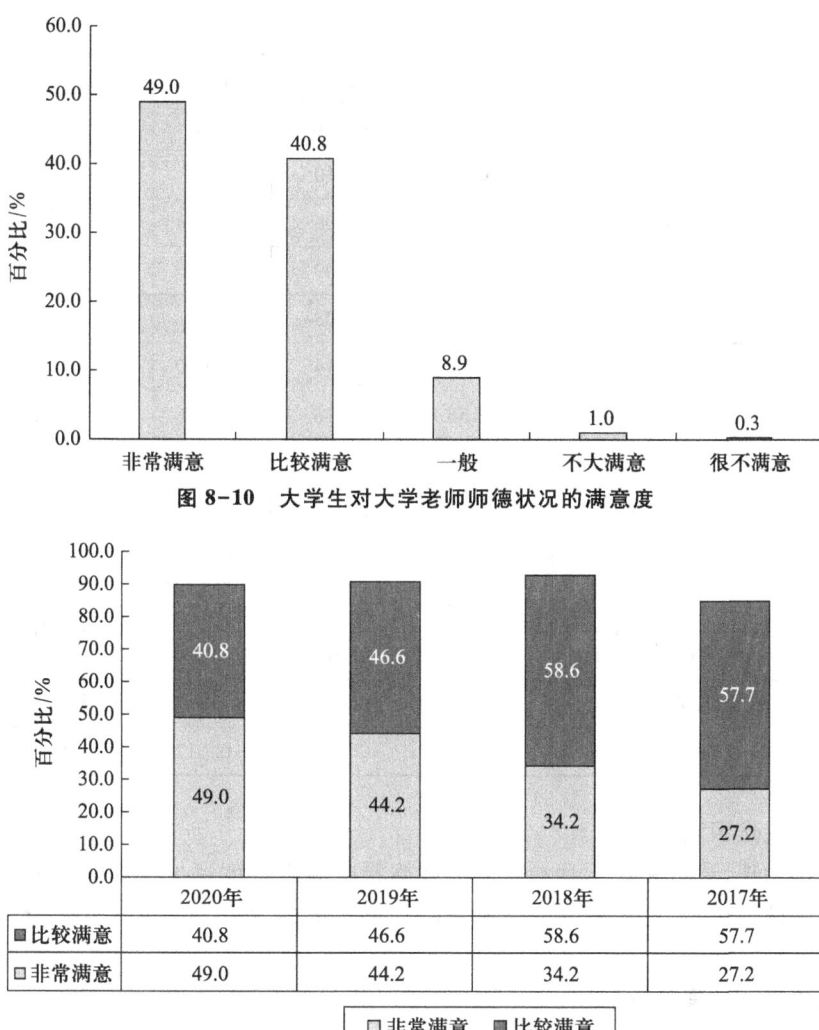

图 8-10 大学生对大学老师师德状况的满意度

图 8-11 2017 年—2020 年大学生对大学老师师德状况"满意"评价情况

著差异,其中回归系数具有统计学意义的社会人口学变量有性别、学历层次、学科门类、政治面貌、生源地、学校所在区域、有无学生干部经历、有无国(境)外学习经历等(见表 8-9)。

表 8-9 不同群体大学生对本校老师师德状况满意度的一般线性回归

		非标准化系数		标准系数	统计量	显著性水平
		B	Std. Error	Beta	T	P
常数项		4.289	0.027		157.842	0.000
性别(参照项:女)		−0.020	0.007	−0.014	−2.855	0.004
学历层次 (参照项:博士生)	本科生	0.102	0.019	0.061	5.512	0.000
	硕士生	0.096	0.019	0.054	4.992	

续表

		非标准化系数		标准系数	统计量	显著性水平
		B	Std. Error	Beta	T	P
学科门类 (参照项:理工农医类)	人文科学类	0.039	0.010	0.020	3.989	0.000
	社会科学类	−0.005	0.008	−0.003	−0.649	0.517
政治面貌党员(参照项:非党员)		0.024	0.009	0.014	2.747	0.006
生源地城镇(参照项:农村)		0.037	0.008	0.026	4.754	0.000
学校所在区域 (参照项:东北)	华东	−0.087	0.014	−0.050	−6.333	0.000
	华南	−0.156	0.016	−0.076	−9.908	0.000
	华中	−0.018	0.014	−0.009	−1.222	0.222
	华北	−0.036	0.014	−0.020	−2.628	0.009
	西北	−0.007	0.016	−0.003	−0.471	0.637
	西南	−0.074	0.016	−0.032	−4.634	0.000
家庭情况(参照项:非双亲家庭)		0.032	0.011	0.013	2.801	0.005
担任过学生干部(参照项:没有)		0.068	0.008	0.038	8.080	0.000
有国(境)外学习经历(参照项:没有)		−0.061	0.017	−0.017	−3.545	0.001

（1）基于自然因素的分析

通过分析发现,男生和女生对本校老师师德状况的满意度评价存在显著差异。在其他变量保持一致的情况下,男大学生对本校老师师德状况的评价平均低于女大学生 0.020 个单位。

（2）基于教育因素的分析

教育因素中,不同学历层次、学科门类、政治面貌、学校所在区域、学生干部经历、国(境)外学习经历的大学生对本校老师师德状况的满意度评价方面有显著差异。

第一,从学历层次来看,本科生、硕士生和博士生在对本校老师师德状况的满意度评价上有显著差异。在其他变量保持一致的情况下,本科生、硕士生对本校老师师德状况的评价分别高于其他学历层次 0.102、0.096 个单位。一般情况下,博士生是接受老师指导最频繁、最深入的阶段,但调查却显示,在其他变量保持一致的情况下,博士生对学校老师师德的评价相对要低于本科生和硕士生。为进一步探究本科各年级大学生在回答这一问题时的具体表现和年级差异,课题组对本科生数据进行了交叉分析,结果如图 8-12 所示。本科四个年级大学生评价教师师德状况时的反馈有所不同,大一学生中 55.1% 表示非常满意,37.4% 表示比较满意,这两项数据在大二、大三、大四年级受访者里分别为 47.8% 和 41.6%、44.1% 和 43.5%、45.6% 和 42.8%,满意度整体随年级的增加呈下降趋势。与 2019 年同一数据对比,本科各年级对师德状况"非常满意"和"比较满意"的比例都呈现一定程度的下降。这一结果侧面表明高校师德状况的提升仍存空间,加强师德师风建设工作应继续向前推进。师德状况评价在本科年级的差异现象同样值得关注,高年级学生在校园里接触到更多老师且相较低年级学生有一定深入的了解,然而所作出的正向评价情况却不及低年级(见图 8-12)。

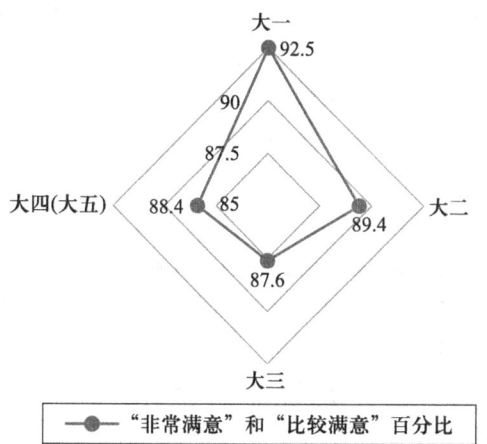

图 8-12　本科各年级学生对本校老师师德状况给予"非常满意"和"比较满意"评价的情况

第二,从学科门类来看,在其他变量保持一致的情况下,人文社科类大学生对本校老师师德状况的评价高于其他学科大学生 0.039 个单位。人文科学的老师通常表现出较高的人文素养,符合传统意义上"传道受业解惑"的形象,因为更容易从人格魅力上影响大学生进而获得更多好评。

第三,从政治面貌来看,党员和非党员大学生在对本校老师师德状况的满意度评价上有显著差异。在其他变量保持一致的情况下,党员大学生对本校老师师德状况的评价平均高于非党员大学生 0.024 个单位。

第四,从学校所在区域来看,学校在华东、华南、华北、西南、东北地区的大学生对本校老师师德状况的满意度评价与其他地区学校相比有显著差异。在其他变量保持一致的情况下,学校在华东、华南、华北、西南地区的大学生对本校老师师德状况的评价分别低于东北地区 0.087、0.156、0.036、0.074 个单位,学校在东北地区的大学生对本校老师师德状况的满意度相对更高。

第五,从学生干部经历来看,有学生干部经历的大学生和没有学生干部经历的大学生在对本校老师师德状况的满意度评价上有显著差异。在其他变量保持一致的情况下,有学生干部经历的大学生对本校老师师德状况的评价平均高于没有学生干部经历的大学生 0.068个单位。

第六,从国(境)外学习经历来看,有国(境)外学习经历的大学生和没有国(境)外学习经历的大学生在对本校老师师德状况的满意度评价上有显著差异。在其他变量保持一致的情况下,有国(境)外学习经历的大学生对本校老师师德状况的评价低于没有国(境)外学习经历的大学生 0.061 个单位。有国(境)外学习经历的大学生为什么会对老师的师德表现出相对更低的满意度? 我们的老师师德水平与国外老师是否有差距? 国外高校的师德体制机制建设是否有我们可以借鉴之处? 这都需要我们结合工作具体分析。

综上,高校还要继续加大师德师风建设工作力度,加大先进典型的示范引领作用。

(二)科研育人

科研育人的目的是培养师生至诚报国的理想追求、敢为人先的科学精神、开拓创新的进取意识和严谨求实的科研作风,这其中,科研诚信作为科技工作者的生命应当被高度重视。2019 年底,中共中央办公厅、国务院办公厅印发《关于进一步弘扬科学家精神加强作风和学风建设的意见》明确提出,"加强作风和学风建设,营造风清气正的科研环境",守住学术道德底线,因此,课题组将大学开展科研诚信有关内容作为重要内容纳入大学生发展的考察指标。

1. 总体情况

在回答"在您学习或参加科研项目的过程中,老师给过您学术规范与学术道德的引导吗"时,64.4%的大学生表示老师经常开展学术规范与学术道德的引导,32.5%的大学生表示老师偶尔开展学术规范与学术道德的引导。课题组结合数据进行了均值分析,将"经常""偶尔""没有"分别赋值 3 分、2 分、1 分,所得统计结果为 2.61,位于"经常"和"偶尔"区间,可见,当前绝大部分高校老师的学术规范意识较强,也能够在指导学生学习或参加科研项目的过程中有意识地加以引导(见图 8-13)。

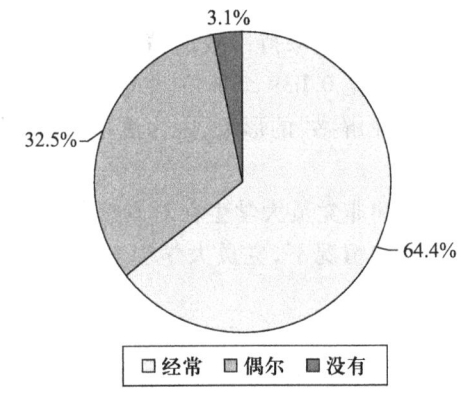

图 8-13 大学生对老师开展学术规范与学术道德引导的频率评价情况

为进一步验证高校老师对学术规范与学术道德的重视情况,课题组对比了近五年的数据,大学生认为老师开展学术规范与学术道德的频率为"经常"和"偶尔"的比例依次为96.9%(2020 年)、95.8%(2019 年)、91.3%(2018 年)、91.5%(2017 年)、89.5%(2016 年),2020 年比例最高,大学生认为老师"没有"开展学术规范与学术道德的比例不断下降,从2016 年的 10.5%下降至 2020 年的 3.2%(见图 8-14)。

综上所述,高校师生恪守学术道德与规范的意识越来越强,老师在指导学生学习和参加科研项目时能够有效引导学生,这对于构建科研育人质量提升体系奠定了最重要的基础。

2. 不同群体大学生对老师给予学术规范与学术道德引导的评价

为进一步分析不同大学生群体对老师给予学术规范与学术道德引导频率的评价情况,课题组结合自然因素、成长背景、教育因素所包含的人口学变量进行了一般线性回归分析,对"经常""偶尔""没有"分别赋值 3 分、2 分、1 分,得分越高说明该群体大学生认为老师对学术规范与学术道德引导的重视程度越高,在自己学习或参加科研项目过程中给予相关引导的频率也越高,反之则重视程度越低,开展相关引导的频率也越低。按照 $P<0.05$ 为显著性的检验标准,不同群体大学生对老师重视程度的评价存在显著差异,其中回归系数具有统计学意义的社会人口学变量有性别、学历层次、学科门类、政治面貌、生源地、学校所在区域、

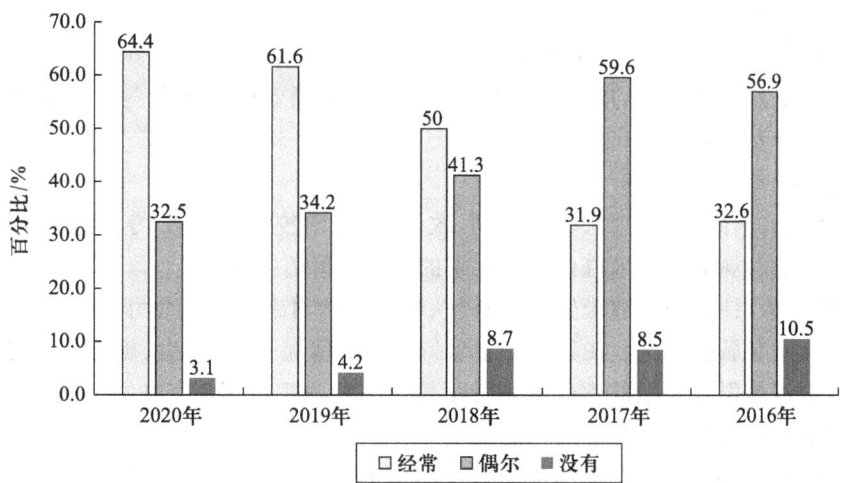

图 8-14　2016 年—2020 年大学生对老师开展学术规范与学术道德引导的频率评价情况

有无学生干部经历等（见表 8-10）。

表 8-10　不同群体大学生对老师给予学术规范与学术道德引导频率的评价的一般线性回归

		非标准化系数		标准系数	统计量	显著性水平
		B	Std. Error	Beta	T	P
常数项		2.720	0.021		131.467	0.000
性别（参照项：女）		-0.027	0.005	-0.024	-4.907	0.000
学历层次 （参照项：博士生）	本科生	-0.205	0.014	-0.158	-14.492	0.000
	硕士生	-0.034	0.015	-0.025	-2.344	0.019
学科门类 （参照项：理工农医类）	人文科学类	0.034	0.007	0.022	4.524	0.000
	社会科学类	-0.006	0.006	-0.005	-0.915	0.360
政治面貌党员（参照项：非党员）		0.063	0.007	0.047	9.619	0.000
生源地城镇（参照项：农村）		0.035	0.006	0.031	5.883	0.000
学校所属区域 （参照项：东北）	华东	-0.034	0.010	-0.026	-3.308	0.001
	华南	-0.073	0.012	-0.046	-6.091	0.000
	华中	-0.007	0.011	-0.005	-0.671	0.502
	华北	0.007	0.011	0.005	0.633	0.527
	西北	0.038	0.012	0.022	3.127	0.002
	西南	-0.032	0.012	-0.018	-2.616	0.009
家庭情况（参照项：非双亲家庭）		0.020	0.009	0.011	2.360	0.018
担任过学生干部（参照项：没有）		0.067	0.006	0.049	10.528	0.000
有国（境）外学习经历（参照项：没有）		-0.020	0.013	-0.007	-1.508	0.132

（1）基于自然因素的分析

通过分析发现,男生和女生对老师给予学术规范与学术道德引导频率的评价存在显著差异。在其他变量保持不变的情况下,男大学生对老师给予学术规范与学术道德引导频率的评价平均低于女大学生0.027个单位。

（2）基于教育因素的分析

教育因素中,不同学历层次、学科类别、政治面貌、学校所在区域、学生干部经历的大学生对老师给予学术规范与学术道德引导频率的评价有显著差异。

第一,从学历层次来看,博士生和本科生、硕士生在对老师给予学术规范与学术道德引导频率的评价上有显著差异。在其他变量保持不变的情况下,本科生、硕士生对老师给予学术规范与学术道德引导频率的评价分别低于博士生0.205、0.034个单位。这与博士阶段更加需要强调学术规范与学术道德有一定关系。

第二,从学科门类来看,在其他变量保持不变的情况下,人文科学类大学生对老师给予学术规范与学术道德引导频率的评价高于其他学科大学生0.034个单位。

第三,从政治面貌来看,党员和非党员大学生在对老师给予学术规范与学术道德引导频率的评价上有显著差异。在其他变量保持不变的情况下,党员大学生对老师给予学术规范与学术道德引导频率的评价平均高于非党员大学生0.063个单位。

第四,从学校所在区域来看,学校在华东、华南、西北、西南、东北地区的大学生在对老师给予学术规范与学术道德引导频率的评价上存在显著差异。在其他变量保持不变的情况下,学校在华东、华南、西南地区的大学生对老师给予学术规范与学术道德引导频率的评价上分别低于其他地区0.034、0.073、0.032个单位,而学校在西北地区的大学生对老师给予学术规范与学术道德引导频率的评价上则高于其他地区0.038个单位。

第五,从学生干部经历来看,有学生干部经历的大学生和没有学生干部经历的大学生在对老师给予学术规范与学术道德引导频率的评价上有显著差异。在其他变量保持不变的情况下,有学生干部经历的大学生对老师给予学术规范与学术道德引导频率的评价平均高于没有学生干部经历的大学生0.067个单位。

大学生坚守学术规范和学术道德是底线,高校必须持续加强学术规范和学术道德教育,结合上述分析,高校要不断加强低年龄阶段的学术规范和学术道德教育力度,坚决做到守底线、不越线,对学术规范和学术道德失范行为零容忍。

（三）管理育人

习近平总书记在北京大学师生座谈会上指出,要把立德树人内化到大学建设和管理各领域、各方面、各环节,做到以树人为核心,以立德为根本。将立德树人内化到管理各领域正是管理育人的题中之意,管理育人就是要把规范管理的严格要求和春风化雨、润物无声的教育方式结合起来,强化科学管理对道德涵育的保障功能,大力营造治理有方、管理到位、风清气正的育人环境。

随着"三全育人"综合改革的不断推进,越来越多的学校更加关注管理在育人中的作用。比如,华东师范大学设立教书育人、科学研究、管理服务三大贡献奖,将管理服务明确纳入奖励体系;东南大学选树教书育人、管理育人、服务育人典型,通过典型示范带动管理岗位教职员工发挥管理育人作用。

为进一步了解高校管理育人的情况,课题组选择大学生对学校日常事务管理的评价这一角度来进行考察。

1. 总体情况

通过调查,课题组发现大多数受访者对本校日常事务管理工作的实际情况表示满意,其中,非常满意占44.7%,比较满意占35.9%,总体满意度为80.6%。课题组采用了均值分析方法对大学生整体满意度做了进一步考察,将"非常满意""比较满意""一般""不大满意""很不满意"分别重新赋值为5分、4分、3分、2分、1分,统计均值为4.21,介于"非常满意"和"比较满意"之间,说明高校管理育人工作获得了大部分大学生的满意评价(见图8-15)。

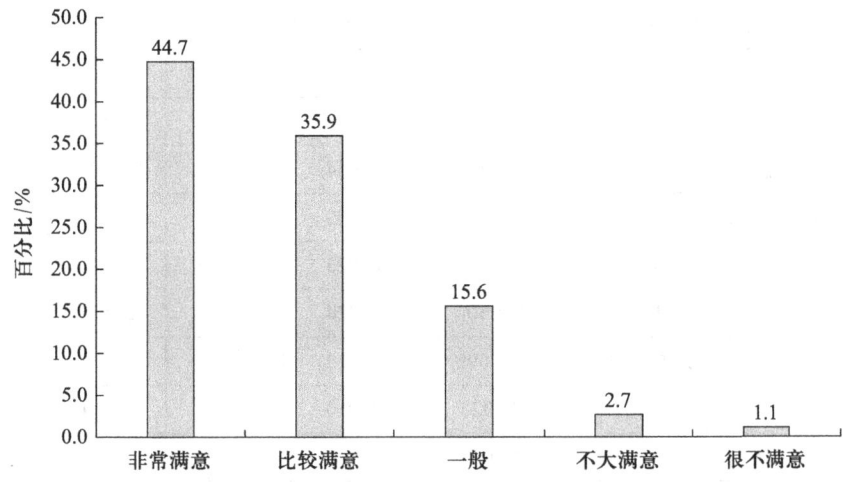

图 8-15 大学生对本校日常事务管理工作的满意度评价

课题组对比了近三年大学生对本校日常事务管理工作的评价情况,发现大学生对本校日常事务管理的满意情况较为稳定,均保持在80%以上,其中2020年80.6%,2019年81.3%,2018年80.9%(见图8-16)。

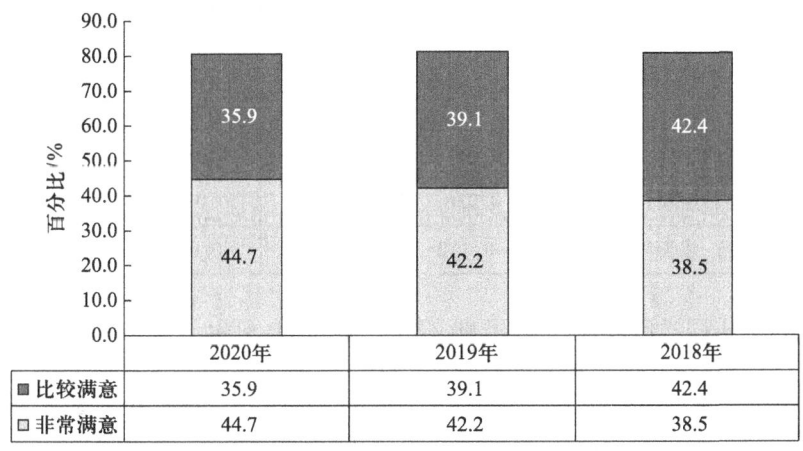

	2020年	2019年	2018年
■ 比较满意	35.9	39.1	42.4
□ 非常满意	44.7	42.2	38.5

图 8-16 大学生 2018 年—2020 年对本校日常事务管理工作的满意评价情况

2. 不同群体大学生对学校日常事务管理工作的满意度

为进一步分析不同大学生群体对学校日常事务管理工作的满意度评价,课题组结合自然因素、成长背景、教育因素所包含的人口学变量进行了一般线性回归分析,将"非常满意""比较满意""一般""不大满意""很不满意"分别赋值 5 分、4 分、3 分、2 分、1 分,得分越高说明该群体大学生越满意现在学校的日常事务管理工作,反之满意度越低。按照 $P<0.05$ 为显著性的检验标准,不同群体大学生对日常事务管理的评价的确存在显著差异,其中回归系数具有统计学意义的社会人口学变量有学历层次、学科门类、学校所在区域、有无学生干部经历、有无国(境)外学习经历等(见表 8-11)。

表 8-11　不同群体大学生对本校日常事务管理工作满意度的一般线性回归

		非标准化系数		标准系数	统计量	显著性水平
		B	Std. Error	Beta	T	P
常数项		4.242	0.034		126.304	0.000
性别(参照项:女)		0.002	0.009	0.001	0.258	0.796
学历层次 (参照项:博士生)	本科生	0.051	0.023	0.025	2.213	0.027
	硕士生	0.060	0.024	0.027	2.532	0.011
学科门类 (参照项:理工农医类)	人文科学类	0.009	0.012	0.004	0.778	0.436
	社会科学类	-0.023	0.010	-0.011	-2.291	0.022
政治面貌党员(参照项:非党员)		0.017	0.011	0.008	1.559	0.119
生源地城镇(参照项:农村)		0.006	0.010	0.004	0.662	0.508
学校所在区域 (参照项:东北)	华东	0.013	0.017	0.006	0.796	0.426
	华南	-0.074	0.019	-0.029	-3.793	0.000
	华中	0.051	0.018	0.021	2.850	0.004
	华北	-0.003	0.017	-0.002	-0.160	0.873
	西北	0.042	0.020	0.015	2.147	0.032
	西南	0.013	0.020	0.004	0.647	0.518
家庭情况(参照项:非双亲家庭)		0.037	0.014	0.012	2.629	0.009
担任过学生干部(参照项:没有)		0.036	0.010	0.017	3.524	0.000
有国(境)外学习经历(参照项:没有)		-0.112	0.021	-0.024	-5.226	0.000

教育因素中,不同学历层次、学科类别、学校所在区域、学生干部经历的大学生对本校日常事务管理工作满意度评价存在显著差异。

第一,从学历层次来看,博士生和本科生、硕士生在对本校日常事务管理工作满意度评价上有显著差异。在其他变量保持不变的情况下,本科生、硕士生对本校日常事务管理工作的评价分别高于博士生 0.051、0.060 个单位,博士生对本校日常事务管理工作的评价则较低。部分高校在日常事务管理方面认为研究生年龄更大,自理能力更强,在日常事务管理方面可能给予博士生的关注、关心不够。

第二，从学科门类来看，在其他变量保持不变的情况下，社会科学类大学生对本校日常事务管理工作的评价平均低于其他学科大学生 0.023 个单位。

第三，从学校所在区域来看，学校在华南、华中、西北、东北地区的大学生在对本校日常事务管理工作满意度评价上有显著差异。在其他变量保持不变的情况下，学校在华南地区的大学生对本校日常事务管理工作的评价低于其他区域 0.074 个单位，学校在华中、西北地区的大学生对本校日常事务管理工作的评价分别高于其他地区 0.051、0.042 个单位。

第四，从学生干部经历来看，有学生干部经历的大学生和没有学生干部经历的大学生在对本校日常事务管理工作满意度评价上有显著差异。在其他变量保持不变的情况下，有学生干部经历的大学生对本校日常事务管理工作的评价平均高于没有学生干部经历的大学生 0.036 个单位。

第五，从国（境）外学习经历来看，有无国（境）外学习经历的大学生在对本校日常事务管理工作满意度评价上有显著差异。在其他变量保持不变的情况下，有国（境）外学习经历的大学生对本校日常事务管理工作的评价平均低于没有国（境）外学习经历的大学生 0.112 个单位。

结合上述分析，高校在日常事务管理方面的精细化水平还要进一步提升，同时在日常事务管理的过程中要注意关注特殊群体学生，比如非双亲家庭学生等，真正做到在管理中实现春风化雨般的育人效果。

（四）服务育人

服务育人要求高校及育人主体能够把解决实际问题与解决思想问题结合起来，能够一切为了学生，为了学生的一切，始终按照围绕师生、关照师生、服务师生的原则，在服务师生成长发展需要的过程中实现教育人、引导人的作用。服务是大学生成长成才的重要保障，能否精准掌握大学生的成长规律，精准供给大学生成长所需的服务是高校服务育人效果的最重要的衡量标准。也因此，课题组选择了大学生对学校后勤服务的评价情况来考察高校的服务育人情况。

1. 总体情况

调查显示，受访大学生中 43.1% 的人对学校后勤服务表示"非常满意"，35.1% 的受访大学生表示"比较满意"，总体满意度为 78.2%，另有 3.7% 和 2.1% 的受访大学生表示"不大满意"和"很不满意"。课题组对数据进行了均值分析，将"非常满意""比较满意""一般""不大满意""很不满意"分别重新赋值为 5 分、4 分、3 分、2 分、1 分，所得统计结果为 4.14，位于"非常满意"和"比较满意"区间，与 2019 年几乎持平，说明大学生群体对学校后勤服务工作整体较为满意（见图 8-17）。

为进一步考察高校后勤服务质量的变化趋势，课题组回顾了近五年数据并纵向梳理了大学生满意度的年际变化。后勤服务满意评价（包含"非常满意"和"比较满意"）按年份分别为：60.6%（2016 年）、67%（2017 年）、76.3%（2018 年）、80.2%（2019 年）、78.2%（2020 年），大学生对学校后勤服务满意度在前几年不断提升的状态下，2020 年出现小幅下降（见图 8-18）。服务育人是高校推进"三全育人"综合改革不可忽视的重要环节，高校后勤保障、图书管理、医疗服务、安全保卫等各类校园服务岗位的重要性还要不断凸显其育人功能，有关人员的管理、培训、考核还要不断加强。

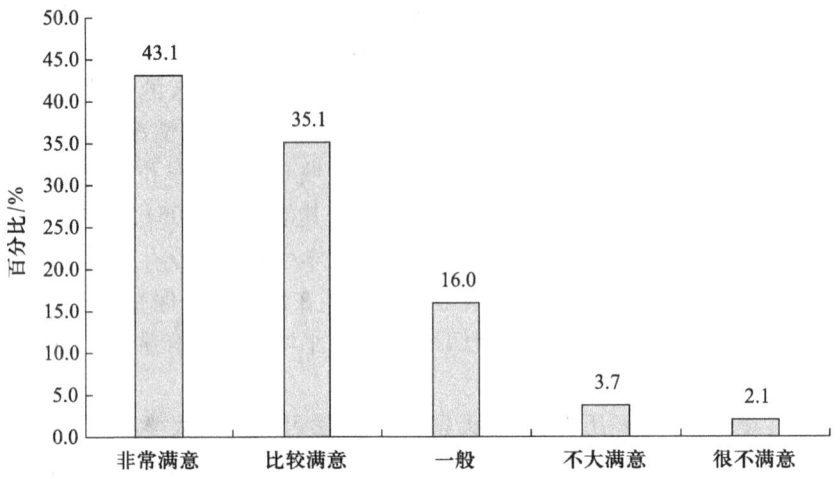

图 8-17　大学生对本校后勤服务满意度的评价

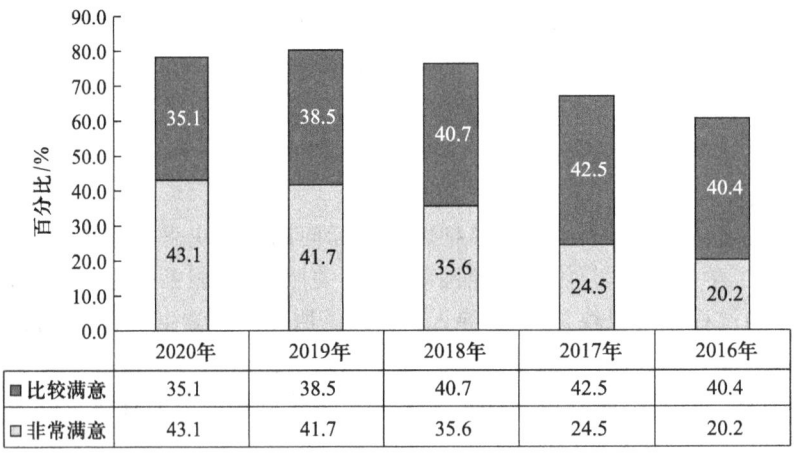

	2020年	2019年	2018年	2017年	2016年
■ 比较满意	35.1	38.5	40.7	42.5	40.4
□ 非常满意	43.1	41.7	35.6	24.5	20.2

图 8-18　2016 年—2020 年大学生对本校后勤服务的满意评价情况

2. 不同群体大学生对学校后勤服务的满意度

为进一步分析不同群体大学生对所在学校后勤服务的满意度评价,课题组结合自然因素、成长背景、教育因素所包含的人口学变量进行了一般线性回归分析,将"非常满意""比较满意""一般""不大满意""很不满意"分别赋值 5 分、4 分、3 分、2 分、1 分,得分越高说明该群体大学生对后勤服务满意程度越高,反之满意度越低。按照 $P < 0.05$ 为显著性的检验标准,不同群体大学生评价后勤工作的反馈情况存在显著差异,其中回归系数具有统计学意义的社会人口学变量有性别、学历层次、学科门类、学校所在区域、有无国(境)外学习经历等(见表 8-12)。

表 8-12　不同群体大学生对学校后勤服务的满意度的一般线性回归

		非标准化系数		标准系数	统计量	显著性水平
		B	Std. Error	Beta	T	P
常数项		4.117	0.036		113.065	0.000
性别(参照项:女)		-0.028	0.009	-0.015	-2.990	0.003
学历层次 (参照项:博士生)	本科生	0.191	0.025	0.085	7.690	0.000
	硕士生	0.142	0.026	0.060	5.553	0.000
学科门类 (参照项:理工农医类)	人文科学类	0.040	0.013	0.015	3.060	0.002
	社会科学类	-0.020	0.011	-0.009	-1.865	0.062
政治面貌党员(参照项:非党员)		0.008	0.012	0.004	0.730	0.465
生源地城镇(参照项:农村)		-0.006	0.010	-0.003	-0.571	0.568
学校所在区域 (参照项:东北)	华东	-0.031	0.018	-0.013	-1.670	0.095
	华南	-0.156	0.021	-0.057	-7.376	0.000
	华中	-0.033	0.019	-0.012	-1.699	0.089
	华北	-0.016	0.019	-0.006	-0.840	0.401
	西北	0.008	0.021	0.003	0.391	0.696
	西南	-0.051	0.022	-0.017	-2.366	0.018
家庭情况(参照项:非双亲家庭)		0.021	0.015	0.006	1.351	0.177
担任过学生干部(参照项:没有)		0.014	0.011	0.006	1.213	0.225
有国(境)外学习经历(参照项:没有)		-0.090	0.023	-0.018	-3.894	0.000
独生子女(参照项:非独生子女)		0.004	0.010	0.002	0.409	0.683
小时候父母是否外出务工(参照项:否)		-0.078	0.011	-0.036	-7.182	0.000

（1）基于自然因素的分析

通过分析发现,男生和女生对本校后勤服务的满意度评价存在显著差异。在其他变量保持不变的情况下,男生对学校后勤服务的评价平均低于女生 0.028 个单位。

（2）基于教育因素的分析

教育因素中,不同学历层次、学科类别、学校所在区域、国(境)外学习经历的大学生对本校后勤服务工作满意度评价方面有显著差异。

第一,从学历层次来看,博士生和本科生、硕士生在对本校后勤服务工作满意度评价上有显著差异。在其他变量保持不变的情况下,本科生、硕士生对本校后勤服务工作的评价分别高于博士生 0.191、0.142 个单位,博士生对本校后勤服务工作的评价相对更低。

第二,从学科门类来看,人文科学类大学生在对本校后勤服务工作满意度评价上有显著差异。在其他变量保持不变的情况下,人文科学类大学生对本校后勤服务工作的评价平均高于其他学科大学生 0.040 个单位。

第三,从学校所在区域来看,学校在华南、西南、东北地区的大学生在对本校后勤服务工作满意度评价上有显著差异。在其他变量保持不变的情况下,学校在华南、西南地区大学生对本校后勤服务工作的评价分别低于其他地区大学生 0.156、0.051 个单位。

第四,从国(境)外学习经历来看,有国(境)外学习经历的大学生和没有国(境)外学习经历的大学生在对本校后勤服务工作满意度评价上有显著差异。在其他变量保持不变的情况下,有国(境)外学习经历的大学生对本校后勤服务工作的评价平均低于没有国(境)外学习经历的大学生 0.090 个单位。

结合上述分析,高校后勤服务工作要进一步提升软硬件水平,同时注意向先进地区,如国(境)外大学学习后勤服务经验。

五、本章小结

本章考察了高校在日常思想政治教育中社会实践、学生资助、就业指导和全员育人等方面的开展情况、大学生参与程度和满意度评价。调查结果显示,大学生群体对学校日常思想政治教育工作满意度较高,高校思想政治工作成效良好。但同时也反映出了一些值得关注的现象和问题,本章所涉 7 项满意度评价指标中,有 5 项指标的满意评价较 2019 年出现下降情况,降幅在 0.4%~2% 之间;2 项较 2019 年有所提升的指标,增幅在 0.2%~0.3% 之间,需要高校不断加大思想政治工作力度,全面推进"三全育人"综合改革,进一步提升思想政治工作的精准性、融合性和有效性,促进高校思想政治工作质量的全面提升。

(一)总体状况

第一,大学生群体投身社会实践的意愿强烈,社会实践参与比例较高。调查结果显示,76.9% 的受访大学生有参加社会实践的经历,该比例较往年虽出现下降情况,但考虑到 2020 年疫情防控的客观实际,大学生参加社会实践的比例能够保持较高比例实属不易。结合大学生参加社会实践的各项原因来看,"锻炼实践能力"(22.8%)、"了解社会"(19.7%)、"服务社会"(19.6%)排在前三位,尤其值得关注的是将"服务社会"作为参加社会实践原因的比例较 2019 年(18.3%)、2018 年(18.2)均有较大提升。这些数据,一方面,反映了大学生群体对社会实践的需求度很高,另一方面,反映了大学生积极投身社会实践服务社会的意识不断提升,反映了高校思想政治工作的成效良好。

第二,大学生群体对学校资助育人工作满意度高,高校资助育人工作成效良好。调查结果显示,48.5% 的大学生对本校的学生资助工作"非常满意",36.6% 的大学生表示"比较满意",总体满意度 85.1%,在大学生对本校 14 项工作的满意度评价中排在第四位,仅次于"校风和学风建设"(89.1%)、"基层党组织建设"(86.4%)、团组织建设(86%)。课题组对比近五年的数据发现,大学生对学校开展的学生资助工作"非常满意"的比例自 2016 年以来持续上升,由 2016 年 28.6% 上升到 2020 年的 48.5%,总体满意度自 2017 年以来一直保持在 80% 以上。大学生对学校资助育人工作的满意度情况充分反映了近年来学校资助育人工作的显著成效。在群体差异方面,东北地区大学生对本校开展的学生资助工作满意度比其他区域高校的大学生相应满意度更高,社会科学类的大学生对本校开展的学生资助工作满意度低于人文科学类和理工农医类的大学生相应满意度。

第三,大学生群体对学校就业创业指导工作满意度持续提高,学校就业创业指导工作成效明显。调查结果显示,大学生对本校职业规划与就业指导教育的总体满意度为80.6%,总体满意度从2018年的78.8%上升至2019年80.4%,再到2020年的80.6%,"非常满意"从2018年的37.7%上升到2019年的42.3%,再到2020年的44.7%,总体满意度和"非常满意"自2018年以来呈不断上升趋势。大学生对本校创新创业教育的总体满意度为82.4%,2018年以来,总体满意度均保持在82%以上,"非常满意"从2018年的39.3%上升到2019年的43.6%,再到2020年的45.5%,比例上升明显。这些数据说明,在2020年就业形势严峻的大背景下,教育部和高校就业创业工作让大学生从中有所收获有所提升,受到了大学生的充分认可。

第四,大学生群体对学校全员育人工作认可度较高,"三全育人"综合改革推进有效。教书育人方面,81.1%的受访大学生表示自己所接触到大部分老师做到了既"教书"又"育人",该数据自2016年以来一直保持上升趋势。受访大学生对自己所接触过的大学老师的师德状况的总体满意度为89.8%,2017年以来该项数据整体保持较高水平但有小幅震荡,但"非常满意"评价持续上升且增幅较大(2017年27.2%,2018年34.2%,2019年44.2%,2020年49%)。科研育人方面,96.9%的受访者表示自己在学习或参与科研项目过程中,老师给予了学术规范与学术道德引导,该比例2016年以来(2020年96.8%、2019年95.8%、2018年91.3%、2017年91.5%、2016年89.5%)均保持上升趋势。管理服务育人方面,分别有80.6%和78.2%的大学生认可学校当前日常事务管理能力和后勤服务工作,受访大学生对学校管理服务工作的总体满意度较去年均有所下降,但"非常满意"的评价均保持连年上升,日常事务管理的"非常满意"评价2020年为44.7%,2019年为42.2%,2018年为38.5%,后勤服务的"非常满意"评价2020年为43.1%,2019年为41.7%,2018年为35.6%,2017年为24.5%,2016年为20.2%。总体上来看,随着学校"三全育人"综合改革的日益推进,大学生对学校教师、教学、科研、管理、服务工作表示认可,"三全育人"的成效不断凸显。

(二)值得关注的现象与问题

第一,学校开展社会实践活动的工作力度与大学生日益增长的参加社会实践活动的需要出现了不平衡。调查显示,在2020年疫情防控的大背景下,仍有76.9%的受访大学生有参加社会实践的经历,说明大学生对参加社会实践活动有强烈的意愿。但受访大学生对学校开展社会实践活动的满意评价却自2019年以来出现连续两年下降。2016—2020年,大学生对学校开展社会实践活动的满意评价在2016—2018年保持不断上升,从2016年的69.2%上升到2018年的86.3%,却在2019年(84.3%)和2020年(83%)连续出现下降。一方面,大学生对参加社会实践活动的意愿、需求强烈,另一方面大学生对学校开展社会实践活动的认可度虽然很高,但满意评价出现持续下降,这一定程度上反映了学校开展社会实践活动的力度还不够,与大学生发展需求的结合度还不够。此外,在对大学生社会实践的进一步分析发现,理工农医类大学生、博士研究生在参加社会实践方面,可能性均低于其他学科、其他学历层次的大学生,说明高校在有关学科、学历层次的引导方面还有不足。而从大学生参加社会实践的原因分析,还有4.9%和1.5%的受访大学生参加社会实践是为了"获得荣誉或学分"和"有利于升学、出国、就业等"等功利性的目的,这反映了高校在引导大学生参加社会实践的工作方面上也还有提升空间。

第二,学校开展职业规划和就业指导、创新创业教育时对特殊群体的关注还不够。调查显示,在大学生对本校职业规划与就业指导、创新创业教育的满意度评价分析中,非双亲家庭大学生的满意度评价低于双亲家庭大学生,社会科学类大学生的满意度评价低于理工农医类大学生,非独生子女大学生的满意度低于独生子女大学生,有国(境)外学习经历的大学生的满意度低于没有国(境)外学习经历的大学生,此外,农村生源地大学生对本校创新创业教育的满意度评价低于城镇生源地大学生。部分大学生满意度不够高一定程度上反映了学校开展职业规划和就业指导、创新创业教育没有达到他们的预期,某些特定群体的大学生从学校开展的职业规划和就业指导、创新创业教育中收获还不够多、提升还不够快。这反映了高校在推进职业规划和就业指导、创新创业工作的过程中要注重分类引导,加大对特殊群体大学生的关注、帮扶,比如多关注农村生源地大学生、非双亲家庭大学生等。

第三,全员育人工作水平还要不断提升,管理育人、服务育人等工作的满意度较往年下降。

(1)大学生对大学老师师德状况的满意度呈下降趋势。课题组近四年大学生对大学老师师德状况评价数据显示,虽然"非常满意"的评价逐年上升,但总体满意度在2018年达到92.8%之后,2019年(90.8%)、2020年(89.9%)呈现下降的趋势。

(2)大学生对本校日常事务管理工作的满意度呈下降趋势。课题组近三年的数据显示,大学生对本校日常事务管理工作的满意度2020年80.6%,2019年81.3%,2018年80.9%,2020年较上一年度下降,为近三年的最低水平。

(3)大学生对本校后勤服务工作的满意度不高并出现下降趋势。对比大学生对学校14项工作的满意度评价来看,大学生对后勤服务工作的满意度评价最低(78.2%),也是唯一一项满意度没有达到80%的工作。课题组近五年的数据显示,大学生对本校后勤服务工作的满意度自2016—2019年呈上升趋势,在2019年最高(80.2%),在2020年出现下降,下降幅度2%,降幅在出现下降趋势的9项工作中最高(见图8-19)。

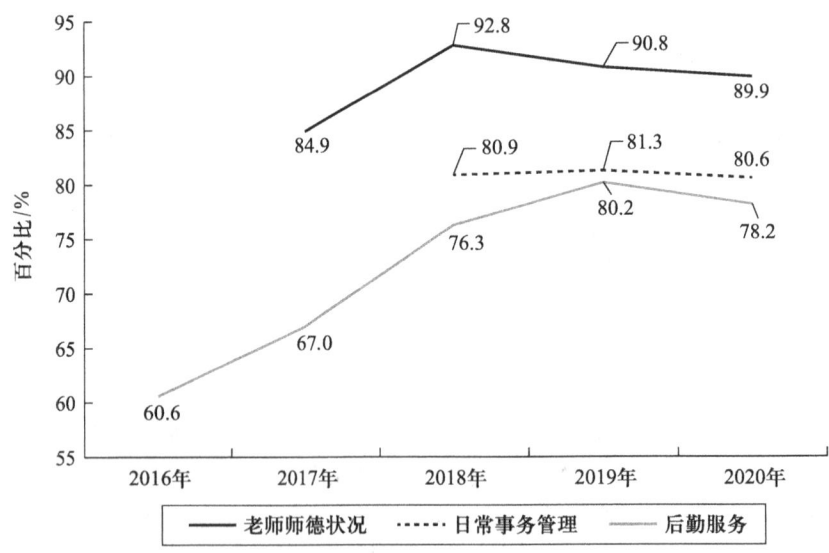

图8-19 2016年—2020年大学生对本校老师师德状况、日常事务管理、后勤服务评价的满意评价情况

此外,需要关注的是,在对大学老师师德状况、日常事务管理工作及后勤服务工作的满意度评价中,博士生比本科生、硕士生的满意度更低。部分高校在日常事务管理、后勤服务

方面认为博士生年龄更大,自理能力更强,给予博士生的关注、关心不够。尤其需要注意的是,作为与大学老师接触时长最长、接触频率最高、交流最深入的博士生对大学老师师德状况的满意度评价方面低于本科生和硕士生。

(三)对策与建议

1. 突出效果导向、需求导向、问题导向,推进高校思政工作供给侧改革

习近平总书记在全国高校思想政治工作会议上指出,高校思想政治工作关系高校培养什么样的人、如何培养人以及为谁培养人这个根本问题。要做好大学生思想政治工作,必须围绕学生、关照学生、服务学生,让学生成为德才兼备、全面发展的人才。在调查中,我们发现无论是实践育人,还是资助育人、科研育人、管理育人,抑或是就业创业指导与服务,有的评价下降,有的不同群体对同一考察对象的评价存在显著性差异,这说明高校思政工作的精细化程度还不够高,有些专项工作的推动还没有适应大学生全面发展的需求。所以,在推进高校思政工作的过程中,我们要积极推进思政工作的供给侧改革。

第一,突出效果导向,抓好重点。立德树人的关键是我们要培养什么样的人,从立德树人的角度,我们要在供给侧的日常思想政治工作中有针对性地做好顶层设计和价值引领。比如在选择社会实践的原因方面,部分大学生表现出功利化倾向,我们就要在日常思想政治工作中引导大学生树立正确的价值观,将个人理想奋斗融入祖国建设。

第二,突出需求导向,强化弱项。充分了解大学生作为需求侧的成长需求,提升精准服务水平和能力,做到对大学生发展需求的"精准"识别,对大学生全面发展的"精准"定制,对大学生发展困惑的"精准"指导。比如,博士生在学校日常事务管理和后勤服务中的评价低于本科生、硕士生,我们就要充分了解博士生的需求,并作出有效反馈;农村生源地大学生对创新创业的满意度更低,由于农村生源地大学生所受到的环境熏陶、知识储备少于城镇生源地大学生,需要我们在创新创业的过程中给予更多关注。

第三,突出问题导向,补足短板。高校要通过调查发现当前日常思想政治教育存在的问题,从供给侧的角度解决发现的问题。比如,大学生对高校后勤服务在各项工作中的满意度评价常年处于末位,作为高校服务育人的重要窗口,高校后勤服务部门要从硬件设施改善、工作队伍素质能力提升等方面提升服务水平和服务质量,同时要畅通渠道定期了解大学生的需求以便及时做出改善、提升。

2. 抓好教师评价、教育督导、典型示范,提升教师教书育人使命的意识

百年大计,教育为本;教育大计,教师为本。兴国必先强师是举国上下的共识,教师是塑造灵魂、塑造生命、塑造人的主体,是落实立德树人根本任务的关键,教师的理想信念、道德情操、学识直接影响着社会主义事业建设者和接班人的培养。但通过调研,有 18.8% 的大学生对所接触老师履行教书育人职责情况表示"说不清楚",或认为只有"少部分""绝少部分"履行了教书育人职责,还有 10.2% 的大学生对大学老师师德状况评价为"一般""不太满意""很不满意",师德状况的总体满意度还出现了较 2019 年的下降趋势。这说明教师教书育人状况还有很大提升空间。课题组认为可以从以下几个方面提升教师教书育人的使命意识。

第一,抓好教师评价,以教育评价改革尤其是教师评价改革为契机,提升教师教书育人的意识和能力。高校要形成可操作的评价细则,坚持破"五唯",突出师德师风,在教师评价中要突出学生评价、育人成效评价,并做到奖优罚劣。

第二,抓好教育督导,一方面要做好"督",层层督导教师评价标准的制定,督导有关部门按标准选拔教师,督导评价者在教师评价的过程中坚持标准;另一方面要做好"导"。"导"有引导、指导、辅导等多层含义,教师可以是某个专业的专家,但很难成为所有专业的专家,所以,高校在提高教师教书育人能力时,要着重从"育人"的角度加强对教师的引导、指导和辅导,通过开展专题培训、定期研讨交流、编印工作手册、设立育人导师、组织个案分析、开展团体辅导等方式给教师传授育人知识、技巧,提升教师育人能力。

第三,抓好典型示范,用身边教师的故事引领、教育身边教师。近年来许多高校已经探索了很多很好的方式,比如开展育人课题申报,组建教师育人工作室,征集育人好案例、好故事,组织"十佳师德标兵""我心目中的好老(导)师"评选等。通过典型示范宣传,一方面可引领教师教书育人,另一方面有助于向大家传授好办法、好经验。

3. 聚焦关键人员、重点节点、协同合作,全力打通全员育人最后一公里

全员育人是"三全育人"综合改革的重中之重,全员立德树人的育人意识提升,对于大学生思想政治工作开展意义重大。但调查中,教育因素在大学生对有关项目评价的过程中呈现出不同程度的影响,大学生对教师教书育人、师德情况、日常学生管理、后勤服务还存在满意度不够高的情况,说明全员育人还未落实到位。针对上述情况,课题组认为可以从以下几个方面入手,提升全员育人意识。

第一,聚焦关键人员,坚持"两头"发力。这里的关键人员,一方面包括我们常说的"关键少数",就是"上头"的主要领导干部、学科带头人、党建带头人等,他们主要是示范带头作用,形成以上率下的效果,"关键少数"的工作相对容易做。难点在另一头,就是在全员育人过程中"拖后腿"的"下头",即作用发挥不好、不充分的人员。比如后勤服务人员在高校的教职工构成中通常是学历水平、能力素质较低的群体,其中很多人通过劳务派遣、临时工等方式为学校工作,工资水平也相对更低,他们中的许多人不认为"育人"是自己的职责,也没有足够的能力去完成育人职责。高校可以通过细化工作标准、完善激励措施、党员示范岗、强化服务监督等方式破解难题,提升后勤服务人员的育人意识和效果。再比如,与学生工作关联度不高的行政管理部门,其中有些人认为育人工作不是自己的主责主业,也就很少思考从部门角度可以为学生全面发展做什么贡献。这些都是影响全员育人进程的"关键人员"。

第二,聚焦重点节点,强调以"生"为本。全员发力还要注重发力节点,在大学生日常思想政治教育中,我们经常强调开学季、毕业季,因为抓好重点节点的思想政治工作,对做好大学生思想政治工作能够起到事半功倍的效果。在深入调查中,我们发现大一、大四(大五)的大学生对部分工作的评价上呈现低于其他年级的情况,开学季、毕业季没有受到足够的关注、支持可能是原因之一。

第三,聚焦协同合作,发挥 1+1>2 的效能。比如在日常思想政治教育中,辅导员要与专业课教师、管理干部协同,发挥专业教师、管理干部的专长为大学生成长成才服务。再比如,在思政课建设的过程中,思政课教师要与辅导员协同。思政课教师可以在与辅导员的协同中及时了解大学生的特点,将思政课的讲授变得更有针对性,辅导员也可以在协同中提升自己的理论水平,从而在大学生日常思想政治教育中更好地发挥作用。又比如,在课程思政建设的过程中,专业课教师可以通过与思政课教师的协同,更好发掘专业课程中的思政元素,思政课教师可以在交叉学科的交流中获取新的视角、新的思路。

第九章
对思想政治教育成效的评价

全国教育大会召开以来,各地各高校积极实施质量提升工程,不断推进"三全育人"综合改革,探索构建科学的思想政治工作体系,进一步提高思想政治工作的亲和力和针对性,有效提升思想政治教育实效。思想政治教育评价要发挥好"指挥棒"作用,既要坚持把成效作为根本标准,也要有合理的评价指标、精准的评测手段、多元的评价方法作为有力支撑。本章基于对近年来滚动调查数据的挖掘分析,从大学生对思想政治教育整体成效的评价、对课程德育功能发挥情况的看法、对成长发展影响因素的看法、对影响思想品德发展因素的评价等方面,客观呈现学生对思想政治教育的获得感,在真实反映高校思想政治教育新进展新成效的同时,也不回避短板和弱项,以通过对实施效果的评价促进思想政治工作质量的提升。

一、 整体成效评价

整体性是针对思想政治教育高质量发展的重要认识与实践方法,我们要从整体性视角来评价思想政治教育发展状况。大学生对思想政治教育整体成效和水平的评价,能够最现实、最直接、最客观地反映当前高校思想政治工作开展及其现实成效的总体状况,是检验立德树人整体成效极为重要的指标。

(一)总体评价

大学生对思想政治教育的整体满意度持续走高。从图9-1中可以看出,98.2%(2019年为98.5%)的大学生对当前思想政治教育开展效果持肯定性评价,大学生对思想政治教育效果的整体满意度为81.7%(2019年为81.8%)。对思想政治教育效果持负面评价的大学生也占有一定比例,认为效果"比较差"和"非常差"的大学生比例为1.8%(2019年为1.4%)。图9-2显示,从2014年至2020年,大学生对思想政治教育效果的肯定性评价和整体满意度均呈先下降再上升后趋平稳的趋势,近七年中,2019年大学生对思想政治教育效果的肯定性评价和整体满意度最高,但2020年与2019年相差无几。此外,2020年相较于2019年持负面评价的比例上升了0.4个百分点,这说明大学生思想政治教育工作虽在积极探索、不断加强和改进,但仍然存在一些短板和亟待解决的问题,应坚持问题导向和目标导向,着力增强思想政治教育的针对性和实效性,以此来推动思想政治教育质量提高。

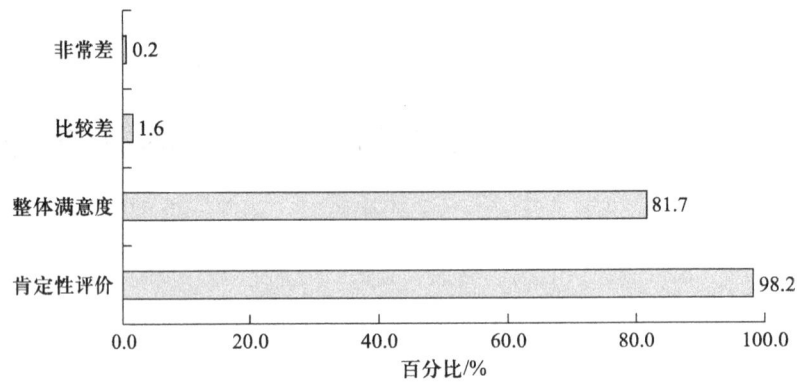

图 9-1　大学生对思想政治教育效果的评价情况

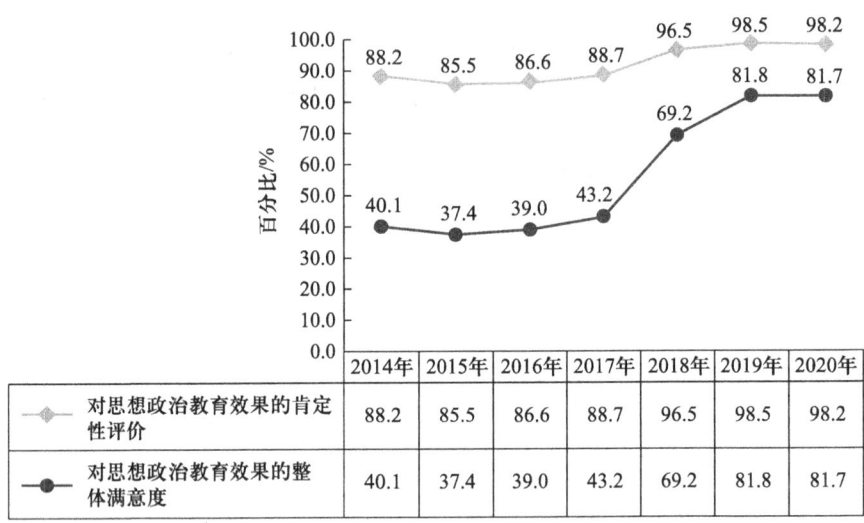

	2014年	2015年	2016年	2017年	2018年	2019年	2020年
对思想政治教育效果的肯定性评价	88.2	85.5	86.6	88.7	96.5	98.5	98.2
对思想政治教育效果的整体满意度	40.1	37.4	39.0	43.2	69.2	81.8	81.7

图 9-2　2014 年—2020 年大学生对思想政治教育效果的评价情况趋势图

（二）分项评价

大学生对当前专业课程教学的评价较好。从图 9-3 可以看出,98.8% 的大学生对当前专业课程教学开展状况持肯定性评价,大学生对专业课程教学效果的整体满意度为88.6%。对专业课程教学效果持负面评价的大学生也占有一定比例,如认为效果"比较差"和"非常差"的大学生比例为 1.2%。

大学生对当前日常思想政治教育的评价较好。从图 9-4 中可以看出,98.4% 的大学生对当前日常思想政治教育的开展状况持肯定性评价,对日常思想政治教育效果的整体满意度为84.6%。对日常思想政治教育效果持负面评价的大学生也占有一定比例,如认为效果"比较差"和"非常差"的大学生比例为 1.6%。

大学生对当前思想政治理论课教学的评价较好。从图 9-5 中可以看出,98.5% 的大学生对当前思想政治理论课教学开展状况持肯定性评价,对思想政治理论课教学效果的整体满意度为 85.2%。对思想政治理论课教学效果持负面评价的大学生也占有一定比例,如认为效果"比较差"和"非常差"的大学生比例为 1.5%。

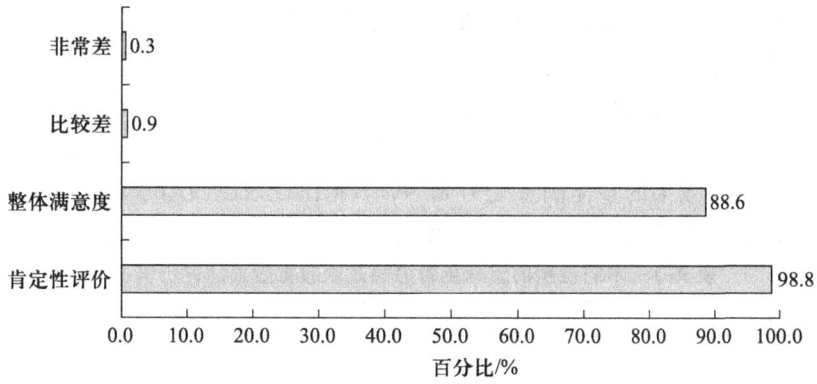

图 9-3 大学生对专业课程教学的评价情况

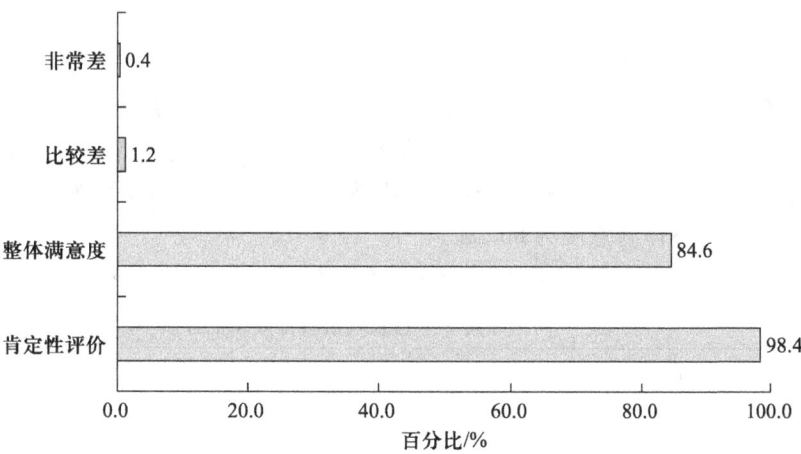

图 9-4 大学生对日常思想政治教育的评价情况

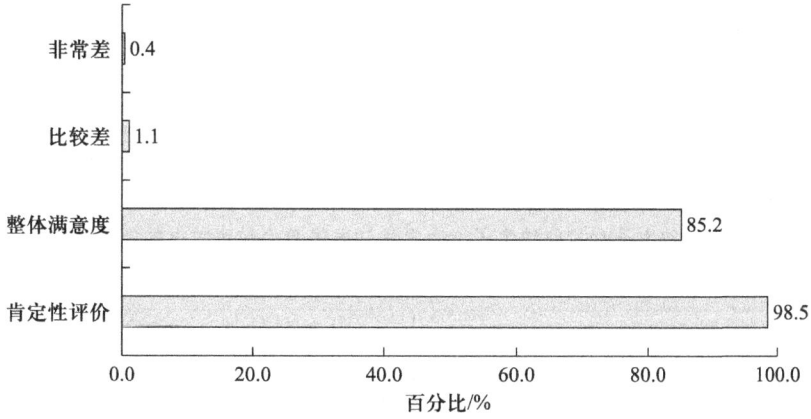

图 9-5 大学生对思想政治理论课教学的评价情况

（三）不同类型大学生对思想政治教育成效的评价

1. 基于自然因素的分析

不同性别的大学生对思想政治教育效果的评价存在显著差异（$x^2 = 127.625, P<0.001$）。从表9-1中可以看出,98.8%的女大学生对当前思想政治教育开展效果持肯定性评价,女大学生对思想政治教育效果的整体满意度为82.9%。相比较来说,97.6%的男大学生对当前思想政治教育开展效果持肯定性评价,男大学生对思想政治教育效果的整体满意度为80.3%。

表9-1　不同性别的大学生对思想政治教育效果的评价情况

性别	对大学生思想政治教育效果的评价/%				
	非常好	比较好	一般	比较差	非常差
男	42.9	37.4	17.3	2.1	0.3
女	42.7	40.2	15.9	1.1	0.1

不同生源地的大学生对思想政治教育效果的评价存在显著差异（$x^2 = 243.534, P<0.001$）。从表9-2中可以看出,98.2%的城镇大学生对当前思想政治教育开展效果持肯定性评价,生源地为城镇的大学生对思想政治教育效果的整体满意度为82.9%。相比较来说,98.1%的农村大学生对当前思想政治教育开展效果持肯定性评价,生源地为农村的大学生对思想政治教育效果的整体满意度为80.2%。

表9-2　不同生源地大学生对思想政治教育效果的评价情况

生源地	对大学生思想政治教育效果的评价/%				
	非常好	比较好	一般	比较差	非常差
农村	39.1	41.1	17.9	1.6	0.3
城镇	46.1	36.8	15.3	1.5	0.3

独生子女和非独生子女大学生对思想政治教育效果的评价存在显著差异（$x^2 = 235.863, P<0.001$）。从表9-3中可以看出,98.2%（2019年为98.5%）的独生子女大学生对当前思想政治教育开展效果持肯定性评价,独生子女大学生对思想政治教育效果的整体满意度为82.9%（2019年为82.8%）。而非独生子女大学生对当前思想政治教育开展效果持肯定性评价的比例为98.5%（2019年为98.6%）,非独生子女大学生对思想政治教育效果的整体满意度为80.9%（2019年为81.1%）。

表9-3　独生子女和非独生子女大学生对思想政治教育效果的评价情况

是否是独生子女	对大学生思想政治教育效果的评价/%				
	非常好	比较好	一般	比较差	非常差
独生子女	46.6	36.3	15.3	1.7	0.1
非独生子女	39.9	41.0	17.6	1.4	0.1

生源地所在区域不同的大学生对思想政治教育效果的评价存在显著差异（$x^2 = 538.275, P<0.001$）。从表9-4中可以看出,华东、华南、华中、华北、西北、西南、东北生源地的大学生

对思想政治教育效果的整体满意度分别为 80.7%、76.2%、82.7%、83.3%、85.6%、79.6%、84.4%。

表9-4 生源地所在区域不同的大学生对思想政治教育效果的评价情况

生源地所在区域	对大学生思想政治教育效果的评价/%				
	非常好	比较好	一般	比较差	非常差
华东	42.4	38.3	17.5	1.7	0.1
华南	33.5	42.7	21.8	1.9	0.1
华中	42.9	39.8	16.0	1.2	0.1
华北	45.5	37.8	14.8	1.7	0.2
西北	46.6	39.0	13.5	0.8	0.1
西南	38.9	40.7	18.6	1.6	0.2
东北	50.3	34.1	13.9	1.6	0.1

家庭类型不同的大学生对思想政治教育效果的评价存在显著差异（$\chi^2 = 31.808$，$P < 0.001$）。从表9-5中可以看出，家庭类型为双亲家庭的大学生对思想政治教育效果的整体满意度为 81.9%，高于家庭类型为非双亲家庭大学生的 80.2%。

表9-5 家庭类型不同的大学生对思想政治教育效果的评价情况

家庭类型	对大学生思想政治教育效果的评价/%				
	非常好	比较好	一般	比较差	非常差
双亲家庭	43.2	38.7	16.4	1.5	0.2
非双亲家庭	39.5	40.7	17.7	1.9	0.2

2. 基于教育因素的分析

学历不同的大学生对思想政治教育效果的评价存在显著差异（$\chi^2 = 291.657$，$P < 0.001$）。从表9-6可以看出，大一学生对思想政治教育效果的整体满意度为 85.1%，高于硕士、大二、博士、大四、大三学生的 82.1%、82.0%、80.0%、79.7%、78.4%。

表9-6 年级不同的大学生对思想政治教育效果的评价情况

学历	对大学生思想政治教育效果的评价/%				
	非常好	比较好	一般	比较差	非常差
大一	48.1	37.0	13.7	1.1	0.1
大二	42.3	39.7	16.3	1.6	0.1
大三	38.5	39.9	19.4	2.0	0.2
大四	40.6	39.1	18.3	1.9	0.1
硕士	42.6	39.5	16.4	1.5	0.0
博士	40.1	39.9	18.0	2.0	0.0

学科门类不同的大学生对思想政治教育效果的评价存在显著差异（$\chi^2 = 65.775$，$P <$

0.001）。从表9-7可以看出，人文科学类大学生对当前思想政治教育开展效果整体满意度为84.4%，高于理工农医类、社会科学类的81.4%、81.2%。

表9-7 学科门类不同的大学生对思想政治教育效果的评价情况

学科门类	对大学生思想政治教育效果的评价/%				
	非常好	比较好	一般	比较差	非常差
人文科学类	45.5	38.9	14.4	1.1	0.1
社会科学类	41.2	40.0	17.2	1.5	0.1
理工农医类	42.9	38.5	16.9	1.6	0.1

父亲职业不同的大学生对思想政治教育效果的评价存在显著差异（$\chi^2 = 153.026, P < 0.001$）。从表9-8可以看出，父亲职业为教师、事业单位职工的大学生对当前思想政治教育开展效果整体满意度均为83.1%，高于父亲职业分别为公务员、专业技术人员、其他、农民、工人、军人的大学生的82.9%、82.5%、81.8%、81.1%、81.0%、80.2%。

表9-8 父亲职业不同的大学生对思想政治教育效果的评价情况

父亲职业	对大学生思想政治教育效果的评价/%				
	非常好	比较好	一般	比较差	非常差
公务员	48.0	34.9	15.5	1.4	0.2
工人	41.5	39.5	17.3	1.6	0.1
农民	39.7	41.4	17.4	1.4	0.1
教师	44.9	38.2	15.5	1.3	0.1
事业单位职工	46.1	37.0	15.1	1.7	0.1
军人	47.8	32.4	16.4	2.9	0.5
专业技术人员	44.5	38.0	15.8	1.6	0.1
其他	43.5	38.3	16.4	1.7	0.1

母亲职业不同的大学生对思想政治教育效果的评价存在显著差异（$\chi^2 = 198.783, P < 0.001$）。从表9-9可以看出，母亲职业为事业单位职工的大学生对当前思想政治教育开展效果整体满意度为83.7%，高于母亲职业分别为教师、公务员、专业技术人员、其他、工人、农民、军人的大学生的83.6%、82.2%、81.5%、81.5%、81.0%、81.0%、74.3%。

表9-9 母亲职业不同的大学生对思想政治教育效果的评价情况

母亲职业	对大学生思想政治教育效果的评价/%				
	非常好	比较好	一般	比较差	非常差
公务员	47.4	34.8	15.6	2.0	0.2
工人	42.1	38.9	17.0	1.8	0.2

续表

母亲职业	对大学生思想政治教育效果的评价/%				
	非常好	比较好	一般	比较差	非常差
农民	39.4	41.6	17.6	1.3	0.1
教师	46.6	37.0	14.8	1.5	0.1
事业单位职工	46.5	37.2	14.6	1.6	0.1
军人	33.3	41.0	17.9	5.1	2.7
专业技术人员	43.4	38.1	16.4	2.1	0.0
其他	43.4	38.1	16.9	1.5	0.1

国(境)外学习经历不同的大学生对思想政治教育效果的评价存在显著差异($\chi^2 = 50.688, P<0.01$)。从表 9-10 可以看出,没有国(境)外学习经历的大学生对当前思想政治教育开展效果整体满意度为 81.9%,高于有国(境)外学习经历大学生的 79.0%。而 17.4% 有国(境)外学习经历的大学生对当前思想政治教育开展效果评价为"一般",高于没有国(境)外学习经历的大学生的 16.5%。

表 9-10　国(境)外学习经历不同的大学生对思想政治教育效果的评价情况

是否有国(境)外学习经历	对大学生思想政治教育效果的评价/%				
	非常好	比较好	一般	比较差	非常差
是	43.5	35.5	17.4	3.4	0.2
否	42.8	39.1	16.5	1.5	0.1

学生干部经历不同的大学生对思想政治教育效果的评价存在显著差异($\chi^2 = 32.275, P<0.01$)。从表 9-11 可以看出,有学生干部经历的大学生对当前思想政治教育开展效果整体满意度为 82.1%,高于没有学生干部经历的大学生的 80.3%。而 17.9% 没有学生干部经历的大学生对当前思想政治教育开展效果的评价为"一般",高于有学生干部经历的大学生的 16.2%。

表 9-11　学生干部经历不同的大学生对思想政治教育效果的评价情况

是否有学生干部经历	对大学生思想政治教育效果的评价/%				
	非常好	比较好	一般	比较差	非常差
是	43.3	38.8	16.2	1.5	0.2
否	41.0	39.3	17.9	1.6	0.2

政治面貌不同的大学生对思想政治教育效果的评价存在显著差异($\chi^2 = 16.346, P<0.01$)。从表 9-12 可以看出,党员大学生对当前思想政治教育开展效果整体满意度为 82.7%,高于非党员大学生的 81.5%。而 16.7% 非党员大学生对当前思想政治教育开展效果

评价为"一般",高于党员大学生的 16.0%。

表 9-12　政治面貌不同的大学生对思想政治教育效果的评价情况

政治面貌	对大学生思想政治教育效果的评价/%				
	非常好	比较好	一般	比较差	非常差
党员	43.0	39.7	16.0	1.3	0.0
非党员	42.8	38.7	16.7	1.6	0.2

小时候父母在外务工经历不同的大学生对思想政治教育效果的评价存在显著差异（$\chi^2=268.235, P<0.01$）。从表 9-13 可以看出，小时候父母未在外务工的大学生对当前思想政治教育开展效果整体满意度为 83.0%，高于小时候父母在外务工的大学生的 78.3%。而 19.6% 的小时候父母在外务工的大学生对当前思想政治教育开展效果的评价为"一般"，高于小时候父母未在外务工的大学生的 15.6%。

表 9-13　小时候父母在外务工经历不同的大学生对思想政治教育效果的评价情况

小时候父母是否在外务工	对大学生思想政治教育效果的评价/%				
	非常好	比较好	一般	比较差	非常差
是	36.8	41.5	19.6	2.0	0.1
否	44.9	38.1	15.6	1.3	0.1

（四）不同类型大学生对思想政治教育成效的分项评价

1. 基于自然因素的分析

不同生源地的大学生对专业课程教学效果的评价存在显著差异（$\chi^2=280.2094, P<0.001$）。从表 9-14 中可以看出，生源地为城镇的大学生对专业课程教学效果的整体满意度为 89.9%，高于生源地为农村的大学生的 87.1%，说明城镇大学生对专业课程教学效果评价更高。

表 9-14　不同生源地大学生对专业课程教学效果的评价情况

生源地	对大学生专业课程教学效果的评价/%				
	非常好	比较好	一般	比较差	非常差
农村	46.7	40.4	11.7	1.0	0.2
城市	54.2	35.7	9.0	0.8	0.3

独生子女大学生与非独生子女大学生对专业课程教学效果的评价存在显著差异（$\chi^2=254.558, P<0.001$）。从表 9-15 中可以看出，独生子女大学生对专业课程教学效果的整体满意度为 89.8%，高于非独生子女大学生的 87.6%，说明独生子女大学生对专业课程教学效果评价更高。

表 9-15 独生子女与非独生子女大学生对专业课程教学效果的评价情况

是否是独生子女	对大学生专业课程教学效果的评价/%				
	非常好	比较好	一般	比较差	非常差
是	54.6	35.2	8.9	0.9	0.4
否	47.6	40.0	11.3	0.9	0.2

独生子女大学生与非独生子女大学生对大学生日常思想政治教育效果的评价存在显著差异（$\chi^2 = 224.811$，$P < 0.001$）。从表 9-16 中可以看出，独生子女大学生对大学生日常思想政治教育效果的整体满意度为 85.4%，高于非独生子女大学生的 84.0%，说明独生子女大学生对大学生日常思想政治教育效果评价更高。

表 9-16 独生子女与非独生子女大学生对大学生日常思想政治教育效果的评价情况

是否是独生子女	对大学生日常思想政治教育效果的评价/%				
	非常好	比较好	一般	比较差	非常差
是	50.6	34.8	12.8	1.4	0.4
否	44.2	39.8	14.6	1.1	0.3

家庭类型不同的大学生对大学生日常思想政治教育效果的评价存在显著差异（$\chi^2 = 25.208$，$P < 0.001$）。从表 9-17 中可以看出，双亲家庭大学生对大学生日常思想政治教育效果的整体满意度为 84.8%，高于非双亲家庭大学生的 83.4%，说明双亲家庭大学生对大学生日常思想政治教育效果评价更高。

表 9-17 家庭类型不同的大学生对大学生日常思想政治教育效果的评价情况

家庭类型	对大学生日常思想政治教育效果的评价/%				
	非常好	比较好	一般	比较差	非常差
双亲家庭	47.4	37.4	13.7	1.2	0.3
非双亲家庭	43.7	39.7	14.6	1.5	0.5

性别不同的大学生对思想政治理论课教学效果的评价存在显著差异（$\chi^2 = 120.003$，$P < 0.001$）。从表 9-18 中可以看出，女大学生对思想政治理论课教学效果的整体满意度为 86.2%，高于男大学生的 84.1%，说明女大学生对思想政治理论课教学效果评价更高。还有 13.9% 的男大学生对思想政治理论课教学开展状况的评价为"一般"，高于女大学生的 12.8%。

表 9-18 性别不同的大学生对思想政治理论课教学效果的评价情况

性别	对思想政治理论课教学效果的评价/%				
	非常好	比较好	一般	比较差	非常差
男	48.1	36.0	13.9	1.4	0.6
女	47.5	38.7	12.8	0.8	0.2

生源地不同的大学生对思想政治理论课教学效果的评价存在显著差异（$\chi^2 = 210.423$，$P < 0.001$）。从表 9-19 中可以看出，城镇大学生对思想政治理论课教学效果的整体满意度为

86.0%,高于农村大学生的84.4%,说明城镇大学生对思想政治理论课教学效果评价更高。还有14.3%的农村大学生对思想政治理论课教学开展状况的评价为"一般",高于城镇学生的12.4%。

表9-19　生源地不同的大学生对思想政治理论课教学效果的评价情况

生源地	对思想政治理论课教学效果的评价/%				
	非常好	比较好	一般	比较差	非常差
农村	44.4	40.0	14.3	1.1	0.2
城镇	50.8	35.2	12.4	1.1	0.5

生源地所在区域不同的大学生对思想政治理论课教学效果的评价存在显著差异($x^2=506.323$,$P<0.001$)。从表9-20中可以看出,生源地为华东、华南、华中、华北、西北、西南、东北的大学生对思想政治理论课教学的整体满意度分别为84.2%、81.1%、85.9%、86.3%、88.7%、83.5%、87.3%。

表9-20　生源地所在区域不同的大学生对思想政治理论课教学效果的评价情况

生源地区域	对思想政治理论课教学效果的评价/%				
	非常好	比较好	一般	比较差	非常差
华东	47.0	37.2	14.2	1.2	0.4
华南	38.2	42.9	17.4	1.1	0.4
华中	47.9	38.0	12.7	1.0	0.4
华北	50.6	35.7	11.9	1.1	0.7
西北	52.1	36.6	10.5	0.6	0.2
西南	44.3	39.2	14.8	1.3	0.4
东北	54.6	32.7	11.2	1.0	0.5

2. 基于教育因素的分析

学历(年级)不同的大学生对专业课程教学效果的评价存在显著差异($x^2=256.772$,$P<0.001$)。从表9-21可以看出,大一学生对专业课程教学效果的整体满意度为90.7%,高于大二、硕士生、博士生、大四、大三学生的89.0%、88.2%、87.9%、87.7%、86.4%,说明大一的学生对专业课程教学效果的评价更高。

表9-21　年级不同的大学生对专业课程教学效果的评价情况

年级	对大学生专业课程教学效果的评价/%				
	非常好	比较好	一般	比较差	非常差
大一	55.9	34.8	8.5	0.6	0.2
大二	50.4	38.6	9.9	0.9	0.2
大三	46.5	39.9	12.2	1.1	0.3
大四	48.3	39.4	10.8	1.2	0.3
硕士	50.1	38.1	10.8	0.9	0.1
博士	47.8	40.1	10.4	1.4	0.3

国(境)外学习经历不同的大学生对专业课程教学效果的评价存在显著差异($X^2 = 19.925$, $P<0.001$)。从表 9-22 可以看出,没有国(境)外学习经历的大学生对专业课程教学效果的整体满意度为88.6%,高于有国(境)外学习经历大学生的88.2%,说明没有境外学习经历的大学生对专业课程教学效果的评价更高。

表 9-22 国(境)外学习经历不同的大学生对专业课程教学效果的评价情况

是否有过国(境)	对大学生专业课程教学效果的评价/%				
外学习经历	非常好	比较好	一般	比较差	非常差
是	52.4	35.8	9.6	1.6	0.6
否	50.6	38.0	10.3	0.9	0.2

学生干部经历不同的大学生对大学生日常思想政治教育效果的评价存在显著差异($X^2 = 39.895$, $P<0.01$)。从表 9-23 可以看出,有学生干部经历的大学生对当前大学生日常思想政治教育开展状况整体满意度为85.0%,高于没有学生干部经历的大学生的83.0%。有15.1%没有学生干部经历的大学生对当前大学生日常思想政治教育开展状况的评价为"一般",高于有学生干部经历的大学生的13.4%。

表 9-23 学生干部经历不同的大学生对大学生日常思想政治教育效果的评价情况

是否有学生	对大学生日常思想政治教育效果的评价/%				
干部经历	非常好	比较好	一般	比较差	非常差
是	47.5	37.5	13.4	1.2	0.4
否	45.2	37.8	15.1	1.3	0.6

政治面貌不同的大学生对大学生日常思想政治教育效果的评价存在显著差异($X^2 = 23.948$, $P<0.01$)。从表 9-24 可以看出,党员大学生对当前大学生日常思想政治教育开展状况整体满意度为85.8%,高于非党员大学生的84.3%,说明党员大学生对大学生日常思想政治教育效果的评价更高。

表 9-24 政治面貌不同的大学生对大学生日常思想政治教育效果的评价情况

政治面貌	对大学生日常思想政治教育效果的评价/%				
	非常好	比较好	一般	比较差	非常差
党员	47.1	38.7	13.0	1.0	0.2
非党员	47.0	37.3	14.0	1.3	0.4

国(境)外学习经历不同的大学生对思想政治理论课教学效果的评价存在显著差异($X^2 = 69.959$, $P<0.01$)。从表 9-25 可以看出,没有国(境)外学习经历的大学生对思想政治理论课教学开展状况整体满意度为85.4%,高于有国(境)外学习经历的大学生的81.2%,说明没有国(境)外学习经历的大学生对思想政治理论课教学开展状况的评价更高。还有15.2%有国(境)外学习经历的大学生对当前思想政治理论课教学评价为"一般",高于没有

国(境)外学习经历的大学生的 13.2%。

表 9-25　国(境)外学习经历不同的大学生对思想政治理论课教学效果的评价情况

是否有过国(境)外学习经历	对大学生思想政治理论课教学效果的评价/%				
	非常好	比较好	一般	比较差	非常差
是	47.6	33.6	15.2	2.5	1.1
否	47.8	37.6	13.2	1.0	0.4

学科门类不同的大学生对思想政治理论课教学效果的评价存在显著差异($\chi^2 = 47.164$，$P<0.01$)。从表 9-26 可以看出,人文科学类、社会科学类、理工农医类大学生对思想政治理论课教学开展效果整体满意度分别为 87.2%、84.7%、85.0%,说明人文科学类的大学生对思想政治理论课教学开展效果的评价更高。

表 9-26　学科门类不同的大学生对思想政治理论课教学效果的评价情况

学科门类	对大学生思想政治理论课教学效果的评价/%				
	非常好	比较好	一般	比较差	非常差
人文科学类	50.4	36.8	11.6	0.8	0.4
社会科学类	46.2	38.5	13.8	1.0	0.5
理工农医类	47.8	37.2	13.5	1.1	0.4

(五)相关分析

为进一步了解大学生对思想政治教育整体成效的评价,下面根据调查的有关情况进行相关分析。

通过相关分析发现,大学生对思想政治教育整体成效的评价("非常好"=1,"比较好"=2,"一般"=3,"比较差"=4,"非常差"=5,下同)和对专业课程教学的评价、对大学生日常思想政治教育的评价、对思想政治理论课教学的评价、对思想政治理论课的德育功能的评价("非常符合"=1,"比较符合"=2,"一般"=3,"不太符合"=4,"很不符合"=5,下同)、对公共基础课程的德育功能的评价、对专业教育课程的德育功能的评价以及对实践类课程的德育功能的评价之间存在正相关关系(P 值均小于 0.001)。从表 9-27 可以看出,对相关方面的工作评价越积极的大学生,对思想政治教育整体成效的评价也越高。

表 9-27　大学生对思想政治教育整体成效的评价相关关系情况

相关因素	相关分析	
	r	P
专业课程教学	0.851	<0.001
大学生日常思想政治教育	0.924	<0.001
思想政治理论课教学	0.913	<0.001

续表

相关因素	相关分析	
	r	P
思想政治理论课德育功能	0.757	<0.001
公共基础课程德育功能	0.748	<0.001
专业教育课程德育功能	0.730	<0.001
实践类课程德育功能	0.731	<0.001

二、 对课程德育功能发挥情况的看法

无论是思想政治理论课,还是公共基础课程、专业教育课程、实践类课程,都具有相应的育人功能,都会对大学生思想政治教育的成效产生重要影响。不同群体的大学生对课程德育功能发挥情况的评价,能够有效反映有关课程"守渠"、种植"责任田"的状况,有利于推动各类课程与思想政治理论课同向同行,发挥课程育人合力。

(一) 总体情况

课题组为研究影响大学生思想政治教育成效的因素,分别对思想政治理论课、公共基础课程、专业教育课程、实践类课程的德育功能进行了调查,得出大学生对这些课程的德育功能看法。如图9-6、图9-7、图9-8、图9-9所示,在大学生看来,课程能发挥德育功能的排名为思想政治理论课(86.8%)、专业教育课程(85.8%)、实践类课程(85.1%)、公共基础课程(84.8%)。也就是说,大部分大学生都认为,思想政治理论课、公共基础课程、专业教育课程、实践类课程能够发挥德育功能。

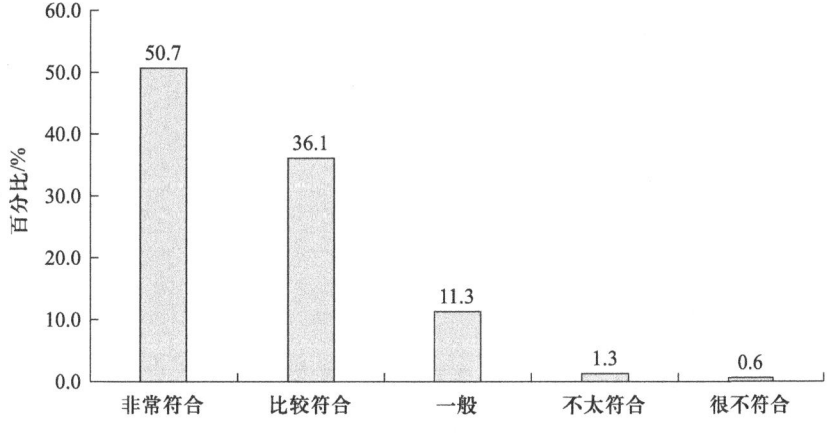

图 9-6　大学生对思想政治理论课德育功能的看法

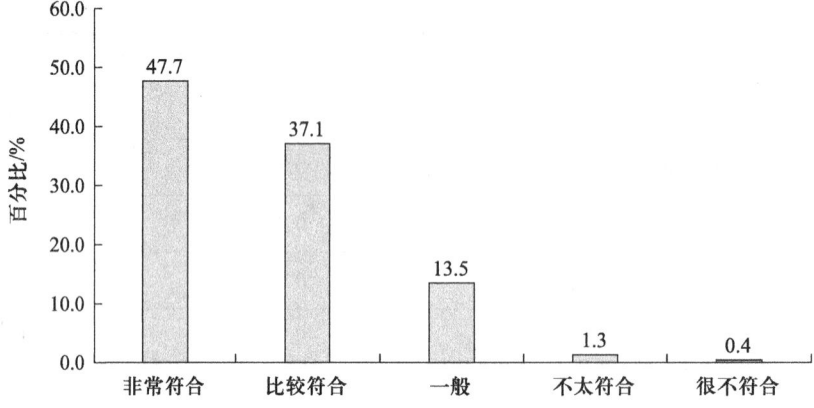

图 9-7 大学生对公共基础课程德育功能的看法

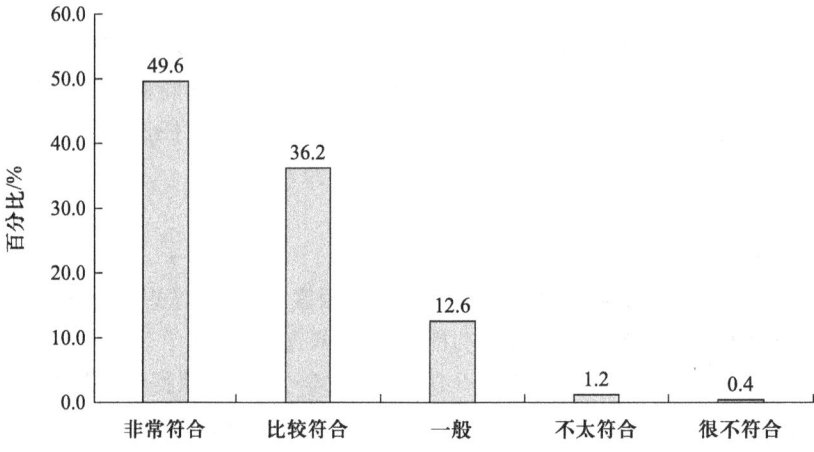

图 9-8 大学生对专业教育课程德育功能的看法

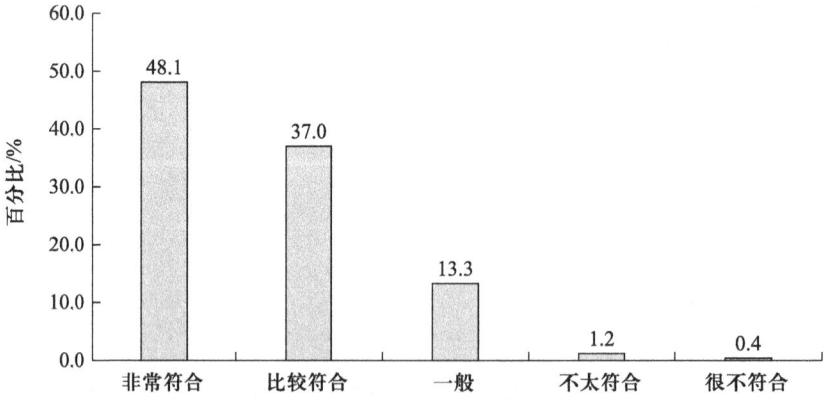

图 9-9 大学生对实践类课程德育功能的看法

（二）不同类型大学生对课程德育功能发挥情况的分项看法

为进一步了解影响大学生对课程德育功能发挥情况的看法,我们从自然因素和教育因素两个方面进行了交互分析。

1. 基于自然因素的分析

不同性别的大学生,对思想政治理论课的德育功能认识存在差异 ($\chi^2 = 159.814$, $P<0.01$)。表 9-28 的结果显示,88.1%的女大学生认为思想政治理论课发挥了德育功能,高于男大学生的 85.4%。

表 9-28 不同性别大学生对思想政治理论课的德育功能认知情况

性别	对思想政治理论课的德育功能认知情况/%				
	非常符合	比较符合	一般	不大符合	很不符合
男	50.7	34.7	12.1	1.7	0.8
女	50.7	37.4	10.7	1.0	0.2

生源地不同的大学生,对公共基础课程的德育功能认识存在差异 ($\chi^2 = 236.031$, $P < 0.01$)。表 9-29 结果显示,85.8%的城镇大学生认为公共基础课程发挥了德育功能,高于农村大学生的 83.7%。

表 9-29 生源地不同的大学生对公共基础课程的德育功能认知情况

生源地	对公共基础课程的德育功能认知情况/%				
	非常符合	比较符合	一般	不太符合	很不符合
农村	44.0	39.7	14.6	1.3	0.4
城镇	51.0	34.8	12.5	1.3	0.4

独生子女和非独生子女大学生,对专业教育课程的德育功能认识存在差异 ($\chi^2 = 197.634$, $P<0.01$)。表 9-30 结果显示,86.4%的独生子女大学生认为专业教育课程发挥了德育功能,高于非独生子女大学生的 85.3%。

表 9-30 独生子女状况不同的大学生对专业教育课程的德育功能认知情况

是否是独生子女	对专业教育课程的德育功能认知情况/%				
	非常符合	比较符合	一般	不太符合	很不符合
是	52.8	33.6	11.7	1.4	0.5
否	47.0	38.3	13.3	1.1	0.3

家庭类型不同的大学生,对实践类课程的德育功能认识存在差异 ($\chi^2 = 36.170$, $P<0.01$)。表 9-31 结果显示,85.2%的双亲家庭大学生认为实践类课程发挥了德育功能,高于非双亲家庭大学生的 83.2%。

表 9-31　家庭类型不同的大学生对实践类课程的德育功能认知情况

家庭类型	对实践类课程的德育功能认知情况/%				
	非常符合	比较符合	一般	不太符合	很不符合
双亲家庭	48.4	36.8	13.2	1.2	0.4
非双亲家庭	44.7	38.5	14.9	1.2	0.7

生源地所在区域不同的大学生对实践类课程的德育功能认识存在显著差异（$\chi^2 = 395.715, P<0.001$）。从表 9-32 中可以看出，生源地为华东、华南、华中、华北、西北、西南、东北的大学生认为实践类课程发挥了德育功能的比例分别为 84.5%、80.9%、85.7%、86.2%、87.4%、84.0%、87.0%。

表 9-32　生源地所在区域不同的大学生对实践类课程的德育功能认知情况

生源地所在区域	对实践类课程的德育功能认知情况/%				
	非常好	比较好	一般	比较差	非常差
华东	47.4	37.1	13.6	1.4	0.5
华南	39.4	41.5	17.4	1.3	0.4
华中	48.2	37.5	13.0	0.9	0.4
华北	51.4	34.8	12.2	1.1	0.5
西北	51.0	36.4	11.4	1.0	0.2
西南	45.5	38.5	14.3	1.1	0.6
东北	54.1	32.9	11.4	1.2	0.4

2. 基于教育因素的分析

不同学科门类的大学生，对思想政治理论课的德育功能认识存在差异（$\chi^2 = 31.519, P<0.01$）。从表 9-33 可以看出，88.0% 的人文科学类大学生认为思想政治理论课发挥了德育功能，高于理工农医类大学生、社会科学类大学生的 86.6%、86.5%。

表 9-33　不同学科门类大学生对思想政治理论课的德育功能认知情况

学科门类	对思想政治理论课的德育功能认知情况/%				
	非常符合	比较符合	一般	不太符合	很不符合
人文科学类	53.1	34.9	10.4	1.1	0.5
社会科学类	49.4	37.1	11.6	1.4	0.5
理工农医类	50.5	36.1	11.5	1.3	0.6

政治面貌不同的大学生，对公共基础课程的德育功能认识存在差异（$\chi^2 = 26.075, P<0.01$）。表 9-34 结果显示，86.1% 的党员大学生认为公共基础课程发挥了德育功能，高于非党员大学生的 84.4%。

表 9-34　政治面貌不同的大学生对公共基础课程的德育功能认知情况

政治面貌	对公共基础课程的德育功能认知情况/%				
	非常符合	比较符合	一般	不太符合	很不符合
党员	47.6	38.5	12.4	1.1	0.4
非党员	47.7	36.7	13.8	1.4	0.4

学生干部状况不同的大学生,对专业教育课程的德育功能认识存在差异($x^2 = 60.328$, $P<0.01$)。表 9-35 结果显示,86.3%的担任过学生干部的大学生认为专业教育课程发挥了德育功能,高于没有担任过学生干部的大学生的 83.7%。

表 9-35　学生干部状况不同的大学生对专业教育课程的德育功能认知情况

是否担任过学生干部	对专业教育课程的德育功能认知情况/%				
	非常符合	比较符合	一般	不太符合	很不符合
是	50.2	36.1	12.1	1.2	0.4
否	46.8	36.9	14.5	1.4	0.4

学历不同的大学生,对实践类课程的德育功能认识存在差异($x^2 = 45.282, P<0.01$)。表 9-36 结果显示,85.2%的本科生、硕士研究生认为实践类课程发挥了德育功能,高于博士研究生的 81.8%。

表 9-36　学历不同的大学生对实践类课程的德育功能认知情况

学历	对实践类课程的德育功能认知情况/%				
	非常符合	比较符合	一般	不太符合	很不符合
本科生	48.6	36.6	13.2	1.2	0.4
硕士研究生	47.1	38.1	13.5	1.1	0.2
博士研究生	42.7	39.1	16.4	1.4	0.4

三、　对成长发展影响因素的看法

（一）总体情况

课题组将影响大学生成长发展的因素分为专业课教师、导师、辅导员、班主任、思政课教师、心理咨询师、家人以及同学、室友等朋辈群体八个方面,通过多重响应分析方法,得出大学生对影响其成长发展的因素看法。如图 9-10 所示,影响大学生成长发展的因素,按照选择相应选项的大学生比例从高到低排序,依次为:同学、室友等朋辈群体(69.3%)、专业课教师(56.3%)、家人(43.6%)、导师(38.5%)、辅导员(34.3%)、班主任(13.7%)、思政课教师(6.9%)、心理咨询师(3.7%)。也就是说,超过一半的大学生认为,影响大学生成长发展的主要因素是同学、室友等朋辈群体和专业课教师。

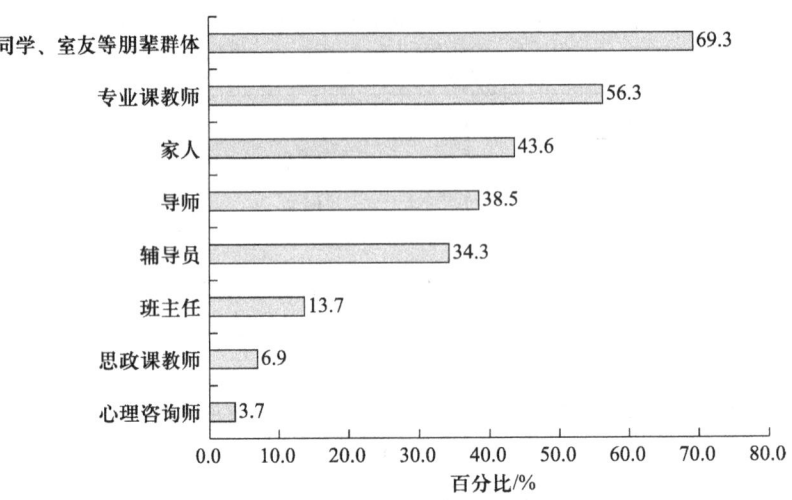

图 9-10　影响大学生成长发展的因素

（二）不同类型大学生对成长发展影响因素的看法

为进一步了解影响大学生成长发展的因素，我们从自然因素和教育因素两个方面进行了多重响应变量交叉表分析。

1. 基于自然因素的分析

不同性别的大学生对影响大学生成长发展因素的认识存在差异。从表 9-37 可以看出，有 59.4% 的女大学生认为专业课教师，73.5% 的女大学生认为同学、室友等朋辈群体，46.4% 的女大学生认为家人，3.8% 的女大学生认为心理咨询师是影响大学生成长发展的因素，女大学生在这四方面的比例均分别高于男大学生。有 40.6% 的男大学生认为导师，36.8% 的男大学生认为辅导员，14.6% 的男大学生认为班主任，7.4% 的男大学生认为思政课教师是影响大学生成长发展的因素，男大学生在这四方面的比例均分别高于女大学生。

表 9-37　不同性别的大学生对其成长发展的影响因素的认知情况

性别	大学生成长发展的影响因素/%							
	专业课教师	导师	辅导员	班主任	思政课教师	心理咨询师	家人	同学、室友等朋辈群体
男	52.8	40.6	36.8	14.6	7.4	3.5	40.3	64.5
女	59.4	36.7	32.2	13.0	6.5	3.8	46.4	73.5

不同生源地的大学生对影响大学生成长发展因素的认识存在差异。从表 9-38 可以看出，分别有 39.4%、35.0%、14.8%、7.7% 的农村大学生认为导师、辅导员、班主任、思政课教师是影响大学生成长发展的因素，农村大学生在这四方面的比例均分别高于城镇大学生。分别有 56.9%、3.7%、45.9%、70.1% 的城镇大学生认为专业课教师、心理咨询师、家人以及同

学、室友等朋辈群体是影响大学生成长发展的因素,城镇大学生在这四方面的比例均分别高于农村大学生。

表9-38 不同生源地的大学生对其成长发展的影响因素的认知情况

生源地	大学生成长发展的影响因素/%							
	专业课教师	导师	辅导员	班主任	思政课教师	心理咨询师	家人	同学、室友等朋辈群体
农村	55.7	39.4	35.0	14.8	7.7	3.6	41.0	68.4
城镇	56.9	37.7	33.7	12.8	6.2	3.7	45.9	70.1

独生子女和非独生子女大学生对影响大学生成长发展因素的认识存在差异。从表9-39可以看出,分别有56.4%、38.7%、45.4%的独生子女大学生认为专业课教师、导师、家人是影响大学生成长发展的因素,独生子女大学生在这三方面的比例均分别高于非独生子女大学生。分别有34.7%、14.4%、7.5%、3.7%、69.5%的非独生子女大学生认为辅导员、班主任、思政课教师、心理咨询师、同学、室友等朋辈群体是影响大学生成长发展的因素,非独生子女大学生在这五方面的比例均分别高于独生子女大学生。

表9-39 独生子女和非独生子女大学生对其成长发展的影响因素的认知情况

是否是独生子女	大学生成长发展的影响因素/%							
	专业课教师	导师	辅导员	班主任	思政课教师	心理咨询师	家人	同学、室友等朋辈群体
是	56.4	38.7	33.8	12.9	6.1	3.6	45.4	69.1
否	56.3	38.3	34.7	14.4	7.5	3.7	42.2	69.5

2. 基于教育因素的分析

不同学科门类的大学生对影响其成长发展因素的认识存在差异。从表9-40可以看出,从专业课教师因素来看,分别有69.4%的人文科学类大学生、58.9%的社会科学类大学生、51.7%的理工农医类大学生,认为专业课教师是影响思想政治教育成效的因素。由此可见,人文科学类大学生中更高比例的人,认为专业课教师是影响大学生成长发展的因素。从导师因素来看,分别有32.4%的人文科学类大学生、39.9%的社会科学类大学生、39.5%的理工农医类大学生,认为导师是影响大学生成长发展的因素。由此可见,社会科学类大学生中更高比例的人,认为导师是影响大学生成长发展的因素。从家人因素来看,分别有42.8%的人文科学类大学生、43.3%的社会科学类大学生、43.9%的理工农医类大学生,认为家人是影响大学生成长发展的因素。由此可见,理工农医类大学生中相对有更多的人,认为家人是影响大学生成长发展的因素。

表 9-40　不同学科门类的大学生对其成长发展的影响因素的认知情况

学科门类	大学生成长发展的影响因素/%							
	专业课教师	导师	辅导员	班主任	思政课教师	心理咨询师	家人	同学、室友等朋辈群体
人文科学类	69.4	32.4	33.6	13.3	5.9	3.9	42.8	70.9
社会科学类	58.9	39.9	34.1	13.0	7.2	3.6	43.3	69.1
理工农医类	51.7	39.5	34.6	14.1	7.0	3.6	43.9	69.0

学历(年级)不同的大学生对影响大学生成长发展因素的认识存在差异。从表9-41可以看出,大一分别有41.5%、4.3%、70.5%的学生认为辅导员、心理咨询师、同学、室友等朋辈群体是影响大学生成长发展的因素,这三方面的比例均高于其他年级的学生。博士分别有79.1%、51.9%的学生认为导师、家人是影响大学生成长发展的因素,这两方面的比例均高于其他年级的学生。大三有61.8%的学生认为专业课教师是影响大学生成长发展的因素,比例高于其他年级的学生。

表 9-41　学历(年级)不同的大学生对其成长发展的影响因素的认知情况

年级	大学生成长发展的影响因素/%							
	专业课教师	导师	辅导员	班主任	思政课教师	心理咨询师	家人	同学、室友等朋辈群体
大一	58.0	32.3	41.5	15.8	7.6	4.3	40.7	70.5
大二	59.8	29.7	37.6	16.1	7.9	4.0	41.5	67.8
大三	61.8	26.2	35.9	14.5	7.6	3.8	43.3	70.2
大四	60.2	28.9	33.1	15.0	7.2	3.7	45.3	69.9
硕士	46.8	65.0	24.2	8.7	4.8	2.7	46.7	68.3
博士	37.8	79.1	19.7	5.7	3.4	2.0	51.9	68.7

政治面貌不同的大学生对影响大学生成长发展因素的认识存在差异。从表9-42可以看出,党员大学生认为导师(49.5%)、辅导员(34.6%)、家人(44.7%)是影响大学生成长发展的因素,这三方面的比例均分别高于非党员大学生。

表 9-42　政治面貌不同的大学生对其成长发展的影响因素的认知情况

政治面貌	大学生成长发展的影响因素/%							
	专业课教师	导师	辅导员	班主任	思政课教师	心理咨询师	家人	同学、室友等朋辈群体
党员	52.3	49.5	34.6	10.8	6.2	2.7	44.7	68.1
非党员	57.4	35.5	34.2	14.5	7.1	3.9	43.3	69.7

学生干部经历不同的大学生对影响大学生成长发展因素的认识存在差异。从表9-43可以看出,有学生干部经历的大学生认为同学、室友等朋辈群体(69.6%)、导师(38.5%)、辅导员(35.6%)是影响大学生成长发展的因素,相应比例均高于没有学生干部经历的大学生。

表 9-43　学生干部经历不同的大学生对其成长发展的影响因素的认知情况

是否有学生干部经历	大学生成长发展的影响因素/%							
	专业课教师	导师	辅导员	班主任	思政课教师	心理咨询师	家人	同学、室友等朋辈群体
是	56.3	38.5	35.6	13.6	6.7	3.7	43.6	69.6
否	56.4	38.3	29.1	14.1	7.7	3.7	43.6	68.4

国(境)外学习经历不同的大学生对影响大学生成长发展因素的认识存在差异。从表9-44可以看出,有国(境)外学习经历的大学生中,分别有56.4%、42.1%、3.8%、46.3%学生认为专业课教师、导师、心理咨询师、家人是影响大学生成长发展的因素,这四方面的比例均高于没有国(境)外学习经历的大学生。

表 9-44　国(境)外学习经历不同的大学生对其成长发展的影响因素的认知情况

是否有国(境)外学习经历	大学生成长发展的影响因素/%							
	专业课教师	导师	辅导员	班主任	思政课教师	心理咨询师	家人	同学、室友等朋辈群体
是	56.4	42.1	27.5	11.3	5.5	3.8	46.3	68.8
否	56.3	38.3	34.6	13.8	6.9	3.6	43.5	69.4

四、 对影响思想品德发展因素的评价

大学阶段是学生人生成长发展的关键时期。无论是思想政治理论课和专业课程的教学质量,还是辅导员的工作能力和水平,对于大学生思想品德的发展都至关重要。本次调研旨在从考察思想政治理论课教学、专业课程教学、辅导员工作等三个因素对大学生思想品德发展的影响情况。我们把每个因素对大学生思想品德发展的影响划分为:"很大""较大""一般""较少""没有"五个等级。接下来,我们将结合调查数据,从三个方面进行深入分析。

(一)总体评价

本调查将影响大学生思想品德发展的因素,分为思想政治理论课教学、专业课程教学、

辅导员工作等三个方面。从表 9-45 可以看出,有 77.4%(2019 年为 73.4%)的大学生认为思想政治理论课教学对大学生的思想品德发展作用"很大"和"较大",同时还有 2.9%(2019 年为 3.8%)的大学生认为思想政治理论课教学对大学生的思想品德发展作用"较少"和"没有";80.0%(2019 年为 80.6%)的大学生认为专业课程教学对大学生的思想品德发展作用"很大"和"较大",同时还有 2.5%(2019 年为 2.5%)的大学生认为专业课程教学对大学生的思想品德发展作用"较少"和"没有";75.3%(2019 年为 71.5%)的大学生认为辅导员工作对大学生的思想品德发展作用"很大"和"较大",同时还有 4.8%(2019 年为 6.3%)的大学生认为辅导员工作对大学生的思想品德发展作用"较少"和"没有"。

表 9-45 大学生对不同教育渠道育德作用的评价

对大学生思想 品德发展的作用	教育渠道/%		
	思想政治理论课教学	专业课程教学	辅导员工作
很大	44.1	45.8	42.6
较大	33.3	34.2	32.7
一般	19.7	17.5	19.9
较少	2.0	1.7	3.1
没有	0.9	0.8	1.7

从 2014 年至 2020 年数据的对比分析来看,大学生对思想政治理论课教学、专业课程教学的肯定性评价和整体满意度均呈上升趋势,而对辅导员工作的肯定性评价和整体满意度在 2018 年以来呈先下降后上升趋势。其中,2020 年大学生对思想政治理论课教学的肯定性评价和整体满意度均为最高值,2020 年大学生对专业课程教学的肯定性评价为最高值,如图 9-11、图 9-12、图 9-13 所示,肯定性评价均达到 95% 以上,表明不同教育渠道育德作用明显,思想政治理论课教学、专业课程教学对大学生思想品德发展的促进作用发挥显著。

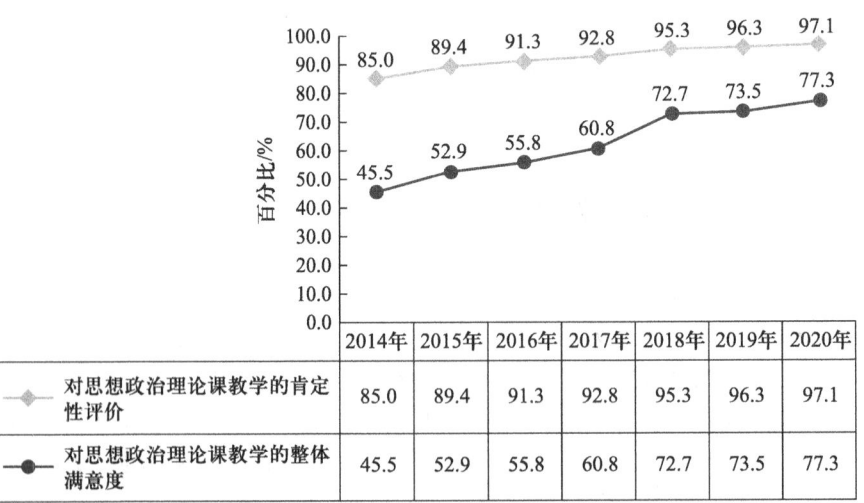

	2014年	2015年	2016年	2017年	2018年	2019年	2020年
对思想政治理论课教学的肯定性评价	85.0	89.4	91.3	92.8	95.3	96.3	97.1
对思想政治理论课教学的整体满意度	45.5	52.9	55.8	60.8	72.7	73.5	77.3

图 9-11 2014 年—2020 年大学生对思想政治理论课教学的评价情况趋势图

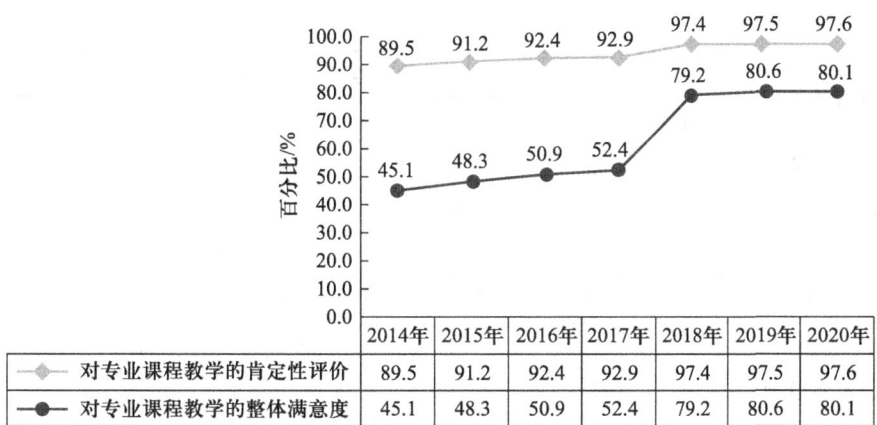

图 9-12 2014 年—2020 年大学生对专业课程教学的评价情况趋势图

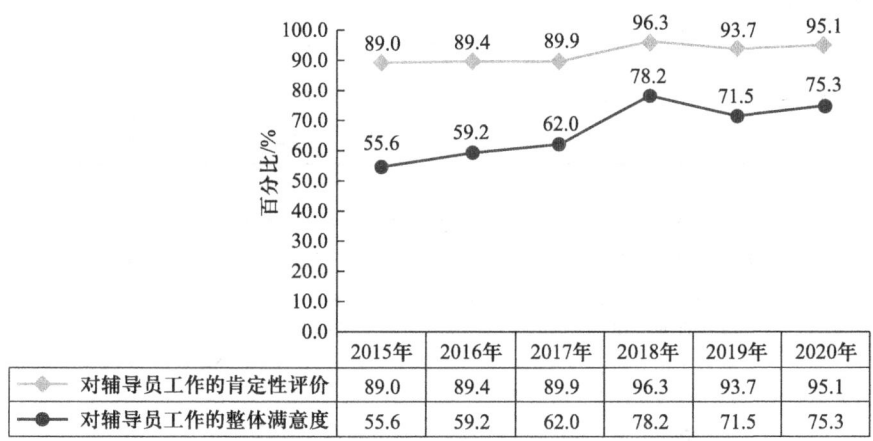

图 9-13 2015 年—2020 年大学生对辅导员工作评价情况趋势图

本次调查中,还收集了大学生对本校校风和学风建设、创新创业教育、社会实践活动、校园文化活动、网络思想政治教育、心理健康教育与咨询工作、职业规划与就业指导教育、日常事务管理、学校后勤服务、学生资助工作、基层党组织建设、社团活动、班级建设、团组织建设的评价。从表 9-46、图 9-14 可以看出,大学生对以上各项工作的整体满意度分别为 89.1%、82.4%、83.0%、84.5%、83.0%、83.4%、80.7%、80.6%、78.2%、85.1%、86.3%、83.7%、84.3%、86.0%。由此可见,大学生对本校各项工作的满意度较高,均在 78.0% 以上,其中,满意度较高的前三项是校风和学风建设、基层党组织建设以及团组织建设,满意度较低的三项是学校后勤服务、日常事务管理和职业规划与就业指导教育。

表 9-46 大学生对本校各项工作的评价

本校各项工作	大学生对本校各项工作的评价/%				
	非常满意	比较满意	一般	不大满意	很不满意
校风和学风建设	50.4	38.7	9.3	1.1	0.5
创新创业教育	45.5	36.9	15.0	1.9	0.7

续表

本校各项工作	大学生对本校各项工作的评价/%				
	非常满意	比较满意	一般	不大满意	很不满意
社会实践活动	46.3	36.7	14.6	1.9	0.5
校园文化活动	48.4	36.1	13.0	1.9	0.6
网络思想政治教育	46.1	36.9	14.9	1.5	0.6
心理健康教育与咨询工作	47.5	35.9	14.1	1.8	0.7
职业规划与就业指导教育	44.7	36.0	16.4	2.3	0.6
日常事务管理	44.7	35.9	15.6	2.7	1.1
学校后勤服务	43.1	35.1	16.0	3.7	2.1
学生资助工作	48.5	36.6	12.8	1.4	0.7
基层党组织建设	49.4	36.9	12.1	1.0	0.6
社团活动	47.1	36.6	13.9	1.6	0.8
班级建设	48.3	36.0	13.5	1.6	0.6
团组织建设	49.2	36.8	12.4	1.1	0.5

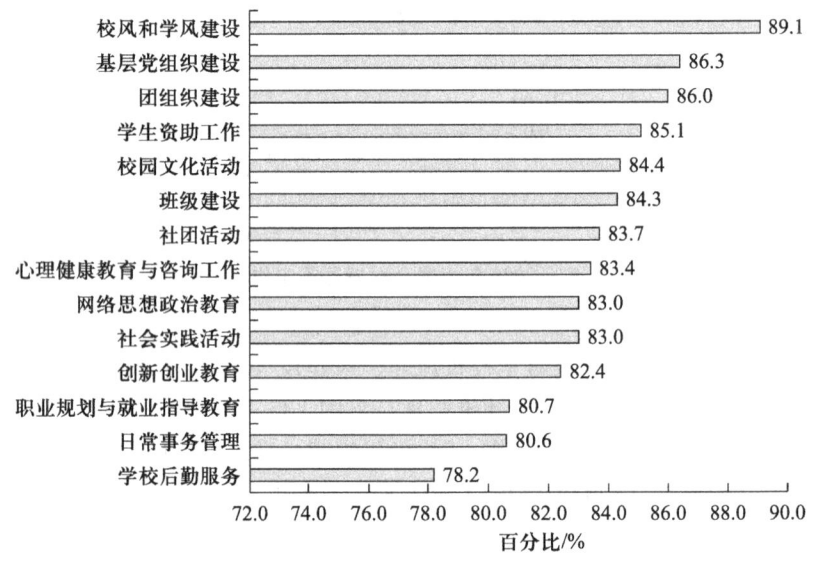

图 9-14　大学生对本校各项工作的满意度分布图

（二）不同类型大学生对影响思想品德发展因素的评价

1. 思想政治理论课教学

（1）基于自然因素的分析

不同性别的大学生对思想政治理论课教学与促进大学生思想品德发展之间关系的认识存在显著差异（$X^2 = 167.966, P < 0.001$）。从表 9-47 可以看出，男大学生认为思想政治理论课

教学对大学生思想品德发展作用"很大"和"较大"的比例为78.3%(2019年为75.6%),高于女大学生的76.6%(2019年为71.9%)。由此可见,男大学生更倾向于认为思想政治理论课教学对大学生思想品德发展具有促进作用。与2019年分析结果一致,肯定思想政治理论课教学对大学生思想品德发展作用的男大学生比例高于女大学生。

表9-47　不同性别的大学生对思想政治理论课教学促进思想品德发展作用的评价

性别	思想政治理论课教学对大学生思想品德发展的作用/%				
	很大	较大	一般	较少	没有
男	46.2	32.1	18.3	2.1	1.3
女	42.3	34.3	20.9	1.9	0.6

不同生源地的大学生对思想政治理论课教学与促进大学生思想品德发展之间关系的认识存在显著差异($\chi^2=221.819,P<0.001$)。从表9-48可以看出,农村大学生认为思想政治理论课教学对大学生思想品德发展作用"很大"和"较大"的比例为77.6%,高于城镇大学生的77.2%。由此可见,相较城镇大学生而言,农村大学生更倾向于认为思想政治理论课教学对大学生思想品德发展具有促进作用。

表9-48　不同生源地的大学生对思想政治理论课教学促进思想品德发展作用的评价

生源地	思想政治理论课教学对大学生思想品德发展的作用/%				
	很大	较大	一般	较少	没有
农村	41.4	36.2	20.0	1.7	0.7
城镇	46.5	30.7	19.4	2.2	1.2

生源地所在区域不同的大学生对思想政治理论课教学与促进大学生思想品德发展之间关系的认识存在显著差异($\chi^2=305.749,P<0.001$)。从表9-49中可以看出,生源地为华东、华南、华中、华北、西北、西南、东北的大学生对思想政治理论课教学的整体满意度分别为75.8%、74.0%、77.6%、78.6%、80.4%、76.9%、79.2%。

表9-49　生源地所在区域不同的大学生对思想政治理论课教学促进思想品德发展作用的评价

生源地所在区域	思想政治理论课教学对大学生思想品德发展的作用/%				
	很大	较大	一般	较少	没有
华东	42.9	32.9	21.3	1.9	1.0
华南	37.3	36.7	23.1	1.9	1.0
华中	43.5	34.1	19.6	2.0	0.8
华北	46.9	31.7	18.3	2.1	1.0
西北	46.8	33.6	17.5	1.6	0.5
西南	42.3	34.6	20.0	2.1	1.0
东北	50.2	29.0	17.6	2.1	1.1

(2)基于教育因素的分析

不同学科门类的大学生对思想政治理论课教学与促进大学生思想品德发展之间关系的

认识存在显著差异($\chi^2 = 30.201$，$P < 0.001$)。从表 9-50 可以看出，人文科学类、社会科学类、理工农医类大学生认为思想政治理论课教学对大学生思想品德发展作用"很大"和"较大"的比例分别为 77.0%、76.6%、77.7%。由此可见，理工农医类大学生更倾向于认为思想政治理论课教学对大学生思想品德发展具有促进作用。

表 9-50　不同学科门类的大学生对思想政治理论课教学促进思想品德发展作用的评价

学科门类	思想政治理论课教学对大学生思想品德发展的作用/%				
	很大	较大	一般	较少	没有
人文科学类	44.9	32.1	19.9	2.1	1.0
社会科学类	42.1	34.5	20.5	2.0	0.9
理工农医类	44.7	33.0	19.3	1.9	1.1

不同政治面貌的大学生对思想政治理论课教学与促进大学生思想品德发展之间关系的认识存在显著差异($\chi^2 = 37.681$，$P < 0.001$)。从表 9-51 可以看出，党员大学生认为思想政治理论课教学对大学生思想品德发展作用"很大"和"较大"的比例为 79.1%，高于非党员大学生的 76.8%。由此可见，相较非党员大学生而言，党员大学生更倾向于认为思想政治理论课教学对大学生思想品德发展具有促进作用。

表 9-51　不同政治面貌的大学生对思想政治理论课教学促进思想品德发展作用的评价

政治面貌	思想政治理论课教学对大学生思想品德发展的作用/%				
	很大	较大	一般	较少	没有
党员	44.3	34.8	18.5	1.7	0.7
非党员	44.0	32.8	20.0	2.0	1.2

2. 专业课程教学

(1) 基于自然因素的分析

不同性别的大学生对专业课程教学与促进大学生思想品德发展之间关系的认识存在显著差异($\chi^2 = 166.592$，$P < 0.001$)。从表 9-52 可以看出，女大学生认为专业课程教学对大学生思想品德发展作用"很大"和"较大"的比例为 81.1%，高于男大学生的 78.7%。由此可见，相较男大学生而言，女大学生更倾向于认为专业课程教学对大学生思想品德发展具有促进作用。

表 9-52　不同性别的大学生对专业课程教学促进思想品德发展作用的评价

性别	专业课程教学对大学生思想品德发展的作用/%				
	很大	较大	一般	较少	没有
男	46.5	32.2	18.1	2.1	1.1
女	45.2	35.9	17.1	1.3	0.5

家庭类型不同的大学生对专业课程教学与促进大学生思想品德发展之间关系的认识存在显著差异($\chi^2 = 21.021$，$P < 0.001$)。从表 9-53 可以看出，双亲家庭大学生认为专业课程教学对大学生思想品德发展作用"很大"和"较大"的比例为 80.2%，高于非双亲家庭大学生的

78.7%。由此可见,相较非双亲家庭大学生而言,双亲家庭大学生更倾向于认为专业课程教学对大学生思想品德发展具有促进作用。

表 9-53　家庭类型不同的大学生对专业课程教学促进思想品德发展作用的评价

家庭类型	专业课程教学对大学生思想品德发展的作用/%				
	很大	较大	一般	较少	没有
双亲家庭	46.1	34.1	17.4	1.7	0.7
非双亲家庭	42.8	35.9	18.6	1.8	0.9

（2）基于教育因素的分析

政治面貌不同的大学生对专业课程教学与促进大学生思想品德发展之间关系的认识存在显著差异($\chi^2 = 26.277$,$P<0.001$)。从表 9-54 可以看出,党员大学生认为专业课程教学对大学生思想品德发展作用"很大"和"较大"的比例为 81.7%,高于非党员大学生的 79.6%。由此可见,相较非党员大学生而言,党员大学生更倾向于认为专业课程教学对大学生思想品德发展具有促进作用。

表 9-54　政治面貌不同的大学生对专业课程教学促进思想品德发展作用的评价

政治面貌	专业课程教学对大学生思想品德发展的作用/%				
	很大	较大	一般	较少	没有
党员	46.1	35.6	16.2	1.6	0.5
非党员	45.7	33.9	17.9	1.7	0.8

担任学生干部经历不同的大学生对专业课程教学与促进大学生思想品德发展之间关系的认识存在显著差异($\chi^2 = 53.569$,$P<0.001$)。从表 9-55 可以看出,有学生干部经历的大学生认为专业课程教学对大学生思想品德发展作用"很大"和"较大"的比例为 80.6%,高于没有学生干部经历的大学生的 77.8%。由此可见,相较没有学生干部经历的大学生而言,有学生干部经历的大学生更倾向于认为专业课程教学对大学生思想品德发展具有促进作用。

表 9-55　担任学生干部经历不同的大学生对专业课程教学促进思想品德发展作用的评价

是否担任过学生干部	专业课程教学对大学生思想品德发展的作用/%				
	很大	较大	一般	较少	没有
是	46.4	34.2	17.1	1.6	0.7
否	43.3	34.5	19.3	1.9	1.0

3. 辅导员工作

（1）基于自然因素的分析

性别不同的大学生对辅导员工作与促进大学生思想品德发展之间关系的认识存在显著差异($\chi^2 = 151.334$,$P<0.001$)。从表 9-56 可以看出,男大学生和女大学生认为辅导员工作对大学生思想品德发展作用"很大"和"较大"的人数比例分别为 76.7%、74.0%。由此可见,男大学生中认为辅导员工作对大学生思想品德发展具有促进作用的人数比例更高一些。

表 9-56　性别不同的大学生对辅导员工作促进思想品德发展作用的评价

性别	辅导员工作对大学生思想品德发展的作用/%				
	很大	较大	一般	较少	没有
男	45.0	31.7	18.1	3.1	2.1
女	40.5	33.5	21.4	3.1	1.5

　　独生子女和非独生子女大学生对辅导员工作与促进大学生思想品德发展之间关系的认识存在显著差异（$x^2 = 209.546$，$P<0.001$）。从表 9-57 可以看出，独生子女和非独生子女大学生，认为辅导员工作对大学生思想品德发展作用"很大"和"较大"的人数比例分别为 75.7%（2019 年为 71.9%）、74.9%（2019 年为 71.2%）。由此可见，独生子女大学生中认为辅导员工作对大学生思想品德发展具有促进作用的人数比例更高一些，这与 2019 年的结论一致。

表 9-57　独生子女和非独生子女大学生对辅导员工作促进思想品德发展作用的评价

是否是独生子女	辅导员工作对大学生思想品德发展的作用/%				
	很大	较大	一般	较少	没有
是	45.6	30.1	18.8	3.4	2.1
否	40.2	34.7	20.7	2.9	1.5

（2）基于教育因素的分析

　　国（境）外学习经历不同的大学生对辅导员工作与促进大学生思想品德发展之间关系的认识存在显著差异（$x^2 = 73.270$，$P<0.001$）。从表 9-58 可以看出，没有国（境）外学习经历的大学生认为辅导员工作对大学生思想品德发展作用"很大"和"较大"的比例为 75.4%，高于有境外学习经历大学生的 70.5%。由此可见，相较有国（境）外学习经历大学生而言，没有国（境）外学习经历大学生更倾向于认为辅导员工作对大学生思想品德发展具有促进作用。

表 9-58　国（境）外学习经历不同的大学生对辅导员工作促进思想品德发展作用的评价

是否有国（境）外学习经历	辅导员工作对大学生思想品德发展的作用/%				
	很大	较大	一般	较少	没有
是	41.2	29.3	20.5	5.4	3.6
否	42.6	32.8	19.9	3.0	1.7

　　学生干部经历不同的大学生对辅导员工作与促进大学生思想品德发展之间关系的认识存在显著差异（$x^2 = 96.979$，$P<0.001$）。从表 9-59 可以看出，有学生干部经历的大学生认为辅导员工作对大学生思想品德发展作用"很大"和"较大"的比例为 76.1%，高于没有学生干部经历的大学生的 71.6%。由此可见，相较没有学生干部经历的大学生而言，有学生干部经历的大学生更倾向于认为辅导员工作对大学生思想品德发展具有促进作用。

表 9-59 学生干部经历不同的大学生对辅导员工作促进思想品德发展作用的评价

是否有学生 干部经历	辅导员工作对大学生思想品德发展的作用/%				
	很大	较大	一般	较少	没有
是	43.4	32.7	19.2	3.1	1.6
否	39.2	32.4	22.9	3.4	2.1

学科门类不同的大学生对辅导员工作与促进大学生思想品德发展之间关系的认识存在显著差异($X^2 = 34.686, P < 0.001$)。从表 9-60 可以看出,人文科学类、社会科学类、理工农医类大学生认为辅导员工作对大学生思想品德发展作用"很大"和"较大"的比例分别为 75.5%、74.1%、75.7%。由此可见,理工农医类大学生更倾向于认为辅导员工作对大学生思想品德发展具有促进作用。

表 9-60 学科门类不同的大学生对辅导员工作促进思想品德发展作用的评价

学科门类	辅导员工作对大学生思想品德发展的作用/%				
	很大	较大	一般	较少	没有
人文科学类	43.9	31.6	19.3	3.4	1.8
社会科学类	40.5	33.6	20.9	3.2	1.8
理工农医类	43.1	32.6	19.6	3.0	1.7

(三) 相关分析

通过相关分析,思想政治理论课教学、专业课程教学以及辅导员工作对大学生思想品德发展的作用("很大"=1,"较大"=2,"一般"=3,"较少"=4,"没有"=5)与对校风和学风建设的评价("非常满意"=1,"比较满意"=2,"一般"=3,"不太满意"=4,"很不满意"=5,下同)、对创新创业教育的评价以及对社会实践活动、校园文化活动、网络思想政治教育、心理健康教育与咨询工作、职业规划与就业指导教育、日常事务管理、学校后勤服务、学生资助工作、基层党组织建设、社团活动、班级建设、团组织建设等多个问题的评价之间存在正相关关系(P 值均小于 0.001)。从表 9-61 可以看出,对相关方面的工作评价越高的大学生,认为思想政治理论课教学、专业课程教学以及辅导员工作对大学生思想品德发展的积极作用也越大。

表 9-61 思想政治理论课教学、专业课程教学及辅导员工作对大学生思想品德发展的作用相关关系情况

相关关系的因素	思想政治理论课教学		专业课程教学		辅导员工作	
	r	p	r	p	r	p
校风和学风建设	0.525	<0.001	0.521	<0.001	0.487	<0.001
创新创业教育	0.551	<0.001	0.547	<0.001	0.514	<0.001
社会实践活动	0.549	<0.001	0.546	<0.001	0.514	<0.001
校园文化活动	0.526	<0.001	0.531	<0.001	0.499	<0.001
网络思想政治教育	0.590	<0.001	0.571	<0.001	0.540	<0.001

续表

相关关系的因素	思想政治理论课教学		专业课程教学		辅导员工作	
	r	p	r	p	r	p
心理健康教育与咨询工作	0.549	<0.001	0.541	<0.001	0.523	<0.001
职业规划与就业指导教育	0.561	<0.001	0.555	<0.001	0.533	<0.001
日常事务管理	0.544	<0.001	0.526	<0.001	0.530	<0.001
学校后勤服务	0.475	<0.001	0.459	<0.001	0.460	<0.001
学生资助工作	0.514	<0.001	0.513	<0.001	0.502	<0.001
基层党组织建设	0.568	<0.001	0.557	<0.001	0.538	<0.001
社团活动	0.529	<0.001	0.528	<0.001	0.505	<0.001
班级建设	0.545	<0.001	0.548	<0.001	0.530	<0.001
团组织建设	0.565	<0.001	0.560	<0.001	0.541	<0.001

五、 本章小结

(一) 总体情况

调查表明,当前大学生思想政治教育的"主渠道"和"主阵地"发挥的作用不断提升,大学生对思想政治教育效果的总体评价较好。调查结果显示,98.2%(2019 年为 98.5%)的大学生对当前思想政治教育开展状况持肯定性评价,大学生对思想政治教育效果的整体满意度为 81.7%(2019 年为 81.8%)。也就是说,大部分大学生对思想政治教育工作给予了肯定的评价,这充分表明大学生思想政治教育工作取得了显著成效。在大学生看来,课程能发挥德育功能的排名为思想政治理论课(86.8%)、专业教育课程(85.8%)、实践类课程(85.1%)、公共基础课程(84.8%)。也就是说,大部分大学生都认为,思想政治理论课、公共基础课程、专业教育课程、实践类课程能够发挥德育功能。调查表明,思想政治理论课教学、辅导员工作以及专业课程教学对大学生思想品德发展具有较大的促进作用。有 77.4%(2019 年为73.4%)的大学生认为思想政治理论课教学对大学生的思想品德发展作用"很大"和"较大";80.0%(2019 年为 80.6%)的大学生认为专业课程教学对大学生的思想品德发展作用"很大"和"较大";75.3%(2019 年为 71.5%)的大学生认为辅导员工作对大学生的思想品德发展作用"很大"和"较大"。由此可见,提高思想政治理论课教学、专业课程教学水平和提升辅导员工作质量,是促进大学生思想品德发展的主要渠道和重要途径。

(二) 现象与问题

虽然现今大学生对思想政治教育的总体评价较好,但是,当前的思想政治教育与大学生的成长发展需求和社会期望还有一定的差距。调查结果显示,对思想政治教育效果持负面评价的大学生也占有一定比例,如认为效果"比较差"和"非常差"的大学生比例为 1.8%(2019 年为 1.4%)。调研表明,有 2.9%(2019 年为 3.8%)的大学生认为思想政治理论课教学对大学生的思想品德发展作用"较少"和"没有";有 2.5%(2019 年为 2.5%)的大学生认为专业课程教学对大学生的思想品德发展作用"较少"和"没有";有 4.8%(2019 年为 6.3%)的大学生认为辅导员工作对大学生的思想品德发展作用"较少"和"没有"。从 2014 年至 2020 年份数据的对比分析来看,大学生对思想政治理论课教学、专业课程教学的肯定性评价和整体满意度均呈上升趋势,而对辅导员工作的肯定性评价和整体满意度在 2018 年以来呈先下降后上升趋势。在近五年中,2020 年大学生对思想政治理论课教学的肯定性评价和整体满意度均为最高值,2020 年大学生对专业课程教学的肯定性评价为最高值。但不能忽视的是,大学生对辅导员工作作用的负面评价比例最高,说明大学生思想政治教育的实效性还有不小的提升空间,距离学生的期盼还有一定的差距,仍需要进一步加强和改进思想政治理论课教育教学、改善专业课程教学,特别是要注重辅导员队伍专业化职业化建设。

(三)建议与对策

第一,有效发挥每一门课程的育人功能。课堂教学的效果不仅影响甚至决定了其德育功能的发挥,更是对学生思想品德的养成有着至关重要的作用。从调查数据来看,大学生对课程教学、课程德育功能的发挥情况、课程教学对思想品德发展的积极作用的评价等都存在一定的差异,其中,大学生对专业课程教学、思想政治理论课教学效果的满意度分别为 88.6%、85.2%。在大学生看来,课程能发挥德育功能的排名为思想政治理论课(86.8%)、专业教育课程(85.8%)、实践类课程(85.1%)、公共基础课程(84.8%)。在课程教学对思想品德发展的积极作用方面,有 77.4% 的大学生认为思想政治理论课教学作用"很大"和"较大",80.0% 的大学生认为专业课程教学作用"很大"和"较大"。因此,要围绕立德树人的根本任务,建设更多的高质量"金课",让思想政治理论课的关键作用以及公共基础课、专业教育课程、实践类课程的"守渠"作用切实发挥出来。一是要充分发挥教师的积极性主动性创造性,全面提高他们的育人意识和育人能力,给学生更有温度、更有力度、更有效度的思想政治教育。二是要结合办学方向和时代新人的培养目标,加快构建高质量的课程思政体系,建立健全分层分类、务实管用的课程思政教材体系、教学体系、质量评价体系和激励保障体系。三是更加重视实践类课程功能的发挥。坚持"四个面向",着眼于增强学生的实践动手能力、创新精神、责任意识和家国情怀,教育引导学生大力弘扬劳动精神、奋斗精神,在全面建设社会主义现代化国家的生动实践和主战场上接受锤炼锻造,成长为适应党和国家需要、经济社会发展所需的高层次人才。

第二,更加重视朋辈教育和家校协同。调查表明,在专业课教师、导师、辅导员、班主任、思政课教师、心理咨询师、家人以及同学、室友等朋辈群体这八个方面中,大学生认为影响自己成长发展的前三项因素是同学、室友等朋辈群体(69.3%)、专业课教师(56.3%)、家人(43.6%),这就需要在高质量推进学校教育的同时,必须高度重视朋辈教育、家庭教育与学校教育的协同联动、同频共振。在朋辈教育方面,既要充分发挥最美大学生、党员标兵、中国大学生自强之星等先进典型的引领示范作用,用"一朵云"推动"一片云",也要建好用好青年讲师团、博士生宣讲团等学生理论宣讲组织,用青年视角阐释党的创新理论,用青年话语宣传党的主张,用青年担当践行党的要求,让党的创新理论"飞入寻常百姓家",进一步增强青年跟党走的坚定信念和信心。在家庭教育方面,要让良好的家风、家教、家训发挥潜移默化的育人功能,充分运用家访、网上家长学校以及新媒体新技术,实现学校教育与家庭教育对学生成长发展信息的共建共享,家校相长培养学生自尊自信、理性平和、阳光向上的积极心态,助益学生良好思想道德素质和心理素质的形成和发展。

第三,有效破解思想政治教育的供需矛盾。思想政治教育发展的不平衡不充分,与大学生日益增长的成长发展需求之间,仍然存在亟待破解的矛盾。调查数据表明,大学生对日常思想政治教育效果的满意度为84.6%,对日常思想政治教育效果持负面评价的大学生也占有一定比例,如认为效果"比较差"和"非常差"的大学生比例为1.6%。75.3%的大学生认为辅导员工作对自己的思想品德发展作用"很大"和"较大",同时还有4.8%的大学生认为辅导员工作对大学生的思想品德发展作用"较少"和"没有"。在所列的14项学校工作中,学生满意度排在后三项的是职业规划与就业指导教育(80.7%)、日常事务管理(80.6%)以及学校后勤服务(78.2%)。提高思想政治教育的实效性,就要深刻把握新时代大学生的群体特征、思想特点、行为表现和成长发展需求,紧紧扭住思想政治教育工作特别是"三全育人"综合改革中存在的薄弱环节和突出问题,敢于破解影响思想政治教育高质量发展的瓶颈、深层次体制机制矛盾,集聚思想政治教育的主体、资源、要素等,有针对性地提供色香味俱佳、学生乐于接受的思政大餐,加大高品质网络思政文化产品的供给力度,不断提升思想政治教育的有效性。

第四,深化思想政治教育评价改革。思想政治教育评价改革是新时代教育评价改革的重要组成部分。科学、准确、动态评价思想政治教育的成效,要坚决扭转不科学的思想政治教育评价导向,把成效作为检验改革的根本标准,加快完善各级各类学校思想政治教育评价标准,建成符合时代特征、彰显育人导向、具有现代化一流水平的思想政治教育评价体系。一是要稳妥推进"三全育人"综合改革评价。2018年以来,教育部先后开展了两批"三全育人"综合改革试点,分层分类开展了试点区、试点高校、试点院(系),试行出台了建设要求和标准。深化"三全育人"综合改革,要坚持定性分析与定量分析相结合、整体评估与分项评估相结合,同时坚持工作评价与效果评价、年度评价与跟踪评价相结合,高度重视结果评价、过程评价、增值评价、综合评价,通过提升评价的真实性和客观性,不断增强"三全育人"综合改革的系统性、整体性、协同性,从而实现以"点"带"面",全面加强"三全育人"工作。二是强化学生综合素质评价。科学、全面地反映学生德智体美劳发展状况和综合素质水平。严格对照学生综合素质评价标准,完善奖助学金、学业考评等制度,优化学生综合素质测评体系,着力提升学生的政治素质、法治素养、卓越意识、科学精神和实践本领。三是健全高校思想政治工作队伍考核评价。加大一线规则在高校思想政治工作队伍素质能力评价中的比重,推动强化一线学生工作的政治自觉、思想自觉和行动自觉,及时有效解决学生的思想问题和实际困难,把对学生的关爱落实到宿舍、课堂、实验室和网络,以队伍作风成效的提升推进思想政治教育的高质量发展。

第十章
对大学生文明素质的评价

文明素质是人的思想认知、言行举止与社会交往和公共生活中道德要求的契合程度,提高人的文明素质是促进人全面发展的重要环节。"青年是整个社会力量中最积极、最有生气的力量,国家的希望在青年,民族的未来在青年。"①大学生作为青年群体的中坚力量,应当"不负时代重托,不负青春韶华,为建设社会主义现代化强国、实现中华民族伟大复兴贡献智慧和力量"。② 青年大学生群体肩负着崇高的使命,象征着祖国的未来,因此有必要不断提升自身的文明素质。课题组从 12 个方面对大学生的文明素质水平进行考察,在运用集中趋势分析、离散趋势分析、交互分析、因子分析和回归分析等分析方式的基础上,全面了解大学生文明素质的基本状况,客观分析当前大学生文明素质存在的主要问题,提出了有针对性的对策和建议。

一、综合评价

对大学生文明素质现状的分析与把握,应立足于文明素质的整体性、系统性,首先对其进行综合评价。2020 年大学生文明素质总体状况良好,大学生文明素质的评分保持上升态势且增幅显著。

本次调查将抽象不可测变量"大学生文明素质"拆分为"奉献精神、集体观念、纪律观念、诚信意识、人文素养、维权意识、创新精神、勤俭节约、文明礼貌、奋斗精神、自律能力、责任意识"12 个具体可测变量,依据 12 个方面的评分对大学生文明素质的水平进行评价。各具体可测变量评分区间为 1—10 分,并规定 9—10 分为"优秀"、6—8 分为"良好"、1—5 分为"不合格"。调查结果显示(见表 10-1),12 项评价内容的平均分均高于 6 分,达到"良好"水平,且总体文明素质的平均分为 7.93 分,较 2019 年(7.59 分)上升了 0.34 分。将大学生文明素质评价的 12 项内容按照平均分从高到低的顺序排列依次为(见图 10-1):文明礼貌(8.31分)、诚信意识(8.29 分)、奋斗精神(8.15 分)、维权意识(8.05 分)、人文素养(8.04 分)、责任意识(8.00 分)、创新精神(7.83 分)、纪律观念(7.78 分)、勤俭节约(7.75 分)、自律能力(7.69 分)、奉献精神(7.65 分)、集体观念(7.64 分)。

---

① 《习近平谈治国理政》第三卷,外文出版社 2020 年版,第 333 页。
② 《坚守人民情怀,走好新时代的长征路——习近平在湖南考察并主持召开基层代表座谈会纪实》,《人民日报》2020 年 9 月 21 日。

表 10-1　大学生文明素质评分表

序号	文明素质	优秀 9—10 分（%）	良好 6—8 分（%）	不合格 0—5 分（%）	平均分（分）
1	奉献精神	31.1	59.8	9.1	7.65
2	集体观念	32.4	57.2	10.4	7.64
3	纪律观念	33.2	58.5	8.3	7.78
4	诚信意识	41.9	53.8	4.3	8.29
5	人文素养	37.4	56.4	6.2	8.04
6	维权意识	39.7	53.6	6.7	8.05
7	创新精神	34.5	57.9	7.6	7.83
8	勤俭节约	33.3	58.2	8.5	7.75
9	文明礼貌	43.4	52.1	4.5	8.31
10	奋斗精神	39.8	55.3	4.9	8.15
11	自律能力	32.4	58.4	9.2	7.69
12	责任意识	37.9	55.4	6.7	8.00

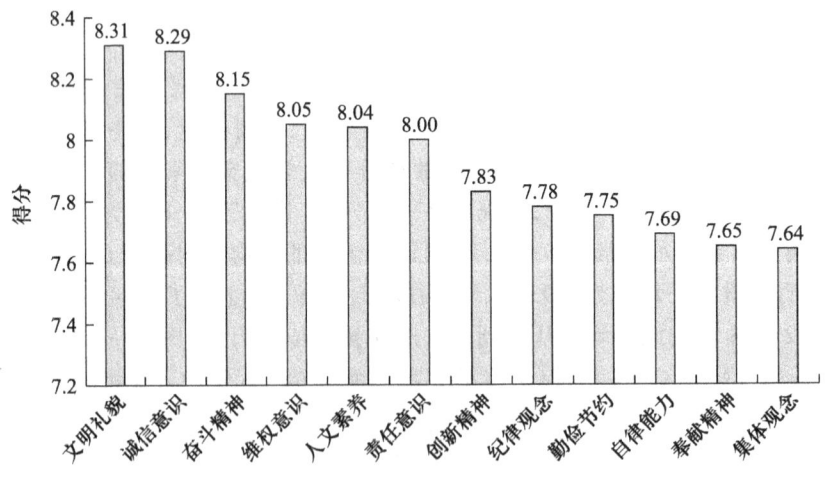

图 10-1　大学生各项文明素质平均得分

　　基于对历年数据的比较分析，发现 2014 年—2020 年大学生文明素质的总体平均分逐年上升，发展态势良好，其中 2020 年大学生文明素质总体平均分的涨幅居于历年第二。2014—2020 年度的总体平均分分别为 6.88 分、7.03 分、7.08 分、7.16 分、7.22 分、7.59 分、

7.93 分(见图 10-2)。

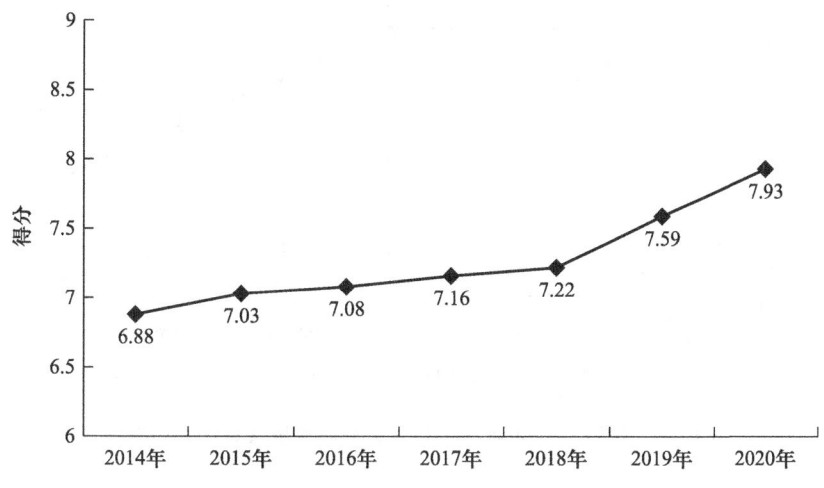

图 10-2　2014 年—2020 年大学生文明素质总体平均分走势

对各项数据分别进行对比,可以看出 2020 年大学生文明素质的 12 项评价得分均创历史新高,与 2019 年的数据相比较,各项均有 0.26—0.45 分的上涨,平均涨幅为 0.35 分,涨幅的标准差为 0.06。其中涨幅最大的前四位为"勤俭节约"(7.75 分)、"自律能力"(7.69 分)、"维权意识"(8.05 分)和"创新精神"(7.83 分),较 2019 年分别上涨 0.45 分、0.42 分、0.4 分、0.38 分(见图 10-3)。

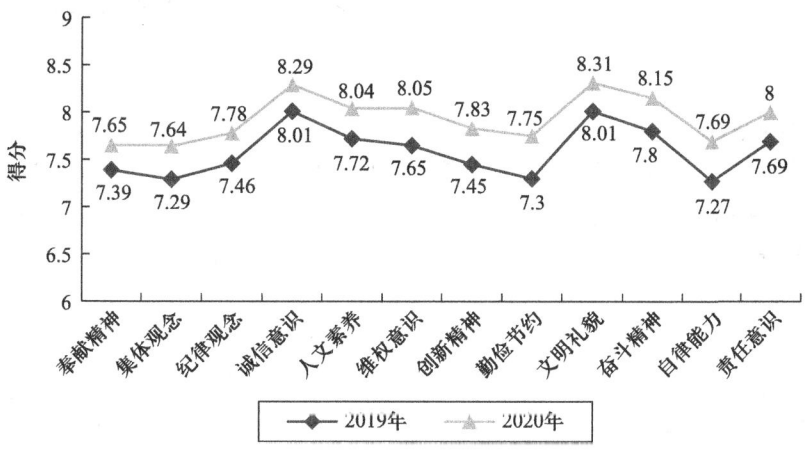

图 10-3　2019 年—2020 年大学生文明素质平均分对比

2020 年平均分最高的三项与 2019 年保持一致,分别为"文明礼貌""诚信意识"和"奋斗精神"。各项数据中"文明礼貌"(8.31 分)位居第一,"诚信意识"(8.29 分)紧随其后位居第二,与第一名相比仅低 0.02 分;而"集体观念"(7.64 分)的评价分数虽有明显上涨,但在各项中处于末位。同时,值得注意的是,"创新精神"的评价排名再次上升至第 7 位,与 2016 年、2017 年、2018 年的排名一致;"纪律观念"的评价排名,与 2019 年的排名相比有所下降,处于第 8 位;"集体观念"的评价排名连续五年呈下降趋势,处于第 12 位;"勤俭节约"的评价排名则连续四年持续上升,处于第 9 位(见图 10-4)。

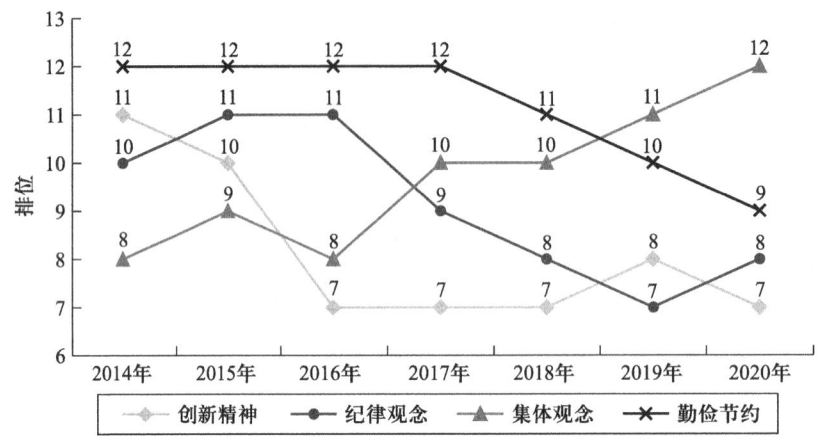

图 10-4　2014 年—2020 年大学生文明素质项目位次变动趋势

二、分项评价

大学生文明素质是不同具体内容依据一定层次性、结构性有序组合的统一整体。奉献精神、集体观念、纪律观念、诚信意识、人文素养、维权意识、创新精神、勤俭节约、文明礼貌、奋斗精神、自律能力、责任意识是大学生文明素质的主要内容。在综合评价大学生文明素质的基础上,课题组对 12 项主要内容分别深入分析,以期更好地把握当前大学生文明素质的具体特征。

(一)奉献精神

奉献精神作为一种将主动付出、不求回报视为幸福和快乐的高尚精神品质,引领着青年学子拼搏奋进、不断前行。习近平指出,新时代青年大学生应当"把个人的理想追求融入党和国家事业之中,为党、为祖国、为人民多作贡献。"[1]本课题通过调查受访者对大学生奉献精神的评价,反映当代大学生奉献精神的发展情况。

1. 整体情况

当前大学生奉献精神整体状态良好,2020 年对大学生奉献精神评价的平均分(7.65 分)大于 6 分,达到"良好"的标准。其中对大学生奉献精神评价为"优秀"(9—10 分)的受访者占比为 31.1%,评价为"良好"(6—8 分)的受访者占比为 59.8%,评价为"不合格"(0—5 分)的受访者占比为 9.1%(见表 10-1)。对大学生奉献精神评分具有内在固有大小或优劣等级顺序,属于定距变量,因此可以使用集中趋势分析、离散趋势分析、历时分析、回归分析等多种分析方式对这一评分数据进行处理。

2. 集中趋势分析

大学生奉献精神评价的平均分能够比较真实地反映大学生群体奉献精神的普遍状况。

---

① 《习近平回信寄语广大高校毕业生 把个人的理想追求融入党和国家事业之中 为党为祖国为人民多作贡献》,《人民日报》2020 年 7 月 9 日。

其中,平均分(7.65分)相对于中位数(8分)存在较小的负偏斜,说明大学生奉献精神评价的平均分可能受到个别极低分的影响而略微低于大学生群体的实际状况,但受极端值影响较小,因此能够比较真实地反映实际状况。

3. 离散趋势分析

受访者群体普遍认同大学生奉献精神整体状态良好。其中,平均值标准误差(η)为0.01,标准差(σ)为2.065,两个描述数据集离散趋势的统计量度,其数值均较小,说明数据集中的大部分数值和数据集的平均值之间的差异较小,数据集的离散程度较小。因此大多数受访者对大学生奉献精神的评价趋于一致,均认为大学生奉献精神整体状态良好。

4. 历时分析

大学生奉献精神的培育成效明显,对大学生奉献精神评价的总体平均分呈上升趋势。2014年—2019年的数据显示,大学生奉献精神的平均分从2014年(6.73分)到2018年(7.39分),5年间增加了0.66分;2020年大学生奉献精神的平均分为7.65分,同比提高了0.26分,平均分再创新高。这反映了大学生奉献精神持续向好的基本态势。

5. 不同群体大学生对奉献精神的评价

为探究不同群体大学生对大学生奉献精神评价的差异性,课题组将包含自然因素、成长背景、教育因素等在内的多项人口学变量与大学生奉献精神得分进行了一般线性回归分析。结果显示,生源所在地、家庭类型、家庭生活经历等不同的大学生对大学生奉献精神的评价存在显著差异($P<0.05$)。

第一,受访学生的生源所在地状况对大学生奉献精神的评价有显著影响,不同生源地的学生对大学生奉献精神的评价存在显著差异。其中,生源地为城镇的学生对大学生奉献精神的评价更高。分析结果表明,生源地为城镇的学生对大学生奉献精神评价得分比生源地为农村的学生的相应评价高0.024个单位。

第二,受访学生的家庭类型对大学生奉献精神的评价有显著影响,不同家庭类型的学生对大学生奉献精神的评价存在显著差异。其中,家庭类型为双亲家庭的学生对大学生奉献精神的评价更高。分析结果表明,家庭类型为双亲家庭的学生对大学生奉献精神评价得分比家庭类型为非双亲家庭的相应评价高0.04个单位。

第三,家庭生活经历对大学生奉献精神的评价有显著影响,不同家庭生活经历的学生对大学生奉献精神的评价存在显著差异。其中,小时候父母常年在外务工的学生对大学生奉献精神的评价更低。分析结果表明,小时候父母常年在外务工的学生对大学生奉献精神评价得分比其他学生的相应评价低0.075个单位(表10-2)。

表10-2　不同群体大学生对大学生奉献精神的一般线性回归分析

自变量	非标准化系数		标准系数	统计量	显著性水平
	B	S.E	Beta	t	P
常数项	4.138	0.096		43.192	0.000
性别男性(参照项:女性)	0.007	0.010	0.003	0.673	0.501
年龄平方/100	−0.013	0.003	−0.031	−4.003	<0.05

续表

自变量		非标准化系数		标准系数	统计量	显著性水平
		B	S.E	Beta	t	P
学历层次 (参照项:博士生)	本科生	0.028	0.034	0.011	0.810	0.418
	硕士生	0.076	0.029	0.030	2.597	<0.05
学科门类 (参照项:理工农医类)	人文科学类	0.012	0.014	0.004	0.813	0.416
	社会科学类	−0.026	0.012	−0.011	−2.217	<0.05
政治面貌党员(参照项:非党员)		0.025	0.013	0.010	1.890	0.059
生源地农村(参照项:城镇)		−0.024	0.011	−0.012	−2.161	<0.05
生源地所在区域 (参照项:东北)	华东	−0.036	0.017	−0.015	−2.058	<0.05
	华南	−0.159	0.020	−0.048	−7.844	<0.05
	华中	−0.061	0.019	−0.022	−3.273	<0.05
	华北	−0.008	0.019	−0.003	−0.450	0.653
	西北	−0.053	0.020	−0.016	−2.659	<0.05
	西南	−0.143	0.019	−0.046	−7.328	<0.05
双亲家庭(参照项:非双亲家庭)		0.040	0.017	0.011	2.426	<0.05
有学生干部经历(参照项:没有)		−0.015	0.012	−0.006	−1.220	0.222
有国(境)外学习经历(参照项:没有)		−0.146	0.025	−0.027	−5.830	<0.05
独生子女(参照项:不是)		0.028	0.011	0.013	2.490	<0.05
小时候父母常年在外务工 (参照项:没有)		−0.075	0.012	−0.031	−6.300	<0.05

$N = 46813$　　$R^2 = 0.007$　　$F = 16.909$

(二)集体观念

集体观念是集体成员对集体的目标、信念、价值与规范的认识与认同,对青年学生正确处理个人利益与集体利益的关系具有指导作用。马克思和恩格斯曾说:"只有在集体中,个人才能获得全面发展其才能的手段,也就是说,只有在集体中才可能有个人自由。"①新时代的青年大学生要树立正确的集体意识,始终将集体利益放在首位。本课题通过调查受访者对大学生集体观念的评价,反映当代大学生集体观念的发展情况。

1. 整体情况

当前大学生集体观念整体状态良好,2020 年对大学生集体观念评价的平均分(7.64 分)

---

① 《马克思恩格斯全集》第三卷,人民出版社 1960 年版,第 84 页。

大于6分,达到"良好"的标准。其中对大学生集体观念评价为"优秀"(9—10分)的受访者占比为32.4%,评价为"良好"(6—8分)的受访者占比为57.2%,评价为"不合格"(0—5分)的受访者占比为10.4%(见表10-1)。对大学生集体观念评分具有内在固有大小或优劣等级顺序,属于定距变量,因此可以使用集中趋势分析、离散趋势分析、历时分析、回归分析等多种分析方式对这一评分数据进行处理。

2. 集中趋势分析

大学生集体观念评价的平均分能够比较真实地反映大学生群体集体观念的普遍状况。其中,平均分(7.64分)相对于中位数(8分)存在较小的负偏斜,说明大学生集体观念评价的平均分可能受到个别极低分的影响而略微低于大学生群体的实际状况,但受极端值影响较小,因此能够比较真实地反映实际状况。

3. 离散趋势分析

受访者群体普遍认同,大学生集体观念整体状态良好。其中,平均值标准误差(η)为0.01,标准差(σ)为2.120,两个描述数据集离散趋势的统计量度数值均较小,说明数据集中的大部分数值和数据集的平均值之间的差异较小,数据集的离散程度较小。因此大多数受访者对大学生集体观念的评价趋于一致,均认为大学生集体观念整体状态良好。

4. 历时分析

大学生集体观念的培育成效明显,对大学生集体观念评价的总体平均分呈上升趋势。2014年—2019年的数据显示,大学生集体观念的平均分从2014年(6.67分)到2019年(7.29分),5年间增加了0.62分;2020年大学生集体观念的平均分为7.64分,同比提高了0.35分,平均分再创新高。这反映了大学生集体观念持续向好的基本态势。

5. 不同群体大学生对集体观念的评价

为探究不同群体大学生对大学生集体观念评价的差异性,课题组将包含自然因素、成长背景、教育因素等在内的多项人口学变量与大学生集体观念得分进行一般线性回归分析。结果显示,家庭类型、家庭生活经历等不同的大学生对大学生集体观念的评价存在显著差异($P<0.05$)。

第一,受访学生的家庭类型对大学生集体观念的评价有显著影响,不同家庭类型的学生对大学生集体观念的评价存在显著差异。其中,家庭类型为双亲家庭的学生对大学生集体观念的评价更高。分析结果表明,家庭类型为双亲家庭的学生对大学生集体观念评价得分比家庭类型为非双亲家庭的相应评价高0.051个单位。

第二,家庭生活经历对大学生集体观念的评价有显著影响,不同家庭生活经历的学生对大学生集体观念的评价存在显著差异。其中,小时候父母常年在外务工的学生对大学生集体观念的评价更低。分析结果表明,小时候父母常年在外务工的学生对大学生集体观念评价得分比其他学生的相应评价低0.061个单位(表10-3)。

表10-3 不同群体大学生对大学生集体观念的一般线性回归分析

自变量	非标准化系数		标准系数	统计量	显著性水平
	B	S.E	Beta	t	P
常数项	4.089	0.098		41.571	<0.05

续表

自变量		非标准化系数		标准系数	统计量	显著性水平
		B	S.E	Beta	t	P
性别男性(参照项:女性)		−0.015	0.011	−0.007	−1.405	0.160
年龄平方/100		−0.008	0.003	−0.019	−2.462	<0.05
学历层次 (参照项:博士生)	本科生	0.006	0.035	0.002	0.165	0.869
	硕士生	0.086	0.030	0.032	2.841	<0.05
学科门类 (参照项:理工农医类)	人文科学类	0.024	0.015	0.008	1.668	0.095
	社会科学类	−0.009	0.012	−0.004	−0.783	0.434
政治面貌党员(参照项:非党员)		0.001	0.013	0.001	0.102	0.919
生源地农村(参照项:城镇)		−0.012	0.012	−0.006	−1.008	0.314
生源地所在区域 (参照项:东北)	华东	−0.039	0.018	−0.016	−2.187	<0.05
	华南	−0.163	0.021	−0.048	−7.798	<0.05
	华中	−0.060	0.019	−0.021	−3.140	<0.05
	华北	0.005	0.019	0.002	0.265	0.791
	西北	−0.066	0.021	−0.020	−3.205	<0.05
	西南	−0.165	0.020	−0.052	−8.260	<0.05
双亲家庭(参照项:非双亲家庭)		0.051	0.017	0.014	3.029	<0.05
有学生干部经历(参照项:没有)		−0.060	0.013	−0.022	−4.753	<0.05
有国(境)外学习经历(参照项:没有)		−0.101	0.026	−0.018	−3.916	<0.05
独生子女(参照项:不是)		0.018	0.011	0.008	1.540	0.123
小时候父母常年在外务工 (参照项:没有)		−0.061	0.012	−0.025	−5.040	<0.05

$$N = 46813 \quad R^2 = 0.006 \quad F = 15.797$$

(三)纪律观念

纪律观念是对社会和组织的行为规则的正确认识、主观认同与自觉遵守。习近平总书记指出:"人不以规矩则废,党不以规矩则乱。"[①]纪律观念作为一种规则意识,是社会集体保持凝聚力、组织力和战斗力的必要保障。新时代大学生应该不断增强纪律观念,遵纪守法,严于律己。本课题通过调查受访者对大学生纪律观念的评价,反映当代大学生纪律观念的

---

① 《习近平谈治国理政》第二卷,外文出版社 2017 年版,第 154 页。

发展情况。

1. 整体情况

当前大学生纪律观念整体状态良好,2020 年对大学生纪律观念评价的平均分(7.78 分)大于 6 分,达到"良好"的标准。其中对大学生纪律观念评价为"优秀"(9—10 分)的受访者占比为 33.2 %,评价为"良好"(6—8 分)的受访者占比为 58.5 %,评价为"不合格"(0—5 分)的受访者占比为 8.3 %(见表 10-1)。对大学生纪律观念评分具有内在固有大小或优劣等级顺序,属于定距变量,因此可以使用集中趋势分析、离散趋势分析、历时分析、回归分析等多种分析方式对这一评分数据进行处理。

2. 集中趋势分析

大学生纪律观念评价的平均分能够比较真实地反映大学生群体纪律观念的普遍状况。其中,平均分(7.78 分)相对于中位数(8 分)存在较小的负偏斜,说明大学生纪律观念评价的平均分可能受到个别极低分的影响而略微低于大学生群体的实际状况,但受极端值影响较小,因此能够比较真实地反映实际状况。

3. 离散趋势分析

受访者群体普遍认同,大学生纪律观念整体状态良好。其中,平均值标准误差(η)为 0.009,标准差(σ)为 2.021,两个描述数据集离散趋势的统计量度数值均较小,说明数据集中的大部分数值和数据集的平均值之间的差异较小,数据集的离散程度较小。因此大多数受访者对大学生纪律观念的评价趋于一致,均认为大学生纪律观念整体状态良好。

4. 历时分析

大学生纪律观念的培育成效明显,对大学生纪律观念评价的总体平均分呈上升趋势。2014 年—2019 年的数据显示,大学生纪律观念的平均分从 2014 年(6.59 分)到 2019 年(7.46 分),5 年间增加了 0.87 分;2020 年大学生纪律观念的平均分为 7.78 分,同比提高了 0.32 分,平均分再创新高。这反映了大学生纪律观念持续向好的基本态势。

5. 不同群体大学生对纪律观念的评价

为探究不同群体大学生对大学生纪律观念评价的差异性,课题组将包含自然因素、成长背景、教育因素等在内的多项人口学变量与大学生纪律观念得分进行一般线性回归分析。结果显示,性别、家庭类型、家庭生活经历等不同的大学生对大学生纪律观念的评价存在显著差异($P<0.05$)。

第一,受访学生的性别对大学生纪律观念的评价有显著影响,不同性别的学生对大学生纪律观念的评价存在显著差异。其中,男生对大学生纪律观念的评价更低。分析结果表明,男生对大学生纪律观念评价得分比女生的相应评价低 0.03 个单位。

第二,受访学生的家庭类型对大学生纪律观念的评价有显著影响,不同家庭类型的学生对大学生纪律观念的评价存在显著差异。其中,家庭类型为双亲家庭的学生对大学生纪律观念的评价更高。分析结果表明,家庭类型为双亲家庭的学生对大学生纪律观念评价得分比家庭类型为非双亲家庭的相应评价高 0.044 个单位。

第三,家庭生活经历对大学生纪律观念的评价有显著影响,不同家庭生活经历的学生对大学生纪律观念的评价存在显著差异。其中,小时候父母常年在外务工的学生对大学生纪律观念的评价更低。分析结果表明,小时候父母常年在外务工的学生对大学生纪律观念评价得分比其他学生的相应评价低 0.078 个单位(表 10-4)。

表 10-4 不同群体大学生对大学生纪律观念的一般线性回归分析

自变量		非标准化系数		标准系数	统计量	显著性水平
		B	S.E	Beta	t	P
常数项		3.984	0.094		42.516	<0.05
性别男性(参照项:女性)		−0.030	0.010	−0.015	−2.953	<0.05
年龄平方/100		−0.002	0.003	−0.004	−0.567	0.571
学历层次 (参照项:博士生)	本科生	0.052	0.034	0.022	1.550	0.121
	硕士生	0.114	0.029	0.045	3.974	<0.05
学科门类 (参照项:理工农医类)	人文科学类	0.025	0.014	0.009	1.837	0.066
	社会科学类	0.005	0.012	0.002	0.415	0.678
政治面貌党员(参照项:非党员)		0.014	0.013	0.006	1.089	0.276
生源地农村(参照项:城镇)		−0.035	0.011	−0.017	−3.172	<0.05
生源地所在区域 (参照项:东北)	华东	−0.044	0.017	−0.019	−2.576	<0.05
	华南	−0.174	0.020	−0.054	−8.781	<0.05
	华中	−0.054	0.018	−0.020	−2.968	<0.05
	华北	−0.012	0.018	−0.004	−0.641	0.521
	西北	−0.039	0.020	−0.012	−2.006	<0.05
	西南	−0.146	0.019	−0.048	−7.675	<0.05
双亲家庭(参照项:非双亲家庭)		0.044	0.016	0.013	2.739	<0.05
有学生干部经历(参照项:没有)		−0.048	0.012	−0.019	−4.009	<0.05
有国(境)外学习经历(参照项:没有)		−0.086	0.024	−0.017	−3.534	<0.05
独生子女(参照项:不是)		0.024	0.011	0.012	2.194	<0.05
小时候父母常年在外务工 (参照项:没有)		−0.078	0.012	−0.033	−6.762	<0.05

(四)诚信意识

诚信意识是对诚实守信这一道德规范的自觉认同、自主选择、主动践行。诚信意识作为一种人生信条,被中国人视为立人之本、齐家之道、交友之基、为政之法、经商之魂和心灵良药。中共中央、国务院印发的《新时代公民道德建设实施纲要》强调:"诚信是社会和谐的基石和重要特征。……提高全社会诚信水平。……激励人们更好地讲诚实、守信用。"①本课

---

① 《新时代公民道德建设实施纲要》,人民出版社 2019 年版,第 16—17 页。

题通过调查受访者对大学生诚信意识的评价,反映当代大学生诚信意识的发展情况。

1. 整体情况

当前大学生诚信意识整体状态良好,2020 年对大学生诚信意识评价的平均分(8.29 分)大于 6 分,达到"良好"的标准。其中对大学生诚信意识评价为"优秀"(9—10 分)的受访者占比为 41.9 %,评价为"良好"(6—8 分)的受访者占比为 53.8 %,评价为"不合格"(0—5分)的受访者占比为 4.3 %(见表 10-1)。对大学生诚信意识评分具有内在固有大小或优劣等级顺序,属于定距变量,因此可以使用集中趋势分析、离散趋势分析、历时分析、回归分析等多种分析方式对这一评分数据进行处理。

2. 集中趋势分析

大学生诚信意识评价的平均分能够比较真实地反映大学生群体诚信意识的普遍状况。其中,平均分(8.29 分)相对于中位数(8 分)存在较小的正偏斜,说明大学生诚信意识评价的平均分可能受到个别极高分的影响而略微高于大学生群体的实际状况,但受极端值影响较小,因此能够比较真实地反映实际状况。

3. 离散趋势分析

受访者群体普遍认同,大学生诚信意识整体状态良好。其中,平均值标准误差(η)为0.008,标准差(σ)为1.809,两个描述数据集离散趋势的统计量度数值均较小,说明数据集中的大部分数值和数据集的平均值之间的差异较小,数据集的离散程度较小。因此大多数受访者对大学生诚信意识的评价趋于一致,均认为大学生诚信意识整体状态良好。

4. 历时分析

大学生诚信意识的培育成效明显,对大学生诚信意识评价的总体平均分呈上升趋势。2014 年—2019 年的数据显示,大学生诚信意识的平均分从 2014 年(7.33 分)到 2019 年(8.01 分),5 年间增加了 0.68 分;2020 年大学生诚信意识的平均分为 8.29 分,同比提高了0.28 分,平均分再创新高。这反映了大学生诚信意识持续向好的基本态势。

5. 不同群体大学生对诚信意识的评价

为探究不同群体大学生对大学生诚信意识评价的差异性,将包含自然因素、成长背景、教育因素等在内的多项人口学变量与大学生诚信意识得分进行一般线性回归分析。结果显示,政治面貌、生源所在地状况、家庭生活经历等不同的大学生对大学生诚信意识的评价存在显著差异($P<0.05$)。

第一,受访学生的政治面貌对大学生诚信意识的评价有显著影响,不同政治面貌的学生对大学生诚信意识的评价存在显著差异。其中,党员大学生对大学生诚信意识的评价更高。分析结果表明,党员大学生对大学生诚信意识评价得分比非党员大学生的相应评价高 0.052个单位。

第二,受访学生的生源所在地状况对大学生诚信意识的评价有显著影响,不同生源地的学生对大学生诚信意识的评价存在显著差异。其中,生源地为城镇的学生对大学生诚信意识的评价更高。分析结果表明,生源地为城镇的学生对大学生诚信意识评价得分比生源地为农村的学生的相应评价高 0.037 个单位。

第三,家庭生活经历对大学生诚信意识的评价有显著影响,不同家庭生活经历的学生对大学生诚信意识的评价存在显著差异。其中,小时候父母常年在外务工的学生对大学生诚信意识的评价更低。分析结果表明,小时候父母常年在外务工的学生对大学生诚信意识评价得分比其他学生的相应评价低 0.053 个单位（表 10-5）。

表 10-5　不同群体大学生对大学生诚信意识的一般线性回归分析

自变量		非标准化系数		标准系数	统计量	显著性水平
		B	S.E	Beta	t	P
常数项		4.559	0.084		54.369	<0.05
性别男性（参照项：女性）		0.024	0.009	0.013	2.616	<0.05
年龄平方/100		−0.017	0.003	−0.045	−5.823	<0.05
学历层次（参照项：博士生）	本科生	−0.044	0.030	−0.021	−1.466	0.143
	硕士生	0.029	0.026	0.013	1.117	0.264
学科门类（参照项：理工农医类）	人文科学类	−0.008	0.012	−0.003	−0.614	0.539
	社会科学类	−0.015	0.010	−0.007	−1.480	0.139
政治面貌党员（参照项：非党员）		0.052	0.011	0.023	4.532	<0.05
生源地农村（参照项：城镇）		−0.037	0.010	−0.020	−3.749	<0.05
生源地所在区域（参照项：东北）	华东	−0.034	0.015	−0.016	−2.232	<0.05
	华南	−0.154	0.018	−0.053	−8.647	<0.05
	华中	−0.027	0.016	−0.011	−1.681	0.093
	华北	−0.015	0.016	−0.006	−0.911	0.362
	西北	−0.045	0.018	−0.016	−2.583	<0.05
	西南	−0.130	0.017	−0.048	−7.625	<0.05
双亲家庭（参照项：非双亲家庭）		0.023	0.014	0.007	1.581	0.114
有学生干部经历（参照项：没有）		0.001	0.011	0.001	0.122	0.903
有国（境）外学习经历（参照项：没有）		−0.083	0.022	−0.018	−3.770	<0.05
独生子女（参照项：不是）		0.029	0.010	0.016	3.009	<0.05
小时候父母常年在外务工（参照项：没有）		−0.053	0.010	−0.025	−5.084	<0.05

$N = 46813$　$R^2 = 0.008$　$F = 19.632$

（五）人文素养

人文素养是人所具有的人文知识和由这些知识内化而成的人文精神。人文素养作为一种内在积淀，深刻影响着人的外在精神面貌和内在精神气质。习近平强调，"要全面加强和改进学校美育,坚持以美育人、以文化人,提高学生审美和人文素养。"[1]本课题通过调查受访者对大学生人文素养的评价,反映当代大学生人文素养的发展情况。

1. 整体情况

当前大学生人文素养整体状态良好,2020 年对大学生人文素养评价的平均分(8.04 分)大于 6 分,达到"良好"的标准。其中对大学生人文素养评价为"优秀"(9—10 分)的受访者占比为 37.4%,评价为"良好"(6—8 分)的受访者占比为 56.4%,评价为"不合格"(0—5分)的受访者占比为 6.2%(见表 10-1)。对大学生人文素养评分具有内在固有大小或优劣等级顺序,属于定距变量,因此可以使用集中趋势分析、离散趋势分析、历时分析、回归分析等多种分析方式对这一评分数据进行处理。

2. 集中趋势分析

大学生人文素养评价的平均分能够比较真实地反映大学生群体人文素养的普遍状况。其中,平均分(8.04 分)相对于中位数(8 分)存在较小的正偏斜,说明大学生人文素养评价的平均分可能受到个别极高分的影响而略微高于大学生群体的实际状况,但受极端值影响较小,因此能够比较真实地反映实际状况。

3. 离散趋势分析

受访者群体普遍认为大学生人文素养整体状态良好。其中,平均值标准误差(η)为 0.009,标准差(σ)为 1.929,两个描述数据集离散趋势的统计量度数值均较小,说明数据集中的大部分数值和数据集的平均值之间的差异较小,数据集的离散程度较小。因此大多数受访者对大学生人文素养的评价趋于一致,均认为大学生人文素养整体状态良好。

4. 历时分析

大学生人文素养的培育成效明显,对大学生人文素养评价的总体平均分呈上升趋势。2014 年—2019 年的数据显示,大学生人文素养的平均分从 2014 年(7.08 分)到 2019 年(7.72 分),5 年间增加了 0.64 分;2020 年大学生人文素养的平均分为 8.04 分,同比提高了 0.32 分,平均分再创新高。这反映了大学生人文素养持续向好的基本态势。

5. 不同群体大学生对人文素养的评价

为探究不同群体大学生对大学生人文素养评价的差异性,课题组将包含自然因素、成长背景、教育因素等在内的多项人口学变量与大学生人文素养得分进行一般线性回归分析。结果显示,国(境)外学习经历、家庭构成、家庭生活经历等不同的大学生对大学生人文素养的评价存在显著差异($P<0.05$)。

第一,受访学生的国(境)外学习经历对大学生人文素养的评价有显著影响,受访学生是否存在国(境)外学习经历对大学生人文素养的评价存在显著差异。其中,有国(境)外学习经历的学生对大学生人文素养的评价更低。分析结果表明,有国(境)外学习经历的学生对大学生人文素养评价得分比没有国(境)外学习经历的学生的相应评价低 0.104 个单位。

第二,受访学生的家庭构成对大学生人文素养的评价有显著影响,独生子女大学生与非独生子女大学生对大学生人文素养的评价存在显著差异。其中,独生子女大学生对大学生人文素养的评价更高。分析结果表明,独生子女大学生对大学生人文素养评价得分比非独

① 《坚持中国特色社会主义教育发展道路 培养德智体美劳全面发展的社会主义建设者和接班人》,《人民日报》2018 年 9 月 11 日。

生子女大学生的相应评价高 0.023 个单位。

第三,家庭生活经历对大学生人文素养的评价有显著影响,不同家庭生活经历的学生对大学生人文素养的评价存在显著差异。其中,小时候父母常年在外务工的学生对大学生人文素养的评价更低。分析结果表明,小时候父母常年在外务工的学生对大学生人文素养评价得分比其他学生的相应评价低 0.058 个单位(表 10-6)。

表 10-6　不同群体大学生对大学生人文素养的一般线性回归分析

自变量		非标准化系数		标准系数	统计量	显著性水平
		B	S.E	Beta	t	P
常数项		4.208	0.089		47.026	<0.05
性别男性(参照项:女性)		−0.019	0.010	−0.010	−1.920	0.055
年龄平方/100		−0.007	0.003	−0.018	−2.356	<0.05
学历层次 (参照项:博士生)	本科生	0.010	0.032	0.004	0.313	0.754
	硕士生	0.075	0.027	0.031	2.719	<0.05
学科门类 (参照项:理工农医类)	人文科学类	0.047	0.013	0.018	3.558	<0.05
	社会科学类	0.009	0.011	0.004	0.796	0.426
政治面貌党员(参照项:非党员)		0.016	0.012	0.007	1.338	0.181
生源地农村(参照项:城镇)		−0.020	0.011	−0.011	−1.923	0.054
生源地所在区域 (参照项:东北)	华东	−0.039	0.016	−0.017	−2.403	<0.05
	华南	−0.151	0.019	−0.049	−7.979	<0.05
	华中	−0.046	0.017	−0.018	−2.683	<0.05
	华北	0.006	0.017	0.002	0.326	0.745
	西北	−0.034	0.019	−0.011	−1.825	0.068
	西南	−0.141	0.018	−0.049	−7.744	<0.05
双亲家庭(参照项:非双亲家庭)		0.025	0.015	0.008	1.643	0.100
有学生干部经历(参照项:没有)		0.004	0.012	0.002	0.322	0.748
有国(境)外学习经历(参照项:没有)		−0.104	0.023	−0.021	−4.450	<0.05
独生子女(参照项:不是)		0.023	0.010	0.012	2.230	<0.05
小时候父母常年在外务工 (参照项:没有)		−0.058	0.011	−0.026	−5.288	<0.05

(六)维权意识

维权意识是对个人或群体合法权利的正确认识和维护个人或群体合法权益的行动自

觉。强化维权意识有益于保护自身权利,尊重集体权益,弘扬社会正气。本课题通过调查受访者对大学生维权意识的评价,反映当代大学生维权意识的发展情况。

1. 整体情况

当前大学生维权意识整体状态良好,2020 年对大学生维权意识评价的平均分(8.05 分)大于 6 分,达到"良好"的标准。其中对大学生维权意识评价为"优秀"(9—10 分)的受访者占比为 39.7 %,评价为"良好"(6—8 分)的受访者占比为 53.6 %,评价为"不合格"(0—5分)的受访者占比为 6.7 %(见表 10-1)。对大学生维权意识评分具有内在固有大小或优劣等级顺序,属于定距变量,因此可以使用集中趋势分析、离散趋势分析、历时分析、回归分析等多种分析方式对这一评分数据进行处理。

2. 集中趋势分析

大学生维权意识评价的平均分能够比较真实地反映大学生群体维权意识的普遍状况。其中,平均分(8.05 分)相对于中位数(8 分)存在较小的正偏斜,说明大学生维权意识评价的平均分可能受到个别极高分的影响而略微高于大学生群体的实际状况,但受极端值影响较小,因此能够比较真实地反映实际状况。

3. 离散趋势分析

受访者群体普遍认同大学生维权意识整体状态良好。其中,平均值标准误差(η)为0.009,标准差(σ)为 1.985,两个描述数据集离散趋势的统计量度数值均较小,说明数据集中的大部分数值和数据集的平均值之间的差异较小,数据集的离散程度较小。因此大多数受访者对大学生维权意识的评价趋于一致,均认为大学生维权意识整体状态良好。

4. 历时分析

大学生维权意识的培育成效明显,对大学生维权意识评价的总体平均分呈上升趋势。2014—2019 年的数据显示,大学生维权意识的平均分从 2014 年(6.66 分)到 2019 年(7.65分),5 年间增加了 0.99 分;2020 年大学生维权意识的平均分为 8.05 分,同比提高了 0.4 分,平均分再创新高。这反映了大学生维权意识持续向好的基本态势。

5. 不同群体大学生对维权意识的评价

为探究不同群体大学生对大学生维权意识评价的差异性,课题将包含自然因素、成长背景、教育因素等在内的多项人口学变量与大学生维权意识得分进行一般线性回归分析。结果显示,政治面貌、生源所在地状况、家庭构成等不同的大学生对大学生维权意识的评价存在显著差异($P<0.05$)。

第一,受访学生的政治面貌对大学生维权意识的评价有显著影响,不同政治面貌的学生对人学生维权意识的评价存在显著差异。其中,党员大学生对大学生维权意识的评价更高。分析结果表明,党员大学生对大学生维权意识评价得分比非党员大学生的相应评价高 0.047个单位。

第二,受访学生的生源所在地状况对大学生维权意识的评价有显著影响,不同生源地的学生对大学生维权意识的评价存在显著差异。其中,生源地为城镇的学生对大学生维权意识的评价更高。分析结果表明,生源地为城镇的学生对大学生维权意识评价得分比生源地为农村的学生的相应评价高 0.052 个单位。

第三,受访学生的家庭构成对大学生维权意识的评价有显著影响,独生子女大学生与非独生子女大学生对大学生维权意识的评价存在显著差异。其中,独生子女大学生对大学生维权意识的评价更高。分析结果表明,独生子女大学生对大学生维权意识评价得分比非独生子女大学生的相应评价高 0.07 个单位(表 10-7)。

表 10-7　不同群体大学生对大学生维权意识的一般线性回归分析

自变量		非标准化系数		标准系数	统计量	显著性水平
		B	S.E	Beta	t	P
常数项		4.278	0.092		46.603	<0.05
性别男性(参照项:女性)		0.002	0.010	0.001	0.213	0.832
年龄平方/100		−0.013	0.003	−0.031	−3.994	<0.05
学历层次 (参照项:博士生)	本科生	0.045	0.033	0.019	1.365	0.172
	硕士生	0.029	0.028	0.012	1.025	0.305
学科门类 (参照项:理工农医类)	人文科学类	0.036	0.014	0.013	2.630	<0.05
	社会科学类	0.046	0.011	0.020	4.077	<0.05
政治面貌党员(参照项:非党员)		0.047	0.012	0.019	3.778	<0.05
生源地农村(参照项:城镇)		−0.052	0.011	−0.026	−4.805	<0.05
生源地所在区域 (参照项:东北)	华东	−0.046	0.017	−0.020	−2.790	<0.05
	华南	−0.189	0.019	−0.060	−9.691	<0.05
	华中	−0.082	0.018	−0.031	−4.628	<0.05
	华北	0.000	0.018	0.000	−0.011	0.991
	西北	−0.022	0.019	−0.007	−1.137	0.255
	西南	−0.149	0.019	−0.050	−7.998	<0.05
双亲家庭(参照项:非双亲家庭)		0.036	0.016	0.010	2.263	<0.05
有学生干部经历(参照项:没有)		0.027	0.012	0.011	2.257	<0.05
有国(境)外学习经历(参照项:没有)		−0.051	0.024	−0.010	−2.110	<0.05
独生子女(参照项:不是)		0.070	0.011	0.035	6.548	<0.05
小时候父母常年在外务工 (参照项:没有)		−0.091	0.011	−0.040	−8.003	<0.05

$N = 46813$　　$R^2 = 0.013$　　$F = 31.667$

(七)创新精神

创新精神是改变传统、运用新思维、提出新观点、创造新事物的意志、信心、勇气和智慧;能够激励人们与时俱进、锐意进取、勤于探索、勇于实践。习近平强调,"坚持创新发展……

让创新在全社会蔚然成风。"[1]本课题通过调查受访者对大学生创新精神的评价,反映当代大学生创新精神的发展情况。

1. 整体情况

当前大学生创新精神整体状态良好,2020年对大学生创新精神评价的平均分(7.83分)大于6分,达到"良好"的标准。其中对大学生创新精神评价为"优秀"(9—10分)的受访者占比为34.5%,评价为"良好"(6—8分)的受访者占比为57.9%,评价为"不合格"(0—5分)的受访者占比为7.6%(见表10-1)。对大学生创新精神评分具有内在固有大小或优劣等级顺序,属于定距变量,因此可以使用集中趋势分析、离散趋势分析、历时分析、回归分析等多种分析方式对这一评分数据进行处理。

2. 集中趋势分析

大学生创新精神评价的平均分能够比较真实地反映大学生群体创新精神的普遍状况。其中,平均分(7.83分)相对于中位数(8分)存在较小的负偏斜,说明大学生创新精神评价的平均分可能受到个别极低分的影响而略微低于大学生群体的实际状况,但受极端值影响较小,因此能够比较真实地反映实际状况。

3. 离散趋势分析

受访者群体普遍认同大学生创新精神整体状态良好。其中,平均值标准误差(η)为0.009,标准差(σ)为2.008,两个描述数据集离散趋势的统计量度数值均较小,说明数据集中的大部分数值和数据集的平均值之间的差异较小,数据集的离散程度较小。因此大多数受访者对大学生创新精神的评价趋于一致,均认为大学生创新精神整体状态良好。

4. 历时分析

大学生创新精神的培育成效明显,对大学生创新精神评价的总体平均分呈上升趋势。2014年—2019年的数据显示,大学生创新精神的平均分从2014年(6.46分)到2019年(7.45分),5年间增加了0.99分;2020年大学生创新精神的平均分为7.83分,同比提高了0.38分,平均分再创新高。这反映了大学生创新精神持续向好的基本态势。

5. 不同群体大学生对创新精神的评价

为探究不同群体大学生对大学生创新精神评价的差异性,课题组将包含自然因素、成长背景、教育因素等在内的多项人口学变量与大学生创新精神得分进行一般线性回归分析。结果显示,生源所在地状况、家庭类型、家庭构成等不同的大学生对大学生创新精神的评价存在显著差异($P<0.05$)。

第一,受访学生的生源所在地状况对大学生创新精神的评价有显著影响,不同生源地的学生对大学生创新精神的评价存在显著差异。其中,生源地为城镇的学生对大学生创新精神的评价更高。分析结果表明,生源地为城镇的学生对大学生创新精神评价得分比生源地为农村的学生的相应评价高0.058个单位。

第二,受访学生的家庭类型对大学生创新精神的评价有显著影响,不同家庭类型的学生对大学生创新精神的评价存在显著差异。其中,家庭类型为双亲家庭的学生对大学生创新精神的评价更高。分析结果表明,家庭类型为双亲家庭的学生对大学生创新精神评价得分比家庭类型为非双亲家庭的相应评价高0.048个单位。

---

① 《习近平关于社会主义经济建设论述摘编》,中央文献出版社2017年版,第27页。

第三,受访学生的家庭构成对大学生创新精神的评价有显著影响,独生子女大学生与非独生子女大学生对大学生创新精神的评价存在显著差异。其中,独生子女大学生对大学生创新精神的评价更高。分析结果表明,独生子女大学生对大学生创新精神评价得分比非独生子女大学生的相应评价高 0.056 个单位(表 10-8)。

表 10-8　不同群体大学生对大学生创新精神的一般线性回归分析

自变量		非标准化系数		标准系数	统计量	显著性水平
		B	S.E	Beta	t	P
常数项		4.219	0.093		45.405	<0.05
性别男性(参照项:女性)		0.002	0.010	0.001	0.233	0.816
年龄平方/100		−0.009	0.003	−0.021	−2.713	<0.05
学历层次 (参照项:博士生)	本科生	−0.037	0.033	−0.016	−1.104	0.270
	硕士生	−0.033	0.029	−0.013	−1.170	0.242
学科门类 (参照项:理工农医类)	人文科学类	0.007	0.014	0.003	0.508	0.612
	社会科学类	−0.028	0.011	−0.012	−2.460	<0.05
政治面貌党员(参照项:非党员)		0.000	0.013	0.000	0.002	0.999
生源地农村(参照项:城镇)		−0.058	0.011	−0.029	−5.268	<0.05
生源地所在区域 (参照项:东北)	华东	−0.059	0.017	−0.025	−3.509	<0.05
	华南	−0.210	0.020	−0.066	−10.674	<0.05
	华中	−0.088	0.018	−0.032	−4.872	<0.05
	华北	−0.017	0.018	−0.006	−0.941	0.347
	西北	−0.060	0.019	−0.019	−3.091	<0.05
	西南	−0.175	0.019	−0.058	−9.255	<0.05
双亲家庭(参照项:非双亲家庭)		0.048	0.016	0.014	3.015	<0.05
有学生干部经历(参照项:没有)		0.006	0.012	0.002	0.521	0.602
有国(境)外学习经历(参照项:没有)		−0.021	0.024	−0.004	−0.851	0.395
独生子女(参照项:不是)		0.056	0.011	0.028	5.195	<0.05
小时候父母常年在外务工 (参照项:没有)		−0.093	0.011	−0.040	−8.074	<0.05

$N = 46813$　$R^2 = 0.012$　$F = 28.662$

(八) 勤俭节约

勤俭节约是以浪费为耻,以节约为荣的中华民族传统美德。勤俭节约作为一种艰苦朴素精神,是国家和民族兴旺繁荣的必要条件。习近平 2020 年曾对制止餐饮浪费行为作出重要指示,针对部分学校存在食物浪费和学生节俭意识缺乏的问题,要求切实加强引导和管理,培养学生勤俭节约良好美德。[①] 本课题通过调查受访者对大学生勤俭节约的评价,反映当代大学生勤俭节约的发展情况。

1. 整体情况

当前大学生勤俭节约整体状态良好,2020 年对大学生勤俭节约评价的平均分(7.75 分)大于 6 分,达到"良好"的标准。其中对大学生勤俭节约评价为"优秀"(9—10 分)的受访者占比为 33.3%,评价为"良好"(6—8 分)的受访者占比为 58.1%,评价为"不合格"(0—5分)的受访者占比为 8.6%(见表 10-1)。对大学生勤俭节约评分具有内在固有大小或优劣等级顺序,属于定距变量,因此可以使用集中趋势分析、离散趋势分析、历时分析、回归分析等多种分析方式对这一评分数据进行处理。

2. 集中趋势分析

大学生勤俭节约评价的平均分能够比较真实地反映大学生群体勤俭节约的普遍状况。其中,平均分(7.75 分)相对于中位数(8 分)存在较小的负偏斜,说明大学生勤俭节约评价的平均分可能受到个别极低分的影响而略微低于大学生群体的实际状况,但受极端值影响较小,因此能够比较真实地反映实际状况。

3. 离散趋势分析

受访者群体普遍认同大学生勤俭节约整体状态良好。其中,平均值标准误差(η)为0.009,标准差(σ)为 2.039,两个描述数据集离散趋势的统计量度数值均较小,说明数据集中的大部分数值和数据集的平均值之间的差异较小,数据集的离散程度较小。因此大多数受访者对大学生勤俭节约的评价趋于一致,均认为大学生勤俭节约整体状态良好。

4. 历时分析

大学生勤俭节约的培育成效明显,对大学生勤俭节约评价的总体平均分呈上升趋势。2014 年—2019 年的数据显示,大学生勤俭节约的平均分从 2014 年(6.41 分)到 2019 年(7.3分),5 年间增加了 0.89 分;2020 年大学生勤俭节约的平均分为 7.75 分,同比提高了 0.45 分,平均分再创新高。这反映了大学生勤俭节约持续向好的基本态势。

5. 不同群体大学生对勤俭节约的评价

为探究不同群体大学生对大学生勤俭节约评价的差异性,课题组将包含自然因素、成长背景、教育因素等在内的多项人口学变量与大学生勤俭节约得分进行一般线性回归分析。结果显示,生源所在地状况、国(境)外学习经历、家庭生活经历等不同的大学生对大学生勤俭节约的评价存在显著差异($P<0.05$)(见表 10-9)。

第一,受访学生的生源所在地状况对大学生勤俭节约的评价有显著影响,不同生源地的学生对大学生勤俭节约的评价存在显著差异。其中,生源地为城镇的学生对大学生勤俭节约的评价更高。分析结果表明,生源地为城镇的学生对大学生勤俭节约评价得分比生源地为农村的学生的相应评价高 0.032 个单位。

第二,受访学生的国(境)外学习经历对大学生勤俭节约的评价有显著影响,有国(境)

[①] 《坚决制止餐饮浪费行为切实培养节约习惯 在全社会营造浪费可耻节约为荣的氛围》,《人民日报》2020 年 8 月12 日。

外学习经历的学生与没有国(境)外学习经历的学生对大学生勤俭节约的评价存在显著差异。其中,有国(境)外学习经历的学生对大学生勤俭节约的评价更低。分析结果表明,有国(境)外学习经历的学生对大学生勤俭节约评价得分比没有国(境)外学习经历的学生的相应评价低 0.065 个单位。

第三,受访学生的家庭生活经历对大学生勤俭节约的评价有显著影响,不同家庭生活经历的学生对大学生勤俭节约的评价存在显著差异。其中,小时候父母常年在外务工的学生对大学生勤俭节约的评价更低。分析结果表明,小时候父母常年在外务工的学生对大学生勤俭节约评价得分比其他学生的相应评价低 0.072 个单位(表 10-9)。

表 10-9　不同群体大学生对大学生勤俭节约的一般线性回归分析

自变量		非标准化系数		标准系数	统计量	显著性水平
		B	S.E	Beta	t	P
常数项		3.906	0.095		41.304	<0.05
性别男性(参照项:女性)		0.015	0.010	0.007	1.450	0.147
年龄平方/100		−0.001	0.003	−0.001	−0.181	0.857
学历层次 (参照项:博士生)	本科生	0.111	0.034	0.046	3.281	<0.05
	硕士生	0.113	0.029	0.044	3.883	<0.05
学科门类 (参照项:理工农医类)	人文科学类	−0.025	0.014	−0.009	−1.817	0.069
	社会科学类	−0.059	0.012	−0.025	−5.040	<0.05
政治面貌党员(参照项:非党员)		0.005	0.013	0.002	0.356	0.722
生源地农村(参照项:城镇)		−0.032	0.011	−0.015	−2.826	<0.05
生源地所在区域 (参照项:东北)	华东	−0.059	0.017	−0.025	−3.441	<0.05
	华南	−0.187	0.020	−0.058	−9.342	<0.05
	华中	−0.103	0.018	−0.038	−5.631	<0.05
	华北	−0.016	0.018	−0.006	−0.888	0.374
	西北	−0.069	0.020	−0.021	−3.480	<0.05
	西南	−0.155	0.019	−0.051	−8.086	<0.05
双亲家庭(参照项:非双亲家庭)		0.028	0.016	0.008	1.708	0.088
有学生干部经历(参照项:没有)		−0.015	0.012	−0.006	−1.264	0.206
有国(境)外学习经历(参照项:没有)		−0.065	0.025	−0.012	−2.651	<0.05
独生子女(参照项:不是)		0.030	0.011	0.015	2.703	<0.05
小时候父母常年在外务工 (参照项:没有)		−0.072	0.012	−0.030	−6.119	<0.05

$$N = 46813 \quad R^2 = 0.007 \quad F = 18.145$$

（九）文明礼貌

文明礼貌是社会生活要求人们共同遵守的最基本的道德规范,是个人素质和社会公德的直观表现。文明礼貌作为一种社会规范和君子操守,是社会关系的"润滑剂",有利于建立和谐融洽的人际关系。中共中央、国务院印发的《新时代公民道德建设实施纲要》强调:"礼仪礼节是道德素养的体现,也是道德实践的载体。……引导人们重礼节、讲礼貌。"①本课题通过调查受访者对大学生文明礼貌的评价,反映当代大学生文明礼貌的发展情况。

1. 整体情况

当前大学生文明礼貌整体状态良好,2020 年对大学生文明礼貌评价的平均分(8.31 分)大于 6 分,达到"良好"的标准。其中对大学生文明礼貌评价为"优秀"(9—10 分)的受访者占比为 43.4 %,评价为"良好"(6—8 分)的受访者占比为 52.1 %,评价为"不合格"(0—5分)的受访者占比为 4.5 %(见表 10-1)。对大学生文明礼貌评分具有内在固有大小或优劣等级顺序,属于定距变量,因此可以使用集中趋势分析、离散趋势分析、历时分析、回归分析等多种分析方式对这一评分数据进行处理。

2. 集中趋势分析

大学生文明礼貌评价的平均分能够比较真实地反映大学生群体文明礼貌的普遍状况。其中,平均分(8.31 分)相对于中位数(8 分)存在较小的正偏斜,说明大学生文明礼貌评价的平均分可能受到个别极高分的影响而略微高于大学生群体的实际状况,但受极端值影响较小,因此能够比较真实地反映实际状况。

3. 离散趋势分析

受访者群体普遍认同大学生文明礼貌整体状态良好。其中,平均值标准误差(η)为0.008,标准差(σ)为 1.832,两个描述数据集离散趋势的统计量度数值均较小,说明数据集中的大部分数值和数据集的平均值之间的差异较小,数据集的离散程度较小。因此大多数受访者对大学生文明礼貌的评价趋于一致,均认为大学生文明礼貌整体状态良好。

4. 历时分析

大学生文明礼貌的培育成效明显,对大学生文明礼貌评价的总体平均分呈上升趋势。2014 年—2019 年的数据显示,大学生文明礼貌的平均分从 2014 年(7.36 分)到 2019 年(8.01 分),5 年间增加了 0.65 分;2020 年大学生文明礼貌的平均分为 8.31 分,同比提高了0.3 分,平均分再创新高。这反映了大学生文明礼貌持续向好的基本态势。

5. 不同群体大学生对文明礼貌的评价

为探究不同群体大学生对大学生文明礼貌评价的差异性,课题组将包含自然因素、成长背景、教育因素等在内的多项人口学变量与大学生文明礼貌得分进行一般线性回归分析。结果显示,性别、政治面貌、家庭构成等不同的大学生对大学生文明礼貌的评价存在显著差异($P<0.05$)。

第一,受访学生的性别对大学生文明礼貌的评价有显著影响,不同性别的学生对大学生文明礼貌的评价存在显著差异。其中,男生对大学生文明礼貌的评价更低。分析结果表明,男生对大学生文明礼貌评价得分比女生的相应评价低 0.037 个单位。

---

① 《新时代公民道德建设实施纲要》,人民出版社 2019 年版,第 18 页。

第二，受访学生的政治面貌对大学生文明礼貌的评价有显著影响，不同政治面貌的学生对大学生文明礼貌的评价存在显著差异。其中，党员大学生对大学生文明礼貌的评价更高。分析结果表明，党员大学生对大学生文明礼貌评价得分比非党员大学生的相应评价高 0.043 个单位。

第三，受访学生的家庭构成对大学生文明礼貌的评价有显著影响，独生子女大学生与非独生子女大学生对大学生文明礼貌的评价存在显著差异。其中，独生子女大学生对大学生文明礼貌的评价更高。分析结果表明，独生子女大学生对大学生文明礼貌评价得分比非独生子女大学生的相应评价高 0.025 个单位（表 10-10）。

表 10-10　不同群体大学生对大学生文明礼貌的一般线性回归分析

自变量		非标准化系数		标准系数	统计量	显著性水平
		B	S.E	Beta	t	P
常数项		4.226	0.085		49.736	<0.05
性别男性（参照项：女性）		−0.037	0.009	−0.020	−4.021	<0.05
年龄平方/100		−0.003	0.003	−0.009	−1.183	0.237
学历层次（参照项：博士生）	本科生	0.009	0.030	0.004	0.298	0.766
	硕士生	0.075	0.026	0.033	2.896	<0.05
学科门类（参照项：理工农医类）	人文科学类	0.020	0.013	0.008	1.587	0.113
	社会科学类	−0.007	0.010	−0.003	−0.648	0.517
政治面貌党员（参照项：非党员）		0.043	0.012	0.019	3.705	<0.05
生源地农村（参照项：城镇）		−0.036	0.010	−0.019	−3.564	<0.05
生源地所在区域（参照项：东北）	华东	−0.012	0.015	−0.006	−0.767	0.443
	华南	−0.140	0.018	−0.048	−7.791	<0.05
	华中	−0.006	0.016	−0.003	−0.395	0.693
	华北	−0.004	0.016	−0.002	−0.248	0.804
	西北	−0.030	0.018	−0.010	−1.712	0.087
	西南	−0.086	0.017	−0.031	−5.000	<0.05
双亲家庭（参照项：非双亲家庭）		0.016	0.015	0.005	1.076	0.282
有学生干部经历（参照项：没有）		0.011	0.011	0.005	1.026	0.305
有国（境）外学习经历（参照项：没有）		−0.055	0.022	−0.012	−2.496	<0.05
独生子女（参照项：不是）		0.025	0.010	0.014	2.526	<0.05
小时候父母常年在外务工（参照项：没有）		−0.054	0.011	−0.026	−5.174	<0.05

$N=46813$　　$R^2=0.007$　　$F=17.364$

（十）奋斗精神

奋斗精神是不畏艰难,奋发图强,坚韧不拔,艰苦创业,为国家和人民的利益顽强斗争的精神,是青年群体自强不息、勇于实践的内在动力。习近平曾多次强调,"新时代是奋斗者的时代。"[1]本课题通过调查受访者对大学生奋斗精神的评价,反映当代大学生奋斗精神的发展情况。

1. 整体情况

当前大学生奋斗精神整体状态良好,2020 年对大学生奋斗精神评价的平均分(8.15 分)大于 6 分,达到"良好"的标准。其中对大学生奋斗精神评价为"优秀"(9—10 分)的受访者占比为 39.8 %,评价为"良好"(6—8 分)的受访者占比为 55.3 %,评价为"不合格"(0—5分)的受访者占比为 4.9 %(见表 10-1)。对大学生奋斗精神评分具有内在固有大小或优劣等级顺序,属于定距变量,因此可以使用集中趋势分析、离散趋势分析、历时分析、回归分析等多种分析方式对这一评分数据进行处理。

2. 集中趋势分析

大学生奋斗精神评价的平均分能够比较真实地反映大学生群体奋斗精神的普遍状况。其中,平均分(8.15 分)相对于中位数(8 分)存在较小的正偏斜,说明大学生奋斗精神评价的平均分可能受到个别极高分的影响而略微高于大学生群体的实际状况,但受极端值影响较小,因此能够比较真实地反映实际状况。

3. 离散趋势分析

受访者群体普遍认同大学生奋斗精神整体状态良好。其中,平均值标准误差(η)为 0.009,标准差(σ)为 1.870,两个描述数据集离散趋势的统计量度数值均较小,说明数据集中的大部分数值和数据集的平均值之间的差异较小,数据集的离散程度较小。因此大多数受访者对大学生奋斗精神的评价趋于一致,均认为大学生奋斗精神整体状态良好。

4. 历时分析

大学生奋斗精神的培育成效明显,对大学生奋斗精神评价的总体平均分呈上升趋势。2014 年—2019 年的数据显示,大学生奋斗精神的平均分从 2014 年(7.19 分)到 2019 年(7.8分),5 年间增加了 0.61 分;2020 年大学生奋斗精神的平均分为 8.15 分,同比提高了 0.35 分,平均分再创新高。这反映了大学生奋斗精神持续向好的基本态势。

5. 不同群体大学生对奋斗精神的评价

为探究不同群体大学生对大学生奋斗精神评价的差异性,课题组将包含自然因素、成长背景、教育因素等在内的多项人口学变量与大学生奋斗精神得分进行一般线性回归分析。结果显示,性别、政治面貌、家庭构成等不同的大学生在对大学生奋斗精神的评价存在显著差异($P<0.05$)。

第一,受访学生的性别对大学生奋斗精神的评价有显著影响,不同性别的学生对大学生奋斗精神的评价存在显著差异。其中,男生对大学生奋斗精神的评价更低。分析结果表明,男生对大学生奋斗精神评价得分比女生的相应评价低 0.029 个单位。

第二,受访学生的家庭类型对大学生奋斗精神的评价有显著影响,不同家庭类型的学生

---

① 《习近平关于"不忘初心、牢记使命"论述摘编》,中央文献出版社 2019 年版,第 242 页。

对大学生奋斗精神的评价存在显著差异。其中,家庭类型为双亲家庭的学生对大学生奋斗精神的评价更高。分析结果表明,家庭类型为双亲家庭的学生对大学生奋斗精神评价得分比家庭类型为非双亲家庭的相应评价高 0.038 个单位。

第三,受访学生的家庭构成对大学生奋斗精神的评价有显著影响,独生子女大学生与非独生子女大学生对大学生奋斗精神的评价存在显著差异。其中,独生子女大学生对大学生奋斗精神的评价更高。分析结果表明,独生子女大学生对大学生奋斗精神评价得分比非独生子女大学生的相应评价高 0.046 个单位(表 10-11)。

表 10-11　不同群体大学生对大学生奋斗精神的一般线性回归分析

自变量		非标准化系数		标准系数	统计量	显著性水平
		B	S.E	Beta	t	P
常数项		4.331	0.087		50.005	<0.05
性别男性(参照项:女性)		−0.029	0.009	−0.016	−3.135	<0.05
年龄平方/100		−0.008	0.003	−0.022	−2.818	<0.05
学历层次 (参照项:博士生)	本科生	−0.029	0.031	−0.013	−0.938	0.348
	硕士生	0.045	0.027	0.019	1.684	0.092
学科门类 (参照项:理工农医类)	人文科学类	−0.004	0.013	−0.001	−0.277	0.782
	社会科学类	−0.003	0.011	−0.001	−0.251	0.802
政治面貌党员(参照项:非党员)		0.032	0.012	0.014	2.692	<0.05
生源地农村(参照项:城镇)		−0.061	0.010	−0.032	−5.957	<0.05
生源地所在区域 (参照项:东北)	华东	−0.044	0.016	−0.020	−2.787	<0.05
	华南	−0.178	0.018	−0.060	−9.668	<0.05
	华中	−0.067	0.017	−0.027	−4.015	<0.05
	华北	−0.007	0.017	−0.003	−0.428	0.668
	西北	−0.045	0.018	−0.015	−2.463	<0.05
	西南	−0.129	0.018	−0.046	−7.319	<0.05
双亲家庭(参照项:非双亲家庭)		0.038	0.015	0.012	2.513	<0.05
有学生干部经历(参照项:没有)		0.018	0.011	0.008	1.648	0.099
有国(境)外学习经历(参照项:没有)		−0.028	0.023	−0.006	−1.247	0.212
独生子女(参照项:不是)		0.046	0.010	0.024	4.547	<0.05
小时候父母常年在外务工 (参照项:没有)		−0.064	0.011	−0.030	−5.983	<0.05

$N = 46813$　　$R^2 = 0.010$　　$F = 24.706$

（十一）自律能力

自律能力是不依赖外在监督，自己约束自己，自己管理自己，自觉行动的能力，是思想道德内化于心、自觉践行的重要标志。马克思曾指出："道德的基础是人类精神的自律。"[1]这要求广大青年大学生在学习、生活、工作中能够严于律己、提高自律能力。本课题通过调查受访者对大学生自律能力的评价，反映当代大学生自律能力的发展情况。

1. 整体情况

当前大学生自律能力整体状态良好，2020年对大学生自律能力评价的平均分（7.69分）大于6分，达到"良好"的标准。其中对大学生自律能力评价为"优秀"（9—10分）的受访者占比为 32.4％，评价为"良好"（6—8分）的受访者占比为 58.4％，评价为"不合格"（0—5分）的受访者占比为 9.2％（见表10-1）。对大学生自律能力评分具有内在固有大小或优劣等级顺序，属于定距变量，因此可以使用集中趋势分析、离散趋势分析、历时分析、回归分析等多种分析方式对这一评分数据进行处理。

2. 集中趋势分析

大学生自律能力评价的平均分能够比较真实地反映大学生群体自律能力的普遍状况。其中，平均分（7.69分）相对于中位数（8分）存在较小的负偏斜，说明大学生自律能力评价的平均分可能受到个别极低分的影响而略微低于大学生群体的实际状况，但受极端值影响较小，因此能够比较真实地反映实际状况。

3. 离散趋势分析

受访者群体普遍认同大学生自律能力整体状态良好。其中，平均值标准误差（η）为 0.01，标准差（σ）为 2.067，两个描述数据集离散趋势的统计量度数值均较小，说明数据集中的大部分数值和数据集的平均值之间的差异较小，数据集的离散程度较小。因此大多数受访者对大学生自律能力的评价趋于一致，均认为大学生自律能力整体状态良好。

4. 历时分析

大学生自律能力的培育成效明显，对大学生自律能力评价的总体平均分呈上升趋势。2014 年—2019 年的数据显示，大学生自律能力的平均分从 2014 年（7.16 分）到 2019 年（7.27 分），5 年间增加了 0.11 分；2020 年大学生自律能力的平均分为 7.69 分，同比提高了 0.42 分，平均分再创新高。这反映了大学生自律能力持续向好的基本态势。

5. 不同群体大学生对自律能力的评价

为探究不同群体大学生对大学生自律能力评价的差异性，课题组将包含自然因素、成长背景、教育因素等在内的多项人口学变量与大学生自律能力得分进行一般线性回归分析。结果显示，生源所在地状况、家庭类型、家庭构成等不同的大学生在对大学生自律能力的评价存在显著差异（$P<0.05$）。

第一，受访学生的生源所在地状况对大学生自律能力的评价有显著影响，不同生源地的学生对大学生自律能力的评价存在显著差异。其中，生源地为城镇的学生对大学生自律能力的评价更高。分析结果表明，生源地为城镇的学生对大学生自律能力评价得分比生源地为农村的学生的相应评价高 0.05 个单位。

---

[1] 《马克思恩格斯全集》第一卷，人民出版社 1956 年版，第 15 页。

　　第二,受访学生的家庭类型对大学生自律能力的评价有显著影响,不同家庭类型的学生对大学生自律能力的评价存在显著差异。其中,家庭类型为双亲家庭的学生对大学生自律能力的评价更高。分析结果表明,家庭类型为双亲家庭的学生对大学生自律能力评价得分比家庭类型为非双亲家庭的相应评价高 0.051 个单位。

　　第三,受访学生的家庭构成对大学生自律能力的评价有显著影响,独生子女大学生与非独生子女大学生对大学生自律能力的评价存在显著差异。其中,独生子女大学生对大学生自律能力的评价更高。分析结果表明,独生子女大学生对大学生自律能力评价得分比非独生子女大学生的相应评价高 0.036 个单位(表 10-12)。

表 10-12　不同群体大学生对大学生自律能力的一般线性回归分析

自变量		非标准化系数		标准系数	统计量	显著性水平
		B	S.E	Beta	t	P
常数项		3.773	0.096		39.436	<0.05
性别男性(参照项:女性)		−0.035	0.010	−0.017	−3.363	<0.05
年龄平方/100		0.008	0.003	0.018	2.385	<0.05
学历层次 (参照项:博士生)	本科生	0.031	0.034	0.013	0.903	0.366
	硕士生	0.116	0.029	0.045	3.961	<0.05
学科门类 (参照项:理工农医类)	人文科学类	0.015	0.014	0.005	1.036	0.300
	社会科学类	0.006	0.012	0.003	0.549	0.583
政治面貌党员(参照项:非党员)		0.013	0.013	0.005	1.034	0.301
生源地农村(参照项:城镇)		−0.050	0.011	−0.024	−4.452	<0.05
生源地所在区域 (参照项:东北)	华东	−0.057	0.017	−0.024	−3.274	<0.05
	华南	−0.191	0.020	−0.058	−9.425	<0.05
	华中	−0.096	0.019	−0.035	−5.202	<0.05
	华北	−0.012	0.018	−0.004	−0.645	0.519
	西北	−0.041	0.020	−0.012	−2.045	<0.05
	西南	−0.162	0.019	−0.053	−8.363	<0.05
双亲家庭(参照项:非双亲家庭)		0.051	0.017	0.014	3.070	<0.05
有学生干部经历(参照项:没有)		−0.031	0.012	−0.012	−2.526	<0.05
有国(境)外学习经历(参照项:没有)		−0.037	0.025	−0.007	−1.480	0.139
独生子女(参照项:不是)		0.036	0.011	0.017	3.226	<0.05
小时候父母常年在外务工 (参照项:没有)		−0.076	0.012	−0.032	−6.455	<0.05

$N = 46813$　　$R^2 = 0.010$　　$F = 25.789$

（十二）责任意识

责任意识是对个人与集体责任的正确认知和自觉承担。习近平指出："新时代中国青年要……以实现中华民族伟大复兴为己任，不辜负党的期望、人民期待、民族重托，不辜负我们这个伟大时代。"[1]本课题通过调查受访者对大学生责任意识的评价，反映当代大学生责任意识的发展情况。

1. 整体情况

当前大学生责任意识整体状态良好，2020年对大学生责任意识评价的平均分（8分）大于6分，达到"良好"的标准。其中对大学生责任意识评价为"优秀"（9—10分）的受访者占比为37.9%，评价为"良好"（6—8分）的受访者占比为55.4%，评价为"不合格"（0—5分）的受访者占比为6.7%（见表10-1）。对大学生责任意识评分具有内在固有大小或优劣等级顺序，属于定距变量，因此可以使用集中趋势分析、离散趋势分析、历时分析、回归分析等多种分析方式对这一评分数据进行处理。

2. 集中趋势分析

大学生责任意识评价的平均分能够比较真实地反映大学生群体责任意识的普遍状况。其中，平均分（8分）相对于中位数（8分）几乎不存在偏斜，说明大学生责任意识评价的平均分受极端值影响极小，因此能够比较真实地反映实际状况。

3. 离散趋势分析

受访者群体普遍认同大学生责任意识整体状态良好。其中，平均值标准误差（η）为0.009，标准差（σ）为1.976，两个描述数据集离散趋势的统计量度数值均较小，说明数据集中的大部分数值和数据集的平均值之间的差异较小，数据集的离散程度较小。因此大多数受访者对大学生责任意识的评价趋于一致，均认为大学生责任意识整体状态良好。

4. 历时分析

大学生责任意识的培育成效明显，对大学生责任意识评价的总体平均分呈上升趋势。2014年—2019年的数据显示，大学生责任意识的平均分从2014年（6.9分）到2019年（7.69分），5年间增加了0.79分；2020年大学生责任意识的平均分为8分，同比提高了0.31分，平均分再创新高。这反映了大学生责任意识持续向好的基本态势。

5. 不同群体大学生对责任意识的评价

为探究不同群体大学生对大学生责任意识评价的差异性，课题组将包含自然因素、成长背景、教育因素等在内的多项人口学变量与大学生责任意识得分进行一般线性回归分析。结果显示，性别、政治面貌、家庭类型等不同的大学生在对大学生责任意识的评价存在显著差异（$P<0.05$）。

第一，受访学生的性别对大学生责任意识的评价有显著影响，不同性别的学生对大学生责任意识的评价存在显著差异。其中，男生对大学生责任意识的评价更低。分析结果表明，男生对大学生责任意识评价得分比女生的相应评价低0.044个单位。

第二，受访学生的政治面貌对大学生责任意识的评价有显著影响，不同政治面貌的学生对大学生责任意识的评价存在显著差异。其中，党员大学生对大学生责任意识的评价更高。

---

[1] 习近平：《在纪念五四运动100周年大会上的讲话》，人民出版社2019年版，第6页。

分析结果表明,党员大学生对大学生责任意识评价得分比非党员大学生的相应评价高 0.031 个单位。

第三,受访学生的家庭类型对大学生责任意识的评价有显著影响,不同家庭类型的学生对大学生责任意识的评价存在显著差异。其中,家庭类型为双亲家庭的学生对大学生责任意识的评价更高。分析结果表明,家庭类型为双亲家庭的学生对大学生责任意识评价得分比家庭类型为非双亲家庭的相应评价高 0.048 个单位(表 10-13)。

表 10-13 不同群体大学生对大学生责任意识评价的一般线性回归分析

自变量		非标准化系数		标准系数	统计量	显著性水平
		B	S.E	Beta	t	P
常数项		4.244	0.092		46.312	<0.05
性别男性(参照项:女性)		−0.044	0.010	−0.022	−4.419	<0.05
年龄平方/100		−0.009	0.003	−0.021	−2.722	<0.05
学历层次 (参照项:博士生)	本科生	0.007	0.033	0.003	0.226	0.821
	硕士生	0.090	0.028	0.037	3.216	<0.05
学科门类 (参照项:理工农医类)	人文科学类	−0.002	0.014	−0.001	−0.122	0.903
	社会科学类	−0.015	0.011	−0.007	−1.336	0.181
政治面貌党员(参照项:非党员)		0.031	0.012	0.013	2.452	<0.05
生源地农村(参照项:城镇)		−0.039	0.011	−0.020	−3.633	<0.05
生源地所在区域 (参照项:东北)	华东	−0.023	0.017	−0.010	−1.409	0.159
	华南	−0.161	0.019	−0.051	−8.263	<0.05
	华中	−0.053	0.018	−0.020	−3.012	<0.05
	华北	0.002	0.018	0.001	0.136	0.892
	西北	−0.044	0.019	−0.014	−2.284	<0.05
	西南	−0.119	0.019	−0.040	−6.376	<0.05
双亲家庭(参照项:非双亲家庭)		0.048	0.016	0.014	3.030	<0.05
有学生干部经历(参照项:没有)		−0.020	0.012	−0.008	−1.720	0.085
有国(境)外学习经历(参照项:没有)		−0.090	0.024	−0.018	−3.769	<0.05
独生子女(参照项:不是)		0.016	0.011	0.008	1.455	0.146
小时候父母常年在外务工 (参照项:没有)		−0.061	0.011	−0.027	−5.387	<0.05

$N = 46813$ $R^2 = 0.007$ $F = 17.421$

三、影响分析

高校思想政治工作是大学生文明素养培养的主要途径。高校依据党和国家的总体要求,通过思想政治理论课教学、大学生日常思想政治教育等途径,培育大学生文明素质。因此,有必要采用因子分析与一般线性回归分析相结合的方法,探讨高校思想政治工作与大学生文明素质间的关系,量化高校思想政治工作各项具体内容对大学生文明素质的影响程度,为大学生文明素质培育工作提供参考。

通过因子分析,对大学生 12 项文明素质"奉献精神、集体观念、纪律观念、诚信意识、人文素养、维权意识、创新精神、勤俭节约、文明礼貌、奋斗精神、自律能力、责任意识"的评价得分数据提取公因子,经 KMO 和 Bartlett 球形检验,发现组合量表 KMO = 0.965,Bartlett 球形检验显著,满足因子分析的要求。从这些数据中可以提取 1 个公因子,累计方差贡献率为72.156%;将提取的公因子命名为"大学生文明素质",然后将"大学生文明素质"作为因变量,将高校思想政治工作状况的相关变量作为自变量,进行一般线性回归分析。

(一)思想政治理论课教学收获与大学生文明素质呈正相关

为深入分析思想政治理论课教学收获与大学生文明素质的关系,将"思想道德修养与法律基础""中国近现代史纲要""毛泽东思想和中国特色社会主义理论体系概论""马克思主义基本原理概论""形势与政策"5 门课程的教学收获作为自变量,对大学生文明素质进行回归分析。为便于分析,将大学生学习"思想道德修养与法律基础""中国近现代史纲要""毛泽东思想和中国特色社会主义理论体系概论""马克思主义基本原理概论""形势与政策"的收获情况"非常好""比较好""一般""比较差""非常差"分别赋值为 5 分、4 分、3 分、2 分、1分,得分越高表示大学生收获越高。数据赋值后,5 门课程的教学收获具有内在固有大小或优劣等级顺序,属于定距变量,符合回归分析的要求。一般线性回归分析结果显示(表 10-14),按照 $P<0.05$ 的检验标准,5 门课程的教学收获的回归系数具有统计学意义,思想政治理论课教学收获与大学生文明素质呈显著正相关(表 10-14)。

表 10-14　高校思想政治理论课教学收获对大学生文明素质影响的一般线性回归分析

自变量	非标准化系数		标准化系数	统计量	显著性水平
	B	S.E	Beta	t	P
常数项	−2.479	0.027		−92.636	<0.05
"思想道德修养与法律基础"	0.121	0.010	0.103	11.552	<0.05
"中国近现代史纲要"	0.070	0.012	0.058	5.781	<0.05
"毛泽东思想和中国特色社会主义理论体系概论"	0.103	0.013	0.086	7.933	<0.05
"马克思主义基本原理概论"	0.119	0.012	0.100	9.657	<0.05
"形势与政策"	0.185	0.011	0.158	17.070	<0.05

$N = 46813$　　$R^2 = 0.315$　　$F = 1241.597$

其中,"思想道德修养与法律基础"的教学收获从"非常差""比较差""一般"到"比较好""非常好"每提升一个等级,大学生对"大学生文明素质"的评分会随之提高 0.121 个单位。"中国近现代史纲要"的教学收获从"非常差""比较差""一般"到"比较好""非常好"每提升一个等级,大学生对"大学生文明素质"的评分会随之提高 0.07 个单位。"毛泽东思想和中国特色社会主义理论体系概论"的教学收获从"非常差""比较差""一般"到"比较好""非常好"每提升一个等级,大学生对"大学生文明素质"的评分会随之提高 0.103 个单位。"马克思主义基本原理概论"的教学收获从"非常差""比较差""一般"到"比较好""非常好"每提升一个等级,大学生对"大学生文明素质"的评分会随之提高 0.119 个单位。"形势与政策"的教学收获从"非常差""比较差""一般"到"比较好""非常好"每提升一个等级,大学生对"大学生文明素质"的评分会随之提高 0.185 个单位。

(二)大学生日常思想政治教育状况与大学生文明素质呈正相关

为深入分析大学生日常思想政治教育状况与大学生文明素质的关系,将"校风和学风建设""创新创业教育""社会实践活动""校园文化活动""网络思想政治教育""心理健康教育与咨询工作""职业规划与就业指导教育""日常事务管理""学校后勤服务""学生资助工作""基层党组织建设""社团活动""班级建设""团组织建设"14 项大学生日常思想政治教育内容的评价情况作为自变量,对大学生文明素质进行回归分析。为便于分析,将 14 项大学生日常思想政治教育内容的评价情况"非常满意""比较满意""一般""不大满意""很不满意"分别赋值为 5 分、4 分、3 分、2 分、1 分,得分越高表示评价越高、状况越好。数据赋值后,14 项大学生日常思想政治教育内容的评价情况具有内在固有大小或优劣等级顺序,属于定距变量,符合回归分析的要求。一般线性回归分析结果显示(表 10-15),按照 $P < 0.05$ 的检验标准,14 项大学生日常思想政治教育内容评价情况的回归系数具有统计学意义,大学生日常思想政治教育状况与大学生文明素质呈显著正相关(表 10-15)。

表 10-15　大学生日常思想政治教育状况对大学生文明素质影响的一般线性回归分析

自变量	非标准化系数		标准化系数	统计量	显著性水平
	B	S.E.	Beta	t	P
常数项	−3.591	0.025		−141.378	<0.05
校风和学风建设	0.073	0.008	0.054	8.611	<0.05
创新创业教育	0.070	0.009	0.057	7.907	<0.05
社会实践活动	0.057	0.009	0.047	6.065	<0.05
校园文化活动	0.002	0.009	0.002	0.276	<0.05
网络思想政治教育	0.099	0.010	0.080	10.115	<0.05
心理健康教育与咨询工作	0.020	0.009	0.016	2.276	<0.05
职业规划与就业指导教育	0.055	0.009	0.047	6.248	<0.05
日常事务管理	0.040	0.008	0.035	4.872	<0.05
学校后勤服务	0.036	0.006	0.034	5.742	<0.05
学生资助工作	0.051	0.008	0.040	6.372	<0.05

自变量	非标准化系数		标准化系数	统计量	显著性水平
	B	S.E	Beta	t	P
基层党组织建设	0.070	0.010	0.053	7.313	<0.05
社团活动	0.040	0.008	0.032	4.743	<0.05
班级建设	0.148	0.009	0.119	16.203	<0.05
团组织建设	0.077	0.010	0.059	7.538	<0.05

$$N = 46813 \quad R^2 = 0.328 \quad F = 1631.451$$

其中,对"校风和学风建设"的评价从"很不满意""不大满意""一般"到"比较满意""非常满意"每提升一个等级,大学生对"大学生文明素质"的评分会随之提高 0.073 个单位。对"创新创业教育"的评价从"很不满意""不大满意""一般"到"比较满意""非常满意"每提升一个等级,大学生对"大学生文明素质"的评分会随之提高 0.07 个单位。对"社会实践活动"的评价从"很不满意""不大满意""一般"到"比较满意""非常满意"每提升一个等级,大学生对"大学生文明素质"的评分会随之提高 0.057 个单位。对"校园文化活动"的评价从"很不满意""不大满意""一般"到"比较满意""非常满意"每提升一个等级,大学生对"大学生文明素质"的评分会随之提高 0.002 个单位。对"网络思想政治教育"的评价从"很不满意""不大满意""一般"到"比较满意""非常满意"每提升一个等级,大学生对"大学生文明素质"的评分会随之提高 0.099 个单位。

对"心理健康教育与咨询工作"的评价从"很不满意""不大满意""一般"到"比较满意""非常满意"每提升一个等级,大学生对"大学生文明素质"的评分会随之提高 0.02 个单位。对"职业规划与就业指导教育"的评价从"很不满意""不大满意""一般"到"比较满意""非常满意"每提升一个等级,大学生对"大学生文明素质"的评分会随之提高 0.055 个单位。对"日常事务管理"的评价从"很不满意""不大满意""一般"到"比较满意""非常满意"每提升一个等级,大学生对"大学生文明素质"的评分会随之提高 0.04 个单位。对"学校后勤服务"的评价从"很不满意""不大满意""一般"到"比较满意""非常满意"每提升一个等级,大学生对"大学生文明素质"的评分会随之提高 0.036 个单位。对"学生资助工作"的评价从"很不满意""不大满意""一般"到"比较满意""非常满意"每提升一个等级,大学生对"大学生文明素质"的评分会随之提高 0.051 个单位。

对"基层党组织建设"的评价从"很不满意""不大满意""一般"到"比较满意""非常满意"每提升一个等级,大学生对"大学生文明素质"的评分会随之提高 0.07 个单位。对"社团活动"的评价从"很不满意""不人满意""一般"到"比较满意""非常满意"每提升一个等级,大学生对"大学生文明素质"的评分会随之提高 0.04 个单位。对"班级建设"的评价从"很不满意""不大满意""一般"到"比较满意""非常满意"每提升一个等级,大学生对"大学生文明素质"的评分会随之提高 0.148 个单位。对"团组织建设"的评价从"很不满意""不大满意""一般"到"比较满意""非常满意"每提升一个等级,大学生对"大学生文明素质"的评分会随之提高 0.077 个单位。

四、本章小结

本章基于对大学生文明素质的数据分析,先从整体性、系统性的视角入手,综合性评价大学生文明素质的现状;又从层次性、结构性的视角展开,逐项分析大学生文明素质的特征;并在描述大学生文明素质总体情况的基础上,发现值得关注的现象与问题,提出针对性的对策与建议。

(一)总体情况

当前大学生文明素质整体状况较好,大学生文明素质评价总体得分达到"良好"水平,并且保持持续增长。其中以责任意识、奋斗精神为首的担当复兴大任的关键素质评价得分较高。新时代青年大学生的文明素质也展现出许多新特征。

1. 文明素质本色依旧

2020年大学生文明素质整体状况较好,受访者对大学生文明素质的评分保持良好的增长态势。总体文明素质的平均分为7.93分,相较2019年的平均分上升了0.34分,存在显著增长。各项大学生文明素质的具体内容评价得分均存在一定程度的增长,保持上升趋势。其中文明礼貌(8.31分)、诚信意识(8.29分)两项内容的评价得分已经接近优秀(9分以上)的标准。即使评分排名相对靠后的集体观念(7.64分)、奉献精神(7.65分)等内容,其评价得分也大幅度超越良好(6分以上)的标准。

2. 文明素质底色鲜亮

责任意识蕴含着对党的期望、人民期待、民族重托的自觉承担,是担当民族复兴大任的思想前提。奋斗精神是青年大学生逐梦拼搏、奉献社会、报效祖国的动力之源。这两者与青年大学生的"爱国情、强国志、报国行"关系最为紧密,是大学生文明素质的底色。2020年调研数据显示,奋斗精神的评价得分为8.15分,高于总体文明素质的平均分(7.93分),在12项文明素质评分中排名第三;责任意识的评价得分为8分,高于总体文明素质的平均分(7.93分),在12项文明素质评分中排名第六。责任意识与奋斗精神在各项文明素质内容中排名靠前,当下大学生文明素质底色鲜亮。

3. 文明素质颜色多彩

随着大学生文明素质培育工作的深入推进,新时代大学生群体在文明素质方面呈现出思维活跃爱创新、重视权益讲维权的新特征。调查数据显示,近六年创新精神评分排名整体呈上升趋势,由2014年的第11名上升至2020年的第7名。创新精神评价得分(7.83分)相较于2019年评价得分(7.45分)提高了0.38分;维权意识评价得分(8.05分)相较于2019年评价得分(7.65分)提高了0.4分,两项文明素质评价得分的增长幅度均高于12项内容的平均涨幅(0.35分)。这充分说明,受访学生对身边大学生群体创新精神和维权意识的评价显著提高,思维活跃、重视维权成为大学生群体的新特征,为大学生文明素质增添了新色彩。

(二)应当关注的现象与问题

评价大学生文明素质,应当秉持瑕瑜互见的客观态度,寻问题、找差距、补短板,充分了解和认识大学生文明素质培育中存在的不足之处。调查发现,文明素质中自律能力、奉献精神、集体观念三项内容评分明显偏低,有待进一步培养、培育和加强。

1. 自律能力有待培养

自我约束、自我管理、自觉行动的自律能力,是当下大学生群体普遍存在不足的一项文明素质。一方面,一些大学生在生活作息方面自律能力不足,如不按时睡觉、不按时就餐、不按时运动、不能对生活有效管理。另一方面,部分大学生在工作学习方面自律能力不足,面对工作、学习任务,能拖则拖,临近任务截止时间再仓促完成。调查数据显示,自律能力的评价得分(7.69 分)在 12 项内容的评价得分中排名第 10,低于总体平均分(7.93 分)。其主要原因是,部分大学生成长在家庭和学校全方位管理的环境下,对自律能力的培养和锻炼不足,因此有必要进一步培养大学生自律能力。

2. 奉献精神有待培育

部分大学生缺乏主动付出、不求回报的奉献精神,自我意识、利己观念过强。这种奉献精神的缺乏主要表现为对个人利益的趋之若鹜和对公共事务的漠不关心。调查数据显示,奉献精神的评价得分(7.65 分)在 12 项内容的评价得分中排名第 11,低于总体平均分(7.93 分)。出现这种现象的原因之一是西方错误思想对大学生价值观念的负面影响。如部分大学生受利己主义思想的影响,片面强调个人的收获与利益,缺乏对付出与收获的正确认识、对默默奉献的情感认同、对舍己为人精神的崇敬与向往,因此有必要加强正面教育,积极培育大学生群体的奉献精神。

3. 集体观念有待加强

集体观念是个体社会化的重要标志,也是国家崛起和民族复兴的必然要求。然而部分大学生受到西方个人主义、利己主义思潮的冲击,集体观念有待加强。调查数据显示,集体观念的评价得分(7.64 分)在 12 项内容的评价得分中排名第 12,低于总体平均分(7.93 分)。这种集体观念的缺乏主要表现为对集体交往的逃避恐惧,对集体活动的热情较低以及对集体价值的过度轻视。第一,部分大学生以"社交恐惧"为名,逃避集体交往,将自己封闭在人际关系"小圈子"中。第二,部分大学生不愿参与集体活动,不愿开展团队合作,不愿融入集体生活。第三,部分大学生不顾及集体利益,只重视个人获得,存在损公利私的行为。因此有必要重点培育大学生集体观念。

(三)对策与建议

当下大学生文明素质整体状况良好,但也存在值得关注的现象和尚待解决的问题,因此有必要丰富大学生社会实践活动、建立制度保障、改善网络环境,进一步加强大学生文明素质培育。

1. 实化于行,丰富培育文明素质的实践活动

"辩证唯物论的认识论……认为人的认识一点也不能离开实践。"[①]文明素质作为个体认识的组成部分,来源于实践并受到实践活动的制约。因此应当开展丰富多样的实践活动,培育大学生文明素质。首先,创建实践活动基地为培育文明素养奠基。实践依赖于客观物质世界,实践活动依赖于实践活动基地。应当通过"校地共建""区校共建""校企合作"的方式,搭建高校实践活动基地。其次,组建实践教育团队为培育文明素养领航。实践具有社会

---

① 《毛泽东选集》第一卷,人民出版社 1991 年版,第 284 页。

性,实践活动依赖专门团队的组织与领导。应当在校院两级设置"大学生实践教育团""大学生实践教育专干",在实践过程中对大学生进行指导与教育。最后,丰富实践活动形式,为培育文明素养增强吸引力。实践内容具有多样性,大学生实践活动形式具有丰富多样的特点。应当创新性地举办素质拓展、体育竞技、文艺表演等多种形式的实践活动,增强活动的趣味性、吸引力和参与度。

2. 固化于制,建立培育文明素质的制度保障

"制度好可以使坏人无法任意横行。"①在大学生文明素质整体状况良好的背景下,我们更应该重视文明素质培育制度的完善,用制度之力,巩固现有成果、教化学生群体、全面提升文明素质。首先,应当建立大学生文明素质规范制度。通过制定《大学生日常文明行为规范》《大学生文明素质公约》等制度和规范,为培育文明素质提供准绳。其次,应当建立大学生文明素质监督制度。在校院两级党委的领导下,以具备自我管理、自我监督、自我教育、自我服务职能的学生会组织为主体,依据客观科学的制度标准,对大学生文明素养实施科学化、人性化的监督。最后,应当建立大学生文明素质表彰制度。依据科学合理的标准,在全面考查学生学习生活状况的基础上,客观公正地组织"校园文明素质标兵评选活动",表彰标兵文明行为、宣传标兵模范事迹、开展榜样示范教育。

3. 涵化于境,改善培育文明素质的网络环境

"蓬生麻中,不扶而直;白沙在涅,与之俱黑。"②环境会潜移默化对人施加影响,良好的环境能润物无声地培育学生文明素质。当下校园文化环境不断改善,已经成为大学生文明素质培育的重要环境资源,而大学生群体接触的网络环境则存在进一步改善的空间。首先,应当改造负面网络环境,整治充斥"网抑云""丧文化""佛系"的消极网络环境,破除其对大学生文明素质的消极影响。其次,应当加强主流网络媒体建设,构建符合文明素质要求的优良网络环境,形成对大学生文明素质的积极影响。最后,应当提高大学生群体的网络环境辨识能力,引导大学生正确分辨正面环境与负面环境,自觉抵制负面网络环境带来的消极影响,借助网络环境培育文明素质。

---

① 《邓小平文选》第二卷,人民出版社1994年版,第333页。
② 《荀子·劝学》。

研究综述

大学生日常思想政治教育研究 2020 年度进展

2020 年既是实现全面建成小康社会收官之年,也是乘势而上,向第二个百年计划奋进的开局之年。大学生思想政治教育环境的深刻变化,必然推动着思想政治教育研究呈现出新的特征。整体来说,2020 年度大学生日常思想政治教育研究取得了丰硕的成果,这不仅深化了大学生日常思想政治教育理论研究,也有助于推动大学生日常思想政治教育的实践发展,切实提升大学生思想政治教育的实效性和针对性。

一、关于科研育人的研究

2017 年 12 月,教育部颁布《高校思想政治工作质量提升纲要》,明确提出科研育人体系的构建。2020 年 4 月,教育部等八部门发布《关于加快构建高校思想政治工作体系的意见》,进一步强调充分发挥科研育人功能。学界围绕该论题展开了一定的研究,形成了较为丰富的研究成果。从整体来看,2020 年度学界关于这一论题的研究主要集中在高校科研育人的科学内涵、价值意蕴、现状问题与实现路径三个方面。

(一)关于科研育人科学内涵的研究

针对科研育人的科学内涵,学者们从不同的维度发表了自己的观点。有学者从科研育人的内容入手,认为大学科研育人要培养探索未知的创新精神,严谨治学的求实精神,敢于怀疑的批判精神,求善求美的伦理精神,真诚协作的团队精神。[①]还有学者聚焦科研育人的目标,认为科研育人的核心目标是将思想政治教育理念、正确的价值取向及科学研究过程紧密结合。一方面,在全面开展科研能力教育的基础上,强化学生爱国主义精神培养,引导学生将个人追求、人生理想与社会主义建设有机融合,坚持党的领导,坚持以人民为中心,在建设中国特色社会主义的过程中努力实现个人价值。另一方面,科研育人还要求培养学生求真务实的科学探究精神,引导他们通过个人实践发现问题、探索问题和解决问题。[②]

2020 年度学界对高校科研育人的科学内涵从不同维度展开了研究,并在已有研究成果上取得了新的进展,主要涉及科研育人的内容、目标等方面,为后续科研育人内涵的深入研究和科研育人实践活动的有效开展提供了坚实的理论基础。但是,还有进一步拓展的必要,如明确科研育人的主体、载体、内容等,为后续科研育人内涵的权威统一表述提供理论基础。

---

① 参见刘在洲、谭梦媛:《引育科学精神:大学科研育人的使命担当》,《中国高校科技》2020 年第 Z1 期。
② 参见邓华:《现代思政教育科研育人创新探索——〈评教育科研问题研究〉》,《科技管理研究》2020 年第 17 期。

（二）关于科研育人价值意蕴的研究

2020 年度学界从不同视角对科研育人的价值展开相关研究。有学者立足党和国家层面，认为重视教育科研是我们党办好教育的一项战略举措，尤其是 2019 年《教育部关于加强新时代教育科学研究工作的意见》的印发，使得教育科研的地位和作用在新时代进一步凸显。① 还有学者从高校出发探讨科研育人的重要价值，认为科研是大学必须承担的育人使命，缺乏科学精神引领的大学科研犹如没有方向的航船，在科学技术成为社会发展的根本动力、创新成为国家战略的今天，大学科研必须承担起培育科学精神和科学道德的责任。② 还有学者从学生角度出发，认为科研育人的对象主要是大学生，探讨科研育人的意义离不开大学生这一群体。科研育人能培养学生正确的科研价值观，引领学生树立科学报国、服务人民的崇高理想，激发学生追求勇攀高峰、争创一流的创新精神，勉励学生修养淡泊名利、甘于奉献的高尚情操；科研育人能培养大学生坚韧的科研精神，鞭策学生发扬勤奋刻苦、潜心钻研的拼搏精神，督促学生磨炼不怕失败、愈挫愈勇的坚强意志，引导学生传承集智攻关、团结协作的团结精神，规训学生养成严谨求实、诚实守信的优良学风。③

2020 年度学界主要从党和国家、高校发展、学生培养三个维度出发探讨了科研育人的价值意蕴，有助于高校从思想认识上充分肯定科研育人的重要性，进而在工作实践中开展科研育人活动，使高校科研育人工作落到实处。

（三）关于科研育人现状问题与实现路径的研究

科研育人在取得不俗成绩的同时也存在一些不容忽视的问题，2020 年度众学者不仅分析了高校科研育人的现状问题，还在此基础上探究科研育人的实现与优化路径。

其一，关于科研育人现状问题的研究。有学者从科研育人评价视角出发，认为当前教育科研评价存在以下问题：第一，评价目的异化，片面追求新颖、绩效和功用。在教育科研领域，评价目的异化主要表现为三种评价倾向——为创新而评价、为绩效而评价、为功用而评价。第二，评价主体失范，学术共同体独立性和自主性力量不足。第三，评价标准单一，忽视教育科研的类型差异。第四，评价方式简单，以数量指标取代质量判断。第五，评价结果的公信力不高，易受非学术因素影响。④ 还有学者认为，面对新形势新任务，我国教育科研工作还存在一些短板，主要表现在以下方面：一是原创性理论研究和科研成果缺乏，二是对重大现实问题的研究能力不足，三是国际参与度和影响力薄弱，四是教育科研评价存在功利化倾向，五是协同高效的科研组织模式和运行机制尚未形成，六是对教育科研的重视程度和保障水平还有待提高。⑤

其二，关于科研育人实现路径的研究。科研育人是一个由多要素构成的系统，2020 年度

---

① 参见田学军：《充分发挥教育科研的支撑、驱动和引领作用　奋力推进新时代教育强国建设》，《教育研究》2020 年第 10 期。
② 参见刘香菊、刘在洲：《大学科研育人的价值意蕴与作用机理》，《高等教育研究》2020 年第 8 期。
③ 参见刘在洲、谭梦媛、曾中良：《试论大学科研育人的价值追求》，《学校党建与思想教育》2020 年第 15 期。
④ 参见孟照海、刘贵华：《教育科研评价如何走出困局》，《教育研究》2020 年第 10 期。
⑤ 参见田学军：《充分发挥教育科研的支撑、驱动和引领作用　奋力推进新时代教育强国建设》，《教育研究》2020 年第 10 期。

学者们从科研育人的不同构成要素入手,探究科研育人的实现路径。有学者立足高校,认为高校首先应当在思想政治教育中深入贯彻科研育人理念,让广大师生充分认识到科研活动对人才培养的作用以及思想教育在科研工作中的重要意义;其次,需积极创新和拓展科研育人方式,带领学生走出课堂,主动参与科研实践,营造浓厚的科研育人教学氛围;最后,需强化科研育人评价机制,不仅将科研育人制度与国家发展政策紧密结合,有效保障科研育人的实效性及创新发展,还要坚持正确的思想价值导向,建立公正、规范的评价制度,提高科研育人评价体系的公信力。[①] 有的学者从教师角度出发,认为要打造一支重视科研育人的教师队伍,没有高水平的科研队伍,就没有高水平的科研活动,也就无法为科学精神和科学道德的传承提供相应的实践环境和条件。[②] 还有学者聚焦改进科研方法,认为高校需积极创新和拓展科研育人方式,以多样化的组织活动带领学生走出课堂,主动参与科研实践,营造浓厚的科研育人教学氛围。教师可以开设更多适合学生参与的科研项目,让他们从资料搜集、数据调查与分析、材料准备等基本的科研工作入手,逐渐了解科研、热爱科研。此外,还可以引导学生自主组建创新科研团队参与全国科技大赛,让他们在提高个人科研水平的同时,能够感受到国家蓬勃发展的科技力量。[③]

2020 年度学者们不仅客观分析了当前高校科研育人存在的问题与困境,也从高校、教师、育人方法等不同角度提出了科研育人的实现与优化路径,为今后高校科研育人的高质量发展提供了可供参考、借鉴之处。不足的是,对高校科研现存问题的剖析还不够深入,整体研究还有待进一步深入和细化。

二、 关于实践育人的研究

实践育人是落实高校"立德树人"根本任务的重要途径,是高校日常思想政治教育的重要组成部分,对于培养德、智、体、美、劳全面发展的社会主义建设者和接班人具有重要意义。习近平总书记高度重视社会实践的重要作用,多次通过讲话、回信等形式勉励大学生深入实践,学以致用。2020 年度学界主要围绕实践育人的内容、样态、现存问题与优化路径等方面展开研究。

(一)关于实践育人内容的研究

实践育人内容是实践育人有效开展的重要组成部分,2020 年度,众学者从社会主义核心价值观、理想信念、红色文化三个维度出发研究实践育人的内容。有学者在分析实践对于社会主义核心价值观教育的重要作用基础上,认为高校应以实践为导向,探究社会主义核心价值观教育的创新路径:第一,进行顶层设计,优化构建价值观教育的新机制;第二,以学生为主体,以能力为标准,以模式为驱动,重塑"教"与"学"的新模式;第三,紧扣生活,使大学生时刻能够在价值观教育体系中找到新自我;第四,注重多元创新,拓展与构筑价值观教育的

---

① 参见邓华:《现代思政教育科研育人创新探索——〈评教育科研问题研究〉》,《科技管理研究》2020 年第 17 期。
② 参见刘香菊、刘在洲:《大学科研育人的价值意蕴与作用机理》,《高等教育研究》2020 年第 8 期。
③ 参见邓华:《现代思政教育科研育人创新探索——〈评教育科研问题研究〉》,《科技管理研究》2020 年第 17 期。

新边界。① 还有学者认为理想信念教育应成为应用型高校实践育人的重要内容。当前,应用型高校实践育人中存在着学生参与的坚定性较弱、参与成效有待提升、教学内容贯通存在偏差、知行合一较困难等问题,应将理想信念教育融入实践育人机制,通过完善实践育人工作制度、构建实践课堂一体化教学体系、形成有"校本"特色的实践育人品牌项目、合作共建校外实践育人服务基地等方式进行探索,促使实践育人更"实"。② 还有学者立足红色文化教育,认为利用好红色资源、发扬好红色传统、传承好红色基因,必须将红色文化教育融入社会实践中,抓住红色思想引领、红色文化熏陶、红色实践锤炼三条主线,形成读有红色书目、看有红色展馆、讲有红色故事、唱有红色歌谣、诵有红色经典、观有红色影视、演有红色剧目、赛有红色项目、学有红色典型的校园社会实践活动常态。③

高校开展实践育人并不是空洞的说教,而是有丰富多样、适应大学生成长和发展规律的针对性内容的,如社会主义核心价值观教育、理想信念教育、红色文化教育,对于增强高校思想政治教育的实效性具有深远的意义。同时也应该看到,目前学界对于实践育人内容的研究还相对单薄,不够深入,还应挖掘更加丰富的实践育人素材,充实高校实践育人内容。

(二)关于实践育人样态的研究

实践育人对培养知行合一、全面发展的大学生具有重要意义,对增强高校思想政治教育的实效性具有深远意义,因此,学界对实践育人的样态展开了积极探索,2020 年度学界主要研究了抗疫育人、活动育人等实践育人样态。

其一,关于抗疫育人的研究。2020 年是极不平凡的一年,新冠肺炎疫情的持续蔓延对人们的生产生活造成了极大的影响,如何在重大疫情应对中加强高校思想政治教育,激发大学生的爱国情怀和责任担当意识成为学界的研究重点。有学者聚焦抗疫精神的思想政治教育价值,认为将抗疫精神融入思想政治教育,充分发挥抗疫精神的价值引领作用,对于落实立德树人根本任务,培养担当民族复兴大任的时代新人具有重要价值。具体表现为,一是生命至上:教育引导学生坚定以人民为中心的价值取向;二是举国同心:激发青年学生厚植新时代爱国主义情怀;三是舍生忘死:培养青年学生的无私奉献精神;四是尊重科学:培养青年学生求真务实的科学精神;五是命运与共:引导青年学生深刻理解人类命运共同体。④ 还有学者立足于培养大学生责任意识的角度,认为加强对大学生责任担当意识的培养是应对重大疫情的现实需要,也是高校落实立德树人根本任务的重要体现,是思想政治教育工作的客观要求。重大疫情应对中对大学生责任意识的培养可从教育内容、教育载体和教育主体三个角度出发,通过意识、情感、能力三个层面来实现。⑤

其二,关于活动育人的研究。实践育人离不开丰富多样的实践活动,2020 年度学界集中研究了劳动、志愿服务、咨政等实践活动。有学者聚焦"以劳育人",认为坚持"以劳育人"是马克思主义实践本质的客观需求,也是新时代立德树人教育的根本体现,并且提出了实施

---

① 参见史明涛、盖甄迪:《论新时代高校社会主义核心价值观教育实践创新》,《中南民族大学学报(人文社会科学版)》2020 年第 4 期。

② 参见董凌莉:《理想信念教育视域下应用型高校实践育人探究》,《学校党建与思想教育》2020 年第 14 期。

③ 参见郭新春、刘科荣:《新时代红色文化育人的思考与实践》,《中国高等教育》2020 年第 11 期。

④ 参见冯刚、朱宏强:《抗疫精神的思想政治教育价值研究》,《思想教育研究》2020 年第 12 期。

⑤ 参见陈秋华:《重大疫情应对中大学生责任意识培养探究》,《思想理论教育导刊》2020 年第 12 期。

"以劳育人"的改革路径。① 也有学者从具体实际出发,通过问卷调查的形式,了解学生志愿服务现状,在分析学生志愿服务现状的基础上提出了优化建议:一是要发挥组织优势,实现长效发展;二是要拓展志愿项目,锻炼专业技能;三是要搭建实践平台,培养创新能力。② 还有学者立足地方农业院校,探索地方农业院校的"咨政实践育人"模式,提出要强化政府和院校的联系,打破农业院校与"三农"的阻隔,打破农业技术学科和哲学社会科学的阻隔,发挥多层次、多类型、多主体的创新主体的协同作用,致力于打造政府"三农"科学决策的"智库源"、创建农业院校实践育人的"大课堂"、开辟农业科学研究的"新阵地"、开拓强农兴农服务地方经济社会的"主战场",逐步构建跨学科、跨部门、跨系统、跨院校的新型农业类"咨政实践育人"智库,促使政产学研用各方协同顺畅、合力增强,真正担当起"三农"人才培养、农业科技创新和社会服务的主力军作用。③

2020 年度众学者对实践育人的样态进行了积极探讨,并取得了一系列研究成果。其中,既有在以往基础上的接续研究,如通过丰富多样的活动育人,还有在重大疫情应对下的实践育人新探索。与此同时,还应积极探索、创新其他高校实践育人样态,增强高校实践育人的吸引力和有效性。

(三) 关于实践育人现存问题与优化路径的研究

2020 年,在党中央的高度重视和地方各高校的积极实践下,实践育人取得了若干成就,但也存在着一些不容忽视、亟待解决的问题,一些学者基于高校实践育人的现存问题,对实践育人的优化路径进行了探究。

其一,关于实践育人现存问题的研究。有学者立足东北区域发展,分析服务东北全面振兴发展视角下实践育人的问题导向:一是要解决人才培养知行不一的问题;二是要解决实践育人游离于人才培养体系之外的问题;三是要解决东北全面振兴发展育才留才的问题。④ 还有学者聚焦高校创新创业实践教育,认为高校创新创业教育实践平台建设存在以下问题:一是课程建设水平难以满足精准化全程化的教育需求;二是校内平台的资源整合能力难以满足项目转化需求;三是现有配套服务难以满足项目发展的系统性需求;四是有限市场资源难以有力支撑孵化项目后续成长。⑤

其二,关于实践育人优化路径的研究。有学者从机制保障入手,认为加强高校思政课实践教学的规范化建设,一是要完善制度保障机制,二是要健全规划设计保障机制,三是要健全组织管理保障机制,四是要完善评价反馈优化机制。⑥ 还有学者聚焦少数民族大学生群体,探究新时代针对少数民族大学生的实践育人路径:一是要转变教育观念,增强社会主义核心价值观教育,培育少数民族大学生现代教养,不断整合完善课程体系;二是要立足历史唯物主义根基,培育少数民族大学生中华民族共同体意识,构筑少数民族大学生中华民族共

① 参见韩波:《"以劳育人"的价值阐述与实践启示》,《人民论坛》2020 年第 Z2 期。

② 参见秦学燕、张胤:《大学生志愿服务育人功能的实证研究——以东南大学为例》,《东南大学学报(哲学社会科学版)》,2020 年第 S1 期。

③ 参见何云峰、高志强、王卓:《地方农业院校"咨政实践育人"模式构建研究》,《中国高等教育》2020 年第 Z2 期。

④ 参见于兴业、宋志彬:《服务东北区域发展:新时代高校实践育人的新指向》,《思想政治教育研究》2020 年第 3 期。

⑤ 参见许爱华、吴庆春:《基于精准化创业教育实践平台的高校协同育人机制研究》,《江苏高教》2020 年第 11 期。

⑥ 参见秦慧婷、高奇:《新时代高校思政课实践教学的保障机制探析》,《河南社会科学》2020 年第 8 期。

同体意识培育的物理空间和建构中华民族的关键符号;三是要创新思想政治教育宏观思维,增强思想政治教育实践育人效果。①

目前高校实践育人在人才培养、平台建设等方面还存在一些问题,高校应从理论和实践两个层面入手,破解当前实践育人困境,以优化和创新实践育人路径,使高校实践育人落到实处,取得实际效果。

三、 关于文化育人的研究

2016 年 12 月,习近平总书记在全国高校思想政治工作会议上指出,要更加注重以文化人、以文育人。文化育人一直以来都是学界关注和研究的重点,2020 年度学界关于文化育人的研究集中体现在文化育人的意义,文化育人的现状、困境与实现路径,主题文化育人三个方面。

(一) 关于文化育人意义的研究

文化在立德树人方面具有先天优势。高校是文化育人理论与实践研究的重要场所,在高校中开展文化育人理论与实践活动能潜移默化地引导大学生丰富文化知识,提升文化素养,起到润物细无声的育人效果,是高校文化育人的职责与使命所在。有学者指出文化与思想政治教育具有高度契合性,高校应责无旁贷担负起思想政治教育的文化担当。从树人目标的层面看,高校思想政治教育担负着引领导向的价值担当;从历史传承的角度看,高校思想政治教育承载着传承文化的历史使命;从重要载体的维度看,高校思想政治教育蕴含了文化自觉的现实关切。首先,思想政治教育为文化自觉的发展提供思想保障;其次,思想政治教育为文化自觉的培育提供实践经验;最后,高校思想政治教育作为文化发展的重要载体,不仅具有传承文化的作用,还具有批判文化、审视文化、选择文化的作用,最重要的是它承载着创新文化的使命。② 还有学者立足高职院校校企文化建设,认为校企文化的融合正是提高高职院校职业教育竞争力、落实其办学定位和人才培养定位的必由之路。一方面,融入企业文化可以提升高职院校自身办学水平和人才培养质量,形成高职院校自身的办学特色;另一方面,通过文化的融合使学校和企业在价值取向方面达成一定共识,有利于学校全方位地深化校企合作,更好地为产业需求和地方经济社会发展服务,做到"当地离不开、行业都认可、国际可交流",从而提高职业教育竞争力,确保产教融合、校企"双元"育人顺利进行。③

(二) 关于文化育人现状、困境与实现路径的研究

高校文化育人在取得不俗成绩的同时,还在诸多方面存在不足。2020 年度学界立足现实,对高校文化育人的现状与困境进行了深刻剖析,对文化育人的实践路径进行了探索与挖掘。

---

① 参见魏娟辉:《新时代少数民族大学生思想政治教育实践育人探究》,《贵州民族研究》2020 年第 4 期。

② 参见阙亚薇、双传学:《高校思想政治教育的文化担当》,《江苏高教》2020 年第 11 期。

③ 参见王纪安:《新时代高职院校企业文化育人的科学化水平提升略论》,《学校党建与思想教育》2020 年第 12 期。

其一,关于高校文化育人现状与困境的研究。有学者认为,当前高校文艺在追求新的发展的同时存在一些不尽如人意之处,实践发展过程中存在较大的提升空间,主要体现在以下几个方面:一是高校文艺教育资源未能完全开发与利用,二是高校文艺创作存在参差不齐的现象,三是高校大学生的文艺文化素养存在较大提升空间。① 还有学者立足高校思想政治教育,探究高校思想政治教育履行文化担当的现状,认为高校思想政治教育文化养分汲取虚弱化、文化生态生成复杂化、文化自觉塑造乏力化。②

其二,关于高校文化育人实现路径的研究。高校文化育人是一项长期性的系统工程,要落实好高校文化育人,就要立足当前高校文化育人的现状,探究文化育人的路径,增强高校文化育人的实效性,实现高校文化育人的职责与使命担当。有学者认为应加强不同维度的文化建设,完善文化育人路径:一是加强精神文化建设,全面深化育人内涵;二是加强制度文化建设,科学规范文化育人机制;三是加强行为文化建设,深刻明晰文化育人标准;四是加强环境文化建设,积极营造文化育人生态;五是加强实践文化建设,有效升华大学文化育人理念。③ 还有学者立足高职院校这一具体育人场所,认为高职院校实施文化育人,一方面要把弘扬中华优秀传统文化、革命文化和社会主义先进文化作为主旋律;另一方面要加强学生的职业能力和创新能力培养,传承工匠精神。④

(三)关于主题文化育人的研究

主题教育是高校文化育人的重要组成部分,对于引导青年学生成长成才,落实高校立德树人根本任务具有重要作用。2020 年度关于主题文化育人的研究主要涉及中华优秀传统文化育人、红色革命文化育人两个方面。

其一,关于中华优秀传统文化育人的研究。有学者聚焦中华优秀传统文化对高校思想政治教育的价值定位,认为中华优秀传统文化为高校师生践行社会主义核心价值观提供丰厚滋养,为高校师生增强文化自信提供坚实基石,为高校提升思想政治工作质量提供有益借鉴。⑤ 还有学者立足高校思政课,探究中华优秀传统文化融入高校思政课的路径:首先,融入教材与课程体系。将中华优秀传统文化融入高校思政课教材体系,要在教材中增加鲜活事例,在纵向上增加历史知识,在横向上增加本民族的知识。其次,融入校园与课堂文化。高校要从坚定文化自信、坚持和发展中国特色社会主义、实现中华民族伟大复兴的高度,将中华优秀传统文化全面融入校园文化建设。最后,融入高校思政课教师核心素养。高校教师要坚持教育者先受教育,努力成为先进思想文化的传播者、党执政的坚定支持者,更好担起学生健康成长指导者和引路人的责任。⑥

其二,关于红色革命文化育人的研究。有学者立足高校思想政治教育,分析红色文化融入高校思想政治教育的困境:红色文化认同危机、红色文化资源开发利用不充分、教育方法

① 参见卢秀峰:《高校开展文艺铸魂育人的实践探索》,《学校党建与思想教育》2020 年第 11 期。
② 参见阚亚薇、双传学:《高校思想政治教育的文化担当》,《江苏高教》2020 年第 11 期。
③ 参见高石磊:《大学文化育人功能的实现路径》,《高教探索》2020 年第 5 期。
④ 参见李河水:《高职院校"三全育人"中的文化育人自觉》,《学校党建与思想教育》2020 年第 8 期。
⑤ 参见洪春生:《中华优秀传统文化融入高校思想政治教育探究》,《学校党建与思想教育》2020 年第 22 期。
⑥ 参见于超、于建福:《中华优秀传统文化融入高校思政课的价值与路径》,《中国高等教育》2020 年第 Z3 期。

灵活性不足、缺乏实践教育、高校应用机制不完善。① 还有学者研究红色文化育人的实现路径:一是打造红色文化融媒体教育平台。通过多种平台、多种载体、多种形式广泛宣传、弘扬红色文化,将红色文化融入高校学生党员生活学习的方方面面。二是构建立体红色文化教育模式。充分利用物态及非物态的红色文化符号,镌刻高校学生党员的红色记忆和红色情感,坚定他们的共产主义理想信念。三是增强红色文化的青年化阐释。在确保红色文化核心内涵精准传达的基础上,探索为高校学生党员所喜闻乐见的教育形式。积极探寻红色文化生动化、通俗化的传播方式,使红色文化"润物细无声"地融入高校学生党员的学习与生活之中。② 还有学者聚焦大学生第二课堂活动,探究革命文化嵌入大学生第二课堂活动的价值,认为其有利于增强高校校园红色文化底蕴,有利于做实高校理想信念教育,有利于提升高校第二课堂教育实效。③

主题文化育人有其独特的现实意义,但在实践层面上还存在一些困境,需要不断探索实践路径以增强育人实效性,不同的主题文化教育,能够让大学生更深刻地理解中华优秀传统文化、红色革命文化,在一定程度上充实大学生的思想认知,激发大学生的爱国情怀,提升大学生的思想道德素质。同时,还应探索更加丰富的主题文化,为文化育人提供不同类型的育人素材。

四、 关于网络育人的研究

互联网的高速发展深刻影响和改变着人们的生产生活方式,青年学生正是在这一时代背景下成长起来的,因此,网络是当前思想政治教育工作的新领域,网络育人也成为当前高校思想政治教育的重要方式。2020 年度学界关于网络育人的研究成果主要体现在网络育人的基本问题、现状、载体运用和路径四个方面。

(一)关于网络育人基本问题的研究

2020 年度学界关于网络育人基本问题的研究从不同角度开展,主要涉及网络育人的内容、特征和发展趋势三个方面。

其一,关于网络育人内容的研究。有学者认为网络思想政治教育涉及用什么样的理论、思想和手段进行教育引导学生的问题,主要内容包括以下六个方面:一是网络政治教育,二是网络思想教育,三是网络道德教育,四是网络心理行为教育,五是网络法治教育,六是网络文化教育。④ 还有学者从网络思想政治教育议程设置的角度出发,认为议程设置效果如何,很大程度上取决于是否精准把握了议程主题。正如在现在的网络舆论场上,人们越来越倾向生动、活泼的话语形式,越来越青睐接地气、有人情味的议题,思想政治教育工作者也应当充分考虑到这一现实变化,将宏大叙事与见微知著结合起来。一方面要坚持社会主义意识形态的主导性,反对巧舌如簧、哗众取宠,不能为了追求热点效应和轰动效应,放弃了对主流

---

① 参见崔建:《红色文化融入高校思想政治教育探究》,《学校党建与思想教育》2020 年第 4 期。

② 参见陈培杰、聂邦军:《红色文化融入高校学生党员理想信念教育研究》,《学校党建与思想教育》2020 年第 15 期。

③ 参见居继清:《革命文化"嵌入"大学生第二课堂活动探析》,《学校党建与思想教育》2020 年第 6 期。

④ 参见闫雪琴、刘永栓:《大学生网络思想政治教育的路径优化探析》,《国家教育行政学院学报》2020 年第 12 期。

话语的坚守;另一方面要贴近生活,贴近大学生的思想实际,吸引大学生的关注,化解大学生的困惑,获得大学生的认同。①

其二,关于网络育人特征的研究。有学者从政治传播的视野出发,探究网络思想政治教育的特征,他们认为其三大基本特征是发布和传播正确思想政治教育工作相关信息,扩大学生知情权;提高学生政治参与度,引导学生关注和参与政治生活;对学生进行思想引领,使学生确立正确的政治信仰。② 还有学者立足大学生网络思想政治教育,认为网络思想政治教育具有以下特征:教育个性化、资源共享化、要素多样化、网络渗透化。③

其三,关于网络育人发展趋势的研究。有学者在总结网络思想政治教育发展历程的基础上,展望网络思想政治教育发展的未来趋势:一是强化"按需施教",二是注重"精品化生产",三是走向"生活化和日常化",四是打造"体验式教育",五是讲求"共建共享""团队化协作"。④ 还有学者认为未来网络思想政治教育发展偏重以下方向:一是坚持以人为本,精准定位教育人群,根据人群特征分配教育资源,形成定制化网络思想政治教育方案;二是嵌入互联网思维,互联网去中心、平等简约、开放互动、即时高效的特征深刻改变了大学生的思维方式,也将重塑网络思想政治教育生态;三是全员协同教育,网络思想政治教育不再单单依靠传统思想政治工作队伍,而呈现全员化、全程化的发展趋势,全体社会成员将自然地成为网络思想政治教育的主体和受益人;四是方式化整为零,网络思想政治教育将更加注重从微观角度加强教育内容供给,把思想政治教育内容细化为微小、细碎、随性的微文字、微视频、微课程等,通过点滴渗透,聚少成多,推动网络思想政治教育实践发展。⑤

(二)关于网络育人现状的研究

2020 年度众学者立足新时代,分析了网络育人面临的时代机遇与挑战,总结出当前网络育人存在的现实困境,为探究网络育人优化路径奠定了基础。

其一,关于网络育人时代机遇的研究。有学者立足辅导员思想政治教育工作,探寻互联网发展为辅导员培养大学生社会主义核心价值观带来的机遇:一是互联网的高速发展颠覆了传统资讯获取方式。当代大学生足不出户就可以通过各种媒介第一时间接触到世界各地的各类信息。二是互联网技术的快速发展给大学生思想政治工作带来了更加生动、形象、具体的育人形式。辅导员和大学生在网络空间中共享信息资源、实时互动,让育人目标更容易实现。⑥ 还有学者认为,网络空间环境为高校思想政治教育带来了机遇:第一,海量的信息提供了丰富的教育资源;第二,网络信息技术有助于推动形成开放互动的教学平台;第三,网络空间治理主体由单一向多元化转变;第四,大数据技术的应用和发展使学生个性教学成为可能。⑦

其二,关于网络育人时代挑战的研究。有学者认为高校网络思想政治教育面临一些新

① 参见曹杰:《新时代大学生网络思想政治教育议程设置创新研究》,《思想理论教育导刊》2020 年第 6 期。

② 参见吴珊、付丽:《政治传播视野下的高校网络思想政治工作研究》,《思想政治教育研究》2020 年第 4 期。

③ 参见闫雪琴、刘永栓:《大学生网络思想政治教育的路径优化探析》,《国家教育行政学院学报》2020 年第 12 期。

④ 参见胡树祥、赵玉枝:《网络思想政治教育发展历程及未来趋势》,《思想政治教育研究》2020 年第 6 期。

⑤ 参见闫雪琴、刘永栓:《大学生网络思想政治教育的路径优化探析》,《国家教育行政学院学报》2020 年第 12 期。

⑥ 参见杨智光、唐珊:《辅导员利用互联网培育大学生社会主义核心价值观方法探析》,《学校党建与思想教育》2020 年第 4 期。

⑦ 参见姜金林:《网络空间治理视角下高校思想政治教育的创新》,《学校党建与思想教育》2020 年第 18 期。

挑战:一是网络信息复杂化,二是网络监管不全面,三是师资队伍不健全。① 还有学者认为网络乱象威胁大学生心理健康,不良信息危害主流意识形态的认同,阵地变化消解思想政治教育平台布局,信息势差加大教育难度等都是网络环境下高校思想政治教育所面临的挑战。②

其三,关于网络育人现实困境的研究。有学者从教育者和大学生"双主体"的角度出发,认为大学生网络思想政治教育存在以下问题:第一,就"双主体"中的教育者而言,存在网络思想政治教育队伍建设不足的问题;第二,就"双主体"中的受教育者而言,存在大学生网络自律意识不足的问题;第三,就作为客体的网络环境而言,存在网络监管不力、高校网络思想政治教育平台建设滞后的问题。③ 还有学者认为,近年来,我国高校思想政治教育网络育人工作取得了显著成效,如大学生理想信念更加坚定,文化自信意识显著提升,但同时也存在一些现实困境,主要表现在以下几个方面:一是育人阵地孤立化,尚未形成合力;二是育人内容缺乏共鸣,网络育人资源有待挖掘;三是育人队伍素质参差不齐,全员育人机制未建立;四是育人对象信息素养片面化,主体意识缺位;五是育人舆情机制单一化,解决困惑不及时不彻底。④

(三)关于网络育人载体运用的研究

高校网络育人要想取得良好的效果,离不开对网络育人载体的运用。《教育部等八部门关于加快构建高校思想政治工作体系的意见》指出,要充分发挥校园新媒体网络平台、网络阵地、高校思政类公众号等网络载体对高校思想政治工作的促进作用。2020年度学界从短视频、公众号、"学习强国"、网络社群平台等出发,研究网络育人载体运用。有学者聚焦网络短视频,探究网络短视频对大学生思想政治教育的影响,在分析网络短视频兴起对大学生思想政治教育带来的机遇和挑战的基础上,提出有效策略:一是要积极挖掘生活中鲜活的素材,传播正能量;二是要深化马克思主义理论教育,提高学生的鉴别力;三是要借鉴网络短视频的传播规律,创新思想政治工作。⑤ 有学者聚焦高校官方公众号,在分析高校官方公众号建设现状及作用、探究高校官方公众号作为思想政治教育载体的显著优势的基础上,提出发挥高校官方公众号思想政治教育载体作用的策略:一是要遵循公众号特点制定专门工作方案,二是要统筹线上线下校园媒体建设,三是要联动网络载体与实践活动载体,四是要将倡导特色创新与形成考核评价指标相结合。⑥ 有学者从"学习强国"这一网络学习平台入手,研究"学习强国"的思想政治教育功能,认为"学习强国"具有学习功能、育人功能、鉴别功能、凝聚功能。⑦ 还有学者在分析大学生网络社群思想政治教育特征以及面临的挑战的基础上,从不同维度提出了大学生网络社群思想政治教育的路径:第一,教育理念。以"智"促"教",因时而进。第二,教育对象。以"迹"索"骥",因人施教。第三,教学方法。以"力"借

---

① 参见方伟:《对新时代高校网络思想政治教育的思考》,《学校党建与思想教育》2020年第18期。

② 参见姜金林:《网络空间治理视角下高校思想政治教育的创新》,《学校党建与思想教育》2020年第18期。

③ 参见邬海峰、高艳丽、乔芳琪:《"双主体"视域下大学生网络思想政治教育研究》,《学校党建与思想教育》2020年第21期。

④ 参见李亚青、王静:《高校思想政治教育网络育人探究》,《学校党建与思想教育》2020年第6期。

⑤ 参见杨国辉:《网络短视频对大学生思想政治教育的影响分析》,《思想政治教育研究》2020年第12期。

⑥ 参见林立涛、叶定剑:《发挥高校官方公众号思想政治教育作用的策略探研》,《思想理论教育》2020年第7期。

⑦ 参见张莉、徐秦法、赖远妮:《"学习强国"的思想政治教育功能研究》,《中国高等教育》2020年第Z1期。

"力"，因"网"织"网"。第四，教学载体。以"术"提"质"，因势顺导。第五，教育工作者。以"微"知"著"，因"势"谋"事"。① 总的来说，学者们通过聚焦一些典型网络平台，以及分析各网络平台与思想政治教育的关联探赜育人路径，为推进高校网络育人提供了有益借鉴。

（四）关于网络育人路径的研究

2020 年度学界从不同视角出发探究网络育人的有效路径，对网络育人实践活动的开展具有重要作用，具体研究成果如下：

其一，从系统论视角出发研究网络育人的路径。有学者从培育社会主义核心价值观的角度出发，认为利用互联网培育大学生社会主义核心价值观要不断完善社会主义核心价值观的学习制度、体系建设，推动大学生社会主义核心价值观培育取得显著成效。一是建立规章制度。二是对部分重大活动、特色活动，采用适当的物质奖励和精神奖励等方式提高大学生的参与度。三是要建立网络育人文化创作的培育机制以及学生对网络育人工作开展情况的反馈机制。四是对专门从事网络育人的学生团队进行专项考核，促使其能及时地、保质保量地开展相关工作。② 还有学者认为优化网络思想政治教育，应创新网络思想政治教育管理机制，重新定位教育活动个体组成要素的功能、优化组织架构、理顺交互作用方式。一是完善协调统一的全方位教育体系，二是拓展思想政治教育平台和渠道，三是创新评价激励机制。③

其二，从构成要素出发研究网络育人的路径。网络育人要取得良好的效果，离不开各要素的共同作用。有学者聚焦教育者，提出要打造高素质的网络思想政治教育队伍。第一，思想政治教育者要扮演好信息"把关人"的角色；第二，思想政治教育者要重视交流沟通的技巧；第三，思想政治教育者要提升媒介素养。④ 有学者立足教育环境，认为面对多元、开放、复杂的网络信息空间，应积极构建健康向上的网络思想政治教育环境。一是优化网络思想政治教育话语环境，二是构建规章制度保障，三是健全网络事件预警机制。⑤ 还有学者从教育对象的视角出发，认为在复杂社交网络下，高校开展网络思想政治教育需要充分发挥大学生的主观能动性，以恰当的方式引导其掌握运用网络自主权，提高网络素养，增强自主运用和掌控网络的能力。⑥

2020 年，学界从系统论和要素论的角度出发，对网络育人路径的创新和优化进行了深入探究，为高校网络育人的理论和实践发展奠定了坚实基础。在今后的研究中，应进一步落实《教育部等八部门关于加快构建高校思想政治工作体系的意见》中提出的工作要求，在新媒体平台建设、网络文化产品创作、网络文化研究评价等方面再谱新篇。

---

① 参见徐建军、申双花：《大学生网络社群思想政治教育探赜》，《思想教育研究》2020 年第 5 期。
② 参见杨智光、唐珊：《辅导员利用互联网培育大学生社会主义核心价值观方法探析》，《学校党建与思想教育》2020 年第 4 期。
③ 参见闫雪琴、刘永栓：《大学生网络思想政治教育的路径优化探析》，《国家教育行政学院学报》2020 年第 12 期。
④ 参见邬海峰、高艳丽、乔芳琪：《"双主体"视域下大学生网络思想政治教育研究》，《学校党建与思想教育》2020 年第 21 期。
⑤ 参见闫雪琴、刘永栓：《大学生网络思想政治教育的路径优化探析》，《国家教育行政学院学报》2020 年第 12 期。
⑥ 参见张晓坚：《复杂社交网络背景下的高校思想政治教育创新路径探究》，《江苏高教》2020 年第 11 期。

五、 关于心理育人的研究

《高校思想政治工作质量提升工程实施纲要》提出要充分发挥心理育人功能,切实构建"心理育人质量提升体系",进而"培育师生理性平和、积极向上的健康心态,促进师生心理健康素质与思想道德素质、科学文化素质协调发展"。2020 年度学界遵循该实施纲要的指导,坚持两点论与重点论相结合,主要涉及心理育人整体性研究、心理健康教育研究,以及重大疫情中大学生的心理健康与心理疏导的研究等问题。

(一) 关于高校心理育人的整体性研究

高校心理育人要坚持立德树人,将养心与育德相结合。2020 年度学界从整体性角度,论证了心理育人的内涵、价值与原则等。有学者对心理育人的概念进行了深刻剖析,指出心理育人是通过心理健康教育来实现育人的目的。在心理育人这一概念中,"心理"与"育人"之间包含了多方面的内容和多层次的关系,"心理"既可以指"育人"的手段、途径、方法,也可以指"育人"的内容、理念、态度、氛围等,总的来说,都是指通过"心理"最终实现"育人"的目的。育人是目标,是目的,是根本,是出发点也是归宿,只有这样来理解心理育人,才能更好地把握心理育人的实质。① 有学者强调心理育人的系统思维,提出心理育人是一个由多元素相互联结而构成整体的系统,应运用系统思维快速抓住心理育人问题本质,坚持整体性原则、结构性原则、动态性原则和反馈性原则,明晰心理育人核心元素、优化心理育人结构、提升心理育人质量、创新心理育人评价机制,有效地发挥心理育人功能,全面提升心理育人效果,实现立德树人根本目标。② 有学者从"三全育人"的角度阐释了高校心理育人工作面对的主要问题,包括:全员性参与度不够,心理育人一体化队伍不成熟;过程管控不健全,心理育人有效衔接不到位;参与阶层、方式不全面,各方育人合力不凸显。因此,高校心理育人一方面依赖于"三全育人"的整体工作;另一方面需要找准学生心理变化的内在影响,精准施策。③ 另有学者聚焦于心理育人的本土化转型,提出心理育人的本土化发展主要遵循四种运转模式,即政策促进与发展引导相结合的政府扶持模式、育心与育德并重的思想政治教育结合模式、心理帮扶与教育管理相结合的学生工作运作模式以及点面结合与疏导并重的价值引导模式。④

高校心理育人作为一个理论整体,是高校育人总体布局的子系统,但它并不是孤立的存在,而是整体育人的有机组成。同时,心理育人极具人文关怀,需要教育主体把握学生心理动态的细枝末节,精准施策,从而使心理育人发挥出应有的价值。

(二) 关于心理健康教育的研究

高校学生心理健康教育是心理育人的关键内核和实践要求。2020 年度学界对学生心理

---

① 参见邹志超:《坚持高校人才培养目标 构建心理育人工作新格局》,《湖南日报》2020 年 6 月 20 日。

② 参见吴九君:《系统思维视域下高校心理育人的实践反思与优化路径》,《黑龙江高教研究》2020 年第 12 期。

③ 参见吴艳、韩君华:《"三全育人"背景下高校心理育人工作的路径选择》,《学校党建与思想教育》2020 年第 11 期。

④ 参见卢爱新:《对我国高校心理育人本土化模式发展的思考》,《学校党建与思想教育》2020 年第 16 期。

健康教育的研究成果颇丰,主要包括其模式构建、内涵挖掘、实践探索等方面。

其一,关于大学生心理健康教育模式构建的研究。有的学者提出将德育与心理健康教育相互渗透,他们认为德育往往流于说教,缺乏实效,而心理健康教育工作形式灵活多样、内容丰富多彩,与传统德育形成了鲜明对照。然而不少德育问题其实与学生的心理状态是高度相关的,这表明利用心理健康教育作为改进德育工作的突破口,甚至把德育工作与心理健康教育结合在一起具有可行性。[①] 有的学者认为从目前大学生心理健康工作的实际情况及突出问题来看,心理健康教育走向心理健康教育与服务是高校心理健康教育发展的必然趋势,并以吉林大学为例,提出心理健康教育应当从坚持专业化示范引领与协同化整合推进相统一、教师主导作用与学生主体地位相统一、理论精度和深度与传播普适性相统一三个方面展开。[②]

其二,关于大学生心理健康教育概念与原则研究。有的学者基于思想政治理论课的目标任务和教育内容,认为其具有自我认知、社会适应、精神动力、人格塑造等心理健康教育的功能。只有从主体与客体两方面优化思政课的效果,才能使心理健康教育功能得以更好地发挥。[③] 有的学者梳理了 1985 年以来大学生心理健康教育的历史脉络,将其初步划分为萌芽起步阶段(1985 年—1999 年)、初步发展阶段(2000 年—2010 年)、快速发展阶段(2011 年—2019 年),并指出心理健康教育的价值和功能经历了从隐性到显性、从辅助到支撑的演变;其模式和体系从“三结合”到“四位一体/五位一体”,由松散变为紧密,由单一教育走向多元服务;其内容不断丰富,标准不断严密,目前已涵盖了课程教育、咨询服务、教育活动、危机干预、师资队伍、工作条件、效果评估等多个方面。[④] 另有学者运用心理弹性这一范畴,认为学生心理弹性可理解为学生在面对困难、挫折、逆境时所表现出来的一种心理上的反应状态,具有伸缩性的特点,还提出高校心理健康教育就是通过正向建立、矫正塑形两种手段,建立起学生自身的心理弹性机制,来增强对心理问题的防御抵抗能力。[⑤] 还有的学者立足于当前学生群体存在对生命漠视的不良现象,提出高校大学生心理健康教育工作亟待融合生命教育,需要用生命教育理念、内容和方法,提升心理健康教育课程、课外实践活动和心理咨询,帮助大学生提高生命意识,丰富生命体验。[⑥]

其三,关于大学生心理健康教育实践创新研究。有的学者着眼于高职院校心理健康教育目前存在的一些短板和薄弱环节,如不同地区高校对心理健康教育工作重视程度不一、心理健康教育工作人员配备不到位、心理健康教育与咨询的科学化水平还有待提高等,并提出通过建设“学校—院系—班级”三级师资队伍、分层培训提高心理健康教育工作队伍素质、完善心理健康教育激励机制,才能打造出一支高素质的教师队伍。[⑦] 有的学者针对当前大学生心理健康教育所遇到的问题,认为心理健康教育工作作为高校学生工作系统的一个子系统,具有整体性、复杂性、动态开放性等系统特性,可以从系统论的角度,探究高校心理健康

① 参见李克勤:《德育活动与心理健康教育活动相互渗透的点滴探索》,《人民教育》2020 年第 21 期。
② 参见赵山、白仲琪:《构建高校学生心理健康教育与服务体系的探索与思考》,《河南大学学报(社会科学版)》2020 年第 6 期。
③ 参见陈君、李莉:《论高校思政课的心理健康教育功能》,《学校党建与思想教育》2020 年第 24 期。
④ 参见王珠:《我国大学生心理健康教育演变与展望》,《黑龙江高教研究》2020 年第 12 期。
⑤ 参见陈倩、胡海祥:《基于学生心理弹性的心理健康教育》,《人民教育》2020 年第 21 期。
⑥ 参见孙国胜、薛春艳:《生命教育视野下的大学生心理健康教育》,《学校党建与思想教育》2020 年第 21 期。
⑦ 参见王东平:《新时代高职院校心理健康教育队伍建设研究》,《学校党建与思想教育》2020 年第 12 期。

教育子系统所蕴含的整体性、层次性、目的性、动态平衡性、开放性。① 还有的学者关注高校心理委员的作用,认为心理委员是高校开展心理健康教育的有生力量,也是完善高校心理健康教育"三级网络"的最小细胞,充分发挥高校心理委员的功能,也有利于推进我国社会心理服务体系建设。②

2020 年度,学界一方面对心理健康教育的价值、方法、原则等具体问题进行了探讨,另一方面立足于宏观层面,探讨了心理健康教育的体系构建,对当下存在的问题进行系统分析,并初步提出相应解决方案。值得指出的是,学界对新中国成立以来心理育人发展史的梳理为后续研究提供了可靠的历史遵循。但目前学界对心理健康教育与高校心理育人的统一性研究较少,仍需要深入探索。

(三)关于重大疫情中大学生心理健康与心理疏导的研究

2020 年,突如其来的新冠肺炎疫情蔓延全球。疫情在影响着人们身体健康的同时,也威胁着人们的心理健康。对于高校而言,加强大学生心理疏导是抓好疫情防控的重要环节,也是开展日常思想政治教育的必然要求。众多研究者立足实际,积极响应,对新冠肺炎疫情所引发的高校学生心理困境的疏导进行了诸多有益探索。

其一,关于重大疫情中大学生心理疏导意义与价值的研究。个体在重大疫情环境下,易产生各种消极情绪,如果不进行调适,有可能会导致心理应激反应,因此在重大疫情中做好学生心理疏导具有重要意义。有学者从 2020 年新冠肺炎疫情蔓延所引发的民众社会心理和行为危机出发,提出高校心理育人承担着一定的社会治理功能,有利于疏导社会心态,促进社会心态治理。因此,心理育人能够满足个体和社会解决重大现实课题的需要,特别是在重大疫情应对下,加强社会心态疏导和人文关怀成为全国人民共同的心理需要,可以通过心理育人实践活动满足这个重大现实需求,从而促进心理育人社会疏导价值的实现。③ 有学者分析了重大疫情下积极社会心态的多维度作用,指出积极社会心态是大学生冷静应对重大疫情的"镇定剂",勇于担当的"营养剂",精神成长的"助推器"。社会心态的生成离不开认知情绪、价值观念以及实践意愿的共同作用,因此构建有效引导大学生社会心态的作用机制尤为重要。④

其二,关于重大疫情中大学生心理健康状况的研究。诸多研究者通过实证研究对疫情期间大学生的心理健康状况进行了考察。有学者经调研得出结论:总体来看,大学生面对疫情的积极情绪远远多于消极情绪,从担忧害怕到回归理性,再到主动参与,是大学生在疫情期间较为普遍的心态变化。调查同时表明,疫情期间大学生展现出多种心理特征,表现为理性与盲从并存、信心与担忧同在、担当与个性统一。⑤ 有研究者基于问卷调研,对疫情期间大学生的心理健康状况进行了评估。结果显示,疫情期间大学生的心理问题检出率为15.35%,心理健康水平总体上低于国内几种常模。同时,对新冠病毒相关知识的了解程度、对新冠病毒的关注程度、对政府抗击疫情的信心程度、家庭和朋友的关心程度是大学生心理

---

① 参见景鹏:《大学生心理健康教育工作的系统化思考》,《系统科学学报》2020 年第 12 期。
② 参见马建青、欧阳胜权:《高校心理委员的发展历程及价值》,《思想理论教育》2020 年第 6 期。
③ 参见陈虹:《论重大疫情应对中高校心理育人的社会心态疏导价值》,《思想教育研究》2020 年第 3 期。
④ 参见李伟:《重大疫情下大学生社会心态疏导机制构建》,《思想政治教育研究》2020 年第 4 期。
⑤ 参见佘双好:《疫情期间大学生的心态和状态》,《人民论坛》2020 年第 S1 期。

状况的重要影响因素。① 有学者认为重大疫情造成了一些大学生在一定程度上的心理波动，由"稳定"到"恐慌"、由"信任"到"疑惧"、由"平和"到"焦虑"、由"充实"到"空虚"是大学生心理波动的主要表征。重大疫情的现实影响、对疫情缺乏科学认知、大学生的心理承受能力不足以及高校思想政治教育力度缺失分别是重大疫情中大学生产生心理波动的现实起因、主观动因、心理成因和重要诱因。② 还有学者对疫情应急状态和常态化阶段大学生的心理健康状况分别进行调研，结果显示，疫情防控的上述两个阶段分别有 73.4% 和 71.4% 的大学生表示比较平静，感动、开心，愤怒、焦虑、自责、无聊等负性情绪人数比例有所下降。③

其三，关于重大疫情中大学生心理疏导策略的研究。有学者提出，对重大疫情中大学生的心理疏导的策略涵盖加强防疫知识教育与防控力度、提升大学生信息鉴别能力与网络媒介素养、积极进行线上心理辅导与人文关怀、加强主流意识形态教育。④ 有的学者认为新冠肺炎疫情中思想政治教育社会治理功能的发挥主要体现在对大学生心理疏导的过程中，思想教育是公众心理的"调适仪"。重大疫情过程中的心理疏导策略是：第一，重点筛查心理疏导对象；第二，进行分级分类心理疏导。⑤ 还有学者通过对重大疫情期间全国 12 省市大学生的心理状况进行考察，提出将心理健康教育贯穿大学生思想政治教育的全过程，构建大学生心理危机干预机制，加强信息沟通和舆论引导，及时掌握大学生思想和心理动态，做好心理疏导干预，引导学生树立积极理性的防疫心态和战胜疫情的信心和勇气。⑥ 另有研究者从图书馆学视角，探讨了影视疗法、阅读疗法等对疫情期间大学生心理焦虑的缓解作用，为开展心理育人工作提供了有益借鉴。⑦ 还有研究者聚焦后疫情时代高校心理育人，指出在后疫情时代，不仅要继续清理疫情暴发时期凸显的心理问题，还要积极丰富心理育人的内涵，努力提升心理育人的格局，将抗疫过程中获得的认知、品质、价值观巩固在大学生的精神世界和能力体系中。一是因时而进，及时梳理战疫心理育人资源，把握"入脑入心"的教育良机；二是因事而化，探究疫情暴发期间心理问题的深层次原因，认识和解决根源性问题；三是因势而新，合力育心，让心理育人成为"课程思政"的重要切入点。⑧

在突如其来的重大疫情面前，大学生的心理问题成为多方关注的焦点。学界对疫情背景下学生心理问题疏导的研究，更加彰显了心理育人的实践价值。但是我们仍要明确，目前学界对心理育人实践体系构建的研究相对较少，后续研究有待进一步细化和深入。

---

① 参见郭捷、杨立成、孙子旭：《疫情期间大学生心理健康评估及影响因素分析——以北京市部分高校为例》，《中国软科学》2020 年第 S1 期。

② 参见刘经纬、郝佳婧：《重大疫情中大学生的心理波动与引导策略》，《思想教育研究》2020 年第 3 期。

③ 参见张本钰、叶源、金君敏、林丽华：《新冠肺炎疫情防控不同阶段福建省大学生心理健康状况》，《中国学校卫生》2020 年第 12 期。

④ 参见刘经纬、郝佳婧：《重大疫情中大学生的心理波动与引导策略》，《思想教育研究》2020 年第 3 期。

⑤ 参见李新仓：《重大疫情应对中思想教育的社会治理功能及实现方法》，《思想教育研究》2020 年第 3 期。

⑥ 参见宋乃庆、郑智勇、肖林：《重大疫情下大学生思想政治教育的价值与思考》，《中国高等教育》2020 年第 12 期。

⑦ 参见徐荣丽、欧阳俊哲：《影视疗法：疫情下图书馆对心理焦虑大学生远程疏导的新方式》，《图书馆建设》2020 年第 S1 期；王景文：《突发公共卫生事件下的图书馆阅读疗法应急服务研究——基于后疫情时期大学生心理问题的阅读疗法需求与应用调查》，《大学图书馆学报》2020 年第 6 期。

⑧ 参见陈新星：《后疫情时代高校心理育人策略》，《高校辅导员学刊》2020 年第 5 期。

六、 关于管理育人的研究

2017 年教育部发布《高校思想政治工作质量提升工程实施纲要》,提出落实立德树人根本任务,管理育人是重要环节,要将育人作为高校管理的出发点和落脚点,通过行之有效的管理手段,坚持管理与育人同向同行、双向促进,提升高校育人质量。2020 年度,学界坚持理论结合实际,在已有的研究基础上,主要针对高校管理育人的主体与内容、管理育人的价值、管理育人的方法创新、管理育人的队伍建设四个方面展开了探讨。

(一) 关于高校管理育人主体与内容的研究

高校管理育人与教育对象的学习生活息息相关,主要通过日常管理等一系列的教育管理活动实现。2020 年学界重点围绕管理主体、管理内容等方面进行了探讨。

其一,关于高校管理育人主体的研究。2020 年度学界对管理育人的主体把握主要从"谁管理"的问题入手。管理主体是管理育人的实施者,既关系到育人的最终成果,也关乎整个育人过程能否顺利推进。有的学者从管理规则制定、管理体系实施的角度将管理主体确定为多元共同参与,认为管理育人的主体不是单一的,而是由党团、学校、学生以及全体教职工共同构成的。① 有的学者从管理育人与"三全育人"的具体实施者来划分,认为辅导员集教育、管理和服务这三大高校岗位的全部职责于一身,是日常管理的直接推动者和育人的主要实施者。因此,辅导员是管理育人的主体,在育人过程中承担着整合协同、落地生根、跟踪反馈的角色作用。② 有的学者将高校管理部门视为整体,认为管理育人的主体是统摄于育人范畴下的高校管理与执行机构,其中既包括管理体系制定部门,也涵盖院系等管理服务执行部门。③

其二,关于高校管理育人内容的研究。2020 年度学界对管理育人的内容把握主要从"管理什么"的问题入手。管理育人是通过管理服务敦促教育对象完善自身的关键,管理内容涉及教育对象的日常学习生活,体现在教育对象的方方面面。有的学者认为,管理内容主要可以分为日常事务服务和综合保障服务两个层次,同时注重学生自我管理,遵循以人为本的原则,整合所有职能部门的资源,齐心协力、群策群力,把解决实际问题与解决思想问题结合起来。④ 有的学者从依法治国的宏观要求入手,认为在坚持依法治国、依法治校理念下,要实现育人的优质化,为祖国建设培养优秀人才,管理的内容应包括教师秩序观念培育和制度体系制定。⑤ 有的学者从高职院校管理育人入手,认为新时代高职院校管理育人工作内容应侧重四个方面:重视多元体系的制度建设,以搭建管理桥梁,为管理工作的开展奠定基础;重视全面的业务管理,以搭建管理载体,对管理工作进行全面把控;重视深入细节的服务管理,以营造管理氛围,为管理工作有效性和持续性提供摇篮;重视与时俱进的人员管理,以

① 参见刘文宇、伦嘉言:《框架分析视域下"三全育人"政策的演化与推进建议》,《现代教育管理》2020 年第 9 期。

② 参见朱平:《辅导员在高校"三全育人"中的角色与定位——兼论"育人"的特点与功能》,《思想理论教育》2020 年第 3 期。

③ 参见王志建、张枫:《高校"三全育人"体系的构建》,《齐齐哈尔大学学报(哲学社会科学版)》2020 年第 11 期。

④ 参见张亮、丁德智:《试论新时代高校学生工作机制创新》,《学校党建与思想教育》2020 年第 16 期。

⑤ 参见张莉:《在依法治校理念下实施育人优质化管理的实践与思考》,《中国教育学刊》2020 年第 1 期。

塑造管理者队伍,为管理工作的实施输送血液。①

2020 年度学界对高校管理育人的主体与内容进行研究,初步达成高校管理育人不能拘泥于单一主体,而是要形成齐抓共管的多元主体和制度保障的共识,明确了"多主体、同目标"的基本模式,同时发挥学生自我管理能力,表现为既遵守"管理规定"又彰显"自身能动"。

(二)关于高校管理育人价值的研究

管理育人作为立德树人根本任务的重要一环,如果不明确管理育人在高校育人体系中扮演着什么角色、发挥着什么价值,就会轻视、忽视管理育人的地位,降低其有效性。有的学者将管理育人置于高校整体育人体系中,探究管理育人的独特价值,提出管理育人具有引领性、示范性、全局性、关键性的作用,认为管理育人在该体系中占有主导地位,轻视或忽视管理育人而要求教书育人、服务育人、协同育人等,则很难取得良好的育人效果。学校管理者的管理水平与素养低下乃至其违纪违法带来的不良示范,会给教书育人、服务育人、协同育人等带来极大的危害。同时管理育人的主导地位与价值是在管理者与被管理者的交往关系中体现和实现的,其中包含三个维度:对学生而言,学校是帮助学生适应社会生活的微型社会性组织,身处其中必然直接接受高校管理;对教师而言,教师如果能在与管理者的交往中体会到公平公正且人性化的管理,就会拥有更多的幸福感与获得感,就会更加珍视教师职业;对管理者本人而言,学校管理育人状况会影响管理者自身对学校管理的态度与对学校前景的预判。② 也有学者从高校学生自律能力培养入手,认为管理育人的价值体现在个体主体认知的加强,从"他管"到"自管",管理育人与学生自律能力培养具有内在关联,学生自律能力培养作为高校管理育人的核心内容与终极目标,是将科学管理与道德涵育紧密结合的有益尝试,它受社会环境、学校环境、家庭环境、同辈群体及个体认知的影响。③ 有的学者将管理育人视作教育对象成长过程中的重要环节,是学生成长成才不可或缺的一环,管理育人最终的价值实现是学生道德自律能力的形成,而道德自律的形成要以文化育人为核心,以实践育人为关键,以管理育人为基础,以协同育人为合力。④

总的来说,2020 年学界虽然对管理育人的价值定位尚有不同意见,但对于管理育人的重要性,学界给予了充分的肯定。管理育人已然成为高校育人体系中必不可少的一环,是完成立德树人根本任务的重要推动力和不可代替的外在保障。

(三)关于高校管理育人实践创新的研究

高校管理育人的方法创新和体系构建与优化是其实现的最终归宿与落脚点,也是 2020 年管理育人研究的热点与焦点。学界从实践原则、方法创新等方面进行了探索。

其一,关于高校管理育人实践原则的研究。有的学者从管理育人的过程出发,认为管理育人实践应坚持五大原则,其中加强管理者的自我教育是提高管理育人水平的首要前提,完

---

① 参见李凌:《新时代高职院校管理育人的实践价值》,《学校党建与思想教育》2020 年第 1 期。

② 参见程斯辉、刘宇佳:《论管理育人在学校育人体系中的主导地位》,《学校党建与思想教育》2020 年第 24 期。

③ 参见李洁、吴乔、张珊:《基于管理育人视角的高校学生自律能力培养研究》,《黑龙江教育(高教研究与评估)》2020 年第 7 期。

④ 参见李洁、武春芳:《基于核心价值观的青少年道德自律培养》,《中学政治教学参考》2020 年第 3 期。

善管理制度育人是提高管理育人水平的必要保障,确保管理过程育人是提高管理育人水平的必然要求,营造管理环境育人是提高管理育人水平的基本条件,实现管理效果育人是提高管理育人水平的有效强化。① 有的学者认为高校管理不能局限于刚性管理,并提出柔性管理体系的概念。柔性管理是与刚性管理相对的一种管理方法,刚性管理强调借助规章制度约束规范被管理者的思想行为,管理方法规定行为范围,具有一定的强制性,在以往的高校思想政治教育中被广泛运用,但随着大学生生活环境和心理思想的变化,思想政治教育不能只是刚性规定,还要融入柔性管理。② 有的学者深刻揭示了高校管理育人的内在矛盾,主要包括管理目标的稳定性与管理境况的变化性之间的矛盾、管理领域中的"主渠道"与"主阵地"之间的矛盾以及课程管理中的思想政治理论课显性教学形式的直白效应与专业课隐性教育形式的意会效果之间的矛盾。在此基础上,应将"三全律"和"三因律"作为高校管理育人的原则遵循。③ 另有学者认为高校思想政治教育的效果需要常态化的制度保障,管理育人通过制度保障思想政治教育顺利开展,从思想政治教育制度体系的法律、法规、规章和政策四个方面明确管理育人体系构建的内在关联,并提出做好各项制度的配套衔接,构建各项制度有序衔接的大学生思想政治教育制度体系,是提高大学生思想政治教育实效性的基本原则。④

其二,关于高校管理育人方法创新的研究。提升管理育人的有效性,不仅需要先进的理念支撑,更需要与时俱进的方法创新。2020 年度管理育人的方法研究主要围绕"如何管理"开展,管理方法是管理育人得以实现的根本保障。有的学者从自我管理入手,认为大学生自治管理作为大学现代治理的重要方面,要从理念、组织、制度、文化、能力方面多管齐下,管理方式要实现管理育人向服务育人、目标管理向过程导向、集中统一向个性发展、强行灌输向多元互动的转变。⑤ 有学者从大数据驱动下管理育人的新变化入手,认为近年来高校管理的信息化水平得到长足的发展,大数据技术已经深刻融入高校日常管理工作。因此,应在大数据驱动下进行高校管理育人制度创新。一是以"治理现代化"作为核心内容,做好制度创新的顶层设计;二是运用大数据结合学生诉求和具体管理岗位制定科学合理、可操作性强的管理制度。⑥ 另有学者从"三全育人"的角度,提出教育实践应当与教育评价协同作用,教育评价是管理育人成功与否的衡量标准。高校应以教育研究和教育评价推动"三全育人"协同创新,在思政课育人、课程思政育人和辅导员管理育人这三大系统中植入教育研究理念,对育人成效进行科学评价。⑦ 还有学者基于高校学生管理工作和思想政治教育的协同发展,从结构科学管理的角度提出管理育人在顶层设计上应坚持以德智统一、教管服相结合的思想为核心,在管理方法上应以提升学生管理的人才培养功能为重点,坚持平衡性与互动性相

---

① 参见程斯辉、刘宇佳:《论管理育人在学校育人体系中的主导地位》,《学校党建与思想教育》2020 年第 24 期。

② 参见贺晓娟:《高校思想政治教育柔性管理体系的构建研究》,《教育理论与实践》2020 年第 12 期。

③ 参见尚磊、王习胜、吴玉剑:《新时代高校思想政治教育管理规律初论》,《思想教育研究》2020 年第 9 期。

④ 参见赵贵臣、张楚楚:《大学生思想政治教育制度规范体系的形态表征分析》,《辽宁大学学报》2020 年第 6 期。

⑤ 参见周彬、杜桂萍:《"双一流"大学建设视域下大学生自治管理:要素、边界、保障》,《现代教育管理》2020 年第 6 期。

⑥ 参见许韶平、王海芳:《大数据驱动下高校管理育人路径研究》,《文化创新比较研究》2020 年第 16 期。

⑦ 参见鄢显俊:《优化高校"三全育人"协同创新机制》,《中国高等教育》2020 年第 10 期。

结合。①

2020 年学界对管理育人的实践创新研究集中在原则探索和方法创新两个层面,明确了管理育人的实践路径优化首先遵照学生自身发展规律的客观原则,同时强调制度保障是管理育人运行的关键。与此同时,管理育人中学生自我管理的作用如何发挥、高校管理的限度等问题如何解决,仍需学界探索。

(四) 关于高校管理育人队伍建设的研究

管理育人的顺利实施,不能离开作为教育主体的教育者,因此管理主体队伍建设关乎管理育人的全过程。2020 年度,学界对高校管理队伍建设的研究围绕辅导员、专业课教师等展开。

有学者以全面质量管理理论为基准点,提出质量管理工作应明确领导层、实施层两层组织架构,即学校、学院、教师形成内外双环,组成领导与实施两层组织,一是以学校各学院(系)为基本的对象单位,二是以各学院的辅导员为基本的对象人员,具体考察每位辅导员的工作情况。通过学情熟知、精准帮扶、合力育人、家校联动、标准管理、风险防控,将管理主体的职责贯穿育人全过程。② 有学者则认为育人者先自育。管理者是重要的育人资源,提高管理育人水平先要提升管理者的自我教育意识,使管理者在管理理念、管理态度、管理素养等多方面进行修炼。首先,管理者的管理理念是影响管理者管理决策与管理行为的内在因素,对管理育人有着深远影响;其次,管理者的管理态度直接显现在与被管理者的交往关系中,是决定管理者能否与被管理者形成和谐友善的关系、能否在交往中发挥管理育人价值的关键;最后,管理者的管理素养涵盖管理者的内在品质与外在形象、知识水平与管理能力等各方面,对管理育人有着重要影响。③ 有学者提出对高校管理队伍的综合评价是推动队伍建设的关键,建立教育评价是教育管理的重要组成部分,是深化教育改革的重要措施,是全面提高教育质量的重要手段。只有对育人成效进行定量与定性相结合的教育评价,才能明确高校立德树人、教师教书育人、辅导员管理育人的普遍规律。④

管理育人队伍作为高校管理育人的主体力量,其队伍建设的好坏直接关乎育人效果。2020 年,研究者们从多个主体以及不同维度对高校管理育人的队伍建设展开了深入探讨,有助于高校充分重视、肯定高校管理队伍建设的重要性。

七、 关于服务育人的研究

服务育人是连接高校管理与实践育人的纽带,思想政治教育要想具有针对性,就要做到"有的放矢",秉持受教育者需求为第一要义,为学生成长成才提供精准服务,真正做到在服务中关心人、帮助人、教育人、引导人。2020 年度,学界关于服务育人的探讨主要集中于服务

---

① 参见宁先圣:《立德树人视域下的高校学生管理工作与思想政治教育协同发展研究》,《系统科学学报》2020 年第 4 期。

② 参见郭颖、吴先超、马加名:《全面质量管理视域下高校思想政治工作质量提升探微》,《学校党建与思想教育》2020 年第 9 期。

③ 参见程斯辉、刘宇佳:《论管理育人在学校育人体系中的主导地位》,《学校党建与思想教育》2020 年第 24 期。

④ 参见鄢显俊:《优化高校"三全育人"协同创新机制》,《中国高等教育》2020 年第 10 期。

育人的内涵、主体和优化路径三个层面。

（一）关于高校服务育人内涵的研究

明确高校服务育人的内涵是服务育人实践的前置问题，也是服务育人效果提升得以实现的重要前提。2020 年度学界对服务育人的内涵没有太大争议，主要从服务育人的逻辑必然去阐释。有的学者着重分析了服务育人在新时代的重要性，认为服务育人的时代内涵有两层寓意：一是通过服务实现育人目标。提供服务的主体不再局限于高校后勤，而是由高校后勤、服务企业、高校学生及学生组织共同组成。二是育人效果在服务中检验和体现。基于"实践—认识—再实践—再认识"的基本逻辑，新时代服务育人体现在引导学生在服务自我、服务社会和服务全面建设社会主义现代化国家的过程中。① 有的学者从高校思想政治工作与服务育人的内在联系入手，认为服务育人是高校思想政治教育工作的重要内容，决不能依靠单一主体实现，新时代需要充分发挥家庭、学校、政府、社会的教育功能，努力形成四位一体的协同育人机制。②

综上所述，2020 年学界对服务育人的内涵研究从高校服务系统出发，取得了一定的成果。对于服务育人在学生成长过程的独特价值，学界较为关注，这些成果既为后续学者继续研究这一论题提供了理论基础，也为高校优化服务育人的具体实践提供了理论指导。

（二）关于高校服务育人主体的研究

科学把握高校服务育人的主体，是育人实践得以开展的重要前提，2020 年学界对高校服务育人主体的探讨主要集中于后勤部门、图书馆部门和教师与辅导员三个方面。

其一，关于后勤部门服务育人研究。后勤等高校相关职能部门，主要通过服务于学生日常生活来实现立德树人的根本任务，因此后勤部门作为服务育人的主体在育人过程中发挥了重要作用。有学者从后勤与劳动教育实践相关联的角度，结合高校后勤开展劳动教育的历史，认为高校后勤的育人职责，不仅要服务师生，更要在服务的同时加强学生劳动教育的历练，使后勤部门形成服务、劳动联动育人模式。③ 有的学者着眼于高校宿舍后勤服务，认为高校学生公寓是开展大学生思想政治教育的重要场所，是育人环境的重要组成部分。加强学生公寓的软硬件设施建设，完善学生公寓的管理制度，营造优良的公寓文化氛围，将有效实现育人目的。高校学生公寓作为学生生活的中心，是育人的传统场域，它拓展了育人的环境载体。提升公寓育人的实践路径：一是坚持党的领导，发挥党员作用；二是以服务学生为本，激发学生主体性；三是润物无声，加强隐性教育。④

其二，关于图书馆部门服务育人研究。高校图书馆作为服务师生学习的环境载体，既是学生获得学科知识的场域，也是重要的育人平台。2020 年度学界主要探讨了图书馆部门的服务育人功能以及实践路径。有的学者认为"三全育人"重在"全"，因而图书馆在育人体系中有着不可或缺的地位。高校要始终坚持服务育人与文化育人相结合，充分发挥图书馆的

---

①　参见王胜本、李鹤飞、刘旭东：《试论服务育人的新时代内涵》，《中国高等教育》2020 年第 11 期。

②　参见孙冰红、杨宁宁：《新时代高校思想政治工作服务育人机制研究》，《中国高等教育》2020 年第 7 期。

③　参见王双佳、赵成知、王运生、罗昊：《新时代高校后勤与劳动教育的实践创新》，《学校党建与思想教育》2020 年第 9 期。

④　参见刘宁、熊冬梅、郭婷：《基于公寓育人视角的立德树人实践探索》，《学校党建与思想教育》2020 年第 22 期。

育人功能,这要求图书馆不能只固守"文献资源中心"这一职责,而应转变为融合传承文化、支撑创新、提升素质等育人环节为一体的学术型机构,成为学生重要的学习服务中心、知识服务中心、文化服务中心。① 还有学者以中国矿业大学的实证调查为基础,构建了基于服务育人五要素阅读推广的三维 KAPO 模型,并认为把服务育人与阅读推广工作相结合,是高校图书馆的优势也是职责。在阅读推广的实施过程中,为避免为活动而活动,切实体现育人目标,高校图书馆务必要结合时代要求和当代大学生特点,聚焦建立健全大学生人格价值体系。② 另有学者细化了高校图书馆在"十大育人体系"中的不同角色定位,指出高校图书馆就是在学校的总体育人布局下,为服务育人打造就业从业综合能力训练服务的场所。在高校的服务育人全方位体现中,图书馆除了提供传统的自主学习和一般性阅读服务外,针对服务育人还需要关注"民生"类需求并提供对应服务。③

其三,关于教师与辅导员服务育人研究。高校教师与辅导员既是学生的直接管理者也是学生的服务者,服务育人是教师与辅导员的义务与责任。因此,有学者提出"爱与服务"是辅导员服务育人的"情感之维",服务育人就要贴心关照、以文育人、以文化人。辅导员所扮演的角色,既是情感的沟通者,又是问题的解决者,辅导员要树立自身工作本质就是做好服务的意识,明晰工作服务的重心和要义,同时找准学生需要,依托感情做好服务。④ 有学者通过实证调查发现,教师服务型领导方式正向预测学生意向性自我调节,而学生目标自主性在教师服务型领导方式与学生意向性自我调节中起部分中介作用。由此,在推进"服务育人"的进程中,需要凸显高校教师特别是政治辅导员的服务型领导风格,即服务育人的实现,是通过教师、辅导员对学生的服务型领导(管理),实现学生自身主体性的发挥来落实的。⑤

总体而言,学界对服务育人的主体基本达成共识,以高校后勤部门、图书馆、教师、辅导员等作为横切面,对其蕴含的育人方式进行了卓有成绩的挖掘。但与此同时,也应当放开视野,对高校服务育人主体的研究应进一步深入服务学生的各类部门、组织,使服务育人真正成为多方位的立体工程。

(三)关于优化高校服务育人路径的研究

2020 年度,学界对于高校服务育人实践路径的优化给予了极大的关注,通过对育人方法、服务观念的创新来进行探索,主要集中于以下两个方面。

其一,通过创新方法优化服务育人。服务育人是新时代高校育人工作的基本要求,服务是育人的根本,贯穿于育人过程的始终,因此创新服务育人的方法是优化实践路径的题中之义。有学者从 2020 年新冠肺炎疫情所带来的高校服务新样态着手,指出遵循"因事而化、因时而进、因势而新"的理念,高校服务育人工作模式也发生了新的转变,表现为在意识上强化"在危机中育新机"的观念,在管理方式上从科层化转向扁平化,在工作空间上从物理空间为

---

① 参见崔芳、崔鼎豪:《高校图书馆育人职能探析》,《中学政治教学参考》2020 年第 6 期。
② 参见蒋敏、郭琪、徐淑娟、张浴日、李尧、杨伟柱:《高校图书馆阅读推广服务育人的实践与思考——以中国矿业大学图书馆为例》,《图书情报工作》2020 年第 18 期。
③ 参见杨允仙、王芮章、杨通桅:《论地方高校图书馆面向思想政治教育的服务》,《高校图书馆工作》2020 年第 4 期。
④ 参见吴胜红:《"爱与服务"育人理念中新时代辅导员的使命担当》,《江苏高教》2020 年第 8 期。
⑤ 参见钟妮、毛晋平:《服务育人的功能:来自高校教师服务型领导方式及其作用的实证研究》,《湖南科技大学学报(社会科学版)》2020 年第 6 期。

主转向虚拟空间为主,在手段方法上从抓重点转向精准化,在功能任务上更加凸显服务育人。① 有学者认为当前人工智能技术的应用,使得高校服务育人更具时代特征。在实践应用上,应着力形成思想政治教育环境的"智能场景",提供智能教师助理、"智能伴学"、智能管理服务,实现服务育人环境、场域的"智能化"。② 有学者基于 SWOT 分析法分析当前图书馆思想政治教育职能发挥的优势、劣势、机会和威胁,指出图书馆应直面威胁,从深化思想政治教育建设主流意识、深化用户体验与智能推荐服务系统、细化推广指标与推广形式三方面进行完善,优化图书馆服务育人职责。③

其二,通过提升服务观念优化服务育人。高校与学生的关系不是单纯的管理与服从,更多的是要贴合学生内在需要,服务学生成长,这就需要树立正确的服务观念。有学者认为高校学生工作应当以服务学生为本,要注重思想政治教育的隐性化、坚持学生事务管理柔性化,同时还要强调学生发展服务人性化。服务理念要强调人文关怀,通过制定和完善学生日常事务权利和责任清单,尊重和保障学生的合法权利,约束和鼓励学生的自主行为,实现学生工作的科学化和规范化。④ 有学者认为学生进入高校学习生活后,自我同一性逐渐成熟,个人目标和发展任务呈现出多样化趋势,加之大学的管理相对宽松,学生对自己的发展方向具有更大的自主性。师生关系与中小学时期相比更平等和民主,高压、管教式的教育方式并不适合大学生。因此,教师、辅导员等应当提升自身素质,将硬性管理变为弹性服务,与学生形成"管理—服务—反馈"的交互性师生关系。⑤

历经数年的理论挖掘与实践探索,高校服务育人的工作格局、育人模式已经初步形成,服务理念和服务质量有了质的飞跃。但是仍要明确,当前服务育人还存在与学生需要"贴合性不足"的问题,造成了服务、育人"两张皮"的现象,尤其在重大疫情面前,高校服务如何更加贴合学生所需,尚需进一步探索。

八、 关于资助育人的研究

高校是培育社会主义人才的阵地,资助育人作为培养人才的一项重要工作,能够帮助解决学生在学习生活所遇到的部分困难,对高校培育人才,实现立德树人有重要的作用。2020年度,学界对高校资助育人的研究主要集中于资助育人理论研究和实践研究两方面。

(一) 关于资助育人理论的研究

理论是行动的指南。2020 年度学界在资助育人理论研究已有成果的基础上,围绕着资助育人的内涵、价值和原则对高校资助育人进行学术挖掘,对进一步夯实资助育人的理论基础,推动资助育人实践发展具有重要的意义。

---

① 参见刘海春、黄煌华:《理念、变化与启示:新冠肺炎疫情下高校学生工作的三重考量》,《国家教育行政学院学报》2020 年第 9 期。
② 参见李怀杰:《人工智能赋能思想政治教育论析》,《思想理论教育》2020 年第 4 期。
③ 参见魏俊斌:《智慧图书馆思想政治教育职能实现路径优化探究——基于 SWOT 分析》,《图书馆工作与研究》2020 年第 10 期。
④ 参见陈捷:《核心素养:高校学生工作内涵式发展的应然路向》,《思想教育研究》2020 年第 4 期。
⑤ 参见钟妮、毛晋平:《服务育人的功能:来自高校教师服务型领导方式及其作用的实证研究》,《湖南科技大学学报(社会科学版)》2020 年第 6 期。

其一，关于资助育人内涵的研究。内涵是概念内在规定性的集中体现,对资助育人的内涵研究关乎资助育人在整个实现立德树人根本任务中的定位,更指涉资助育人赖以存在和发展的合法性基础。有学者指出要科学理解资助育人的内在含义,就要把握其核心是"人"、方法为"资"、根本在"育"的辩证统一。具体来说就是通过物质帮助"解困"、能力拓展"成才"以及通过道德浸润、精神激励实现"育人"和"回馈"来形成"解困—育人—成才—回馈"的良性循环。① 也有学者认为高校资助育人即在宣讲、落实资助政策,实施具体资助举措的过程中达到教育人、培养人的目标或效果。换言之,高校资助育人既是高校资助工作的发展与深入,也是高校资助工作本质要求的外显,脱离了具体的资助工作就无法真正实现资助育人。②

其二,关于资助育人价值的研究。2020 年度,学界把资助育人的终极价值归结为培育时代新人,这一点得到了学界的普遍认同。具体来说,有的学者认为高校资助育人是促进教育公平的重要环节,具体体现为能够有效阻断贫困代际传递,让每个人都有机会通过教育改变自己的命运。③ 也有学者从资助育人的社会价值入手,认为资助育人的价值具象于:资助育人不仅是深入实施教育扶贫战略、全面建成小康社会、实现"两个一百年"奋斗目标的重要举措,也是落实立德树人根本任务、培养德智体美劳全面发展的社会主义建设者和接班人的内在要求,更是提升高校思想政治工作质量的重要途径。④ 还有学者从高校资助育人中的权利冲突现象入手,认为资助育人探索经济帮扶与价值培育的深度结合,在对家庭经济困难学生学习生活的物质援助中综合实现政治引领、思想教育、情感教化、心理调适等。⑤

其三,关于资助育人原则的研究。原则是实践活动过程参考的具体准则。结合资助育人,有学者提出高校资助育人的基本原则就是必须把资助育人贯穿教育教学全过程和资助工作全过程,在育人的场域上应该遵循多载体、多维开放空间的原则,其中诚信教育是基础,爱国主义教育是核心,感恩教育是保障,励志教育是关键,劳动教育是拓展。⑥ 有学者认为,资助育人的原则是:坚持权责对等,实现资助认定的公正性和有效性;坚持发展考核,落实资助反馈的动态性和进步性;坚持分类管理,保证资助实施的合理性和规范性。总之,应遵循从"资助助人"到"资助育人"的基本思路,全面实现资助助人和资助育人的双重目标。⑦ 还有学者从资助育人的模式入手,提出模式构建要遵循精准化的认定机制、科学化的教育引导机制、规范化的资助管理机制、导向化的考核评价机制等原则。⑧ 更有学者提出提高资助育人效果应遵循构建多元化帮扶体系、利用助学金的帮扶机制、用好助学贷款的信用机制、搭建好勤工助学平台等原则。⑨

总的来说,2020 年度学界对资助育人的理论研究在已有成果基础上更加具体,更能结合

① 参见马晓燕:《理解高校资助育人科学内涵的三个维度》,《思想政治教育研究》2020 年第 3 期。
② 参见张远航、郭驰:《"三全育人"视域下高校资助育人的逻辑建构》,《思想理论教育》2020 年第 7 期。
③ 参见王定功、邱广伟:《育人应是学生资助的价值取向》,《中国教育学刊》2020 年第 8 期。
④ 参见马晓燕:《新时代高校资助育人论要》,《东北师大学报(哲学社会科学版)》2020 年第 4 期。
⑤ 参见徐喜春:《高校资助育人中的权利冲突现象及其治理》,《思想理论教育》2020 年第 10 期。
⑥ 参见张远航、郭驰:《"三全育人"视域下高校资助育人的逻辑建构》,《思想理论教育》2020 年第 7 期。
⑦ 参见肖凤翔、倓晓玲:《高校贫困生精准资助的宗旨、原则和策略》,《现代教育管理》2020 年第 3 期。
⑧ 参见何旭娟、吴晓君、周艳玲:《高校资助育人"双助"模式的建构与实践——以南华大学为例》,《思想教育研究》2020 年第 9 期。
⑨ 参见刘许亮、柴杉:《基于"三多三精准"模式的高职院校资助育人体系构建》,《教育与职业》2020 年第 15 期。

具体的育人模式和语境分析资助育人的理论问题,对于进一步深化理论研究具有重要的贡献,但仍有进一步拓展和完善的空间。

（二）关于资助育人实践的研究

当前,我国资助工作体系日臻完善,资助育人工作也取得了显著成效。2020年度学界围绕着资助育人实践的研究主要集中在实践困境、实践模式探索和具体的实践路径三个方面。

其一,关于资助育人困境的研究。学界始终坚持以实践为根本,以问题为导向对资助育人的实况进行考察,探索资助育人面临的现实困境。有学者以劳动教育为研究视角,指出当前高校资助育人存在资助管理重服务轻引领、资助模式重"输血"轻"造血"、资助过程重参与轻培养三个方面的困境。这对贫困大学生劳动价值观的树立、劳动动力的激发以及劳动能力的提升十分不利。[1] 也有学者认为资助育人当前存在的问题主要包括:一是助困与育人"两层皮"。具体表现为资助与育人培育之间存在明显的脱节,在大力扶持、资助困难学生的同时,在培育学生价值观、促进学生成长方面又相对薄弱,甚至出现"重物质资助精准性,轻精神帮扶精准性"的现象。二是实践探索与理论研究的失衡。资助育人实践的开展如火如荼,然而在相关理论指导层面,现有理论明显无法适应实践的进行,这种失衡表现为实践经验丰富但理论凝练不够。三是主体内在需求与外部资源供给的失调。即资助育人存在不够精准的现象,受资助对象内在需求多样与外部资源供给形式单一之间的矛盾冲突成为资助育人面临的重要矛盾。[2] 还有学者通过实证分析应用型高校的资助管理情况,提出资助育人的主要问题是:资助的主体较单一和资助制度不够完善。随着社会对教育公平的期望越来越高,当前的高校资助制度和体系也迎来了更大的挑战。[3]

其二,关于资助育人模式的研究。自觉创新高校资助育人途径是贯彻落实党的教育方针的内在要求,是坚持立德树人这一教育根本任务的题中之义。2020年度,学界紧扣时代主题,将资助与育人统筹兼顾,在高校资助的合理框架下,创新育人模式。有学者具体分析了清华大学的"鸿雁计划"资助模式,这种模式主要尝试在确保学生成长的基础上丰富学生的物质生活,并提出推动资助工作由保障型资助向发展型资助的方向转变。[4] 也有学者指出南华大学的资助育人模式主要以"经济资助+成长扶助"的"双助"模式为基本单元,形成"解困—育人—成才—回馈"的良性循环。[5] 还有学者通过对高职院校资助育人的研究,提出"三多三精准"的资助育人模式,即资助对象精准、资助力度精准、资助效果精准,并通过三维渠道,使资助育人发挥重要作用,建立集主观需求、客观经济状况和动态调整"三维一体"的认定模型。[6] 另有学者立足于高职院校家庭经济困难学生特点和资助需求实际,从校企合作模式出发,构建了校企合作资助育人的"1+1+1"模式,即"1次调研+1家企业+1套方案",

---

① 参见孙倩茹:《新时代劳动教育视域下高校资助育人路径探析》,《学校党建与思想教育》2020年第9期。

② 参见马晓燕:《新时代高校资助育人论要》,《东北师大学报（哲学社会科学版）》2020年第4期。

③ 参见白小斌:《应用型高校学生资助管理探析》,《教育与职业》2020年第12期。

④ 参见金峰、王腾飞:《深化发展型资助育人成效的机制分析——以清华大学为例》,《河南师范大学学报（哲学社会科学版）》2020年第6期。

⑤ 参见何旭娟、吴晓君、周艳玲:《高校资助育人"双助"模式的建构与实践——以南华大学为例》,《思想教育研究》2020年第9期。

⑥ 参见刘许亮、柴杉:《基于"三多三精准"模式的高职院校资助育人体系构建》,《教育与职业》2020年第15期。

通过对资助学生调研走访,结合企业投资,形成资助育人具体方案。①

其三,关于资助育人路径的研究。如何把资助资金用好、用准是高校资助育人工作落实落地必须解决的问题。基于此,有学者着眼于高校资助育人存在的冲突,提出"宏、中、微"三个层次的落实方法,即在宏观层面要坚持资源效益与育人为本双重价值观念的融合,在中观层面要探索制度建设与程序设计相互衔接的思路,在微观层面要实现多元主体和多重权利的协同合作。② 也有学者以区块链助力高校精准资助为例,认为要积极利用区块链技术降低信任成本、提升资源配置效率、细化权责划分、优化信息交流渠道。同时也要在精准认定、精准施策、精准帮扶、精准考核等资助环节上下功夫,推动学生资助工作从保障型向发展型转变,实现网络化协同、个性化定制、服务化延伸、智能化资助,重塑精准资助组织形态。③ 还有学者提出精准资助的实施应当贯穿贫困生就学始终,在不同实施阶段采取差异化的实施策略。具体而言,以"贫困"谋资助,确保贫困生的教育入场;以资助谋发展,关注贫困生的实际发展变化;以发展谋资助,形成贫困生的发展准入考核。④ 另有学者指出资助育人不应仅限于高校,而应调动社会力量统一发挥作用,即通过建立"学校—社区"联动平台、建立大数据管理和完善监管惩罚制度实现多元互动。⑤

资助育人体系的完善不是一蹴而就的,而是随着时代的发展逐步推进的。总的来说,2020 年度学界对资助育人的研究能够聚焦具体实践问题,推进育人模式与时俱进,对高校资助育人的问题对症下药,精准施策,用最新的理论、实践成果不断优化资助育人体系,对进一步开展资助育人工作具有重要参考价值。

九、 关于组织育人的研究

组织育人作为高校育人的重要组成部分,就是把组织建设与教育引领充分结合起来,不断强化高校工会、共青团、学生会、学生社团等各类组织的育人职责,以促进高校师生全面发展,从而整体提升高校育人成效的育人形式。2020 年度,国内专家学者围绕组织育人,既从宏观上整体研究了高校组织育人的现状、功能体现和实践路径,又结合高校党团组织和学生社团等载体进行了微观研究。

(一)关于高校组织育人的整体研究

2020 年度学界充分结合高校组织育人的实况,围绕着高校组织育人整体探讨组织育人的现状、功能体现和实践路径,具体情况如下。

其一,关于高校组织育人现状的研究。对于现状的客观把握是展开科学研究的基本前提。充分把握高校组织育人的现状就是要分析目前高校组织育人建设的成就和不足,并提出针对性的改进措施,从而为落实组织育人要求、提高组织育人实效奠定现实基础。基于此,有学者从学生主体、协同效应和政治引领三方面分析组织育人的现状,并具体论述了由

---

① 参见娄志刚:《校企合作资助育人:模式、优势和实施路径》,《中国职业技术教育》2020 年第 25 期。
② 参见徐喜春:《高校资助育人中的权利冲突现象及其治理》,《思想理论教育》2020 年第 10 期。
③ 参见胡邦宁:《区块链在高校精准资助中的价值意义与实施路径》,《人民论坛》2020 年第 35 期。
④ 参见肖凤翔、俸晓玲:《高校贫困生精准资助的宗旨、原则和策略》,《现代教育管理》2020 年第 3 期。
⑤ 参见冼梨娜、钟小立:《精准扶贫背景下学校资助育人工作路径探析》,《中学政治教学参考》2020 年第 9 期。

保障体系内生动力、组织方式协同性以及政治引领功能方面的不足而导致的服务功能感知度不高,育人过程感召力不佳以及价值共识输出度不高的问题。① 也有学者指出组织不仅是"三全育人"综合改革实践过程的重要环节,它本身也是具备育人功能的载体。然而,在现实工作中组织也存在着育人主体各自为政、育人资源整合不力、育人环节协调不畅等问题,这些都是改善组织育人实效的关键所在。②

其二,关于高校组织育人功能体现的研究。高校组织在实际的育人过程中,本着促进高校全体师生发展的育人目标,表现出多样的形式。有学者认为新时代高校组织育人的功能主要体现在三个方面:一是增强学生的主体性。通过组织育人,满足学生的个体需求。二是在育人过程中协同运作、紧密合作、集中发力,从思想引领、学业促进和素质提升等方面为学生成为德才兼备的人才搭建发展舞台。三是积极发挥政治功能。在高校各类组织开展活动时,应加强政治引领,充分发挥高校党委领导核心作用、院(系)党组织政治核心作用和基层党支部战斗堡垒作用。③ 也有学者指出,建构运行有效、协同有序、反应灵敏的协同创新性组织共同体,能够营造人人育人、时时育人、处处育人的良好氛围,为高校扎实推进组织育人,形成全员育人的组织文化、统筹全过程育人的组织结构以及构建全方位育人的组织系统有重要的积极作用。④

其三,关于高校组织育人功能的实践路径。育人最终必然要落实到实践中,在实践中推进高校组织育人是发挥组织育人功能的必然选择。有学者从高校思想政治教育"十大育人体系"的宏观角度指出,实现组织育人就必须聚焦思想教育的向心力、历史培育的凝聚力、个性培育的靶向力,实现思想政治教育的深入、全面和高质量开展,以培养担当民族复兴大任的时代新人。⑤ 也有学者认为发挥高校组织育人功能,首先就要提升组织服务能力,倡导"学生主体"原则,不断完善权益保障体系,确保信息传递流畅以服务个人成长发展;其次要遵循"三全育人"规律,通过筑牢引领平台、联动平台和创新平台,协同打造育人平台;最后要积极开展各类实践活动,落实立德树人根本任务,将专业教育、红色实践、志愿实践活动作为落实立德树人根本任务的重要落脚点,做好沟通桥梁,搭建实践平台,为培养高校青年群体的家国情怀"引好路,奠好基"。⑥

综上所述,2020 年度高校组织育人的整体性研究,在已有研究的基础之上取得了新的突破。有关学者围绕组织育人的现状、组织育人的功能体现以及提升路径三个维度进行了较为全面的论述,为后续深化组织育人研究提供了研究参考。

(二) 关于高校基层党团组织育人的研究

高校基层党团组织作为高校育人的阵地,担负着不可推卸的育人责任。2020 年度专家学者围绕着高校基层党团组织的研究和探讨,主要分为以下几方面。

其一,关于高校基层党团组织育人功能的研究。有学者认为高校党团组织的功能主要

---

① 参见葛畅、王丽娜、蔡豪:《新时代高校组织育人的认同建构及实践路径》,《高校辅导员学刊》2020 年第 4 期。
② 参见陈玲:《"三全育人"协同创新组织的建构》,《学校党建与思想教育》2021 年第 4 期。
③ 参见葛畅、王丽娜、蔡豪:《新时代高校组织育人的认同建构及实践路径》,《高校辅导员学刊》2020 年第 4 期。
④ 参见陈玲:《"三全育人"协同创新组织的建构》,《学校党建与思想教育》2021 年第 4 期。
⑤ 参见张荣华、徐倩:《新时代高校学生组织全面育人摭谈》,《学校党建与思想教育》2020 年第 24 期。
⑥ 参见葛畅、王丽娜、蔡豪:《新时代高校组织育人的认同建构及实践路径》,《高校辅导员学刊》2020 年第 4 期。

体现在三个方面:引导学生党员开展理论学习,在学习过程中引导学生党员培养政治意识;通过党团组织的规章制度,引导学生党员养成纪律感和规矩意识;通过考察、培训等形式,在实践中引导学生党员发挥先锋模范作用。① 也有学者聚焦基层学生党组织,指出学生党支部是党在大学生群体中开展思想引领、情感凝聚、精神感召和组织黏合的战斗堡垒,是始终坚持社会主义办学方向、全面落实立德树人根本任务、努力推进高校基层党组织改革创新的重要阵地。② 还有学者结合党团组织特殊政治属性,指出政治功能是高校党团组织的首要功能。这个功能的实现程度关系高校培养什么人、怎样培养人以及为谁培养人这个根本问题,关系高校功能的强化以及坚守高等教育发展方向的政治使命,更关乎深化高等教育综合改革、实现高等教育内涵式发展的政治担当。③

其二,关于高校学生党团组织育人现状的研究。充分发挥高校基层党团组织育人功能,必须对当前基层党团组织的育人现状进行准确、全面把握。有学者分析到,高校学生基层党团组织在组织建设、大学生党员教育管理、大学生思想政治教育、贯彻立德树人教育方针等方面发挥了积极作用,但是在实践中,与党和高校人才培养事业健康高效发展所提出的要求相比还有差距,还存在对学生党员领导力、针对性吸引力不足、不强以及教育教学支撑力不够等现象,这严重影响着高校党团组织的育人实效。④ 同时,还有学者认为目前高校普遍存在着上级党委对学生党支部建设工作重视程度不够、学生党支部建设规范化程度不够、学生基层组织建设较为薄弱、学生党支部活动内容缺乏吸引力以及团建促党建作用发挥不够等问题,给高校党团组织育人造成了一定的困难和挑战⑤。

其三,关于高校党团组织育人路径的研究。有学者认为高校党团组织育人要注重加强组织管理与自我教育、思想教育与人才培养、管理与志愿服务相结合,强化实践教育考核评价与先进示范相结合,不断加强实践体验,进一步提高高校党员教育管理的针对性、亲和力和实效性。⑥ 还有学者认为要把学生党支部建设作为重要指标纳入对上一级党委的考核之中。通过充分发挥党员领导干部的示范引领作用,严格落实党支部政治生活各项规定,不断创新党支部活动形式,切实抓好党支部书记队伍建设,同时,加强党务工作统筹来强化高校党团组织的育人效果。⑦ 还有学者认为在高校党团组织育人的过程中,要注意建构目标管理体系,明确"育人为本"的总方向,把握学生党支部实现组织育人的特殊规律和方法,树立党的一切工作到支部的鲜明导向,着力做到补理想信念之钙,强核心能力之肌,兴责任担当之风,克服党员、团员"本领恐慌",引导学生党员以"奉献意识、大局意识、核心意识、看齐意识"为标尺,时刻对照和检验行动成效,大力弘扬求真务实的精神和真抓实干的工作作风,做合格的共产党员。⑧

综上所言,高校基层党团组织育人是在组织育人宏观论域中的具象化形式。2020 年度,各学者在已有研究成果的基础上更加注重对现状的考察,尤其是新时代高校基层党团组织

---

① 参见余乙兵:《高校学生党支部育人工作面临的挑战及优化路径》,《学校党建与思想教育》2020 年第 10 期。
② 参见龚伟:《新时代高校学生党支部创新建设的逻辑理路与实践路向》,《思想政治课研究》2020 年第 5 期。
③ 参见陈秋生:《高校院系党组织政治功能的核心要义及实现路径》,《思想理论教育》2020 年第 10 期。
④ 参见郦江妍、徐磊:《论高校学生基层党组织作用发挥的实现路径》,《学校党建与思想教育》2020 年第 18 期。
⑤ 参见余乙兵:《高校学生党支部育人工作面临的挑战及优化路径》,《学校党建与思想教育》2020 年第 10 期。
⑥ 参见周瑞云、胡乔木:《基于实践导向的高校学生社区党建育人的思考》,《理论观察》2020 年第 8 期。
⑦ 参见余乙兵:《高校学生党支部育人工作面临的挑战及优化路径》,《学校党建与思想教育》2020 年第 10 期。
⑧ 参见龚伟:《新时代高校学生党支部创新建设的逻辑理路与实践路向》,《思想政治课研究》2020 年第 5 期。

面临着新的挑战和问题,这些挑战和问题引起了学界的高度重视和关注,学者们在此基础上提出的优化高校党团组织育人功能的实施路径,为提高高校党团组织育人质量提供了有效借鉴。

(三)关于高校学生社团组织育人的研究

培养德智体美劳全面发展的时代新人,落实立德树人的根本任务是高等教育的职责所在,更是学生社团的使命所系。2020 年度学界围绕着高校学生社团组织育人的现状、功能和提升路径作出了探讨交流,具体如下。

其一,关于高校学生社团组织育人现状的研究。高校学生社团作为开展组织育人的重要阵地,是培育学生综合能力的主要渠道。当前高校学生社团蓬勃发展,社团种类、数量、参与人数都迅速增长,学界普遍认同高校学生社团组织育人成效明显,但仍然存在着诸多亟待改进的问题。有学者认为高校学生社团在制度化建设、规范化管理、协同性发展和学校重视度方面仍有待改进。[①] 也有学者认为高校学生社团建设面临着泛娱乐化冲击与价值引领有待增强、数量规模激增与制度保障不够、学生参与踊跃与指导教师缺位、社团活动多元与育人资源匮乏等矛盾和挑战。[②]

其二,关于高校学生社团组织育人价值和育人功能的研究。高校学生社团育人价值是高校学生社团落实组织育人、提高育人实效的有效做法。有学者认为加强高校学生社团建设是响应新时代党中央对思想政治工作新要求的必然选择,也是高校构建"三全育人"思想政治工作格局的题中之义,还是共青团组织提升、引领、服务、凝聚青年能力的内在要求,更是遵循当代大学生成长规律和代际特点的客观需求。[③] 同时,也有学者提出加强高校学生社团建设,充分发挥高校学生社团党支部的育人功能和引领作用,既能够丰富学生课余生活,提高学生自主管理能力,还能够为学生提供优质的学习和实践机会,营造良好的学习氛围,从而进一步扩大学生思想政治教育的广度和深度,促进高校学生能力和素质的全面发展。[④] 另有学者从政治、实践、文化三个层面对高校学生社团育人功能进行了分析。首先,高校学生社团具有政治功能,承担着引导学生树立正确的理想信念、增强"四个意识"、坚定"四个自信"的使命和责任;其次,高校学生社团具有实践功能,是学生运用、检验、补充所学知识的重要平台,是"第一课堂"的自然延伸和必要补充;再次,高校学生社团具有文化功能,能够丰富学生的精神世界,陶冶学生情操,提高其道德品质和心理素质,促进学生全面发展。[⑤]

其三,关于高校学生社团组织育人路径的研究。高校学生社团是与学生联系最为紧密、最为直接的组织,落实组织育人必然要发挥高校学生社团的作用。有学者认为在高校学生社团建设中要坚持问题导向,通过加强党的领导、强化思想引领、创新制度体系、规范治理模式、加强教师指导等,提升高校学生社团的组织力、引领力、保障力、协同力,激发高校学生社

---

① 参见焦佳:《高校学生社团建设的现状审视与对策研究》,《思想理论教育》2020 年第 5 期。

② 参见魏星、李思杭:《高校学生社团育人的理念优化和实践创新》,《思想理论教育》2020 年第 11 期。

③ 参见焦佳:《高校学生社团建设的现状审视与对策研究》,《思想理论教育》2020 年第 5 期。

④ 参见姚昌、董雯玉、刘震:《高校学生社团设立党支部的育人功能及引领作用研究》,《党史博采(下)》2020 年第 10 期。

⑤ 参见王碧、李素矿:《高校学生社团组织育人探究》,《学校党建与思想教育》2020 年第 22 期。

团发展的驱动力,强化社团育人功能,推动高校学生社团规范化发展。① 也有学者结合高校学生社团的主要功能和长远发展,提出高校学生社团组织育人的优化路径:一是要强化党对高校学生社团的领导,增强社团的政治性;二是要强化高校学生社团自身建设,突出社团特色,完善社团管理模式;三是强化高校学生社团活动质量,推动社团活动与思想政治教育紧密结合,实现精品化、特色化发展。② 还有学者从社团发展角度提出,落实高校学生社团育人要树立以学生为中心的社团发展理念、重构大学生社团在学校建设中的定位、创新大学生社团的管理方法以及强化大学生社团的教育作用。③

总而言之,高校学生社团作为促进学生全面发展的重要载体,在引领学生思想价值,锻炼学生实践能力方面具有重要推动作用。2020 年度学界围绕着高校学生社团育人工作的现状、价值、功能以及路径作出了理论探索,为促进社团发展、巩固育人效果提供了一定的理论参考。

十、 关于队伍建设的研究

2020 年,随着《教育部等八部门关于加快构建高校思想政治工作体系的意见》的印发和《中华人民共和国教师法》的修订,学界紧密围绕大学生日常思想政治教育队伍建设,尤其是高校辅导员队伍和教师队伍两大群体展开了较为广泛、深入的研究,取得了丰富的研究成果。这些成果为提升高校队伍建设质量,增强大学生思想政治教育实效作出了有效的理论贡献。

(一) 关于高校辅导员队伍建设的研究

辅导员队伍作为高校育人队伍的重要组成部分,在大学生思想政治教育中扮演着十分重要的角色。2020 年学界围绕高校辅导员队伍建设展开了多角度、多层次的研究,并取得了丰富的研究成果,集中表现在以下几个方面。

其一,关于高校辅导员队伍建设现状的研究。对高校辅导员队伍建设现状的精确把握,是进一步有针对性地加强辅导员队伍建设的认识前提。2020 年度,学界普遍认为高校辅导员队伍建设在制度、规模、质量、发展等方面取得了比往年更大的成就。但是时代的发展变化,对辅导员工作提出了更高要求,这就导致高校辅导员队伍建设出现了一些与现实不相适应的地方。有学者指出高校辅导员队伍仍旧面临着不受学校重视、师生之间沟通不畅、辅导员自身专业程度不高、辅导员工作任务繁重等问题。④ 有学者指出高校辅导员在队伍结构、职责定位、培养培训、职务职称、评价体系等方面还存在诸多问题亟待解决。⑤ 有些学者指出当前高校辅导员队伍建设存在着组织结构不健全、功能作用发挥不充分、特色创新发展不

① 参见焦佳:《高校学生社团建设的现状审视与对策研究》,《思想理论教育》2020 年第 5 期。
② 参见王碧、李素矿:《高校学生社团组织育人探究》,《学校党建与思想教育》2020 年第 22 期。
③ 参见鲁艺苗、李国政:《独立院校学生社团发展与大学生个性化成长的关系研究》,《学校党建与思想教育》2020 年第 1 期。
④ 参见杨燕:《"双一流"建设背景下高校辅导员队伍的优化》,《学校党建与思想教育》2020 年第 18 期。
⑤ 参见王海宁:《高校辅导员队伍专业化职业化建设的现实审视与优化路径——基于全国 4000 余名高校辅导员的问卷调查》,《思想教育研究》2020 年第 12 期。

明显、发展体制机制不顺畅等问题。① 有学者指出高校辅导员队伍在专业化方面仍然存在职业化程度、外生性因素等方面的发展瓶颈。② 也有学者指出高校辅导员"双线"晋升仍存在"上热、中温、下凉"的情况，政策执行不到位、连续性不足、系统性不强等问题。③ 还有学者从高校辅导员媒体素养的角度出发，具体分析了高校辅导员新媒体素养提升存在的内容提升与能力提高不匹配、方法提升与技术更新不匹配、主动性提升与新媒体发展不匹配、工作载体提升与现实工作需要不匹配等现实困境。④

其二，关于高校辅导员队伍建设现存矛盾的研究。矛盾是推动事物发展的根本内在动力，对高校辅导员队伍建设现存矛盾的分析有利于把握高校辅导员队伍建设大势，认识队伍建设规律。基于此，有学者认为高等教育的快速发展、社会环境的深刻变化，以及政策制定者对辅导员队伍建设规律的认识不断深化，成为推动高校辅导员队伍建设主要矛盾演进的基本因素；招生规模急剧扩大导致队伍人数不足是主要矛盾演进的直接原因；形势发展导致队伍不能适应工作需要是主要矛盾演进的根本动力；定期轮换和分流导致队伍流动率高是主要矛盾循环演进的制度性因素；与时俱进、更新观念是推进队伍建设不断取得重大突破的思想基础。⑤ 还有学者认为要推进高校辅导员队伍的专业化发展，就要解决好专业的职责要求与模糊的工作边界、较高的岗位压力与偏低的职业地位、全面的现实挑战与有限的发展空间等方面的矛盾。⑥ 总而言之，从矛盾视角分析高校辅导员队伍建设是 2020 年度相关研究的一个新的切入点，为加强高校辅导员队伍建设的理论研究提供了新的思路。

其三，关于高校辅导员队伍建设要求的研究。高校辅导员队伍建设要求是对"高校辅导员队伍要建成什么标准"这个根本问题的理论回应。2020 年度，学界仍然高度赞同要突出辅导员队伍的专业化和职业化的总体标准。具体来说，有学者结合大数据时代高校学生教育管理的转变，提出教育环境的变化必然会对教育者的能力提出新的要求，辅导员也应具备良好的数据素养、较高的伦理道德水平、宽广的工作思维视域和知识创新的能力。⑦ 也有学者提出新时代高校辅导员要注重思维形象建设，只有不断加强形象思维、创新思维、求实思维和法治思维的建设才能做好学生工作。⑧ 还有学者专门对研究生辅导员队伍的能力建设进行研究，提出研究生辅导员的党建工作能力、群众工作能力、组织管理能力和开拓创新能力等四个方面能力建设至关重要。⑨ 另有学者聚焦青年辅导员，指出这一群体的特殊性决定了坚定其理想信念的极端重要性。因此，推进青年辅导员队伍建设必须着眼于理想信念建设，以社会主义核心价值观教育为根本遵循，以师德师风建设为主要抓手，以提高思想政

① 参见刘宏达、许亨洪：《高校辅导员专业协会组织建设与体系构建》，《学校党建与思想教育》2020 年第 22 期。
② 参见盛春：《新时代高校辅导员队伍专业化建设路径探析》，《江苏高教》2020 年第 12 期。
③ 参见杨智勇：《高校辅导员"双线"晋升的现实制约与解决路径》，《思想理论教育》2020 年第 12 期。
④ 参见张丹、邓卓明：《新时代高校辅导员新媒体素养提升探究》，《学校党建与思想教育》2020 年第 18 期。
⑤ 参见李永山：《新中国成立 70 年来高校辅导员队伍建设主要矛盾演进与新时代的发展逻辑》，《高校辅导员》2020 年第 1 期。
⑥ 参见倪佳琪、魏飞：《基于胜任力卓越模型的高校辅导员队伍专业化建设研究》，《学校党建与思想教育》2020 年第 7 期。
⑦ 参见杨道远：《大数据时代高校辅导员发展创新路径探析》，《学校党建与思想教育》2020 年第 20 期。
⑧ 参见王娟娟、陈刚：《新时代高校辅导员应培育四种思维》，《学校党建与思想教育》2020 年第 17 期。
⑨ 参见李剑伟：《关于高校辅导员队伍建设的系统性研究——评〈高校辅导员队伍建设理论与实践〉》，《领导科学》2020 年第 13 期。

治素质为根本任务,以增强职业能力建设为关键环节,构建多维立体的理想信念提升方略体系。①

其四,关于高校辅导员队伍建设路径的研究。无论从高校辅导员自身发展,还是落实立德树人根本任务来说,推进辅导员队伍职业化、专业化,提高队伍建设质量都是十分必要的。基于此,有学者提出要通过打造梯队式辅导员职业共同体、建立辅导员分层分类培养体系和构建辅导员多元化评价考核机制来推进辅导员专业化发展。② 也有学者从治理视域下探索高校辅导员队伍建设的路径,提出从指导思想、保障机制和评价手段等方面入手,不断推动辅导员队伍建设质量提升。③ 还有学者提出要依托建设"双一流"的背景,不断完善制度保障、注重平等对话、加强专业培训及优化工作分工,打造一支具有一流水平的辅导员队伍。④ 同时,也有学者从把握辅导员个体与群体的共生性关系出发,引导辅导员形成团队共进的文化生态,打造专业化发展共同体。⑤ 还有学者提出建立新时代高校辅导员胜任力卓越模型,通过准确评估和精准培养、激发内隐动机稳定队伍、有的放矢提供发展平台促进辅导员队伍专业化建设。⑥

其五,关于高校辅导员协同队伍的研究。推动高校辅导员与其他育人队伍的协同育人,是落实"全员育人"要求、扩大育人队伍规模的重要部署,也是提高教育实效的有力举措。2020 年度,有学者指出高校辅导员协同育人要在"三种理论+两个协同+一个目标"的模式下,完善体制机制,建立社会化组织体系,加强投资开发,培育互动平台,严格选配聘用,优化教育培养,规范考核评价,以提升发展能力和激发发展活力。⑦ 也有学者认为要加强辅导员和专业教师之间的协同性,就要在互助中建设辅导员工作室、在榜样引领中带动队伍成长以引导辅导员与专业教师的共生发展,促进育人队伍的整体质量提升。⑧

(二)关于高校其他育人队伍建设的研究

办好教育,关键在人员队伍。队伍建设关乎大学生日常思想政治教育的实效,也关乎高校培育人才的质量。2020 年度,学界围绕辅导员队伍以外的高校其他育人队伍建设也开展了系统翔实的研究。

其一,关于高校其他育人队伍建设现状的研究。2020 年度,学界普遍认同进入新时代以来,我国的教育发展取得了历史性成就。全国高校育人队伍在数量和质量上都极大提升,基本与我国高等教育事业发展的需要相适应,但同时也面临着诸多挑战,主要体现在两方面。一是行政服务队伍建设方面。有学者着眼于学生心理健康发展,提出高职院校从事心理健康教育的人员有所增加,但心理健康教育体系还不完善,专业人员严重不足,无法有效满足

---

① 参见郝桂艳:《新时代高校青年辅导员理想信念建设的意义、现状与策略》,《思想理论教育导刊》2020 年第 2 期。

② 参见盛春:《新时代高校辅导员队伍专业化建设路径探析》,《江苏高教》2020 年第 12 期。

③ 参见胡忠浩:《治理视域下高校辅导员队伍建设发展及路径研究》,《高校辅导员》2020 年第 5 期。

④ 参见杨燕:《"双一流"建设背景下高校辅导员队伍的优化》,《学校党建与思想教育》2020 年第 18 期。

⑤ 参见周伟辉、楼艳:《把握高校辅导员专业化发展的四重关系》,《高校辅导员》2020 年第 5 期。

⑥ 参见倪佳琪、魏飞:《基于胜任力卓越模型的高校辅导员队伍专业化建设研究》,《学校党建与思想教育》2020 年第 7 期。

⑦ 参见李宏刚、李洪波:《协同开发视域下高校辅导员职业能力提升探赜》,《学校党建与思想教育》2020 年第 3 期。

⑧ 参见周伟辉、楼艳:《把握高校辅导员专业化发展的四重关系》,《高校辅导员》2020 年第 5 期。

高职学生心理健康教育的现实需要。① 也有学者立足于领导干部层面,提出干部队伍建设统筹规划不足、干部队伍建设缺乏活力和动力等问题。② 二是其他教师队伍建设方面。有学者认为高校班主任也承担着思想政治教育工作,但仍然存在着角色定位不清晰、职责界定不够明确、工作缺少发展目标、育人空间受到限制和育人优势发掘不足等问题。③ 也有学者指出新时代意识形态领域的复杂形势、信息技术与教育融合发展以及尊师传统的衰落对师德师风建设、专业知识和技能掌握、教师社会地位提出了更高的要求和更严峻的挑战。④ 还有学者指出教师队伍建设存在着师风师德建设尚不完善、教师队伍结构不合理、教师绩效考核效果不明显、薪酬竞争力不足且内部差距较大、队伍管理人员专业性欠缺等问题,⑤这将严重影响高校育人队伍建设质量的提升。

其二,关于高校其他育人队伍建设路径的研究。队伍建设是构建新时代高校思想政治工作体系的一项重要任务。有学者提出基于课程思政理念加强高校教师队伍建设:一是坚持知识传授和价值引领相结合,实现精准育人;二是充分挖掘校内和校外的思政资源,实现全过程育人;三是延伸现实和虚拟育人空间,实现全方位育人。⑥ 也有学者从制度的根本性、长远性作用角度出发,倡导通过制度化推进师德师风建设。在师德师风负面清单的编制过程中,应遵循法治原则、民主原则、科学原则。⑦ 还有学者认为构建一支卓越而有活力的教师队伍应加强高校管理制度的推进与完善。首先,增强教师管理制度的精细化设计,提升教师绩效考核的科学性;其次,在教师职业发展方面,高校应在教学、科研等方面给予教师更多的资源与支持,增强对青年教师的关怀与培养,营造开放、共享、合作、进取的学术组织文化;再次,高校在引入经济激励工具、强化良性竞争的同时,应通过学术共同体的认可、学术荣誉奖励等精神层面激励方式,鼓励和促进教师在教学科研领域取得创造性成果;最后,加强专业化的人事管理团队建设也是教师队伍建设的基础工程。⑧ 另有学者认为要把教师队伍建设作为基础性工作予以重视,要突出政治引领以加强师德师风建设,遵照信息化时代的要求以提升教师理论素养和业务能力,还要加强制度和机制建设,切实提高教师队伍治理效能,弘扬尊师重教的优良传统,着力提升教师的地位和待遇。⑨

综上所述,2020 年度学界围绕着高校队伍建设,尤其是辅导员队伍建设的现状、价值以及建设路径等方面作出了较为全面的探索,对其他育人队伍建设的意义、路径也进行了分析。这些研究为提高育人队伍综合能力、推动高校育人队伍质量提升夯实了理论基础。

---

① 参见王东平:《新时代高职院校心理健康教育队伍建设研究》,《学校党建与思想教育》2020 年第 12 期。
② 参见张希秋:《"双一流"目标驱动下的高校干部队伍建设》,《学校党建与思想教育》2020 年第 18 期。
③ 参见胡术恒、李有增:《以课程思政拓展高校班主任的育人空间》,《中国高等教育》2020 年第 11 期。
④ 参见程光旭:《新时代坚持把教师队伍建设作为基础工作的思考》,《中国大学教学》2020 年第 11 期。
⑤ 参见鲍威、戴长亮、金红昊、杨天宇:《我国高校教师人事制度改革:现状、问题与挑战》,《中国高教研究》2020 年第 12 期。
⑥ 参见胡术恒、李有增:《以课程思政拓展高校班主任的育人空间》,《中国高等教育》2020 年第 11 期。
⑦ 参见刘亮:《编制师德师风负面清单应遵循的基本原则》,《思想理论教育》2020 年第 2 期。
⑧ 参见鲍威、戴长亮、金红昊、杨天宇:《我国高校教师人事制度改革:现状、问题与挑战》,《中国高教研究》2020 年第 12 期。
⑨ 参见程光旭:《新时代坚持把教师队伍建设作为基础工作的思考》,《中国大学教学》2020 年第 11 期。

十一、 简要述评

2020 年度,针对大学生日常思想政治教育方面,学界不仅围绕着"十大育人体系"进行了研究,还紧密结合时代发展背景,对新冠肺炎疫情暴发时态下大学生日常思想政治教育的功效、样态和作用发挥等进行了较为深入的探索,拓展了研究的新视角,开辟了新研究领域,并呈现出良好的发展态势,但仍有进一步改进的空间和必要。

(一) 2020 年度大学生日常思想政治教育研究的良好态势

整体来说,2020 年度大学生日常思想政治教育在以往的研究基础上,在研究深度和研究视角上都有新的突破,取得了新的研究进展,呈现出新的研究特点,形成了一大批优秀的研究成果,反映了学界对大学生日常思想政治教育的持续关注和热忱期待,主要体现在以下两方面:一方面,学理研究持续深化。2020 年学界围绕着大学生思想政治教育"十大育人体系"的学理问题进行了持续深入的探讨,不仅在纵向上宏观把握,又极尽微观视角,围绕着不同的育人载体细化探索。在横向上持续关注大学生思想政治教育的研究方式、内涵、方法、队伍、功能、路径等要素,使得研究得以持续推进,对于进一步深化学理研究、推动实践发展具有重要意义。另一方面,定性研究成果颇丰。在 2020 年度大学生思想政治教育"十大育人体系"的相关研究成果中,大多数采用了定性分析的方法。各专家学者不仅围绕着大学生思想政治教育的内涵和外延等基础理论问题持续深化探讨,而且针对大学生思想政治教育的实际状况、内在原因和改进路径等实践问题也进行了一定程度的探讨。总的来说,2020 年度大学生日常思想政治教育的研究内容不断深化,研究质量不断提高,很好凸显了思想政治教育的理论性和视野的前瞻性。

(二) 2020 年度大学生日常思想政治教育研究的不足之处

2020 年度大学生日常思想政治教育虽取得显著的成绩,形成了丰硕成果,但是立足新时代,大学生日常思想政治教育仍然有待进一步完善,主要体现在以下三方面:首先,研究的创新性有待进一步加强。随着新时代的到来,大学生思想政治教育环境发生了巨大的变化,对大学生思想政治教育理论和实践创新的需要越来越迫切,尽管如此,已有研究部分仍存在对个别领域的重复研究,缺乏对新情况、新问题、新环境的考察分析等不足。其次,实证研究有待进一步增强。学者们在进行相关研究的过程中,多是从理论研究角度出发,实践研究较为不足,理论研究与实践研究之间的辩证转化关系以及实践机制、实证考察和考评等研究也有待进一步强化。最后,定量研究有待进一步加强。大学生日常思想政治教育需要通过一定的量化标准来衡量和测评,但是已有研究成果较少采用定量研究的方法对大学生日常思想政治教育进行分析和探索,因此,该方面需要进一步加强。

(三) 大学生日常思想政治教育研究的致思方向

大学生日常思想政治教育是关乎实现高校立德树人根本任务的重要部署,是一项需要长期进行的系统工程,今后大学生日常思想政治教育的研究应该在既有研究的基础上,保持研究热情,发挥研究优势,攻克研究难点,弥补研究不足。具体来说,应重点着眼于以下几点：一是要不断加强实证研究，尤其要关注与大学生成长发展密切相关的思想政治教育领域，全面了解掌握大学生思想观念、政治素养、道德修养等方面的现实状况及日常思想政治教育开展情况，切实推动大学生日常思想政治教育效果提升。二是要紧跟时代发展，不断推动基础理论的创新深化，以帮助教育者根据不断发展变化的时代环境对大学生施加具有针对性、感染力和亲和力的教育影响。三是要加紧对大学生日常思想政治教育的质量标准和测评体系的建构研究，为掌握大学生日常思想政治教育推进状况，进行大学生日常思想政治教育效果评估提供客观依据。

大学生思想政治
理论课程研究 2020 年度进展

　　大学生思想政治理论课鲜活的时代性与鲜明的实践性,决定了课程发展和研究要与时代步伐同步同频。大学生思想政治理论课"05 方案"实施以来的 15 年,正是中国社会及其外部环境经历迅速且全面、深刻变化的时期,也是大学生思想政治理论课逐渐实现从被问题和困境倒逼而进行研究和改革,到主动以理论探究回应时代、探求发展这一重大转变的时期。2020 年在大学生思想政治理论课程的研究中,学界更加突出以习近平新时代中国特色社会主义思想指导课程建设和改革创新的基本立场,在持续关注大学生思政课改革发展中长期存在的问题的同时,也着力探索大学生思政课建设的新要求、新任务、新思维、新方法等。总体而言,2020 年大学生思想政治理论课程研究的主要进展可归纳为以下几个方面。

一、 关于课程建设

　　课程建设质量的提升是夯实大学生思想政治理论课作为高校思想政治教育主阵地与主渠道的重要任务和切实保障。2019 年 3 月 18 日,习近平总书记在北京主持召开学校思想政治理论课教师座谈会并发表重要讲话,对新时代全国思政课程的建设发展提出了重要指示要求。其中关于思想政治理论课程改革创新要坚持的"八个相统一",即坚持政治性和学理性相统一、价值性和知识性相统一、建设性和批判性相统一、理论性和实践性相统一、统一性和多样性相统一、主导性和主体性相统一、灌输性和启发性相统一、显性教育和隐性教育相统一,引起了学界的热烈反响和强烈认同。有学者认为,"八个统一"是新时代思想政治理论课回归教育初心、彰显教育本质、实现教育目标的依据和遵循,同时其蕴含了科学的认识论、展现了核心的主题论、内含了系统的方法论、彰显了具体的实践论。[①]有学者认为,"八个相统一"具有丰富的理论内涵,是思想政治理论课教育教学规律的集中体现,是高校思想政治理论课守正创新的理论指南和行动纲领,是新时代高校思想政治理论课改革创新的重要遵循;高校思想政治理论课教师需要用"八个相统一"来创新思想政治课教学,担当起思政课教师应有的责任,用心教学,精心育人,努力提高思想政治理论课教育教学质量。[②] 有学者认为,习近平总书记的"3·18 讲话"论述了新时代思政课守正创新的重要基础和根本保证,对思政课建设现状的辩证分析鼓舞了士气,对改革内涵的科学揭示确定了方向,对师资素质的真切期待鞭策了教师,对保障措施的明确要求增强了领导责任,这些都为思政课守正创新注

---

① 参见刘吕红:《论思想政治理论课改革创新的"八个统一"》,《思想理论教育导刊》2020 年第 6 期。

② 参见秦书生:《新时代高校思想政治理论课改革创新的重要遵循》,《现代教育管理》2020 年第 6 期。

入了新动力,提供了根本保证。① 有学者认为,要讲好思政课这门关键课程,一定要学深、悟透、力行习近平总书记提出的新时代的思政课新教学理念,这首先需要弄清学生对价值取向的认知特点,把脉学生的认知心理变化特点,把握学生的认知思维角度,针对学生的认知行为方式,提升教学的针对性;课程讲授要以问题为导向,以实践事理为基础,揭示学理内涵、阐释政理原则,达到政治性和学理性的统一;要运用知识输送价值,实现价值性与知识性的统一;要贯彻建构性批判思维方式,体现建设性和批判性的统一;要通过启发性实现灌输性,落实灌输性与启发性的统一。② 有学者认为,全面理解并把握习近平总书记在座谈会上的重要讲话精神,要求在方向维度上强化党对思想政治理论课的政治引领,在质量维度上创新思想政治理论课的内容方法,在师资维度上打造过硬的教师队伍保障体系。③ 还有学者针对习近平总书记对思政课教育教学中理想信念问题的论述进行了集中探讨,对习近平总书记要求思政课要用新时代中国特色社会主义思想铸魂育人,以及解决学生的理想信念问题、引导学生树立正确的理想信念等论述在大学生思政课程建设中的指导意义进行了详解。④

在大学生思想政治理论课建设的实践中,有学者强调多方主体的合力作用,认为高校党委、马克思主义学院和思想政治理论课教师,作为思想政治理论课建设的领导者、组织者、实施者,需要在不同层面发挥其主体作用,承担起其主体责任,形成三者互为支撑、相互促进、共同服务于思想政治理论课教学和大学生成长成才的格局。其中学校党委的主体作用主要在于强化思想政治理论课建设的规划指导和全面保障,马克思主义学院的主体作用主要在于推进思想政治理论课日常性建设,教师的主体作用则是

如何落实思政课改"八个相统一"要求

以责任担当意识与改革创新精神提升思想政治理论课建设质量、形成工作合力。⑤ 有学者认为,推动高校思政课建设,应增强制度自信与创新自觉,把坚定制度自信和不断改革创新统一起来,以守正创新增强高校思政课制度的生机活力,推动高校思政课建设水平持续提升。⑥ 有学者探讨了新时代高校学生党建与思政课建设的深度融合,认为其具有逻辑必然性,内在契合、内涵丰富、意义重大。在融合实践中,两者的结合既积累了坚持实事求是、理论联系实际、发挥基层党组织重要作用的宝贵经验,也面临着百年变局、技术变革、主体差异对教育内容、融合手段和融合方式的巨大挑战,存在着工作内容重复、工作效果甚微、融合动力缺乏等问题,需要统筹兼顾以构建沟通协调机制、取长补短以构建互为学习机制、推陈出新以构建创新激励机制,以推进二者的深度融合。⑦ 有学者认为,高校思想政治理论课应承担起维护国家意识形态安全的责任和使命,新时代维护国家意识形态安全对深化高校思想政治理论课建设提出了新要求,要牢记为党育人的初心,坚定为国育才的立场,在正本清源、

① 参见陈锡喜、董玥:《论思政课守正创新的"重要基础"和"根本保证"》,《思想理论教育导刊》2020 年第 7 期。

② 参见李昱静、王宏波:《力行新的教学理念,讲好"关键课程"》,《思想理论教育导刊》2020 年第 9 期。

③ 参见黄少成、魏永高、李宾:《新时代加强学校思想政治理论课建设的三重维度》,《思想理论教育导刊》2020 年第 1 期。

④ 参见刘建军、朱倩:《思政课要解决学生的理想信念问题——学习习近平"3·18 讲话"中关于理想信念的重要论述》,《思想理论教育导刊》2020 年第 12 期。

⑤ 参见王达品:《发挥三个层面"主体"作用 着力提升高校思想政治理论课建设质量》,《思想理论教育导刊》2020 年第 12 期。

⑥ 参见吴访益:《高校思政课建设的制度保障》,《人民论坛》2020 年第 24 期。

⑦ 参见任鹏、赵海男:《论新时代高校学生党建与思政课建设的深度融合》,《思想政治教育研究》2020 年第 5 期。

守正创新、主动担当中,不断增强国家意识形态的思想引领力、理论辩护力、话语影响力、环境塑造力,从思想政治理论课角度维护好国家意识形态安全。① 有学者认为,思想政治理论课不仅要让学生在"知"中增强四个自信,更要引导学生在"行"中积极投身于中华民族伟大复兴的实践,做到知行合一,这就要求思政课教师要做到以己正人、以理服人、以情感人和以道引人,要求思政课课堂教学在知行合一的方向、动力、本领、实践等维度发挥铸魂育人作用,同时要求构建与促成知行合一评价体系、评价方法、反馈调节机制。② 有学者认为,新时代高校思想政治理论课建设要发挥我国制度优势,完善发展课程内容体系、质量评价体系和政策制度体系,同时运用治理思维,构建包括领导推动力量、目标引领力量和主体创造力量在内的动力系统,为高校思想政治理论课创新发展提供力量支撑和路径选择。③ 有学者认为,"创新、协调、绿色、开放、共享"的新发展理念,是适应经济发展新常态、引领全面建成小康社会的"指挥棒",是指导中国发展实践的核心理念,同时也为新时代高校思想政治理论课科学发展提供了一个全新的视角。他们提出以新发展理念推进思想政治理论课改革创新的关键在于:坚持创新发展,为思想政治理论课提供根本动力;促进协调发展,为思想政治理论课营造有序氛围;把牢绿色发展,为思想政治理论课融入生态文明理念;厚植开放发展,为思想政治理论课拓展广阔空间;推进共享发展,为思想政治理论课树立价值坐标。④ 有学者认为,面对新形势、新挑战、新任务,高校必须要充分发挥思政课在培育大学生核心素养上的作用,着力在理想信念、价值创造、道德品格和法纪意识的培育和锻造上下功夫,不断打牢大学生的立身之本、增创成才之源、夯实为人之基和笃定处世之要。⑤ 有学者关注到通过编写高校思想政治理论课教材辅导用书进行思想政治理论课新形态教材建设的先行尝试和有益探索,并指出在内容结构、体例模块、版面色彩、语言风格等方面进行创新设计,以及处理好编写团队、资源版权、内容审核、技术平台等几个重要问题,是建设好思想政治理论课新形态教材的关键因素。⑥

对于网络时代发展的新要求,有学者针对 5G 技术具有超高传输速度、超低网络时延、超强设备性能等技术特征,提出高校思想政治理论课的教学内容、教学方法、教学理念应进行相应的创新变革。他们认为 5G 将在资源协同共享、虚拟仿真教学、思政智慧课堂、人工智能考核等方面,丰富和拓展新时代高校思政课建设路径,提升思政课铸魂育人的实效性,同时指出在 5G 时代,进一步坚持高校思政课的主渠道地位,更好坚持和发挥思政课教师主导性,还需坚持内容为王、以理服人。⑦ 有学者强调了数字触屏时代的高校思政课话语体系建设意义重大,并针对触屏时代高校思政课话语体系建设面临的挑战提出了建议,包括进一步加强政治性和学理性的构建、进一步体现价值性和知识性的统一、进一步促进理论性与实践性

---

① 参见陈勇、马晓燕:《新时代高校思想政治理论课维护国家意识形态安全的责任担当》,《思想理论教育导刊》2020 年第 9 期。

② 参见邓明峰、董玉节:《高校思想政治理论课必须坚持知行合一原则》,《思想理论教育导刊》2020 年第 6 期。

③ 参见张振芝:《治理视域下新时代高校思想政治理论课创新发展的路径选择》,《思想教育研究》2020 年第 7 期。

④ 参见朱小曼:《以新发展理念推进高校思想政治理论课改革创新》,《思想理论教育导刊》2020 年第 11 期。

⑤ 参见邓验、向娅妮:《"拔节孕穗期"高校思政课培育大学生核心素养探究》,《湖南社会科学》2020 年第 2 期。

⑥ 参见胡卫红:《高校思想政治理论课新形态教材建设的探索与思考——以高校思想政治理论课教材辅导用书编写为例》,《思想理论教育导刊》2020 年第 8 期。

⑦ 参见李永进:《论 5G 时代高校思想政治理论课的创新建设》,《思想理论教育导刊》2020 年第 7 期。

的融合、进一步把握主导性和主体性的关系以及进一步突出显性教育与隐性教育的结合等。①

对于大学生思政课课程建设与中国优秀传统文化的关系,有学者认为,思想政治教育本身的意识形态性和文化属性,使得马克思主义与中华优秀传统文化在思想政治理论课中的共在具有现实性。他们主张在实践中,既要看到马克思主义基本理论和中华优秀传统文化的核心理念、人文精神等人类智慧的结晶在推动社会发展和人类道德进步方面具有相通之处,也要注意区分两者不同的特质,避免由于误读、错解马克思主义本质和中华优秀传统文化的特点而错误地认为两者水火不容,同时还提出思想政治理论课要在坚持马克思主义指导下大力融入中华优秀传统文化,发挥最佳的立德树人的功能和作用。② 有学者强调了高校思政课改革创新中文化的重要力量与作用,认为在思政课课程建设的实践中应立足中华优秀传统文化的丰富性与民族性,提升思政课的理论亲和力,应结合中华优秀传统文化的独特性与生动性,提升思政课的话语亲和力,同时还应着眼中华优秀传统文化创造性转化和创新性发展,提升思政课的载体亲和力。③ 有学者认为,高校思政课应有效运用中华优秀传统文化资源,要在正确历史观、文化观的指导下,明晰优秀传统文化的资源性时代定位,树立起客观、科学、礼敬地对待传统文化的正确态度;要紧紧围绕用习近平新时代中国特色社会主义思想铸魂育人的课程任务把握中华优秀传统文化的选取标准,从而确立选取内容,与此同时配合新时代教学要求,重点实现中华优秀传统文化向思政课课程资源的创造性转化,继而多角度推进时代化的优秀传统文化进教材进课堂进头脑,切实提升大学思政课课程教学的实效性。④

作为中国文化重要的有机组成部分,中国革命文化及其红色精神内核如何更好地通过课程传承和发扬,也是大学生思想政治理论课课程建设致力探讨的重要问题。有学者认为,中华民族优秀传统文化、革命文化和社会主义先进文化体现了各个时期中国人民的精神追求,它们源远流长、一脉相承,在无形中对人的塑造产生了无穷的力量。作为培养时代新人的关键课程,思想政治理论课要充分挖掘中华优秀传统文化、革命文化和社会主义先进文化的精神内核和教育资源,从中汲取道德力量、信仰力量和时代力量。⑤ 有学者认为,传承红色基因为思想政治理论课守正创新注入了动力,有助于增强思政课的思想性、理论性、亲和力和针对性。他们主张高校思政课要更加重视传承红色基因,要在教育理念、课程内容、教学方法和话语体系等方面发生转变,并通过阐述红色基因理论价值、构建立体表达形式、提升思政课教师素养、整合实践教学资源等途径加以实现。⑥ 有学者认为,革命文化不仅是高校思想政治理论课教学的重要内容,也是增强大学生文化自信的不竭源泉,开展革命文化教育是落实立德树人根本任务的重要环节。面对对革命文化的内涵与价值阐释不足、不良社

---

① 参见丁玉斌、洪满春:《触屏时代高校思政课话语体系建设探析》,《学校党建与思想教育》2020 年第 14 期。

② 参见沈江平:《思想政治理论课要重视在马克思主义指导下融入中华优秀传统文化》,《思想理论教育导刊》2020 年第 1 期。

③ 参见胡政阳:《以中华优秀传统文化提升思政课亲和力》,《人民论坛》2020 年第 23 期。

④ 参见安丽梅:《思想政治理论课运用中华优秀传统文化资源的逻辑理路探析》,《思想理论教育导刊》2020 年第 2 期。

⑤ 参见胡晓红、贾依桐:《思想政治理论课建设的文化力量》,《思想理论教育导刊》2020 年第 1 期。

⑥ 参见许桂芳:《新时代高校思想政治理论课传承红色基因的价值意蕴及其实现》,《教育理论与实践》2020 年第 33 期。

会思潮影响革命文化的继承和弘扬、革命文化与高校思想政治理论课融合度不够等现实问题,学者们主张通过夯实基础理论研究、坚持正确的政治方向、丰富教学素材体系、改进教育方式方法等途径促进革命文化有效融入高校思想政治理论课教学中。[①]

关于大中小学思想政治理论课一体化建设的问题,有学者认为,一方面这是中国特色社会主义制度发展的内在要求,是中国特色社会主义制度在教育领域的体现;另一方面中国特色社会主义制度规定了思政课一体化的具体内涵,提出大中小学思政课一体化的实现需要建立相应的制度保障机制,包括在课程体系、教学方式、教师队伍建设、教学资源共享等方面实现守正与创新。[②] 有学者认为,大中小学思想政治理论课一体化建设应统筹规划和总体设计,打通大中小学思想政治理论课的内在联系,实现教学目标的整体性和一致性、教学内容的连贯性和递进性、教学方法的连续性和适当性。针对思想政治理论课一体化建设中教材、教师、学生等方面的问题,该学者还提出要加强大中小学思想政治理论课教材组织管理机制一体化、改革创新机制一体化、教师沟通机制一体化以及教学评价机制一体化建设等。[③]有学者探讨了大中小学思想政治理论课教材一体化的构建,认为推进大中小学思政课教材一体化建设是新时代思想政治教育改革的关键工程,提出"大思政"观视域下思政课教材一体化建设应把握思政课教材一体化建设的蕴涵,秉持教材目标的整体性、内容的贯通性、组织的系统性等价值取向,同时认为创新思政课教材一体化建设路径,既要明确新时代思政课教材建设的新要求,构建纵向衔接、横向关联、类别互通的立体化教材体系,更要完善思政课教材一体化建设的治理体系,优化思政课教材编审队伍结构、加大思政课教材研究力度,从而全面构建新时代思政课教材体系。[④]

此外,还有学者探讨了高校思政课一体化建设的问题,认为其是加快构建高校思想政治工作体系的重要保障,是加快高校"双一流"建设的战略需要,并提出高校思政课一体化建设要立足于立德树人落实机制的创新驱动,立足于高水平人才培养体系的贯通融合,立足于全方位制度体系的耦合整生。[⑤]

二、 关于教学改革与创新

课堂教学作为大学生思想政治理论课的核心环节,多年来一直是学界集中探讨的重点。随着中国发展的国际环境、社会状况、技术条件等的飞速变化,大学生的思想状态、思维习惯以及学习方式等,也都在不断地变化。近年学界关于大学生思想政治理论课教学改革与创新的研究也基本围绕着对这种变化的把握以及在教学中的回应展开,2020 年这种研究态势仍在持续。有学者认为,中国特色社会主义进入新时代,这对于高校思想政治理论课提出了新的任务和要求,包括:以培育时代新人为出发点,以贯彻习近平新时代中国特色社会主义思想为立足点,以阐发重大时代课题为着力点,以解惑时代问题为切入点,使思想政治理论

---

① 参见桑利娥:《革命文化融入高校思想政治理论课教学的价值意蕴与实践路径》,《思想教育研究》2020 年第 7 期。
② 参见邵沁妍、刘振霞:《大中小学思政课一体化建设的三维思考》,《思想理论教育导刊》2020 年第 9 期。
③ 参见赵静:《新时代统筹推进大中小学思想政治理论课一体化建设探析》,《思想理论教育导刊》2020 年第 3 期。
④ 参见陈淑清:《"大思政"观视域下大中小学思政课教材一体化构建》,《思想理论教育导刊》2020 年第 12 期。
⑤ 参见李平、吴玉程:《"双一流"背景下推进高校思政课一体化建设》,《中国高等教育》2020 年第 17 期。

课在教学目标、教学内容、教学思路和教学方法的有机统一中与时俱进,创新生效,实现立德树人的新时代使命等。[①] 有学者认为,中国特色社会主义进入新时代,需要不断提升高校思政课教师的综合能力,推进高校思政课高质量内涵式发展;高校思政课改革创新重点要把握好"六个度",即问题导入的"角度"、话语转换的"程度"、案例嵌入的"适度"、学生参与的"尺度"、科技运用的"精度"和实践调研的"深度",努力打造内容与形式俱佳的"思政金课",从而增强学生在高校思政课教学中的获得感、满足感、幸福感。[②] 有学者提出,增强思政课的思想性、理论性、亲和力和针对性,提升思政课教学质量,扭转思政课教学实效性不足的局面,需要改变形式逻辑"一法独大"的局面,回到辩证逻辑,即以认知、情感、价值三位一体地教育学生。他还认为习近平语言的辩证逻辑内蕴对于改革创新高校思政课教学方法有极大的指导意义,创造性地学习和运用习近平语言的辩证逻辑力量,有助于使理论教育具有知识的感染力、情感的激发力和价值的引领力。[③] 有学者认为,在习近平的话语体系中,善用妙喻、善讲故事、善引典故是其语言艺术,也是其精妙所在。在新时代思想政治理论课教学实践中,发掘和认知习近平语言艺术的深刻内涵,用习近平语言艺术提升思想政治理论课教学质量,引领和推动思想政治理论课教学改革,是未来思想政治理论课创新发展的必要进路。[④]

2020 年是中国全面建成小康社会、从第一个"一百年"走向第二个"一百年"宏伟奋斗目标的关键时间节点和重大历史时刻。对此,有学者提出,思政课讲好全面建成小康社会故事的意义重大,他们强调广大思政课教师要承担起讲好全面建成小康社会故事的光荣职责,深刻理解"为何讲""讲什么""怎么讲"的问题,阐释意义、明确重点、找对方法,引领青年一代坚定道路自信、理论自信、制度自信、文化自信,向着全面建设社会主义现代化国家的目标继续前进。[⑤] 有学者认为,话语创新是立德树人框架下高校思想政治理论课创新的现实诉求;当前高校思想政治理论课存在话语主体权威性和感召力下降、话语客体认同性和接受度不高、话语内容时代性和生命力不强、话语形式情境性和吸引力不足等问题。"讲好故事"可以强化教育主体的话语权、提高话语客体的认同感、增强话语内容的生命力,提升话语形式的吸引力。在具体的教学实践中,可以围绕讲"好故事"、谁来讲"好故事"、如何讲"好故事"三个维度进行话语创新。[⑥]

对于持续探索了多年的专题教学改革,有学者对其发展现状进行了研究,认为全国高校在专题教学改革实践中虽然取得了一定成绩,但仍存在明显的问题,并在指出现存问题的基础上进一步提出了专题化教学应当遵循的主要原则和解决专题化教学现存问题的具体措施,以促进专题化教学在实践中进一步完善。[⑦] 有学者基于教学实践,提出以专题教学聚焦重大问题、以网络教学支撑学习互动、以实践教学巩固人生信仰的思想政治理论课"三位一

① 参见冯霞、程圆圆:《高校思想政治理论课的"新时代"意蕴》,《思想理论教育导刊》2020 年第 1 期。

② 参见魏燕妮:《新时代讲好高校思想政治理论课要把握好"六个度"》,《思想理论教育导刊》2020 年第 10 期。

③ 参见陈瑞丰:《习近平语言的辩证逻辑内蕴及对思政课教学创新的启示》,《思想理论教育导刊》2020 年第 8 期。

④ 参见张彧:《习近平语言艺术对思想政治理论课教学的启示》,《思想理论教育导刊》2020 年第 6 期。

⑤ 参见肖贵清、车宗凯:《新时代思想政治理论课如何讲好全面建成小康社会故事》,《思想理论教育导刊》2020 年第 11 期。

⑥ 参见余德华、廖梦雅、邱开玉:《讲好故事:高校思想政治理论课话语创新的实践探析》,《思想教育研究》2020 年第 6 期。

⑦ 参见白夜昕:《高校思想政治理论课专题化教学中常见问题与对策研究》,《思想理论教育导刊》2020 年第 6 期。

体"的教学改革新模式。学者们认为其改革过程中的诸如树立"以学生为中心"育人理念、优化"线上—线下""课内—课外"教学内容、建设"教研一体"教师队伍以及构筑综合管理机制等基本经验,对我国高校开展思政课教学改革具有参考价值。①

对于教学改革实践探索中基于新技术、新模式、新方法的探索应用,有学者认为,目前问题式教学虽然被广泛应用在教学中,并取得了良好的教学效果,但由于问题式教学条件和学生心理特点的制约,其教学活动难以充分发挥作用。他们分析了微信公众平台在辅助问题式教学方面所具有的独特优势,认为完善基于微信公众平台的问题教学活动流程,有助于提高问题式教学的实效性,进而提升大学生的思辨能力,促进其价值认同,增加其对思政课的喜爱度。② 有学者认为,远程教育与新技术及"互联网+"有着天然的血缘关系,更乐于强化新媒体新技术运用,创新教学方法。通过在教学改革实践中大力推进现代信息技术与思政课教学深度融合,发挥教育信息化在思政课教学改革和发展中的支撑作用,在学习资源建设、学习方式建构及实践教学等方面,探索形成了远程教育思政课独具特色的教学模式。③ 有学者分析了高校思想政治理论课中体验式教学的应用,认为体验式教学要体现出本科学段理论性学习的特点,注重基于个体认知基础上的主体间交互体验和在交互中生发的创生性体验,才能使大学生的主体性和体验的基础性得以充分彰显,发挥出体验式教学在高校思想政治理论课中的优势,切实提高新时代高校思想政治理论课的质量和水平。他还提出高校思政课教师要把牢体验式教学融入的三个基本点,即尊重他者的融入前提,接纳他者的融入关键和自我教育的融入核心。④

2020 年在新冠肺炎疫情防控背景下,各高校普遍采用了线上教学方式以确保停课不停学,针对高校思政课线上教学过程中出现的师生互动难、教学效果不尽如人意的问题,有学者基于社会学符号互动理论视角进行了剖析,并对构建高校思政课网课的良性互动提出了对策建议。⑤ 还有学者集中探讨了高校思想政治理论课网络课程的应用探索,认为思想政治理论课网络课程是传统教学的有益补充,也是信息化条件下课程创新的体现,具有教学资源一体化、教学互动新颖化、教学实效即时化的特性。该学者还提出提升思想政治教育网络课程建设水平,有必要加强思想政治教育网络课程平台资源建设,提高思想政治教育师资团队信息化水平,推进思想政治教育网络课程与课堂教学的融合。⑥

除了上述关于大学生思政课课程教学改革创新的整体性探讨,针对大学生思政课课程体系中不同课程的具体内容和教学要求,还有一些学者对具体课程中的教学改革以及教学理念和方式方法的创新进行了分析探讨。有学者认为,"中国奇迹"是中国革命、建设和改革的实践成果,为理解中国近现代史提供了时代意识与问题导向,这就要求"中国近现代史纲要"课通过历史教育来解析"中国奇迹"背后的道理,坚定四个自信。若要讲好"中国奇迹",既要从道路探索的角度阐明中国特色社会主义的历史逻辑,又要从治理效能的角度阐明中

---

① 参见徐进功、刘洋:《思想政治理论课"三位一体"教学改革实践探索》,《思想理论教育导刊》2020 年第 12 期。
② 参见刘新玲、程莉婷:《基于微信公众平台的思政课问题式教学探析》,《思想理论教育导刊》2020 年第 11 期。
③ 参见轩红芹、刘臣:《远程教育思想政治理论课教学模式创新研究——以国家开放大学思想政治理论课程建设为例》,《思想理论教育导刊》2020 年第 6 期。
④ 参见王兰:《体验式教学融入高校思政课的三个基本点》,《思想政治教育研究》2020 年第 36 期。
⑤ 参见李静娴:《符号互动理论视角下对高校思政网课的思考》,《高校后勤研究》2020 年第 9 期。
⑥ 参见赵越:《高校思想政治理论课网络课程应用的探索与实践》,《辽宁广播电视大学学报》2020 年第 2 期。

国特色社会主义制度的发展过程与体系结构,还应从国际比较的视野阐明"中国奇迹"在国家治理与发展问题上的智慧贡献。① 有学者提出,"中国近现代史纲要"课教学必须实现的价值引领目标包括:使学生增强中国特色社会主义道路自信、理论自信、制度自信、文化自信,凸显民族精神、时代精神与革命传统教育,培育和践行社会主义核心价值观,提高学生运用科学的历史观和方法论分析历史问题的能力。同时应在教学中坚持大历史观,重视定性判断与定量分析相结合,坚持历史比较的方法,充分发掘中国近现代历史所蕴含的精神资源,切实提升教学价值引领的实效性。② 有学者探讨了"中国近现代史纲要"课加强"四史"教育应遵循科学的方法与原则,并提出要将历史认知、历史认同、历史思维和历史担当作为其着力点。③ 此外,还有学者针对不同思政课程教学中研究型教学、启发式教学、分专题式教学等不同教学方法,以及"一体两翼"教学模式等进行了理论与实践的分析研究。④

　　关于大学生思想政治理论课的实践教学,有学者认为当前高校存在社会实践活动偏离思想政治教育核心目标的倾向,与此同时,思想政治理论课一定程度上存在对社会现实的关注度和解释力不足、对学生的思想动态了解掌握不足、课程内容成果的实践转化不足等问题。学者们提出二者的协同亟须破解协同意识意愿不强、第一第二课堂协同育人有待加强、激励机制缺失、资源配置无法共享四大障碍,需要从目标协同、内容协同、资源协同、机制协同四个方面加以改进和落实。⑤ 有学者认为,创新思政课实践教学模式、切实提高人才培养质量,是当前高校面临的重要课题。通过对高校思政课实践教学模式的分析,学者们提出了现阶段实践教学存在的主要问题,并主张从教学定位、资源配置、教学改革、制度建设、评价机制等多维度构建新时代高校思政课实践教学的立体化模式。⑥ 对于实践教学新载体的探索,有学者关注到近年来在全国大学生思想政治理论课的实践教学中得到应用的微电影,认为在"微"风蔓延的新媒体时代,微电影因具有微时长、微制作、微投资等特点,深受大学生的喜爱,因而能够成为思想政治理论课教师引导大学生践行"奋斗幸福观"的有效载体。⑦

三、 关于队伍建设

　　根据教育部提供的数据,"十三五"时期,全国高校思政课教师年均增长率为14.4%,其中专职教师五年增幅达65.5%,截至2020年11月,全国登记在库的高校思政课专、兼职教师总数达到106 411人,首次突破10万人。面对全国规模巨大且仍处于持续迅速增长态势的高校思政课教师队伍,如何加强其队伍建设以使其更好适应新时代大学生思想政治理论课教

　　① 参见杨凤城、吴起民:《讲好"中国奇迹":新时代"中国近现代史纲要"课的基本要求》,《思想理论教育导刊》2020年第9期。

　　② 参见黄延敏:《"中国近现代史纲要"课教学的价值引领目标及其实现》,《思想理论教育导刊》2020年第12期。

　　③ 参见孙艳美:《"中国近现代史纲要"课加强"四史"教育探析》,《思想理论教育导刊》2020年第9期。

　　④ 参见王建红:《"概论"课中的研究型教学方法探析》,《思想理论教育导刊》2020年第11期;姚桂荣:《"中国近现代史纲要"课教学中采取启发式教学的路径探索》,《思想理论教育导刊》2020年第3期;陈始发、熊小欣:《"中国近现代史纲要"课专题教学若干问题的探讨》,《思想理论教育导刊》2020年第11期;王玉婷、黄晨旭:《习近平新时代中国特色社会主义思想融入高校"形势与政策"课的路径探析》,《学校党建与思想教育》2020年第12期。

　　⑤ 参见洪晓畅、毛玲朋:《高校思想政治理论课与社会实践活动的协同优化研究》,《思想理论教育导刊》2020年第10期。

　　⑥ 参见顾以传、刘银华:《论新时代高校思政课实践教学模式创新》,《学校党建与思想教育》2020年第12期。

　　⑦ 参见柴素芳、姜旭:《微电影:引导大学生践行"奋斗幸福观"的有效载体》,《思想理论教育导刊》2020年第2期。

学的新任务、新要求、新挑战,为党和国家培养担当民族伟大复兴大任的建设者和接班人,是学界的长期关切。对此,学界普遍认为应首先要求其保持正确的政治立场和坚定的理想信念。有学者认为,高校思想政治理论课是落实立德树人根本任务的关键课程,事关培养什么人、怎样培养人、为谁培养人这个根本问题。高校思想政治理论课教师首要的岗位职责是讲好思想政治理论课,必须旗帜鲜明地将讲政治摆在首位。该学者还厘清了当前高校思想政治理论课教师队伍政治底色的基本要素,认为高校思政课教师应当站稳政治立场、坚定政治信仰、提升政治眼力、拓宽政治视野、厚植政治情怀、严守政治纪律,以筑牢高校思想政治理论课教师队伍的鲜明政治底色。①

除了鲜明且坚定的政治性,大学生思政课教师还需要具备扎实且全面的业务能力以担负起思政课教师重大的历史任务。有学者从"使命"内涵的精确度、"职业"特性的辨识度和"国家"站位的经纬度三个维度解析了高校思政课教师的使命,并将其总结为"一个思想、两个培养、三个传播、四个服务"。他们认为只有深入挖掘并回答高校思政课教师使命的普遍性和特殊性问题,才能更好地通过具体实践把党中央精神落到实处,更好地肩负起新时代高校思政课教师的"神圣使命"。② 有学者认为,大学生的获得感是高校思想政治理论课的重要评价标准,具有鲜明的标志性意义,提升大学生在思想政治理论课上的获得感是高校推动思想政治理论课改革创新的题中应有之义。该学者主张以提升思政课教师的人格魅力和表达能力为抓手增强大学生在思政课上的获得感,不断提升学生认识问题、分析问题和解决问题的能力,培养能够担当民族复兴大任的时代新人。③ 有学者认为,高校思想政治理论课课堂教学质量的提升,有赖于对理论力量、逻辑力量、情感力量、艺术力量的有效掌控。教师应当坚定信仰理论、深入研读理论、透彻阐释理论,以凝聚理论力量;应当严谨设计教学方案、循序推进教学进程,以把握逻辑力量;应当保持对真理的热诚、对教学的热衷、对学生的热爱,以涵养情感力量;应当精雕教学语言、灵活教学方法、创设教学情境,以展示艺术力量。④

如何进一步加强思政理论课教师队伍建设

四、 其他

除了上述几个方面较为集中的研究,还有一些学者就大学生思想政治理论课的其他相关问题进行了研究。

文化自信是更基础、更广泛、更深厚的自信,是大学生成长为担当民族复兴大任的时代新人的必备素质。有学者提出,高校思想政治理论课作为落实立德树人根本任务的关键课程,肩负增强大学生文化自信的重要使命。高校思想政治理论课教学必须从整体阐释中国特色社会主义文化,凝聚社会主义核心价值观共识,彰显社会主义优越性,明晰中华民族伟大复兴的时代使命等方面着力,在格物致知、价值导引、优位彰显、使命担当中循序渐进地增强大学生文化自信,使其成长为发展中国特色社会主义事业的中坚力量,助推中华民族伟大

① 参见王娟:《筑牢高校思想政治理论课教师队伍的鲜明政治底色》,《学校党建与思想教育》2020 年第 3 期。
② 参见杨志刚、李中国:《新时代高校思政课教师使命的三个维度解析》,《思想政治教育研究》2020 年第 5 期。
③ 参见高锡文:《增强大学生思政课获得感关键在教师》,《人民论坛》2020 年第 1 期。
④ 参见洪岩:《掌控高校思想政治理论课课堂教学的四种力量》,《思想理论教育导刊》2020 年第 3 期。

复兴的实现。① 有学者认为,高校思想政治理论课作为高校思想政治教育的主渠道,其本质属性就是意识形态性。鉴于思想政治理论课在高校意识形态安全中发挥着重要作用,该学者主张要从思想引领、舆论导向、法治素养、质量评价等四个维度不断强化高校思想政治理论课的功能构建,打造适应新时代高校意识形态安全要求的思想政治理论课,从而有效维护高校意识形态安全。② 有学者认为,地域特色精神是地域文化的核心,集中体现着一个地域公众的理想信念、价值追求、伦理习惯和道德规范,这种精神具有深厚的人文底蕴和资源价值。在高校思想政治理论课教学中融入地域特色精神,可以优化课程内容,增强教学的吸引力;可以拓宽教学空间,增强教学的感染力;可以活化实践教学,增强教学的感召力;可以提升教学品性,增强教学的渗透力,因而学者们主张积极挖掘和利用地域特色精神中蕴含的价值资源,并不断将其融入高校思想政治理论课教学,从而不断提高教学的效能。③

对于一些有特殊情况的高校,思想政治理论课的建设和教学也面临一些特殊的问题。有学者关注到边疆少数民族地区高校思政课在筑牢中华民族共同体意识方面承担的重大责任,探讨了在"大思政"格局之下,西藏高校如何利用好思想政治理论课教学的主阵地,因时而进、因势而新地将中华民族共同体意识融入课程教学,使学生树立中华民族观,正确认识中华民族共同体,增强对中华民族、中华文化、中华历史的认同感和自信心。④ 有学者关注到独立学院在思政课建设和教学中的现实困境,认为独立学院要办好思政课,第一应坚定主心骨,掌好思政课建设之"舵";第二应唱响主旋律,扬好思政课建设之"帆";第三要夯实主渠道,奠好思政课建设之"基";第四要筑牢主阵地,固好思政课建设之"锚";同时还应建强主力军,抓好思政课建设之"本"。⑤

有学者对新中国成立以来党领导的大学生思想政治理论课建设进行了历史考察,指出中国共产党历来高度重视对高校思政课建设的全面领导:改革开放前,党经过对高等教育的接收和改造,在高校建立对思政课的政治领导,根据"小而精"的原则初步建立新中国高校思政课的课程体系;改革开放之后的新时期,党从改革开放和社会主义现代化建设的实际出发,严把高校思政课建设的政治方向,由中央政治局审定课程设置方案,不断同步推进教材建设与课程改革;党的十八大以来,党中央为加强党对新时代学校思政课的全面领导作出一系列重大部署,充分发挥思政课在高校落实立德树人根本任务的关键课程作用。研究认为,新中国成立以来,党中央把高校思政课建设作为党的重要任务,为思政课建设提供了根本保证;党和国家坚持理论联系实际的马克思主义学风,根据中国革命、建设和改革的理论与实践的发展,不断完善课程设置和修订教学内容,不断探索大中小学思政课建设一体化,从而推动思政课建设和改革始终与中国社会主义建设同步发展。⑥ 还有学者从学理层面系统总结了新中国成立以来中国共产党整体性推动高校思政课改革创新取得的规律性认识和成功经验,并将其概括为坚持认知和行动相统一建设思政课教师队伍、坚持马克思主义世界观方

① 参见马超:《高校思想政治理论课增强大学生文化自信的教学着力点》,《思想理论教育导刊》2020 年第 3 期。

② 参见高会燕:《思想政治理论课在高校意识形态建设中的功能构建研究》,《思想教育研究》2020 年第 2 期。

③ 参见董前程、王雪:《论高校思想政治理论课教学中融入地域特色精神:意义与路向》,《教育理论与实践》第 40 期。

④ 参见刘玉:《西藏高校思政课铸牢大学生中华民族共同体意识教育探析——以〈马克思主义"五观"教育概论〉为例》,《西藏大学学报(社会科学版)》2020 年第 35 期。

⑤ 参见禹旭才、熊耀林:《突出"五主"办好独立学院思政课》,《人民论坛》2020 年第 15 期。

⑥ 参见郑崇玲:《新中国成立以来党领导高校思政课建设的历史考察》,《中国高校社会科学》2020 年第 3 期。

法论和具体观点相统一开发思政课理论资源、坚持内容和形式相统一建好思政课课程、坚持集中和协同相统一加强和落实党的领导。这些规律性认识和成功经验，可以促进我们更深刻、更自觉地把握习近平总书记系列重要讲话精神，从而更好地推动高校思政课改革创新。①

有学者以 CSSCI 作为数据源，综合运用 Ucinet、Citespace 软件，对 2013 年—2019 年以"高校思想政治理论课"为主题的文献进行可视化分析，全方位揭示出党的十八大以来高校思政课研究领域的研究主体、研究热点、研究前沿及知识基础。研究发现：党的十八大以来，引领高校思政课研究进展的高产作者有 42 位，中心人物有 13 位，作者间的合作水平较高；高校思政课研究的热点主题主要包括 5 个方面，有高校思政课的教学研究、教师研究、学生获得感研究、亲和力与针对性研究及"互联网+"背景下的高校思政课研究；高校思政课的研究前沿主要分 3 类，包括渐增型研究前沿、趋弱型研究前沿、最新研究前沿；高校思政课研究领域的知识基础由 6 篇高被引文献组成，主要分为认识论文献和方法论文献。②

还有学者聚焦大学生思想政治教育中的"隐性教育"，认为其是对传统思政课课程"显性教育"的必要补充，目的是使学生在潜移默化的学习中接受教育；然而，当前我国高校思想政治教育中的"隐性教育"存在原则理念不明确、专业结合不紧密、教育资源不丰富以及教育主体思想政治素养欠缺等问题。要更好地发挥"课程思政"在高校思想政治教育中的作用，可采取明确课程思政的理念和原则，完善思想政治教育体系；课程思政与专业教育紧密结合，价值引领与知识传授同频共振；深挖课程思政教育资源，多维度强化思想政治教育效果；提升专业教师的课程思政能力，思想政治教育主体由专人转向人人等四个方面的改进策略。③

五、简要评论

通过对 2020 年大学生思想政治理论课课程研究成果的大致梳理和分析，笔者观察到，2020 年的研究成果数量上在持续近年来研究热度的同时稳中有降，研究内容扎堆、重复性的论文数量有所减少，这也契合了我们在最近几年的研究中发现的对大学生思想政治理论课课程的研究更加注重研究质量的内涵式发展的趋势。从研究的内容上看，2020 年学界更加自觉地以习近平新时代中国特色社会主义思想为指导对大学生思想政治理论课的建设与发展进行研究，更加注重立足新时代新的历史条件和任务，密切关注大学生思想政治理论课的新发展、新变化，努力把握大学生思想政治理论课改革发展中的新问题、新规律，极力探寻大学生思想政治理论课更好发挥立德树人作用的新思路、新方法，涉及的研究内容更加深化，研究的视角和层次更加丰富。这些研究一方面反映了大学生思想政治理论课改革探索实践中的丰富成果，另一方面也为大学生思想政治理论课今后进一步的优化创新发展提供了必

① 参见刘新刚、裴振磊：《高校思想政治理论课建设、改革和创新的规律性认识和成功经验》，《思想理论教育导刊》2020 年第 8 期。

② 参见宫福清、王少奇、法提玛：《十八大以来我国高校思想政治理论课研究的可视化分析》，《大连理工大学学报（社会科学版）》2020 年第 41 期。

③ 参见王轶卿、李丽娟、郝丽丽：《"隐性教育"在高校思想政治教学中的问题及改进策略》，《教育理论与实践》2020 年第 40 期。

要的思想基础和理论支持。但与此同时,大学生思想政治教育的复杂性和任务的极端重要性对高校思想政治理论课研究的前瞻性、学理性、系统性以及精细化程度提出了极高的要求,这就亟须学界从整体上更进一步强化研究的深度与精度,提升理论研究对实践的更有效引领。

事记与文献

2020 年度大学生思想政治教育大事记

一月

1 月 7 日

中央组织部印发《党委（党组）书记抓基层党建工作述职评议考核办法（试行）》。

1 月 8 日至 9 日

8 日，"不忘初心、牢记使命"主题教育总结大会在京召开。中共中央总书记、国家主席、中央军委主席习近平出席会议并发表重要讲话。他强调，我们党要始终得到人民拥护和支持，书写中华民族千秋伟业，必须始终牢记初心和使命，坚决清除一切弱化党的先进性、损害党的纯洁性的因素，坚决割除一切滋生在党的肌体上的毒瘤，坚决防范一切违背初心和使命、动摇党的根基的危险。全党要以这次主题教育为新的起点，不断深化党的自我革命，持续推动全党不忘初心、牢记使命。

9 日，中央"不忘初心、牢记使命"主题教育领导小组印发《关于认真学习贯彻习近平总书记在"不忘初心、牢记使命"主题教育总结大会上的重要讲话的通知》。《通知》要求，要把思想和行动统一到习近平总书记重要讲话精神上来，要把不忘初心、牢记使命作为加强党的建设的永恒课题和全体党员、干部的终身课题常抓不懈，要以正视问题的勇气和刀刃向内的自觉解决违背初心使命的各种问题，要把初心使命转化为担当作为、干事创业的实际行动，要结合实际建立不忘初心、牢记使命的制度，狠抓制度落实。

1 月 13 日

教育部印发《国家教材建设重点研究基地管理办法》。

1 月 14 日

教育部发布《教育部关于在部分高校开展基础学科招生改革试点工作的意见》。

1 月 16 日

经 2020 年 1 月 7 日教育部第 1 次部务会议审议通过，教育部公布《新时代高等学校思想政治理论课教师队伍建设规定》，自 2020 年 3 月 1 日起施行。

1 月 20 日

中共教育部党组印发《教育系统关于学习宣传贯彻落实〈新时代爱国主义教育实施纲要〉的工作方案》，并发出通知要求各地结合实际认真贯彻执行。

1 月 28 日

新华社报道，近日，中共中央印发《关于加强党的领导、为打赢疫情防控阻击战提供坚强政治保证的通知》。

二月

2月3日

中共中央政治局常务委员会召开会议,听取中央应对新型冠状病毒感染肺炎疫情工作领导小组和有关部门关于疫情防控工作情况的汇报,研究下一步疫情防控工作。中共中央总书记习近平主持会议并发表重要讲话。习近平强调,做好疫情防控工作,直接关系人民生命安全和身体健康,直接关系经济社会大局稳定,也事关我国对外开放。现在,最关键的问题就是把落实工作抓实抓细。他指出,疫情防控要坚持全国一盘棋,各级党委和政府必须坚决服从党中央统一指挥、统一协调、统一调度,做到令行禁止。

2月4日

教育部应对新型冠状病毒感染肺炎疫情工作领导小组办公室出台《关于在疫情防控期间做好普通高等学校在线教学组织与管理工作的指导意见》。《意见》要求采取政府主导、高校主体、社会参与的方式,共同实施并保障高校在疫情防控期间的在线教学。各高校应充分利用上线的慕课和省、校两级优质在线课程教学资源,在慕课平台和实验资源平台服务支持带动下,依托各级各类在线课程平台、校内网络学习空间等,积极开展线上授课和线上学习等在线教学活动,保证疫情防控期间教学进度和教学质量,实现"停课不停教、停课不停学"。

截至2020年2月2日,教育部组织22个在线课程平台,制定了多样化在线教学解决方案,免费开放包括1 291门国家精品在线开放课程和401门国家虚拟仿真实验课程在内的在线课程2.4万余门,覆盖了本科12个学科门类、专科高职18个专业大类。

教育部官网发布《教育部致全国大学生的一封信》,号召大学生们在疫情防控斗争面前,肩负起时代赋予的使命与责任,做"守护者""修行者""识途者",与祖国同命运,与人民共患难,为夺取抗击新型冠状病毒感染肺炎疫情斗争的胜利作出应有的贡献。

2月5日

习近平主持召开中央全面依法治国委员会第三次会议并发表重要讲话,会议审议通过了《中央全面依法治国委员会关于依法防控新型冠状病毒感染肺炎疫情、切实保障人民群众生命健康安全的意见》等文件。

2月14日

习近平主持召开中央全面深化改革委员会第十二次会议并发表重要讲话,强调要研究和加强疫情防控工作,从体制机制上创新和完善重大疫情防控举措,健全国家公共卫生应急管理体系,提高应对突发重大公共卫生事件的能力水平。会议审议通过了《中央全面深化改革委员会2020年工作要点》等文件。

2月19日

新华社报道,近日,中共中央办公厅、国务院办公厅印发了《关于深化新时代教育督导体制机制改革的意见》,并发出通知,要求各地区各部门结合实际认真贯彻落实。

2月20日

教育部、科技部印发《关于规范高等学校SCI论文相关指标使用　树立正确评价导向的若干意见》。

2月28日

中共教育部党组发布《关于统筹做好教育系统新冠肺炎疫情防控和教育改革发展工作

的通知》。

教育部启动"2020 届高校毕业生全国网络联合招聘——24365 校园招聘服务"活动,为高校毕业生提供每天 24 小时、全年 365 天的网上校园招聘服务。

三月

3 月 5 日

教育部印发《关于应对新冠肺炎疫情做好 2020 届全国普通高等学校毕业生就业创业工作的通知》,就进一步指导推动各地各高校积极应对新冠肺炎疫情,开展网上就业服务、拓宽就业和升学渠道、强化就业困难帮扶等工作,作出部署安排。

3 月 9 日

由教育部社会科学司与人民网联合组织的"全国大学生同上一堂疫情防控思政大课"在人民日报社人民网"云开讲",全国高校学生共计 5027.8 万人次通过人民网、人民智云客户端、领导留言板客户端、人民视频客户端、咪咕视频客户端、学习大国公众号等观看了在线直播,相关网站、客户端、社交媒体总访问量达 1.25 亿人次。

3 月 12 日

教育部应对疫情工作领导小组办公室委托北京大学、中南大学组织全国相关机构和学校,编写了《幼儿园新型冠状病毒肺炎防控指南》《中小学校新型冠状病毒肺炎防控指南》《高等学校新型冠状病毒肺炎防控指南》。

3 月 15 日

中共中央总书记、国家主席、中央军委主席习近平给北京大学援鄂医疗队全体"90 后"党员回信,向他们和奋斗在疫情防控各条战线上的广大青年致以诚挚的问候。习近平在回信中表示,在新冠肺炎疫情防控斗争中,你们青年人同在一线英勇奋战的广大疫情防控人员一道,不畏艰险、冲锋在前、舍生忘死,彰显了青春的蓬勃力量,交出了合格答卷。广大青年用行动证明,新时代的中国青年是好样的,是堪当大任的!习近平指出,青年一代有理想、有本领、有担当,国家就有前途,民族就有希望。希望你们努力在为人民服务中茁壮成长、在艰苦奋斗中砥砺意志品质、在实践中增长工作本领,继续在救死扶伤的岗位上拼搏奋战,带动广大青年不惧风雨、勇挑重担,让青春在党和人民最需要的地方绽放绚丽之花。

3 月 20 日

中共中央、国务院出台《关于全面加强新时代大中小学劳动教育的意见》。

7 月 9 日,教育部印发《大中小学劳动教育指导纲要(试行)》,并发出通知,要求各地认真贯彻落实。

3 月 24 日

教育部印发《高校银龄教师支援西部计划实施方案》,启动实施高校银龄教师支援西部计划。计划面向西部地区行业、产业、企业急需的紧缺专业,遴选组织一批高校优秀退休教师支教、支研。

四月

4 月 8 日

为做好"稳就业"工作,切实帮扶湖北高校毕业生顺利就业创业,教育部印发通知,启动实施全国高校与湖北高校毕业生就业创业工作"一帮一"行动。

4月20日

教育部召开学校疫情防控专家报告视频会。中国工程院院士、国家呼吸系统疾病临床医学研究中心主任钟南山,中国工程院院士、浙江大学医学部教授李兰娟,复旦大学附属华山医院感染科主任张文宏分别就国际新冠肺炎疫情形势研判、国内新冠肺炎疫情形势研判和如何做好学校新冠肺炎疫情防控工作进行专题报告。

4月22日

教育部、中共中央组织部、中共中央宣传部、中共中央政法委员会、中央网络安全和信息化委员会办公室、财政部、人力资源和社会保障部、共青团中央等八部门联合出台《关于加快构建高校思想政治工作体系的意见》。《意见》旨在以习近平新时代中国特色社会主义思想为指导,全面贯彻党的教育方针,坚持和加强党的全面领导,坚持社会主义办学方向,以立德树人为根本,以理想信念教育为核心,以培育和践行社会主义核心价值观为主线,以建立完善"三全育人"体制机制为关键,全面提升高校思想政治工作质量。《意见》提出了明确的目标任务:健全立德树人体制机制,把立德树人融入思想道德、文化知识、社会实践教育各环节,贯通学科体系、教学体系、教材体系、管理体系,加快构建目标明确、内容完善、标准健全、运行科学、保障有力、成效显著的高校思想政治工作体系。

4月23日

教育部召开高校毕业生就业创业工作领导小组第一次会议,部署推进高校毕业生就业创业工作。

4月25日

第六届民族(地区)高校马克思主义理论学科研究生论坛以视频会议形式在西北民族大学举办。

五月

5月2日

由北京大学马克思主义学院和北京大学习近平新时代中国特色社会主义思想研究院主办的"纪念习近平总书记考察北京大学马克思主义学院两周年理论研讨会"在北京大学召开。

5月3日

在五四青年节到来之际,中共中央总书记、国家主席、中央军委主席习近平代表党中央,向全国各族青年致以节日的祝贺和诚挚的问候。习近平指出,青春由磨砺而出彩,人生因奋斗而升华。面对突如其来的新冠肺炎疫情,全国各族青年积极响应党的号召,踊跃投身疫情防控人民战争、总体战、阻击战,不畏艰险、冲锋在前、真情奉献,展现了当代中国青年的担当精神,赢得了党和人民高度赞誉。习近平强调,2020年是决胜全面小康、决战脱贫攻坚的收官之年,也是实现"两个一百年"奋斗目标的历史交汇之年。新时代中国青年要继承和发扬五四精神,坚定理想信念,站稳人民立场,练就过硬本领,投身强国伟业,始终保持艰苦奋斗的前进姿态,同亿万人民一道,在实现中华民族伟大复兴中国梦的新长征路上奋勇搏击。

5月10日

由教育部高等学校马克思主义理论类专业教学指导委员会指导,中国人民大学马克思主义学院主办的第二届"五四杯"全国高校马克思主义理论类本科生学术论文竞赛优秀论文交流会通过线上会议举办。

5 月 21 日

中共教育部党组发布《关于学习贯彻习近平总书记给北京科技大学全体巴基斯坦留学生重要回信精神的通知》。

5 月 22 日

北京大学马克思主义学院、北京大学高校思想政治理论课"毛泽东思想和中国特色社会主义理论体系概论"国家教材建设重点研究基地组织召开"习近平新时代中国特色社会主义思想教学体系内容"研讨会。来自全国 10 所重点马克思主义学院院长、北京大学国家教材建设重点研究基地和马克思主义学院的部分教师参加了会议。

5 月 25 日

由教育部思政司主办,北京市委教育工委和北京师范大学共同承办的 2020 年"'5·25'大学生心理健康教育月"线上集中会诊暨总结交流会在北京师范大学举行。

5 月 28 日

国家主席习近平签署主席令,公布《中华人民共和国民法典》,自 2021 年 1 月 1 日起施行。这是新中国成立以来第一部以"法典"命名的法律。

7 月 13 日,新华社报道,近日,中央宣传部、中央组织部、中央政法委、中央网信办、全国人大常委会办公厅、教育部、司法部、全国普法办等部门联合印发通知,部署开展《中华人民共和国民法典》学习宣传工作。

教育部印发《高等学校课程思政建设指导纲要》,并发出通知要求各地遵照执行。

教育部办公厅发布《关于在普通高校继续开展第二学士学位教育的通知》。鼓励高校开展第二学士学位教育,为高校毕业生创造更多再学习机会,增强学生就业创业能力。

六月

6 月 3 日

全国普通高等学校毕业生就业创业工作电视电话会议在京召开。

6 月 5 日

共青团中央、教育部、民政部、农业农村部和国务院国资委联合印发《关于深入实施青年马克思主义者培养工程的意见》。

6 月 8 日

教育部组织召开全面推进高等学校课程思政建设工作视频会议。

6 月 16 日

共青团中央、中共教育部党组联合印发《深化学校共青团改革的若干措施》,并发出通知,要求各地遵照执行。

6 月 22 日

中共中央组织部、人力资源和社会保障部、民政部、中央文明办、教育部、财政部和国家卫生健康委等七部门联合印发《关于引导和鼓励高校毕业生到城乡社区就业创业的通知》。

6 月 22 日

教育部办公厅发布《关于开展习近平新时代中国特色社会主义思想大学习领航计划系

列主题活动的通知》。习近平新时代中国特色社会主义思想大学习领航计划系列主题活动由高校思政课教学指导委员会和有关高校组织开展,主要包括三个主题活动:"绽放抗疫青春·决胜全面小康"——第四届全国高校大学生讲思政课公开课展示、"我心中的思政课"——第四届全国高校大学生微电影展示以及"思政课学习之星"——第四届全国高校大学生马克思主义理论学习夏令营线上活动。

6月23日

由武汉大学马克思主义学院主办的第二届"观世界·论中国"大学生学术论坛——"中国之治:历史、现实与经验借鉴"在线上成功举办。

6月28日

第三届"全国马克思主义青年学者北大论坛"开幕式与主论坛于北京大学召开。

6月30日

教育部办公厅发出《关于在全国高校师生中开展党史、新中国史、改革开放史、社会主义发展史学习教育及新冠肺炎疫情防控知识竞答讲述活动的通知》。

6月

中宣部(国务院新闻办公室)会同中央党史和文献研究院、中国外文局编辑的《习近平谈治国理政》第三卷,2020年6月由外文出版社以中英文版出版,并面向海内外发行。《习近平谈治国理政》第三卷收入了习近平在2017年10月18日至2020年1月13日期间的报告、讲话、谈话、演讲、批示、指示、贺信等92篇,分为19个专题。该书还收入习近平这段时间内的图片41幅。

7月8日,新华社报道,近日,中共中央办公厅转发《中央宣传部、中央组织部关于认真组织学习〈习近平谈治国理政〉第三卷的通知》,要求各地区各部门结合实际认真贯彻落实。

7月29日,《习近平谈治国理政》第三卷出版座谈会在京召开。中共中央政治局常委、中央书记处书记王沪宁出席会议并讲话。他表示,《习近平谈治国理政》第三卷是新时代中国共产党人坚持和发展中国特色社会主义的理论结晶,要认真落实党的十九大提出的用习近平新时代中国特色社会主义思想武装全党的战略任务,做到学习跟进、认识跟进、行动跟进,不断把习近平新时代中国特色社会主义思想学习宣传贯彻引向深入。

七月

7月4日

全国高校马克思主义理论学科研究会第48次学科论坛暨第八届民族(地区)高校马克思主义理论高层论坛在贵州民族大学举办。

7月6日

教育部办公厅公布2020年普通高等学校第二学士学位专业备案结果。

7月7日

中共中央总书记、国家主席、中央军委主席习近平给中国石油大学(北京)克拉玛依校区毕业生回信,肯定他们到边疆基层工作的选择,并对广大高校毕业生提出殷切期望,希望广大高校毕业生把个人的理想追求融入党和国家事业之中,为党为祖国为人民多作贡献。

7月14日

教育部、财政部、中国人民银行、银保监会发布《关于调整完善国家助学贷款有关政策的通知》。《通知》指出,助学贷款还本宽限期从 3 年延长至 5 年,助学贷款期限从学制加 13 年、最长不超过 20 年调整为学制加 15 年、最长不超过 22 年。自 2020 年 1 月 1 日起,新签订合同的助学贷款利率按照同期同档次贷款市场报价利率减 30 个基点执行。

7 月 15 日

教育部办公厅发布《关于为 2020 届离校未就业高校毕业生提供不断线就业服务的通知》。

7 月 20 日

教育部发布《关于进一步加强高等学校法治工作的意见》。

7 月 27 日

2020 年全国教书育人楷模推选活动启动。在各级各类学校广泛动员推选、省级教育部门择优推荐,活动组委会对各地推荐的候选人审核基础上,确定 66 名全国教书育人楷模候选人,并经中央媒体向社会公布,接受公众投票。

7 月 29 日

新华社报道,中共中央总书记、国家主席、中央军委主席习近平近日就研究生教育工作作出重要指示指出,中国特色社会主义进入新时代,即将在决胜全面建成小康社会、决战脱贫攻坚的基础上迈向建设社会主义现代化国家新征程,党和国家事业发展迫切需要培养造就大批德才兼备的高层次人才。

7 月

教育部组织编写的《习近平总书记教育重要论述讲义》,由高等教育出版社出版发行。

7 月 15 日,《中共教育部党组关于印发〈习近平总书记教育重要论述讲义〉的通知》。

11 月 23 日,《习近平总书记教育重要论述讲义》使用培训在京举行。

为深入学习贯彻习近平总书记关于道德建设的重要论述,推动《新时代公民道德建设实施纲要》宣传阐释和贯彻落实,中宣部宣教局组织编辑了《崇德向善的引领——新时代公民道德建设理论文章汇编》和《守正创新的践行——新时代公民道德建设评论员文章和工作实践体会汇编》两本图书,由人民出版社出版,并在全国各地新华书店发行。两书主要收录 2019 年 10 月纲要印发以来,中央主要新闻媒体刊发的相关评论员文章、理论解读文章和工作实践体会,共计近 50 篇文章。

中央宣传部理论局组织撰写的 2020 年通俗理论读物《中国制度面对面》,由学习出版社、人民出版社联合出版。

八月

8 月 11 日

国家主席习近平签署中华人民共和国主席令(第五十三号)。主席令指出,为了隆重表彰在抗击新冠肺炎疫情斗争中作出杰出贡献的功勋模范人物,弘扬他们忠诚、担当、奉献的崇高品质,根据第十三届全国人民代表大会常务委员会第二十一次会议的决定,授予钟南山"共和国勋章",授予张伯礼、张定宇、陈薇(女)"人民英雄"国家荣誉称号。

8 月 13 日

中央精神文明建设指导委员会印发《关于开展诚信缺失突出问题专项治理行动的工作方案》,针对当前经济社会中的诚信热点问题和群众反映强烈的失信突出问题,组织中央文明委有关成员单位,集中开展 10 项诚信缺失突出问题专项治理行动。

中央文明委要求,要加强诚信理念教育,开展诚信实践活动,把诚信建设作为群众性精神文明创建活动的重要内容,引导各地区各部门构建诚信教育体系,不断增强人们的诚信理念、规则意识、契约精神,努力打造不敢失信、不能失信、不愿失信的社会环境,积极构建诚信社会、诚信中国。

8 月 18 日

"马克思主义理论学科建设与发展研讨会"在上海外国语大学召开。

8 月 21 日

教育部办公厅印发《高等学校命名暂行办法》。

由中央党史和文献研究院牵头承办,中央党校(国家行政学院)、中央党史和文献研究院、教育部、中国社会科学院联合举办的"纪念列宁诞辰 150 周年理论研讨会"在京召开。

8 月 24 日

教育部办公厅、科技部办公厅发布《关于开展科研助理岗位吸纳高校毕业生就业网络专场招聘活动的通知》。

8 月 29 日

中宣部等 17 个部门联合公布 2019 年度学雷锋志愿服务"四个 100"先进典型暨疫情防控最美志愿者名单。"四个 100"是指最美志愿者、最佳志愿服务组织、最佳志愿服务项目和最美志愿服务社区各 100 个。

九月

9 月 1 日

第 17 期《求是》杂志发表中共中央总书记、国家主席、中央军委主席习近平的重要文章《思政课是落实立德树人根本任务的关键课程》。

9 月 14 日,教育部发布《关于深入学习贯彻习近平总书记重要文章〈思政课是落实立德树人根本任务的关键课程〉的通知》。

9 月 2 日

教育部印发《国家开放大学综合改革方案》。

9 月 3 日

习近平在纪念中国人民抗日战争暨世界反法西斯战争胜利 75 周年座谈会上强调,要在新时代继承和弘扬伟大抗战精神。

9 月 4 日

新学期开学之际,教育部思想政治工作司组织上海交通大学、北京理工大学负责同志,为中国农业大学、南京航空航天大学师生代表讲授"坚持正确导向,强化典礼育人"专题微党课。近 200 万名高校师生和关心教育的网友同时在线观看,播出期间相关专题网络点击量超过 1 000 万人次。

△ 教育部印发《教育类研究生和公费师范生免试认定中小学教师资格改革实施方案》。

9 月 5 日

"高校思想政治理论课马克思主义基本原理概论国家教材建设重点研究基地"揭牌仪式暨首届高端论坛在南开大学举行。

△ 纪念全国教育大会召开两周年暨深入学习习近平总书记关于教育的重要论述理论研讨会在陕西师范大学举办。

9 月 7 日

2020 年全国教师发展大会在京召开。教育部党组书记、部长陈宝生出席会议并讲话。他指出,面对新冠肺炎疫情,全国 1 700 余万大中小学教师面向 2.8 亿学生开展了一场大规模在线教育实践,有效实现了"停课不停教、不停学",为中国特色的复学复课、为打赢疫情防控阻击战作出了重要贡献。

9 月 8 日

全国抗击新冠肺炎疫情表彰大会在京隆重举行。习近平向国家勋章和国家荣誉称号获得者颁授勋章奖章,号召在全社会大力弘扬生命至上、举国同心、舍生忘死、尊重科学、命运与共的伟大抗疫精神,使之转化为全面建设社会主义现代化国家、实现中华民族伟大复兴的强大力量。

9 月 9 日

教育部办公厅印发《教育系统"制止餐饮浪费培养节约习惯"行动方案》。

9 月 10 日

在第三十六个教师节到来之际,中宣部、教育部在中央广播电视总台举行仪式,向全社会公开发布 2020 年"最美教师"先进事迹。张文宏、王易、戚发轫、高文铭、张杰、王秀秀、刘秀祥、蒋春凌、王菲、华雨辰、马文燕等个人和凉山支教帮扶团队入选。

9 月 11 日

教育部发布《关于学习贯彻习近平总书记教师节重要寄语精神的通知》。

9 月 14 日

新华社报道,近日,中共中央办公厅印发了《关于巩固深化"不忘初心、牢记使命"主题教育成果的意见》。

9 月 17 日

习近平在湖南大学岳麓书院考察调研时勉励青年学子,新时代是一个英雄辈出的时代,青年人正逢其时,希望同学们不负青春、不负韶华、不负时代,珍惜时光好好学习,掌握知识本领,树立正确的世界观、人生观、价值观,系好人生第一粒扣子,走好人生道路,为实现中华民族伟大复兴贡献聪明才智。

9 月 21 日

习近平主持召开教育文化卫生体育领域专家代表座谈会。

△ 新华社报道,近日,习近平总书记在科学家座谈会上指出,好奇心是人的天性,对科学兴趣的引导和培养要从娃娃抓起,使他们更多了解科学知识,掌握科学方法,形成一大批具备科学家潜质的青少年群体。

△ 教育部办公厅公布《2020 年全国普通高校中华优秀传统文化传承基地》名单,26 所高校的传承项目入选。

9 月 23 日

10 个抗疫一线医务人员英雄群体被中宣部授予"时代楷模"称号。

9 月 28 日

国务院学位委员会、教育部发布《关于进一步严格规范学位与研究生教育质量管理的若干意见》。《意见》针对当前部分学位授予单位仍存在培养条件建设滞后、管理制度不健全、制度执行不严格、导师责任不明确、学生思想政治教育弱化、学术道德教育缺失等问题,就进一步规范质量管理提出了具体要求。

△ 由中央宣传部理论局、光明日报社、国家统计局综合司、江西省委宣传部、江西省委党史研究室和赣州市委共同主办的"纪念毛泽东寻乌调查90周年理论研讨会"在江西省赣州市寻乌县举行。

9月29日

教育部发布《关于加强博士生导师岗位管理的若干意见》。

9月30日

中共中央发布《中国共产党中央委员会工作条例》。

△ 国务院学位委员会、教育部印发《专业学位研究生教育发展方案(2020—2025)》。

△ 教育部"三全育人"综合改革实践与探索示范培训班在复旦大学开班。

十月

10月13日

新华社报道,近日,中共中央、国务院印发《深化新时代教育评价改革总体方案》,并发出通知,要求各地区各部门结合实际认真贯彻落实。《总体方案》提出了5个方面22项改革任务,目标是到2035年,基本形成富有时代特征、彰显中国特色、体现世界水平的教育评价体系。《总体方案》坚持以立德树人为主线,以破"五唯"为导向,以党委和政府、学校、教师、学生、社会五类主体为抓手,系统、整体、协同谋划,为教育评价改革明确了方向,是当下和未来教育评价改革的路标和航向。

10月15日

新华社报道,近日,中共中央办公厅、国务院办公厅印发了《关于全面加强和改进新时代学校体育工作的意见》和《关于全面加强和改进新时代学校美育工作的意见》,并发出通知,要求各地区各部门结合实际认真贯彻落实。

10月19日

习近平在参观"铭记伟大胜利,捍卫和平正义——纪念中国人民志愿军抗美援朝出国作战70周年主题展览"时强调,要在新时代继承和弘扬伟大抗美援朝精神,为实现中华民族伟大复兴而奋斗。

10月20日

教育部启动编写"四史"大学生读本。

10月23日

纪念中国人民志愿军抗美援朝出国作战70周年大会在北京人民大会堂隆重举行。中共中央总书记、国家主席、中央军委主席习近平在大会上发表重要讲话。

△ 中央教育工作领导小组秘书组、教育部在京召开贯彻落实《深化新时代教育评价改革总体方案》电视电话会议,深入学习贯彻习近平总书记关于教育的重要论述和全国教育大会精神,对抓好《总体方案》落实落地进行安排部署。

10月25日

第十届全国思想政治教育高端论坛"疫情防控融入思想政治教育研讨会"在上海对外经

贸大学召开。

△ 纪念抗美援朝出国作战 70 周年系列主题出版物首发仪式在京举行。

10 月 26 日至 29 日

中国共产党第十九届中央委员会第五次全体会议在京召开。

10 月 28 日

教育部高等学校"研究生思想政治理论课"分教学指导委员会 2020 年工作会议在中国人民大学举办。

10 月 29 日

中国共产党第十九届中央委员会第五次全体会议通过《中共中央关于制定国民经济和社会发展第十四个五年规划和二〇三五年远景目标的建议》。

△ 根据教育部发布的《大中小学国家安全教育指导纲要》,国家安全教育内容今后将纳入不同阶段学生综合素质档案。

10 月 30 日

第二届全国重点马克思主义学院书记论坛在郑州大学举行。

10 月 31 日

由教育部高校思想政治工作创新发展中心(北京航空航天大学)主办的第二届全国高校课程思政高端论坛,在北京航空航天大学召开。来自全国不同高校的一线教师及著名期刊主编、媒体记者共 60 余人参加论坛。

十一月

11 月 4 日

教育部印发《研究生导师指导行为准则》,并发出通知,要求各地结合实际认真贯彻执行。

11 月 9 日

新华社报道,中共中央党史和文献研究院编辑的习近平《论党的宣传思想工作》一书,近日由中央文献出版社出版,在全国发行。这部专题文集,收入习近平论述党的宣传思想工作的重要文稿 52 篇。其中部分文稿是首次公开发表。

11 月 11 日

国务院学位委员会、教育部修订印发《学位授权点合格评估办法》。

11 月 11 日至 13 日

第一届民族(地区)院校辅导员素质能力大赛在云南民族大学举办。

11 月 14 日

国务院出台《关于深入开展爱国卫生运动的意见》。

△ 第四届习近平新时代中国特色社会主义思想高层论坛在南京举行。

11 月 15 日

教育部思想政治工作司、中央网信办网络社会工作局联合公布"第四届全国大学生网络文化节"和"全国高校网络教育优秀作品推选展示活动"入选名单。

11 月 16 日

教育部办公厅发出通知,增设 7 个新时代高校思想政治理论课教师研学基地、4 个全国高校思想政治理论课教师研修基地。

11 月 20 日

全国精神文明建设表彰大会在京举行。大会表彰了第六届全国文明城市、文明村镇、文明单位,第二届全国文明家庭、文明校园,以及新一届全国未成年人思想道德建设工作先进代表。

11 月 21 日

全国高校马克思主义理论学科优秀博士学位论文(2020)颁奖仪式在河北师范大学举行,7 篇博士学位论文获奖。

第十五届全国高校马克思主义理论学科博导论坛在河北师范大学举行。

11 月 24 日

全国劳动模范和先进工作者表彰大会在北京人民大会堂隆重举行。中共中央、国务院发布《关于表彰全国劳动模范和先进工作者的决定》,授予 1 689 人全国劳动模范称号,授予 804 人全国先进工作者称号。

11 月 25 日

教育部发出通知,公布首批国家级一流本科课程认定结果。5 118 门课程被认定为首批国家级一流本科课程。其中,线上一流课程 1 875 门,虚拟仿真实验教学一流课程 728 门,线下一流课程 1 463 门,线上线下混合式一流课程 868 门,社会实践一流课程 184 门。

11 月 26 日

教育部发出《关于做好 2021 届全国普通高校毕业生就业创业工作的通知》,决定实施"2021 届全国普通高校毕业生就业创业促进行动"。

11 月 28 日

全国高校马克思主义学院建设高端论坛在东北大学举行。

11 月

为纪念伟大的无产阶级革命家、思想家,马克思主义创始人之一、马克思的亲密战友恩格斯诞辰 200 周年,中央党史和文献研究院编纂的《恩格斯画传》(恩格斯诞辰 200 周年纪念版),由重庆出版社出版发行。

Δ《习近平与大学生朋友们》2020 年 11 月由中国青年出版社出版,在全国发行。该书通过 25 篇访谈实录,讲述了 1983 年 12 月至 2019 年 7 月间,习近平在河北正定、福建、浙江、上海和到中央工作以来,与大学生们交往交流交心的故事,真实记录了他对青年特别是大学生始终如一的关注关心关爱。

十二月

12 月 1 日至 3 日

1 日,教育部召开首场"教育 2020'收官'系列新闻发布会",介绍"十三五"以来我国教育改革发展的总体情况。一是教育普及水平实现新提升,二是教育公平发展迈上新台阶,三是教育服务国家发展取得新突破,四是全面推进依法治教。

3 日上午,教育部召开新闻发布会,介绍"十三五"期间高等教育事业改革发展情况。教育部高等教育司司长吴岩表示,我国高等教育进入了普及化发展新阶段,高等教育毛入学率不断提升,由 2015 年的 40.0% 提升至 2019 年的 51.6%,在学总人数达到 4 002 万,已建成世界规模最大的高等教育体系。

3 日,教育部举行新闻发布会,介绍高校思想政治工作和思政课改革创新情况。截至 2020 年 11 月,登记在库的全国高校思政课专兼职教师总数为 106 411 人,首次突破 10 万人大关,比 2015 年增加 44 290 人。"十三五"时期高校思政课教师年均增长率达 14.4%,其中专职教师由 2015 年的 43 353 人增加到 71 749 人,5 年共增长 65.5%。2018 年起首次设立马克思主义理论本科专业,累计招收本科生 800 余人。实施"高校思政课教师队伍后备人才培养专项计划",累计增加博硕士招生指标 6 070 个。马克思主义理论学科博士点数量在各学科中名列前茅,全国高校马克思主义理论本硕博在校生总规模超过 62 000 人。2020 年起,高校哲学社会科学繁荣计划新设立 1 亿元的"高校思政课研究专项"基金,重点开展思政课教学重点难点问题、教学方法改革创新等研究和建设。

12 月 3 日至 4 日

全军思想政治教育工作会议在京召开。

12 月 4 日

教育部办公厅发出通知,决定成立教育部大中小学思政课一体化建设指导委员会,并公布成员名单。

12 月 5 日

"马克思主义理论研究高峰论坛"在上海社会科学院召开,本次论坛的主题为"马克思主义新发展与世界社会主义新态势"。

12 月 7 日

新华社报道,中共中央近日印发《法治社会建设实施纲要(2020—2025 年)》。

12 月 8 日

教育部印发《关于正确认识和规范使用高校人才称号的若干意见》,并发出通知,要求各地遵照执行。

12 月 9 日至 11 日

世界慕课大会在清华大学召开。会议以"学习革命与高等教育变革"为主题,旨在凝聚发展共识、汇聚创新力量、分享实践经验、展现技术前景,以推动世界慕课与在线教育建设、发展和共享。教育部部长陈宝生作主旨报告,分享了中国慕课与在线教育的实践、创新与探索。

12 月 10 日

马克思主义理论研究和建设工程工作会议在京召开。

Δ 教育部印发《关于破除高校哲学社会科学研究评价中"唯论文"不良导向的若干意见》。

12 月 11 日

教育部发布《关于第八届高等学校科学研究优秀成果奖(人文社会科学)奖励的决定》,共有 1 539 项成果获奖(含香港、澳门高校获奖成果)。

Δ 国家语言资源监测与研究中心发布"2020 年度中国媒体十大流行语"。本次发布的十大流行语依次为:新冠肺炎、抗疫、复工复产、民法典、网课、双循环、人类卫生健康共同体、抗美援朝 70 周年、六稳六保、嫦娥五号。

12 月 12 日至 13 日

"新时代高校思政课程与课程思政同向同行理论研讨会"在湖南第一师范学院举行。

12 月 14 日

教育部召开"学习贯彻习近平总书记给人民教育出版社老同志重要回信精神座谈会"。座谈会以"培根铸魂、启智增慧,奋力开拓新时代教材建设新局面"为主题。

12 月 15 日

新华社报道,由中共中央党史和文献研究院编辑的习近平同志《论坚持全面依法治国》一书,近日由中央文献出版社出版,在全国发行。这部专题文集,收入习近平关于坚持全面依法治国的重要文稿 54 篇。其中许多文稿是首次公开发表。

△ 教育部在京召开深化新时代学校思想政治理论课改革创新现场推进会,对推动新发展阶段学校思政课高质量发展进行部署。

△ 教育部发布公告,公布《2019—2020 学年度本专科生国家奖学金获奖学生名单》。

△ 国家新闻出版署日前公布 2020 年数字出版精品遴选推荐结果,人民日报出版社"《习近平用典》系列融媒体出版物"等 46 个项目入选年度数字出版精品。

12 月 20 日

由《思想教育研究》编辑部、人民网公开课、全国高校马克思主义学院数字化信息平台联盟主办的全国高校"数字马院"联盟年会在北京举行。

12 月 21 日

对外经济贸易大学举办首届全国财经类高校课程思政建设研讨会暨财经类高校课程思政联盟成立会议。

12 月 23 日

国家新闻出版署公布 2020 年"优秀通俗理论读物出版工程"入选作品。

12 月 24 日

教育部等六部门发布《关于加强新时代高校教师队伍建设改革的指导意见》。《指导意见》聚焦高校内涵式发展,落实立德树人根本任务,明确了新时代高校教师队伍建设的指导思想和目标任务,以强化高校教师思想政治素质和师德师风建设为首要任务,以提高教师专业素质能力为关键,以推进人事制度改革为突破口,遵循教育规律和教师成长发展规律,为提高人才培养质量、增强科研创新能力、服务国家经济社会发展提供坚强的师资保障。

△ 教育部召开新闻发布会,介绍"十三五"期间教材建设工作有关情况。教育部教材局一级巡视员申继亮在接受人民网记者提问时表示,中小学语文、道德与法治(思想政治)和历史三科统编是中央作出的重大部署决策。

12 月 25 日

中共中央印发《中国共产党党员权利保障条例》。

12 月 26 日

马克思主义传播史学术研讨会暨《马克思主义经典文献传播通考》(100 卷)丛书编辑出版工作推进会在京召开。

12 月 27 日

中国高等教育学会马克思主义研究分会 2020 年年会暨换届大会在北京大学召开。

12 月 31 日

第八届全国高校辅导员素质能力大赛暨 2020 年全国高校辅导员队伍建设成果展示在

浙江大学举行。

12月

由中共中央党史和文献研究院编辑的《习近平新时代中国特色社会主义思想学习论丛》第一辑至第五辑,由中央文献出版社出版,在全国发行。

△《胡锦涛文选》第一至三卷蒙古文、藏文、维吾尔文、哈萨克文、朝鲜文、彝文、壮文等七种少数民族文字版本,已完成全部翻译工作,在全国出版发行。《胡锦涛文选》蒙古文、藏文、维吾尔文、哈萨克文、朝鲜文文字版本,由民族出版社出版发行。《胡锦涛文选》彝文、壮文文字版本分别由四川民族出版社、广西民族出版社出版发行。

△《高校马克思主义理论教育研究》在中央财经大学创刊。期刊为双月刊,主要设高端论坛、习近平新时代中国特色社会主义思想研究、理论前沿、思政课教学、党的建设与思政工作、比较与借鉴、学术动态等栏目。

2020 年

2020年是新中国历史上极不平凡的一年。面对严峻复杂的国际形势、艰巨繁重的国内改革发展稳定任务特别是新冠肺炎疫情的严重冲击,以习近平同志为核心的党中央统揽全局,保持战略定力,准确判断形势,精心谋划部署,果断采取行动,付出艰苦努力,及时作出统筹疫情防控和经济社会发展的重大决策。各地区各部门坚持以习近平新时代中国特色社会主义思想为指导,全面贯彻党的十九大和十九届二中、三中、四中、五中全会精神,按照党中央、国务院决策部署,沉着冷静应对风险挑战,坚持高质量发展方向不动摇,统筹疫情防控和经济社会发展,扎实做好"六稳"工作,全面落实"六保"任务。我国经济运行逐季改善、逐步恢复常态,在全球主要经济体中唯一实现经济正增长,脱贫攻坚战取得全面胜利,决胜全面建成小康社会取得决定性成就,交出了一份人民满意、世界瞩目、可以载入史册的答卷。据国家统计局初步核算,2020年全年国内生产总值1015986亿元,比上年增长2.3%。其中,第一产业增加值77754亿元,增长3.0%;第二产业增加值384255亿元,增长2.6%;第三产业增加值553977亿元,增长2.1%。第一产业增加值占国内生产总值比重为7.7%,第二产业增加值比重为37.8%,第三产业增加值比重为54.5%。预计全年人均国内生产总值将达到72447元,比上年增长2.0%。国民总收入1009151亿元,比上年增长1.9%。全国万元国内生产总值能耗比上年下降0.1%。预计全员劳动生产率为117746元/人,比上年提高2.5%。全年城镇新增就业1186万人,比上年少增加166万人。2020年年末全国城镇调查失业率为5.2%,城镇登记失业率为4.2%。全国农民工总量28560万人,比上年下降1.8%。其中,外出农民工16959万人,比上年下降2.7%;本地农民工11601万人,比上年下降0.4%。2020年年末国家外汇储备32165亿美元,比上年年末增加1086亿美元。全年人民币平均汇率为1美元兑6.8974元人民币,比上年升值0.02%。

△ 中国脱贫攻坚取得决定性胜利。国家统计局公布的数据显示,按照每人每年生活水平2300元(2010年不变价)的现行农村贫困标准计算,551万农村贫困人口全部实现脱贫。党的十八大以来,9899万农村贫困人口全部实现脱贫,贫困县全部摘帽,绝对贫困历史性消除。全年贫困地区农村居民人均可支配收入12588元,比上年增长8.8%,扣除价格因素,实际增长5.6%。

△ 国家统计局公布的数据显示,截至2020年年底,全国累计报告新型冠状病毒肺炎确

诊病例 87071 例,累计治愈出院病例 82067 例,累计死亡 4634 人。全国共有 8177 家医疗卫生机构提供新型冠状病毒核酸检测服务,总检测能力达到 1153 万份/天。

△ 2020 年,我国成功完成 35 次宇航发射。嫦娥五号发射成功,首次完成我国月表采样返回任务。我国首次火星探测任务"天问一号"探测器成功发射。500 米口径球面射电望远镜(FAST)正式开放运行。北斗三号全球卫星导航系统正式开通。量子计算原型系统"九章"成功研制。全海深载人潜水器"奋斗者"号完成万米深潜。

△ 教育部公布的《2019 年全国教育事业发展统计公报》显示,2019 年全国共有各级各类学校 53.01 万所,比上年增加 1.13 万所,增长 2.17%;各级各类学历教育在校生 2.82 亿人,比上年增加 660.62 万人,增长 2.40%;专任教师 1732.03 万人,比上年增加 59.18 万人,增长 3.54%。全国各类高等教育在学总规模 4002 万人,高等教育毛入学率 51.6%。全国共有普通高等学校 2688 所(含独立学院 257 所),比上年增加 25 所,增长 0.94%。其中,本科院校 1265 所,比上年增加 20 所;高职(专科)院校 1423 所,比上年增加 5 所。全国共有成人高等学校 268 所,比上年减少 9 所;研究生培养机构 828 个,其中,普通高等学校 593 个,科研机构 235 个。普通高等学校校均规模 11260 人,其中,本科院校 15179 人,高职(专科)院校 7776 人。研究生招生 91.65 万人,其中,招收博士生 10.52 万人,招收硕士生 81.13 万人。在学研究生 286.37 万人,其中,在学博士生 42.42 万人,在学硕士生 243.95 万人。毕业研究生 63.97 万人,其中,毕业博士生 6.26 万人,毕业硕士生 57.71 万人。普通本专科招生 914.90 万人,比上年增加 123.91 万人,增长 15.67%;在校生 3031.53 万人,比上年增加 200.49 万人,增长 7.08%;毕业生 758.53 万人,比上年增加 5.22 万人,增长 0.69%。另有五年制高职转入专科招生 46.00 万人,专科起点本科招生 31.75 万人。成人本专科招生 302.21 万人,比上年增加 28.90 万人,增长 10.57%;在校生 668.56 万人,比上年增加 77.57 万人,增长 13.13%;毕业生 213.14 万人,比上年减少 4.60 万人,下降 2.11%。全国高等教育自学考试学历教育报考 596.37 万人次,取得毕业证书 48.98 万人。普通高等学校教职工 256.67 万人,比上年增加 7.92万人,增长 3.18%;专任教师 174.01 万人,比上年增加 6.74 万人,增长 4.03%。普通高校生师比为 17.95:1,其中,本科院校为 17.39:1,高职(专科)院校为 19.24:1。成人高等学校教职工 3.61 万人,比上年减少 1939 人;专任教师 2.06 万人,比上年减少 1267 人。普通高等学校校舍建筑面积 101248.41 万平方米,比上年增加 3534.85 万平方米;教学科研仪器设备总值 6095.08 亿元,比上年增加 562.02 亿元。民办高等学校 757 所(含独立学院 257 所,成人高校 1 所),比上年增加 7 所。普通本专科招生 219.69 万人,比上年增加 35.75 万人,增长 19.43%;在校生 708.83 万人,比上年增加 59.23 万人,增长 9.12%。硕士研究生招生 876 万人,在学 1865 万人。

△ 中国互联网络信息中心(CNNIC)发布的第 47 次《中国互联网络发展状况统计报告》显示,截至 2020 年 12 月,我国网民规模达 9.89 亿,较 2020 年 3 月增长 8540 万,互联网普及率达 70.4%。其中,农村网民规模为 3.09 亿,较 2020 年 3 月增长 5471 万;农村地区互联网普及率为 55.9%,较 2020 年 3 月提升 9.7 个百分点。贫困村通光纤比例达 98%。在农村电商方面,电子商务进农村实现对 832 个贫困县全覆盖。全国中小学(含教学点)互联网接入率达 99.7%。在线教育、在线医疗用户规模分别为 3.42 亿、2.15 亿,占网民整体的 34.6%、21.7%。2020 年,我国网上零售额达 11.76 万亿元,较 2019 年增长 10.9%。其中,实物商品网上零售额为 9.76 万亿元,占社会消费品零售总额的 24.9%。网络购物用户规模达 7.82

亿,较 2020 年 3 月增长 7215 万,占网民整体的 79.1%。网络支付用户规模达 8.54 亿,较 2020 年 3 月增长 8636 万,占网民整体的 86.4%。网络视频用户规模达 9.27 亿,较 2020 年 3 月增长 7633 万,占网民整体的 93.7%。其中短视频用户规模为 8.73 亿,较 2020 年 3 月增长 1.00 亿,占网民整体的 88.3%。互联网政务服务用户规模达 8.43 亿,较 2020 年 3 月增长 1.50 亿,占网民整体的 85.3%。数据显示,我国电子政务发展指数为 0.7948,排名从 2018 年 的第 65 位提升至第 45 位,取得历史新高,达到全球电子政务发展"非常高"的水平,其中在 线服务指数由全球第 34 位跃升至第 9 位,迈入全球领先行列。值得一提的是,疫情期间,全 国一体化政务服务平台推出"防疫健康码",累计申领近 9 亿人,使用次数超过 400 亿人次, 支撑全国绝大部分地区实现"一码通行",大数据在疫情防控和复工复产中作用凸显。

△ 据国家统计局公布的数据显示,截至 2020 年年末,全国文化和旅游系统共有艺术表 演团体 2027 个,博物馆 3510 个,文化馆 3327 个,公共图书馆 3203 个,总流通 56953 万人次。 有线电视实际用户 2.10 亿户,广播节目综合人口覆盖率为 99.4%,电视节目综合人口覆盖率 为 99.6%。全年生产电视剧 202 部共计 7476 集,电视动画片 116688 分钟;生产故事影片 531 部,科教、纪录、动画和特种影片 119 部。全年出版各类报纸 277 亿份,各类期刊 20 亿 册,图书 101 亿册(张),预计人均图书拥有量 7.24 册(张)。共有档案馆 4234 个,已开放各 类档案 17659 万卷(件)。全国规模以上文化及相关产业企业营业收入 98514 亿元,按可比 口径计算,比上年增长 2.2%。

2020 年度大学生思想政治教育重要文献选编

新时代高等学校思想政治理论课教师队伍建设规定

中华人民共和国教育部令第 46 号

《新时代高等学校思想政治理论课教师队伍建设规定》已经 2020 年 1 月 7 日教育部第 1 次部务会议审议通过，现予公布，自 2020 年 3 月 1 日起施行。

教育部部长　陈宝生
2020 年 1 月 16 日

新时代高等学校思想政治理论课教师队伍建设规定

第一章　总则

第一条　为深入贯彻落实习近平新时代中国特色社会主义思想和党的十九大精神，贯彻落实习近平总书记关于教育的重要论述，全面贯彻党的教育方针，加强新时代高等学校思想政治理论课（以下简称思政课）教师队伍建设，根据《中华人民共和国教师法》，中共中央办公厅、国务院办公厅印发的《关于深化新时代学校思想政治理论课改革创新的若干意见》，制定本规定。

第二条　思政课是高等学校落实立德树人根本任务的关键课程，是必须按照国家要求设置的课程。

思政课教师是指承担高等学校思政课教育教学和研究职责的专兼职教师，是高等学校教师队伍中承担开展马克思主义理论教育、用习近平新时代中国特色社会主义思想铸魂育人的中坚力量。

第三条　主管教育部门、高等学校应当加强思政课教师队伍建设，把思政课教师队伍建设纳入教育事业发展和干部人才队伍建设总体规划，在师资建设上优先考虑，在资金投入上优先保障，在资源配置上优先满足。

第四条　高等学校应当落实全员育人、全程育人、全方位育人要求，构建完善立德树人工作体系，调动广大教职工参与思想政治理论教育的积极性、主动性，动员各方面力量支持、配合思政课教师开展教学科研、组织学生社会实践等工作，提升思政课教学效果。

第二章　职责与要求

第五条　思政课教师的首要岗位职责是讲好思政课。思政课教师要引导学生立德成人、立志成才,树立正确世界观、人生观、价值观,坚定对马克思主义的信仰,坚定对社会主义和共产主义的信念,增强中国特色社会主义道路自信、理论自信、制度自信、文化自信,厚植爱国主义情怀,把爱国情、强国志、报国行自觉融入坚持和发展中国特色社会主义事业、建设社会主义现代化强国、实现中华民族伟大复兴的奋斗之中,为培养德智体美劳全面发展的社会主义建设者和接班人作出积极贡献。

第六条 对思政课教师的岗位要求是:

(一)思政课教师应当增强"四个意识",坚定"四个自信",做到"两个维护",始终在政治立场、政治方向、政治原则、政治道路上同以习近平同志为核心的党中央保持高度一致,模范践行高等学校教师师德规范。做到信仰坚定、学识渊博、理论功底深厚,努力做到政治强、情怀深、思维新、视野广、自律严、人格正,自觉用习近平新时代中国特色社会主义思想武装头脑,做学习和实践马克思主义的典范,做为学为人的表率。

(二)思政课教师应当用好国家统编教材。以讲好用好教材为基础,认真参加教材使用培训和集体备课,深入研究教材内容,吃准吃透教材基本精神,全面把握教材重点、难点,认真做好教材转化工作,编写好教案,切实推动教材体系向教学体系转化。

(三)思政课教师应当加强教学研究。坚持以思政课教学为核心的科研导向,紧紧围绕马克思主义理论学科内涵开展科研,深入研究思政课教学方法和教学重点难点问题,深入研究坚持和发展中国特色社会主义的重大理论和实践问题。

(四)思政课教师应当深化教学改革创新。按照政治性和学理性相统一、价值性和知识性相统一、建设性和批判性相统一、理论性和实践性相统一、统一性和多样性相统一、主导性和主体性相统一、灌输性和启发性相统一、显性教育和隐性教育相统一的要求,增强思政课的思想性、理论性和亲和力、针对性,全面提高思政课质量和水平。

第三章 配备与选聘

第七条 高等学校应当配齐建强思政课专职教师队伍,建设专职为主、专兼结合、数量充足、素质优良的思政课教师队伍。

高等学校应当根据全日制在校生总数,严格按照师生比不低于1∶350的比例核定专职思政课教师岗位。公办高等学校要在编制内配足,且不得挪作他用。

第八条 高等学校应当根据思政课教师工作职责、岗位要求,制定任职资格标准和选聘办法。

高等学校可以在与思政课教学内容相关的学科遴选优秀教师进行培训后加入思政课教师队伍,专职从事思政课教学;并可以探索胜任思政课教学的党政管理干部转岗为专职思政课教师,积极推动符合条件的辅导员参与思政课教学,鼓励政治素质过硬的相关学科专家转任思政课教师。

第九条 高等学校可以实行思政课特聘教师、兼职教师制度。鼓励高等学校统筹地方党政领导干部、企事业单位管理专家、社科理论界专家、各行业先进模范以及高等学校党委书记校长、院(系)党政负责人、名家大师和专业课骨干、日常思想政治教育骨干等讲授思政课。支持高等学校建立两院院士、国有企业领导等人士经常性进高校、上思政课讲台的长效机制。

第十条 主管教育部门应当加大高等学校思政课校际协作力度,加强区域内高等学校思政课教师柔性流动和协同机制建设,支持高水平思政课教师采取多种方式开展思政课教学工作。采取派驻支援或组建讲师团等形式支持民办高等学校配备思政课教师。

第十一条　高等学校应当严把思政课教师政治关、师德关、业务关,明确思政课教师任职条件,根据国家有关规定和本规定要求,制定思政课教师规范或者在聘任合同中明确思政课教师权利义务与职责。

第十二条　高等学校应当设置独立的马克思主义学院等思政课教学科研二级机构,统筹思政课教学科研和教师队伍的管理、培养、培训。

思政课教学科研机构负责人应当是中国共产党党员,并有长期从事思政课教学或者马克思主义理论学科研究的经历。缺少合适人选的高等学校可以采取兼职等办法,从相关单位聘任思政课教学科研机构负责人。

第四章　培养与培训

第十三条　主管教育部门和高等学校应当加强思政课教师队伍后备人才培养。

国务院教育行政部门应当制定马克思主义理论专业类教学质量国家标准,加强本硕博课程教材体系建设,可统筹推进马克思主义理论本硕博一体化人才培养工作。实施"高校思政课教师队伍后备人才培养专项支持计划",专门招收马克思主义理论学科研究生,不断为思政课教师队伍输送高水平人才。高等学校应当注重选拔高素质人才从事马克思主义理论学习研究和教育教学,加强思政课教师队伍后备人才思想政治工作。

第十四条　建立国家,省(区、市),高等学校三级思政课教师培训体系。国务院教育行政部门建立高等学校思政课教师研修基地,开展国家级示范培训,建立思政课教师教学研究交流平台。主管教育部门和高等学校应当建立健全思政课教师专业发展体系,定期组织开展教学研讨,保证思政课专职教师每3年至少接受一次专业培训,新入职教师应参加岗前专项培训。

第十五条　主管教育部门和高等学校应当拓展思政课教师培训渠道,设立思政课教师研学基地,定期安排思政课教师实地了解中国改革发展成果、组织思政课教师实地考察和比较分析国内外经济社会发展状况,创造条件支持思政课教师到地方党政机关、企事业单位、基层等开展实践锻炼。

高等学校应当根据全日制在校生总数,按照本科院校每生每年不低于40元、专科院校每生每年不低于30元的标准安排专项经费,用于保障思政课教师的学术交流、实践研修等,并根据实际情况逐步加大支持力度。

第十六条　主管教育部门和高等学校应当加大对思政课教师科学研究的支持力度。教育部人文社科研究项目要设立专项课题,主管教育部门要设立相关项目,持续有力支持思政课教师开展教学研究。主管教育部门和高等学校应当加强马克思主义理论教学科研成果学术阵地建设,支持新创办思政课研究学术期刊,相关哲学社会科学类学术期刊要设立思政课研究栏目。

第五章　考核与评价

第十七条　高等学校应当科学设置思政课教师专业技术职务(职称)岗位,按教师比例核定思政课教师专业技术职务(职称)各类岗位占比,高级岗位比例不低于学校平均水平,不得挪作他用。

第十八条　高等学校应当制定符合思政课教师职业特点和岗位要求的专业技术职务（职称）评聘标准，提高教学和教学研究在评聘条件中的占比。

高等学校可以结合实际分类设置教学研究型、教学型思政课教师专业技术职务（职称），两种类型都要在教学方面设置基本任务要求，要将教学效果作为思政课教师专业技术职务（职称）评聘的根本标准，同时要重视考查科研成果。

高等学校可以设置具体条件，将承担思政课教学的基本情况以及教学实效作为思政课教师参加高一级专业技术职务（职称）评聘的首要考查条件和必要条件。将为本专科生上思政课作为思政课教师参加高级专业技术职务（职称）评聘的必要条件。将至少一年兼任辅导员、班主任等日常思想政治教育工作经历并考核合格作为青年教师晋升高一级专业技术职务（职称）的必要条件。

思政课教师指导1个马克思主义理论类学生社团1年以上，且较好履行政治把关、理论学习、业务指导等职责的，在专业技术职务（职称）评聘中同等条件下可以优先考虑。

思政课教师在思想素质、政治素质、师德师风等方面存在突出问题的，在专业技术职务（职称）评聘中实行"一票否决"。

第十九条　高等学校应当完善思政课教师教学和科研成果认定制度，推行科研成果代表作制度，制定思政课教师发表文章的重点报刊目录，将思政课教师在中央和地方主要媒体发表的理论文章纳入学术成果范围，细化相关认定办法。教学和科研成果可以是专著、论文、教学参考资料、调查报告、教书育人经验总结等。在制定思政课教师专业技术职务（职称）评聘指标和排次定序依据时，要结合实际设置规则，不得将国外期刊论文发表情况和出国访学留学情况作为必要条件。

第二十条　高等学校应当健全思政课教师专业技术职务（职称）评价机制，建立以同行专家评价为主的评价机制，突出思政课的政治性、思想性、学术性、专业性、实效性，评价专家应以马克思主义理论学科为主，同时可适当吸收相关学科专家参加。

思政课教师专业技术职务（职称）评审委员会应当包含学校党委有关负责同志、思政课教学科研部门负责人，校内专业技术职务（职称）评聘委员会应有同比例的马克思主义理论学科专家。

高等学校应当制定思政课教师专业技术职务（职称）管理办法。完善专业技术职务（职称）退出机制，加强聘期考核，加大激励力度，准聘与长聘相结合。

第六章　保障与管理

第二十一条　高等学校应当切实提高专职思政课教师待遇，要因地制宜设立思政课教师岗位津贴。高等学校要为思政课教师的教学科研工作创造便利条件，配备满足教学科研需要的办公空间、硬件设备和图书资料。

第二十二条　高等学校思政课教师由马克思主义学院等思政课教学科研机构统一管理。每门课程都应当建立相应的教学科研组织，并可以根据需要配备管理人员。

第二十三条　主管教育部门和高等学校要大力培养、推荐、表彰思政课教师中的先进典型。全国教育系统先进个人表彰中对思政课教师比例或名额作出规定；国家级教学成果奖、高等学校科学研究优秀成果奖（人文社科）中加大力度支持思政课；"长江学者奖励计划"等高层次人才项目中加大倾斜支持优秀思政课教师的力度。

第二十四条　主管教育部门和高等学校应当加强宣传、引导,并采取设立奖励基金等方式支持高等学校思政课教师队伍建设,以各种方式定期对优秀思政课教师和马克思主义理论学科学生给予奖励。

第二十五条　高等学校应当加强对思政课教师的考核,健全退出机制,对政治立场、政治方向、政治原则、政治道路上不能同党中央保持一致的,或理论素养、教学水平达不到标准的教师,不得继续担任思政课教师或马克思主义理论学科研究生导师。

第七章　附则

第二十六条　本规定适用于普通高等学校(包括民办高等学校)思政课教师队伍建设。其他类型高等学校的思政课教师队伍建设可以参照本规定执行。

第二十七条　省级教育部门可以根据本规定,结合本地实际制定相关实施细则。

第二十八条　本规定自 2020 年 3 月 1 日起施行。

中共教育部党组印发《教育系统关于学习宣传贯彻落实〈新时代爱国主义教育实施纲要〉的工作方案》的通知

教党〔2020〕11 号

各省、自治区、直辖市党委教育工作部门、教育厅(教委),新疆生产建设兵团教育局,部属各高等学校党委、部省合建各高等学校党委:

《教育系统关于学习宣传贯彻落实〈新时代爱国主义教育实施纲要〉的工作方案》已经部党组会审议通过,现印发给你们,请结合实际认真贯彻执行。

中共教育部党组
2020 年 1 月 16 日

教育系统关于学习宣传贯彻落实《新时代爱国主义教育实施纲要》的工作方案

为推动《新时代爱国主义教育实施纲要》(以下简称《纲要》)学习宣传贯彻落实,在教育系统扎实开展深入、持久、生动的爱国主义教育,着力培养德智体美劳全面发展的社会主义建设者和接班人,特制定本方案。

一、总体要求

以习近平新时代中国特色社会主义思想为指导,紧紧围绕中国特色社会主义伟大实践、"两个一百年"奋斗目标和实现中华民族伟大复兴中国梦,深刻认识中国共产党团结带领全国各族人民进行的革命、建设、改革实践是爱国主义的伟大实践。完善立德树人体制机制,加快构建大中小学一体贯穿、循序渐进的教育体系,着力通过颂扬先进形象、打造有效载体、营造浓厚氛围、激发爱国情感、利用重要仪式、激励使命担当等途径砥砺爱国奋进。加强政府、学校、家庭、社会育人力量整体协同,教育引导广大师生从感性到理性、从自在到自为,激发爱党爱国爱社会主义的巨大热情,凝聚奋进新时代、实现民族复兴的磅礴伟力。

——坚持长短衔接，将传承民族精神与弘扬时代精神相结合。引导师生了解中华民族的悠久历史和灿烂文化，从历史中汲取营养和智慧，广泛开展党史、新中国史、改革开放史教育，将培养青年制度自信作为重要一环，引导广大师生牢记红色政权是从哪里来的、新中国是怎么建立起来的，不断增强"四个自信"。

——坚持由浅入深，将激发爱国之情与投身报国之行相结合。广泛开展理想信念教育，深化社会主义和共产主义宣传教育，深化中国特色社会主义和中国梦宣传教育，注重激发师生爱国情感，使爱国主义成为每个人心中的坚定信念和精神力量，引导师生把实现个人理想融入实现国家富强、民族振兴、人民幸福的伟大梦想之中，把爱国之情转化为报国之行。

——坚持内外联动，将挖掘校内资源与运用社会资源相结合。着力挖掘校园文化中蕴含的爱国主义教育元素和承载的丰厚道德资源，传承学校精神文脉，在爱校荣校教育中厚植师生家国情怀，让中华文化基因、传统美德观念植根于师生的思想意识和道德观念，积极统筹协调校外爱国主义教育资源，形成全社会共同推动爱国主义教育的良好氛围。

——坚持远近贯通，将久久为功与重点推进相结合。遵循教育教学规律和学生成长发展规律，坚持贯穿结合融入，研究制定中长期规划，久久为功、绵绵用力。把加强爱国主义教育作为教育系统 2020 年思想政治工作的主题，围绕关键节点、重点领域，细化具体方案和重点举措，推动落细落小落实，加快推进工作。

二、建立爱国主义教育工作体系

（一）在明理上下功夫，准确把握新时代爱国主义精神的丰富内涵

爱国主义是中华民族的民族心、民族魂，是中华民族最重要的精神财富，是中国人民和中华民族维护民族独立和民族尊严的强大精神动力。爱国主义的本质就是坚持爱国和爱党、爱社会主义高度统一。要深刻认识爱国主义精神实质和丰富内涵，切实加强理论研究与科学阐释，深入推进课程和教材内容体现爱国内涵，将爱国主义精神贯穿于学校教育教学全过程，成为全体师生的思想共识和自觉行动。

1. "立心铸魂"行动：加强爱国主义理论研究阐释。充分发挥教育系统人才资源优势和理论研究优势，组织研究力量，对《纲要》精神进行全方位、深层次、多角度的研究阐释，传承和弘扬中华民族爱国传统，推进重大现实问题、重大理论问题、重大实践经验总结的课题研究，推动建立爱国主义教育目标体系、方法体系、内容体系、制度体系。围绕爱国主义教育、公民道德教育主题，推广展示一批精品项目，编写一批优秀作品并纳入思想政治工作文库，推动出版一批反映中国特色、中国风格、中国气派的哲学社会科学重大原创性著作。

2. "笃志润德"行动：推动爱国主义教育进课堂、进教材。充分发挥课堂教学的主渠道作用，将爱国主义精神贯穿于学校教育教学全过程。将弘扬爱国主义精神、加强道德养成作为思政课重要内容，以爱国主义故事、先进典型事迹等鲜活素材充实思政课案例库。围绕政治认同、家国情怀、文化素养、法治意识、道德修养等重点，结合基础教育、职业教育、高等教育的不同特点，挖掘各门课程所蕴含的爱国主义教育元素和所承载的爱国主义教育功能，增强知识传授的道德教化功能，构建爱国主义教育与知识体系教育相统一的育人机制。大力推广和规范使用国家通用语言文字，优化爱国主义教材内容体系，推出反映爱国主义内容的高质量教辅读物。

（二）在共情上下功夫，涵育爱党爱国爱社会主义的真挚情感

爱国是人世间最深层、最持久的情感。要增强主体体验，加大情感共鸣，强化师生对中国特色社会主义道路的思想认同、情感认同、理论认同，涵养积极进取、开放包容、理性平和的心态。

3."青春告白"行动：全方位、立体式激发爱国主义情感。长效化开展"青春告白祖国"等爱国主义教育工作，引导师生结合理论学习体悟和社会实践体验，生动真挚表达爱国主义热情。构建经常性爱国主义教育机制，把爱国主义内容融入党支部"三会一课"和党日团日、主题班会、班队会以及各类教育活动之中。针对不同年龄、学段特征，制作推介体现爱国主义内涵、适合网络传播的音频、短视频、网络文章、网络游戏、微电影等。积极运用微博微信、社交媒体、视频网站、手机客户端等传播平台，充分发挥易班、大学生在线等网络教育平台作用，着力构建校园网络新媒体传播矩阵，全方位开展网上爱国主义教育。

4."共情共鸣"行动：多层次、全维度培育爱国主义情怀。深入挖掘和宣传国家功勋模范人物和先进典型的突出事迹，推动各类先进人物进入校园开展思想政治工作，并进一步结合课堂教学、校园文化、社会实践、网络文化等载体形成工作常态化。鼓励设立国家功勋荣誉获得者等命名的奖学金，支持大中小学校为革命烈士、国家功勋人物树立塑像、铭刻事迹等。深入开展祖国统一教育，加强宪法和基本法教育，组织港澳台学生语言文化交流活动，为港澳台师生来内地（大陆）交流、学习提供更多机会与便利，引导青少年为坚持"一国两制"和推进祖国统一而共同奋斗。以铸牢中华民族共同体意识为主线，加强民族团结进步教育，加大在优秀少数民族学生中发展党员力度，引导各族学生牢固树立"五个认同""三个离不开"思想。

（三）在弘文上下功夫，加强爱国主义教育的氛围营造和文化浸润

爱国主义是中国民族精神的核心，以爱国主义为核心的民族精神和以改革创新为核心的时代精神，是凝心聚力的兴国之魂、强国之魂。要坚持以文化人、以文育人，传承和弘扬中华优秀传统文化、革命文化、社会主义先进文化，充分发挥校园资源、社会资源、自然资源的育人功能，不断增强民族自尊心、自信心和自豪感。

5."固本培元"行动：挖掘和运用校园文化爱国主义教育功能。深化文明校园创建活动，挖掘校史校风校训校歌的爱国主义教育功能，深入实施"高校原创文化精品推广行动计划"，鼓励广大师生积极创作体现爱国主义精神、正确价值导向的原创校园文化精品力作。用好校园报刊广播影视等媒体，推出仪式教育系列专题专栏，面向师生广泛宣传国旗升挂、国徽佩戴、国歌奏唱礼仪，认真组织升国旗仪式、入党入团入队仪式等，强化国家意识和集体观念。加强网络舆论引导，引导学生明辨是非、分清善恶，自觉抵制损害国家荣誉的错误言行。

6."同频共振"行动：构建爱国主义文化育人共同体。深入实施"中华经典诵读工程""中华传统节日振兴工程"，继续建设"中华经典资源库"，办好"中国诗词大会""中华经典诵写讲大赛""礼敬中华优秀传统文化""少年传承中华传统美德""全国中小学生电影周""新时代好少年"等活动。在重大纪念日、重大历史事件日，组织广大师生开展公祭、瞻仰纪念碑、祭扫烈士墓等纪念活动。依托自然人文景观和重大工程开展教育，组织爱国主义教育研学实践教育活动，引导广大师生投身美丽中国建设。

（四）在力行上下功夫，推动爱国精神转化为强国报国的自觉行动

爱国要体现在行动上，要引导师生把自己的理想同祖国的理想、把自己的人生同民族的

命运紧密联系在一起,扎根人民,奉献国家。要搭建实践平台,开展调研考察和咨询服务,引导师生将个人的"小我"融入祖国的"大我"、人民的"大我"之中。

7. "激情追梦"行动:促进爱国行为养成。加强校企战略合作、产教融合,通过设立实习实训基地、校外辅导员工作室等方式,充分利用国企资源,开展教学实习、技能实训、岗位体验、就业实践等。建设爱国主义实践育人基地,制定完善实践育人指导教师激励机制。深入推进学雷锋志愿服务,强化劳动精神、劳动观念教育。引领广大师生围绕"一带一路""脱贫攻坚"等国家重大发展战略开展社会实践,在实践中坚定报国志向、锻炼本领能力。

8. "奋斗圆梦"行动:融入国家发展大局。深入开展知识分子"弘扬爱国奋斗精神、建功立业新时代"活动,在教师群体中弘扬"两弹一星"精神、载人航天精神等,发扬艰苦奋斗、永久奋斗的优良传统。推动供给侧与需求侧精准对接,向重点行业、重点地区、重点单位、重大工程、重大项目精准培养优秀毕业生,引导毕业生向先进制造业、现代服务业和现代农业等领域就业创业、建功立业。推送更多优秀高校毕业生到国际组织实习、任职,培养服务国家发展战略的全球治理人才。

三、近期重点举措

(一)迅速掀起学习宣传贯彻热潮。开展全系统贯通式专题培训,将《纲要》作为有关干部培训班重要内容,对直属高校领导干部、各类青年管理教学科研骨干、高校思想政治骨干等进行培训,依托"周末理论大讲堂"等平台对全国高校思政课教师进行培训。

(二)总结宣传推广首都教育系统国庆服务保障工作先进事迹。在深入总结首都教育系统服务保障国庆活动全国宣讲工作的基础上,汇集整理服务保障国庆活动工作中的先进事迹和典型经验并编印宣传读本,印发全体思政课教师和辅导员,进一步丰富形势政策教育资源库,使国庆活动中的精神财富转化为广大师生奋进新时代的强大动力。

(三)加大"青春告白祖国"优秀成果推广展示力度。在深入总结 2019 年"青春告白祖国"工作优秀成果的基础上,继续做好"小我融入大我、青春献给祖国"师生主题社会实践活动,并与有关媒体合作,制作推出专题展示节目,重点展示 100 个左右优秀成果。

(四)广泛开展"奋斗的我、最美的国"新时代先进人物进校园工作。在做好前期启动仪式和示范活动的基础上,会同中央宣传部、国资委、全国总工会、共青团中央、全国妇联、中国科协等部门持续做好新时代先进人物进校园工作,激励广大师生崇尚先进、学习先进、争做先进,整合社会资源服务高校育人,形成校内校外育人工作联动的长效机制。

(五)创作推送展示爱国主义网络文化作品。做好"全国大学生网络文化节"和"全国高校网络教育优秀作品推选展示活动",加大爱国主义教育、公民道德教育相关内容的网络文章、微视频、微电影等作品推选倾斜力度,积极推介体现中华文化精髓、富有爱国主义气息的网络文学、动漫、有声读物、网络游戏、手机游戏、短视频等。

(六)不断深化各类品牌活动爱国主义教育成效。继续组织好"开学第一课""我和祖国共成长""青年红色筑梦之旅""少年工匠心向党""强国一代""圆梦蒲公英""读懂中国""院士回母校""全国大中小学生艺术展演"等各级各类学生品牌活动,不断强化爱国主义教育鲜明主题,增强活动吸引力、号召力,调动学生参与的积极性、主动性。

四、组织保障

(一)加强组织领导。要强化主体责任,压紧压实意识形态工作责任制,加强宏观指导、统筹协调和督促落实。把爱国主义教育与落实立德树人根本任务，构建完善大中小学思想政治工作体系，建立不忘初心、牢记使命的制度联系起来。广大党员教师要以身作则、率先垂范，发挥模范带头作用，做爱国主义的坚定弘扬者和实践者。

（二）提高队伍能力。要建设一支由思政课教师、宣传骨干、辅导员骨干等组成的爱国主义教育队伍，加强素质能力培训。围绕破解爱国主义教育重点难点问题的路径和方法等重大理论和现实问题开展调查研究，创新工作方式方法，注重建立长效机制，把教育活动融入日常、抓在经常、落在平常。

（三）加强宣传推广。要深入挖掘报道爱国主义先进典型和优秀事迹，广泛宣传推广教育系统深入开展爱国主义教育的好经验、好做法、好成果。加强对道德领域热点问题的引导，着力增强师生的法治意识、公共意识、规则意识、责任意识，持续生动形象做好宣传。

（四）完善评价机制。要进一步优化机制，切实完善科学评价和政策保障，形成科学合理的评价激励体系。把爱国主义教育纳入学校党建工作责任制，把爱国主义教育成效作为开展相关评估评价、评审评比的政治标准和重要指标，推动任务落地落实。

有关落实情况，请及时报告教育部党组。

教育部应对新型冠状病毒肺炎疫情工作领导小组办公室关于在疫情防控期间有针对性地做好教师工作若干事项的通知

教师厅函〔2020〕2号

各省、自治区、直辖市教育厅（教委），新疆生产建设兵团教育局，部属各高等学校、部省合建各高等学校：

为贯彻落实习近平总书记关于坚决打赢疫情防控阻击战的重要指示精神和党中央、国务院决策部署，根据《教育部应对疫情工作领导小组工作方案（试行）》要求，现就指导教师积极有效开展应对工作通知如下。

一、加强对教师群体的疫情防控工作。一线教师与学生群体接触密切，做好自身防护才能更好地维护学生健康。当前，疫情防控正处在关键时期，各地教育部门和学校要严防死守，始终把师生生命安全和身体健康放在第一位，未经学校批准学生一律不准返校，校外无关人员一律不准进校门，师生进入校门一律核验身份和检测体温，对发烧咳嗽者一律实行医学隔离观察，不服从管理者一律严肃处理。疫情防控期间，不得组织教师参加线下集中面授培训、集中职称评审、大型会议等集聚性活动，要按照当地防控要求从严从紧做好学校疫情防控需要返校教师的妥善安排，确保教师立足教育教学岗位助力打赢疫情防控阻击战。

二、做好"停课不停教、不停学"组织部署工作。各地教育部门和学校要因地制宜组织教师开展在线教学，明确授课内容、课程安排、授课组织形式，教学过程中要注意青少年身心健康，把握好教学内容的适量和教学时长的适当。不得违反相关规定安排教师超前超限超纲在线教学，不得要求教师在正常休息时间进行授课。要结合当地线上教学平台和各校实际，整合优质教育资源，确保各级各类教师有序开展教育教学。充分利用国家网络云课堂、国家教育资源公共服务平台、国家开放大学数字化学习资源中心、中国教育干部网络学院、中国教育电视台频道节目、"人教点读"APP、人教网、高等教育出版社爱课程等免费平台，指导学生在线学习或收听收看。教师参加在线教学或网络远程培训，按照考核认定的学时数计入教师培训学时（学分）。教师承担在线教育教学、在线辅导答疑、作业批改等计入工作量，纳入绩效管理。

三、做好教师信息技术能力提升和师训资源开放共享工作。依托国培计划、省培计划等培训项目，适时组织开展教师远程教学及信息技术能力在线专题培训。充分发挥部属高校特别是部属师范大学，教育部幼儿园园长、小学校长、中学校长培训中心，国家级培训项目管理办公室和名师名校长领航工程项目培养基地等机构的师训功能，向社会免费开设咨询和线上指导。各地教育部门要指导本地师训、教研、信息化等部门以及地方高校特别是地方师范院校，加大对教师信息化能力的培训力度，落实相关配套措施，一校一策，为教师科学高效开展线上教育教学提供支撑和保障。

四、做好心理疏导和教育引导工作。各地教育部门和学校要指导教师做好自我调适，理性应对疫情，全面科学掌握疫情防控要领，多渠道向学生宣传防控知识，对学生深入进行健康理念和自我保护教育。引导教师加强家校沟通，推进将生命教育、感恩教育、责任教育融入家庭教育。充分发挥班主任、思政课教师、心理教师以及学科教师的育人作用，做好对学生的心理疏导，促进身心健康发展，引导学生树立科学观念，不信谣、不传谣。

五、加大对在防疫一线作出突出贡献教师的激励表彰力度。支持高校改革创新医药卫生等相关学科领域教师科研评价办法，建立重实绩、重贡献的激励机制，鼓励专家团队和领军人才集智攻关，尽快取得实际应用成果，为战胜疫情提供科技支撑。对作出突出贡献的优秀教师特别是高校医学院和附属医院中的优秀教师典型，各级教育部门和学校要给予大力宣传和表彰奖励，在职称评审、评优评先、绩效分配等方面予以政策倾斜，鼓励社会团体、企事业单位和民间组织设立关爱基金或出资奖励。

六、做好对防疫一线医护人员子女的关怀工作。各地教育部门和中小学、幼儿园要及时掌握了解防疫一线医护人员子女的学习生活困难，组织本地本校教师有针对性地进行关心和辅导。注重发挥模范教师、优秀教师、教学名师以及名师名校长领航班学员的示范带头作用。鼓励教师志愿服务组织因地制宜对防疫一线人员特别是一线医护人员子女进行看护和教育，帮助他们在疫情防控期间学有所获、健康成长，为一线人员解除后顾之忧。

七、做好对湖北省等疫情严重地区教师的支援帮扶工作。国培计划、特岗计划、教师表彰奖励名额等向疫情严重省份倾斜支持。组织国培远程培训机构开放教师培训网络资源。发挥国培承担机构院校、名师名校长等作用，向疫情严重地区的学校主动输送优质线上课程资源。协同有关高校、教师发展机构等全力开放资源，为当地教师提供应对疫情急需的信息素养提升、心理疏导、卫生防疫等支援服务。

各地各校在抗击疫情过程中涌现出的优秀教师典型和感人事迹，请及时报送教育部教师工作司。

教育部应对新型冠状肺炎工作领导小组办公室

2020 年 2 月 10 日

中共中央、国务院关于
全面加强新时代大中小学劳动教育的意见

（2020 年 3 月 20 日）

为构建德智体美劳全面培养的教育体系，现就加强新时代大中小学劳动教育提出如下意见。

一、充分认识新时代培养社会主义建设者和接班人对加强劳动教育的新要求

（一）重大意义。劳动教育是中国特色社会主义教育制度的重要内容，直接决定社会主义建设者和接班人的劳动精神面貌、劳动价值取向和劳动技能水平。长期以来，各地区和学校坚持教育与生产劳动相结合，在实践育人方面取得了一定成效。同时也要看到，近年来一些青少年中出现了不珍惜劳动成果、不想劳动、不会劳动的现象，劳动的独特育人价值在一定程度上被忽视，劳动教育正被淡化、弱化。对此，全党全社会必须高度重视，采取有效措施切实加强劳动教育。

（二）指导思想。以习近平新时代中国特色社会主义思想为指导，全面贯彻党的教育方针，落实全国教育大会精神，坚持立德树人，坚持培育和践行社会主义核心价值观，把劳动教育纳入人才培养全过程，贯通大中小学各学段，贯穿家庭、学校、社会各方面，与德育、智育、体育、美育相融合，紧密结合经济社会发展变化和学生生活实际，积极探索具有中国特色的劳动教育模式，创新体制机制，注重教育实效，实现知行合一，促进学生形成正确的世界观、人生观、价值观。

（三）基本原则

——把握育人导向。坚持党的领导，围绕培养担当民族复兴大任的时代新人，着力提升学生综合素质，促进学生全面发展、健康成长。把准劳动教育价值取向，引导学生树立正确的劳动观，崇尚劳动、尊重劳动，增强对劳动人民的感情，报效国家，奉献社会。

——遵循教育规律。符合学生年龄特点，以体力劳动为主，注意手脑并用、安全适度，强化实践体验，让学生亲历劳动过程，提升育人实效性。

——体现时代特征。适应科技发展和产业变革，针对劳动新形态，注重新兴技术支撑和社会服务新变化。深化产教融合，改进劳动教育方式。强化诚实合法劳动意识，培养科学精神，提高创造性劳动能力。

——强化综合实施。加强政府统筹，拓宽劳动教育途径，整合家庭、学校、社会各方面力量。家庭劳动教育要日常化，学校劳动教育要规范化，社会劳动教育要多样化，形成协同育人格局。

——坚持因地制宜。根据各地区和学校实际，结合当地在自然、经济、文化等方面条件，充分挖掘行业企业、职业院校等可利用资源，宜工则工、宜农则农，采取多种方式开展劳动教育，避免"一刀切"。

二、全面构建体现时代特征的劳动教育体系

（四）把握劳动教育基本内涵。劳动教育是国民教育体系的重要内容，是学生成长的必

要途径,具有树德、增智、强体、育美的综合育人价值。实施劳动教育重点是在系统的文化知识学习之外,有目的、有计划地组织学生参加日常生活劳动、生产劳动和服务性劳动,让学生动手实践、出力流汗,接受锻炼、磨炼意志,培养学生正确劳动价值观和良好劳动品质。

(五)明确劳动教育总体目标。通过劳动教育,使学生能够理解和形成马克思主义劳动观,牢固树立劳动最光荣、劳动最崇高、劳动最伟大、劳动最美丽的观念;体会劳动创造美好生活,体认劳动不分贵贱,热爱劳动,尊重普通劳动者,培养勤俭、奋斗、创新、奉献的劳动精神;具备满足生存发展需要的基本劳动能力,形成良好劳动习惯。

(六)设置劳动教育课程。整体优化学校课程设置,将劳动教育纳入中小学国家课程方案和职业院校、普通高等学校人才培养方案,形成具有综合性、实践性、开放性、针对性的劳动教育课程体系。

根据各学段特点,在大中小学设立劳动教育必修课程,系统加强劳动教育。中小学劳动教育课每周不少于 1 课时,学校要对学生每天课外校外劳动时间作出规定。职业院校以实习实训课为主要载体开展劳动教育,其中劳动精神、劳模精神、工匠精神专题教育不少于 16 学时。普通高等学校要明确劳动教育主要依托课程,其中本科阶段不少于 32 学时。除劳动教育必修课程外,其他课程结合学科、专业特点,有机融入劳动教育内容。大中小学每学年设立劳动周,可在学年内或寒暑假自主安排,以集体劳动为主。高等学校也可安排劳动月,集中落实各学年劳动周要求。

根据需要编写劳动实践指导手册,明确教学目标、活动设计、工具使用、考核评价、安全保护等劳动教育要求。

(七)确定劳动教育内容要求。根据教育目标,针对不同学段、类型学生特点,以日常生活劳动、生产劳动和服务性劳动为主要内容开展劳动教育。结合产业新业态、劳动新形态,注重选择新型服务性劳动的内容。

小学低年级要注重围绕劳动意识的启蒙,让学生学习日常生活自理,感知劳动乐趣,知道人人都要劳动。小学中高年级要注重围绕卫生、劳动习惯养成,让学生做好个人清洁卫生,主动分担家务,适当参加校内外公益劳动,学会与他人合作劳动,体会到劳动光荣。初中要注重围绕增加劳动知识、技能,加强家政学习,开展社区服务,适当参加生产劳动,使学生初步养成认真负责、吃苦耐劳的品质和职业意识。普通高中要注重围绕丰富职业体验,开展服务性劳动、参加生产劳动,使学生熟练掌握一定劳动技能,理解劳动创造价值,具有劳动自立意识和主动服务他人、服务社会的情怀。中等职业学校重点是结合专业人才培养,增强学生职业荣誉感,提高职业技能水平,培育学生精益求精的工匠精神和爱岗敬业的劳动态度。高等学校要注重围绕创新创业,结合学科和专业积极开展实习实训、专业服务、社会实践、勤工助学等,重视新知识、新技术、新工艺、新方法应用,创造性地解决实际问题,使学生增强诚实劳动意识,积累职业经验,提升就业创业能力,树立正确择业观,具有到艰苦地区和行业工作的奋斗精神,懂得空谈误国、实干兴邦的深刻道理;注重培育公共服务意识,使学生具有面对重大疫情、灾害等危机主动作为的奉献精神。

(八)健全劳动素养评价制度。将劳动素养纳入学生综合素质评价体系,制定评价标准,建立激励机制,组织开展劳动技能和劳动成果展示、劳动竞赛等活动,全面客观记录课内外劳动过程和结果,加强实际劳动技能和价值体认情况的考核。建立公示、审核制度,确保记录真实可靠。把劳动素养评价结果作为衡量学生全面发展情况的重要内容,作为评优评先的重要参考和毕业依据,作为高一级学校录取的重要参考或依据。

三、广泛开展劳动教育实践活动

(九)家庭要发挥在劳动教育中的基础作用。注重抓住衣食住行等日常生活中的劳动实践机会,鼓励孩子自觉参与、自己动手,随时随地、坚持不懈进行劳动,掌握洗衣做饭等必要的家务劳动技能,每年有针对性地学会1至2项生活技能。鼓励学校(家委会)和社区等组织开展学生生活技能展示活动。学生参加家务劳动和掌握生活技能的情况要按年度记入学生综合素质档案。鼓励孩子利用节假日参加各种社会劳动。家庭要树立崇尚劳动的良好家风,家长要通过日常生活的言传身教、潜移默化,让孩子养成从小爱劳动的好习惯。

(十)学校要发挥在劳动教育中的主导作用。学校要切实承担劳动教育主体责任,明确实施机构和人员,开齐开足劳动教育课程,不得挤占、挪用劳动实践时间。明确学校劳动教育要求,着重引导学生形成马克思主义劳动观,系统学习掌握必要的劳动技能。根据学生身体发育情况,科学设计课内外劳动项目,采取灵活多样形式,激发学生劳动的内在需求和动力。统筹安排课内外时间,可采用集中与分散相结合的方式。组织实施好劳动周,小学低中年级以校园劳动为主,小学高年级和中学可适当走向社会、参与集中劳动,高等学校要组织学生走向社会、以校外劳动锻炼为主。

(十一)社会要发挥在劳动教育中的支持作用。充分利用社会各方面资源,为劳动教育提供必要保障。各级政府部门要积极协调和引导企业公司、工厂农场等组织履行社会责任,开放实践场所,支持学校组织学生参加力所能及的生产劳动、参与新型服务性劳动,使学生与普通劳动者一起经历劳动过程。鼓励高新企业为学生体验现代科技条件下劳动实践新形态、新方式提供支持。工会、共青团、妇联等群团组织以及各类公益基金会、社会福利组织要组织动员相关力量、搭建活动平台,共同支持学生深入城乡社区、福利院和公共场所等参加志愿服务,开展公益劳动,参与社区治理。

四、着力提升劳动教育支撑保障能力

(十二)多渠道拓展实践场所。大力拓展实践场所,满足各级各类学校多样化劳动实践需求。充分利用现有综合实践基地、青少年校外活动场所、职业院校和普通高等学校劳动实践场所,建立健全开放共享机制。农村地区可安排相应土地、山林、草场等作为学农实践基地,城镇地区可确认一批企事业单位和社会机构,作为学生参加生产劳动、服务性劳动的实践场所。建立以县为主、政府统筹规划配置中小学(含中等职业学校)劳动教育资源的机制。进一步完善学校建设标准,学校逐步建好配齐劳动实践教室、实训基地。高等学校要充分发挥自身专业优势和服务社会功能,建立相对稳定的实习和劳动实践基地。

(十三)多举措加强人才队伍建设。采取多种措施,建立专兼职相结合的劳动教育师资队伍。根据学校劳动教育需要,为学校配备必要的专任教师。高等学校要加强劳动教育师资培养,有条件的师范院校开设劳动教育相关专业。设立劳模工作室、技能大师工作室、荣誉教师岗位等,聘请相关行业专业人士担任劳动实践指导教师。把劳动教育纳入教师培训内容,开展全员培训,强化每位教师的劳动意识、劳动观念,提升实施劳动教育的自觉性,对承担劳动教育课程的教师进行专项培训,提高劳动教育专业化水平。建立健全劳动教育教师工作考核体系,分类完善评价标准。

（十四）健全经费投入机制。各地区要统筹中央补助资金和自有财力,多种形式筹措资金,加快建设校内劳动教育场所和校外劳动教育实践基地,加强学校劳动教育设施标准化建设,建立学校劳动教育器材、耗材补充机制。学校可按照规定统筹安排公用经费等资金开展劳动教育。可采取政府购买服务方式,吸引社会力量提供劳动教育服务。

（十五）多方面强化安全保障。各地区要建立政府负责、社会协同、有关部门共同参与的安全管控机制。建立政府、学校、家庭、社会共同参与的劳动教育风险分散机制,鼓励购买劳动教育相关保险,保障劳动教育正常开展。各学校要加强对师生的劳动安全教育,强化劳动风险意识,建立健全安全教育与管理并重的劳动安全保障体系。科学评估劳动实践活动的安全风险,认真排查、清除学生劳动实践中的各种隐患特别是辐射、疾病传染等,在场所设施选择、材料选用、工具设备和防护用品使用、活动流程等方面制定安全、科学的操作规范,强化对劳动过程每个岗位的管理,明确各方责任,防患于未然。制定劳动实践活动风险防控预案,完善应急与事故处理机制。

五、切实加强劳动教育的组织实施

（十六）加强组织领导。在党委统一领导下,各级政府要把劳动教育摆上重要议事日程,出台相关政策措施,切实解决劳动教育实施过程中的重大问题,做好督促落实。省级政府要加强劳动教育工作的统筹协调,明确市地级、县级政府及有关部门加强劳动教育的职责,推动建立全面实施劳动教育的长效机制。

（十七）强化督导检查。把劳动教育纳入教育督导体系,完善督导办法。对地方各级政府和有关部门保障劳动教育情况以及学校组织实施劳动教育情况进行督导,督导结果向社会公开,同时作为衡量区域教育质量和水平的重要指标,作为对被督导部门和学校及其主要负责人考核奖惩的依据。开展劳动教育质量监测,强化反馈和指导。

（十八）加强宣传引导。引导家长树立正确劳动观念,支持配合学校开展劳动教育。加强劳动教育科学研究,宣传推广劳动教育典型经验。积极宣传企事业单位和社会机构提供劳动教育服务的先进事迹。注重挖掘在抗疫救灾等重大事件中涌现出来的典型人物和事迹,大力宣传不畏艰难、百折不挠、敢于担当的高尚品格。鼓励和支持创作更多以歌颂普通劳动者为主题的优秀作品,大力宣传辛勤劳动、诚实劳动、创造性劳动的典型人物和事迹,弘扬劳动光荣、创造伟大的主旋律,旗帜鲜明地反对一切不劳而获、贪图享乐、崇尚暴富的错误观念,营造全社会关心和支持劳动教育的良好氛围。

教育部等八部门关于加快构建高校
思想政治工作体系的意见

教思政〔2020〕1 号

各省、自治区、直辖市教育厅（教委）、党委组织部、党委宣传部、党委政法委、网信办、财政厅（局）、人力资源社会保障厅（局）、团委,新疆生产建设兵团教育局、党委组织部、党委宣传部、党委政法委、网信办、财政局、人力资源社会保障局、团委,部属各高等学校、部省合建各高等学校:

为深入贯彻落实习近平新时代中国特色社会主义思想,贯彻落实党的十九大和十九届二中、三中、四中全会精神,学习贯彻习近平总书记关于教育的重要论述,加快构建高校思想政治工作体系,努力培养担当民族复兴大任的时代新人,培养德智体美劳全面发展的社会主义建设者和接班人,现提出如下意见。

一、指导思想和目标任务

1. 指导思想。以习近平新时代中国特色社会主义思想为指导,全面贯彻党的教育方针,坚持和加强党的全面领导,坚持社会主义办学方向,以立德树人为根本,以理想信念教育为核心,以培育和践行社会主义核心价值观为主线,以建立完善全员、全程、全方位育人体制机制为关键,全面提升高校思想政治工作质量。

2. 目标任务。健全立德树人体制机制,把立德树人融入思想道德、文化知识、社会实践教育各环节,贯通学科体系、教学体系、教材体系、管理体系,加快构建目标明确、内容完善、标准健全、运行科学、保障有力、成效显著的高校思想政治工作体系。

二、理论武装体系

3. 加强政治引领。把坚持以马克思主义为指导落实到教育教学各方面,对各种错误观点和思潮旗帜鲜明予以抵制。全面推动习近平新时代中国特色社会主义思想进教材、进课堂、进师生头脑,开展理论教育培训,编写出版理论读物,打造示范课堂,运用各种载体分群体深入开展习近平新时代中国特色社会主义思想学习研究宣传工作。推动理想信念教育常态化、制度化,加强党史、新中国史、改革开放史、社会主义发展史教育,加强爱国主义、集体主义、社会主义教育,把制度自信的种子播撒进青少年心灵,引导师生不断增强"四个自信"。推动领导干部、"两院"院士等专家学者、各方面英雄模范人物进校园开展思想政治教育。

4. 厚植爱国情怀。贯彻落实《新时代爱国主义教育实施纲要》,打造推广一批富有爱国主义教育意义的文化作品,定期举行集体升国旗、唱国歌仪式,有效利用重大活动、开学典礼、毕业典礼、重大纪念日、主题党团日等契机和重点文化基础设施开展爱国主义教育。

5. 强化价值引导。研究制定体现社会主义核心价值观要求的师生行为规范,组织国家勋章和国家荣誉称号获得者、最美奋斗者、改革先锋、时代楷模等新时代先进人物走进高校,面向广大师生开展思想政治教育。开展教书育人楷模、思政课教师年度人物、高校辅导员年度人物、大学生年度人物等先进典型的宣传选树。

三、学科教学体系

6. 办好思想政治理论课。按照"八个相统一"要求,扎实推进思想政治理论课建设思路创优、师资创优、教材创优、教法创优、机制创优、环境创优。遴选名师大师参与思想政治理论课讲授。把新媒体新技术引入高校思想政治理论课教学,打造高校思想政治理论课资源平台和网络集体备课平台。

7. 强化哲学社会科学育人作用。强化马克思主义理论学科引领作用,推出一批中国特色哲学社会科学精品力作。加强哲学社会科学教材规划编审和规范选用工作。加大哲学社会科学各学科专业中的马克思主义理论类课程建设。扎实推进哲学社会科学专业课程思政建设,文学、历史学、哲学类专业课程要帮助学生掌握马克思主义世界观和方法论,从历史与现实、理论与实践等相结合的维度深刻理解习近平新时代中国特色社会主义思想。经济学、管理学、法学类专业课程要培育学生经世济民、诚信服务、德法兼修的职业素养。教育学类专业课程要注重加强师德师风教育，引导学生树立学为人师、行为世范的职业理想。

8. 全面推进所有学科课程思政建设。统筹课程思政与思政课程建设，构建全面覆盖、类型丰富、层次递进、相互支撑的课程体系。重点建设一批提高大学生思想道德修养、人文素质、科学精神和认知能力的公共基础课程。理学、工学类专业课程要注重科学思维方法的训练和科技伦理的教育，培养学生探索未知、追求真理、勇攀科学高峰的责任感和使命感，培养学生精益求精的大国工匠精神。农学类专业课程要注重培养学生的大国"三农"情怀，引导学生"懂农业、爱农村、爱农民"。医学类专业课程要注重加强医德医风教育，注重加强医者仁心教育，教育引导学生尊重患者，学会沟通，提升综合素养。艺术学类专业课程要教育引导学生树立正确的艺术观和创作观，积极弘扬中华美育精神。

9. 充分发挥科研育人功能。构建集教育、预防、监督、惩治于一体的学术诚信体系。提高研究生导师开展思想政治教育意识和能力。持续开展全国科学道德和学风建设宣讲教育、"共和国的脊梁——科学大师名校宣传工程"等系列活动。

四、日常教育体系

10. 深化实践教育。把思想政治教育融入社会实践、志愿服务、实习实训等活动中，创办形式多样的"行走课堂"。健全志愿服务体系，深入开展"青年红色筑梦之旅""'小我融入大我，青春献给祖国'主题社会实践"等活动。推动构建政府、社会、学校协同联动的"实践育人共同体"，挖掘和编制"资源图谱"，加强劳动教育。

11. 繁荣校园文化。坚持培育优良校风教风学风，持续开展文明校园创建活动。建设一批文化传承基地。发挥校园建筑景观、文物和校史校训校歌的文化价值。加强高校原创文化精品创作与推广。

12. 加强网络育人。提升校园新媒体网络平台的服务力、吸引力和黏合度，切实增强易班网、中国大学生在线等网络阵地的示范性、引领性和辐射度，重点建设一批高校思政类公众号，发挥新媒体平台对高校思政工作的促进作用。引导和扶持师生积极创作导向正确、内容生动、形式多样的网络文化产品。建设高校网络文化研究评价中心，推动将优秀网络文化成果纳入科研成果评价统计。各高校应按照在校生总数每生每年不低于 30 元的标准设立网络思政工作专项经费。

13. 促进心理健康。把心理健康教育课程纳入整体教学计划，按师生比不低于1∶4000比例配备专业教师，每校至少配备 2 名。发挥心理健康教育教师、辅导员、班主任等育人主体的作用，规范发展心理健康教育与咨询服务。强化心理问题早期发现和科学干预，推广应用《中国大学生心理健康筛查量表》和"心理健康网络测评系统"，提升预警预防、咨询服务、干预转介工作的科学性、前瞻性和针对性。

五、管理服务体系

14. 提高管理服务水平。健全管理服务育人制度体系，宣传推广一批管理服务育人的先进经验和典型做法，大力营造治理有方、管理到位、风清气正的制度育人环境。

15. 加强群团组织建设。增强工会、共青团、妇联等群团组织的政治性、先进性、群众性。推动学生会(研究生会)改革,强化党的领导,健全骨干遴选程序。加强学生社团建设管理,着力构建党委统一领导、团委具体管理的工作机制,配齐配强指导教师,突出分类指导,支持有序发展。

16. 推动"一站式"学生社区建设。依托书院、宿舍等学生生活园区,探索学生组织形式、管理模式、服务机制改革,推进党团组织、管理部门、服务单位等进驻园区开展工作,把校院领导力量、管理力量、服务力量、思政力量压到教育管理服务学生一线,将园区打造成为集学生思想教育、师生交流、文化活动、生活服务于一体的教育生活园地。

17. 完善精准资助育人。精准认定家庭经济困难学生,健全四级资助认定工作机制,完善档案、动态管理。建设发展型资助体系,加大家庭经济困难学生能力素养培育力度。

六、安全稳定体系

18. 强化高校政治安全。认真落实意识形态工作责任制,加强高校思想文化阵地管理,严格实行审批制度。坚决抵御境外利用宗教渗透,防范校园传教活动。

19. 加强国家安全教育。持续推动国家安全教育进学校、进教材、进头脑,把集中教育活动与日常教育活动、课堂教育教学与社会实践相结合。建立健全国家安全教育长效机制,不断充实教育内容,完善教学体系。

20. 筑牢校园安全防线。切实保护学生生命安全、财产安全、身体健康,严格落实安全防范工作规范要求,强化安全基础建设,完善校园及周边治安综合治理机制。

21. 健全安全责任体系。落实高校安全管理主体责任,完善相应协调和会商机制,落实"一岗双责"。完善预警预防、综合研判、应急处置、督查报告、责任追究等工作制度。

七、队伍建设体系

22. 建设高水平教师队伍。按照"四有"好老师要求,落实政治理论学习、培训轮训、实践锻炼等制度。完善教师评聘考核办法,把师德师风作为评价教师队伍素质第一标准。实施课程思政教师专题培训计划。充分发挥院士、国家"万人计划"哲学社会科学领军人才、文化名家暨"四个一批人才"、"长江学者"、"杰青"、国家级教学名师等示范带头作用。构建全校齐抓教师思想政治素质的工作体系,组织开展宣传师德典型、深化学术诚信教育,加强对海外归国和青年教师的思想引导。落实《新时代高校教师职业行为十项准则》,严格实行师德"一票否决制",加大对失德教师的惩戒力度,推动师德建设常态化长效化。

23. 打造高素质思想政治工作和党务工作队伍。严格落实中央关于高校思想政治工作和党务工作队伍配备的各项指标性要求。完善高校专职辅导员职业发展体系,建立职级、职称"双线"晋升办法,学校应当结合实际情况为专职辅导员专设一定比例的正高级专业技术岗位。参照校内管理岗位比例,依据国家有关规定,建立完善高校专职辅导员管理岗位(职员等级)晋升制度。对长期从事辅导员工作、表现优秀的,按照国家有关规定给予奖励。各高校要切实履行辅导员选聘工作的主体责任,按照专兼结合、以专为主的原则加强辅导员选配工作。各地有关部门要积极支持并督导各高校严格落实专职辅导员人事管理政策,按规定签订聘用合同,不得用劳务派遣、人事代理等方式聘用辅导员。鼓励选聘各级党政机关、科研院所、军队、企事业单位党员领导干部、专家学者等担任校外辅导员。完善兼职辅导员和校外辅导员培训、管理、考核制度。持续提升思想政治工作和党务工作队伍素质能力和专业水平,实施思想政治工作中青年骨干队伍建设项目,组织开展国家示范培训、海内外访学研修、在职攻读硕士博士学位等专项计划。各地要因地制宜设置思政课教师和辅导员岗位津贴,纳入绩效工资管理,相应核增学校绩效工资总量。各高校应按照在校生总数每生每年不低于 20 元的标准设立思想政治工作和党务工作队伍建设专项经费。

24. 加大马克思主义学者和青年马克思主义者培养力度。加强马克思主义学院和马克思主义理论学科建设,加快培养一批立场坚定、功底扎实、经验丰富的马克思主义学者,特别是培养一大批青年马克思主义者。深入实施"高校思想政治理论课教师队伍后备人才培养专项支持计划"。组织实施青年马克思主义者培养工程,加强集中教育培训和后续跟踪培养。

八、评估督导体系

25. 构建科学测评体系。建立多元多层、科学有效的高校思政工作测评指标体系,完善过程评价和结果评价相结合的实施机制,推动把高校党建和思想政治工作作为"双一流"建设成效评估、学科专业质量评价、人才项目评审、教学科研成果评比的重要指标,并纳入政治巡视、地方和高校领导班子考核、领导干部述职评议的重要内容。

26. 完善推进落实机制。明确责任分工,细化实施方案,及时研究解决重点问题。将高校思想政治工作纳入整体发展规划和年度工作计划,明确路线图、时间表、责任人。

27. 健全督导问责机制。强化高校思想政治工作督导考核,对履职尽责不力、不及时的,加大追责力度。实行校、院系、基层党组织书记抓党建和思想政治工作述职评议考核制度,纳入党纪监督检查范围。

九、组织领导和实施保障

28. 加强党的全面领导。要把高校思想政治工作摆到重要位置,切实加强组织领导和工作指导。各高校党委要全面统筹各领域、各环节、各方面的资源和力量,力戒形式主义、官僚主义,加强体制机制、项目布局、队伍建设、条件保障等方面的系统设计,定期分析高校思想政治领域情况,研究解决重大问题,协调推进重点任务落实,党委主要负责同志落实领导责任,分管领导落实直接责任。党委书记是思想政治工作第一责任人,校长和其他班子成员履行"党政同责、一岗双责"。高校领导班子成员要主动进课堂、进班级、进宿舍、进食堂、进社团、进讲座、进网络,深入一线联系学生。

29. 加强基层党的建设。强化院系党组织政治功能,加强班子建设、健全集体领导机制、提高议事决策水平。发挥党支部战斗堡垒和党员先锋模范作用,优化支部设置,实施教师党支部书记"双带头人"培育工程,建强党支部书记队伍。严格党的组织生活各项制度,着重加强教师党支部和学生党支部建设、发展党员和党员教育管理工作。加强教师党支部与学生党支部共建,鼓励校企、校地党支部共同开展组织生活。落实党建带团建制度,做好推优入党工作。

30. 强化工作协同保障。推动形成学校、家庭和社会教育协同育人机制。发挥高校思想政治工作委员会的专家咨询作用,加大高校思想政治工作创新发展中心、思想政治工作队伍培训研修中心、省级高校网络思想政治工作中心建设力度。做好高校思想政治工作专项资金使用管理,引导地方和高校增加投入,强化经费投入的育人导向。

教育部 中共中央组织部 中共中央宣传部

中共中央政法委员会 中央网络安全和信息化委员会办公室

财政部 人力资源和社会保障部 共青团中央

2020 年 4 月 22 日

共青团中央、中共教育部党组关于印发《深化学校共青团改革的若干措施》的通知

中青联发〔2020〕7 号

各省、自治区、直辖市团委,新疆生产建设兵团团委,部属各高等学校党委:

为贯彻落实中央教育工作领导小组重要要求,进一步深化学校共青团改革,破解制约学校共青团发展的思维定势和重点难点问题,共青团中央、中共教育部党组制定了《深化学校共青团改革的若干措施》,现印发给你们,请结合实际,抓好贯彻落实,努力推动高校、中学(含中等职业学校、技工学校)共青团工作实现新发展、改革取得新突破。

中共教育部党组

2020 年 6 月 12 日

深化学校共青团改革的若干措施

为深入贯彻中央教育工作领导小组重要要求,落实共青团十八大和十八届二中、三中、四中全会精神,进一步推动《高校共青团改革实施方案》《中学共青团改革实施方案》落地见效,就深化高校、中学(含中等职业学校、技工学校)共青团改革提出以下重点措施。

一、总体要求

深化学校共青团改革要以习近平总书记关于青年工作的重要思想为遵循,在"大思政"和"三全育人"格局中,把握功能定位,履行职责使命,推动学校团组织切实发挥政治功能。要激发自我奋斗精神,进一步破解制约学校共青团发展的思维定势和重点难点问题,不断增强团的政治性、先进性、群众性。要强化目标导向,全面理解和落实"全团抓学校"的要求,在团的各项职能中整体谋划学校共青团工作,推动改革措施 2021 年底基本落实到位,学校共青团工作中存在的突出问题得到基本解决,学校共青团的基础性战略地位得到持续巩固。

二、聚焦主业,深化高校共青团改革

把握为党育人的根本任务,着力解决高校共青团政治功能发挥不充分、团员先进性不突出、团组织运行不规范、团学组织协同不够有力等问题。

1. 改进政治教育机制。坚持正面教育为主,把用习近平新时代中国特色社会主义思想武装团员队伍作为首要任务,努力为党输送新鲜血液、培养青年政治骨干。把推优入党作为高校团组织履行团的政治功能的重要抓手,落实"两个一般、两个主要"规定,推动完善党、团组织联合培养教育入党积极分子和发展对象的工作机制,使经过团组织规范程序推优入党

的团员比例达到 60% 以上。完善高校青年马克思主义者培养机制,突出理想信念教育,注重实践导向,引导青年政治骨干多吃"粗粮",深入社会基层学习锻炼;高校"青马工程"学员中学生团干部应占 60% 以上,适当吸收学生会、学生社团骨干和表现优秀的党员或团员,对达不到培养要求的学员严格淘汰。

2. 健全实践教育机制。坚持理论学习与实践锻炼相结合、学校和社会相衔接,创新团员服务社会的常态方式和载体,引导大学生团员在服务社会中提升社会化能力,促进其在社会生活和全体公民中彰显先进性。突出"三下乡"、"返家乡"、志愿服务等工作项目的教育功能,组织大学生团员积极参加社会实践、劳动教育和志愿服务,推动高校青年志愿者协会建设全覆盖。高校团组织要主动融入地方区域化团建工作,建立大学生团员向社区(村)和"青年之家"报到工作机制,面向群众开展服务,引导其在服务社会的过程中厚植家国情怀。团员参与"三下乡"、志愿服务、社区报到等社会实践表现应作为"第二课堂成绩单"、综合素质评价、团内评优、推优入党的重要参考依据,作为新时代大学生团员彰显先进性的鲜明标志。

3. 改进组织运行机制。突出团支部在班级同学思政学习、志愿服务、社会实践等工作中的引领主导作用,共青团员评奖评优、推荐举荐等须经支委会通过,团员大会决定。完善支委会和班委会协同工作机制,倡导学生党员担任班级团支部书记,鼓励团支部书记兼任班长。强化"一切工作到支部"的理念,持续开展基层团组织规范化建设,激励先进支部,整顿后进支部,未达标的团组织及其委员不能参评团内荣誉。高校团委要协助党委加强对学生会、学生社团工作人员的遴选把关和日常教育,严格管理监督,严肃述职评议制度,优先推荐班级团支部委员担任学生代表大会代表和学生会工作人员,从骨干力量配备上保障团学组织形成合力。按照组织隶属关系和干部管理权限,严实团组织、学联组织从严指导管理高校学生会的政治责任。

4. 创新组织动员方式。突出思想政治教育,把团的组织生活与学业进步、实践锻炼、社会参与相结合,创新规范开展"三会两制一课",打破时间和空间限制,探索组织生活新模式,提升组织生活的时代性。把"第二课堂成绩单"制度作为团组织发挥作用的重要载体,逐步纳入高校人才培养和学科建设考核评估体系,发挥其对学生综合素质评价和政治人才举荐的积极作用,推动高校"第二课堂成绩单"制度全覆盖。提升高校团的活动质量,突出"团"字号、"青"字号品牌的育人功能,扩大团组织活动的参与面,使更多青年师生在团的活动中受教育、长才干。

三、正本清源,深化中学共青团改革

遵循"宁可少一点,也要好一点"的原则,着力解决团员发展标准模糊、团员教育质量不高、团员作用发挥不充分、县域团教协作机制不健全等问题。

5. 优化团员发展机制。切实履行全团带队职责,初中学校全面建立少先队组织,重点抓好团前教育、推优入团工作。突出团员政治素质,按照德智体美劳全面发展的育人要求,完善学生入团标准,将学生思政考评成绩和志愿服务情况作为入团的重要依据。严格团员发展程序和工作纪律,统筹做好不同教育阶段、不同学校类型和不同教学年级学生经常性发展团员工作,巩固高中阶段班级团支部基本设置,防止班级团支部覆盖长期空白,保持初中团员校际、班际间的合理结构,避免因学生毕业导致初中学校团员过少的现象。依托"智慧团

建"建立新发展团员电子档案,每年定期开展团员档案核查和违规发展团员处置,规范团员档案进入学籍档案。逐步将全国初中、高中毕业班团学比控制在20%和40%左右。

6. 健全团员教育机制。在全日制中学、中等职业学校(含技工学校)普遍成立团校,构建循序渐进、与思政课同向同行的团课体系,办好网上团课,实现组织育人常态化。制度化落实仪式礼仪教育要求,依法开展国旗升挂、国歌奏唱礼仪,规范开展离队、入团仪式和十四岁集体生日、十八岁成人仪式等主题活动。将中学团的活动纳入综合实践活动课程,适当走向社会,有计划有组织地拓展中学生团员服务社会的实践载体。探索适应中学教育改革要求和初中班级团员偏少、中等职业学校顶岗实习等实际情况的组织设置方式,将团的组织生活有效融入团员日常学习生活。

7. 改进荣誉激励体系。建立团、队一体统筹、阶梯晋级、累进激励、有序衔接的荣誉激励体系,把少先队员成长激励情况作为推优入团重要依据。以五四红旗团组织、优秀共青团员、优秀共青团干部等团的"政治类"荣誉为重点,以团员教育评议为基础,构建和完善团内荣誉激励体系。探索通过争章、积分、团员评议、星级评定等方式,加强对入团积极分子、团员的全过程培养评价,客观记录其品行日常表现和关键表现。推动团员成为注册志愿者,学生团员年度个人志愿服务时长不足20小时的,一般不参与团内评优。

8. 完善团教协作机制。全面加强县域团教协作,建立县级教育团工委书记担任县级团委挂职、兼职副书记的工作机制,加强县级团委对本地中学共青团和少先队工作的直接指导。优化市县两级团的委员会结构,吸纳学生人数较多的中学团委书记进入委员会、常务委员会。团的领导机关要加强与教育、人力资源社会保障等部门以及有关行业、单位的协调,理顺中等职业学校团的隶属关系。

四、落实责任,加强支撑保障

9. 提高党建带团建实效。各级教育部门和学校党组织要将团建工作纳入学校党建工作一并部署、同步考核。将团建经费纳入党建经费整体计划,在学校年度经费预算中,按照在校生规模保障校级团委工作经费。学校党组织不得把团的组织机构随意撤销、合并或归属于其他工作部门。

10. 健全指导落实机制。按照深化新时代教育督导体制机制改革的要求,将"党建带团建、队建"纳入教育督导内容。落实教师团干部在课时计算、职称评定、职级待遇、工作考核等方面的保障政策。结合实际优化省级团委抓学校共青团工作运行机制。省、市两级团委负责同志每学期深入学校推动工作不少于15天,主责部门专挂职干部每年要深入辖区全部高校、部分中学推动工作;县级团委专挂职干部每年要深入辖区全部中学推动工作。

11. 建立述职评议制度。校团组织书记每年须向上级团组织述职,其评价结果须区分不同等次,反馈学校党组织。同级党组织和上级团组织要将评价结果与教师团干部评先评优和选拔任用挂钩,对工作落实不力的要及时调整。完善团干部上讲台制度,教师团部每人每学期讲团课不少于2次。

12. 强化工作支持保障。完善项目化工作机制,推动团的领导机关资源向基层倾斜,实现团内重点工作以可度量的项目在学校落地。健全团的"机关部门+直属单位+基金会"的事业化平台机制,促进学校领域的工作协同和资源整合。完善地域协作机制,通过结对帮扶、区域联动、项目互助等方式,推动城市和农村、东部和中西部地区学校团组织交流共享。

中共中央、国务院印发《深化新时代教育评价改革总体方案》

新华社北京 10 月 13 日电。近日,中共中央、国务院印发了《深化新时代教育评价改革总体方案》,并发出通知,要求各地区各部门结合实际认真贯彻落实。

《深化新时代教育评价改革总体方案》全文如下。

教育评价事关教育发展方向,有什么样的评价指挥棒,就有什么样的办学导向。为深入贯彻落实习近平总书记关于教育的重要论述和全国教育大会精神,完善立德树人体制机制,扭转不科学的教育评价导向,坚决克服唯分数、唯升学、唯文凭、唯论文、唯帽子的顽瘴痼疾,提高教育治理能力和水平,加快推进教育现代化、建设教育强国、办好人民满意的教育,现制定如下方案。

一、总体要求

(一)指导思想。以习近平新时代中国特色社会主义思想为指导,全面贯彻党的十九大和十九届二中、三中、四中全会精神,全面贯彻党的教育方针,坚持社会主义办学方向,落实立德树人根本任务,遵循教育规律,系统推进教育评价改革,发展素质教育,引导全党全社会树立科学的教育发展观、人才成长观、选人用人观,推动构建服务全民终身学习的教育体系,努力培养担当民族复兴大任的时代新人,培养德智体美劳全面发展的社会主义建设者和接班人。

(二)主要原则。坚持立德树人,牢记为党育人、为国育才使命,充分发挥教育评价的指挥棒作用,引导确立科学的育人目标,确保教育正确发展方向。坚持问题导向,从党中央关心、群众关切、社会关注的问题入手,破立并举,推进教育评价关键领域改革取得实质性突破。坚持科学有效,改进结果评价,强化过程评价,探索增值评价,健全综合评价,充分利用信息技术,提高教育评价的科学性、专业性、客观性。坚持统筹兼顾,针对不同主体和不同学段、不同类型教育特点,分类设计、稳步推进,增强改革的系统性、整体性、协同性。坚持中国特色,扎根中国、融通中外,立足时代、面向未来,坚定不移走中国特色社会主义教育发展道路。

(三)改革目标。经过 5 至 10 年努力,各级党委和政府科学履行职责水平明显提高,各级各类学校立德树人落实机制更加完善,引导教师潜心育人的评价制度更加健全,促进学生全面发展的评价办法更加多元,社会选人用人方式更加科学。到 2035 年,基本形成富有时代特征、彰显中国特色、体现世界水平的教育评价体系。

二、重点任务

(一)改革党委和政府教育工作评价,推进科学履行职责

1. 完善党对教育工作全面领导的体制机制。各级党委要认真落实领导责任,建立健全党委统一领导、党政齐抓共管、部门各负其责的教育领导体制,履行好把方向、管大局、作决策、保落实的职责,把思想政治工作作为学校各项工作的生命线紧紧抓在手上,贯穿学校教育管理全过程,牢固树立科学的教育发展理念,坚决克服短视行为、功利化倾向。各级党委和政府要完善定期研究教育工作机制,建立健全党政主要负责同志深入教育一线调研、为师

生上思政课、联系学校和年终述职必述教育工作等制度。

2. 完善政府履行教育职责评价。对省级政府主要考核全面贯彻党的教育方针和党中央关于教育工作的决策部署、落实教育优先发展战略、解决人民群众普遍关心的教育突出问题等情况,既评估最终结果,也考核努力程度及进步发展。各地根据国家层面确立的评价内容和指标,结合实际进行细化,作为对下一级政府履行教育职责评价的依据。

3. 坚决纠正片面追求升学率倾向。各级党委和政府要坚持正确政绩观,不得下达升学指标或以中高考升学率考核下一级党委和政府、教育部门、学校和教师,不得将升学率与学校工程项目、经费分配、评优评先等挂钩,不得通过任何形式以中高考成绩为标准奖励教师和学生,严禁公布、宣传、炒作中高考"状元"和升学率。对教育生态问题突出、造成严重社会影响的,依规依法问责追责。

(二)改革学校评价,推进落实立德树人根本任务

4. 坚持把立德树人成效作为根本标准。加快完善各级各类学校评价标准,将落实党的全面领导、坚持正确办学方向、加强和改进学校党的建设以及党建带团建队建、做好思想政治工作和意识形态工作、依法治校办学、维护安全稳定作为评价学校及其领导人员、管理人员的重要内容,健全学校内部质量保障制度,坚决克服重智育轻德育、重分数轻素质等片面办学行为,促进学生身心健康、全面发展。

5. 完善幼儿园评价。重点评价幼儿园科学保教、规范办园、安全卫生、队伍建设、克服小学化倾向等情况。国家制定幼儿园保教质量评估指南,各省(自治区、直辖市)完善幼儿园质量评估标准,将各类幼儿园纳入质量评估范畴,定期向社会公布评估结果。

6. 改进中小学校评价。义务教育学校重点评价促进学生全面发展、保障学生平等权益、引领教师专业发展、提升教育教学水平、营造和谐育人环境、建设现代学校制度以及学业负担、社会满意度等情况。国家制定义务教育学校办学质量评价标准,完善义务教育质量监测制度,加强监测结果运用,促进义务教育优质均衡发展。普通高中主要评价学生全面发展的培养情况。国家制定普通高中办学质量评价标准,突出实施学生综合素质评价、开展学生发展指导、优化教学资源配置、有序推进选课走班、规范招生办学行为等内容。

7. 健全职业学校评价。重点评价职业学校(含技工院校,下同)德技并修、产教融合、校企合作、育训结合、学生获取职业资格或职业技能等级证书、毕业生就业质量、"双师型"教师(含技工院校"一体化"教师,下同)队伍建设等情况,扩大行业企业参与评价,引导培养高素质劳动者和技术技能人才。深化职普融通,探索具有中国特色的高层次学徒制,完善与职业教育发展相适应的学位授予标准和评价机制。加大职业培训、服务区域和行业的评价权重,将承担职业培训情况作为核定职业学校教师绩效工资总量的重要依据,推动健全终身职业技能培训制度。

8. 改进高等学校评价。推进高校分类评价,引导不同类型高校科学定位,办出特色和水平。改进本科教育教学评估,突出思想政治教育、教授为本科生上课、生师比、生均课程门数、优势特色专业、学位论文(毕业设计)指导、学生管理与服务、学生参加社会实践、毕业生发展、用人单位满意度等。改进学科评估,强化人才培养中心地位,淡化论文收录数、引用率、奖项数等数量指标,突出学科特色、质量和贡献,纠正片面以学术头衔评价学术水平的做法,教师成果严格按署名单位认定、不随人走。探索建立应用型本科评价标准,突出培养相应专业能力和实践应用能力。制定"双一流"建设成效评价办法,突出培养一流人才、产出一

流成果、主动服务国家需求,引导高校争创世界一流。改进师范院校评价,把办好师范教育作为第一职责,将培养合格教师作为主要考核指标。改进高校经费使用绩效评价,引导高校加大对教育教学、基础研究的支持力度。改进高校国际交流合作评价,促进提升校际交流、来华留学、合作办学、海外人才引进等工作质量。探索开展高校服务全民终身学习情况评价,促进学习型社会建设。

(三)改革教师评价,推进践行教书育人使命

9. 坚持把师德师风作为第一标准。坚决克服重科研轻教学、重教书轻育人等现象,把师德表现作为教师资格定期注册、业绩考核、职称评聘、评优奖励首要要求,强化教师思想政治素质考察,推动师德师风建设常态化、长效化。健全教师荣誉制度,发挥典型示范引领作用。全面落实新时代幼儿园、中小学、高校教师职业行为准则,建立师德失范行为通报警示制度。对出现严重师德师风问题的教师,探索实施教育全行业禁入制度。

10. 突出教育教学实绩。把认真履行教育教学职责作为评价教师的基本要求,引导教师上好每一节课、关爱每一个学生。幼儿园教师评价突出保教实践,把以游戏为基本活动促进儿童主动学习和全面发展的能力作为关键指标,纳入学前教育专业人才培养标准、幼儿教师职后培训重要内容。探索建立中小学教师教学述评制度,任课教师每学期须对每个学生进行学业述评,述评情况纳入教师考核内容。完善中小学教师绩效考核办法,绩效工资分配向班主任倾斜,向教学一线和教育教学效果突出的教师倾斜。健全"双师型"教师认定、聘用、考核等评价标准,突出实践技能水平和专业教学能力。规范高校教师聘用和职称评聘条件设置,不得将国(境)外学习经历作为限制性条件。把参与教研活动,编写教材、案例,指导学生毕业设计、就业、创新创业、社会实践、社团活动、竞赛展演等计入工作量。落实教授上课制度,高校应明确教授承担本(专)科生教学最低课时要求,确保教学质量,对未达到要求的给予年度或聘期考核不合格处理。支持建设高质量教学研究类学术期刊,鼓励高校学报向教学研究倾斜。完善教材质量监控和评价机制,实施教材建设国家奖励制度,每四年评选一次,对作出突出贡献的教师按规定进行表彰奖励。完善国家教学成果奖评选制度,优化获奖种类和入选名额分配。

11. 强化一线学生工作。各级各类学校要明确领导干部和教师参与学生工作的具体要求。落实中小学教师家访制度,将家校联系情况纳入教师考核。高校领导班子成员年度述职要把上思政课、联系学生情况作为重要内容。完善学校党政管理干部选拔任用机制,原则上应有思政课教师、辅导员或班主任等学生工作经历。高校青年教师晋升高一级职称,至少须有一年担任辅导员、班主任等学生工作经历。

12. 改进高校教师科研评价。突出质量导向,重点评价学术贡献、社会贡献以及支撑人才培养情况,不得将论文数、项目数、课题经费等科研量化指标与绩效工资分配、奖励挂钩。根据不同学科、不同岗位特点,坚持分类评价,推行代表性成果评价,探索长周期评价,完善同行专家评议机制,注重个人评价与团队评价相结合。探索国防科技等特殊领域教师科研专门评价办法。对取得重大理论创新成果、前沿技术突破、解决重大工程技术难题、在经济社会事业发展中作出重大贡献的,申报高级职称时论文可不作限制性要求。

13. 推进人才称号回归学术性、荣誉性。切实精简人才"帽子",优化整合涉教育领域各类人才计划。不得把人才称号作为承担科研项目、职称评聘、评优评奖、学位点申报的限制性条件,有关申报书不得设置填写人才称号栏目。依据实际贡献合理确定人才薪酬,不得将

人才称号与物质利益简单挂钩。鼓励中西部、东北地区高校"长江学者"等人才称号入选者与学校签订长期服务合同,为实施国家和区域发展战略贡献力量。

（四）改革学生评价,促进德智体美劳全面发展

14. 树立科学成才观念。坚持以德为先、能力为重、全面发展,坚持面向人人、因材施教、知行合一,坚决改变用分数给学生贴标签的做法,创新德智体美劳过程性评价办法,完善综合素质评价体系,切实引导学生坚定理想信念、厚植爱国主义情怀、加强品德修养、增长知识见识、培养奋斗精神、增强综合素质。

15. 完善德育评价。根据学生不同阶段身心特点,科学设计各级各类教育德育目标要求,引导学生养成良好思想道德、心理素质和行为习惯,传承红色基因,增强"四个自信",立志听党话、跟党走,立志扎根人民、奉献国家。通过信息化等手段,探索学生、家长、教师以及社区等参与评价的有效方式,客观记录学生品行日常表现和突出表现,特别是践行社会主义核心价值观情况,将其作为学生综合素质评价的重要内容。

16. 强化体育评价。建立日常参与、体质监测和专项运动技能测试相结合的考查机制,将达到国家学生体质健康标准要求作为教育教学考核的重要内容,引导学生养成良好锻炼习惯和健康生活方式,锤炼坚强意志,培养合作精神。中小学校要客观记录学生日常体育参与情况和体质健康监测结果,定期向家长反馈。改进中考体育测试内容、方式和计分办法,形成激励学生加强体育锻炼的有效机制。加强大学生体育评价,探索在高等教育所有阶段开设体育课程。

17. 改进美育评价。把中小学生学习音乐、美术、书法等艺术类课程以及参与学校组织的艺术实践活动情况纳入学业要求,促进学生形成艺术爱好、增强艺术素养,全面提升学生感受美、表现美、鉴赏美、创造美的能力。探索将艺术类科目纳入中考改革试点。推动高校将公共艺术课程与艺术实践纳入人才培养方案,实行学分制管理,学生修满规定学分方能毕业。

18. 加强劳动教育评价。实施大中小学劳动教育指导纲要,明确不同学段、不同年级劳动教育的目标要求,引导学生崇尚劳动、尊重劳动。探索建立劳动清单制度,明确学生参加劳动的具体内容和要求,让学生在实践中养成劳动习惯,学会劳动、学会勤俭。加强过程性评价,将参与劳动教育课程学习和实践情况纳入学生综合素质档案。

19. 严格学业标准。完善各级各类学校学生学业要求,严把出口关。对初、高中毕业班学生,学校须合理安排中高考结束后至暑假前的教育活动。完善过程性考核与结果性考核有机结合的学业考评制度,加强课堂参与和课堂纪律考查,引导学生树立良好学风。探索学士学位论文(毕业设计)抽检试点工作,完善博士、硕士学位论文抽检工作,严肃处理各类学术不端行为。完善实习(实训)考核办法,确保学生足额、真实参加实习(实训)。

20. 深化考试招生制度改革。稳步推进中高考改革,构建引导学生德智体美劳全面发展的考试内容体系,改变相对固化的试题形式,增强试题开放性,减少死记硬背和"机械刷题"现象。加快完善初、高中学生综合素质档案建设和使用办法,逐步转变简单以考试成绩为唯一标准的招生模式。完善高等职业教育"文化素质+职业技能"考试招生办法。深化研究生考试招生改革,加强科研创新能力和实践能力考查。各级各类学校不得通过设置奖金等方式违规争抢生源。探索建立学分银行制度,推动多种形式学习成果的认定、积累和转换,实现不同类型教育、学历与非学历教育、校内与校外教育之间互通衔接,畅通终身学习和人才

成长渠道。

（五）改革用人评价，共同营造教育发展良好环境

21. 树立正确用人导向。党政机关、事业单位、国有企业要带头扭转"唯名校""唯学历"的用人导向，建立以品德和能力为导向、以岗位需求为目标的人才使用机制，改变人才"高消费"状况，形成不拘一格降人才的良好局面。

22. 促进人岗相适。各级公务员招录、事业单位和国有企业招聘要按照岗位需求合理制定招考条件、确定学历层次，在招聘公告和实际操作中不得将毕业院校、国（境）外学习经历、学习方式作为限制性条件。职业学校毕业生在落户、就业、参加机关企事业单位招聘、职称评聘、职务职级晋升等方面，与普通学校毕业生同等对待。用人单位要科学合理确定岗位职责，坚持以岗定薪、按劳取酬、优劳优酬，建立重实绩、重贡献的激励机制。

三、组织实施

（一）落实改革责任。各级党委和政府要加强组织领导，把深化教育评价改革列入重要议事日程，根据本方案要求，结合实际明确落实举措。各级党委教育工作领导小组要加强统筹协调、宣传引导和督促落实。中央和国家机关有关部门要结合职责，及时制定配套制度。各级各类学校要狠抓落实，切实破除"五唯"顽瘴痼疾。国家和各省（自治区、直辖市）选择有条件的地方、学校和单位进行试点，发挥示范带动作用。教育督导要将推进教育评价改革情况作为重要内容，对违反相关规定的予以督促纠正，依规依法对相关责任人员严肃处理。

（二）加强专业化建设。构建政府、学校、社会等多元参与的评价体系，建立健全教育督导部门统一负责的教育评估监测机制，发挥专业机构和社会组织作用。严格控制教育评价活动数量和频次，减少多头评价、重复评价，切实减轻基层和学校负担。各地要创新基础教育教研工作指导方式，严格控制以考试方式抽检评测学校和学生。创新评价工具，利用人工智能、大数据等现代信息技术，探索开展学生各年级学习情况全过程纵向评价、德智体美劳全要素横向评价。完善评价结果运用，综合发挥导向、鉴定、诊断、调控和改进作用。加强教师教育评价能力建设，支持有条件的高校设立教育评价、教育测量等相关学科专业，培养教育评价专门人才。加强国家教育考试工作队伍建设，完善教师参与命题和考务工作的激励机制。积极开展教育评价国际合作，参与联合国 2030 年可持续发展议程教育目标实施监测评估，彰显中国理念，贡献中国方案。

（三）营造良好氛围。党政机关、事业单位、国有企业要履职尽责，带动全社会形成科学的选人用人理念。新闻媒体要加大对科学教育理念和改革政策的宣传解读力度，合理引导预期，增进社会共识。构建覆盖城乡的家庭教育指导服务体系，引导广大家长树立正确的教育观和成才观。各地要及时总结、宣传、推广教育评价改革的成功经验和典型案例，扩大辐射面，提高影响力。

后记

　　《中国大学生思想政治教育发展报告 2021》是在大学生思想政治状况调查研究协作体 74 个成员单位的鼎力支持下完成的。协作体成员单位具体包括：中国人民大学、北京交通大学、北京航空航天大学、北京化工大学、中国传媒大学、对外经济贸易大学、中国石油大学（北京）、天津大学、河北师范大学、山西大学、山西师范大学、内蒙古大学、内蒙古师范大学、大连理工大学、东北大学、吉林大学、东北师范大学、哈尔滨工业大学、哈尔滨师范大学、同济大学、上海交通大学、华东理工大学、东华大学、中国矿业大学、河海大学、南京农业大学、江苏师范大学、浙江大学、浙江传媒学院、杭州职业技术学院、合肥工业大学、安徽农业大学、安徽师范大学、福建师范大学、南昌大学、江西师范大学、山东大学、中国石油大学（华东）、华北水利水电大学、郑州大学、武汉大学、华中科技大学、武汉理工大学、华中农业大学、华中师范大学、中南民族大学、湘潭大学、湖南大学、湖南中医药大学、暨南大学、华南师范大学、桂林电子科技大学、桂林理工大学、广西师范大学、百色学院、海南大学、海南师范大学、重庆大学、西南大学、西南交通大学、四川师范大学、西南财经大学、贵州大学、贵州师范大学、云南师范大学、西北大学、西安电子科技大学、长安大学、陕西师范大学、西安外国语大学、兰州大学、西北师范大学、新疆大学、新疆师范大学（排名顺序根据教育部公布的《全国高等学校名单》）。

　　发展报告的撰写工作由来自武汉大学、西南大学、中南民族大学等校的作者共同完成。《研究报告》部分，概述由刘晓亮撰写，第一章由黄炜熔撰写，第二章由马驰骋撰写，第三章由杨峰楠、张俊涛撰写，第四章由李健民撰写，第五章由胡栩健撰写，第六章由郑书一撰写，第七章由刘灿撰写，第八章由陶孝芳撰写，第九章由司文超撰写，第十章由侯凯升撰写。《研究述评》部分，《大学生日常思想政治教育研究 2020 年度进展》的作者是白显良、彭均、杨舒雅、史文祺，《大学生思想政治理论课程研究 2020 年度进展》的作者是佟斐。《事记与文献》部分，《2020 年度大学生思想政治教育大事记》由朱磊整理，《2020 年度大学生思想政治教育重要文献选编》由杨柳、杨峰楠整理。沈壮海教授负责本辑发展报告调查、研究与撰写工作的统筹，设计了全书框架并通读定稿。刘晓亮、侯凯升、郑书一承担了调查研究的大量组织协调工作及相应的编务工作。高等教育出版社对本书的出版给予了鼎力支持，编辑同志精心编校，付出了大量心血。

　　由于时间与水平所限，书中错讹之处，请学界同仁及各位读者批评指正。

编者

2021 年 6 月 16 日

读者意见反馈

为进一步完善图书编写并做好服务工作,读者可将对本书的意见建议通过如下渠道反馈至我社。

咨询电话　400-810-0598

反馈邮箱　gjdzfwb@pub.hep.cn

通信地址　北京市朝阳区惠新东街4号富盛大厦1座

　　　　　高等教育出版社总编辑办公室

邮政编码　100029